汽车轻量化前沿技术丛书

世界汽车车身技术及轻量化技术发展研究

The State-of-the-Art Study in Global Car Body and Automotive Lightweight Technology

《世界汽车车身技术及轻量化技术发展研究》编委会　编著

北京理工大学出版社
BEIJING INSTITUTE OF TECHNOLOGY PRESS

图书在版编目（CIP）数据

世界汽车车身技术及轻量化技术发展研究 /《世界汽车车身技术及轻量化技术发展研究》编委会编著. —北京：北京理工大学出版社，2019.7
ISBN 978-7-5682-6972-8

Ⅰ. ①世…　Ⅱ. ①世…　Ⅲ. ①汽车–车体–研究②汽车轻量化–研究　Ⅳ. ①U463.8 ②U462.2

中国版本图书馆 CIP 数据核字（2019）第 077495 号

出版发行 / 北京理工大学出版社有限责任公司
社　　址 / 北京市海淀区中关村南大街 5 号
邮　　编 / 100081
电　　话 /（010）68914775（总编室）
（010）82562903（教材售后服务热线）
（010）68948351（其他图书服务热线）
网　　址 / http://www.bitpress.com.cn
经　　销 / 全国各地新华书店
印　　刷 / 三河市华骏印务包装有限公司
开　　本 / 787 毫米×1092 毫米　1/16
印　　张 / 21.75
彩　　插 / 10
字　　数 / 534 千字
版　　次 / 2019 年 7 月第 1 版　2019 年 7 月第 1 次印刷
定　　价 / 96.00 元

责任编辑 / 封　雪
文案编辑 / 封　雪
责任校对 / 周瑞红
责任印制 / 李志强

《世界汽车车身技术及轻量化技术发展研究》

编 委 会

近年来我国汽车工业发展迅速,汽车产销量已经连续 9 年位居世界第一，成为名副其实的世界汽车制造大国，汽车工业已成为我国工业的支柱产业，汽车工业的转型升级和高质量发展成为促进国民经济发展的重要环节之一。早 2015 年国务院印发关于《中国制造 2025》的通知中，汽车就已经被列为十大“大力推送突破发展重点领域”之一，而“推动节能与新能源汽车发展”是重中之重。我国汽车工业的转型升级和高质量发展离不开产品的正向开发和车身轻量化等关键核心技术的发展，只有掌握了汽车产品开发的核心技术、不断地突破和创新，我国的汽车工业才能可持续健康发展，冲出中国、走向世界，才能由汽车大国迈向汽车强国。

《世界汽车车身技术及轻量化技术发展研究》一书一改之前相关书籍的撰写思路，既聚焦车身研发的轻量化共性关键技术，又瞄准不同车企业车身轻量化开发差异化和品牌化的特点；既重视不同血统车型车身轻量化开发技术特征的深入论述，又强调不同级别汽车车身结构设计、用材和制造工艺不同轻量化技术路线的特殊选择，力争从不同的视角系统剖视车身轻量化开发的技术关键，为读者提供更加丰富、具体和翔实的技术参考。首先，该书是由整车企业的一线产品开发技术人员和专家为主编写的，在编撰过程中从车身产品开发的实际出发，内容更有针对性，细节更翔实具体，阐述的关键技术更接近产品开发和应用实际，对汽车工程师更具有指导意义和参考价值；然后，该书根据不同车系的品牌和国别（地区）、不同车型等级、不同动力驱动系统类型进行分类论述和归纳总结，既能窥视不同国家和地区汽车企业的技术发展路径，也能针对不同级别和驱动类型的车型提出差异化的车身开发技术路线，这使本书的可读性和针对性更强，参考和使用价值更大，对车企业车身开发技术路线的制定更具有指导意义；其次，汽车车身开发和轻量化主要由结构优化设计、零部件制造工艺、材料开发和应用三个核心要素构成，本书将这些要素融入某个具体车型、具体零部件或总成的开发中，并没有将三者割裂开来分别论述、而是将它们有机地结合起来进行融会贯通，这更符合汽车产品开发的逻辑和流程；最后，2019 年将是我国汽车产业转型发展的关键一年，智能化与信息化与汽车产业深度融合给汽车行业注入了新的血液，为汽车工业的发展创造了千载难逢的历史机遇，同时受全球贸易保护主义抬头增大世界经济不确定性的影响，我国汽车工业也将面临非常严峻的挑战，上半年我国汽车产销量明显滑坡，社会各界对我国汽车工业的可持续发展出现不同的预期，发展信心出现波动。本书通过系统研究国内外汽车工业发展历史进程，深入分析了人均 GDP（1990 年 G－K 国际元）、报废汽车置换等与年度汽车销量的关系，并进行了严格的逻辑推导，建立了我国汽车年需求量的预测模型，分析表明 2027 年前后中国汽车销量有望达到 3 500 万辆，虽然不同年度其增长率会有所波动，但总的增长态势是不可逆转的，应该毫无疑问地对我国汽车工业的可持续发展充满信心。

我国汽车车身的开发已经从逆向开发、委托开发、联合开发到如今的自主正向设计开发阶段，书中详细论述了国外有代表性车企汽车车身的平台化、模块化正向开发的共性特征和独有特点，以及不同车型特有的环状结构车身、BF 牢笼式车身、GOA 车身、Zone Body 车身、3H 结构高刚性安全车身、新环状力骨构造车身、HEEAB 高强度吸能构架式车身、G-CON 车身等差异化结构设计方法；随着新材料及其制造工艺技术的不断发展，全铝车身、复合材料车身、多材料车身等用材理念也在国内外中高端汽车车身上得到了探索和应用，为车身轻量化技术的发展起到了示范和引领作用；书中还详细介绍了新型铝合金材料及制造技术，如 PFHT 工艺、AlNbB 细化铸造铝合金工艺技术等，碳纤维复合材料应用技术，以及高延迟断裂热成形钢的应用技术等，并有针对性地列举了具体的应用案例，供读者自行品读，相信这些内容对车企车身工程师会大有裨益。

近年来我国新能源汽车得到了快速发展，新能源汽车具有多品种、小批量的生产和销售特点，同时受国家和地方政府政策的支持，对轻量化技术应用带来的成本增加承受度更大，更具有轻量化潜力，而轻量化对新能源汽车节省电耗、增加续航里程的作用更加明显。该书对新能源汽车的发展历程、生产模式和未来趋势进行了系统论述，尤其对新能源汽车车身的结构设计、用材特点、成形工艺和连接技术都进行了科学的阐述，必将对新能源汽车车身结构轻量化技术水平的提升发挥重要作用。

该书由正在从事汽车开发的企业一线技术专家编写，是企业产品开发工程师自己的工程技术书籍，不强调学术性，更注重实用性，该书的出版一定会对汽车车身开发和轻量化技术推广应用有一定的促进作用。作为汽车轻量化技术创新战略联盟专家委主任对本书作者们的辛勤付出和无私奉献表示衷心的感谢，相信在业界全体同仁的不懈努力下，我国汽车轻量化技术必将跻身世界一流水平的行列，我国由汽车工业大国到汽车工业强国的目标一定能够实现。

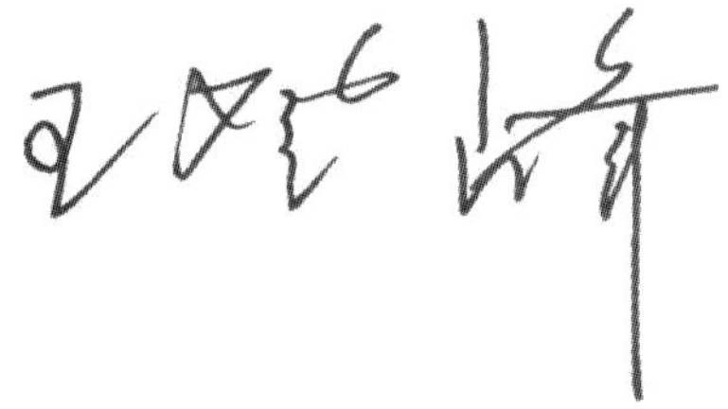

2019 年 6 月 20 日

研读吴晓波的《历代经济变革得失》会发现，历代中国的变革，包括管仲改革、商鞅变法、王安石变法、桑弘羊革新、洋务运动、梁启超经济改革、改革开放等都逃不出中国 5 000 年深厚的历史逻辑。这些影响千万人命运和国运的大改革家、经济学大家无不以史为鉴、立足现实，在“收”“放”之间推动了历史进程，纵观中国经济变革史，就是一个“倾向市场的民间经济”和“倾向计划的国有经济”的往复过程。看托克维尔的《论美国民主》也会发现，被当今各国民主推动视为民主样板的美国式民主却并非一蹴而就，它与200年前的“新教徒运动”“联邦和州的博弈”“城镇政治的启蒙”等密切相关，正是这些不可复制的历史造就了美国式民主的诞生，割裂美国历史去研究和复制美国式民主就没有立足点。李约瑟先生的《中国科学技术史》研究了过去 4 000 年中国科技发展的进程，比较了中国科技成就和西方科技成就，站在世界级科学史、比较科学史和中外科学交流史的高度，把中国科学文明置于世界史应有的地位，从而纠正了西方过去对中国科学文化的错误看法、误解和低估。一位历史学家曾说“我们研究历史，就是为了以古鉴今、以史为鉴，我们能看清多远的过去，才能看清多远的未来”，这也是组织编撰本书的初衷。工程科学技术既允许异想天开、天马行空，又要求循规蹈矩、符合工程实际，每个汽车工程师都应该是一个保守的革命者，尊重历史才能引领未来。

整车企业的主要业务就是汽车产品的开发和销售，追根究底就是整车集成，换句话说就是向车身集成，因而在整车开发中，除开发平台外，车身开发尤其重要。轻量化，其英文为 lightweight，即“轻的重量”，简称轻量，轻字，古文写作“輕”，是车的一种。《周礼·春官·车仆》有记载：輕車之萃。谓驰敌致师之车也。輕車在五戎之中为最轻便的车，便于作战和狩猎。可见早在我国西周时期便开始了车辆轻量化。《素问·天元纪大论》称“物生谓之化，物极谓之变”，朱子曰：变者，化之渐；化者，变之成。可见“化”乃是质变之过程，是新事物新产品的产生，因而轻量化不是简简单单的减薄，而是通过设计、结构、材料和工艺等的“变”，达成更轻的、全新产品的结果的“化”，是一种解决方案。

做工程和科学也要“回头看”，以铜为镜可以正衣冠，以人为镜可以明得失，以史为镜可以知兴替。本书从不同角度回顾和总结了过去十到二十年相关技术的发展，希望可供业界参考、借鉴，并为自主品牌的车身性能开发以及轻量化开发提供帮助。

路洪洲

2018 年 7 月于廊坊凤凰城

本书的成书得到了中国主机厂一线的车身开发专家、轻量化专家等大力支持和响应，也得到北京理工大学出版社和中信微合金化技术中心的大力支持，在此表示感谢。本书由路洪洲博士策划及统稿，由行业著名汽车专家陈一龙先生和马鸣图先生、材料行业专家付俊岩先生、汽车设计专家宋景良先生担任顾问。本书有幸邀请到吉林大学教授、汽车行业资深专家、汽车轻量化技术创新战略联盟专家委员会主任王登峰教授在百忙之中为本书做序，在此深表谢意！

本书分为13章，以地区国别、汽车分级以及动力系统差异来作为大章节分类，尽管上述分类研究可能出现内容部分重复，但这个以过去15年左右的热点、看点作为具体研究分析内容的脉络，其可读性无疑对业内不同专业技术人员是最佳的。而如果以专业领域技术为脉，则会容易造成一叶遮目、难窥全局。

第1章由中信金属路洪洲撰写，主要通过研究过去若干年世界各国的汽车需求规律来研究中国未来十年的汽车需求量，并以此为契机探讨了平台化、模块化以及正向设计开发；

第2章由中信金属路洪洲、长城汽车李贺、上善科技肖锋、中信金属郭爱民等撰写，总结了车身设计制造的共性技术以及典型主机厂的差异性技术。

第3章由江淮汽车鲁后国、原一汽轿车王彦（现任职唐钢）以及原一汽轿车徐勇（现任职福特汽车）、江淮汽车阚洪贵和欧阳俊珩、一汽锻造徐长林和唐钢刁可山等联合撰写，总结了日系乘用车的轻量化策略，详述了丰田汽车以及马自达的车身及轻量化技术特点。研究了韩系乘用车特点以及典型韩系乘用车车身技术及轻量化技术演变。

第4章由大乘汽车金建伟、华晨汽车李红和李瑞生、前途汽车熊飞、北汽赵鹏云、威马汽车黎林撰写，总结了欧系乘用车车身技术及轻量化，尤其对大众及奥迪、沃尔沃和宝马等整车企业的车身技术进行了详细分析。

第5章由长安汽车刘波、刘鹏撰写，总结了北美系乘用车车身技术及轻量化，从北美系典型车型的车身技术分析入手，尤其对美系的车身技术和轻量化技术的发展趋势进行了研究。

第6章由奇瑞汽车李军、北汽孙垒撰写，总结了中国自主品牌乘用车发展历史以及国产乘用车整车性能的变化，对自主品牌车身技术及轻量化进行了深入的探讨，给出了中国自主品牌乘用车车身轻量化技术发展趋势。

第7章由奇瑞汽车陈云霞和吴量撰写，总结了广义A级轿车车身技术及轻量化，尤其对A级汽车平台化的车身技术和车身轻量化技术进行了详细阐述。

第8章由中国汽研的李阳、周佳、万鑫铭等撰写，总结了B级轿车车身技术及轻量化，尤其对各主机厂的富有特征的典型车身结构设计、安全技术和轻量化技术进行了深入的剖析，探讨了未来B级轿车车身技术以及轻量化技术的发展趋势。

第9章由中国汽研的赵岩、张钧萍、马鸣图等撰写，总结了C级及豪华轿车车身技术及轻量化，作为轿车中的高级产品，C级轿车及豪华轿车的空间性、舒适性和安全性能均高于其他级别车型，着重分析了典型的 C 级轿车的车身技术和轻量化进行了研究，并预测了发展趋势。

第 10 章由中信金属路洪洲撰写，从通过性设计、车身刚度设计以及轻量化设计方面，探讨了 SUV 的车身技术和轻量化。

第 11 章由北汽王智文、曹伟，中信金属路洪洲撰写，从新能源乘用车补贴政策及对新能源整车性能要求的演变、新能源乘用车典型车身设计技术与传统燃油车的差异，以及未来新能源乘用车发展趋势的维度，探讨了新能源汽车的车身技术和轻量化技术。

第 12 章由东风汽车杨冰、周全、康洁、宋景良等撰写，从小批量车型的特点出发，系统阐述了概念车或小批量量产的设计、制造和选材和成本控制，并探讨了 3D 打印等新技术在未来小批量量产车型中的应用。

第 13 章由中信金属路洪洲、王文军和梁江涛等执笔，由本书作者联合撰写，探讨了汽车车身轻量化工程的科学实施。

本书引用了国内外行业专家的论文、报告、论述、著述等参考文献，在此表示感谢！由于作者水平有限，本书错漏缺点在所难免，希望读者批评指正！

本书向我国汽车行业著名专家陈一龙先生致敬！

本书编委会

2019 年 6 月

目录

第 1 章

汽车产业发展及平台化技术概述

1.1　汽车技术发展历史跟踪研究的意义和目的

历史是一面镜子。近年来，科技呈爆炸式发展，促进了一批批划时代的创新产品的诞生，但纵观历史，没有哪个产品横空出世，没有哪个技术可以割断历史，没有哪个变革是灵光一现，没有哪个创新是凭空捏造。苹果及微软的起家也并非没有历史可循，皆是乔布斯和比尔·盖茨在硅谷多年研究成果的基础上创新而来。

汽车是舶来品，奔驰等汽车品牌已经历了上百年的历史发展至今，中国自主品牌汽车不过经历了几十年的发展，而自主品牌乘用车更是 2000 年才异军突起，把中国汽车科技融入世界汽车科技当中还需时日，但不能低估近年来中国汽车科技对世界汽车科技做出的贡献。研究国外先进的汽车科技，并对比中国汽车技术的发展现状，有助于理解汽车技术的发展逻辑，剖析中外汽车技术的差距有助于创造机遇。

人在历史长河中是极其渺小的，然而也正是某单个技术的突破以及一代代科技工作者和工程师的持续努力，促进了科学技术的进步。继承和发扬正是科学技术以及工程科学进步的基础。自古以来中国的智慧已经证明，闭门造车往往会脱离实际需求，不能很好地被消费者所接受。“预测未来的最好方式就是创造未来”，希望通过对过去十年世界汽车车身技术及轻量化技术发展的跟踪研究，来总结和分析未来车身技术和轻量化技术的发展，为中国的车身技术以及轻量化技术发展添砖加瓦。

1.2　各国汽车发展历史曲线分析及中国汽车发展

相比于欧洲和美国上百年的汽车工业发展史，中国汽车工业发展仅仅几十年，且只是在 2000 年后才开始快速发展，这其中是否有内在的牵引因素？汽车工业作为民用工业，竞争极为激烈，未来中国汽车工业的发展如何？留给技术进步和人才培养的时间和空间是否足够？是否可以通过各国汽车发展历史曲线来预测中国未来十年的汽车销量？本书在探讨车身和轻量化技术之前，将着重通过各国的历史经验来研究未来十年中国汽车市场的变化。

1.2.1 从各国汽车工业的发展历史来预测未来十年中国汽车产业

汽车主要可以分为乘用车和商用车，分别作为出行工具和物流运输工具，乘用车作为民用消耗品，其销量与购买者的购买力密切相关。而商用车作为生产资料，与经济发展所带来的运输需求密切相关。消费者的购买力以及运输需求变化则与人均GDP和全国GDP的增速密切相关，因而分析未来十年中国汽车需求量首先要研究未来十年中国GDP以及人均GDP。2018—2027年中国汽车销量预测模型见图1－1。图1－1的逻辑是：第一，分别通过对中国经济增速的预研究和各典型工业化国家千人汽车拥有量规律的研究，得到过去和未来十年中国人均GDP和中国千人汽车拥有量的相关数据，再研究中国未来人口的变化，进而通过未来人口与千人汽车拥有量的乘积得到未来每年中国民用汽车保有量；第二，探索汽车报废规律，预测未来十年我国汽车年报废量；第三，通过中国未来每年民用汽车保有量和汽车年报废量，可以推测出未来汽车年销量。

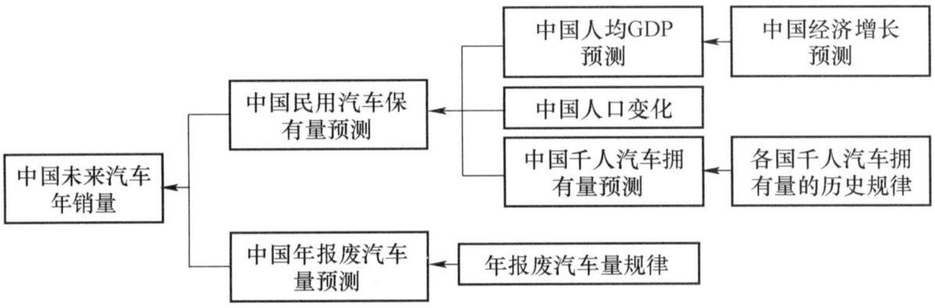

图1－1　中国2018—2027年汽车销量预测模型

典型工业化国家的工业发展趋势与结构演变规律性较强。国务院发展中心研究发现采用人均GDP值（国际上较为通用的基于购买力平价口径核算的人均GDP，单位为1990年G－K国际元）作为参照可以得到各行业的发展规律，即根据典型工业化国家制造业结构变化及各行业比重峰值出现时点与人均GDP的相关关系，可以预测未来我国各工业行业比重变化趋势。迄今为止，我国制造业发展趋势与典型工业化国家的一般规律基本吻合。从国际上的研究结果来看，各国的千人汽车拥有量与其人均GDP值（1990年G－K国际元）有一定的关联性。图1－2列出了典型工业发达国家和地区的千人汽车拥有量与人均GDP值的关系曲线。

从图1－2可见，当人均GDP达到3 500国际元时，社会的汽车购买力增加，千人汽车拥有量开始呈高速度增长，当人均GDP达到11 000国际元时，千人汽车拥有量仍呈高速度增长，但相比之前增速放缓，尤其是达到16 000国际元以后增速进一步放缓，开始低速增长。

根据国务院发展研究中心的分析，可以将社会的汽车需求分为孕育阶段、普及阶段以及饱和阶段，如图1－3所示。

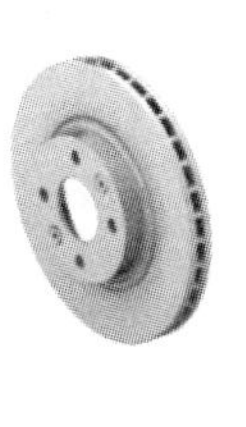 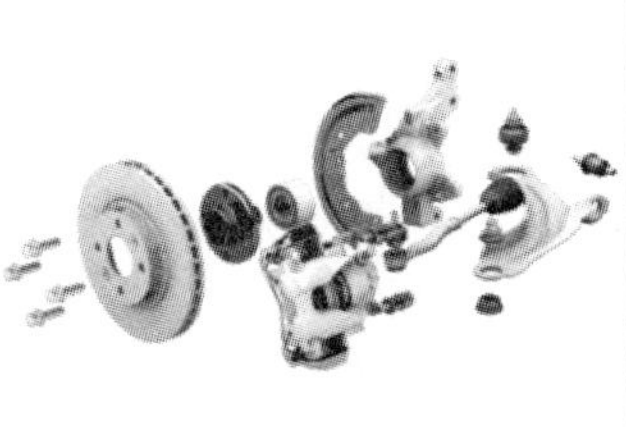 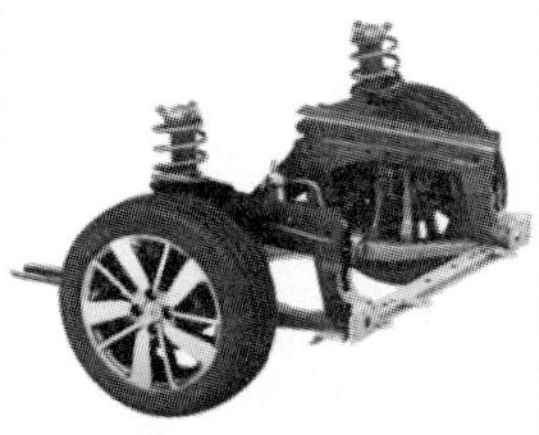 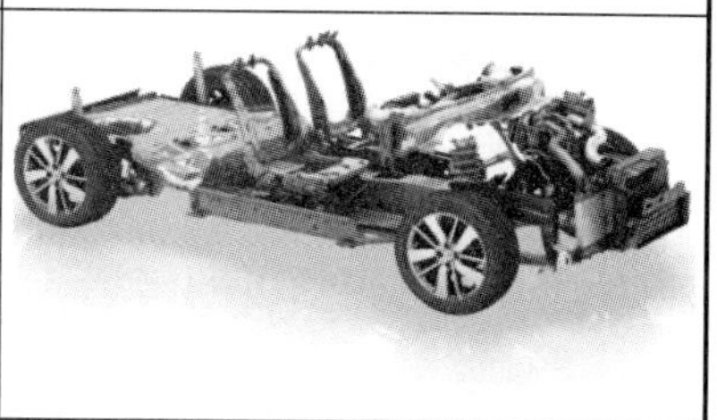 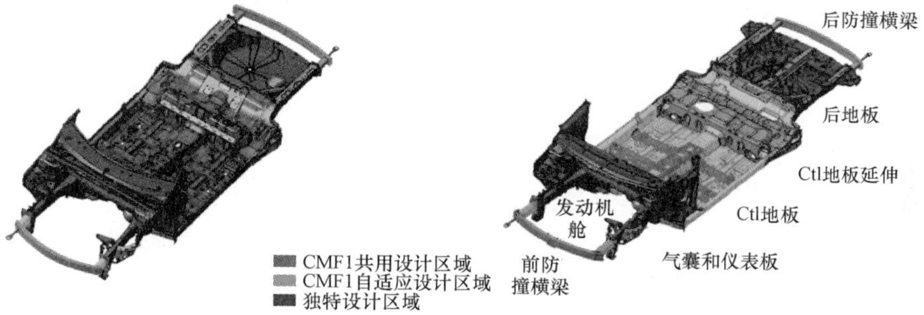

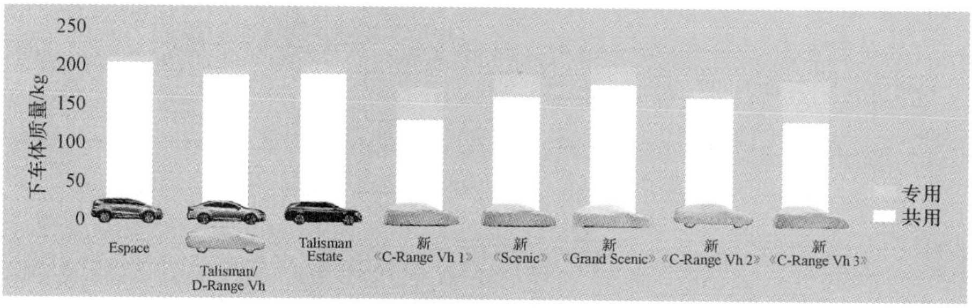

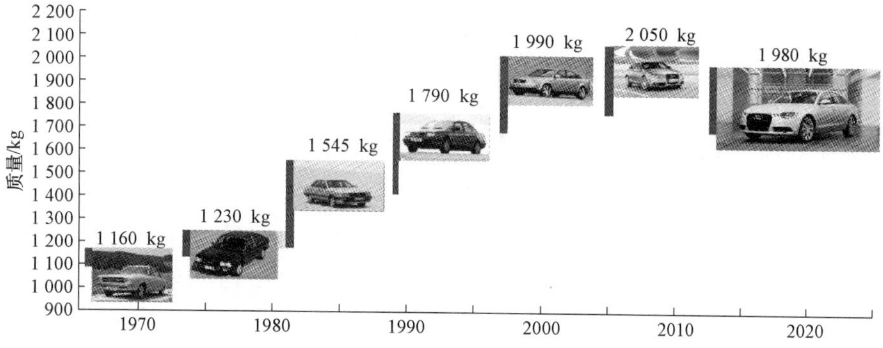

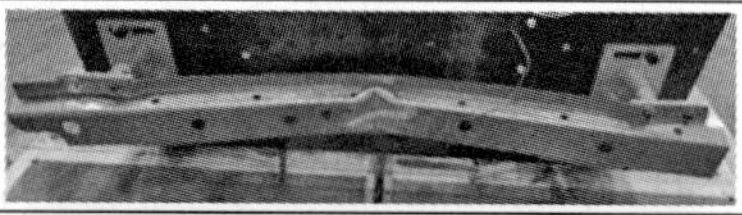 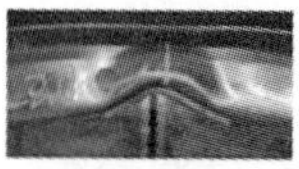 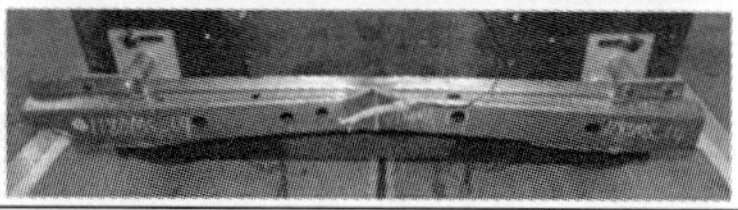 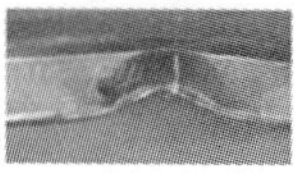 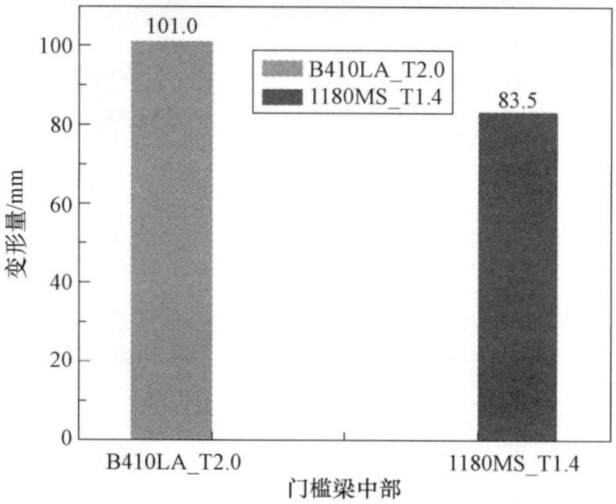

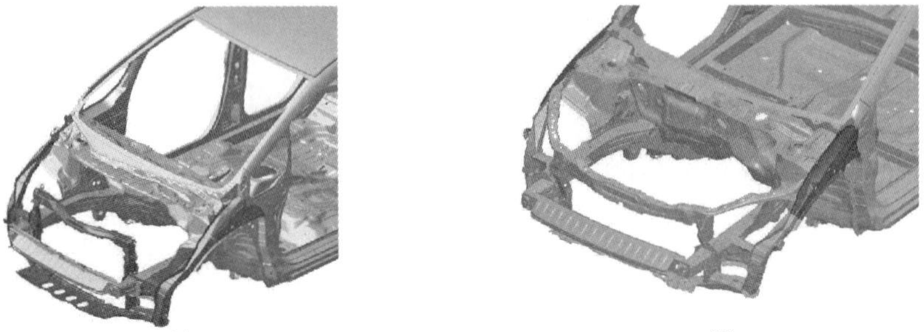

(e) (f)

图 2-84　本田 ACE 车身前端设计（续）

（e）2008 款 JAZZ；（f）2012 款思域

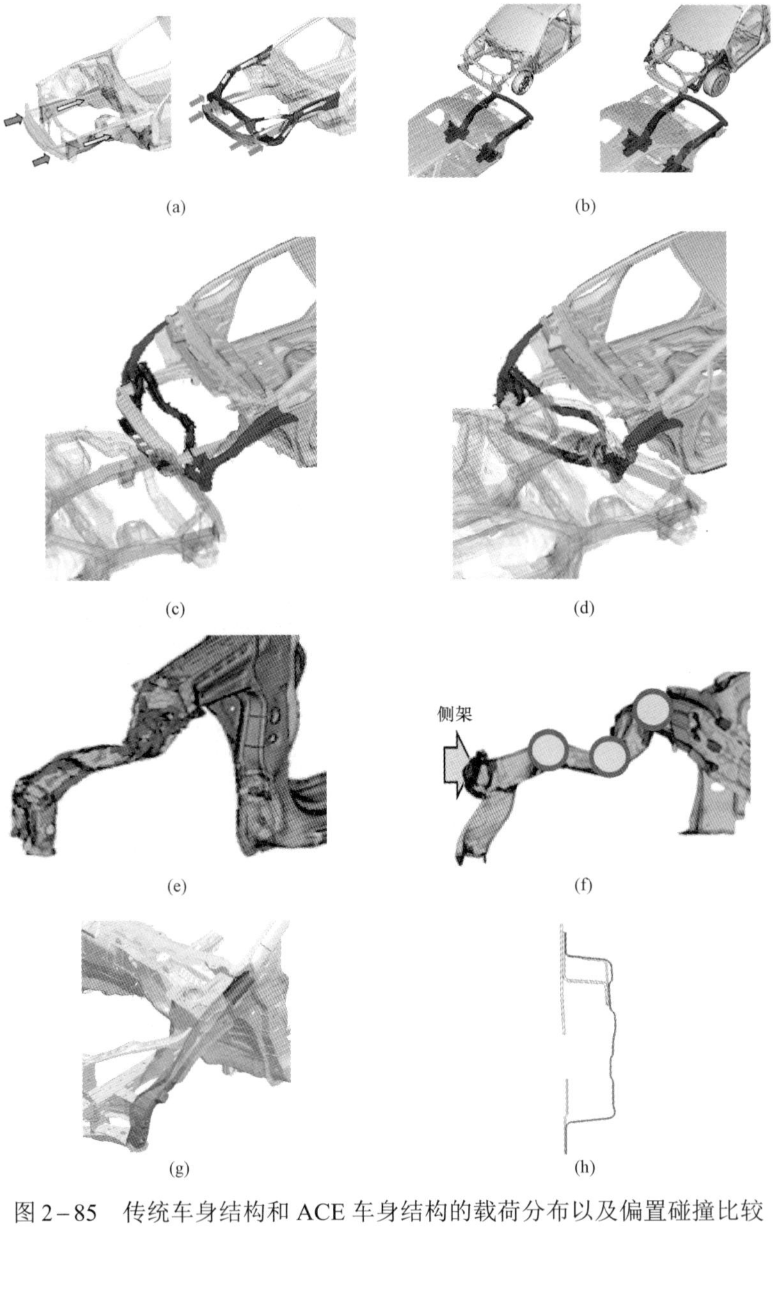

(a) (b) (c) (d) (e) (f) (g) (h)

图 2-85　传统车身结构和 ACE 车身结构的载荷分布以及偏置碰撞比较

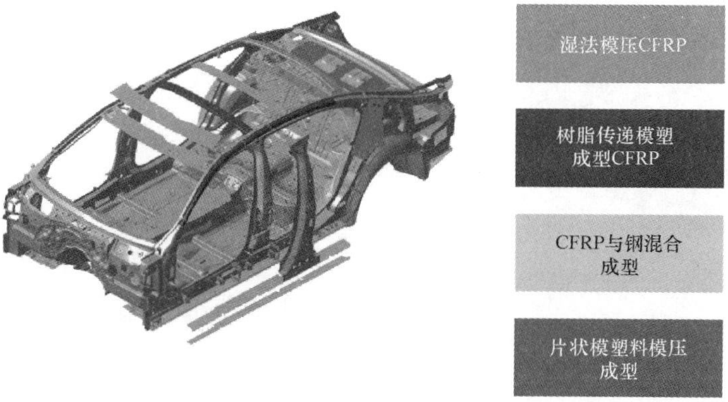

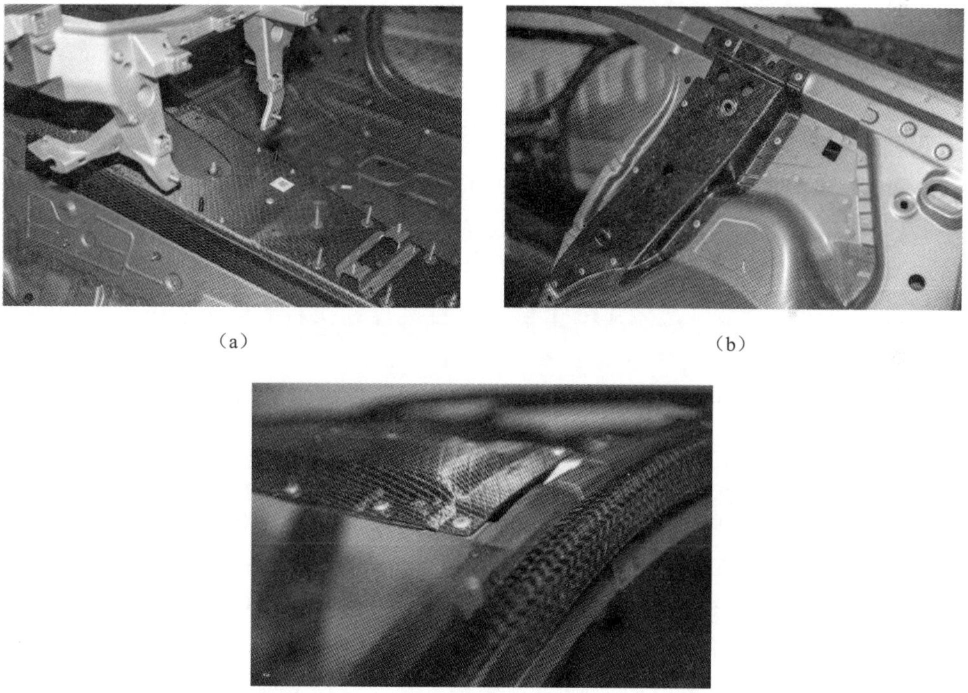

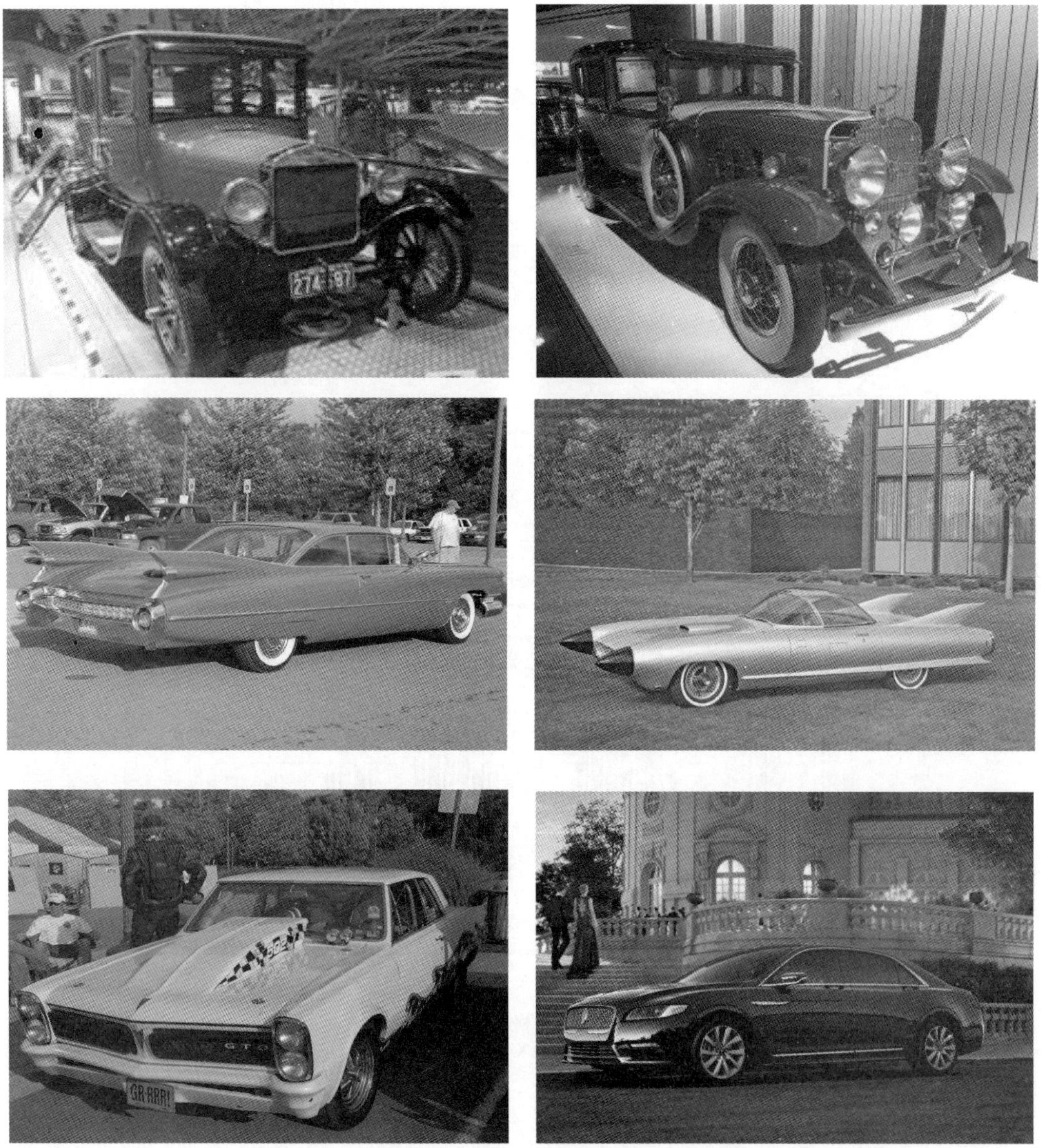

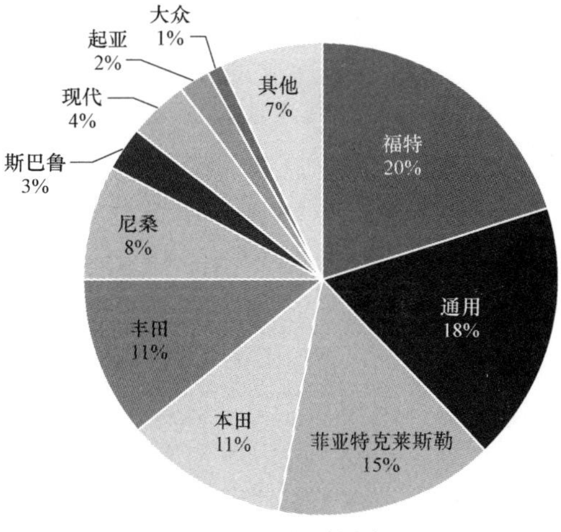

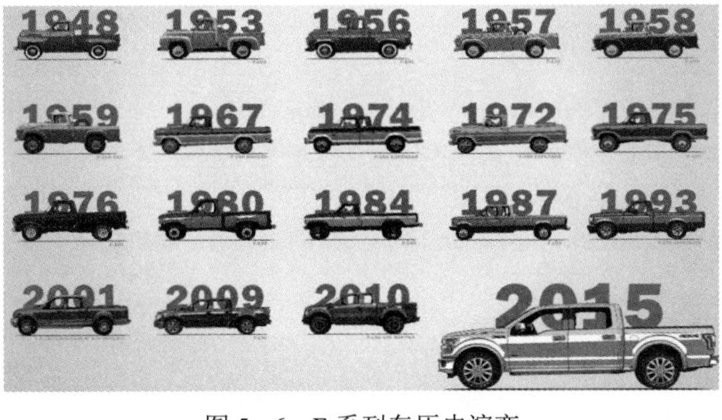

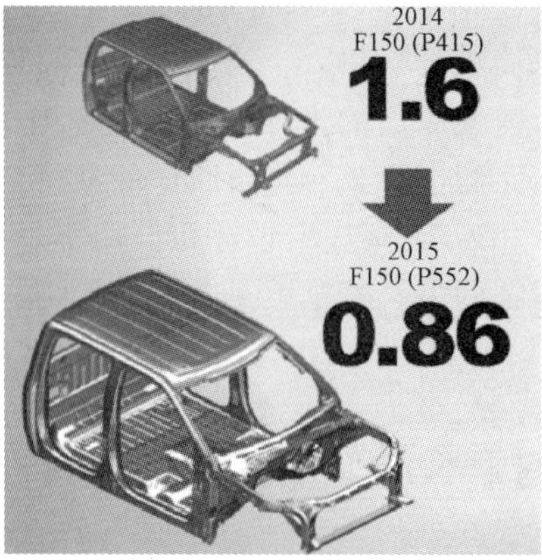

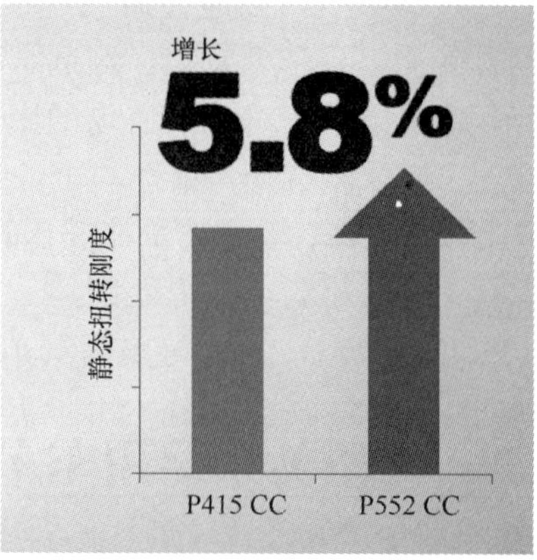

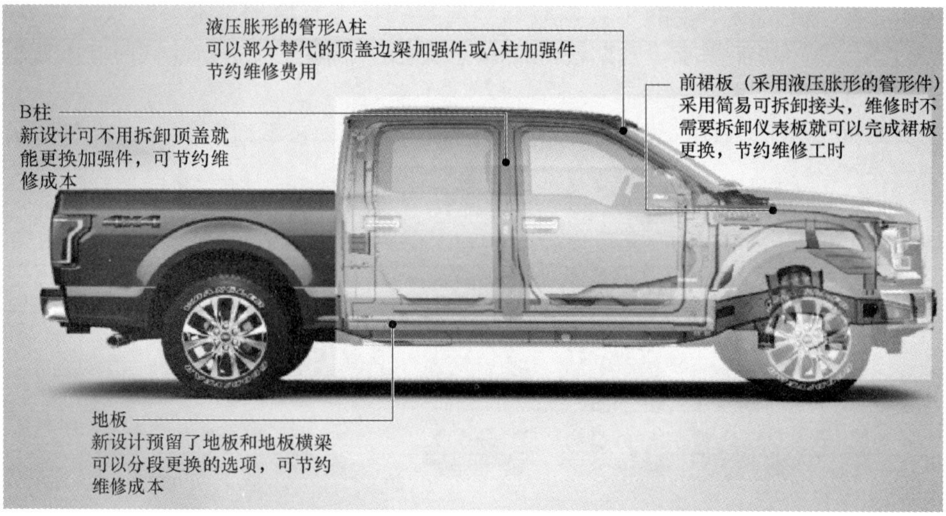

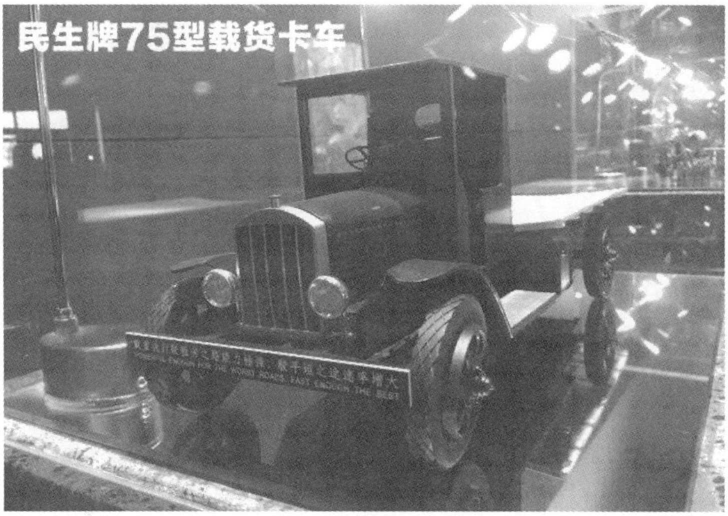

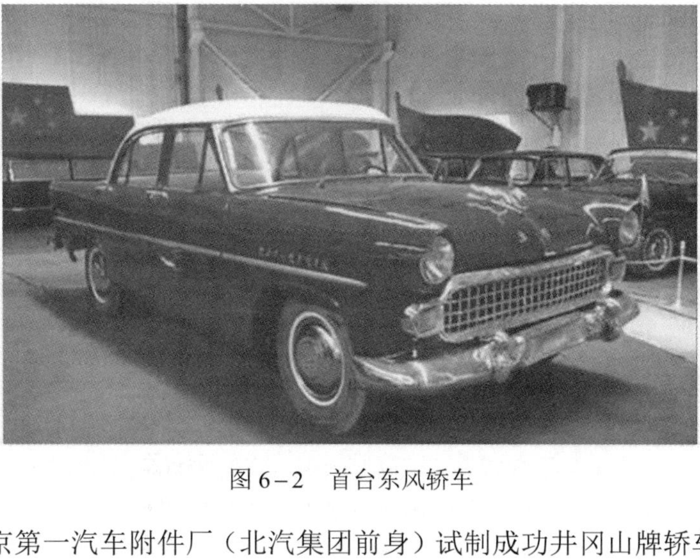

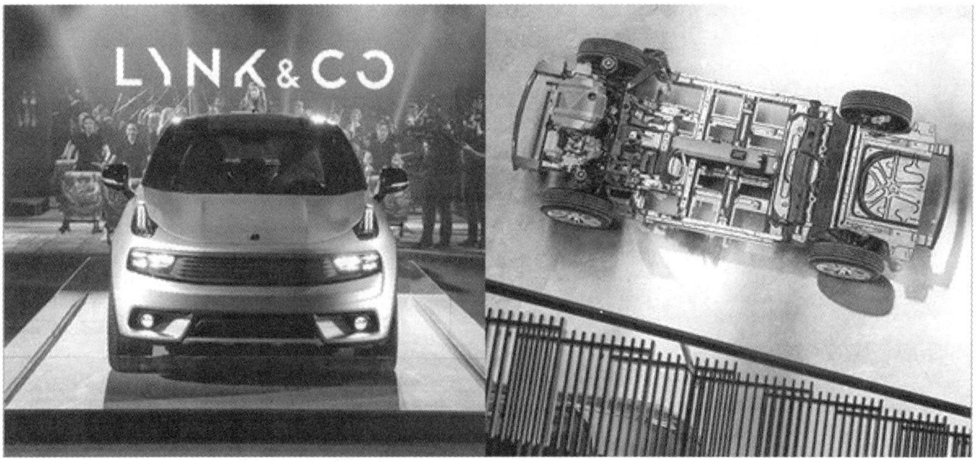

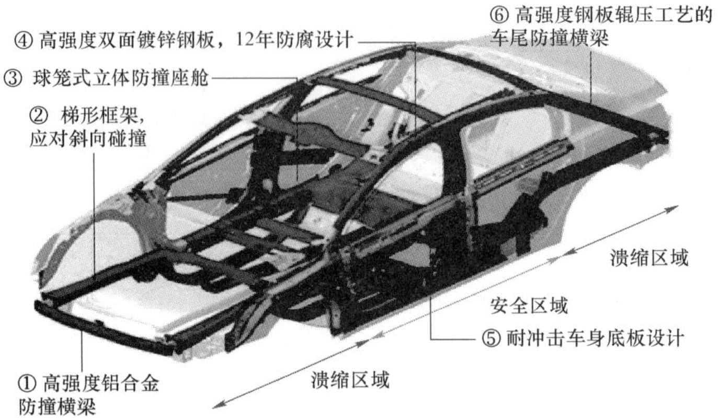

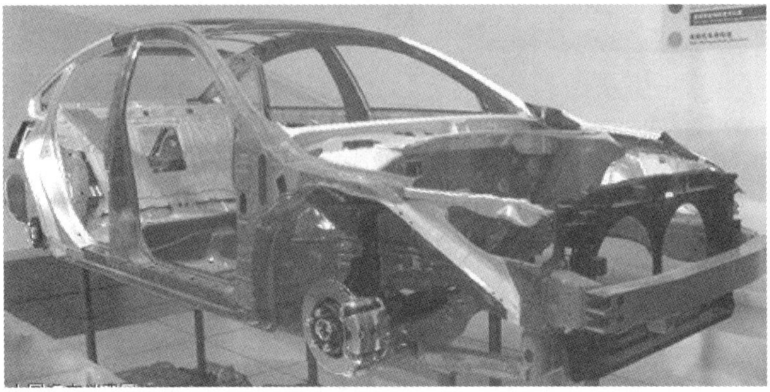

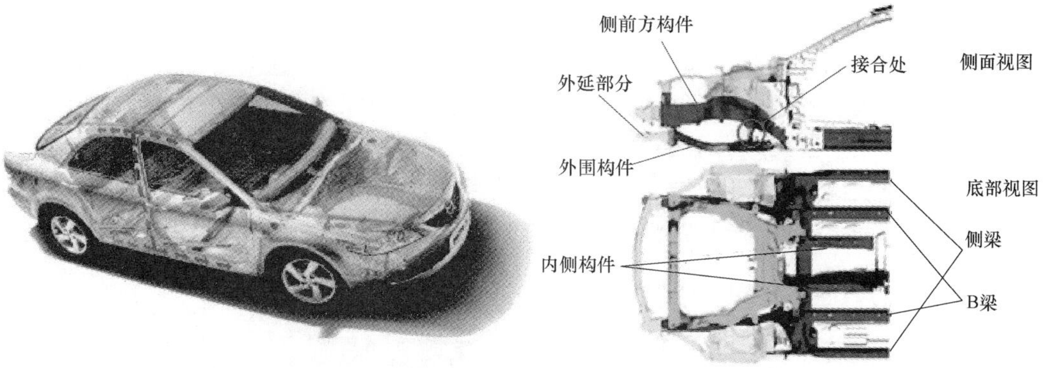

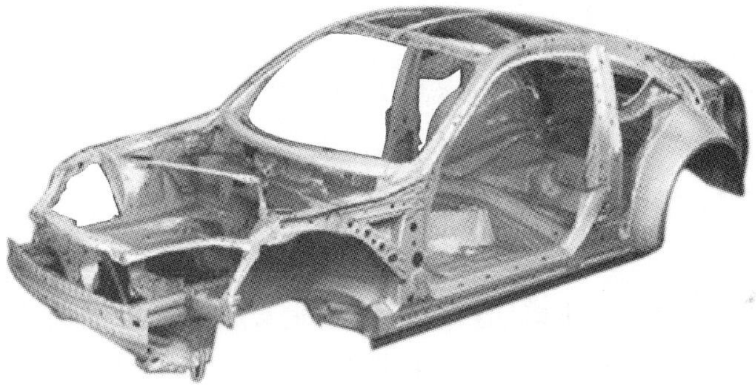

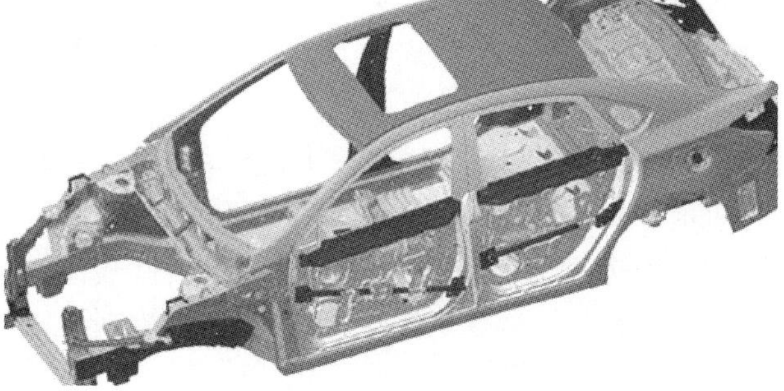

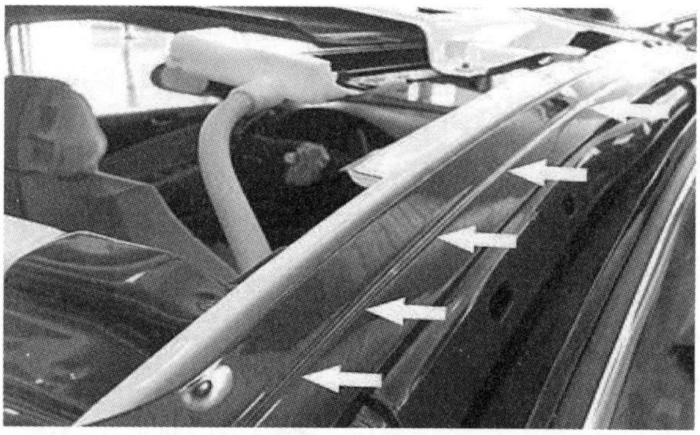

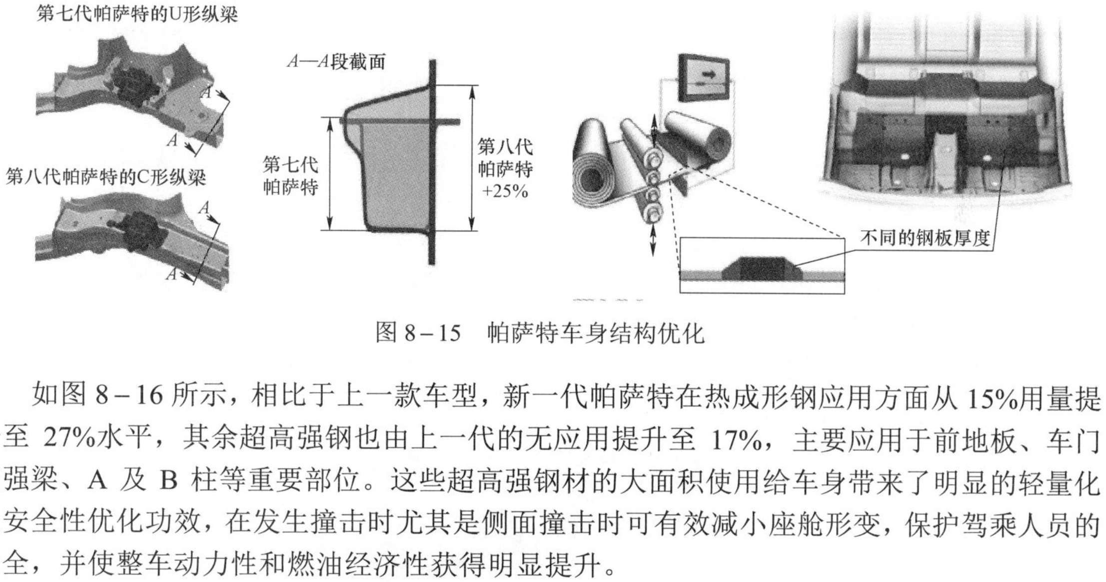

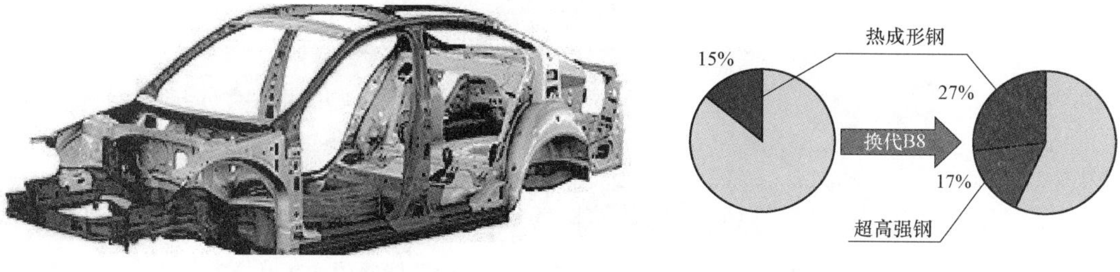

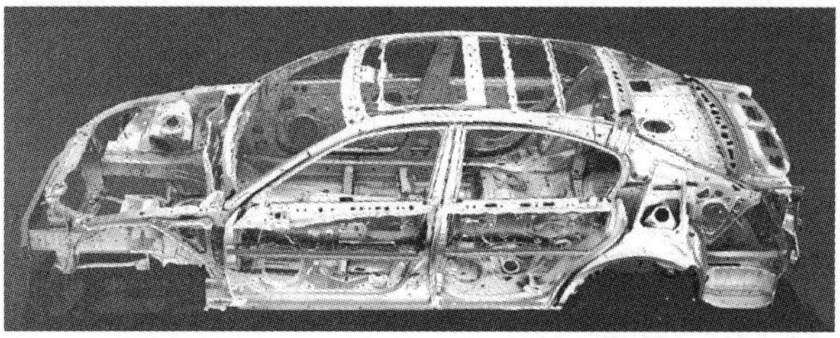

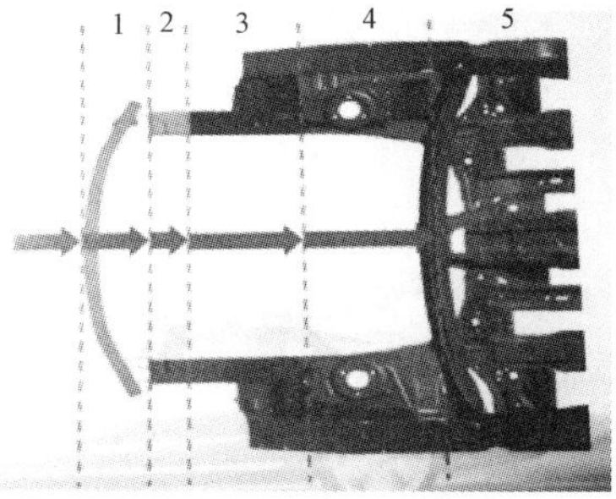

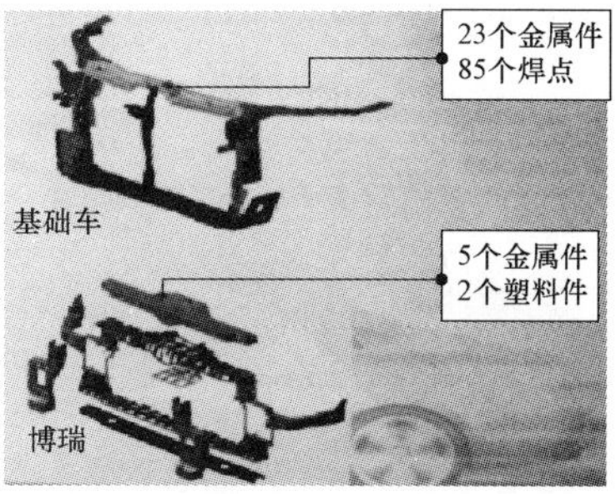

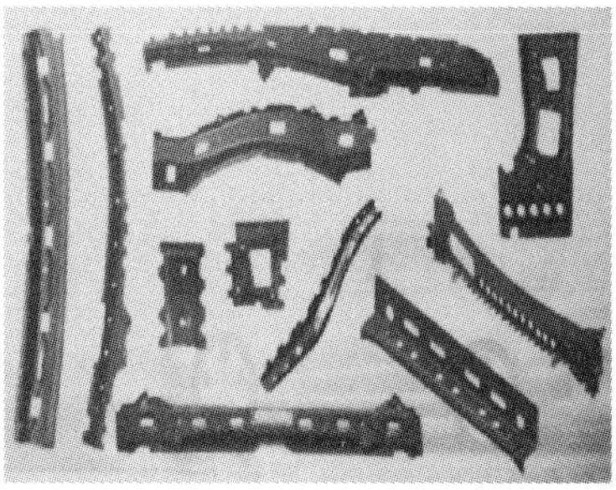

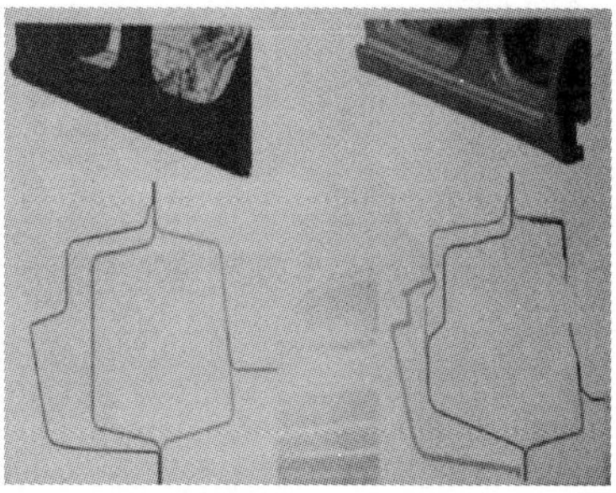

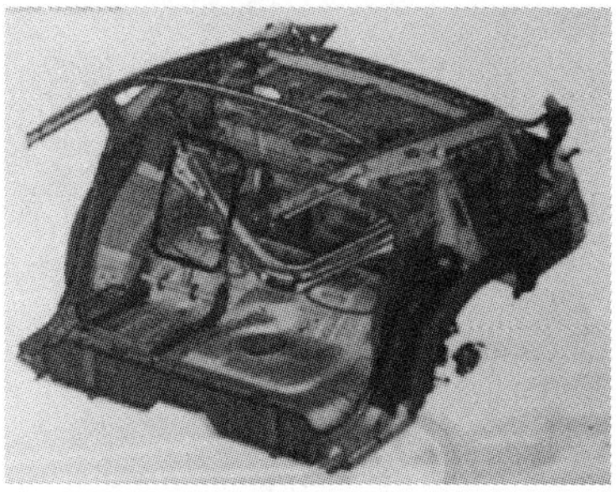

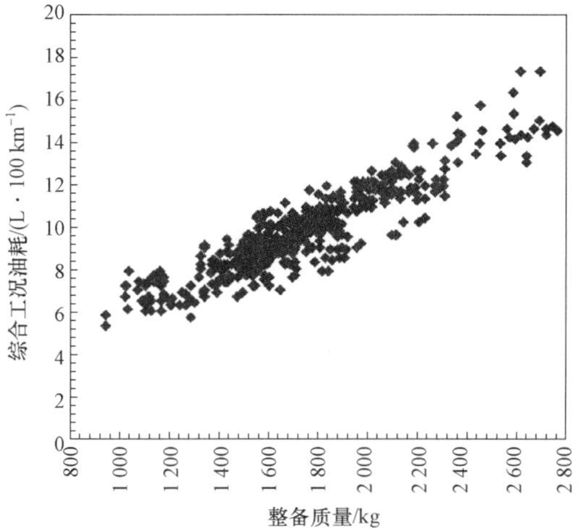

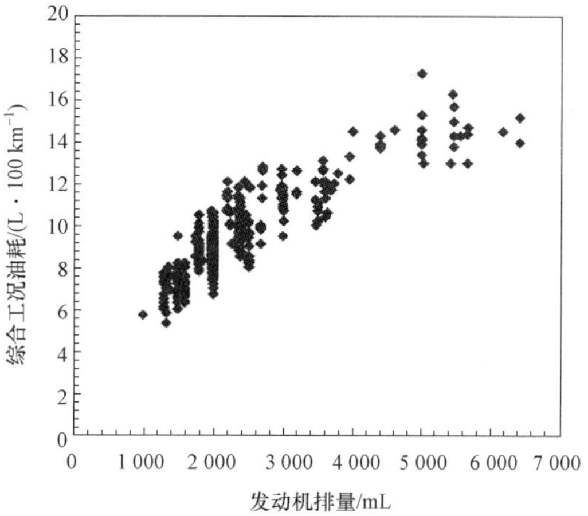

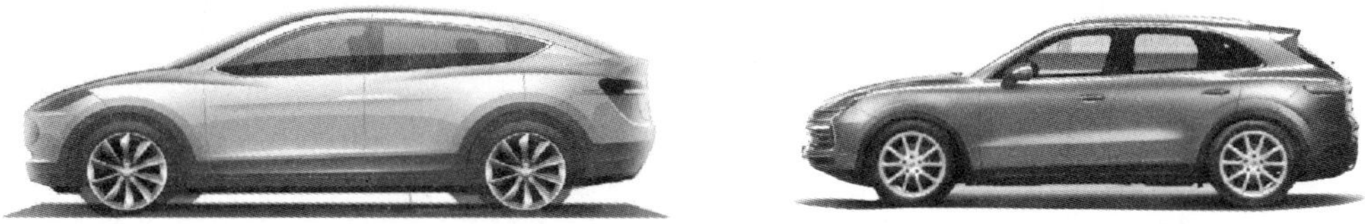

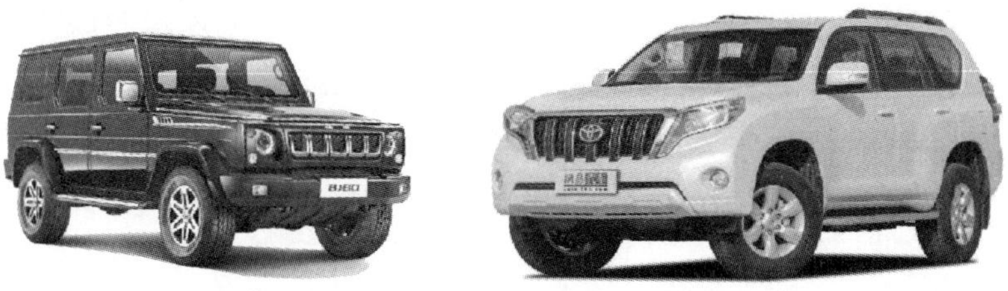

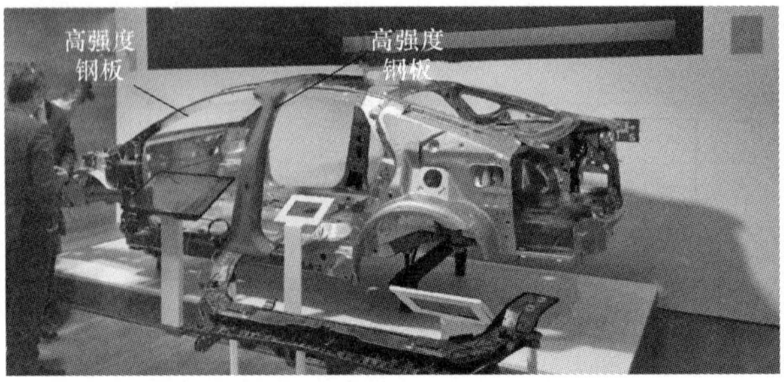

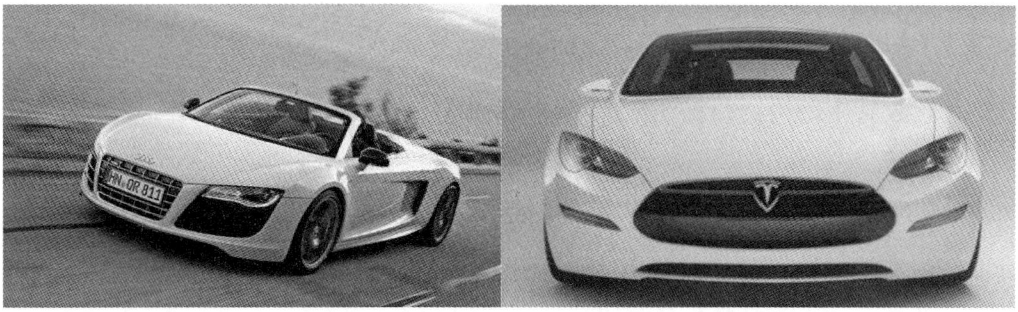

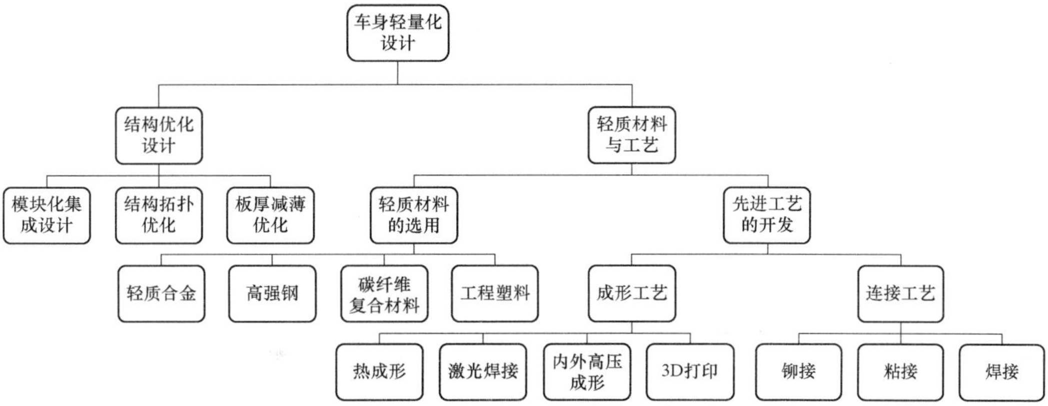

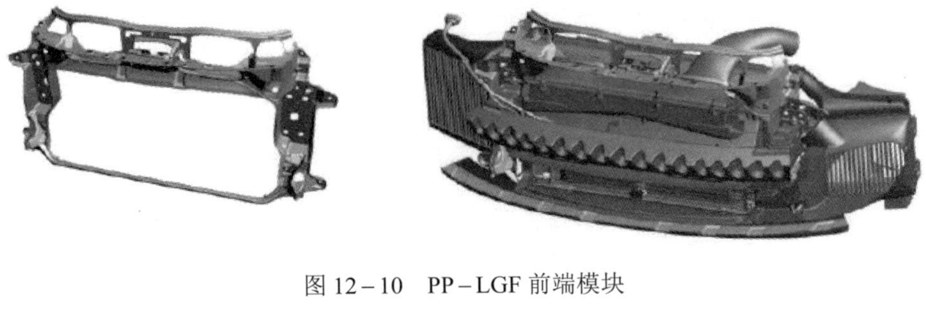

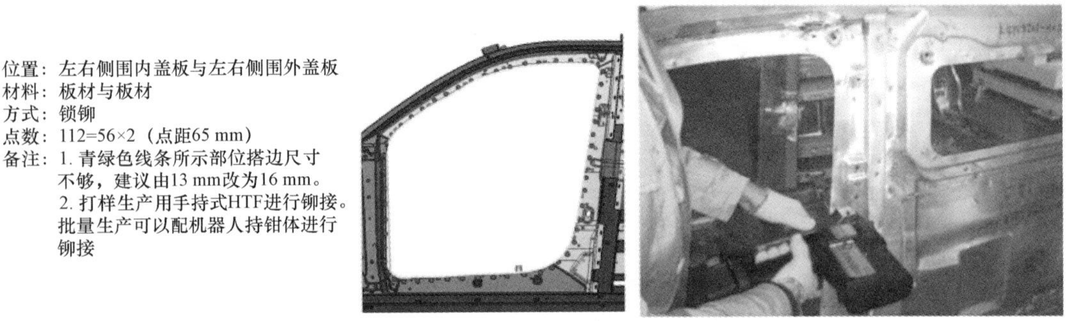

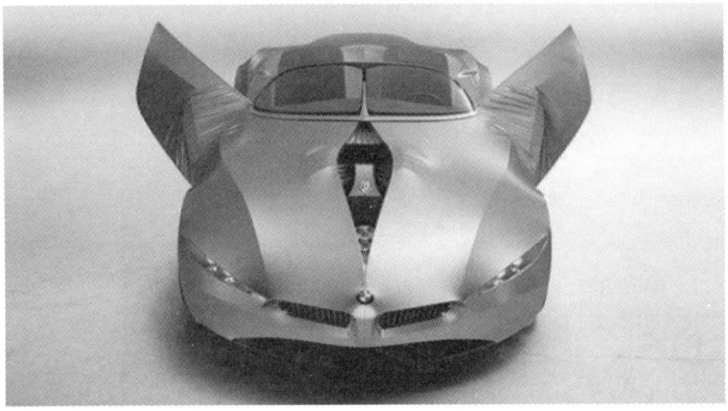

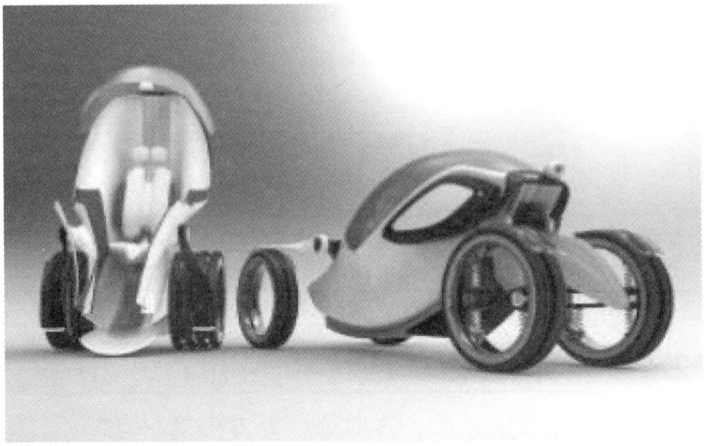

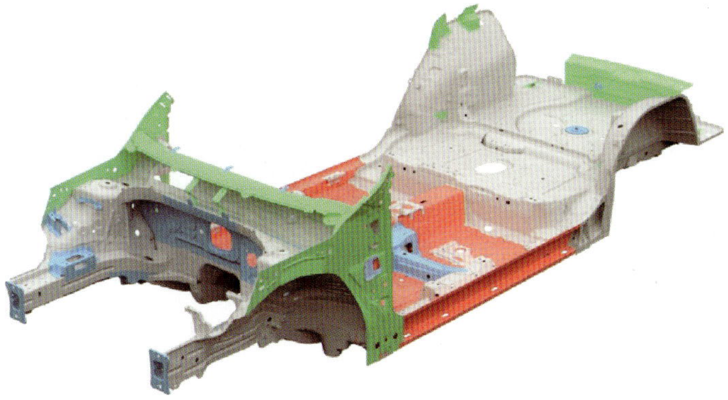

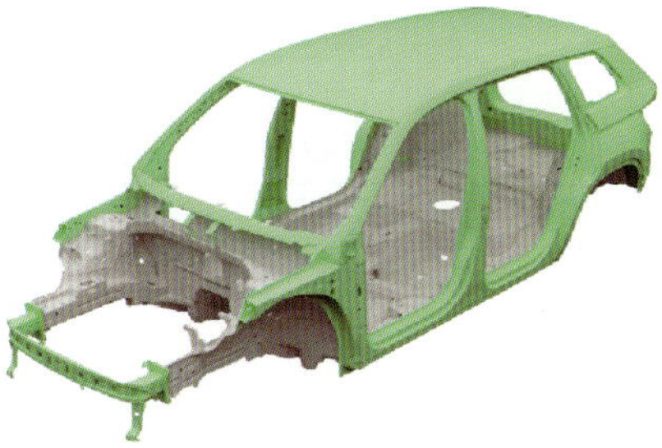

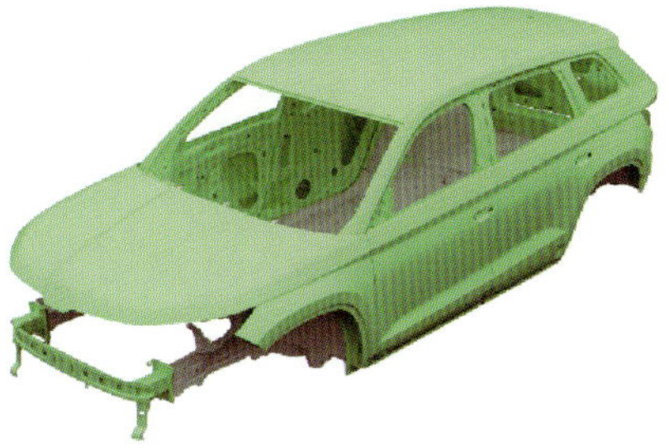

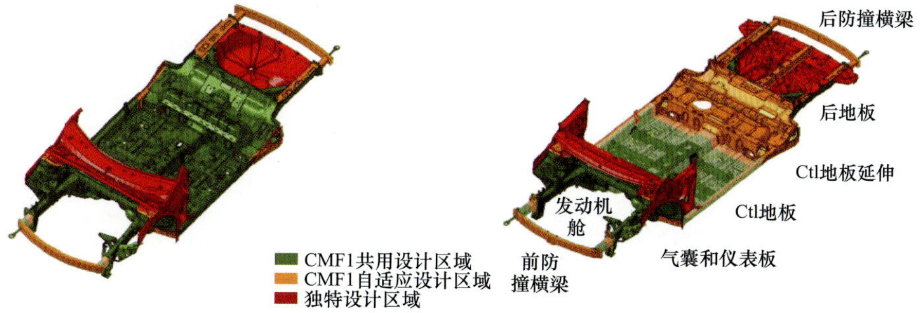

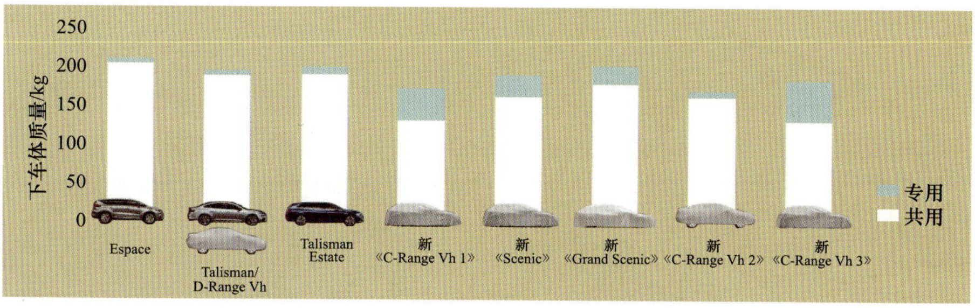

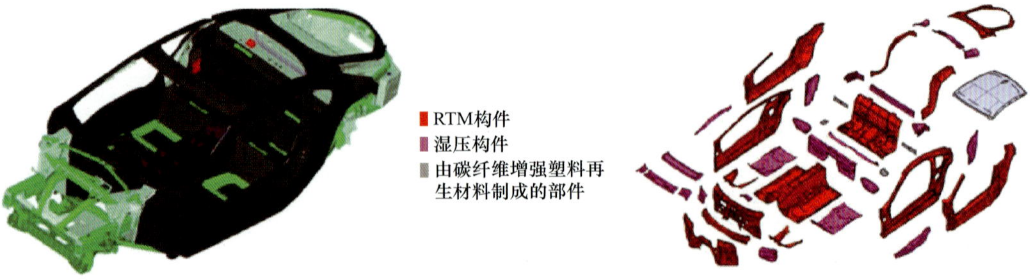

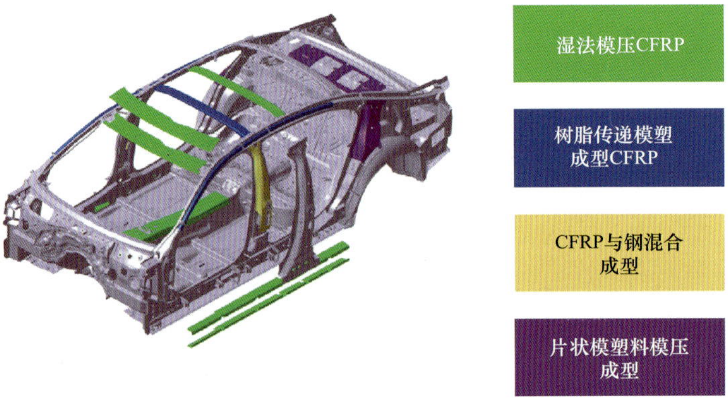

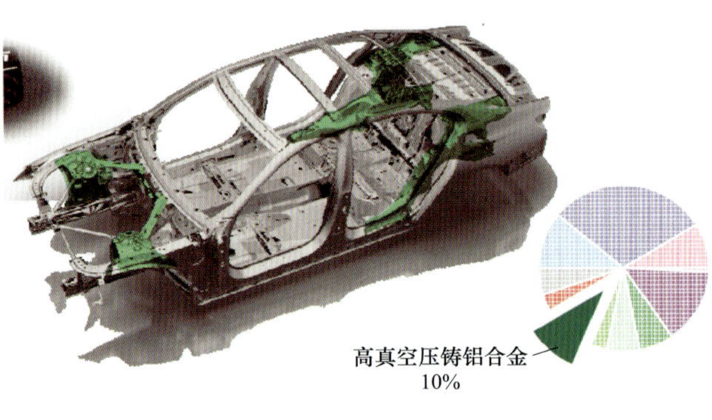

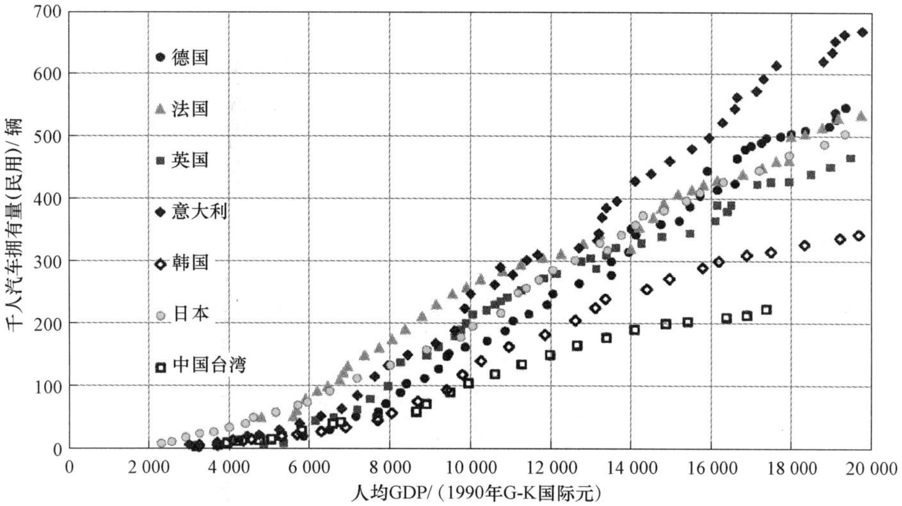

图 1－2 典型工业发达国家和地区的千人汽车拥有量与人均 GDP 值的关系曲线

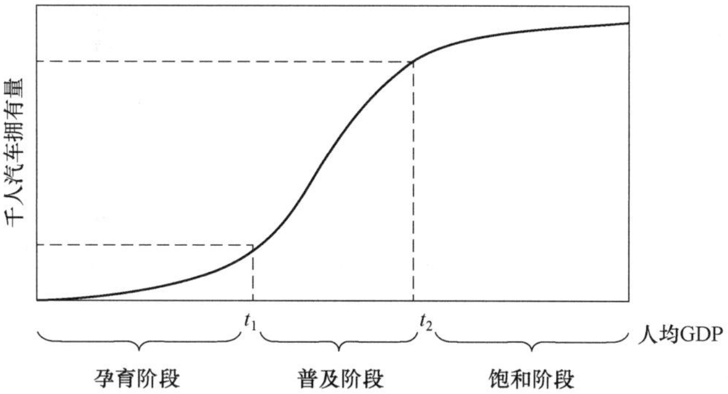

图 1－3 汽车需求增长的阶段性特征

汽车需求的不同阶段与国民的购买力和经济发展是密切相关的，一个国家的经济由低收入阶段向中高收入阶段迈进的过程，也是工业化不断深入推进的过程。在汽车需求孕育阶段，即工业化初期，此时的人均 GDP 小于 3 500 国际元。由于社会产品的产量小，汽车产品的产量也小且汽车价格高，而国民收入水平偏低，汽车只是作为奢侈品或生产工具存在，在这一阶段，汽车市场规模和保有量保持缓慢增长，千人汽车拥有量长期维持在 5 辆以下。而一旦人均 GDP 达到 3 500 国际元并且国民经济开始快速增长，就进入了汽车需求的普及阶段，此时国家进入工业化中期，随着汽车制造技术的发展和国民收入的增长，供给和需求互动带来规模经济的不断扩张，车价日益降低，汽车开始大规模进入家庭，汽车市场快速扩张。由于国民经济的快速发展，社会产品日益丰富，全社会的公路运输量激增，对商用车的需求也快速增加。在这一阶段，千人汽车拥有量从 5 辆快速增加到 400 辆左右，当然工业化较晚的国家和地区的汽车需求相对滞后，从图 1－2 可见，韩国和中国台湾地区在普及阶段的后期即人均 GDP 为 16 000 国际元时，千人汽车拥有量的最大值只有 200～300 辆，这与公共交通工具的发达以及民众对绿色出行的理念变化有关，如近年来，地铁、飞机、高铁的普及在一定程度上抑制了人们对汽车的需求。随着工业化的完成，人们对汽车的需求进入了饱和阶段，即汽车市场规模和保有量增长保持相对较低和稳定的状态，主要以存量调整以及报废汽车置换为主。

另外从图 1－2 和图 1－3 也可以看出，各国进入普及阶段和饱和阶段的临界条件大致相同。从进入普及阶段和饱和阶段的两个转折点（即 t_1 和 t_2）来看，工业化国家或地区大致在人均 GDP 达到 3 500 国际元时，即千人拥有量超过 5 辆时，汽车需求开始快速增加，并且增长最快的是千人拥有量从 5 辆增加到 100 辆的时期，是汽车需求的高速增长期，高速增长期大致保持 20%的年均增速，并持续 15～20 年。在人均 GDP 大致达到 9 000 国际元前后时，千人拥有量进入从 100 辆到 400 辆的中速增长阶段，其中从 100 辆到 200 辆为中高速增长时期，大致保持 12%的年均增速，并持续 5～7 年；从 200 辆到 400 辆为中低速增长时期，大致保持 4%～5%的年均增速，并持续 14～16 年。当人均 GDP 达到 16 000～18 000 国际元时，整个市场开始进入饱和阶段，市场主要以报废汽车置换需求为主，千人汽车拥有量大致保持 1%～2%的较低年均增速。典型工业化国家和地区汽车需求增长的阶段特征见表 1－1。

表 1－1　典型工业化国家和地区汽车需求增长的阶段特征

发展阶段	增长特征	千人汽车拥有量/辆	人均 GDP/（1990 年 G-K 国际元）	千人汽车拥有量年均增速/%	历时/年
孕育阶段（t_1 前）	低速增长	0～5	<3 500	—	—
普及阶段（t_1—t_2）	高速增长	5～20	3 500 到 4 500	18～21	7～9
		20～100	4 500 到 9 000	19～20	8～9
	中速增长	100～200	9 000 到 12 000	11～12	5～7
		200～400	12 000 到（16 000～18 000）区间	4～5	14～16
饱和阶段（t_2 后）	低速增长	400 以上	>（16 000～18 000）	1～2	—

2015 年中国人口达到了 13.76 亿，官方的 GDP 增速为 6.9%，人均 GDP 为 10 937 国际元，千人汽车拥有量为 120 辆。中国及其他典型工业化国家和地区的千人汽车拥有量和人均 GDP 关系见图 1－4，由图可见，由于中国工业化进程开始较晚，再加之地铁、公交、出租

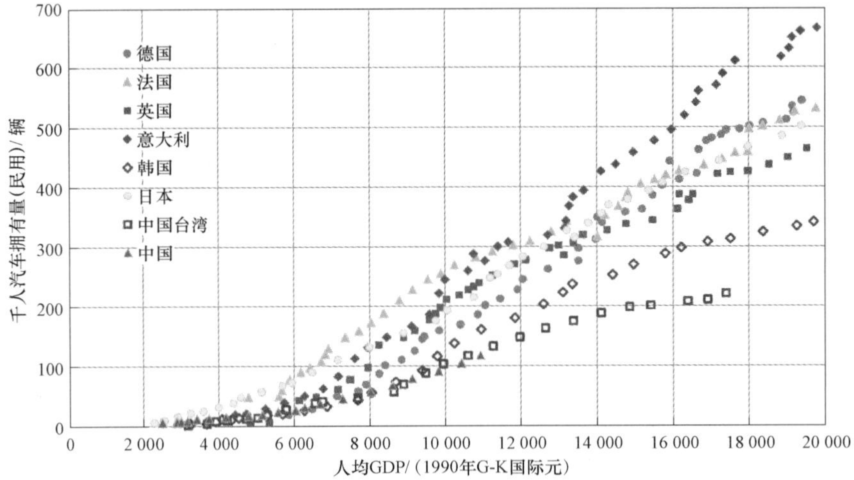

图 1－4　中国及其他典型工业化国家和地区的千人汽车拥有量和人均 GDP 关系

车、网约车、高铁等出行较为便利，因此在相同的人均 GDP 节点上的千人汽车拥有量较低，与韩国和中国台湾地区的规律较为接近。

在中国社会发展初期，千人汽车拥有量（民用）与人均 GDP 关系更接近韩国的规律，但人均 GDP 达到 9 000 国际元左右时，中国千人汽车拥有量增速减缓，其后中国的汽车需求规律更接近于中国台湾地区的规律，如图 1－5 所示，图中的曲线清晰地表明了上述结论。因而，可以根据表 1－1 中的千人汽车拥有量在不同阶段的年均增速规律以及参考韩国与中国台湾地区规律来预测未来 10 年中国的千人汽车拥有量。

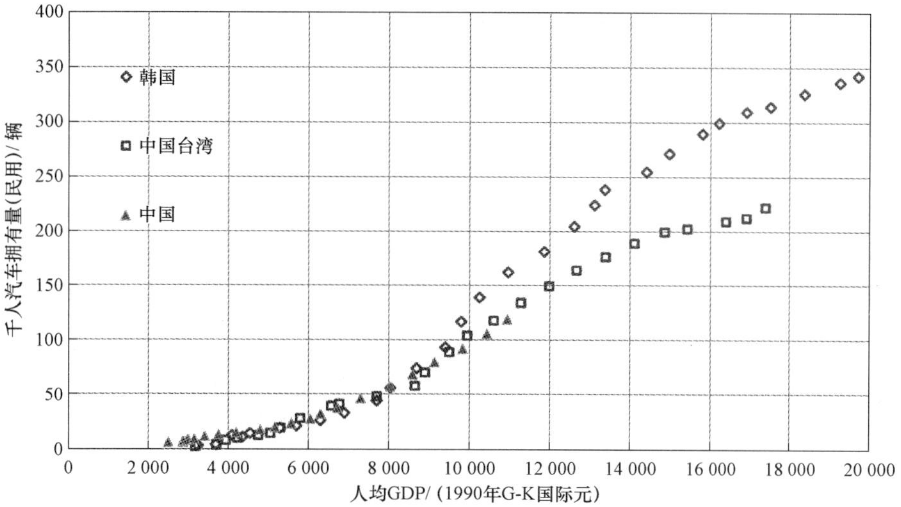

图 1－5　中国的汽车需求规律与韩国以及中国台湾地区的比较

预测未来千人汽车拥有量的前提是分析未来中国人均 GDP 的增速以及人口的增速。根据国务院发展中心、Maddison 研究项目以及笔者的预测，得到了 2010—2027 年中国人口、中国 GDP 增长率和中国人均 GDP 的预测数据，见表 1－2。

表 1－2　2010—2027 年中国人口、GDP 增长率和人均 GDP（1990 年 G－K 国际元）数据

年份	2010	2011	2012	2013	2014	2015	2016	2017	2018	2019	2020	2021	2022	2023	2024	2025	2026	2027
中国人口/百万	1 341	1 347	1 357	1 364	1 370	1 376	1 380	1 386	1 391	1 396	1 401	1 405	1 408	1 413	1 417	1 422	1 426	1 430
中国 GDP 增长率/%	10.3	9.3	7.8	7.7	7.4	6.9	6.7	6.9	6.7	6.5	6.3	5.8	5.6	5.5	5.4	5.2	5.2	5.2
中国人均 GDP/（1990 年 G－K 国际元）	8 032	8 594	9 136	9 827	10 428	10 937	11 504	12 522	13 236	13 971	14 726	15 459	16 208	16 984	17 779	18 580	19 380	20 180

由于国家二胎政策的放开，人口峰值拐点不会在 2027 年前出现，2000—2027 年的中国人口变化趋势见图 1－6。

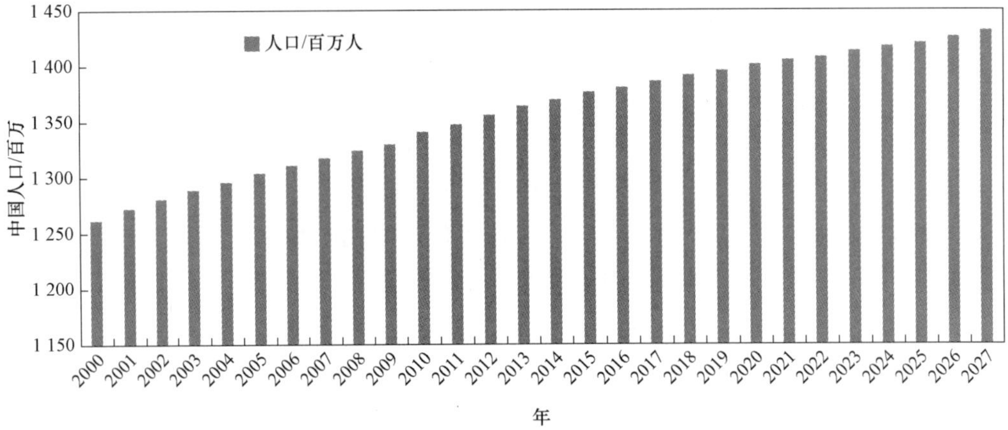

图 1-6 中国人口的变化趋势

2015—2017 年官方的 GDP 增长率数据为 6.7%～6.9%，比前五年降低，这与“新常态”有关。另外，近年来我国的 GDP 体量大，一直保持 10%的增速是不现实的。对于 6.7%～6.9%的数据业界反应不一，但多数机构和学者认为该数据真实反映了中国的经济基本面，故本研究仍以官方数据作为研究的基础。根据 GDP 增长率下行的趋势以及其他经济学者的判断，笔者认为未来 GDP 增长率会继续降低，2018 年后会继续下降，直至 2027 年降至 5.2%。据此，可以预测中国的人均 GDP 变化情况，见表 1-2 以及图 1-7。

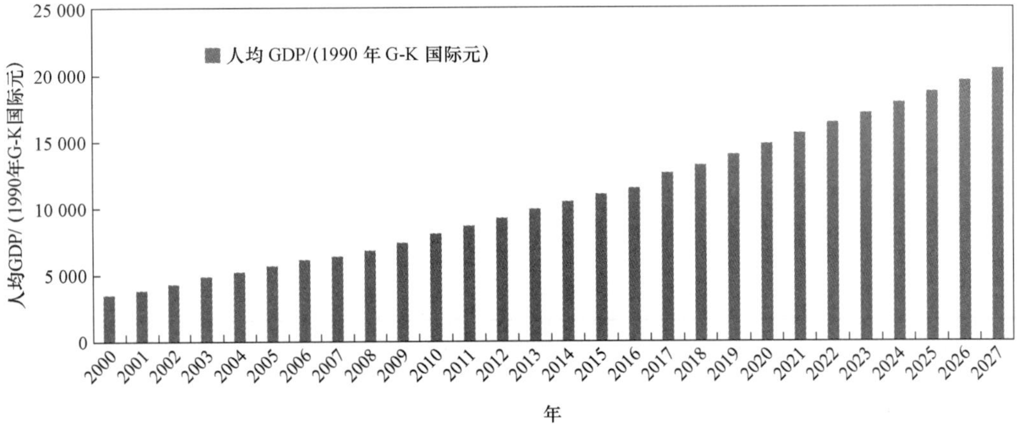

图 1-7 历年中国人均 GDP 及未来人均 GDP 的预测

由图 1-7 及表 1-2 可见，中国未来 10 年的人均 GDP 仍将有较大的增速。2017 年中国人均 GDP 达到 12 000 国际元，在 2025 年将达到 18 000 国际元。换句话说，2017 年后，中国民用汽车需求量可能进入了汽车需求普及阶段的中速增长期的后期，千人汽车拥有量年均增速从 10%以上向 4%～5%过渡。在 2025 年前后，中国千人汽车拥有量年均增速进一步向 1%～2%过渡，中国民用汽车需求量可能进入了汽车需求饱和阶段，即千人汽车拥有量年均增速为 2%左右的阶段。而根据表 1-1 的规律以及参考韩国及中国台湾地区的千人汽车拥有量的变化趋势和中国现有的千人汽车拥有量数据，可以得到如下增速规律：当年千人汽车拥有量年增速 = 1.379 413 × exp（ − 0.000 204 × 当年人均 GDP），结合未来中国人均 GDP 的预测，可以得到未来 10 年中国千人汽车拥有量的数据，如图 1－8 所示。

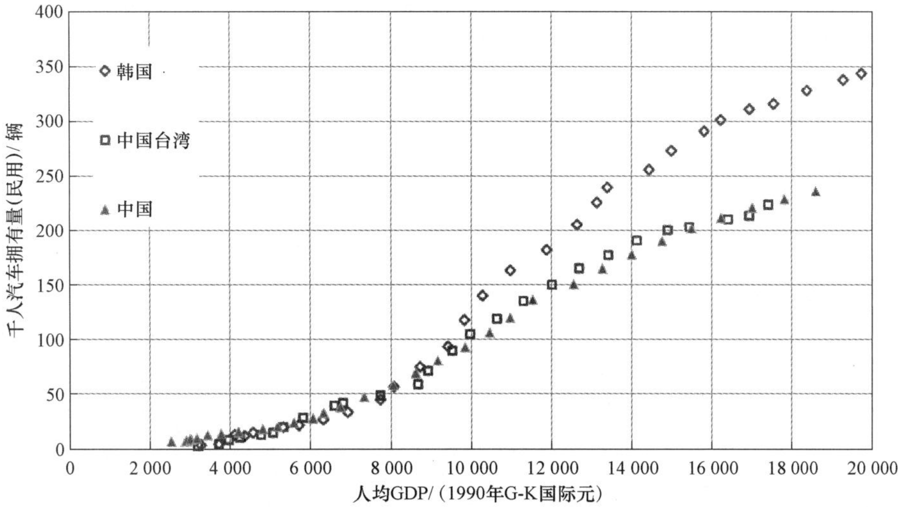

图 1－8　未来 10 年中国千人汽车拥有量数据曲线（见彩图）

图 1－8 中红色三角形为过去若干年的中国千人汽车拥有量，蓝色三角形为未来 10 年的中国千人汽车拥有量随着人均 GDP 的变化点。在千人汽车拥有量达到 200 辆以前，千人汽车拥有量年均增速为 6%～12%，达到 200 辆以后，千人汽车拥有量年均增速为 3%～5%，由于对中国经济以及价值分配的乐观预期，在人均 GDP 达到 16 000 国际元前后，中国千人汽车拥有量值将超过中国台湾地区同期的值，但与韩国相比仍有较大的差距，这也考虑到了公共交通、网约车平台的快速发展、汽车租赁业发展等因素。中国未来民用汽车保有量的预测数据见表 1－3。

表 1－3　中国未来民用汽车保有量的预测数据

年份	2014	2015	2016	2017	2018	2019	2020	2021	2022	2023	2024	2025	2026	2027
千人汽车拥有量年均增速	14.7%	12.6%	13.2%	10.7%	9.3%	8.0%	6.8%	5.9%	5.1%	4.3%	3.7%	3.1%	2.6%	2.2%
千人汽车拥有量	106.6	120.0	135.8	150.4	164.3	177.5	189.6	200.8	210.9	220.0	228.1	235.2	241.4	246.8
人口/百万	1 370	1 376	1 380	1 386	1 391	1 396	1 401	1 405	1 408	1 413	1 417	1 422	1 426	1 430
民用汽车保有量/亿辆	1.460	1.651	1.875	2.085	2.286	2.477	2.656	2.821	2.970	3.109	3.233	3.344	3.443	3.531

根据图 1－1 的逻辑算法，在得知未来人口变化以及中国千人汽车拥有量变化后，即可以通过两者的乘积来计算中国民用汽车保有量。具体数据见表 1－3，2015 年中国的民用汽车保有量为 1.651 亿辆，到 2027 年该数值将达到 3.531 亿辆，这对道路以及停车设施等提出较大挑战。

图 1－9 更加直观地表现了中国民用汽车保有量的变化趋势。由图 1－9 可见，中国民用汽车保有量增速在 2020 年开始放缓，这与中国千人汽车拥有量增速在此时放缓有关。

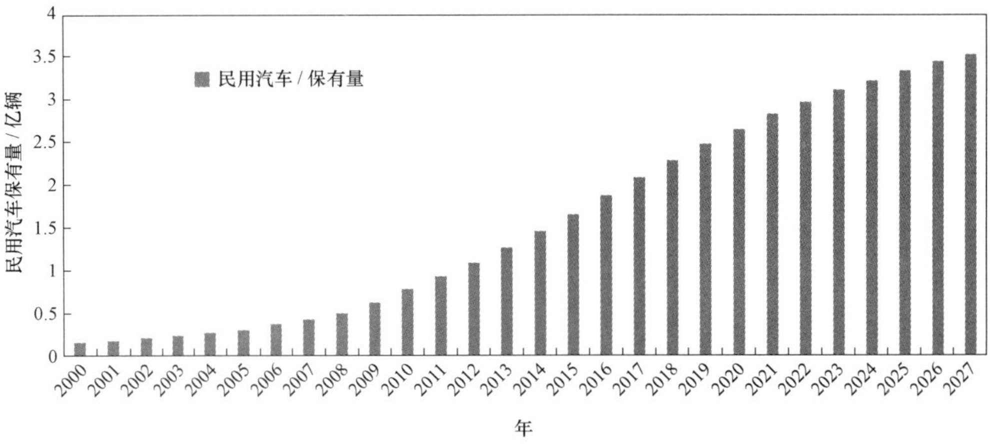

图 1－9　中国民用汽车保有量的变化

事实上，若要预测年汽车需求量即年汽车销量，就必须考虑一个重要的指标，即年汽车报废量，根据式（1－1），可以得到年汽车报废量。式中 ELV_n 代表当年的汽车报废量，VP_{n-1} 代表上一年的民用汽车保有量，VS_n 代表当年的汽车销量，VP_n 代表当年的民用汽车保有量。由于中国报废汽车回收体系尚不健全，汽车拥有者的汽车报废理念与日本等发达国家尚有差距，因而官方公布的汽车报废量并非实际的报废量。根据该公式，可以计算 2017 年及之前的真实汽车报废量，并根据该数据来找出汽车报废量的相关规律。我国计算的年实际汽车报废量见表 1－4。

$$ELV_n = VP_{n-1} + VS_n - VP_n \tag{1-1}$$

表 1－4　我国计算的年实际汽车报废量与按 8～12 年报废年限计算的汽车报废量的关系

年份	乘用车产量/辆	货车产量/辆	客车产量/辆	根据式（1－1）计算的真实汽车报废量	根据 8～12 年报废年限计算的汽车报废量	两者的比值
1991	100 869	452 023	155 928	—	—	—
1992	203 988	626 414	231 319	—	—	—
1993	301 619	774 868	220 291	—	—	—
1994	354 655	785 876	212 837	—	—	—
1995	479 002	721 822	251 913	—	—	—
1996	566 486	688 614	219 805	—	—	—
1997	712 994	659 318	210 316	—	—	—

续表

年份	乘用车产量/辆	货车产量/辆	客车产量/辆	根据式（1－1）计算的真实汽车报废量	根据8～12年报废年限计算的汽车报废量	两者的比值
1998	763 741	661 701	202 387	—	—	—
1999	853 322	756 312	221 962	—	—	—
2000	1 017 744	751 699	298 743	—	—	—
2001	1 195 202	803 076	343 250	—	—	—
2002	1 746 667	1 092 546	414 442	733 700	1 338 768	55%
2003	2 697 260	1 228 157	518 074	1 090 800	978 619	111%
2004	3 073 764	1 514 869	481 819	1 963 963	1 105 439	178%
2005	3 580 287	1 509 893	617 508	1 098 708	1 212 850	91%
2006	4 785 245	1 752 973	741 508	1 839 098	1 236 161	149%
2007	5 796 323	2 157 335	928 798	2 181 481	1 445 630	151%
2008	6 093 518	2 270 207	981 356	1 967 956	1 520 572	129%
2009	9 475 236	3 049 170	1 266 588	1 834 808	1 738 032	106%
2010	13 897 083	3 920 363	447 221	2 849 727	2 155 030	132%
2011	14 485 326	3 450 972	482 578	2 960 196	2 424 729	122%
2012	15 523 658	3 421 730	506 420	3 538 651	2 947 055	120%
2013	18 085 213	3 468 501	563 111	4 613 577	3 223 169	143%
2014	19 919 795	3 195 901	607 194	4 212 259	3 981 459	106%
2015	21 079 427	2 903 593	520 306	5 458 676	5 472 103	100%
2016	24 420 700	3 228 795	481 803	5 693 272	6 085 479	94%
2017	24 807 000	3 683 000	526 000	7 876 554	7 558 255	104%

一般而言，汽车的报废周期在10年左右，家用乘用车（包括轿车、SUV、MPV以及交叉型乘用车）报废周期略长，一般在10～15年。但根据汽车工业以及汽车社会的发展阶段不同，汽车的报废周期会有差异。通俗的解释为：在汽车社会早期，居民购买的汽车主要集中在中低档汽车，一般A0级和A级车较多且价格较贵，汽车的品质一般；随着汽车需求量的增大、汽车工业技术的进步以及汽车产量大幅提高，汽车的价格不断降低，同时品质不断提升。这种情况下，居民在汽车社会早期购买的汽车在一定年限后的残值只有5 000元上下时，且故障率提高，该车的残值达到了废铁的价格，这时汽车拥有者会主动进行报废。而在汽车社会中期购买的汽车主要为A级、B级甚至还有很多豪华轿车，在使用相同年限后，汽车的残值仍较大且故障率仍可以接受，因而报废年限自然推后，本研究考虑乘用车平均报废年限为12年。而货车主要是载货，一般年行驶里程为10万～20万km，一般在达到100万～150万km里程时故障率大幅增加，影响出勤率，故本研究考虑货车平均报废年限为8年。客车平均报废年限按10年计。根据历年的《中国汽车工业年鉴》，表1－4列出了

过去 27 年我国乘用车、货车和客车的年产量。按照上述各车型的假设报废年限，可算出 2002—2017 年的年汽车报废量推测值，见表 1－4。计算的年实际汽车报废量与推算值的比值同样见表 1－4，可见，2004—2013 年间，多数情况下汽车报废量推算值低于实际报废量，但 2014 年后，两者比较接近。考虑新能源汽车的发展以及货车超载的控制，本研究认为 2017 年后，可以采用推测值作为未来 10 年的中国汽车报废量。

另外，有文献研究表明，在成熟的汽车社会（千人拥有 200 辆以上），报废汽车体系相对成熟，工业化国家或地区汽车需求增长处于中速增长阶段，年汽车报废量约为保有量的 6%。根据表 1－3，在 2021 年，中国千人汽车拥有量超过 200 辆，可以理解为中国进入成熟的汽车社会，另外我国的汽车报废体系更加成熟，在中国汽车销量大幅增长时（2010 年前后）所销售的汽车接近报废时的年度，“年汽车报废量约为保有量的 6%”的规律适用，即 2022 年前后适用该规律，年汽车报废量与民用汽车保有量比值在 6%左右。基于上述推断，可预测 2018—2027 年的汽车报废量，见表 1－5。

表 1－5　2017—2027 年年汽车报废量的预测数据

年份	2017	2018	2019	2020	2021	2022	2023	2024	2025	2026	2027
民用汽车保有量/亿辆	2.085	2.286	2.477	2.656	2.821	2.970	3.109	3.233	3.344	3.443	3.531
汽车年销量/万辆	2 887.8	—	—	—	—	—	—	—	—		
年汽车报废量/万辆	787.6	968.7	1 051.3	996.2	1 342.6	1 759.9	1 795.2	1 935.9	2 228.8	2 445.2	2 565.6
千人汽车拥有量/辆	150.4	164.3	177.5	189.6	200.8	210.9	220.0	228.1	235.2	241.4	246.8

表 1－5 展示了 2017—2027 年的年汽车报废量，根据式（1－1），可以推导未来每年汽车销量的数据，即式（1－2），即当年的汽车销量等于当年的民用汽车保有量加上当年的汽车报废量再减去上一年度的民用汽车保有量，预测数据见表 1－6 及图 1－10。

$$VS_n = VP_n + ELV_n - VP_{n-1} \tag{1-2}$$

表 1－6　未来汽车销量预测数据

年份	2017	2018	2019	2020	2021	2022	2023	2024	2025	2026	2027
民用汽车保有量/亿辆	2.085	2.286	2.477	2.656	2.821	2.970	3.109	3.233	3.344	3.443	3.531
汽车年销量/万辆	2 887.9	2 978.7	2 961.3	2 786.2	2 992.6	3 249.9	3 185.2	3 175.9	3 338.8	3 435.2	3 445.6
年汽车报废量/万辆	787.6	968.7	1 051.3	996.2	1 342.6	1 759.9	1 795.2	1 935.9	2 228.8	2 445.2	2 565.6

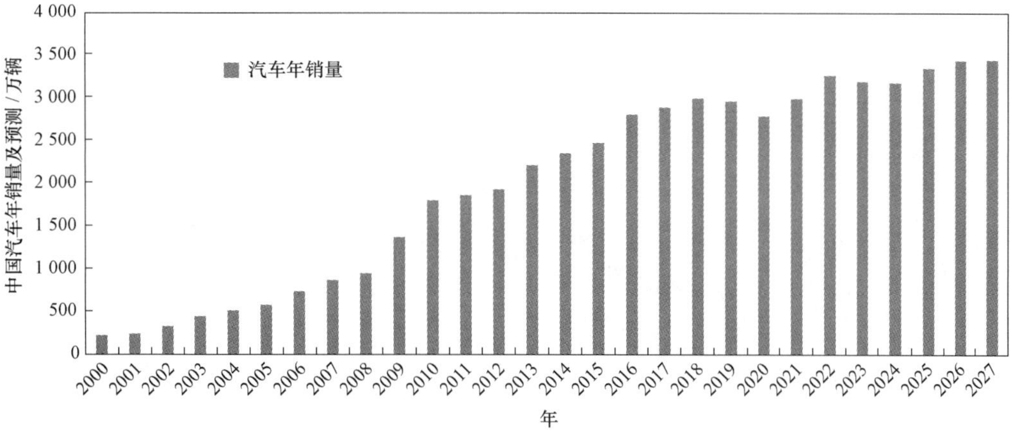

图 1－10 中国汽车年销量及预测

由图 1－10 可见，未来我国汽车销量会持续增长，在 2022 年达到约 3 250 万辆的高值，随后在 3 200 万辆上下波动，在 2026—2027 年达到 3 400 万辆。而在 2020 年我国汽车销量可能出现负增长，这与 2020 年汽车报废量低以及 2020 年千人拥有量年增速低有关。当然，汽车销量除了与 GDP 增长以及汽车报废量有密切关系外，国家的相关法规、政策，以及地方的政策等对当年的汽车销量影响也很大，如新能源汽车政策、地方对汽车上牌的控制、货车超载管制的法规等。总体来说，在宏观上，未来 10 年中国汽车需求大体会遵循上述规律，这与制造业的发展规律有关。

制造业是一国启动工业化、融入全球化、实现经济高速增长的主要产业。在工业化后期，制造业结构升级、制造业与生产性服务业融合发展是实现经济转型的重要方向。在制造业结构升级过程中，各行业比重达到峰值的先后顺序与技术和资金密集度有关。从典型工业化国家的经验看，随着人均 GDP 增长，制造业由劳动和资源密集型产业向资本和技术密集型产业升级，制造业各部门达到峰值的时点并不相同，表现出较好的规律性。汽车产业具有产业链长、附加值高、关联度大、创新引领性强等特征，其发展水平成为衡量一个国家制造业竞争力和工业化水平的重要标志。汽车需求与工业化、城镇化、国际化进程具有密切关联和内在逻辑关系。经济的持续发展，以及由此带来的居民收入增长和基础设施完善，对汽车需求增长有明显的支撑作用。

国务院发展研究中心对交通运输设备制造业增加值占制造业比重变化的研究如图 1－11 所示，由图 1－11 可见，以交通运输设备制造等为代表的资本和技术密集型产业占制造业比重持续上升，美国、英国的峰值（比例）水平在 12%左右，日本、韩国的峰值水平在 15%左右，之后趋于稳定。可见，交通运输设备制造业大约在人均 GDP 达到 15 000 国际元左右时达到峰值且之后趋于稳定，在人均 GDP 达到 25 000 国际元前没有明显回落。而根据表 1－2，我国将在 2021 年人均 GDP 达到 15 000 国际元左右，届时有可能我国交通运输设备制造业的发展达到顶峰，随后稳定发展。根据表 1－2，2027 年，我国人均 GDP 在 20 000 左右，处于交通运输设备制造业稳定区间。交通运输设备制造业中的主要产业包括汽车制造业、船舶制造工业和铁路设备制造业，汽车产业是交通运输设备制造业的重要组成部分，中国汽车产业在过去的 10 年间出现了飞速增长，根据图 1－10，中国汽车产业将在未来 10 年持续增长，并逐渐趋向稳定。

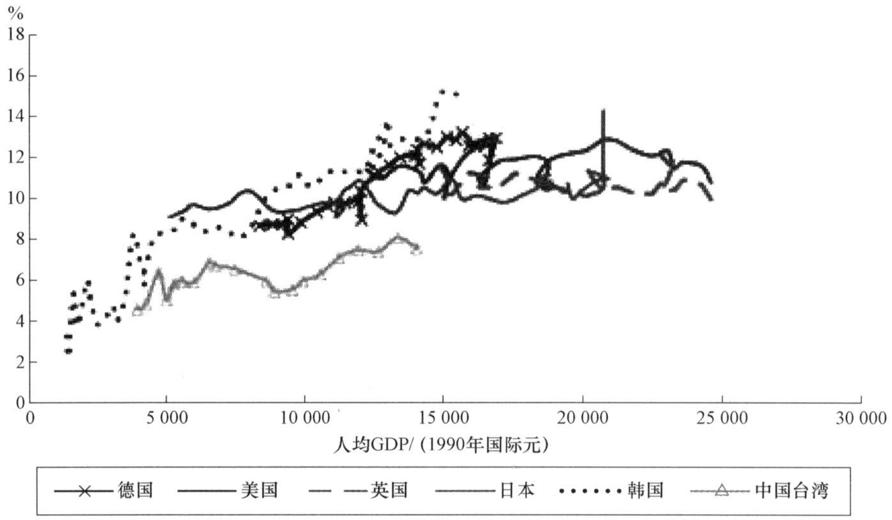

图 1－11　交通运输设备制造业增加值占制造业比重变化

1.2.2　未来十年中国汽车产业对汽车车身技术的推动

当前中国的经济发展、GDP 增速以及人均 GDP 的增速将逐步放缓，根据表 1－2 的推算，预计在 2021—2022 年中国人均 GDP 将达到 15 000 国际元以上，届时千人汽车拥有量达到 200 辆以上，交通运输设备制造业和汽车年销量均将达到一个峰值，随后趋于稳定。2025 年中国人均 GDP 将达到 18 000 国际元，根据表 1－1，汽车需求增长进入饱和阶段，年销量的增长不再由汽车需求驱动，而主要依赖报废汽车的置换驱动，市场竞争激烈。由图 1－10 可见，2016 年后，中国汽车销量已然放缓，这会给整车企业带来巨大的销售压力和利润压力。未来部分整车企业可能会被兼并重组。因而，我国自主品牌企业拥有大约 10 年的时间来提升技术实力和产品竞争力，这对于车身技术和轻量化技术是一个较大的挑战，经过近 10 年的行业进步，我国的车身技术和轻量化技术与国外典型主机厂的差距已经大幅度缩小，特别在被动安全、NVH 方面取得了较大的进步，但在轻量化方面仍有不小的差距。

中国汽车工业在 2 000 年后形成规模产业，用了 15 年时间才初步形成正向开发和设计能力，与国外老牌的竞争对手仍存在差距，尤其在品牌附加值、核心零部件、整车调校、整车耐久、平台化、轻量化、新能源、智能化等方面，中国品牌进一步追赶国外老牌需要大量的智力和财力投入，尤其是需要市场给予时间，而未来的 10 年恰恰是能够主场作战的机遇，一旦错过，就只能争取非洲、东亚等国家和地区的市场进行追赶。

因而，对于自主品牌主机厂以及上下游相关企业，必须从战略层面抓住未来十年的战略机遇。从乘用车车身技术角度来讲，中国汽车行业对车身技术的掌握要好于其他总成，与国外差距相对要小，十年时间、两代车型的开发周期足以令自主品牌达到与国外同等水平，并在国家积极推动新能源汽车、制造 2025、汽车智能化（互联网＋）的大战略下，有望实现超越。

1.3　平台化、模块化及正向开发

汽车的大工业生产方式发生过三个转变：生产流水线方式，汽车平台式生产方式，“模块化”生产方式。我国自主品牌仍处在平台化阶段，柔性的模块化平台尚在各自主品牌的规划之中或者刚刚实现，平台式生产方式或者模块化平台的创建无疑改变了汽车车身的设计和制造。

1.3.1　平台化

在20世纪80年代，产生了一种称为“汽车平台”的概念，“汽车平台”是由汽车制造厂商设计，可以共用大部分零件（如相似的底盘、车身结构以及生产工艺）的车型研发“平台”。汽车平台与车辆的基本结构相关，出自同一平台的不同车辆具有相同的结构要素，如车门立柱、翼子板、车顶轮廓等。同一平台车型的轴距一般情况下是相同的，同时一些配件是通用的。有时候很多种不同品牌的车在一个平台，而同一品牌的不同年度车型反而不在一个平台。

（1）德国大众汽车平台。

PQ系列汽车开发平台是大众汽车MQB、MLB、MMB和MSB四个模块化平台之前的汽车开发平台。PQ24平台是大众比较老的平台之一，相应车型有POLO；PQ25平台是大众专为生产小型车而开发的全新平台，在这个平台诞生的车型主要有斯柯达Fabia以及新POLO和奥迪A1。PQ32原生产老桑塔纳、捷达，后期进化为PQ34和PQ35，产品包括朗逸、宝来（一汽大众）、明锐、途观、途安、开迪、速腾、高尔夫6等。PQ35是在PQ34平台的基础上进化而来的。它具有四轮独立悬挂，也就是前麦弗逊后四连杆式悬挂系统，在提高操控性的同时有效提升驾驶乘坐的舒适性和平顺性，极大地衰减了振动的传递，延长了车辆的使用寿命。另外，PQ35平台开始采用激光拼焊技术、双面镀锌高强度钢板、Can－bus全车信息控制网络和全车多道涂装工艺等技术。PQ46平台是生产中高级车的平台，从PQ45演化而来，在同级别车中首先采用全球同步先进的底盘技术。采用前麦弗逊、后带横向稳定杆的多连杆式四轮独立悬挂。在安全方面，PQ46全新技术平台上首次将车身钢板的热成形技术用于A柱和B柱等，提高了乘员厢周边的防撞安全性。代表车型有迈腾、昊锐等。目前德国大众的新车型已经采用模块化平台。

（2）福特汽车平台。

福特B级平台，即A0级汽车平台，车型包括福特嘉年华第六代车型、马自达2第二代车型。福特C1平台由福特、马自达和沃尔沃三家汽车公司共同开发，是福特的紧凑级车平台，如老款的福特福克斯、马自达3、沃尔沃S40都是产自这个平台，各车型底盘布局与车身结构有所不同，但是前后副车架、悬挂、制动系统等都非常一致。新的C级平台的应用车型包括福特福克斯第三代车型、福特C－MAX第二代车型、福特Grand C－MAX、福特Escape第三代车型。福特中级车平台包括C/D级平台，如CD3平台和CD4平台、EUCD平台，使用车型包括福特Fusion第一代车型、福特Edge第一代车型、马自达6第一代车型和第二代车型、马自达CX－9、水星Milan、林肯MKZ第一代车型、林肯MKX，以及一汽奔腾B50、一汽奔腾B70、全新福特锐界。EUCD平台使用车型包括福特蒙迪欧第四代车型、福特 Galaxy 第三代车型等。中级豪华车 DEW 平台使用车型包括捷豹 S－TYPE、捷豹 XF、林肯 LS、福特雷鸟第十一代车型等。D2C 平台为跑车平台，使用车型包括福特野马第五代车型。全尺寸 SUV 平台为 D4 平台，使用车型包括福特 Explorer 第五代车型、福特 Flex、林肯 MKT。全尺寸皮卡平台即 P2/P3 平台，使用车型包括福特 F－150 第十一及第十二代车型、林肯 Mark LT 第一及第二代车型、福特 Super Duty 第二及第三代车型。

（3）标致雪铁龙汽车平台。

PSA 旗下有 PF1、PF2、PF3 平台，即老的 1 号、2 号、3 号平台。PF1 平台为小型车平台，应用车型包括新爱丽舍、标致 301 和小型 SUV2008；PF2 平台为 A 级车平台，应用车型包括标致 307、东风标致 308、雪铁龙世嘉（C4）；PF3 平台为中型轿车平台，应用车型包括雪铁龙 C5、雪铁龙 C6、标致 508、标致 607。

（4）通用汽车平台。

通用曾一共有 12 大平台，分别是 Gamma、Delta、Epsilon、W、Sigma、Theta、U、Lambda、Zeta、Y、GMT355、GMT900。Gamma 平台是 2002 年通用与菲亚特合作开发的前驱小型车平台，菲亚特称为 SCCS（Small Common Components and Systems）平台，应用车型包括欧宝 2007 款 Corsa、阿尔法罗密欧 Mito、菲亚特 Grande Punto、菲亚特领雅 Linea、Jeep 自由侠、菲亚特 500X 等。目前已经升级为第二代的 Gamma Ⅱ平台，Gamma Ⅱ平台用于通用旗下雪佛兰、别克、欧宝和霍顿四个品牌。Delta 平台最早诞生于 2003 年，其上诞生的第一辆车辆为土星 Ion，Delta Ⅱ平台应用于雪佛兰 Cruze，欧宝 Astra/Zafira/萨博 9－1/萨博 9－3/雪佛兰 Volt/Tacuma 等车型。Epsilon 为中型前驱车平台，是通用使用最广泛的平台之一，Epsilon Ⅱ平台应用在欧宝 Insignia 和别克新君威等车型上。W 中型前驱车平台 1988 年诞生于美国。国产的君越和老君威分别来自这个平台的最新版本和老版本。Sigma 为中型后驱车平台，Sigma Ⅱ平台上制造了凯迪拉克的 CTS 系列。Theta 为中型交叉 SUV 平台，通用主要在该平台研发推出 SUV 车型，包括通用旗下的雪佛兰科帕奇、土星 VUE、德国欧宝安德拉等。Lambda 平台最早在 2006 年以概念车的形式展现在车展上面，由 Epsilon 平台发展而来，诞生的车型包括别克昂科雷、GMC Acadia、雪佛兰 Traverse 等。Y 平台采用了四轮独立悬挂、前置 V8 发动机、后置变速箱、后轮驱动的布局，在它之上诞生的车型包括凯迪拉克 XLR 和雪佛兰 Corvette。

（5）丰田汽车平台。

丰田 MC 平台为中型车平台，于 2006 年问世，用于生产丰田凯美瑞车型。此外，雷克萨斯 ES、雷克萨斯 RX、丰田汉兰达车型也都是出自这个平台。丰田 NBC 平台上诞生了很多成功车型，如八廓威姿、威志、雅力士、夏利 2000、威乐、新老威驰。为了研制城市小型车 IQ，丰田开发了一个全新的平台 IQ，IQ 平台上运用了许多新技术，包括发动机前移以便给驾驶舱腾出更大的活动空间、较高的车身、效率较高的制冷系统、放置在驾驶舱座椅下方的油箱设计等，应用车型包括 Yaris、混合动力车和 MPV。

（6）日产汽车平台。

在 1999 年日产拥有 24 个独立平台，产量最大的五大平台占据总产量的 62%。到 2005 财年为止，平台数量减少到 15 种，五大平台的产量占总产量的 91%。

日产 B 平台为前置前驱布局，车型有 Cube、Cube Cubic 和 Versa，以及 TIIDA、Bluebird 等。C 平台为前置前驱或全驱布局，发动机横置，能提供紧凑的外部空间和宽敞的内部空间，在此平台上构建的车型有 Qashqai（逍客）、Rogue、Sentra、Serena 和 X－Trail（奇骏）。D 平台为前置前驱或全驱布局的大型平台，车型有 Altima、Altima Coupe、Maxima、Murano、Presage、Guest 和 Teana（天籁）。F－Alpha 卡车平台，车型采用纵梁设计并采用高强度钢板，在这一平台上构建的车型包括日产 Armada（全尺寸 SUV）、Titan 以及 Xterra 和英菲尼迪 QX。E 平台为前中置后驱布局大型车平台，专门为 V6 或 V8 设计。车型有英菲尼迪 FX、EX、M、G 和日产 Skyline、350Z。PM 平台是为 GT－R 独立开发的高级中置平台，发动机为前中置布局，传动系统和全轮驱动系统安装在独立后驱动桥上，提供超高速的稳定性、出色的操控能力和超凡的驾驶体验。

（7）宝马汽车平台。

宝马和 MINI 总计拥有五大平台，未来将缩减为两种平台——前轮驱动和后轮驱动各一种。平台/架构合并战略可以加快研发进度，降低成本。宝马品牌在五大平台中主要使用了四种，都是后驱平台：（1）宝马 1 系、2 系和 3 系采用紧凑车平台。（2）宝马 5 系、6 系、7 系和劳斯莱斯古思特采用中大型车平台。（3）宝马 X3 和新款 X4 跨界车共用平台。（4）宝马 X5 和宝马 X6 跨界 SUV 共用另一种 SUV 平台。宝马 i 系列车型，包括 i3 纯电动车和 i8 插电式混合动力跑车，并没有涵盖在平台合并战略之中。

可见，各主机厂均拥有各自的车型平台，部分为联合开发，随着成本压力增大以及技术的进步，平台越来越趋向于柔性化以及少量化，各主机厂均在缩减平台数量，或者开发模块化柔性平台。我国自主品牌的发展也多源于收购或者利用合资企业的车型平台，如广汽购置了阿尔法罗密欧汽车平台、上汽购置了名爵汽车平台，以及北汽购置了萨博汽车平台等。使用合资企业车型平台方面的例子有一汽和海马汽车使用马自达的汽车平台等。在自主品牌起步阶段，多采用 Benchmark 的方式对标国外的车型，车型的对标开发远不如平台的引进，这些平台的引进加速了自主品牌的发展进程。

1.3.2　模块化

传统汽车平台的汽车设计会受到很多限制，单个平台一般带宽较窄，研发上不够灵活。若开发出更多的细分平台，成本增加严重。为了满足现在汽车市场个性化的需求，在传统的汽车平台上进一步优化，就出现了汽车设计生产的“模块化平台”。相对于传统的设计生产一体化，“模块化”是将汽车的各个子系统以“模块”的形式进行标准化设计和生产，最后再根据不同车型的定位进行“组装”。传统汽车装配采用的是零件逐一叠加的方式，因此工位较多、装配线较长、装配效率较低。“模块化”将同一个功能系统或者区域的零部件装配成模块，汽车零部件供应商按功能系统以模块化形式供货，汽车以模块化部件为基本件进行总装配。举例来说，模块化生产方式下将发动机、变速箱以及前轴和前悬挂都集成在同一模块上，再与其他模块对接装配。而传统平台则是在整车生产流程的某一环节中一一装入发动机、变速箱等。采用“模块化”生产方式有利于提高汽车零部件的品种数量、质量和自动化水平，提高汽车的装配质量并缩短汽车的生产周期。模块化平台又一次体现了以更低的成本制造更高品质的汽车这一朴素的理念。模块化平台示意图如图 1－12 所示。

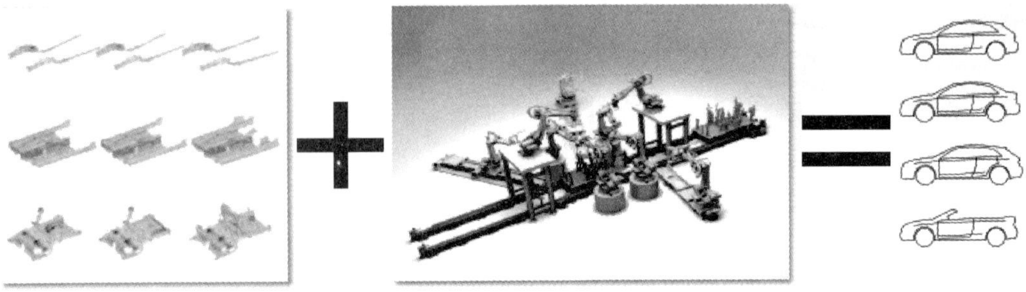

图 1-12　模块化平台示意图

（1）大众的 MQB、MLB、MMB 和 MSB 模块化平台。

目前大众新一代的 MQB、MLB 平台就采用了“模块化”的设计概念，通过大量的数据模块支持来完成对车辆的设计。大众的车型平台 PQ2X、PQ3X 和 PQ4X 整合为统一的 MQB 平台，该平台上诞生 A0 级、A 级、B 级甚至 A00 级的车辆。MQB 平台的发动机采用横向前置布局，在此基础上可调整轮距、轴距和悬挂，开发出不同车型。不同车型可以通用大量零部件，可共线生产，从而大幅提高了生产灵活性并降低了成本。涵盖车型包括目前的第七代大众高尔夫、第三代奥迪 A3、第三代奥迪 TT、第三代斯柯达明锐、第三代西雅特 Leon。MLB 平台为发动机纵置模块化平台，车型包括奥迪 A4、A5、A6、A7、Q5 以及保时捷 Macan 等。MMB 和 MSB 平台分别为中置发动机跑车模块化平台和前置后驱模块化平台。以 MQB 平台为例，该平台规划车型约 60 款，纵跨 A00、A0、A、A 级 SUV 以及 B 级，如图 1-13 所示，大众模块化平台带宽可见一斑。模块化平台的共用总成情况见图 1-14，包括底盘形态、发动机总成、电器以及车身构件。

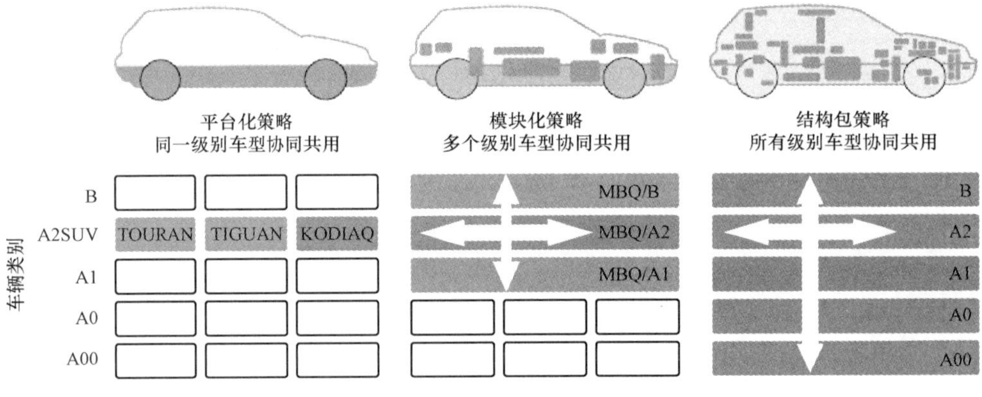

图 1-13　MQB 平台的车型

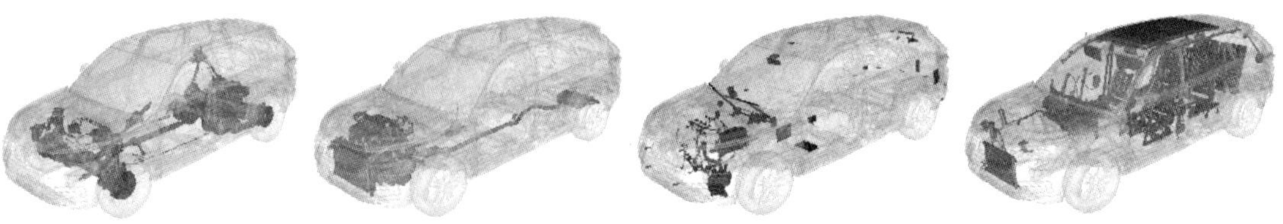

图 1-14　模块化的底盘、发动机、电器及车身

如图 1－15 所示，以 2016 款斯柯达柯迪亚克为例，灰色为 MQB/A2 平台的共用零件，约占 68%；浅蓝色为 MQB/A 平台的共用零件，占 9%；绿色为斯柯达部件，占 5%；红色为拉长轴距的新部件，占 18%。

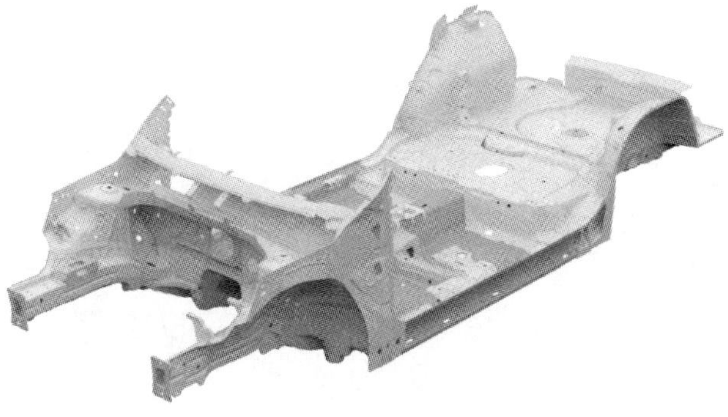

图 1－15 下车体平台化零部件（见彩图）

如图 1－16 所示，对于斯柯达柯迪亚克白车身，灰色为模块化平台共用零件，占 55%；绿色为斯柯达零件，占 45%。对于车身，灰色为模块化平台共用零件，占 42%；绿色为斯柯达零件，占 58%。

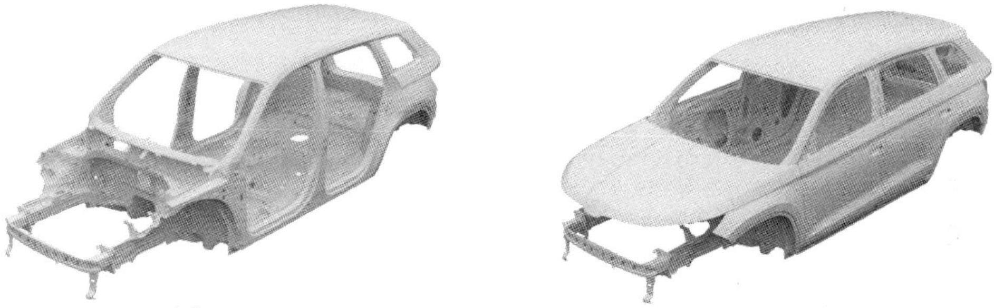

（a） （b）

图 1－16 白车身/车身模块化情况（见彩图）
（a）白车身；（b）车身

（2）奔驰的 MFA、MRA 模块化平台。

奔驰开发了 MFA 和 MRA 等模块化通用平台，以及后续的 MHA 平台及 MSA 平台。MFA（Mercedes Front－wheel－drive Architecture，梅赛德斯前轮驱动架构）平台，德文也称作 MFA－Baureihen（MFA 系列）。MFA 平台衍生前轮驱动车型，奔驰 CLA 轿车、B 级五门纯电动车和 GLA 跨界 SUV 车型应用此模块化平台。MRA（Mercedes Rear－wheel－drive Architecture，梅赛德斯后轮驱动架构）平台，衍生后轮驱动车型，奔驰 C 级、奔驰 GLK 级紧凑跨界 SUV、奔驰 E 级采用该平台，新一代奔驰 S 级轿车和轿跑也将采用该平台的部分零部件。MHA（Modular High Architecture，模块化高端架构）平台，用于大型跨界 SUV，包括前驱和后驱构型，涵盖奔驰 ML 级、奔驰 GL 级，如新 GLE。MSA（Modular Sport Architecture，模块化跑车架构）平台，用于新款和改款奔驰跑车，包括两门 SL 和 SLK 车型。

奔驰 C 级应用了 MRA 模块化平台，在该模块化平台下，奔驰 C 级可衍生的子车型达到 10 款以上，如图 1－17 所示。

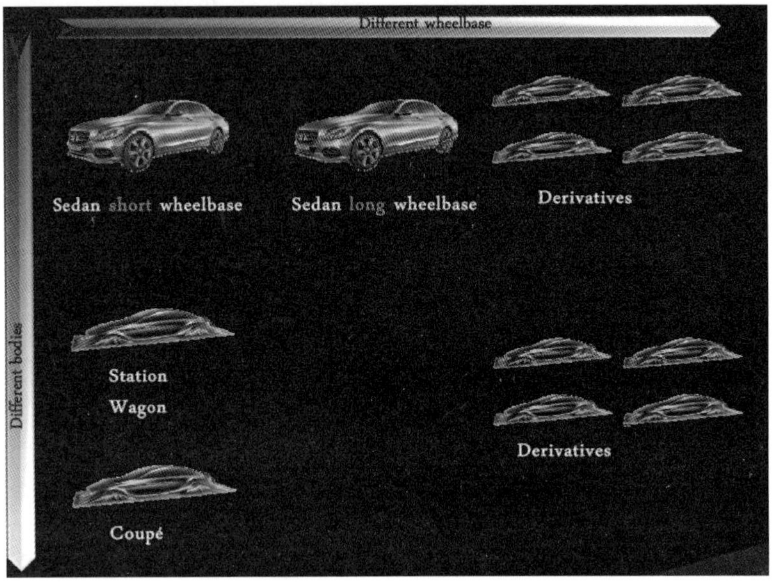

图 1－17　奔驰 C 级应用的 MRA 模块化平台

（3）宝马的 UKL 模块化平台。

UKL（Untere Klasse）模块化平台是宝马旗下的横置发动机前驱模块化平台，Untere Klasse 在德语中的含义是“入门级”。从这个简单粗暴的命名方式就能知道开发这个平台的用意：生产车身长度在 3.8～4.3 m 之间的成本较低的横置发动机前驱车型，用于生产 1 系三厢版、2 系旅行车、X1 以及所有的 MINI 新车型。由于 UKL 平台同样是模块化平台，未来还可能会诞生出 MPV、前驱跑车等车型，UKL 模块化平台见图 1－18。根据宝马推算，来自 UKL 平台的车型未来将占到宝马集团车型总销量的 40%。CLAR（Cluster Architecture）平台是宝马旗下的模块化后驱车型平台，其最大的特点在于轻量化设计方面取得的进步，得益于碳纤维复合材料、铝合金材料和热成型钢的应用，诞生于该平台的车型相比非 CLAR 平台车型均将实现 100 kg 甚至更大幅度的减重。全新宝马 7 系、5 系、3 系以及 X3、全新 X5 等车型均基于这一平台进行打造。

图 1－18　UKL 模块化平台

（4）标致雪铁龙集团的 EMP2 模块化平台。

EMP2（Efficient Modular Platform）平台即高效模块化平台，其采用了前半部分固定标准化设计结合后半部分可变设计的形式，可以涵盖紧凑型、中型、中大型轿车以及 SUV、MPV 等多种车型。由于采用前半部分标准化设计，EMP2 平台仅配有前横置发动机形式，其车身长度和轴距则可以任意调整，后悬架同时支持扭力梁和多连杆形式。EMP2 平台同样在轻量化设计和改善操控性方面做出了大量调整。此外，EMP2 平台还支持混动和纯电动力的布置，EMP2 平台特点见图 1-19。目前，该平台在产车型较多，如标致 308S、标致 408、标致 4008、标致 5008、雪铁龙 C6、雪铁龙天逸、标致全新 508、DS 7 Crossback 等车型。

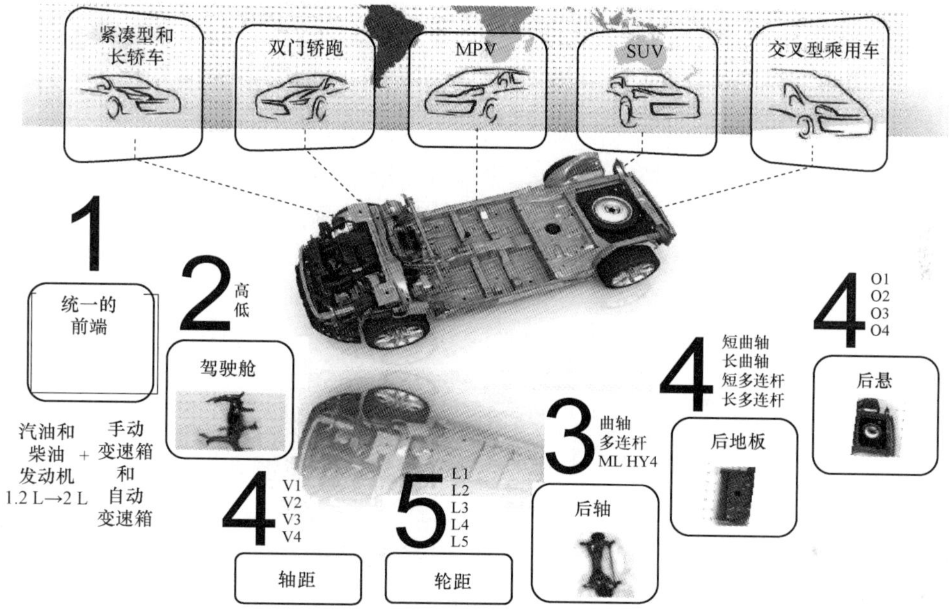

图 1-19　EMP2 平台特点

标致 3008 是继雪铁龙 C4 Picasso 和标致 308 之后的第三款采用 EMP2 模块化平台的车型。标致 3008 车型的下车身 EMP2 平台模块化应用情况见图 1-20，浅灰色部分为通用模块。

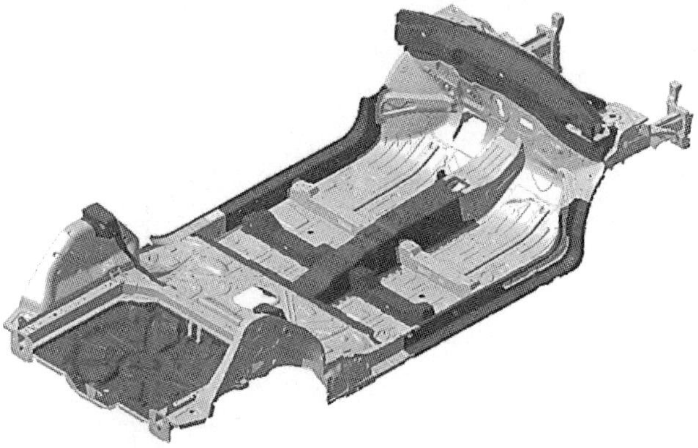

图 1-20　标致 3008 车型的下车身 EMP2 平台模块化应用情况

（5）雷诺－日产的 CMF 模块化平台。

CMF 平台同样是模块化平台，按照级别不同可划分为 CMF－A、CMF－B、CMF－CD 三个细分平台。在 CMF 平台中，汽车被分成五个模块，包括发动机舱、乘员舱、前部底盘、后部底盘以及电气架构。CMF 平台强调的是设计和生产的灵活性，每个模块内有多种不同的配置方案，根据车型的不同将它们排列组合便可衍生出不同级别、不同驱动形式的各种车型，突破 MQB、CLAR 等以驱动形式和级别限定平台的方式。诞生于 CMF 平台的车型有雷诺科雷嘉、雷诺科雷傲、雷诺梅甘娜、雷诺全新塔利斯曼、日产逍客、日产奇骏、日产全新 Juke 等。可以发现，CMF 平台的衍生性非常强，不过与 MQB、MLB 或 CLAR 平台不同，CMF 平台诞生的车型更像是由不同模块排列组合而成，而不是通过单纯地改变尺寸和轴距“拉”出来的新车。雷诺－日产 CMF 模块化平台示意图见图 1－21。雷诺－日产 CFM 平台诞生的首款车型为 2014 款全新奇骏。

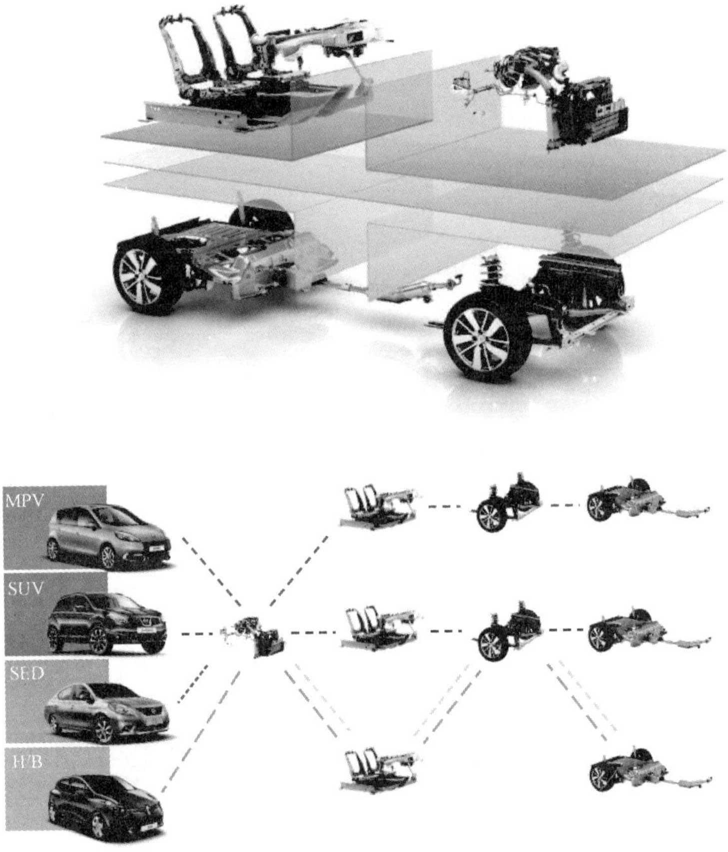

图 1－21　雷诺－日产 CMF 模块化平台示意图

表 1－7 列举了雷诺－日产的四个级别的模块化，从零件的通用、小的总成的通用以及大的模块的通用到模块化平台。图 1－22 为 CMF1 平台的两个车型的下车体的共用情况，如图 1－22（a）绿色区域为模块化平台的通用件，棕色部分为拉伸轴距所采用的平台构件，红色部分为非通用件；如图 1－22（b）展示了 CMF1 平台的不同车型的下车体的共用情况，可见模块化程度非常高，与传统的平台相比，单个车型由于开发周期缩短和模具数量减少所

节约的成本达到了 28%。

表 1–7　雷诺–日产的四个级别的模块化

部件共用	小模块	大模块	模块化平台
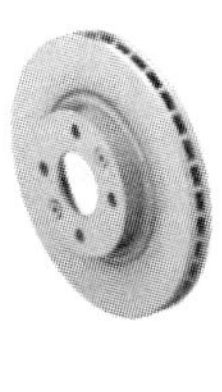			

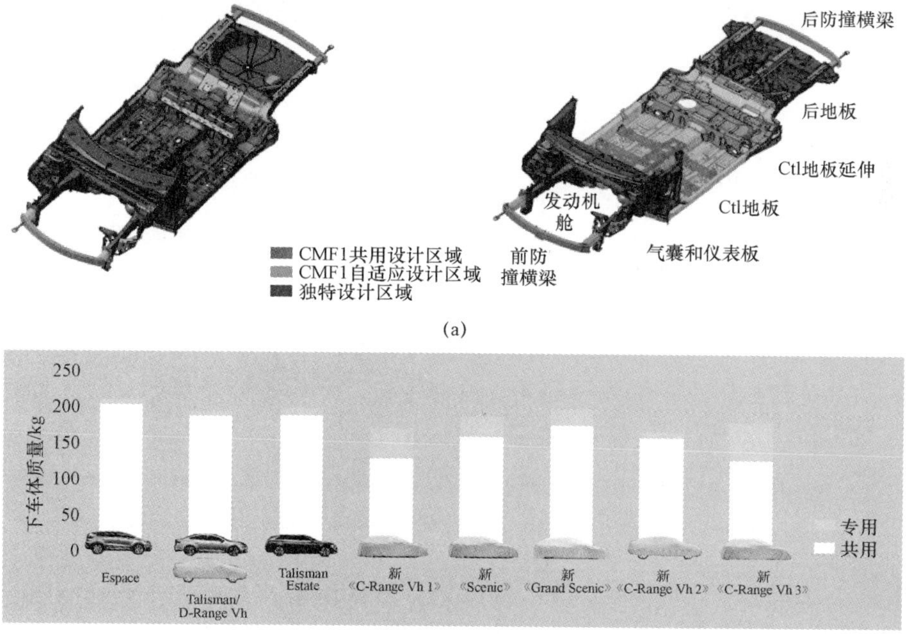

(b)

图 1–22　CMF1 平台不同车型下车体的共用情况（见彩图）

（a）模块化平台的通用件；（b）CMF1 平台不同车型下车体的共用情况

（6）丰田的 TNGA 模块化平台。

丰田新一代全球架构的 TNGA（Toyota New Global Architecture）平台为模块化平台，拥有适用于小型车、紧凑型车和前驱中型车的三种底盘架构，并将底盘悬架、发动机、变速箱、电器元件等零部件归类为发动机舱和驾驶舱接口两部分，通过实现零部件共用达成节省成本、缩短开发时间、减少设备投资、降低零部件费用等目标。TNGA 平台还兼具了轻量化车身设计、低重心底盘和对动力系统的更新设计，其动力系统兼具高性能和高热效率，并支持油混和插混动力系统，轻量化车身和更低的重心也将对其行驶性能的提高有所帮助。雅力士、普锐斯、卡罗拉、凯美瑞、RAV4 乃至普瑞维亚等车型都被囊括在该平台内。在 TNGA 框架下，丰田将开发三个细分底盘平台：B（小型车）、C（中型车）和 K（发动机前置前轮驱动中大型车）。未来采用上述三种平台打造的车辆总产量将占丰田的 50%比例。

基于 TNGA 平台打造的车型有全新凯美瑞、CH－R 以及新普锐斯等产品，未来全新卡罗拉、全新 RAV4 荣放、全新汉兰达等车型也将基于该平台进行生产。在 TNGA 架构战略下，同平台车型将使用大量通用化零部件，最初零部件通用比例为 20%～30%，最终将达到 70%～80%。

（7）吉利－沃尔沃模块化平台。

CMA（Compact Modular Architecture）平台是沃尔沃旗下的横置发动机紧凑型前驱模块化平台，该平台设计之初就考虑到同时支持内燃机、混合动力系统和纯电动力系统，除了前轴中心到踏板的距离为固定值外，其他部分均可按照需求进行调整。CMA 平台用于领克旗下车型以及沃尔沃 40 系车型的生产，吉利领克 01 和沃尔沃 V40、S40、XC40 是 CMA 平台的首要应用车型，沃尔沃的另一个模块化平台为 SPA（Scalable Product Architecture）平台，SPA 可拓展整车架构平台，除了前轴中心至仪表台的距离之外，其他部分均可随意调整，前双叉臂与后复合材料叶片弹簧悬架的悬架形式、轻量化设计以及设计之初对混合动力、纯电动力系统的充分考量是这一平台的突出亮点。SPA 平台用于沃尔沃 60 系和 90 系车型的生产，得益于轻量化设计和新的悬架形式，沃尔沃的新车型在车厢空间、操控性和舒适性方面有所改善，在布置混合动力系统和纯电动力系统方面也有了一定的先天优势。

（8）自主品牌模块化平台的打造。

由上述分析可见，模块化平台的打造是车企的核心竞争力，既降低了开发成本，也升级了老旧平台的技术，平台带宽显著增加，不同级别车型的大量零部件已通用化，大幅降低了采购成本。尤其是新能源汽车的发展趋势，迫使主机厂不得不开发新的平台，而多数模块化平台涵盖了燃油汽车和新能源汽车的构架。模块化平台另外一个突出的特点是轻量化，几乎所有的新模块化平台均考虑了铝合金、碳纤维的应用，这些新的轻量化材料及构件的制造和连接明显不同于传统的钢制车身和底盘，因而模块化平台的打造是自主品牌不可逾越的阶段。走在前面的无疑是吉利汽车，上文已经论述吉利与沃尔沃的 CMA 模块化平台，该平台的车型已经量产。另外，吉利汽车 AMA 和 BMA 模块化平台项目正在实施当中。针对不同市场区间的产品，未来吉利汽车将形成四大模块化平台——AMA、BMA、CMA、DMA。新能源车和高端车是这四大模块平台的重点研发生产对象。

另外，东风集团与标致雪铁龙集团联合开发“全球模块化平台（CMP）”，CMP 模块化平台规划覆盖 B 级（中型）和 C 级（中大型）乘用车市场，预计 2018—2020 年，双方陆续在此平台面向全球投放 10 款基本车型。

北汽在加速推出模块化平台，规划了基于模块化的 D 平台、F 平台和高端车平台三大平台，将通过模块化和技术通用化等措施提高零部件的共用率，以便节约成本。其中，D 平台为 A 级车平台，所诞生的产品类型包括三厢轿车和 SUV 车型；F 平台为 B 级轿车平台，产品包括轿车、SUV 和 MPV 车型；高端车平台来自奔驰的 V212 平台。未来北汽旗下所有车型都将基于上述三大平台打造。

根据长安汽车规划，未来将按照“模块化、平台化、家族化、通用化”的产品研发策略，逐步形成 P1、P2、P3、P4 四个乘用车产品平台。在平台开发体系基础上，进行不同类型产品开发，推出在用途、价格和风格方面差异化定位的产品，在各大类市场实施多产品布局，最大限度满足整个市场不同类型用户的需求，迅速提升市场份额。

一汽轿车锁定两大产品平台，推进平台模块化开发战略，奔腾品牌将布局 8 款产品，覆盖从 A 到 B 级的轿车、从 A0 到 A 级的 SUV 及 MPV 细分市场。已经上市的奔腾 B30 是基于一汽集团全新 A 级车模块化平台打造的。

华晨汽车在现有四个平台的基础上进行削减，整合两个模块化平台（FX/M8X），商用车实现轻客、轻卡平台化共用，未来高端车型将基于 M8X 平台打造，FX 平台则打造低价版车型。这两个平台将陆续应用到华晨旗下品牌，集中于华晨中华、华晨金杯、华颂汽车三个品牌。

奇瑞汽车的正向开发一直走在自主品牌的前列，奇瑞轿车模块化平台和 T1X 模块化平台除了艾瑞泽 5 和瑞虎 7，至少已经规划了五款新车。在艾瑞泽 5 和瑞虎 7 之后，未来至少还有三款全新的车型将基于这两大模块化平台进行打造。其中 T1X 平台除了推出瑞虎 7 外，还将会有多种不同类型的产品推出。

广汽传祺打造了 A 级、B 级和 C 级三个模块化平台。GS4 是基于 A 级平台打造的首款车型。GA6 是广汽传祺 B 级模块化平台打造的首款车型。GA8、GS8、GM8 都是广汽传祺 C 级模块化平台打造的车型。这三个平台的技术是相通的，可以互相使用和借鉴。

自主品牌的车型平台将在本书第六章进一步介绍。

1.3.3　车身正向设计

探讨国内外车身技术的发展离不开车身设计，早期我国汽车工业主要采用逆向设计。逆向设计主要流程主要包括：竞争车型的选择及拆解、整车测量和扫描、根据底盘硬点及车辆对称性来进行点云的拼接及优化、基于优化后的点云进行逆向车型的 CAD 建模、匹配新车型的布置及内外饰造型。车身逆向设计模式更多的是对一些技术先进的竞争车型进行模仿及借鉴。这样就存在两个问题：首先，竞争车型本身不一定是最优化设计；其次，竞争车型也只能代表目前的先进水平，并不能代表 3～4 年（整车开发周期）后的先进水平。此外，由于逆向技术的局限性，针对竞争车型零件的尺寸材料属性、产品技术要求以及车身结构设计思路的解读都无可避免地会存在一定偏差。目前多数自主品牌已经摆脱了逆向设计开发阶段。正在进行正向设计开发，而随着汽车智能化制造的发展，将向智能设计方向发展。

车身的正向开发通常从概念设计开始，如图 1－23 所示的车身正向开发流程（马自达 CX5，2011 年）。在第一阶段即概念设计阶段，通过几何设计软件对如下车体结构的研究定

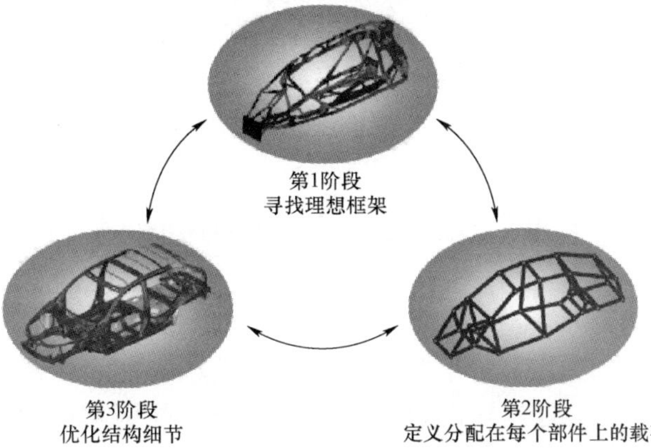

图 1－23　车身正向开发流程

义，从常规的思维扩展到不同设计。在第二阶段即定义载荷分配阶段，应用弹簧质量模型（Spring－Mass Model）定义强度目标，以最优性能和最小质量为目标，发布一版最优的方案。在第三阶段即细节优化阶段，采用多目标参数化分析或者敏感度分析等，定义出对刚度、碰撞、NVH 等影响最大的零件或总成，然后再进行优化设计。

车身设计可以分为下面两种形式。

（1）传统的正向设计。

传统的正向设计主要流程包括：以上代车型的车身结构作为新产品的起点，根据目标市场的法规及市场要求来制定车身性能目标；以竞争车型的车身结构作为设计参考，匹配新车型的布置及内外饰造型。传统的车身正向设计模式有助于在保留公司车身结构 DNA 的前提下不断适应新的法规及市场要求；同时，也有助于提高零件共用的比例，节省开发费用。正向设计一般从汽车的概念设计开始，有利于各种性能开发，特别是安全、NVH 以及轻量化性能的开发。

（2）全参数化的车身正向设计。

全参数化的车身正向设计模式的主要流程包括：① 根据目标市场的法规及市场要求来制定车身性能目标；② 在专业软件模块化的结构数据库中调用接头与断面，匹配新车型的空间布置，创建带参数的设计空间模型；③ 将断面位置及 3G 参数（Geometry，Grade & Gauge，即断面形状、材料牌号、材料厚度信息）等全部参数化后进行多目标的性能分析，由软件筛选出能满足多个性能目标前提下最好的轻量化参数组合。④ 进行工程化的结构连接及优化并匹配新的造型；⑤ 进行多性能目标的 CAE 验证，创建 CAD 数模。

全参数化的车身正向设计模式在车身轻量化上主要有以下优点：① 可以将仿真分析引入前期概念设计阶段。② 真正做到摆脱“模仿”，实现从“追赶”到“超越”。③ 缩短分析周期，减少分析过程中对人力资源的大量占用。④ 全参数化的车身正向设计可以全面考虑汽车性能的平衡，传统的正向设计往往更注重法规要求的性能开发，很难更多地考虑轻量化等非主要性能的开发，而全参数化的车身正向设计则可以在设计之初，把多个关键性能耦合考虑，这对于推动轻量化性能的开发以及新材料、新工艺的应用大有益处。

经过十几年的发展，自主品牌基本上走进了正向设计开发阶段，如长安汽车的汽车产品开发流程（CA－PDS）以及奇瑞汽车的“V 字形”正向开发体系、北汽打造的“中心层－前沿层－应用层－研究层”的四位一体的正向研发体系及其新能源汽车正向研发体系、广汽的正向开发体系等。

1.4　车身技术分析的脉络

汽车的制造对原材料和零部件及总成供应商的依赖性很强，汽车的技术进步也与各地域和国家的法规以及消费习惯密切相关，更与区域资源和能源供应情况相关。不同地区和国家会存在技术和理念上的差异，因而有必要研究不同国家或地区车身技术的发展，比如北美、欧洲、日韩等。另外，不同汽车分类的设计理念、定位以及用户需求亦不同，比如 C 级及以上的豪华轿车或者跑车在安全、制造、选材、NVH 等方面完全不同于 A 级车，而 SUV 的使用工况、车身结构也不同于轿车，因而对 A 级（A00、A0、A）、B 级、C 级、SUV 以及跑车等小众车型分别进行研究、追溯和总结，无疑更有借鉴意义。本书后续章节将按照不同车型对国内外车身进行分析，所采用的乘用车车型分类见表 1–8。

表 1–8 本书中所采用的乘用车车型分类

车型分类	一般定义	典型车型代表
A00 级轿车/微型轿车	① 轴距：2.0～2.3 m； ② 车身长度：≤4.0 m； ③ 发动机排量：1.0 L 左右； ④ 采用微型轿车平台开发	长安奔奔、铃木北斗星、众泰 Z100EV、奇瑞 QQ、铃木奥拓、比亚迪 F0、宝骏乐驰、吉利熊猫、众泰 Z100、东风风神 E30L、江淮悦悦、荣威 E50、Smart 等
A0 级轿车/小型轿车	① 轴距：2.3～2.5 m； ② 车身长度：4.0～4.3 m； ③ 发动机排量：1.0～1.5 L 左右； ④ 采用小型轿车平台开发	起亚 K2、雪佛兰赛欧、现代瑞纳、大众新 POLO、丰田威驰、本田飞度、长安悦翔、绅宝 D20、吉利金刚、奇瑞 E3、长安悦翔 V3、夏利、铃木利亚纳、江淮同悦、北汽 E 系列（电动）、铃木雨燕、斯柯达晶锐等
A 级轿车/紧凑型轿车	① 轴距：2.5～2.7 m； ② 车身长度：4.2～4.6 m； ③ 发动机排量：1.6～2.0 L 左右； ④ 采用紧凑型轿车平台开发	朗逸、轩逸、英朗、捷达、朗动、速腾、卡罗拉、科鲁兹、福睿斯、桑塔纳、帝豪 EC7、宝来、凯越、高尔夫、逸动、明锐、吉利远景、比亚迪 F3、标致 408、奥迪 A3、奔腾 B50 等
B 级轿车/中型车或中级轿车	① 轴距：2.7～2.9 m； ② 车身长度：4.5～4.9 m； ③ 发动机排量：1.8～2.4 L 左右； ④ 采用中型车平台开发	大众帕萨特、大众迈腾、雅阁、蒙迪欧、凯美瑞、宝马 3 系、别克君威、奥迪 A4L、奔驰 C 级、现代索纳塔、吉利博瑞、起亚 K5、沃尔沃 S60L、标致 508、马自达 6、奔腾 B70 等
C 级车/中大型车	① 轴距：2.8～3.0 m； ② 车身长度：4.8～5.0 m； ③ 发动机排量：≥2.4 L； ④ 采用中大型车平台开发	奥迪 A6L、宝马 5 系、奔驰 E 级、丰田皇冠、凯迪拉克 XTS、福特金牛座、沃尔沃 S80L、红旗 H7、绅宝 D80 等
豪华车轿车	① 轴距：≥3.0 m； ② 车身长度：≥5.0 m； ③ 发动机排量：≥3.0 L； ④ 采用豪华车平台开发或者定制	奥迪 A8L、宝马 7 系、奔驰 S 级、迈巴赫、雷克萨斯 LS、劳斯莱斯幻影、宾利雅致等
SUV/越野车	Sports Utility Vehicle 的缩写，即“运动型多功能车”，指既具有轿车的舒适特性，也具有越野功能的乘用车车型	哈弗 H6、广汽传祺 GS4、大众途观、长安 CS75、本田 CR–V、奇瑞瑞虎 3、丰田 RAV4、现代 ix35、奥迪 Q5、日产逍客、标致 3008、奔驰 GLK、吉利 GX7、福特翼搏、比亚迪唐等
MPV	是 Mini Passenger Van 的缩写，本意是小型乘用厢式车；把折叠的概念引入了第二和第三排座椅后，MPV 的新的含义为 Multi Purpose Vehicle，即集轿车、旅行车和商务车于一身的多功能性车型	别克 GL8、东风风行菱智、长安欧诺、江淮瑞风、开瑞 K50、华晨金杯 750、华颂 7、本田奥德赛、大众途安、福瑞达 M50、英致 737、金杯阁瑞斯、上汽大通 G10、丰田逸致、本田艾力绅、福田蒙派克、奔驰威霆、比亚迪 M6、艾瑞泽 M7、马自达 8 等
交叉型乘用车/面包车/微面/微客	交叉型乘用车指的是既能乘客，也能拉货的车（微客），微客在中国俗称面包车，即长度不超过 4 m 的小面包车	长安之星、北汽威旺 306、东风小康 K17、海狮、五菱之光、长安睿行等

中国的乘用车车型分类主要有广义 A 级车轿车（包括 A00 级轿车、A0 级轿车、狭义 A 级车轿车）、B 级轿车、C 级轿车及豪华轿车、SUV、MPV、交叉型乘用车。但实际上上述分类难免有一定的交叉。当然，最后的分类则是新能源汽车与传统燃油汽车，新能源汽车首先动力系统不同于传统汽车，比如不需要发动机舱、进气格栅、油箱等，但电池很庞大，车身结构不同于传统燃油汽车，这是一个巨大的变革和挑战。另外，由于电池重、充电慢、续驶里程短，新能源汽车对轻量化的需要明显高于传统汽车。本书也将专辟一个章节对新能源汽车的车身技术进行论述。

尽管上述分类研究可能出现重复，但以地区国别、汽车分级以及动力系统差异来作为大章节分类，以过去 15 年左右的热点、看点作为具体研究内容（络）的脉络，其可读性无疑对业内不同专业技术人员是最佳的。而如果以本书的专业领域技术为脉络，则容易造成一叶障目、难窥全局。

1.5 小　结

探讨世界各国汽车车身技术以及轻量化技术之前，首先需要研究世界各国汽车的发展，本节通过分析汽车产业发达的国家及地区的千人汽车拥有量、我国人口增长、GDP 增速、人均 GDP 增长等预测了未来 10 年中国的汽车需求量。研究发现，未来 10 年汽车销量将继续增长，但增速放缓。由于千人汽车拥有量增速的放缓以及汽车报废量的降低，2020 年前后中国汽车销量可能出现负增长，2025 年后，千人汽车拥有量增速在 2%左右，销量在 3 400 万辆上下波动，这会给整车企业带来巨大的销售压力和利润压力。因而，我国自主品牌企业拥有大约 10 年的时间来提升技术实力和产品竞争力，即两代车型的时间周期，以应对未来艰难的市场竞争。两代车型的时间周期对于车身技术和轻量化技术达到国外同等技术水平未必是一个较大的挑战，经过近 10 年的行业进步，我国的车身技术和轻量化技术与国外典型主机厂的差距已经大幅缩小，特别在被动安全、NVH 方面取得了较大的进步，但自主品牌主机厂以及上下游相关企业必须从战略层面抓住未来 10 年的机遇。

汽车车身是汽车重要的总成，主机厂主要的业务是汽车整车产品的开发和销售，一言以蔽之就是整车集成，而主机厂无疑是向车身集成，其他的总成包括动力总成、底盘、内外饰等多数由供应商提供，主机厂的四大工艺也主要为车身的制造工艺和整车装配工艺，因而车身技术的发展极其重要。但整车集成的前提是整车设计，进而汽车开发平台的重要性应运而生，平台构建的重要性远高于车身，同时平台也在很大程度上影响车身的设计和制造。未来汽车平台由传统带宽的开发平台向柔性化、模块化平台转变，而模块化平台必须考虑新能源汽车和新材料新工艺。汽车设计也由逆向设计、传统的正向设计向系统的智能设计方向转变，如宝马的汽车设计方式。

第 2 章

车身共性技术及差异化车身技术

尽管本书从车型级别以及地区和国别角度来研究不同类型的车身和不同国家车身的技术发展，但毕竟汽车产业国际化和全球化水平高，很多供应商都一致，也必须面对同样的法规，如安全法规、油耗和排放法规、保险法规等。随着法规的升级，整个行业的车身技术都在变化升级，因而车身的共性技术有必要进行专门探讨。同时不同主机厂间的特色技术也有必要专门进行论述。

2.1 车身共性技术的发展

2.1.1 混合材料车身

在 2011 年欧洲车身会议（Euro Car Body，ECB）会议中，奥迪汽车展示了奥迪 A6 随着时间的变迁其质量变化的趋势，如图 2－1 所示，对各个主机厂来说，其变化趋势具有普遍性和必然性。

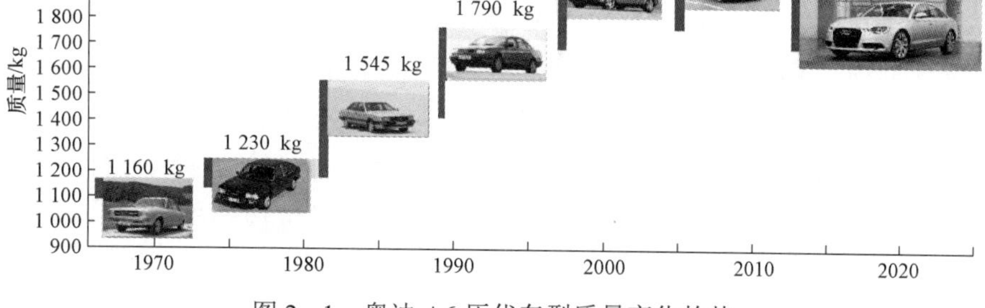

图 2－1　奥迪 A6 历代车型质量变化趋势

在大约 2006 年之前，奥迪 A6 整车质量是不断增大的，增加了将近一倍，导致质量增大的主要原因可以归纳为两方面：一方面，消费者对整车舒适性的要求越来越高，对功能性配置的要求越来越高；另一方面，各国的安全强制法规要求越来越完善、标准越来越高，特别是整车 NCAP 安全星级评定以及高速公路安全保险协会（IIHS）评定等对消费者购车产生的影响越来越大。

在大约 2006 年之后，奥迪 A6 整车质量出现了减小趋势，其根本原因是各国政府有计划地开始实施日趋严苛的环保要求，并制定了具体的限定目标。比如，中国政府规定汽车排放目标——2015 年 CO_2 排放 155 g/km，2020 年 CO_2 排放 112 g/km；中国政府规定的乘用车油耗法规——2015 年平均油耗 6.9 L/100 km，2020 年平均油耗 5.0 L/100 km；中国政府规定的节能惠民国家政策——2015 年节能惠民 5.9 L/100 km，2020 年节能惠民 4.5 L/100 km。在传统燃油车的燃烧效率不会有实质性突破和新能源汽车还不能成为主导的条件下，汽车轻量化技术成了整车企业当前的“救命稻草”，成了汽车技术发展的重要趋势之一。众所周知，乘用车整备质量每减少 100 kg，百公里油耗降低 0.3～0.6 L；车重减少 10%，可降低 6%～8%的油耗，降低 5%～6%的排放。

从整车研究对象的角度来说，汽车轻量化技术可以分为车身轻量化、底盘轻量化、动总轻量化、内外饰轻量化等；从技术研究方向的角度来说，可以分为结构轻量化、材料轻量化和工艺轻量化。因此，研究对象与研究方向的组合，构建了当前汽车轻量化的庞大技术体系，在众多轻量化技术中，车身轻量化是主机厂自身能够掌控且容易突破的重点发展方向。

在全球车身轻量化设计的大背景下，各种车身新材料、新结构、新工艺不断涌现，在实现轻量化设计的前提下使性能得到了进一步提升。作为一种系统的、正向的车身工程开发，涉及与车身紧密相关的三个关键词：材料、结构和性能，如何统一地、辩证地理解三者的关系，对车身工程开发的成败至关重要。

车身轻量化设计的起点是材料，终点是性能，结构是发挥材料特性并决定性能的中间载体。2010 款奥迪 A8 和 2009 款 Jaguar XJ 均采用了纯铝合金车身，前者根据铝合金的特点采用了 ASF 结构，在利用轻量化材料和轻量化结构实现减重的前提下大大提高了性能，扭转刚度达到了 37.6 kN • m/（°），获得了 2010 年欧洲白车身大奖；后者主要是利用了轻量化材料减重，2009 款 Jaguar XJ 依然采用传统的车身结构形式（根据铝合金的特征，对零部件进行了结构优化，以便实现制造和车身性能目标），该车型扭转刚度是 20.5 kN • m/（°），Euro－NCAP 官方网站评估结果是四星。

从以上两车型案例所体现的材料、结构和性能关系中可以看出，结构能否充分发挥材料特性是关键，即结构与材料之间存在一种最佳的性能匹配关系，决定了车身性能的优劣。车身结构与材料的性能匹配是指在车身材料一定的条件下，存在一种最佳的车身结构形式，使得碰撞安全和车身刚度等关键性能达到最佳状态，从而实现材料轻量化与结构轻量化的统一，这是车身工程开发中最为基础的匹配关系。

对主机厂而言，车身采用什么材料在于在既定的成本控制下有什么样的材料和工艺去选择。显然，车身材料的选择是有限的，也是有最优选择的，材料的选择在结构设计之前就必须被确定，是技术路线之争。国内轻量化专家陈一龙对车身结构、材料和工艺的关系有一个精辟的阐述：“结构是龙头、材料是基础、工艺是桥梁”，这对主机厂把握“技术路线之争”具有指导意义。

2005 年欧盟推出了“超轻汽车（Super Light Car）”项目，涉及 7 个主机厂、10 个供应商、10 个工程开发机构、7 所大学等上下游单位，确定了混合材料车身的技术路线研究方向。在 2009 年的项目总结会议中，来自奥迪汽车的 Klaus Koglin 博士对不同的车身材料技术发展路线进行了总结分析，如图 2-2 所示，指出了基于混合材料车身发展路线所需要研究的关键技术，如不同材料的零部件设计、不同材料的连接技术以及生产制造体系等。

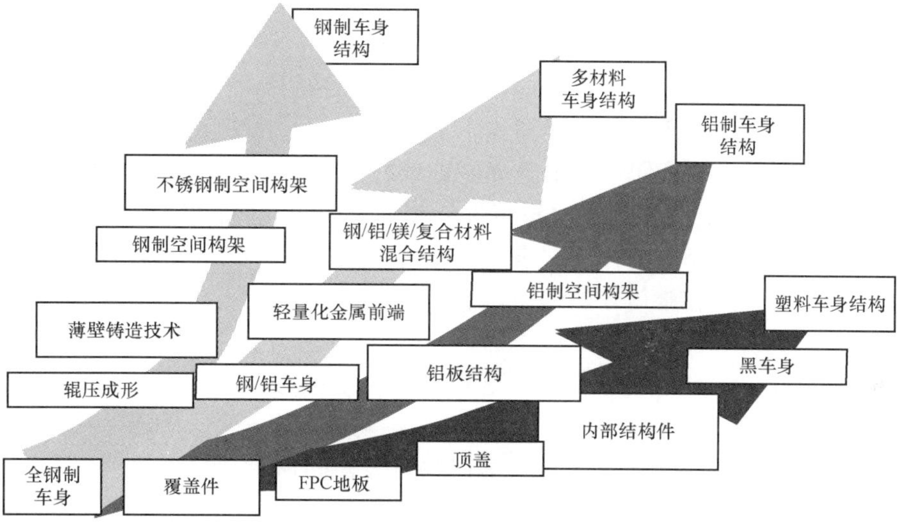

图 2-2　车身材料技术发展路线

无独有偶，2012 年在北美，福特汽车和麦格纳等机构联合开展了与“超轻汽车”项目类似的多材料整车轻量化研究项目——Multi-Material Lightweight Vehicles，简称 MMLV。通用汽车公司则在 2012 年提出了自己的开发策略——“Right Size，Right Topology，Right Material，Right Design”，而在 2016 年中国轻量化车身会议（CLCB）中，奇瑞汽车公司总结了瑞虎 7 的车身轻量化技术实施路径，如图 2-3 所示，可以说是一种对 GM 开发策略的技术解读和补充。

A 框架轻量化	B 结构轻量化	C 工艺轻量化	D 材料轻量化	E 边界轻量化
A1—路径优化	B1—截面优化	C1—TWB	D1—高强钢	E1—车型尺寸
A2—连贯结构	B2—形状优化	C2—TRB	D2—铝合金	E2—车型配置
A3—接头优化	B3—零件数量优化	C3—热成型	D3—镁合金	E3—车型性能
		C4—辊压线型	D4—非金属	
		C5—液压成型	D5—结构胶	

图 2-3　瑞虎 7 车身轻量化技术实施路径

欧盟“超轻汽车”项目的重要贡献是欧洲主机厂此后形成了一个宝贵的设计理念——“正确的地方使用正确的材料”，尽管在此项目中没有明确提出，但在随后的欧洲车身会议中，奥迪汽车公司和奔驰汽车公司相继进行了以下阐述：“The right material perfectly placed for best performance——AUDI”“The right material in right place for the optimum function——AUDI”“The right material in right place！——Daimler – mercedes Benz”和“The right material in right location！——Daimler – mercedes Benz”。

“正确的地方使用正确的材料”的设计理念对指导车身工程开发具有重要意义。什么是正确的材料？什么是正确的位置？如何将正确的材料和正确的位置匹配起来？对这些问题的研究和思考构成了车身设计的重要内容之一。本书作者路洪洲博士专门以此为题在接受中国汽车报采访中进行了论述。“把合适的材料放在合适的地方”是汽车选材的主要思路，但在实际操作中并没有一套系统、可操作的逻辑和流程，还停留在主要基于经验和对标分析层面，因而很难保证选材的合理性。路洪洲和本章作者之一肖锋等联合提出了“汽车正向选材系统”（FSM），以期形成一套通过逻辑选择零部件材料的方案，配合汽车的正向开发和性能开发。“汽车正向选材系统”主要从“整车性能和零部件的功能、构件的制造工艺特征、整合成本”三个维度选材。经过这样的递进选材，最终为每个车身零件选出最优的材料，该用软钢的地方用软钢，该用高强度钢的地方用高强度钢，该用铝合金的地方用铝合金，而且有些地方适用铝合金铸件，有些地方更适用铝合金型材或者铝合金板材冲压件。目前中信微合金化技术中心联合宝武钢铁、奇瑞汽车、武汉上善科技等的专家学者进行“汽车正向选材”技术攻关，形成了典型汽车材料力学性能与零部件功能以及与结构成形特征的定量逻辑关系。目前项目组正在构建该体系和系统，届时将有专门的论述发表出版。

以 2015 款的 Jaguar XF 和奥迪 Q7 车身的选材为例，如图 2－4 和图 2－5 所示，两者在混合材料车身选材上存在较大差异，显然，奥迪 Q7 的车身选材更契合混合材料车身的理念以及“合适的地方使用合适的材料”的设计理念，而 Jaguar XF 将铝合金用到了极致。

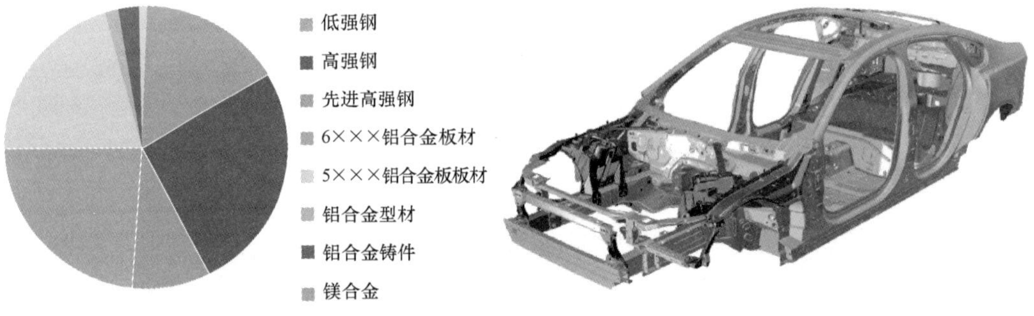

图 2－4　Jaguar XF 钢铝材料应用（见彩图）

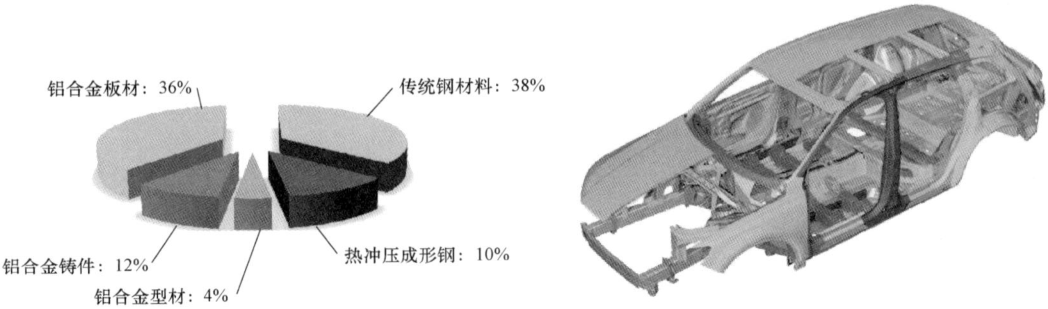

图 2－5　奥迪 Q7 钢铝材料应用（见彩图）

在过去十年的车身轻量化技术发展过程当中，技术路线之争是关键中的关键，早期不同的主机厂选择不同的技术路线进行尝试，但近几年出现了合流之势，比如奥迪曾是纯铝合金车身的坚定捍卫者，但从奥迪 Q7 和 A8 等新车型上看到了奥迪在放弃纯铝合金车身，逐步转向钢铝混合材料车身；宝马汽车长期是传统钢制车身的代表，但在 2013 年和 2014 年相继推出了纯碳纤维车身宝马 i3 和宝马 i8，在 2015 年推出的宝马 7 系轿车中，采用了钢 – 铝 – CFRP 的混合材料车身。

尽管混合材料车身技术是发展趋势，但当前高强度钢制材料的车身依然是主流，特别是对国内的自主品牌而言。随着高强度钢应用比例的不断增加、宝钢第三代钢的量产、新工艺技术的发展等，钢制车身在不显著增加成本的条件下，依然存在较大的减重空间，纯钢制车身相比纯铝制车身，在重量上的差距在不断缩小。

2.1.2　车身连接技术

“混合材料车身技术”概念提出后，面临的一个重要问题是连接问题，即多材料混用在实现车身轻量化的同时对现有的车身焊接工艺提出巨大的挑战。电阻点焊（RSW）因成本低、效率高而成为传统钢制车身中应用最为广泛的连接工艺，完成了车身 90%以上的装配工作量，但对于轻合金材料以及非金属材料显然不适用。而连接是车身用新材料首先要考虑的问题，如铝合金的连接、镁合金的连接、复合材料的连接以及不同的轻量化材料间的连接等。

不同类型材料在晶体结构和物理属性上存在较大差异导致传统点焊工艺难以实现可靠连接。主要表现在以下三个方面：（1）界面硬脆相问题。异种金属材料点焊时极易在界面上生成脆性金属间化合物，造成独立滑移系很少，变形协调能力极差，位错极易塞积，因此接头承载时裂纹往往在脆性金属间化合物层中或者其与母材的界面上萌生，导致界面产生脆性断裂，严重恶化接头性能。（2）异种材料电位不同，当二者紧密接触时就会产生原电池效应，使电位低的金属被腐蚀。在潮湿和盐碱条件下电化学腐蚀会愈发严重，显著降低接头的耐久性。（3）变形和应力问题。异质材料因为热膨胀系数差异大，在焊接时不同材料的膨胀和收缩程度不一致，导致接头形成后局部区域存在变形和内应力，影响车身整体的装配尺寸精度。同时，在车辆服役过程中，随季节和昼夜交替变化的环境温度也会导致接头中产生变形和内应力。本节将对新材料的新连接技术以及异种材料连接技术进行全面论述。

（1）激光焊接及激光复合焊接。

激光焊接是利用激光束优异的方向性和高功率密度等特点进行工作。通过光学系统将激光束聚焦在很小的区域内，在极短的时间内使被焊处形成一个能量高度集中的热源区，从而使被焊物熔化并形成牢固的焊点和焊缝。激光焊接是提高生产节拍的重要连接工艺。其技术优势包括：① 可保证高质量高精度的焊接效果、高焊缝深宽比、复杂结构的焊接；② 加工速度快，热影响区很小，焊接的热变形及残余应力很小；③ 没有工具损耗，焊接无须刚性夹紧；④ 可在空气中进行焊接，无须真空，也不产生 X 射线；⑤ 焊缝成分与母体材料相同；⑥ 高速加工过程中可急停和迅速启动；⑦ 激光焊接技术适用于钛合金、铝合金和镍基高温合金、各种钢材以及工程塑料，异种材料之间的焊接也都能得到高强度的接头。

目前在奥迪、欧宝、捷豹、通用、奔驰、大众、宝马、标致、雪铁龙等车上均有应用。车顶已经广泛应用激光焊接，但对于大众车型，在其他位置应用激光焊接确实有必要探讨。如图 2 – 6 所示，雪铁龙汽车公司早在 2006 款 C4 Picasso 上应用了 7.8 m 的激光焊接，减重

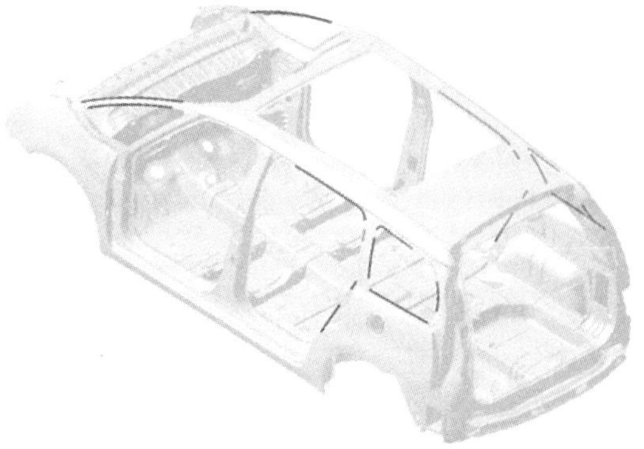

图 2-6　2006 款雪铁龙 C4 Picasso 应用的激光焊接

1.2 kg，提高了防水性能以及 NVH 性能，也增大了乘员的视野范围，如 A 柱位置的盲区更小。目前国内大族激光、通快激光是主要的设备和技术供应商。

对于铝合金材料而言，铝合金表面对光的反射率太高，当高强度激光束射至材料表面，金属表面将会有 60%～98%的激光能量因反射而损失掉，且反射率随表面温度变化。在激光焊接过程中，当激光能量密度过大时会产生离子体，焊接方式以深熔焊方式进行，形成“小孔”效应，“小孔”的出现可大大提高材料对激光的吸收率，焊件在高能密度下熔合，以获得良好的焊接效果。但激光能量密度阈值过大，激光辐射将引起母材金属强烈蒸发并形成蒸发凹槽，激光束通过蒸发凹槽深入材料内部，焊缝深度和焊接效率也急剧增大。这就对焊接机型以及准直聚焦镜的选择都有一定要求。激光焊接过程中 Mg、Zn 等低熔点合金元素的大量蒸发，会导致焊缝下沉，硬度和强度下降。瞬时凝固过程中，细晶强化组织转变成铸态组织后，其硬度、强度会有所下降。此外，焊缝中裂纹、气孔的存在导致抗拉强度降低。接头软化问题是铝合金激光焊接中存在的又一难题。铝合金的激光焊接过程中容易产生气孔，主要有两类：氢气孔和“小孔”破灭产生的气孔。在高温下铝合金表面极易形成氧化膜，氧化膜容易吸附环境中的水分。激光加热时，水分分解产生氢，而氢在液态铝中的溶解度约为其在固态铝中溶解度的 20 倍。在合金瞬时凝固过程中，由液态铝向固态转变时，氢的溶解度急剧降低，液态铝中多余的氢如果不能顺利上浮逸出就会形成氢气孔。另外，焊接小孔内在自身重力和大气压力处于平衡态，一旦平衡被打破，熔池中液态金属不能及时流过来填充就会形成不规则孔洞，有研究发现孔洞内壁镁的含量约为焊缝附近的 4 倍。由于激光焊接的冷却速度太快，氢气孔问题更加严重，并且在激光焊接中还多了一类由于小孔的塌陷而产生的孔洞。

铝合金属于典型的共晶型合金，焊接时容易出现热裂纹，包括焊缝结晶裂纹和热影响区（HAZ）液化裂纹，通常结晶裂纹出现在焊缝区，液化裂纹出现在近缝区。铝合金中尤其 6×××系列 Al-Mg-Si 合金裂纹敏感性大，母材经历了快速加热和冷却，在瞬时凝固和结晶过程中，由于存在较大的过冷度，晶粒沿垂直焊缝中心方向生长，在柱状晶边界形成 Al-Si 或 Mg-Si、Al-Mg_2Si 等低熔点共晶化合物，削弱晶面结合力，在热应力作用下易产生结晶裂纹。在铝合金焊接过程中，一些低沸点元素（如 Mg、Zn、Mn、Si 等）容易蒸发、烧损，焊速越慢，烧损越严重，从而改变焊缝金属的化学成分。由于焊缝区成分偏析会发生共晶偏析而出现晶界熔化，在应力作用下会在晶界处形成液化裂纹，降低焊接接头的性能。

为了实现激光对铝合金的焊接，解决上述存在的问题，目前主要从以下几个方面加以改进：① 气体保护装置的改进；② 对铝合金进行适当的表面预处理，如阳极氧化、电解抛光、喷砂等方式，可以显著提高表面对光束能量的吸收；③ 激光器参数的优化。

激光复合焊接工艺是一个解决上述铝合金激光焊接问题的方案之一。如激光焊接及激光-MIG 复合焊。激光复合焊接可以结合两者的优点，既能获得所需要的焊缝形貌，又能在激光焊接速度较高的前提下，充分利用电弧焊过程的稳定性。激光复合焊所产生的电弧热的作用使所需激光焊机的功率可以相应减小。6×××系铝合金汽车板更适合于 MIG–激光复合焊。奥迪 A8 的车门和大众 Phaeton D1 的所有车门都采用 MIG–激光复合焊。宝马 5 系轿车的铝合金隔板采用这种激光混合焊接技术与内高压变形加工的铝合金支架焊接在一起。

MIG–激光复合焊技术为汽车工业提供了一种全新的焊接技术，如图 2–7 所示。激光热源具有能量密度高、加热集中、焊接速度快、焊接变形小等特点，可实现薄板的快速连接。MIG 焊具有电弧功率大、热量集中、焊接速度快、热影响区小、生产效率相对较高等优点，因此可以焊接较厚的焊缝。两者结合的 MIG–激光复合焊技术优势显而易见，尤其是对于激光束焊无法实现或在经济上不可行的装配间隙要求。该技术具有宽广的应用范围和高效的特性，同时可减少投资成本、缩短生产时间和提高生产效率。采用氩气保护的 MIG–激光复合焊具有更好的电弧稳定性，另外双焦点激光焊接技术在铝合金材料的焊接过程中有很好的性能，宝马公司已广泛使用激光复合焊接工艺。2005 款宝马 3 系应用二氧化碳–激光焊接工艺，相比点焊，工序时间节省 75%，如图 2–8 所示。

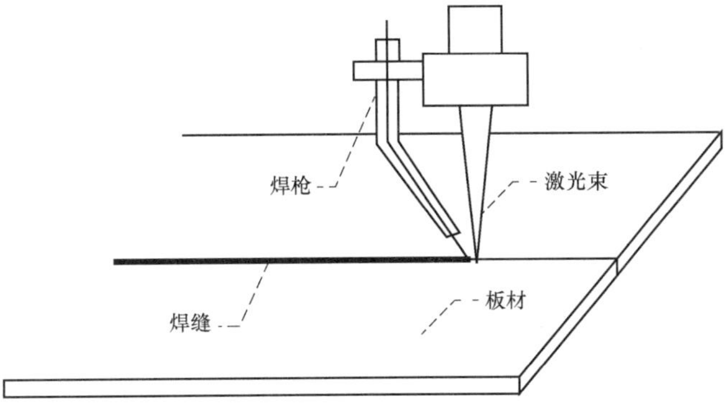

图 2–7　MIG–激光复合焊技术

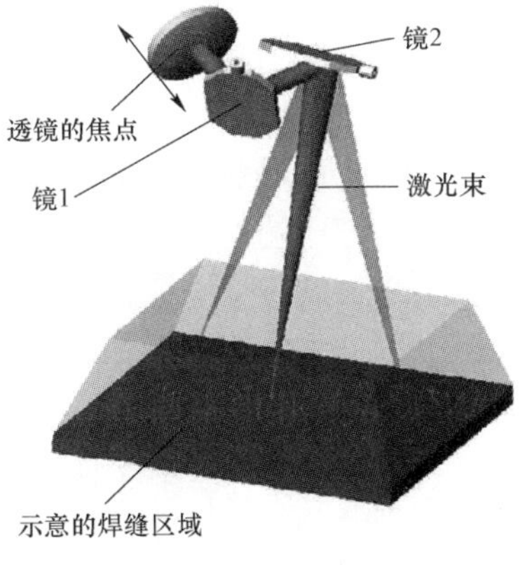

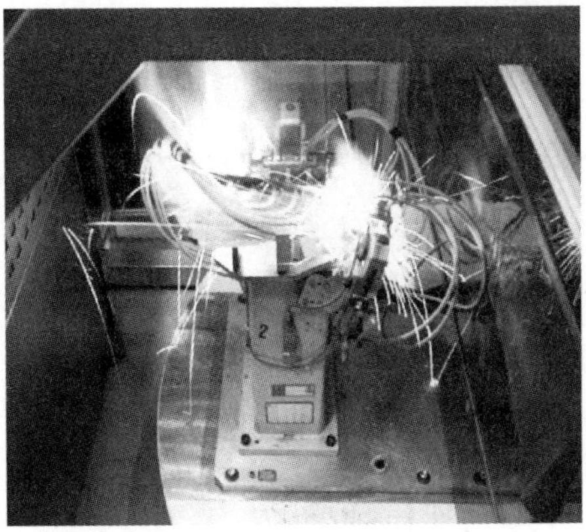

图 2–8　二氧化碳–激光焊接工艺

（2）搅拌摩擦焊。

搅拌摩擦焊（FSW）技术是一项焊接工件不需要熔化的固相连接技术，高速旋转的搅拌头与工件之间摩擦，产生大量摩擦热，由于摩擦热的作用及搅拌头的粉碎、挤压作用，搅拌头周围金属发生严重的热塑性变形，从而释放大量的塑性变形能。在摩擦热及塑性变形能的综合作用下，接头金属实现塑性流动并扩散连接。搅拌摩擦焊靠摩擦产生热量来进行焊接，

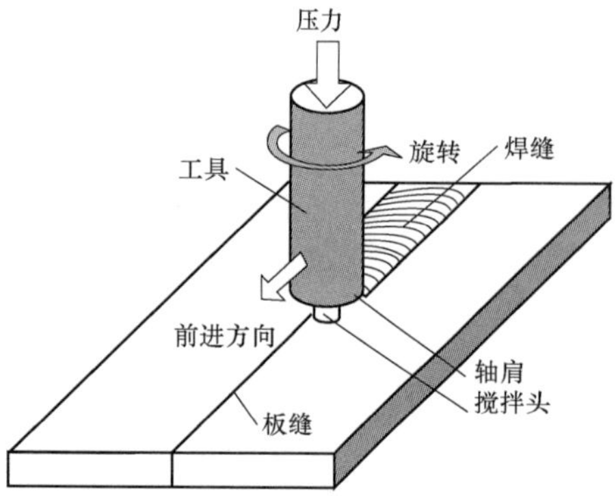

图 2－9　搅拌摩擦焊的示意图

所以显著节能，其焊接示意图如图 2－9 所示。搅拌摩擦焊的优势包括：① 焊接变形小、残余应力小；② 可以改善接头金相组织；③ 大大降低焊接裂纹、气孔出现概率；④ 容易实现自动化和监控以保证质量稳定性；⑤ 可重复性强；⑥ 生产工艺环保（无烟尘、无飞溅和无辐射）；⑦ 可以焊接多种金属：铝合金、镁合金、钛合金和铜合金等。

用电阻点焊对铝合金板进行焊接时，会遇到严重的电极磨损（Tip Wear）问题，如对 AA5754 和 AA6111 进行焊接，而线性搅拌摩擦焊则不存在这个问题。搅拌摩擦焊大多应用于挤压型材和厚板材，近年开始用于薄板。日本富士重工业公司实际应用 FSW 进行了厚度 1 mm 左右的薄铝合金板的连接。通过夹具控制，可以实现高精度位置配合，通过设定与接合面相接触工具的最佳转速，能够稳定地实施铝合金薄板结构的高质量摩擦搅拌焊接。马自达的 RX－8 铝制引擎盖和后车门采用了 FSW 点接合。搅拌摩擦焊可进行汽车侧围板或者客车蒙皮与骨架的点焊。由于不需要像点焊那样大的电流，可以节约成本。P. Su 等对 1.5 mm 的铝合金板（AA5754）进行了研究，认为焊接过程的能量输入对焊接机械性能有主要影响。另外一些科研工作者研究了搅拌摩擦焊对有色合金异材的焊接，如 2.6 mm 厚的 AZ31 板和 A5182 板间的连接。

K. Okamoto 等以 AA6022－T4 板为焊接材料研究了搅拌摩擦点焊（FSSW）、搅拌摩擦缝合焊（Stitch－FSW）以及搅拌摩擦摆动焊（Swing－FSW）的焊接强度以及疲劳性能。上板和下板厚度分别为 0.8 mm 和 1.5 mm，用来模拟汽车覆盖板的焊装。K. Okamoto 等认为搅拌头的形状是影响搅拌摩擦焊焊接效果的主要因素。

图 2－10（a）比较了 AA6022－T4 的搅拌摩擦摆动焊、搅拌摩擦点焊和电阻点焊的静强度，从图中可见，搅拌摩擦摆动焊方法的静强度值明显高于后两种方法，特别是电阻点焊方法。其循环疲劳强度的比较如图 2－10（b）所示，在低循环条件下，搅拌摩擦摆动焊方法疲劳强度最高，电阻点焊方法最低；在高循环时，三种方法的循环疲劳强度相差不大。

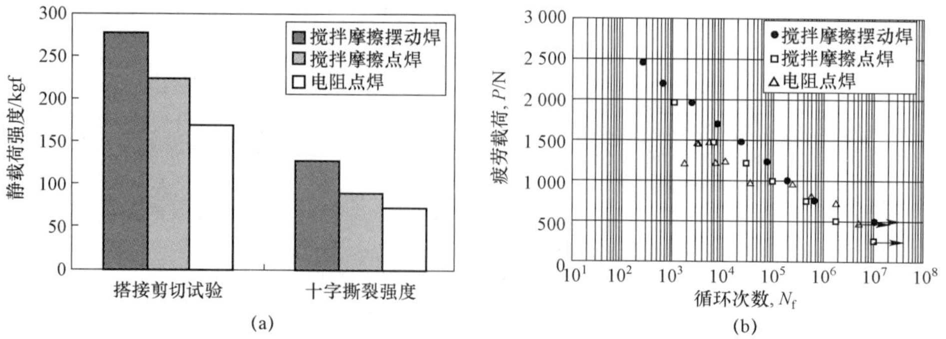

图 2－10　搅拌摩擦摆动焊，搅拌摩擦点焊和电阻点焊的静强度比较以及循环疲劳强度比较

（a）静强度比较；（b）循环疲劳强度比较

A. Raut 等研究了 1.66 mm 和 1.06 mm 厚 AA 5754－O 板的疲劳性能及 AA5754 板的母材与搅拌摩擦焊接后的性能，焊接后屈服强度提高，拉伸强度变化不大，拉伸率降低，对于

无预应变的 AA5754－O 板，疲劳 S－N 曲线表明，焊接与未焊接的铝合金薄板疲劳强度没有大的差异，有预应变的 AA5754－O 板（60%和 80%），搅拌摩擦焊接后疲劳强度低于未焊接薄板疲劳强度，两者的疲劳裂纹源都是弥散颗粒。P.－C. Lin 等通过对准静态和循环条件搅拌摩擦焊接后的组织变化，研究了搅拌摩擦点焊的失效和疲劳机制，认为在准静态载荷条件下，疲劳机制与显微组织和焊缝几何形状有关，而在循环条件下，除与显微组织和焊缝几何形状有关外，还与载荷幅度有关。

搅拌摩擦焊的供应商包括川崎重工（搅拌摩擦焊及搅拌摩擦点焊）、库卡焊接系统有限公司（搅拌摩擦焊）等。

（3）自锁铆连接（Self Piercing Rivet，SPR）。

锁铆铆钉是在外力的作用下，通过穿透第一层材料和中间层材料，并在底层材料中进行流动和延展，形成一个相互镶嵌的塑性变形的机械连接过程，自锁铆的工艺流程见图 2－11。自锁铆工艺 1991 年由亨罗布公司开发并在奥迪 A8 上首先使用，解决了铝合金连接问题，现在此工艺已经在铝合金车身上得到了广泛应用。技术优势包括：① 具有很高的动态疲劳强度（约为焊点的 2 倍）；② 碰撞吸收能量较焊点高；③ 铆接材料组合广泛（可以进行铝合金、铜合金、钢板、塑料等材料连接）；④ 铆接质量可以实现在线铆接质量监控和管理；⑤ 铆接过程为机械连接，绿色环保，无火花飞溅。技术应用案例包括奥迪、欧宝、捷豹、通用、奔驰、大众、宝马等。供应商资源包括斐力泰克、博尔豪夫、一浦莱斯、史丹利。

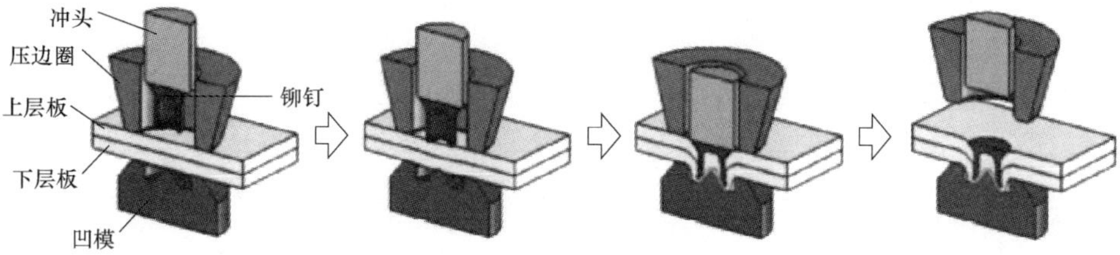

图 2－11　自锁铆的工艺流程

随着轻量化程度的进一步加剧，车身材料变得更强、更薄、更轻，材料组合更加多样化，使得 SPR 工艺面临以下挑战：① 800 MPa 级以上超高强钢变形困难，从铝铆向钢时铆钉与下层钢板之间难以形成自锁，而从钢铆向铝时铆钉内容易形成空腔，且下层板会被压穿，同时铆钉在刺穿上层钢板时会因强度不足而严重墩粗甚至开裂，接头质量难以保证。② 下层板厚度不大于 1 mm 时，由于下层板的材料过薄，工艺或材料性能的波动很容易导致下层板铆穿，引发腐蚀风险。③ 对于镁合金等低延展率材料，塑性变形过程中接头内部或底部容易产生开裂。④ SPR 为典型双边点连接工艺，需要配合凹模实现板材连接，无法实现铝合金型材等封闭结构件的单边连接。

针对以上挑战，国内外开展了大量研究。其中包括从 SPR 工艺演化而来的预加热 SPR、电辅助 SPR、自冲摩擦铆焊等。自冲摩擦铆焊（Friction Self－Piercing Riveting，F－SPR）工艺如图 2－12 所示，该工艺以 SPR 为基础，采用内驱动或外驱动形式驱动半空心铆钉在轴向进给，同时高速旋转，通过旋铆、原位搅拌两个阶段完成整个工艺过程。F－SPR 工艺无须对板材进行预制孔或预加热。

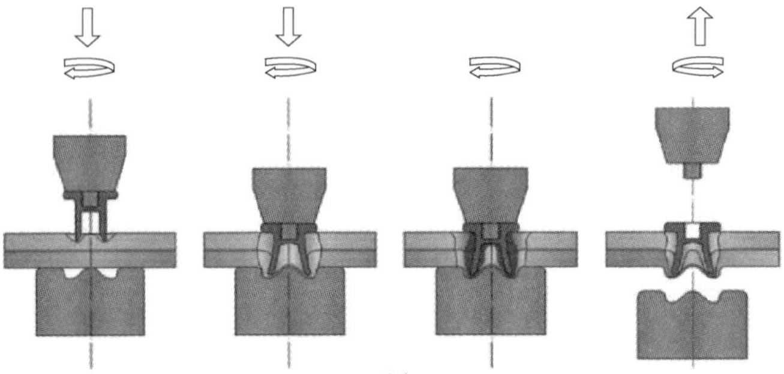

(a)

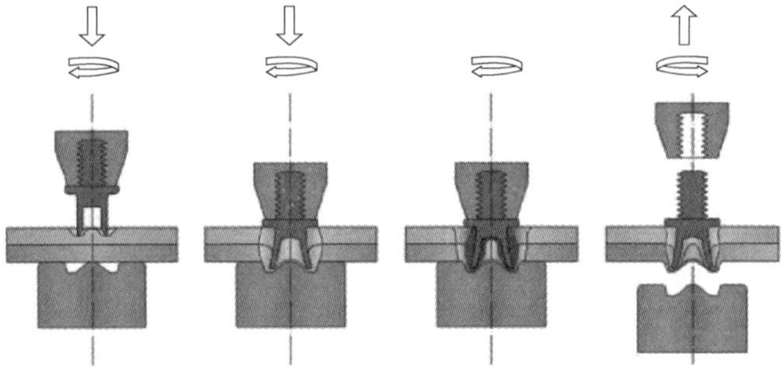

(b)

图 2－12　自冲摩擦铆焊工艺过程示意图

（a）内驱动型自冲摩擦铆焊工艺；（b）外驱动型自冲摩擦铆焊工艺

F－SPR 工艺过程集成度高，不仅可以用于难变形金属材料的连接，还可用于复合材料的连接。但是，F－SPR 工艺对设备和铆钉提出了较高要求，在高速旋转与进给过程中，必须确保铆钉的旋转轴线和几何对称轴以及凹模的几何轴线保持较高的同轴度，从而避免接头中铆钉与周围材料之间产生空隙。

2016 路虎发现车型对自锁铆工艺进行了优化，如图 2－13 所示，图中 L405 代表 2012 款 Range Rover，L462 代表 2016 款路虎发现。2016 款路虎发现车型的 B 柱采用全铝合金设计。

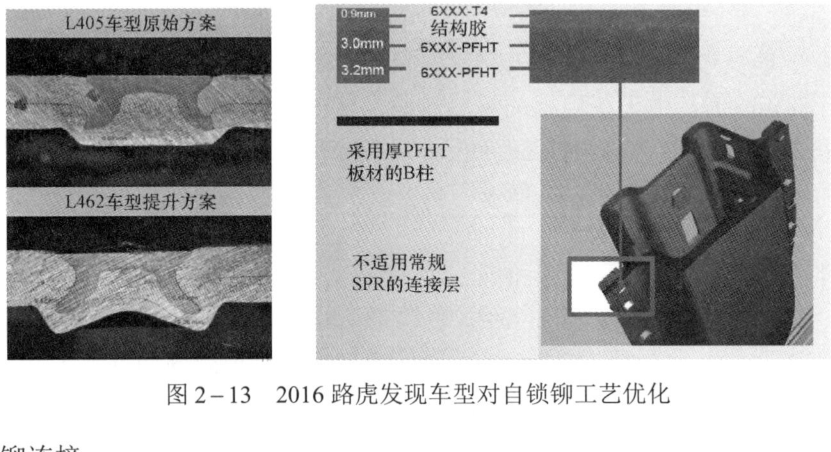

图 2－13　2016 路虎发现车型对自锁铆工艺优化

（4）无铆连接。

无铆是通过使用专用连接模具，在一个冲压过程中，依据板件本身材料的挤压塑性变形，而使两层或多层板件在挤压处形成一个互相镶嵌的圆形或者矩形连接点，由此将 2 层、3 层或者多层板件连接起来的过程。其技术优势包括：① 适合于不同金属间的连接；② 对有涂层的材料无损害或损害极小；③ 过程简单，一步完成且不需要预先打孔；④ 不散发烟雾和热量，噪声低；⑤ 工具寿命长；⑥ 能量消耗低；⑦ 可用过程监测设备进行监测；⑧ 抗疲劳性能好；⑨ 可以和其他工艺如粘接结合形成混合连接；⑩ 连接前后无须处理材料，不会对材料造成破坏；⑪ 可以连接多层板料；⑫ 可以把非金属放在夹层进行连接。目前奥迪、欧宝、捷豹、通用、奔驰、大众、宝马等均有应用。

无铆连接的设备和技术供应商包括 TOX、史丹利、一浦莱斯、博尔豪夫等。该技术应用广泛，且国内主机厂都进行了技术开发和应用。无铆钉连接分为两种：无铆钉圆点连接和无铆钉平点连接，如图 2－14 所示。

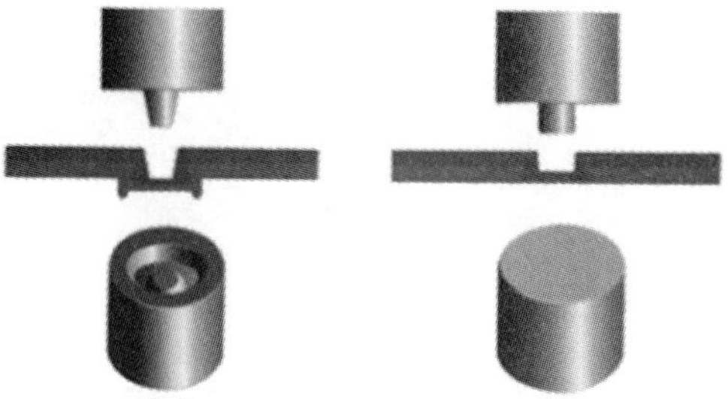

图 2－14　无铆工艺示意图
（a）无铆钉圆点连接；（b）无铆钉平点连接

（5）热融自攻丝铆接（流动钻铆工艺 FDS）。

随着铝合金材料在车身中的广泛应用，铝合金型材以及铸件所占的比例不断增加。对于板材与型材等管状封闭结构的连接，自锁铆连接 SPR 等双边连接工艺无法应用。目前广泛采用的单边连接方法是流动钻铆（Flow Drill Screw，FDS）工艺，如图 2－15 所示。

图 2－15　热融自攻丝铆接工艺示意图

FDS 工艺是通过螺钉的高速旋转软化待连接板材，并在巨大的轴向压力作用下挤压旋入待连接板材，最终在板材与螺钉之间形成螺纹连接，而中心孔处的母材则被挤出并在下层板的底部形成一个环状套管。其优势为：① 高机械强度；② 高动态连接强度；③ 连接过程安全；④ 单边连接；⑤ 可与结构胶结合使用；⑥ 自密封功能；⑦ 不受零部件公差约束；⑧ 成形螺纹可与公制螺纹通用。

FDS 工艺能够用于多层板结构的连接，可以拆卸，回收方便。同时，当 FDS 接头内出现螺纹损坏时，可以通过更换更大直径的螺钉进行维修。但是，FDS 工艺在应用过程中也有其明显缺点：① 对于下层板较薄的板材组合，因为下层板与 FDS 相接触的只有 1～2 圈螺纹，所以接头正拉强度低。② 当上层板为高强度材料时，由于很难被 FDS 螺钉穿透，就需要对板材进行预制孔。当连接多层板材组合时，如何实现对这些预制孔的精确定位和对中是 FDS 工艺面临的巨大挑战。该技术应用案例包括奥迪、欧宝、捷豹、通用、奔驰、大众、宝马等，如图 2－16 所示为 FDS 在奥迪 A8 上的应用。设备及技术供应商包括毅结特、阿诺德、上海巍博。

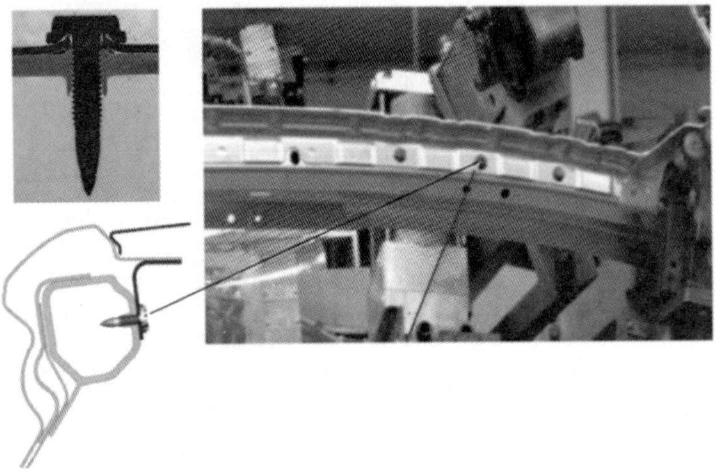

图 2－16　FDS 在奥迪 A8 上的应用

（6）塞铆焊工艺。

针对超高强钢以及薄板应用对 SPR 工艺的挑战，国外提出了塞铆焊（Rivet Plug Welding）工艺。该工艺通过与下层板同质的实心铆钉与下层板之间的焊接把上层板“锁”在铆钉盖与下层板之间来实现异质金属的连接，从而避免了异种金属直接焊接时的硬脆相问题。塞铆焊工艺的第一种实现形式是预制孔塞铆工艺。通过对上层板预先打孔并将实心铆钉“塞”入孔中，之后利用电阻塞铆（Resistance Element Welding，REW）或电弧塞铆（Arc Element Welding，AEW）实现铆钉与其同质的下层板的焊接，如图 2－17 所示。

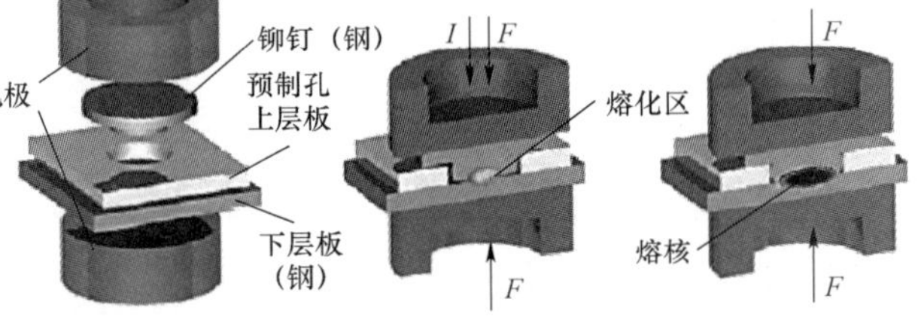

(a)

(b)

图 2－17　塞铆工艺过程示意图

（a）电阻塞铆工艺；（b）电弧塞铆工艺

铆钉与铝合金界面发现了多种铁铝金属间化合物，表明电阻塞铆 REW 接头中存在固相连接。REW 和 AEW 工艺从原理上能够实现任意异质金属材料的连接。但是焊接前的预制孔与放钉工序增加了整个工艺过程的复杂性，同时焊接前需要对焊接位置进行精确定位，导致工艺应用成本显著增加。提高工艺的自动化程度以及解决定位偏差是该种工艺大批量应用的关键。目前，大众汽车公司已经将 REW 工艺应用于新帕萨特铝/钢混合汽车的制造中。由于 REW 和 AEW 工艺对被连接材料的延展性没有要求，可以用来连接强度高达 1 800 MPa 的超高强度钢与不导电的复合材料，具有广泛的应用前景。目前，AEW 工艺已经成功实现了复合材料与高强钢的连接。

（7）搅拌摩擦塞铆焊。

搅拌摩擦塞铆焊工艺无须在上层板预先制孔，而是通过实心铆钉高速旋转穿透上层板，并与下层板形成摩擦焊连接，其工艺过程如图 2－18 所示。在摩擦焊过程中铆钉转速通常可达 10 000～20 000 r/min。基于这个原理，可采用不同几何形貌和硬度的实心铆钉，美国 Brigham Young 大学的 MILES 等提出了摩擦塞焊（Friction Bit Joining，FBJ）工艺，德国帕德博恩大学的 MESCHUT 等提出了摩擦单元塞焊（Friction Element Welding，FEW）工艺，英国 EJOT 公司提出了摩擦塞焊 EJOWELD 工艺。摩擦单元塞焊工艺流程见图 2－19。

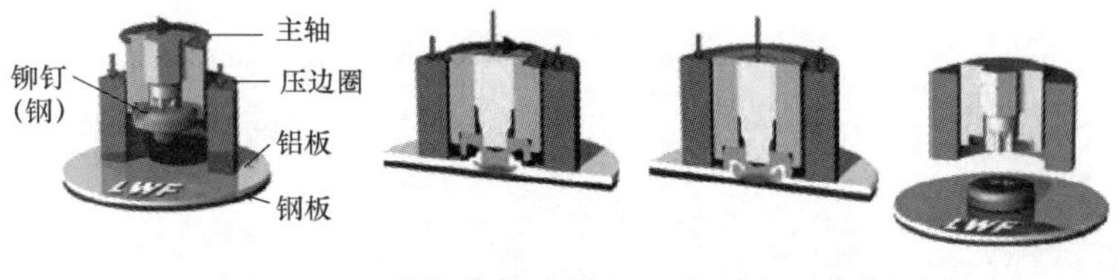

图 2－18　搅拌摩擦塞铆焊工艺过程示意图

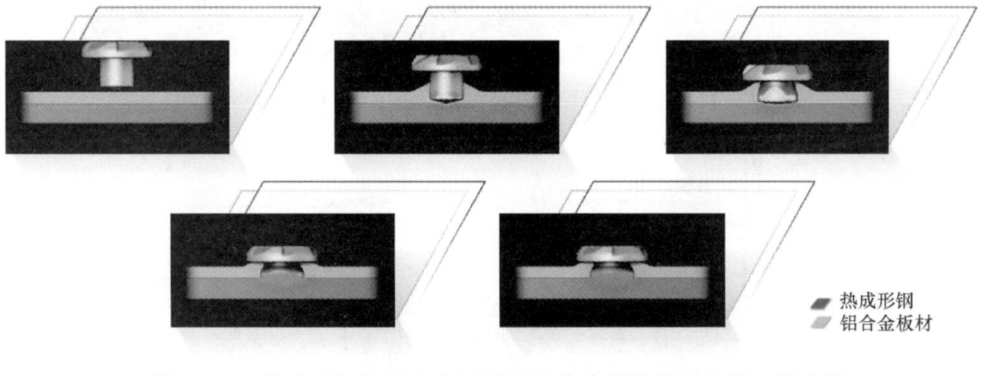

图 2－19　热成形钢与铝合金板材冲压件的摩擦单元塞焊工艺流程

搅拌摩擦塞铆焊工艺自动化程度高，且不需要预制孔，工艺过程简单，易于实现，在异质材料连接方面具有广泛的应用前景。但是仍然存在以下缺点：① 摩擦焊过程中需要较多的摩擦热以保证铆钉与下层板之间产生足够的结合强度，容易使接头附近温度过高，导致接头中铝合金软化严重。② 搅拌摩擦塞铆过程中铆钉需要将上层的铝合金全部挤出去方能实现其与下层钢板的摩擦焊接，而挤出的铝合金将进入铝板和钢板之间，使之形成较大的间隙，接头易产生局部大变形。2015 款奥迪 Q7 的中通道采用了铝合金冲压件和热成形加强件耦合，采用摩擦单元塞焊，包括中通道的热成形构件与铝合金冲压件的连接以及热成形构件与铝合金铸造件的连接，见图 2－20。

（8）搅拌摩擦盲铆工艺。

搅拌摩擦盲铆（Friction Stir Blind Riveting，FSBR）工艺由美国通用汽车公司在 2009

年提出，其工艺示意图如图 2－21 所示，该工艺采用传统的商业化抽芯铆钉，使抽芯铆钉在进给的同时高速旋转软化板材并完成钻孔，在铆钉完全进入板材以后，通过回抽芯轴墩粗铆钉体，使其发生塑性变形锁住被连接板材。

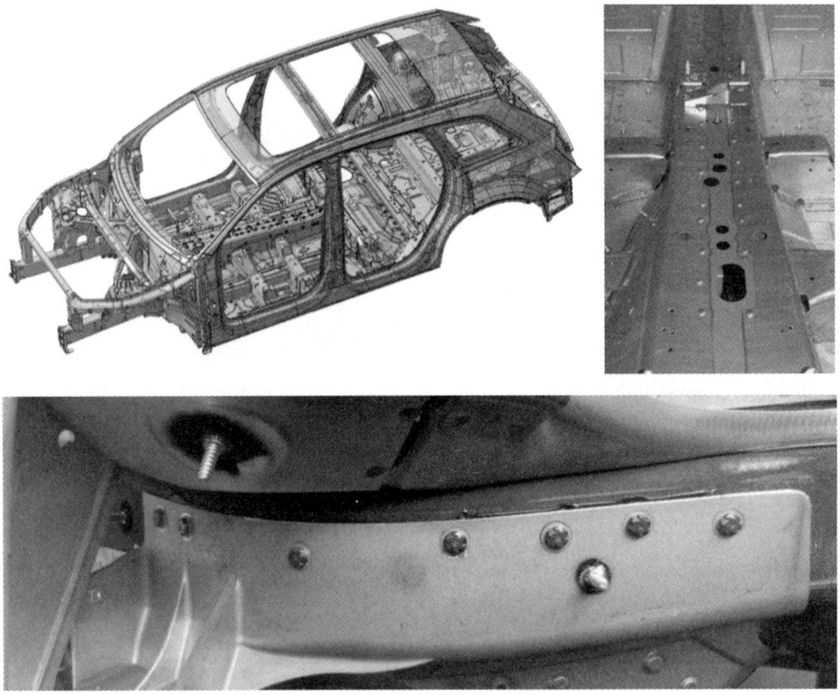

图 2－20　奥迪 Q7 车身摩擦单元塞焊的应用：中通道和减震塔

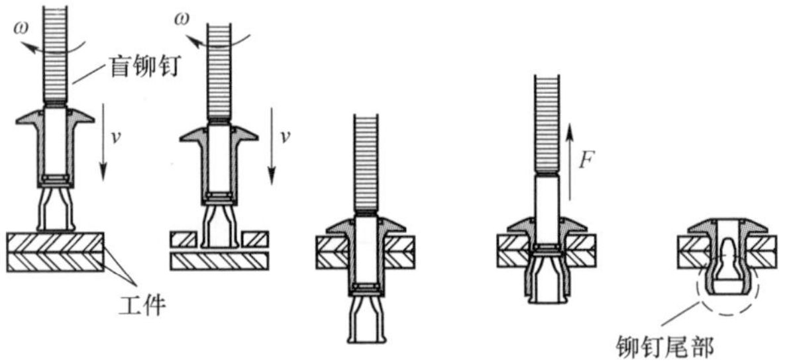

图 2－21　搅拌摩擦盲铆工艺示意图

FSBR 解决了 FDS 接头正拉强度低以及需要预制孔等问题，但目前应用较少。

（9）搅拌摩擦点焊工艺。

搅拌摩擦点焊（Friction Stir Spot Welding，FSSW）作为搅拌摩擦焊的一个变体，得到了汽车制造领域的青睐，其工艺示意图如图 2－22 所示。目前，马自达公司已将 FSSW 工艺应用于 Roadster 车型中铝合金发动机舱盖与钢制结构件的连接，如图 2－23 所示。同时，马自达公司正在开发用于连接碳纤维增强塑料（Carbon Fiber Reinforced Plastics，CFRP）与铝合金的 FSSW 工艺，通过摩擦热使 CFRP 母材局部熔化实现与铝合金的连接。然而，FSSW 工艺完成后会在接头处残留一个与搅拌针形状一致的工艺匙孔，该孔在板的接缝处会产生应力集中，削弱接头力学性能，这限制了该工艺在车身结构件上的应用。

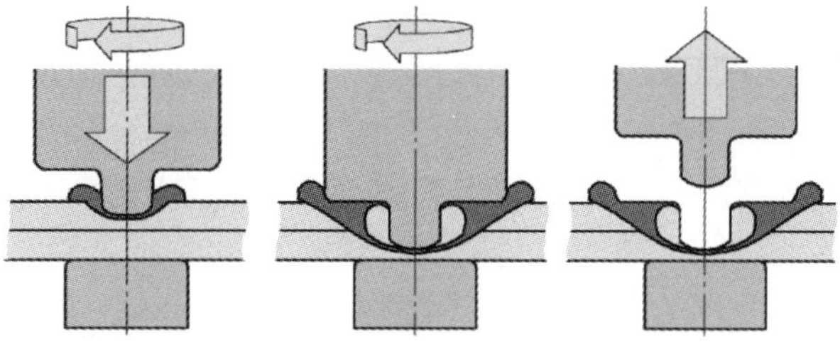

图 2－22　搅拌摩擦点焊工艺示意图

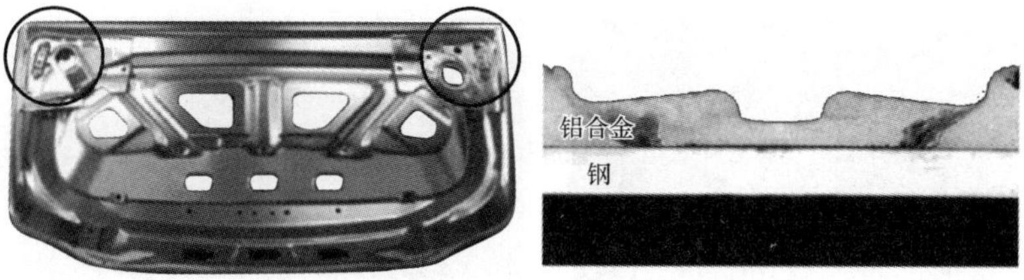

图 2－23　搅拌摩擦点焊工艺原理及应用

（10）胶接工艺及胶铆复合工艺。

采用结构胶能够从物理上隔绝异种金属的直接接触，并避免腐蚀介质进入接头边缘，从而有效避免电化学腐蚀和缝隙腐蚀，在异质材料连接方面具有明显的优越性。同时，利用结构胶与被连接材料间产生的机械结合力、物理吸附力和化学键合力能够实现材料的大面积连接，具有应力分布均匀、抗振性能好、密封性能好等特点。在汽车碰撞过程中，结构胶还可以起到很好的缓冲与吸能作用。

点焊结构胶在焊装车间涂布，在涂装车间随电泳漆固化，它是以橡胶增韧型环氧树脂为基材的高抗冲击型结构胶，通过提高车身刚度和耐久性、增加车身结构吸能容量来改善整车安全性、舒适性。结构胶技术发展历程如下：① 1980 年，改性环氧树脂改善了结构胶的抗冲击性，但是脆性大，不适于碰撞相关的粘接。② 1999 年，提高韧性的新一代碰撞稳定型结构胶开始大量使用。③ 2002 年，高动态冲击强度的低黏结构胶开始使用，便于快速施工应用。④ 2005 年，螺旋喷涂工艺的抗冲击型结构胶，更加有利于喷涂速度的提高。⑤ 2008 年，高黏度的高强度结构胶提高了抗冲击性能。利用高强度结构胶优化车身结构，达到以下不同目标水平的技术优势见表 2－1。结构胶在典型车型上的技术应用见表 2－2。

表 2－1　高强度结构胶优化车身结构的技术优势

序号	优势	内容
1	降低结构应力集中，避免焊点撕裂	高强度结构胶能够有效降低连接处的应力，使载荷均匀分布，消除应力集中（见图 2－24）
2	工艺不可点焊区域连接	主要是存在于车身的边角等位置，需要焊接，而焊枪无法进入不便焊接的地方
3	外观要求而不能焊接的区域	主要是存在于五门一盖，外板与内板的连接处，常因为点焊的原因，在车身外板处出现焊坑，严重地影响了车身的外观质量
4	解决板材连接问题，增加铝镁材料的使用	钢板或带有镀锌层的钢板（包括高强度钢板）、表面经预处理的铝合金板或镁合金板、碳纤维或玻璃纤维增强复合材料、塑料等材料
5	提高车身刚度	提高车身静刚度高达 30%，提高动态刚度 2～3 Hz

续表

序号	优势	内容
6	提高钢板搭接耐疲劳性	提高抗疲劳寿命，提高承载能力（见图 2－25）
7	提高整车碰撞性及安全性	高强度结构胶的强度高，韧性好，使碰撞相关部位粘接良好，提高碰撞性（见图 2－26）
8	减少焊点，降低成本	使用高强度结构胶最终可减少焊点 15%～25%
9	车身轻量化	高强度结构胶的有效粘接，提高结构强度，减轻钢板重量

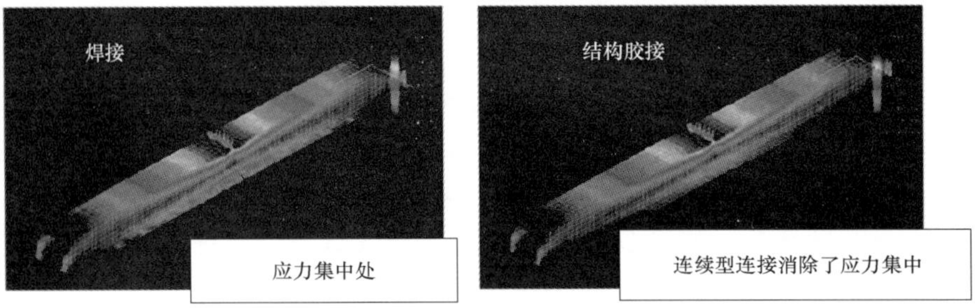

图 2－24　降低结构应力集中

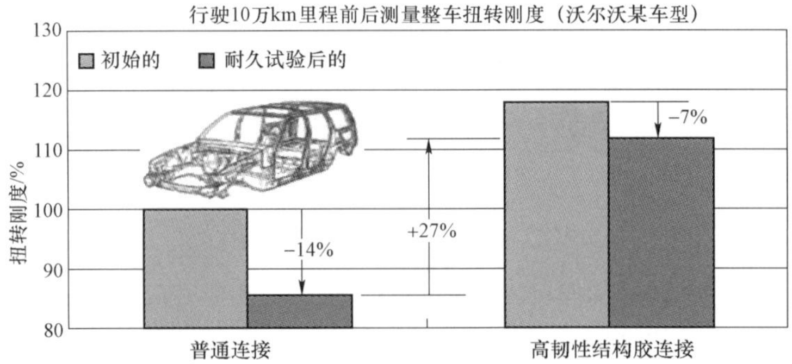

图 2－25　提高钢板搭接耐疲劳性

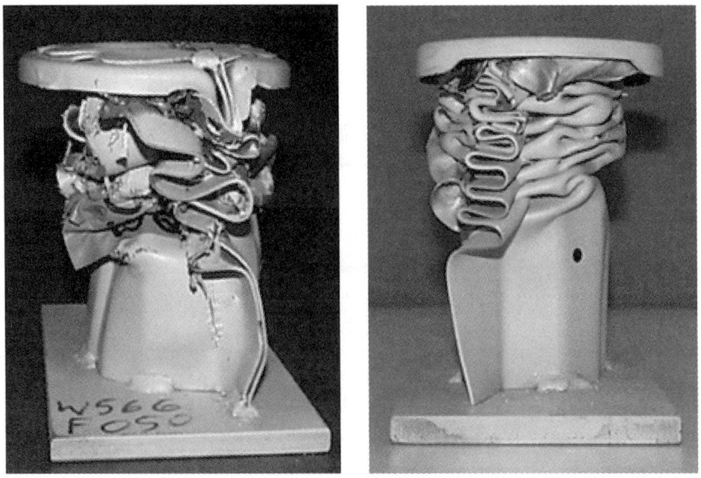

图 2－26　提高整车碰撞性：只点焊不涂胶以及结构胶连接（无点焊）的压溃比较

表 2－2　结构胶在典型车型上的技术应用

品牌	车型	类型	用量/m
奥迪	A6（老款）	轿车	90
	A6L（新款）	轿车	107.8
	A8	轿车	85.4
	Q3	SUV	40
	Q5	SUV	56
	TT	跑车	97.2
宝马	5 系	轿车	90
	5 系 GT	SUV	120
	7 系	轿车	140
	S 系	轿车	≥100
	X3	SUV	45
奔驰	C 级（新款）	轿车	90.8
	SL 级	SUV	76.2
	B 级	轿车	123
	E 级	轿车	116.9
沃尔沃	XC90（新款）	SUV	43
	XC60（新款）	SUV	44
捷豹路虎	XJ（新款）	轿车	154.3
	XK	跑车	99

高强度结构胶的主要技术资源如下：陶氏化学（中国）有限公司、汉高股份有限公司、西卡（中国）有限公司等。高强度结构胶的应用主要发展方向为在汽车轻量化中的应用，高强钢、碳纤维以及异种金属的粘接，高强度结构胶使用长度逐步增加的趋势更加有利于整车耐久性和疲劳性能的提高。高强度结构胶在各主机厂的应用情况见图 2－27。

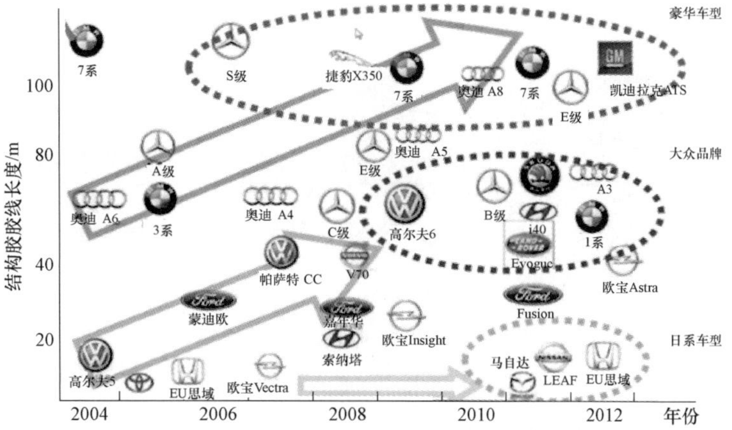

图 2－27　高强度结构胶在各主机厂的应用情况

图 2－28 红色部分为沃尔沃 2007 款 V40 环氧树脂结构胶的应用，值得借鉴的是，沃尔沃采用了 Quiss 视觉系统来通过图像识别检验和评估结构胶连接质量，如图 2－28 所示。另外，门槛的局部胶接需要预固化以避免在下一道工序中被洗掉。

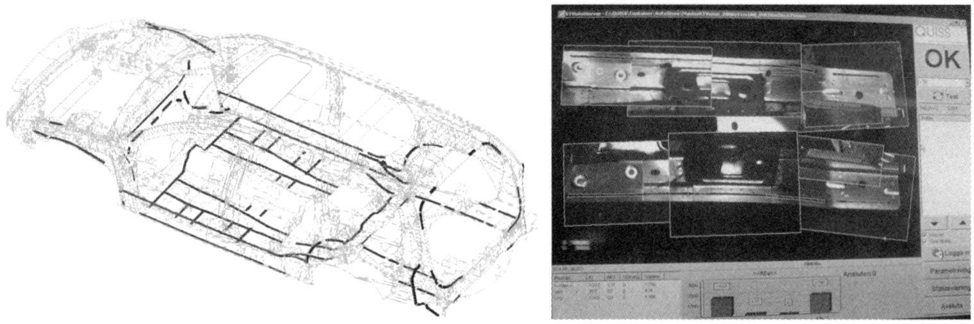

图 2－28　沃尔沃 2007 款 V40 环氧树脂结构胶的应用（见彩图）

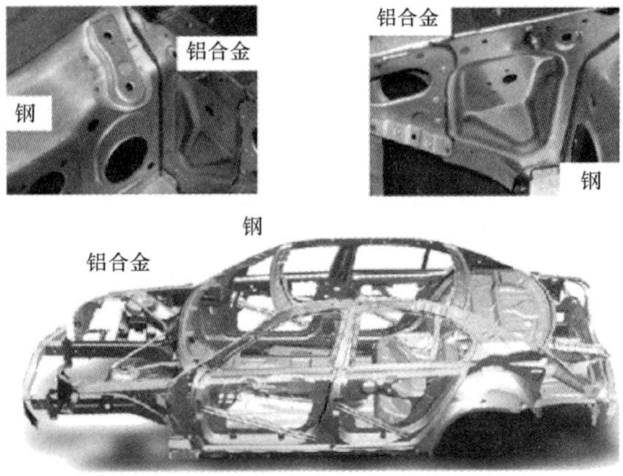

图 2－29　胶铆复合连接在铝/钢异质车身中的应用

胶接工艺与 SPR 工艺的复合即胶铆复合工艺，是在被连接件的连接位置涂覆结构胶，然后再进行 SPR 连接的工艺。图 2－29 所示是胶铆复合工艺在宝马 5 系车身中的应用情况。胶铆复合接头中，因为胶层、板材以及铆钉的复杂作用，胶层在接头中呈非连续分布，接头外围较厚的胶层能够有效阻碍水分与空气进入接头，从而大大提高铝/钢异质接头的抗腐蚀能力。

（11）卷边工艺。

卷边工序是覆盖件成形的最后一步，常规的覆盖件卷边工艺主要有冲压卷边、桌式卷边和滚卷三种形式，见图 2－30，其中冲压卷边更为普遍，除了模具以外，均为通用液压机。而桌式卷边多用于中小批量生产，为卷边专用设备。滚卷效率略低，轿车车门卷边等普遍应用滚卷方式。

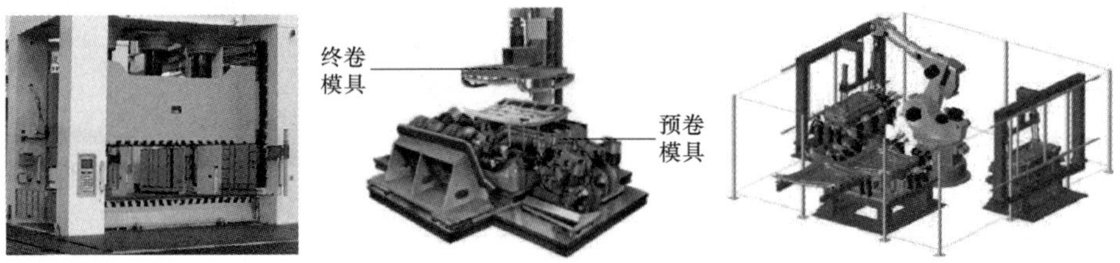

图 2－30　三种卷边成形方式

（a）冲压卷边；（b）桌式卷边；（c）滚卷

三种卷边工艺的卷边程序示意图见图 2－31，冲压卷边和桌式卷边较为类似。本节主要以冲压卷边为例，探讨材料的卷边性能、卷边工艺设计以及弯曲性能测试与评价。

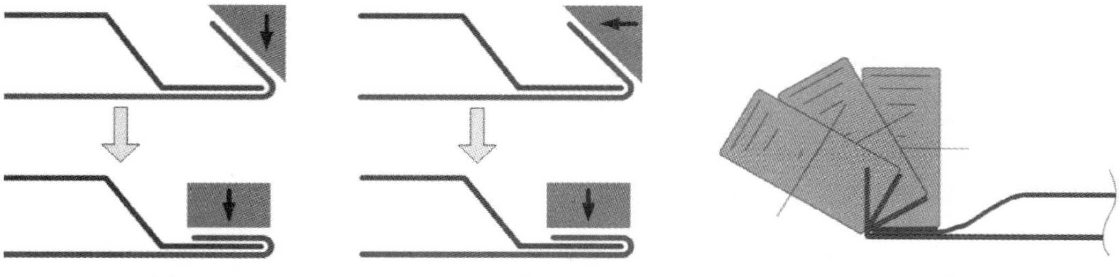

图 2－31　三种卷边程序示意图

（a）冲压卷边；（b）桌式卷边；（c）滚卷

2005 款 ZAFIRA 采用了快速滚卷边工艺，如图 2－32 所示。快速滚卷边工艺缩短了翻边工序时间。2006 款凯迪拉克 BLS 对于铝合金车身部件的连接采用了 18 个自锁铆、46 个无铆连接以及结构胶连接。发动机罩盖采用滚卷，由于该车型属于高端品牌，批量小，成本降低是应用滚卷的主要原因。

如图 2－33 所示，2015 款奥迪 Q7 采用卷边连接来实现 B 柱铝合金外板与热成形加强板的连接。

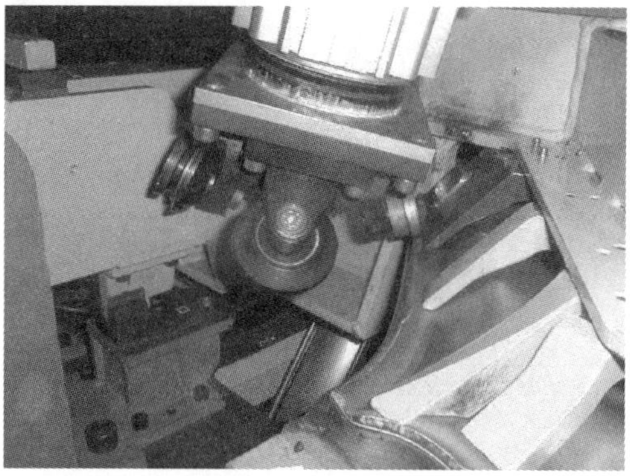

图 2－32　ZAFIRA 采用了快速滚卷边工艺

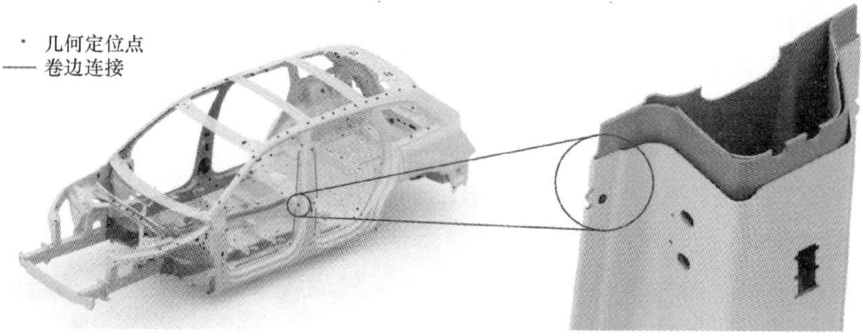

图 2－33　铝合金外板与热成形加强板的卷边连接

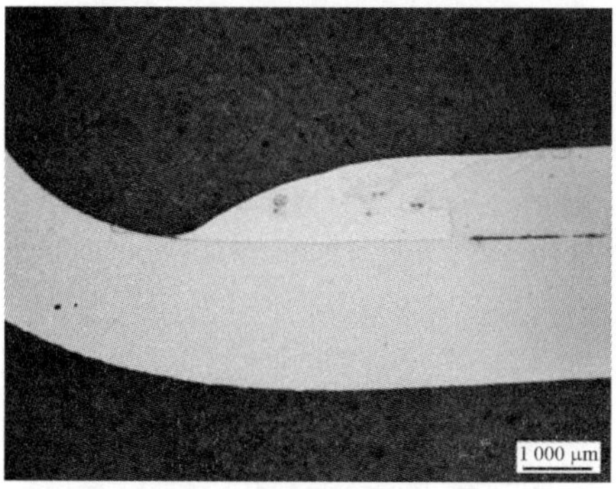

图 2－34　2005 款奥迪 Q7 车身等离子焊接接头微观组织

（12）传统焊接工艺的优化。

2005 款奥迪 Q7 车身采用了等离子焊接，等离子焊接的焊接接头微观组织见图 2－34。奥迪认为其优势可以替代激光焊接，而且没有明显的焊点，也无须对焊点表面进行处理。等离子焊接属于熔焊中电弧焊的一种，感兴趣的读者可以参阅相关资料。

2013 款本田飞度应用了新的多层点焊工艺，保证了多层焊接的焊接实效。传统的多层焊接流程如图 2－35（a）所示，焊核首先在厚板处形成，然后向厚板方向长大，最后可能造成薄板处连接质量不佳。新的焊接工艺在薄板处采用一个主电极附带多个子电极的方式，如图 2-35（b）所示，使得焊核形成位置为整个多层板厚的中间，然后焊核再向两侧扩散，最后实现了薄厚不同的 4 层钣金的焊接。

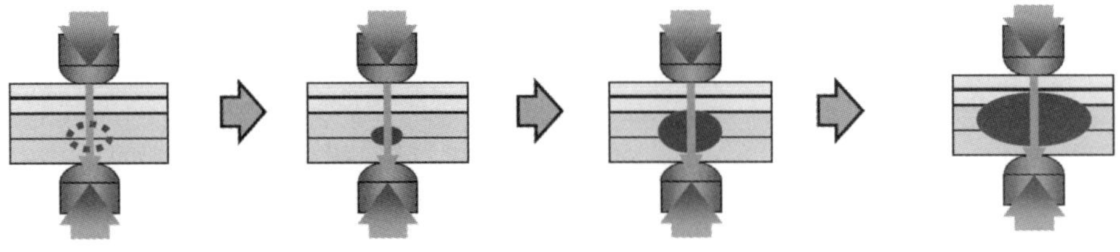

(a)

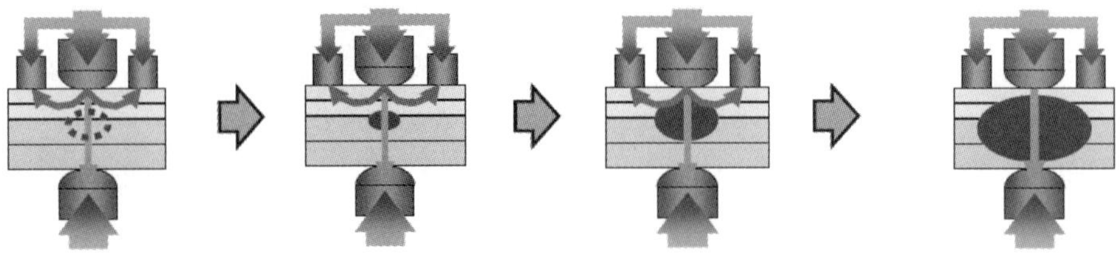

(b)

图 2-35　新点焊工艺的示意

（a）普通点焊；（b）多电极点焊

2.1.3　镁合金应用及其相关技术

镁合金是迄今在工程中应用的最轻的结构材料之一。普通镁合金的密度为（1.3～1.9）× 10^3 g/m^3，常规镁合金比铝合金轻 30%～50%，比钢铁轻 70%以上，应用在工程中可大大减轻结构件重量。镁合金本身具有较低的铸造温度，较低的热容量，比铝熔化快 50%，具有高铸造精度和表面加工性能，不侵蚀铁模；模具具有长的使用寿命，良好的机械耐力，高的充型速度；非常适用于采用压铸工艺生产。采用压铸工艺，还可以对某些支架、附属结构较多的零部件实现集成设计，达到减少零件数量和模具数量的目的。以汽车用仪表板加强梁为例，应用镁合金加强梁相对于钢减重达到 50%以上，可集成仪表板骨架周边 30～40 个支架类零部件，减少模具数量，降低人工成本，且总成的尺寸稳定性得到提升，见图 2-36。

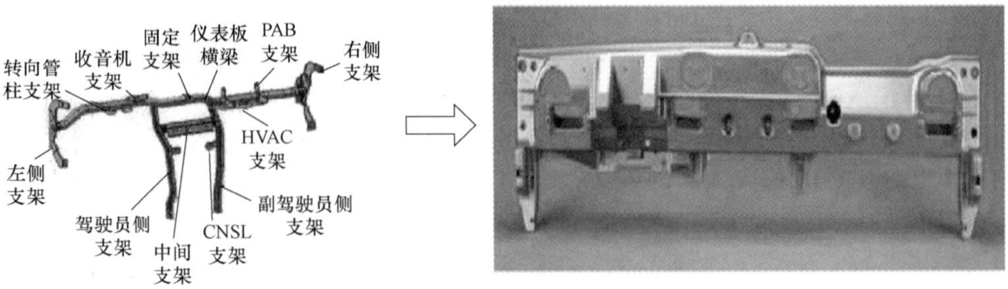

图 2-36　钢制仪表板加强梁转化为整体压铸示意图

目前开发应用比较多的镁合金部件有：方向盘支架、仪表板骨架、转向管柱支架、座椅骨架、气门室罩盖等（见图 2-37）。除方向盘支架外，其他镁合金零部件主要应用于外资或者合资车型，欧美整车企业开发应用的镁合金零部件见表 2－3，可以看出欧美汽车总体开发零部件种类较多，涉及部件广，开发应用较多的零部件有：仪表板骨架、专线管柱支架、气缸盖、发动机支架、座椅骨架等。

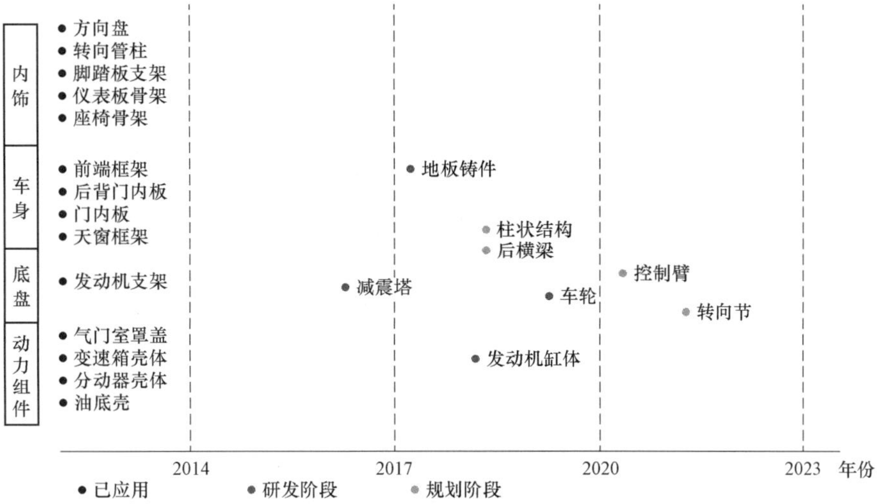

图 2－37　镁合金零部件汇总

表 2－3　欧美整车企业镁合金零部件开发应用情况汇总

整车企业	镁合金零部件
通用	仪表板骨架、转向管柱支架、气门室罩盖、发动机支架、滤油器、空气滤清器壳、空气净化器、配电器、挡泥板支架、烟灰盒门、前大灯罩、前大灯托架、发动机罩格栅、发动机阀盖、阀壳、进气格栅中心座、前大灯框架、离合器壳体、制动器以及离合、轮毂、踏板等
福特	仪表板骨架、转向管柱支架、前端模块、座椅骨架转向柱定位机构、分动器壳、引擎盖、散热器支架、前置结构件等
克莱斯勒	仪表板骨架、转向管柱支架、座椅骨架、变速器壳体、油底壳等
大众	仪表板骨架、转向管柱支架、曲轴箱、变速器壳体、增压器壳、正时齿轮罩盖、离合器壳、油底壳、引擎盖、传动箱壳体等
沃尔沃	仪表板骨架、节气门连杆、手制动连杆、车门外把手等
奔驰	仪表板骨架、座椅骨架、轮毂、背架、安全带支架等
保时捷	仪表板骨架、转向管柱支架、风扇、风扇架、轮毂、方向锁外壳、手制动器控制杆等
宝马	仪表板骨架、气缸罩、曲轴箱、发动机、轮毂、进气支管等

目前主要镁合金压铸供应商包括：中国精密铸造、Magic Precision Inc.、镁镁合金、MK 集团、Morimura Bros Inc.、Ryobi Die Casting Inc.、Gibbs Die Casting 和 GF（乔治费舍尔）。

2.1.4　铝合金应用及其相关技术

（1）铝合金冲压件的应用。

1982—1993 年，美铝公司（ALCOA）历时 11 年与奥迪合作开发 ASF（全铝空间框架结构）车身，应用于奥迪 A8 车型。随着车身零部件铝板应用的进一步增加，采用铝合金来代替钢板成为发展趋势。车身覆盖件大量使用铝板冲压制造，可实现减重约 50%。铝合金冲压件最初应用在汽车覆盖件内外板，逐步增加到车身框架零部件，具体见图 2－38。

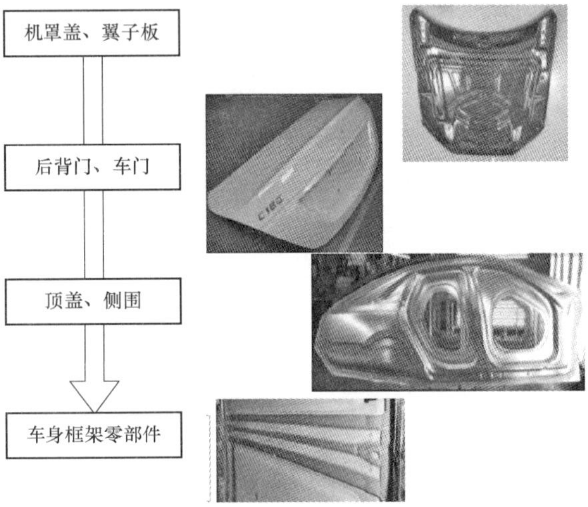

图 2－38　铝合金冲压件的应用

2002 年款欧宝 VECTRA C 已经采用了铝合金保险杠横梁以及铝合金冲压发动机罩盖。相对于钢制发罩的重 16.6 kg，铝合金发罩仅重 10.3 kg，减重 6.3 kg。内板尚未采用整体式或者杯状结构，仍然采用梁状结构，如图 2－39 所示。

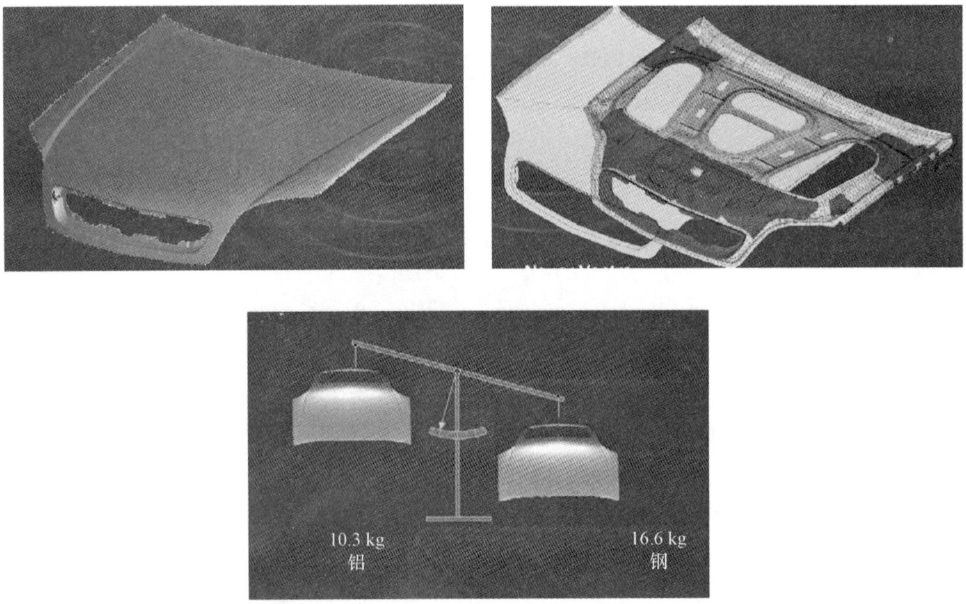

图 2－39　2002 年款欧宝 VECTRA C 采用的铝合金冲压发动机罩盖

同年（2002 年），标致 307、307CC、407 也应用铝合金发动机罩盖，2004 款 C4、2006 款雪铁龙 C4 Picasso 的发罩以及前后保险杠横梁也应用了铝合金制造，这说明大众车型也可以采用铝合金。2016 款标致 3008 应用的铝合金发罩和翼子板如图 2－40 所示。

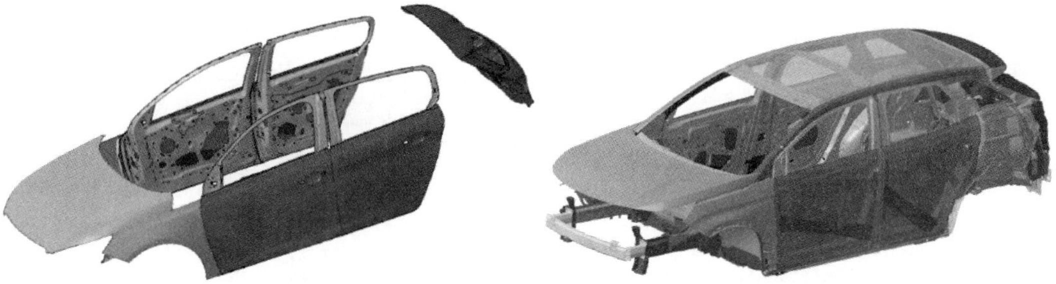

图 2-40　2016 款标致 3008 铝合金发罩和翼子板

可见，事实上，法国标致雪铁龙的众多车型均采用了铝合金发罩以及保险杠横梁。法国标致雪铁龙汽车公司是铝合金发罩以及铝合金保险杠的“忠实拥护者”，在过去的 20 年中，一直坚持在大众消费的车型上使用铝合金冲压件和型材。为了减小整备质量，2005 年款萨博 9-3Sport Combi 车型在发动机罩盖和后备厢盖板应用了铝合金制造，其中后备厢盖板由萨博内部制造，发动机罩盖由供应商提供。更详细的铝合金冲压件应用案例见表 2-4。

表 2-4　铝合金冲压件应用案例

零部件	车型		牌号	表面状态
机盖外板	上海通用	凯迪拉克 XTS、CT6、君越、君威、荣威 950	AC170PX	EDT
		GL8、英朗	6K21	—
	宝马	5 系	AC170PX	EDT
	奥迪	Q3	AC170PX	EDT
		Q5	AC170PX	EDT
	捷豹路虎	发现者 4、XF	5182	EDT
	福特	锐界	—	—
	长城	VV5	AC118	EDT
		VV7	5182	EDT
车门外板	捷豹路虎	XJ	6111	—
	奔驰	S 级	AC170PX	—
	宝马	5 系	AC170PX	—
		6 系	AC170PX	—
		7 系	AC170PX	—
车门内板	捷豹路虎 XJ	车门内板	5182	—
	奔驰	S 级	5182	—
	宝马	5 系	5182	—
		6 系	5183	—
		7 系	AF-350	—
后背门外板	奥迪	Q3	AC600PX（上部）、AC170PX（下部）	—
	捷豹路虎	发现者 4	AC170PX	—
	上海通用	凯迪拉克 CT6	AC170PX	—

续表

零部件	车型		牌号	表面状态
后背门内板	奥迪	Q3	Ecodal608	—
	捷豹路虎	发现者 4	5182	—
	上海通用	凯迪拉克 CT6	5182	—
顶盖	捷豹路虎	—	AC600	—
侧围	捷豹路虎	发现神行、揽胜、XF	AC170PX	—
	上海通用	凯迪拉克 CT6	AC170PX	—
A 柱/B 柱/C 柱	捷豹路虎	揽胜	6111	—
地板、前围板	捷豹路虎	揽胜	5754	—

国内具体铝合金汽车板材供应商见表 2－5。

表 2－5　铝合金汽车板材供应商列表

厂家	国内工厂所在地	供货能力	国内供货情况
诺贝丽斯	常州	10 万 t/年	为国内捷豹路虎、上海通用、奥迪、宝马、福特、长城（CHB071）供应铝板
神户制钢	天津	10 万 t/年	为国内宝马、长城（CHB131）并出口为特斯拉供应铝板；广本已认证完成；奔驰、菲亚特、克莱斯勒、日产、丰田、通用正在认证中
住友	无	—	供应国外丰田（雷克萨斯 CT200h/IS－CV/SC、PRIUS、ALTEZZA GITA）、本田（NSX、S2000/LEGEND/INSIGHT）、尼桑（LEAF/FUGA/FAIR LADY/CIMA/GTR/SKYLINE）、三菱（PAJERO）、马自达（ROADSTAR）、斯巴鲁（IMPREZA/LEGACY）
美铝（奥科宁克）	无	规划 20 万 t/年	美铝目前主要为北美主机厂生产的部分车型供应铝板，供应通用、福特、克莱斯勒、日产、本田和斯巴鲁
中铝	重庆	10 万 t/年	5182 铝板已经通过通用公司认证；EDT 工艺正在开发中
南山铝业	烟台	12 万 t/年	1. 5182 已经通过通用公司认证，6 系铝板通用正在认证中； 2. 正与奥迪、宝马开展认证中，奔驰和吉利处于交流阶段
忠旺	天津	12 万 t/年	正与上海通用、奥迪、宝马、奔驰和吉利开展认证中

近年来相关企业研发了新的铝合金板材技术，如美铝开发的铝合金微轧加工技术和诺贝丽斯开发的夹层铝板。

美铝公司新型铝合金微轧加工（Micromill）技术的特点和优势如下：① Micromill 技术为新型汽车铝板“连铸连轧”加工技术，可以在铝合金的加工过程中明显改变铝合金的微观结构，与传统加工工艺相比，该技术可在满足汽车表面要求情况下，较传统工艺轧制铝板提升 40%的可成形性和 30%的强度；② 采用“连铸连轧”工艺，较传统工艺缩短了加工流程：液态铝合金到铝冷轧卷的生产周期从 20 天缩短到 20 min；该技术已经在美铝的美国圣安东尼奥工厂投产，为福特 F150 供货。

诺贝丽斯 Fusion AF350 夹层铝板的特点和优势：其核心为一种铝合金板，然后在其基础上复合一层或多层不同的铝合金板，使同一产品的内外两侧特性不同。宝马 5 系门内板采用 Fusion 材料（3 层），核心层保证了成形性能，内外两侧的合金保证抗腐蚀性能。该技术的应用及示意图见图 2－41。

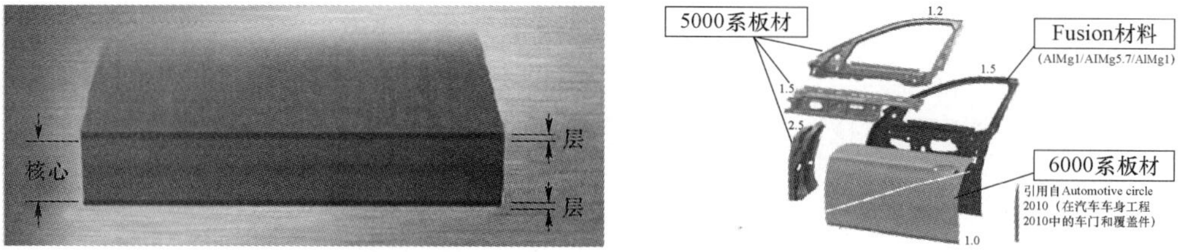

图 2－41　夹层铝板的应用及示意图

其他的新技术，如诺贝丽斯和神户制钢开发了 7×××系高强度铝板，主要用于门槛、车门防撞梁等对碰撞有较高要求的防撞部件。另外现已为捷豹路虎 X260 供应铝合金辊压防撞梁，可辊压出变截面零件，提高其吸能性能，但该铝合金辊压防撞梁成本比挤压铝合金防撞梁高。通过温热成形制造汽车零部件，既可以大幅度提高强度又便于成形，这与钢板热冲压成形类似，由于篇幅所限，本书不再详述。另外，铝合金零部件时效强化（Post Form Heat Treated，PFHT）也是提高零件强度、便于流程实施的一个重要工艺，具体详见本书第 10 章。

（2）铝合金型材构件的应用技术。

铝合金型材构件的成本明显低于铝合金冲压件，而且作为结构件，其刚度较高，得到了汽车行业的广泛应用，铝型材的技术优势如下：① 铝挤压型材可采用薄壁化、中空化来实现车体轻量化，减重效果在 30%～50%。② 铝型材吸能性好，一般用铝型材做防撞梁、吸能盒等碰撞部件，在碰撞时会吸收大量的冲击能；同时由于铝型材零部件的使用造成车身重量减轻，碰撞时的动量和动能减小，可相应降低冲击力。③ 铝型材耐蚀性好，一般用作车身骨架功能件和结构件无须经过电泳，进而可节约涂装成本。④ 铝挤压型材投入的挤压模具费用低，降低了铝型材零部件加工成本。典型的铝合金型材构件及其铝合金牌号见表 2－6。

表 2－6　典型的铝合金型材构件及其铝合金牌号

牌号	状态	汽车上典型应用部位
1050	—	管、热交换器、翅片管
3003	—	散热器、空调冷却器
3007	—	薄壁热交换器
3103	—	耐腐蚀部位，弯管
6005	T6	车身结构件和座椅部件，悬架零件
6008	T6	Audi TT 翻滚保护，Audi A2 车身骨架
6014	T6	Audi A2 车身骨架
6060	T6	防撞梁、发动机悬置、车身骨架、门框架、窗框架
6061	T6	座椅导轨、防撞梁、副车架
6063	T6	吸能盒、车身骨架、副车架
6082	T6	车门防撞梁、吸能盒、车身骨架、防撞梁
6106	T6	车身结构件、吸能件
6351	T6	车门加强件，座椅扶手，空调连接件
7003	T6	防撞梁
7046	T6	防撞梁
7108	T6	防撞梁

汽车车身框架铝型材主要为 6×××系和 7×××系，为了提高抗冲击强度和车身及零部件的刚度，型材断面多为“口”“日”“目”“田”字形。同种材料的中空截面铝合金型材力学性能和冲击性能试验数据见表 2-7。

表 2-7　不同中空截面铝合金型材的力学性能和冲击性能试验数据

断面型材	断面尺寸/（mm×mm）	质量比	缓冲强度比	缓冲变形比
“口”字形	60×60	1.00	1.00	1.00
“日”字形	60×60	1.18	1.34	0.341
“目”字形	60×60	1.37	1.61	0.61
“田”字形	60×60	1.41	1.48	0.23
注：以“口”字形型材为 1.00				

如表 2-7 所示，在同样碰撞条件下，缓冲强度比越大，抵抗外力的能力越大；缓冲变形比越小，在碰撞时变形量越小。奥迪 A8 首先采用空间框架结构，由铝合金型材构成框架，结合铝板和铝铸件构成白车身。奥迪 A8 第一代到第三代发展见表 2-8，铝合金型材零部件在最新奥迪 A8 车型中主要应用于防撞梁、仪表板、副车架等。

表 2-8　奥迪 A8 应用铝合金型材构件的演变

车型	年份	质量	材料	连接技术
奥迪 A8（第一代）	1994—2002	白车身+开闭件为 249 kg	6016 和 6009 应用外板、内板及结构件；包括 237 个板材冲压件、47 个挤压件和 50 个铸件	MIG 焊、铆接和铸造节点连接等
奥迪 A8（第二代）	2002	白车身+开闭件为 277 kg	挤压件采用 6060，与第一代相比，采用长纵型材，连续挤压部件比例提高；面板部件减少，铸件增多	铆接、粘接、MIG、激光焊等
奥迪 A8（第三代）	2009	白车身+开闭件为 221 kg	车身部件总数减少，多功能铸件增加	自冲铆接、粘接、MIG、激光焊、点焊等

2005 款奥迪 Q7 车身采用 7%的铝合金，如发动机罩盖、翼子板和后备厢盖板，值得注意的是，其前后门防撞杆采用了铝合金型材，见图 2-42。2003 款欧宝 Astra、欧宝 Signum 以及 2005 款 Zafira、2010 款欧宝 Meriva 均采用了铝合金保险杠。铝型材技术应用案例见表 2-9。

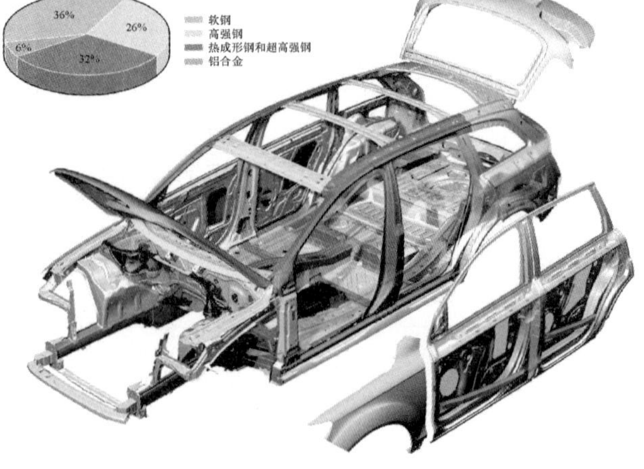

图 2-42　2005 款奥迪 Q7 车身（见彩图）

表 2-9　铝型材技术应用案例

零部件	零部件供应商	配套车型	牌号	材料标准	材料供应商
前舱总成	忠旺	奇瑞小蚂蚁	6005AT6、6082T4、6082T6、6061T6、6061T4	GB/T 6892	忠旺
后地板总成			6082T4、6082T6、6061T6	GB/T 6892	忠旺
侧围总成			6005AT4、6005AT6、6082T4、6082T6、6061T6	GB/T 6892	忠旺
后顶横梁总成			6082T6	GB/T 6892	忠旺
顶盖横梁			6082T4	GB/T 6892	忠旺
座椅横梁总成			6082T6	GB/T 6892	忠旺
流水槽前部总成			6061T6、6061T4	GB/T 6892	忠旺
前舱支架总成			6082T6、6061T6	GB/T 6892	忠旺
车门骨架总成			6082T4、6061T4	GB/T 6892	忠旺
副车架总成			6005AT6、6082T6	GB/T 6892	忠旺
仪表盘加强梁支架	上海友升	凯迪拉克 CT6	6063T6A	GMW 15665	上海友升
前纵梁	上海友升	凯迪拉克 CT6	7003T6	GMW 15665	上海友升
地板横梁	上海友升	凯迪拉克 CT6	6063T66	GMW 15665	上海友升
前端框架	上海友升	凯迪拉克 CT6	6063T66	GMW 15665	上海友升
副车架	上海友升	凯迪拉克 ATS	6061T6	GMW 15665	上海友升
	宝敏科	蔚来 es8	7003T6	—	上海友升
门槛梁	上海友升	凯迪拉克 CT6	6005A	GMW 15666	上海友升
	上海友升	蔚来 es8	6082T6	—	上海友升
防撞梁	宝敏科	蔚来 es8	7003T6	—	新马铝业
前防撞梁+吸能盒	星乔威泰克	长安 CX55/CX75	6082T6、6 系	—	上海友升、忠旺、豪美
前防撞梁+吸能盒	凌云	凯迪拉克	7A53T6、6 系	—	上海友升、忠旺、豪美
	凌云	昂科威	6082T6、6063T6	—	上海友升、忠旺、豪美
衬套及连杆	上海友升	大众	6060、6063、6061、6005、6005A、6082、6351	EN573-3	上海友升
行李架及座椅导轨	上海友升	奔驰	6082-T6、6063-T66	GMW 15665	上海友升

国内铝合金型材材料及零部件供应商情况见表 2-10 及表 2-11。

表 2-10　铝合金型材材料及零部件供应商情况

材料厂家	国内工厂所在地	国内供货情况	具备能力
上海友升	上海	为国内奔驰、通用、长安、吉利、北汽及长城等提供零部件用铝型材；并为凯迪拉克、北汽等供应副车架、CCB 等零部件	具备零部件设计、分析及零部件制造能力

续表

材料厂家	国内工厂所在地	国内供货情况	具备能力
忠旺	辽宁	为奇瑞、通用等提供零部件用铝型材及部分车身用铝型材零部件	具备零部件设计、分析及零部件制造能力
豪美	广东	为通用、长安、丰田等提供零部件用铝型材	—

表 2-11　铝合金型材零件及零部件供应商情况

零件厂家	国内工厂所在地	国内供货情况	具备能力
凌云	涿州、武汉、上海、长春	为国内通用、长安、福特等供应铝合金挤压防撞梁总成	具备零部件设计、分析及零部件制造能力
宝敏科	—	为蔚来等提供纵梁、防撞梁总成、车门窗框等铝型材零件	
奇昊	苏州	为奥迪、欧宝等提供铝合金防撞梁等零件	
星乔威泰克	南京	为长安等供应铝合金挤压防撞梁总成	

近年，铝合金型材构件涌现了一些新的技术，如凯迪拉克 CT6 应用了高强度 7×××系铝合金型材：纵梁使用高强度铝合金型材以提高碰撞能力，如图 2-43 所示。对变截面、变厚度等复杂截面，可采用先挤压成形再进行液压成形的工艺，如新款福特 F150 的上边梁及前端框架等构件，铝型材液压成形在福特 F150 车型上的具体应用详见图 10-21 及表 10-5。

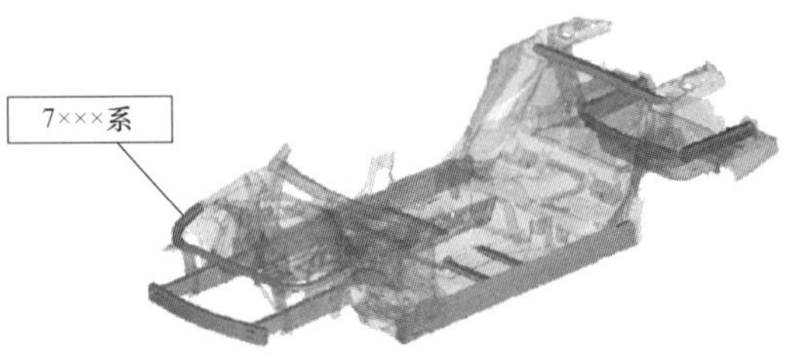

图 2-43　凯迪拉克 CT6 应用的 7×××系铝合金型材

（3）铝合金车身铸造件应用技术。

在当前的车身成形技术中，冲压技术占据主导地位，但是存在冲压过程复杂、工序多、成本过高等诸多不足，而压铸技术能很好地弥补这一不足。高真空压铸是国际上新出现的铸造技术。高真空压铸与普通压铸相比，增加了抽真空操作，可将型腔中的气体抽出，金属液在真空状态下充填型腔，减少了卷入的气体，铸件可进行热处理，力学性能高于普通压铸件。上述铸造工艺技术具有很高的生产效率，非常适合汽车领域大规模生产的需要。在压铸市场中，汽车工业用压铸件所占份额始终处于主导地位，如日本为 79%，德国为 61%，美国为 75%等。而在压铸工业中，高真空压铸占有绝对的技术优势，调查表明，在欧美各国，有 20%的铸件订单要采用真空压铸来生产；在日本，52%的压铸商在使用真空压铸。总之，在现有的传统压铸技术和设备的基础上，采用高真空压铸是解决复杂压铸件、提高质量合格率的重要手段，是进一步扩展压铸件应用领域，促进压铸件质量普遍达到高档次的关键性技术措施。

高真空压铸技术原理是将熔化炉通过升液管和压射室直接相连，抽真空时先将金属铝液吸入压射室内，接着继续抽真空至预定真空度后，在高真空状态（型腔内的真空度高达 91 kPa 以上，即绝对压力 10 kPa 以下）充填型腔。高真空压铸工艺从原材料到成品共分为 6 个步骤，即熔化—压铸—压印—热处理—整形—装配。铝液在压铸前的熔化过程中采用旋转除气工艺，通入氩气搅拌，去除合金中的氢和氧化物，确保密度指数（Density Index，DI）在 1%～

2%。在高真空压铸过程，通过＜30 MBar 的真空吸力将铝液吸入料筒，达到一定量后压射入型腔，将铝熔体铸造成所需的铸件。

对于汽车减震塔这种形状复杂的大型薄壁件，如果采用重力或低压铸造工艺，会因充型速度有限，铝合金液在金属模的快速冷却下，尚未完成充型就开始大量凝固，造成浇不足或冷隔等缺陷。而使用凝固潜热高的铝硅合金高压铸造减震塔，可以给铝合金液提供足够的充型速度和凝固时间以保证充型。另外，一般的压铸铝合金件存在鼓包缺陷，由于金属模薄壁件凝固速度快，会影响变质效果，在压铸件充型时，铝合金液会裹入大量气体，除产生气孔外，还会在后期热处理时发生铸件近表面气泡鼓起问题，如图 2－44 所示。严重的鼓包，除影响外观外，也将在受载时成为应力集中点，可能导致裂纹从鼓包处起源。而采用高真空压铸工艺可以解决上述问题。

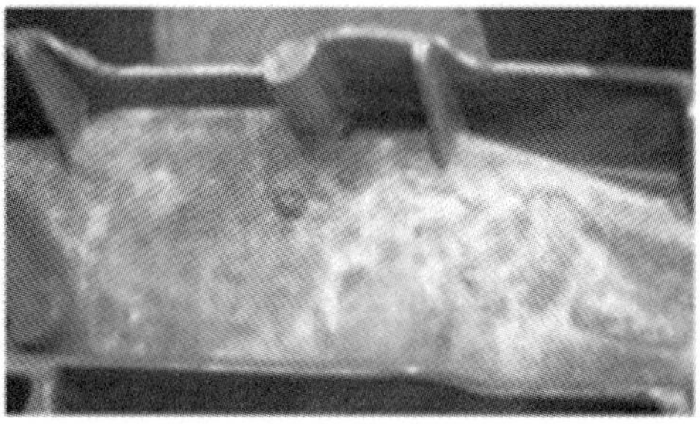

图 2－44 热处理时铸件近表面气泡鼓起问题

铝合金铸造构件的应用情况以及供应商配套情况见表 2－12 和表 2－13。

表 2－12 铸铝技术的应用实例

材料	零部件	车型	工艺
AlMg5Si2Mn	后副车架	广汽传祺	高压真空铸造
AlSi10MnMg	减震塔	蔚来汽车	高压真空铸造
AlSi10MnMg	B 柱	奥迪 A8	高压真空铸造
AlSi10MnMg	纵梁	特斯拉	高压真空铸造
A356	三角摆臂	捷豹 S－TYPE/捷豹 XK	压铸
ADC12	仪表盘支架	宝马	压铸

表 2－13 铸铝零部件供应商资源

材料厂家	零部件供应商	国内供货情况	具备能力
—	南通雄邦	为国内奔驰、通用、宝马、特斯拉及长城等提供纵梁、减震塔、扭力盒等零部件	具备零部件设计、分析及零部件制造能力
立中、莱茵菲尔德	乔治费歇尔	为奔驰、通用、宝马、特斯拉等提供纵梁、减震塔、前后副车架等零部件	具备零部件设计、分析及零部件制造能力
中信戴卡	中信戴卡	为奔驰、通用、宝马及长城等提供车轮、转向节零部件	具备部分零部件设计、分析及零部件制造能力
昆山日轻	卡斯马	为国内奔驰、通用、宝马等提供纵梁、减震塔等零部件	具备零部件设计、分析及零部件制造能力

铸件包括多种晶粒形状、尺寸和缺陷，晶粒的尺寸、形状和内聚力决定了铝合金铸件的机械性能。对铝合金铸件而言，必须采用变质剂和细化剂来细化共晶硅和 α－Al 铝基体。晶体细化在铸件产品中的作用包括：① 使微观结构更均匀，改进各向同性；② 使合金元素的分布更均匀，在最后凝固阶段改善进料；③ 收缩阶段应力分布更均匀，避免开裂；④ 内部孔隙度较小，降低缩孔缩松率；⑤ 改进热处理反应（缩短扩散距离），有助于降低热处理成

本；⑥ 改善强韧性关系，提高碰撞性能；⑦ 改进复杂薄壁结构进料，减小壁厚，为较薄部件赋予更大强度，从而减轻部件重量；⑧ 提高机械性能，提高耐疲劳性与韧性，降低报废率；⑨ 压铸件真空侧表面更为清洁，可以在真空侧进行激光焊接，从而提高部件设计与装配效率；⑩ 晶粒细化剂可用于铝质部件 MIG 及 TIG 焊接，使用填充焊丝减小焊缝孔隙度、晶粒尺寸，避免中心线开裂；⑪ 避免不同尺寸的混晶发生，特别是在厚薄过渡部分；⑫ 减小对铁残留物的敏感性，增加废料铝回收比例等。

目前最新的细化技术是对新型细化剂的开发和应用。传统的铝合金细化剂为 AlTiB，用来细化 α－Al 铝基体。经过 5 年的研发，中信微合金化技术中心等开发了 AlNbB 细化剂，其效果显著高于传统的细化剂。AlNbB 细化剂与 AlTiB 细化剂在不同铸造铝合金中的细化效果对比见图 2－45，可见，AlNbB 细化剂的晶粒细化效果极为显著，晶粒细化前后的对比图见图 2－46。

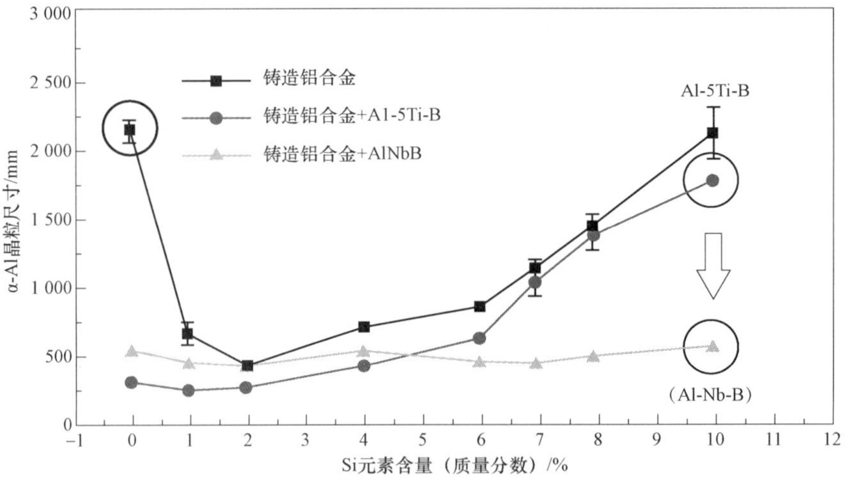

图 2－45　AlNbB 细化剂与 AlTiB 细化剂在不同铸造铝合金中的细化效果对比

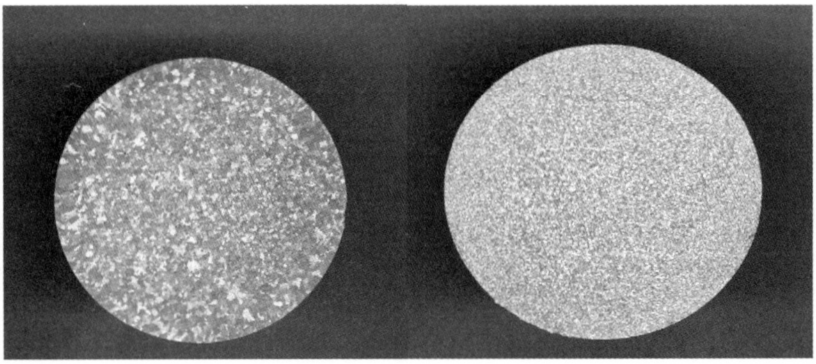

图 2－46　AlNbB 细化剂对 A356 合金的晶粒细化效果（右图为细化后的金相照片）

为了实现铝合金铸件的轻量化进而替代锻造件，关键是要提高铸造铝合金强度和降低铸件中的缺陷，AlNbB 细化剂细化 A354 合金后，合金的屈服强度提高了 18 MPa，抗拉强度提高了 23 MPa，延伸率没有变化，如图 2－47 所示。

由于污染或铸造技术等原因，铝合金铸件中可能存在铁杂质，铁杂质（一般为 AlFeSi

硬质相）降低了铝合金的拉伸强度和伸长率，使用 AlNbB 晶粒细化可以减缓这个问题，增加废铝料的回收率，含铌铝锭可在多个重熔循环中保持细晶粒结构。图 2－48 展示了 AlNbB 细化剂对含 1%（质量分数）Fe 的铝合金铸件性能的改善效果，其原理是 AlTiB 细化 α－Al 的同时，细化了含铁第二相，进而提高了基体性能，减小了硬质第二相 AlFeSi 对力学性能的危害。

通过日产、戴卡等单位零部件的试制发现，铝铌硼主合金添加铌元素有助于减小晶粒尺寸，进而改善汽车零部件的性能：① 增加较薄复杂部件的完整性；② 轻量化；③ 提高零件力学性能；④ 降低热处理成本和原材料成本（应用更多二次铝）。

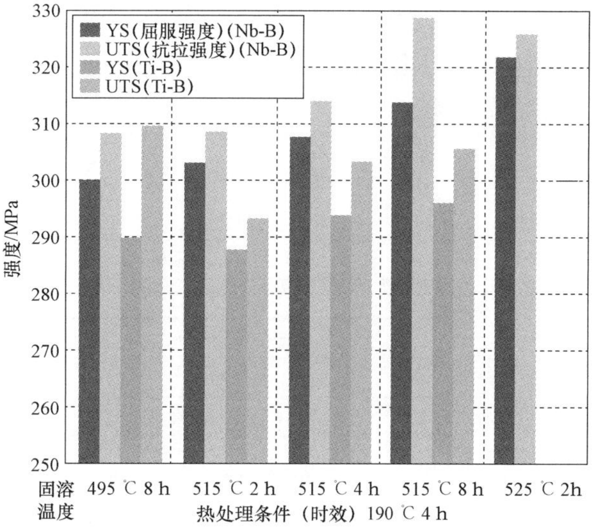

图 2－47　AlNbB 细化剂细化后的 A354 合金力学性能

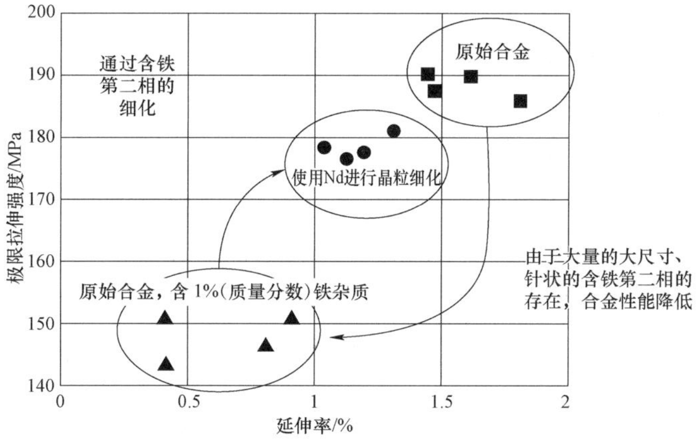

图 2－48　AlNbB 细化剂对含 Fe 杂质铝合金铸件性能的改善

2.1.5　新型高强钢应用技术

（1）Q&P 钢及第三代汽车钢。

马氏体钢淬火＋（碳）配分（Quenching and Partitioning，Q&P）的热处理工艺，即将钢在奥氏体化温度淬火到 M_s～M_f（马氏体转变起始点和结束点）之间的某一温度（Quenching Temperature，T_Q），再在此温度或高于此温度（Partitioning Temperature，T_P）保温，使碳从马氏体向未转变的奥氏体中扩散并使之稳定化，最后淬火到室温，得到由马氏体和残余奥氏体组成的、具有高强度和较好塑韧性的组织。该工艺通过加入硅或铝、磷元素来抑制碳化物的析出，以保证碳的再配分。

经过十几年的发展，Q&P 钢已成熟应用于国内外主机厂车型上，达到为整车减重的目的。其技术优势为：提高车型碰撞性能；零件成形性好，尺寸精度好；车身结构设计简单，零件集成高，加强件少，有利于控制成本；实现车身轻量化。

几年来，QP980 材料已在国内外众多车型中进行应用，其中上汽、一汽、日产、长安均已实现量产应用。QP980 材料广泛应用于 A 柱和 B 柱加强板、门槛梁、横/纵梁等，具体案例见表 2－14。

表 2－14　QP980 材料在国内外众多主机厂中的应用

主机厂	典型零部件	主机厂	典型零部件
上汽	前纵梁下部加强板	本田	后排座椅加强件
	限位器支架	日产	门槛加强梁
	H 型座椅横梁		B 柱上加强板
	门槛内板	长安	后防撞梁
	H 横梁外侧梁		机舱纵梁后段
	H 型座椅安装内梁	一汽	B 柱加强板
	后纵梁延伸梁		B 柱加强板
	座椅安装内梁		
	前地板横梁		

第三代高强钢行业迅猛发展，国内外各钢厂都开发出 20 GPa 级别材料，国内 20 GPa 级别材料的供应商情况见表 2－15。

表 2－15　国内 20 GPa 级别材料的供应商情况

材料牌号	厂家	钢种	开发进度	金相
HC600/980QP－EL	宝钢	QP 钢	量产	F＋M＋A
CR550/980QP	鞍钢	QP 钢	量产	F＋M＋A
PCT980T－HE	浦项	TRIP 钢	量产	F＋B＋A
Fortiform1050	安塞乐米塔尔	CP 钢	量产	F＋B＋A＋M

到目前为止，国际上已开发出的第三代高强钢分为三类：① 淬火与碳再分配退火钢，现已开发出 980QP、1180QP 钢并达到量产水平；② 粉末冶金工艺生产第三代汽车钢，粉末冶金可以制备出强塑积在 25～35 GPa%的钢坯，但成本高不利于推广；③ 奥氏体逆转变 ART（Austenite Reverted Transformation）工艺，结合 TRIP 钢工艺研发出的中锰高强钢，其强塑积可以达到 25～45 GPa%。目前行业内出现的第三代高强钢具体性能对比见表 2－16。

表 2－16　第三代高强钢具体性能对比

材料牌号	厂家	钢种	开发进度	金相	机械性能		
					屈服强度/MPa	抗拉强度/MPa	延伸率/%
HC600/980QP－EL	宝钢	QP 钢	量产	F＋M＋A	550～800	≥980	≥20
CR550/980QP	鞍钢	QP 钢	量产	F＋M＋A	550～700	≥980	≥18
PosM－XF980	浦项	QP 钢	试制	F＋M＋A	≥550	≥980	≥17
PosM－XF1180	浦项	ART 钢	试制	F＋M＋A	≥850	≥1 180	≥21
Fortiform1050	安塞乐米塔尔	CP 钢	量产	F＋B＋A＋M	≥700	≥980	≥15
DP980－HE	新日铁	DP 钢	试制	F＋M	≥550	≥980	≥20
中锰钢	太钢	ART 钢	试制	F＋A	≥800	≥980	≥25

（2）铌微合金化热成形钢冲压应用技术。

热冲压工艺流程是将热成形材料加热到 900～950 ℃，得到奥氏体组织，然后迅速转移到模具内成形、保压，利用模具内的冷却水道使制件快速冷却，得到 100%均匀马氏体组织或马氏体伴随少量贝氏体组织，从而得到超高强度零部件的加工工艺。热冲压工艺以及热成形钢冲压件的应用已经较为成熟，其发展历程见图 2－49，热成形钢构件的应用，最早源于 20 世纪 80 年代初期，萨博汽车公司首先将高强钢热冲压技术应用于萨博 9000 车型上，生产出第一件热冲压成形汽车零件，使得热冲压成形技术在汽车上的应用迈出了第一步。由于当时技术成熟度的限制，零件加工周期长，用热冲压成形的汽车零件数量非常有限，且成本高。在 80 年代中期专利到期之后，有 3 家公司可提供热冲压零部件，生产的件数从 1987 年的 300 万件/年增加到 1997 年的 800 万件/年。1999 年，蒂森克虏伯公司为法国雷诺汽车 Laguna 车型制造了热冲压零部件，该车被欧洲新车评定委员会在碰撞实验中授予五星级级别。而后，该公司又采用热冲压技术为标致 307 制造了保险杠，同时为雪铁龙的 C5 创新车型制造了 3 个热冲压部件：一个保险杠和两个 A 柱加强板。

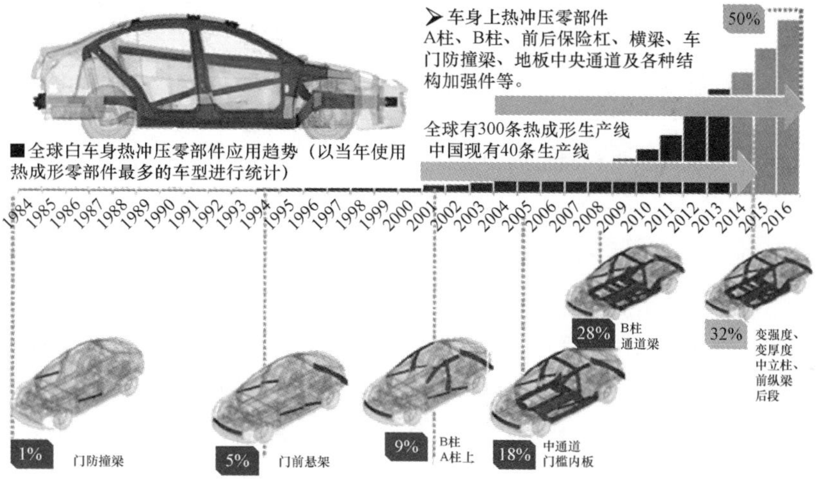

图 2－49　热冲压成形构件在汽车上的应用演变

表 2－17 为欧洲车身会议中典型车型热冲压技术的应用部位及零件。可见，B 柱应用得最多，A 柱次之，这体现了热冲压技术显著提高安全性的特点。

表 2－17　欧洲车身会议中典型车型热冲压技术的应用部位及零件

应用部位	车型	车型数
B 柱	宝马 5 系、斯柯达明锐、宝马 E60、奥迪 Q7、帕萨特 B6、丰田普锐斯、尼桑风雅、奔驰 SK、沃尔沃 C30、斯柯达 Roomster、福特 S－MAX、欧宝 Corsa、雷诺 laguna III、沃尔沃 V70/XC70、奥迪 A5、奔驰 C、福特蒙迪欧、菲亚特 500、雪铁龙 C5、美洲虎 XF、欧宝 Insignia、斯柯达 SuperbII、沃尔沃 XC90、沃尔沃 XC60、帕萨特 CC、POLO V、斯柯达、欧宝雅特、奔驰 E－class、雪铁龙 C4、沃尔沃 S60、雷诺纬度、萨博 9－5、宝马 5、福特 Grand C－MAX、欧宝 MERIVA、大众夏朗、奥迪 A6、奔驰 B－Class、欧宝赛飞利、宝马 1、福特福克斯、现代 I40、奥迪 A3、宝马 3、凯迪拉克 ATS、路虎览胜、斯柯达 Rapid、福特全顺、本田飞度、英菲尼迪 Q50、雷克萨斯 IS、奔驰 S、雷诺 Captur	54
A 柱	307CCsmart、帕萨特 B6、大众 EOS、斯柯达 Roomster、福特 S－MAX、欧宝 Corsa、福特蒙迪欧、雪铁龙 C5、标致 407、美洲虎 XF、欧宝 Insignia、斯柯达 SuperbII、沃尔沃 XC60、帕萨特 CC、POLO V、斯柯达、欧宝雅特、阿尔法·罗密欧、沃尔沃 S60、萨博 9－5、宝马 5、福特 Grand C－MAX、欧宝 MERIVA、大众夏朗、奥迪 A6、奔驰 B－Class、高尔夫 Cabriolet、福特福克斯、奥迪 A3、凯迪拉克 ATS、本田思域、斯柯达 Rapid、福特全顺、英菲尼迪 Q50、奔驰 S、欧宝 Cascada	36

续表

应用部位	车型	车型数
C 柱	沃尔沃 V70/XC70、奔驰 C、奔驰 B－Class	3
侧边梁	尼桑风雅、奔驰 C、奔驰 E－Class、沃尔沃 S60、现代 I40、雷克萨斯 IS、奔驰 S	7
门槛	斯柯达明锐、奔驰 SK、沃尔沃 V70/XC70、奥迪 A5、沃尔沃 XC60、阿尔法·罗密欧、沃尔沃 S60、宝马 5、福特 Grand、C－MAX、大众夏朗、奥迪 A6、奥迪 A3、本田思域、福特全顺、奔驰 S、欧宝 Cascada	16
保险杠	帕萨特 B6、沃尔沃 C70、C30、福特 S－MAX、尼桑 NOTE、凯迪拉克 BLS、沃尔沃 V70/XC70、奔驰 C、标致 407、福特蒙迪欧、菲亚特 500、斯柯达 SuperbII、沃尔沃 XC90、沃尔沃 XC60、帕萨特 CC、斯柯达、福特 Grand C－MAX、大众夏朗、福特福克斯、斯柯达 Rapid	20
门防撞板	帕萨特 B6、沃尔沃 C30、大众 EOS、福特蒙迪欧、菲亚特 500、雪铁龙 C5、沃尔沃 XC60、美洲虎 XJ、奔驰 E－Class、阿尔法·罗密欧、沃尔沃 S60、萨博 9－5、福特 Fusion	13
底板横梁	大众 EOS、欧宝 MERIVA、奥迪 A6、奥迪 A3、本田思域、福特全顺、欧宝 Cascada	7
前挡板加强横梁	帕萨特 B6、奥迪 A5、奔驰 C、斯柯达 SuperbII、帕萨特 CC、POLO V、奔驰 E－Class、雪铁龙 C4、阿尔法·罗密欧、大众夏朗、奥迪 A6、奥迪 A3、斯柯达 Rapid、雷诺 Captur	14
中顶横梁	丰田普锐斯、雷诺 lagunaIII、雷诺纬度、凯迪拉克 ATS、本田思域、雷诺 Captur	6
中通道	帕萨特 B6、奥迪 A5、斯柯达 SuperbII、帕萨特 CC、大众夏朗、奥迪 A6、奥迪 A3、斯柯达 Rapid、奔驰 S	9
底板纵梁	奥迪 A5、欧宝 Insignia、欧宝雅特、萨博 9－5、奔驰 B－Class、凯迪拉克 ATS、福特全顺、英菲尼迪 Q50、奔驰 S	9
轮罩加强板	宝马 5、奥迪 A6、奥迪 A3、奔驰 S	4
窗框加强板	高尔夫 Cabriolet	1

随着热冲压技术的发展，以海斯坦普、本特勒为首的零部件厂家逐渐增加全球的热冲压线数量，截至 2017 年年底，全球达到 400 条左右，国内也有超过 100 条生产线，极大地促进了热冲压技术在汽车上的应用。随着热冲压技术的不断发展，陆续出现了无镀层材料热成形、AlSi 镀层材料热成形、局部热成形、激光拼焊热成形四种不同形式的热成形技术，目前这四种热成形技术在车型上都有广泛的应用。瑞典是热冲压技术的发源地，欧洲也逐渐成为热冲压产品应用最广泛的地区，以沃尔沃为主的欧系车不断增加热成形应用比例，其中沃尔沃 XC90 更是将白车身热成形应用比例提高到 38%，成功打造成世界上最安全的车。沃尔沃的高强度钢应用尤其是热成形钢的应用一直走在行业前列，这里需要强调的是，2007 年沃尔沃 V70 上首次应用了热成形补丁板技术，引领了技术发展。其工艺主要为：① 通过 50 个焊点将补丁板和 B 柱加强板坯料连接在一起；② 热成形冲压。其优势是，由于两个板料提前通过焊接固定，两者之间没有间隙。

马自达高强度钢的应用主要体现在 DP 钢和高强低合金钢以及热成形钢上，2011 款马自达 CX5 应用了 19%的 DP 钢（4%的 DP980、9%的 DP780 和 6%的 DP580）、24%的高强低合金钢以及 2%的热成形钢。坦率地说，6 年前马自达 SUV 的用材可能优于目前很多自主品牌车身的用材。高强低合金钢通常只利用 Nb、V、Ti 等合金元素来沉淀强化，钢材工艺简单、成本较低，也具有较好的冲压性能和强度的匹配性，一般欧洲应用较多。马自达也认为该钢材是成本、强度、成形的最好选择，最为出彩的当属马自达 CX5，该车型第一个应用 1 800 MPa 热成形钢制造保险杠横梁。该钢板由住友金属开发，在 PH1500 的基础上增加碳含量，同时采用了铌微合金化技术细化晶粒，使 PH1800 的马氏体板条更细小（原始奥氏体晶粒细小），如图 2－50 所示。其所得到的效果为：零件结构强度提高、零件耐氢致延迟断裂性能提高（临界氢致延迟断裂抗力提高）、零件的低温韧性提高。一般主机厂采用－40 ℃作为低温评价温度来与室温的冲击载荷结果进行比较，由图 2－51 可见两者差异不大。

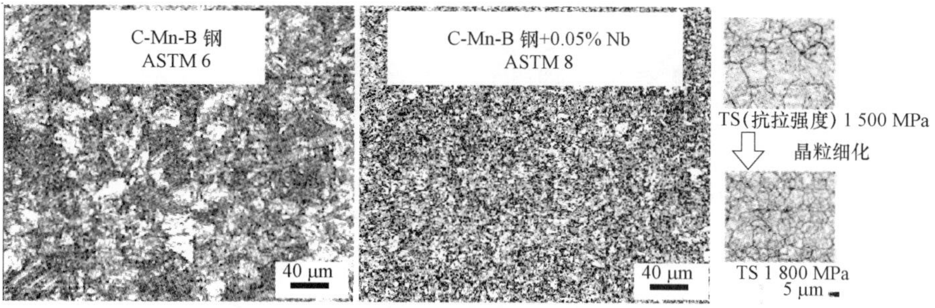

图 2－50　铌微合金化前后的晶粒尺寸比较

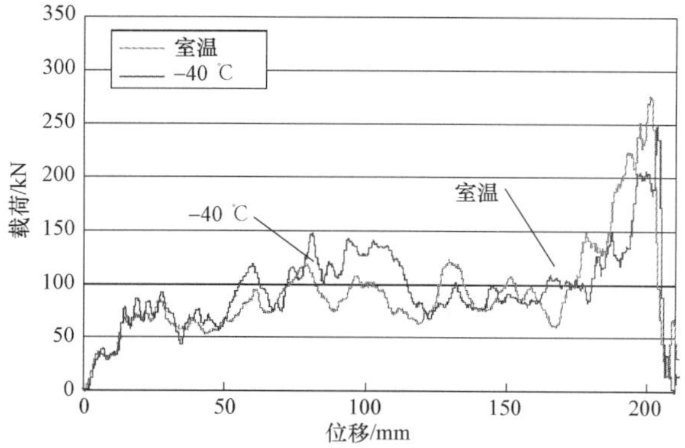

图 2－51　铌微合金化 1 800 MPa 热成形钢零件的低温韧性

对于氢致延迟断裂的发生需要三个必要条件：① 材料本身具有高的强度，一般在 1 000 MPa 及以上；② 材料（零件）中存在较高的应力，比如残余应力，如图 2－52 所示；③ 材料（零件）中有一定的可扩散氢浓度。材料（零件）中存在较高的应力一般较好理解，比如制造过程产生的残余应力、焊接或者装配过程产生的残余应力等。

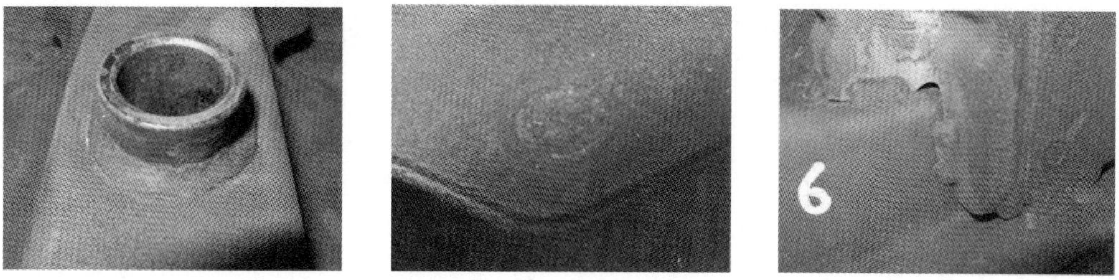

（a）　（b）　（c）

图 2－52　热成形零件焊接残余应力

（a）弧焊残余应力；（b）点焊残余应力；（c）最大应力位置

读者比较关心的是氢如何存在于零件中。可以肯定的是，零件中的氢主要源自三方面：一是钢材制造过程（比如酸洗等）；二是零件的制造过程，比如热冲压成形零部件在冲压前，需要对钢板在热处理炉中进行奥氏体化加热；三是零件腐蚀后会吸入氢。氢进入的路径示意图如图 2－53 所示。

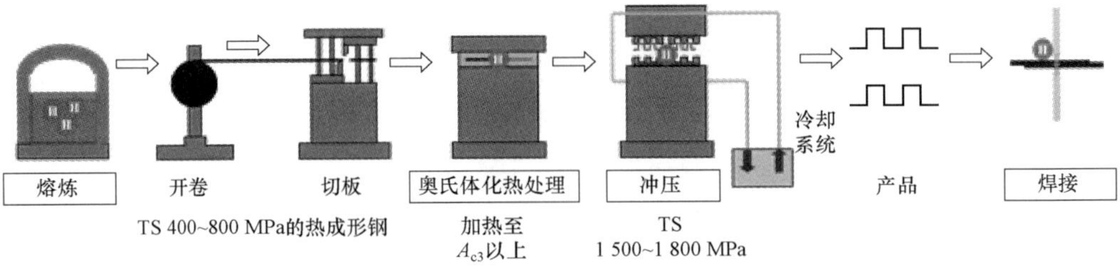

图 2－53　氢进入热冲压成形汽车零部件的路径

部件制造过程中氢主要是在钢板加热炉奥氏体化过程中进入。如果加热炉中的水蒸气超过 200 ppm，则水蒸气极易在炉中凝结形成水珠，尤其是炉内温度高，蒸汽压大，水蒸气在 0～100 ℃之间就可能凝结形成水珠，即露点在 0～100 ℃之间，此时露点可能达到几十摄氏度，这里的露点是指环境中所含的气态水达到饱和而凝结成液态水所需要降至的温度。如果热成形加热炉的露点过高，就极易在板材上形成水珠，假设加热炉的露点为 60 ℃，而下料后的热成形板进入加热炉前一般在室温，即产线车间的环境温度，一般为 20 ℃左右，下料后的热成形板在加热至露点前，即在板材表面温度达到 60 ℃前，蒸汽凝结在表面的可能性很大，一旦有水珠附着在热成形板料表面，容易与镀层热成形钢发生反应，对于奥氏体化过程，反应生成的氢元素通过扩散进入钢材的晶界中，具体的生氢过程可以分为两种情况：

1）非镀层的热成形钢的生氢反应：

$$3Fe + 4H_2O \rightarrow Fe_3O_4 + 8H$$

$$Fe + H_2O \rightarrow FeO + 2H \text{（570 ℃）}$$

2）Al－Si 镀层热成形钢的生氢反应：

$$Al + H_2O \rightarrow Al(OH) + H$$

$$2Al + 4H_2O \rightarrow 2AlO(OH) + 6H$$

$$2Al + 3H_2O \rightarrow Al_2O_3 + 6H$$

$$Si + 2H_2O \rightarrow SiO_2 + 4H$$

热成形钢的氢致延迟断裂的临界应力可以通过恒载荷拉伸实验测量，采用铌微合金化可以提高热成形零部件的耐氢损伤能力，如图 2－54 所示，随着热成形钢中铌含量的增加，氢致延迟断裂临界应力显著提高，尤其是当钢中氢含量过大时，不含铌的热成形钢的氢致延迟断裂临界应力仅为 400 MPa，完全达不到汽车安全设计预期，铌微合金化后，氢致延迟断裂临界应力恢复至 1 000 MPa 以上，保证汽车碰撞安全。

马自达采用 Nb 微合金化来提升热成形件的抗氢致延迟断裂性能的主要原理是，Nb 主要通过在钢中析出细小、弥散分布的 NbC 的氢陷阱作用来提高钢的延迟开裂抗力。同时，钢中析出的 Nb（C，N）会使晶粒细化，增加晶界的有效面积，使氢陷阱分布更均匀，从而抑制氢向裂纹尖端扩展以提高其延迟开裂抗力，但与 NbC 细小析出物的陷阱作用相比，贡献率较低。Nb 对实验钢中氢的捕集作用示意图如图 2－55 所示。研究表明，氢陷阱作用贡献度为 85%，细晶作用贡献度约为 15%。由于与氢原子间的强烈的应力场交互作用，在每个 NbC 颗粒周围会捕集若干个氢原子，它与氢的作用示意图如图 2－56 所示。根据韦富高的研究，钢种纳米级粒子的氢陷阱捕捉能力为：NbC＞TiC＞VC，见图 2－56。马自达正是应用了上述技术，实现了 1 800 MPa 级热成形构件的应用并避免了氢致延迟断裂的风险，截至当前，PH1500 仍然作为主要热成形零件材料，可见马自达至少领先了行业水平 5 年。

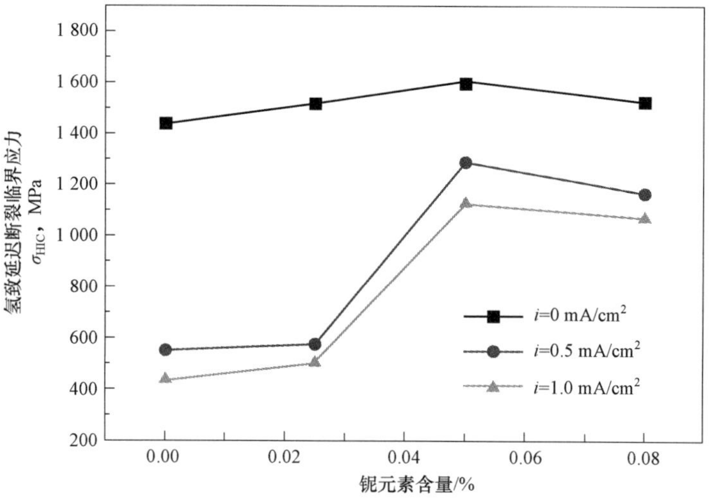

图 2－54　实验钢的延迟断裂临界应力随 Nb 含量的变化

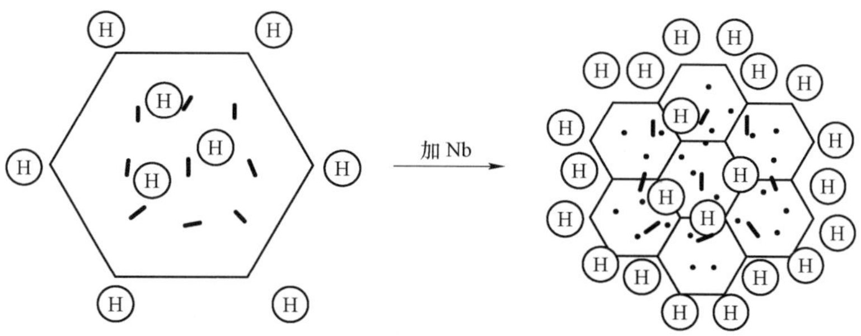

图 2－55　Nb 对热成形钢中氢的捕集示意图

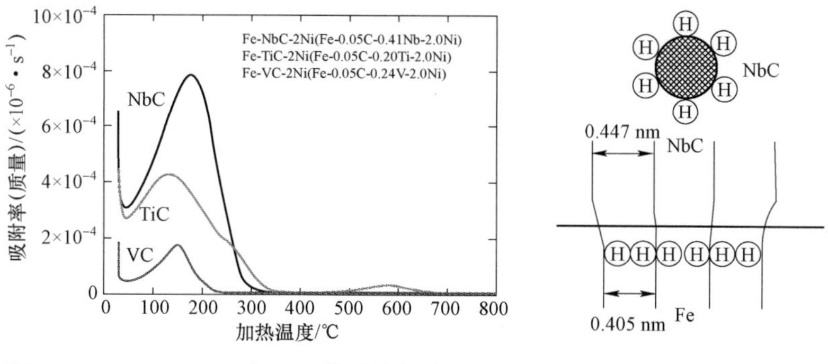

图 2－56　NbC、TiC 与 VC 的吸附能力以及 NbC 颗粒与氢的作用示意图

随着热冲压技术的发展，热冲压原材料成本也逐渐降低，越来越多的钢厂跨过热冲压原材料技术门槛，成功为国内外各主机厂供货，具体技术资源见表 2－18。

表 2-18　我国热成形钢及构件供应商情况

热冲压技术	钢厂	零部件厂	铌微合金化	应用案例	国内成熟度	成本
22MnB5	宝武、马钢、首钢、鞍钢等	凌云、屹丰、海斯坦普	是	H2　A 柱加强板 H7　B 柱加强板	★★★★★	低
B1800HS	新日铁	星乔威泰克	是	马自达 CX-5　前防撞梁 马自达 2　前防撞梁	★★	中
22MnB5+AS	VAMA	海斯坦普、本特勒、富锋、屹丰	否	沃尔沃 XC90　B 柱加强板 福特福克斯 A/B 柱加强板	★★★★★	高
TWB 热成形	VAMA	海斯坦普、本特勒、富锋、屹丰	否	奥迪 A4 前纵梁 奥迪 Q5 纵梁	★★★★	中
TRB 热成形	慕贝尔	海斯坦普、本特勒	—	3008 B 柱加强板 高尔夫 7 B 柱加强板	★★★	高
局部热成形	——	海斯坦普、本特勒、星乔威泰克	—	奥迪 Q3 B 柱加强板 沃尔沃 S60 A 柱加强板	★★★	中
22MnB5+Z	浦项、奥钢联	来金	—	宝马 5 系 宝马 G38	★	高

（3）低碳当量铌微合金化双相钢的应用技术。

日产汽车是低碳当量铌微合金化双相钢的“坚定倡导者”，比如低碳当量铌微合金化 DP590、DP780 以及 DP980 等的应用。2002 款日产 MICRA 分别应用了 21%和 2%的低碳当量铌微合金化 DP590、DP780，如图 2-57 所示。

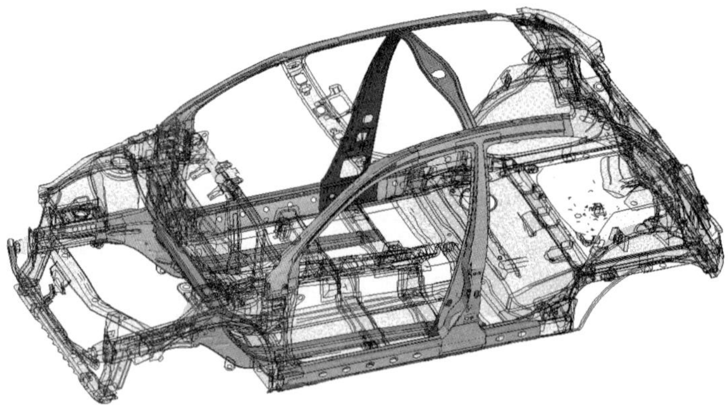

图 2-57　日产汽车低碳当量铌微合金化双相钢的应用（见彩图）

图 2-58 展示了随着碳含量提高带来的焊点撕裂强度的变化，图中 TSS（Tensile Shear Strength）代表焊点拉伸撕裂强度，CTS（Cross Tensile Strength）代表焊点十字接头撕裂强度。可见，无论是 590 MPa 级别的双相钢还是 780 MPa 及 980 MPa 级别的双相钢，随着碳含量的增加，CTS 明显降低，而相反，随着碳含量（碳当量）的降低，CTS 明显提高，这是低碳当量铌微合金化设计的显著优势。

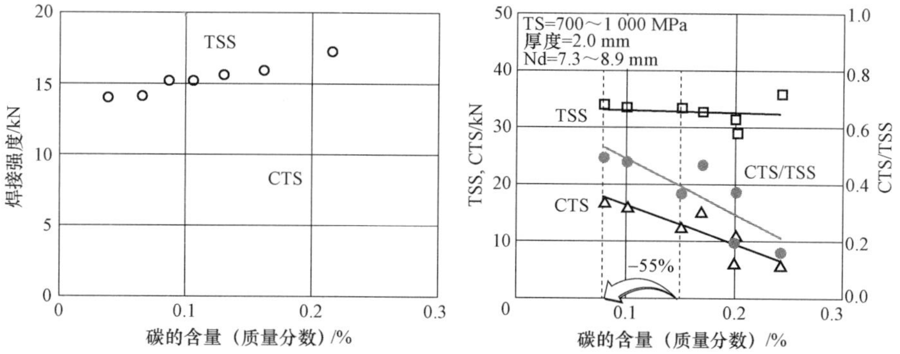

图 2－58　低碳当量铌微合金化双相钢与传统双相钢的焊接强度比较

图 2－59（a）展示了 0.18%碳含量的 DP490 材料随着焊接电流的变化、焊点撕裂强度的变化情况，黑色数据点表示从熔核开裂。图中深色背景表示不合适的焊接电流，但在低电流范围（<8 kA），依然从熔核开裂，即焊接电流的可用范围比较窄，如图 2－59（a）和（b）所示，图 2－59（a）的高碳含量 DP490 钢的焊点撕裂强度较低，TSS 为 15～20 kN，CTS 为 10 kN。图 2－59（b）为碳含量为 0.07%的 DP590 材料随着焊接电流的变化焊点撕裂强度的变化情况，可见，焊接电流小于 10 kA 均不发生熔核开裂，可见其焊接窗口明显增大，焊点撕裂强度也有所提高，TSS 为 15～25 kN，CTS 为 10～15 kN。图 2－59（c）为碳含量为 0.07%的 DP780 材料随着焊接电流的变化焊点撕裂强度的变化情况，同样，焊接窗口较宽，焊点撕裂强度较高。

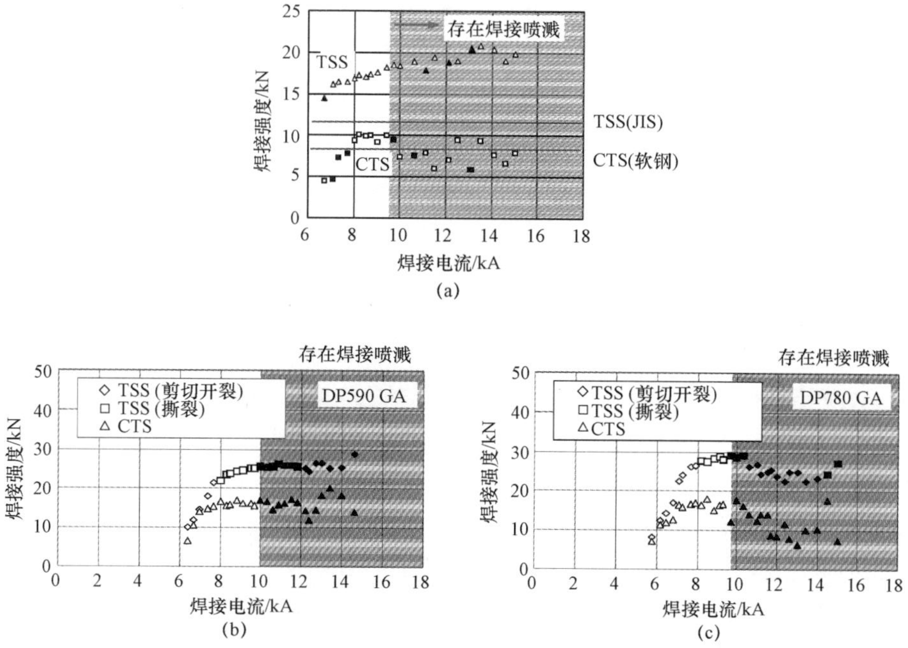

图 2－59　低碳当量铌微合金化双相钢与传统双相钢的焊接窗口比较

（a）DP490 材料焊点撕裂强度变化情况；（b）DP590 材料焊点撕裂强度变化情况；（c）DP780 材料焊点撕裂强度变化情况

图 2－60　2007 年日产逍客的低碳当量铌微合金化 GA/GI DP980 钢板应用

2007 年日产逍客率先应用了 GA/GI DP980 钢板，如图 2－60 所示，由于采用低碳当量铌微合金化的设计，碳含量仅为 0.07%，该钢材有较好的焊接性能和焊接工艺窗口，由于本身的高强度以及烘烤硬化和加工硬化性能，达到了较好的轻量化效果，其延伸率为 14%，关键是其成形后延伸率仍较高，保证了零件局部刚性的同时，还有利于碰撞吸能。同一年，2007 款本田雅阁的前后保险杠横梁也应用了 DP980 钢。

（4）先进成形技术。

TRB 热成形和局部热成形技术及其应用在《乘用车轻量化及微合金化钢应用》一书中已经做了详细的介绍，本书不再赘述。高强钢辊压成形技术、高强钢液压成形技术以及 TRB 技术在过去十年的车身构件制造中应用越来越多，值得关注。

辊压成形又名冷弯成形，是通过顺序配置的多道次成形轧辊，把卷材、带材等钢材连续进行横向弯曲，制造成特定断面型材的塑性加工工艺。辊压成形工艺示意图见图 2－61。

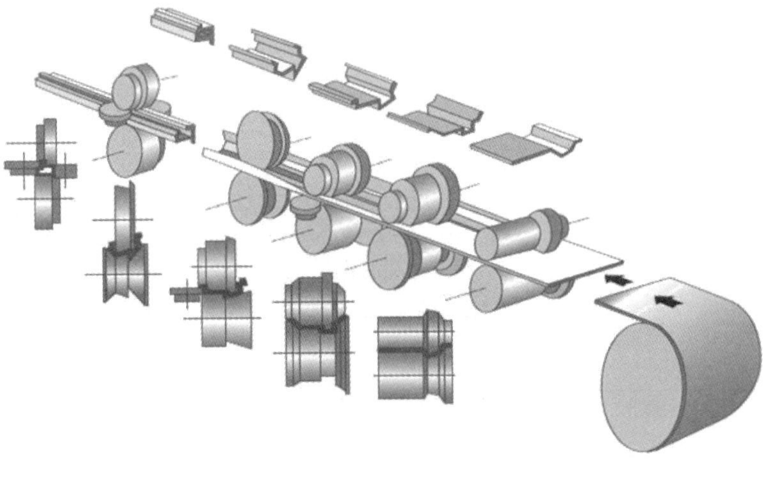

图 2－61　辊压成形工艺示意图

辊压成形工艺具备如下优点：材料利用率高，最高可接近 100%；可加工超高强钢，继而实现高强减薄降重；生产效率高；产品表面质量好，可以使表面粗糙度从 Ra6.3 μm 提高到 Ra2.4 μm～Ra0.2 μm；断面可以进行平台化车型共用，适合大批量生产；零件成本低。辊压成形工艺有如下缺点：对于材料较厚的滚压件表面，存在不同程度的压痕及亮带，对表面品质要求较高的制件存在较大影响；孔与槽接近弯曲部位，孔与槽极易变形；弯曲半径过大，不易使材料达到屈服成形状态，弯曲半径过小，容易产生弯曲裂纹；受截面形状限制。

目前高强钢辊压成形零件已广泛应用在国内外车型上，应用范围包括门槛梁、车门防撞梁、顶盖横梁、地板横梁、前防撞梁、后防撞梁、座椅滑轨、A 柱、B 柱等零件。其中以断面简单的门槛梁、防撞梁应用最为广泛，部分应用案例见表 2－19。

表 2-19　辊压成形零件在国内外车型上的广泛应用

品牌	零件	材料
雪佛兰	门槛梁	DP980
奔驰	门槛板	CP1000
长安	门槛梁	MS1180
福特	门槛梁	MS1500
大众	车门防撞梁	DP780
日产	前防撞梁	MS1500

在应用辊压成形零件的车型中，菲亚特蒙迪波朗为其中一个代表，其白车身框架几乎全部采用辊压成形，虽然现阶段不具备量产价值，但是直观地表征出了辊压成形工艺的可应用范围。

某乘用车门槛梁原方案为冷冲压成形，后改成辊压成形方案，实现零件减重 30%。辊压成形工艺步骤为：开卷—矫平—预冲孔—辊压成形—校直—切断—冲切边缘。在考虑辊压工艺时，保持零件边界不变动，仅对零件内侧进行减薄处理。另外，综合考虑等刚度分析结果及比较应用不同材料情况下的减重效果，确定辊压成形方案用材为 MS1180。冷冲压成形零部件和辊压成形零部件碰撞性能比较见图 2-62，可见 MS1180 高强度辊压零部件的变形量降低。

门槛梁规格	门槛梁正面 100%台车碰撞变形	
	整体变形	中间局部变形
B410LA 厚度 2.0 mm	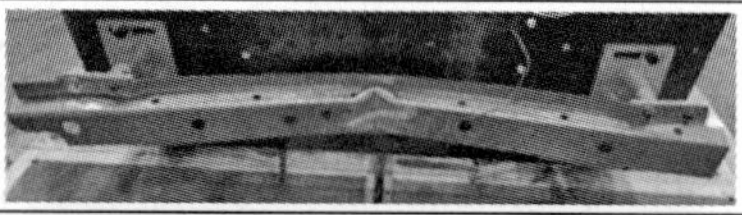	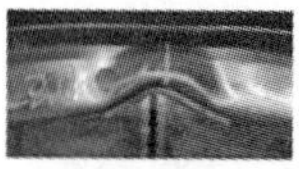
HC950/1180MS 厚度 1.4 mm		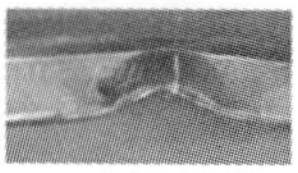

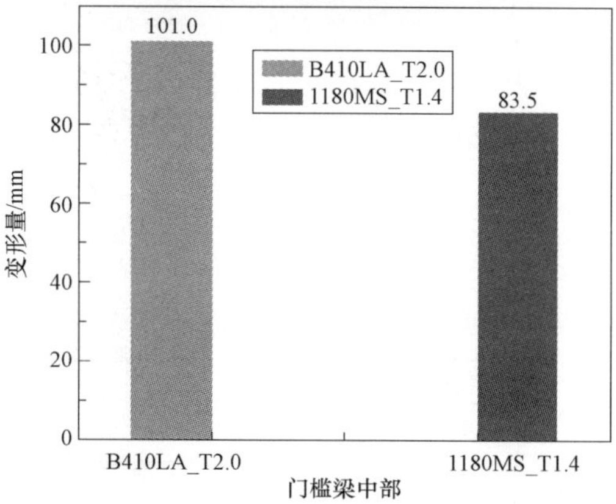

图 2-62　冷冲压成形零部件和辊压成形零部件碰撞性能比较

两个方案的整车碰撞性能分析结果见图 2-63，可见应用新高强钢辊压成形的侧碰的 B

柱变形量和门变形量降低，门槛梁辊压成形方案优于原冲压方案。

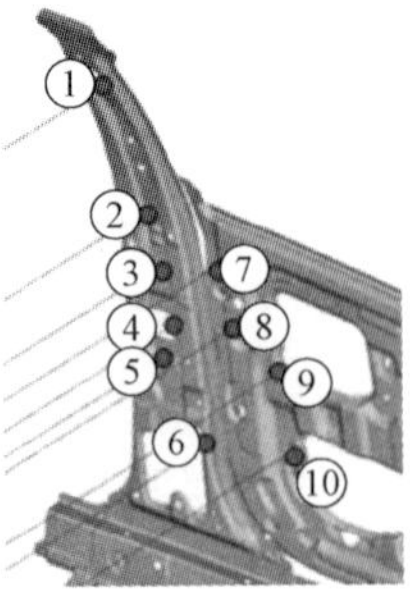

B柱变形量/mm			门变形量/mm		
测量点	原设计	高强钢设计	测量点	原设计	高强钢设计
①	61	61	⑦	105	100
②	107	103	⑧	106	102
③	105	101	⑨	121	116
④	101	96	⑩	106	101
⑤	99	94			
⑥	88	83			

图 2－63　两个方案的整车碰撞性能分析结果

随着先进高强钢的不断发展及辊压成形工艺的进步，辊压成形用钢强度级别一路攀升，目前部分车型已经使用 1 500 MPa 强度级别钢材，甚至应用 1 700 MPa 强度级别钢材。但目前主流的用材还停留在 980～1 180 MPa 强度级别。未来，在用材强度提升上仍有很大的发展空间，也将是未来一段时间的趋势之一。辊压成形现阶段主要结构形式为一维的等截面，如门槛梁，或二维的等截面弯曲，如前防撞梁，其在设计自由度和应用自由度上有所限制。辊压成形的趋势是向三维成形发展，以便拓宽零件设计限制，实现车型更广泛的应用。

目前国内辊压成形高强度钢的原材料供应商包括宝钢、鞍神、浦项、TAGAL 以及首钢等，辊压成形零部件供应商有首钢 MA、凌云、海斯坦普等。

在过去的 10 余年间，除高强钢辊压成形外，高强钢液压成形技术在车身上也得到发展和应用。液压成形是利用液体作为传力介质或模具使工件成形的一种塑性加工技术，也称液力成形或内高压成形，分为管件液压成形、壳体液压成形和板材液压成形三种，其中以管件液压成形应用最为普遍。早在 20 世纪 50 年代，液压成形技术已用于生产管路中使用的铜合金 T 形三通管和自行车车架上的连接件，所用成形压力小于 25 MPa。随着科技的发展现代液压成形压力一般达到 400 MPa。超高压精度达到 0.2～0.5 MPa，位移精度达到 0.5 MPa。20 世纪 80 年代，德国和美国的研究机构系统地开展了内高压成形的基础研究和应用技术研究，现在已广泛应用到汽车、航空、自行车、管路等当中，其中汽车应用最为广泛。管件液压成形以金属管材为毛坯，借助专用设备向密封的管坯内注入液体介质，使其内部产生高压，同时管坯两端加轴向推力，进行补料。在两种外力作用下，管坯材料发生塑性变形，并最终与模具型腔内壁贴合，得到形状与精度均符合技术要求的中空零件。液压形成管工艺示意图见图 2－64。

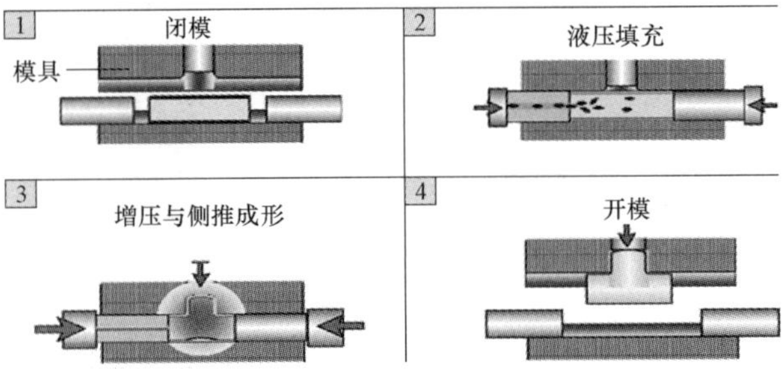

图 2－64　液压形成管工艺示意图

对于空心变截面结构件，传统的制造工艺是先冲压成形为两个半片，然后再焊接成整体，而液压成形则可以一次整体成形为变截面的空心结构件。与冲压焊接工艺相比，液压成形技术和工艺有以下主要优点：① 减轻重量，节约材料。对于汽车发动机托架、散热器支架等典型零件，液压成形件比冲压件减重 20%～40%；对于空心阶梯轴类零件，可以减重 40%～50%。② 减少零件和模具数量，降低模具费用。液压成形件通常只需要 1 套模具，而冲压件大多需要多套模具。液压成形的发动机托架零件由 6 个减少到 1 个，散热器支架零件由 17 个减少到 10 个。③ 可减少后续机械加工和组装的焊接量。以散热器支架为例，散热面积增加 43%，焊点由 174 个减少到 20 个，工序由 13 道减少到 6 道，生产率提高 66%。④ 提高强度与刚度，尤其是疲劳强度。通过液压成形工艺的轴向补料可以对刚度需求大的部位进行增厚处理，以提升零件刚度。⑤ 降低生产成本。根据对已应用液压成形零件的统计分析，液压成形件的生产成本比冲压件平均降低 15%～20%，模具费用降低 20%～30%。

管件液压成形现在主要的应用零件如下：① 底盘类零件：副车架、纵梁、后轴、保险杠；② 车体结构：座椅框、仪表盘支梁、顶梁等；③ 发动机和驱动系统：排气管凸轮轴；④ 转向和悬挂系统：控制臂、摆臂等。高强钢管件液压成形应用案例见表 2－20。

表 2－20 高强钢管件液压成形应用案例

品牌	零件	材质	厚度/mm
吉利	车架	SAPH440	2.3
宝马	车架	SAPH440	2
奔腾	车架	NGY440	—
奔驰	车架	BAS100	1.5
比亚迪	扭转梁本体	DP580	3.5
福特	A 柱	DP980	2

某品牌车型扭转梁本体原设计为钢板冲压成形，后施行液压成形方案，实现零件减重，方案示意图如图 2－65 所示。最终实现扭转梁本体减重 1.1 kg/车，具体方案信息见表 2－21。

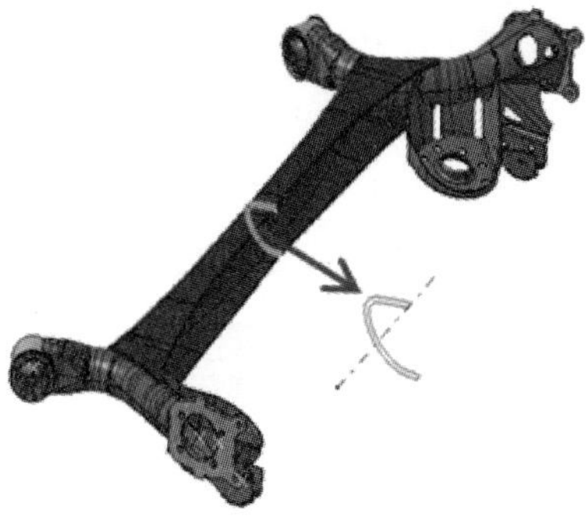

（a）

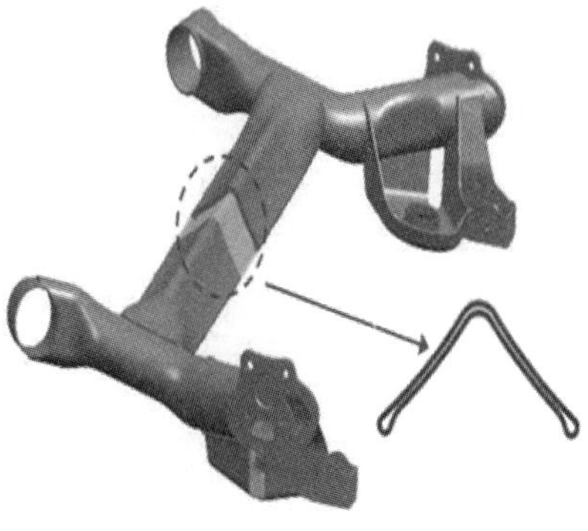

（b）

图 2－65 扭转梁本体方案比较

（a）原方案；（b）液压成形方案

表 2－21　液压成形扭转梁本体方案信息

方案	原冲压成形方案	液压成形方案
材料	QSTE420TM	DP590
厚度/mm	6	3.4
材料利用率/%	55	90
零件质量/kg	10.8	9.7

高强钢液压成形技术的发展趋势如下：① 用材强度级别越来越高：用材强度呈上升趋势，由过去的 300～590 MPa 强度级别发展到 780～980 MPa 强度级别，进一步实现零件轻量化。② 应用零件范围扩大：高强钢液压成形在车身 A 柱、B 柱上的应用案例日益增加。在 A 柱上应用高强钢液压成形，在提升零件刚度和碰撞性能的同时，可实现减重及零件断面减小。③ 超高压成形趋势：目前，工业生产中使用的内高压成形机的增压器最高压力一般为 400 MPa。为了适应更复杂的结构形状和精度、更大壁厚和高强度材料，需要更高的内压，内压将发展到 600 MPa 甚至 1 000 MPa。④ 先进成形工艺发展趋势：拼焊管或差厚管液压成形将不同厚度或不同材料管材焊接成整体，然后再用液压成形加工出零件，可以进一步减重。

不等厚钢板（TRB）技术是另一个近年发展较快的成形技术，是通过柔性轧制工艺生产出沿轧制方向按预先定制厚度连续变化的板材。柔性轧制技术是不等厚板的核心，其实质类似于传统轧制加工方法中的纵轧工艺，但最大不同之处是在柔性轧制过程中，可以利用计算机的实时控制来自动和连续地调节轧辊间距，以获取沿轧制方向板材的预先定制的不等厚形状。柔性轧制以及 TRB 板材示意图见图 2－66。

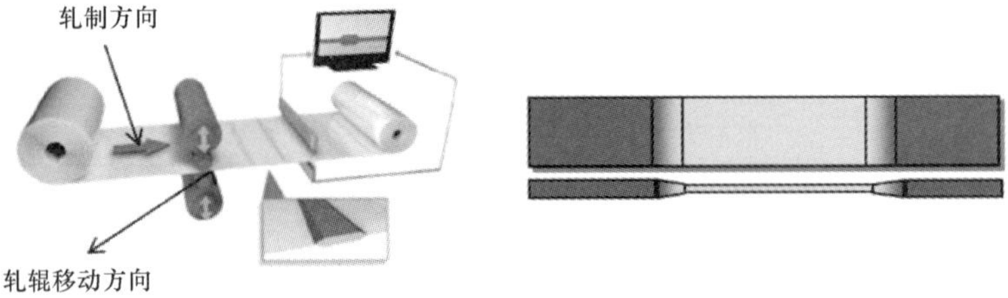

图 2－66　柔性轧制以及 TRB 板材示意图

不等厚钢板在减重效果、机械性能、适应性、成形加工可靠性、工艺复杂性等方面具有更大的优势，给各大汽车厂带来灵活的技术选择，是降低成本和轻量化结构的合理解决方案。如在达到相同性能要求的前提下，不等厚中空板（如蜂窝板）可达到最优减重效果，是后期的发展方向，见图 2－67。

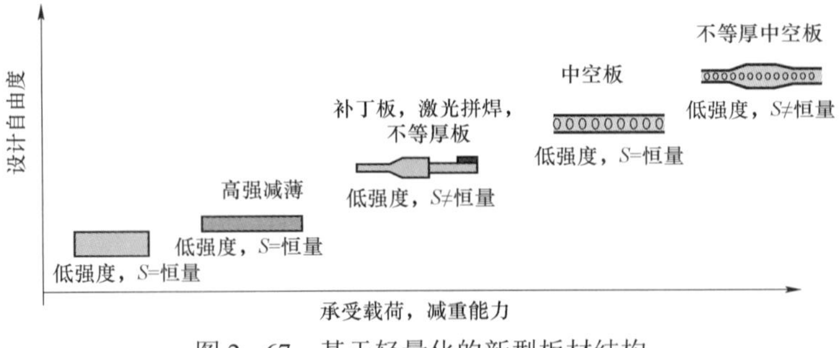

图 2－67　基于轻量化的新型板材结构

统计历年欧洲车身会议（2002—2015 年）发布的 90 款车型，其中 20 款车型应用不等厚钢板零件，使用比例达到 22.2%，应用数量最多的车型为 2011 款奔驰 B 级，应用 8 个零部件，整车减重达 6 kg。B 柱为应用最多的单件部件，共计 7 款车型使用。除 B 柱外，梁类部件应用也较为广泛，共计 12 款车型使用（包括地板横梁、中通道、顶盖横梁等），详见图 2-68。

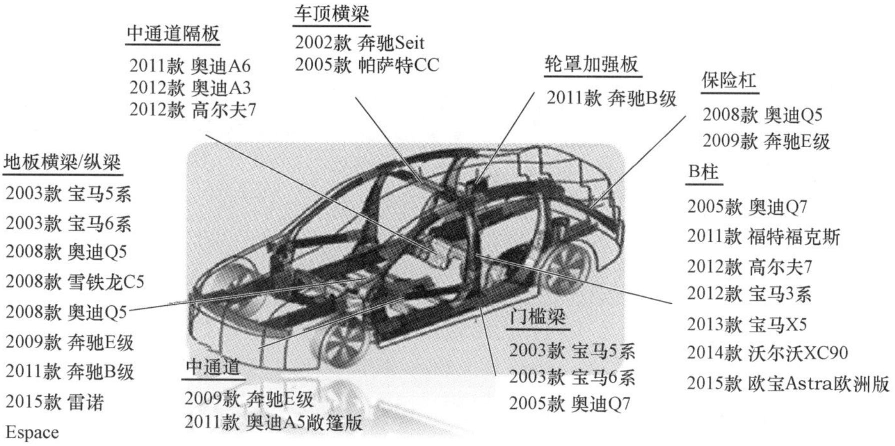

图 2-68　TRB 在车身上的应用案例汇总

德国 Mubea 为目前国际上最大的不等厚钢板供应商，目前大部分整车企业均由该厂家供货。国内东宝海星、宝钢等已开始研发和量产不等厚钢板。目前东宝海星已经实现量产供货，供货车型包括上汽通用君越、大众途观等。宝钢量产线于 2017 年调试完毕，具备年产 3 万 t 不等厚钢板的生产能力。

2.1.6　新型复合材料应用技术

（1）碳纤维复合材料 SMC/RTM。

SMC（Sheet Moulding Compounds）中文名称为片状模塑料，是一种干法制造中间材料的工艺。由不饱和聚酯树脂、低收缩/低轮廓添加剂、引发剂、内脱模剂、矿物填料等预先混合成糊状，然后加入增稠剂等混合均匀后，再加入短切纤维，同时充分浸渍，形成片状的“夹芯”结构，最后通过模压的方式进行零件生产，如图 2-69 所示。

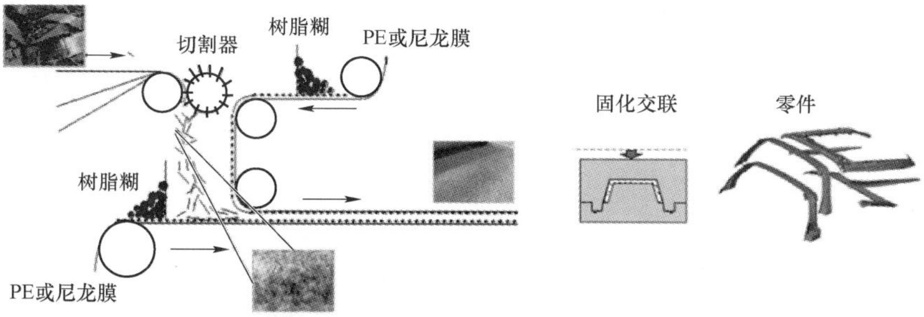

图 2-69　SMC 零件生产过程

RTM（Resin Transfer Moulding）为树脂传递模塑成形。传统的RTM成形工艺一般是指在模具的型腔里预先放置纤维增强材料（包括螺栓、螺帽、聚氨酯泡沫塑料等嵌件），闭模锁紧后，在一定温度及压力下从设置在适当位置的注入孔将配好的树脂胶液注入模腔，浸透纤维增强材料，然后一起固化，最后启模、脱模而得到成形两面光洁的复合材料制品，RTM工艺生产流程见图2－70。

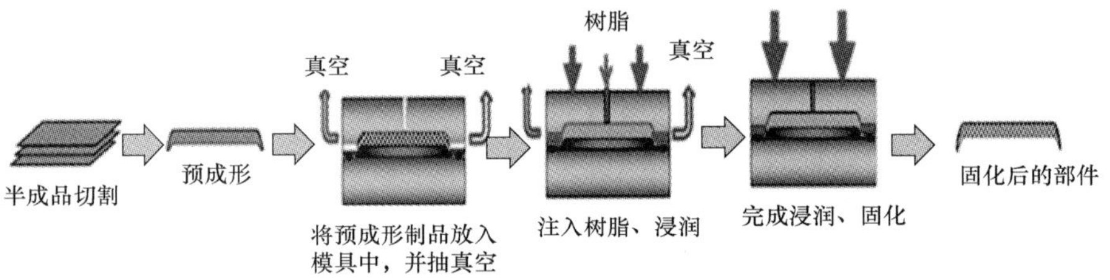

图2－70　RTM工艺生产流程

RTM中纤维比较完整，总体纤维含量比较高，因此总体力学性能比SMC要高，二者力学性能以及可量产性对比见图2－71。由于SMC不需要进行铺层以及预制体的制作，零件制作效率要高于RTM，针对大批量生产，SMC工艺更加适合。而且，SMC可将RTM工艺切边产生的废料进行再利用，整合成本较RTM低。

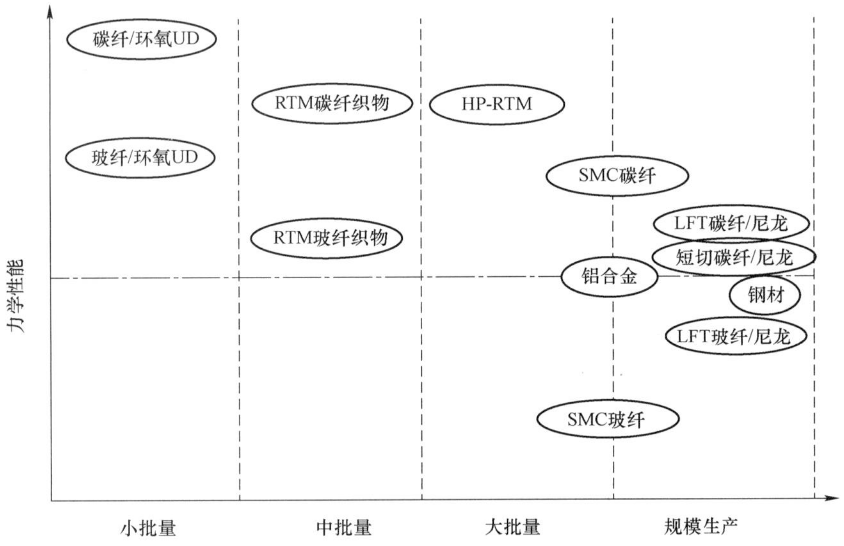

图2－71　力学性能以及可量产性对比

纤维的技术发展趋势见图2－72，纤维长度的牺牲，使纤维含量减少（成本也降低），但换取了其他4个要素不同程度的变化，达到整体最优状态。圆圈处成为目前国际重点研究的领域。

由于目前碳纤维原料成本较高，主要应用于超跑、高端车型。宝马公司是国际上第一个将碳纤维零部件量产应用的整车企业，应用于i3、i8以及2015款7系车型。部分车型应用信息见表2－22。

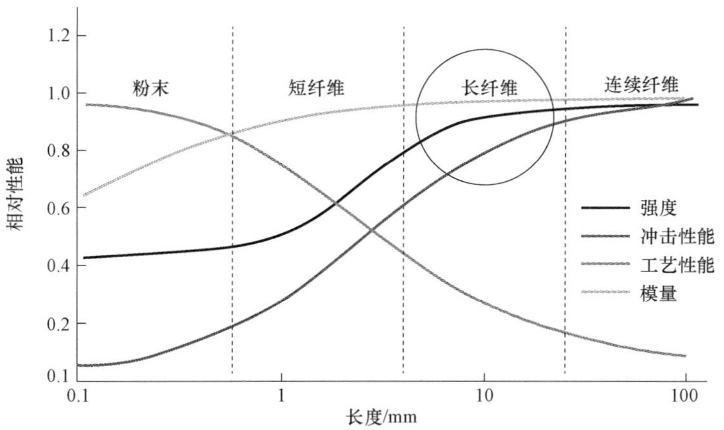

图 2－72　技术发展趋势

表 2－22　碳纤维在车身上的应用汇总

类型	主机厂	应用车型	上市年份	工艺
顶盖	宝马	M3 CSL	2004	RTM
前唇	宝马	M3 CSL	2004	RTM
后扰流板	宝马	M3 CSL	2004	RTM
顶盖框架	大众	保时捷 Boxter R	2010	LP－RTM
B 柱	大众	奥迪 R8	2016	HP－RTM
座椅支撑	大众	奥迪 R8	2016	HP－RTM
吸能核	丰田	雷克萨斯 LFA	2011	RTM
机罩外板	丰田	雷克萨斯 LFA	2011	RTM
顶盖	丰田	雷克萨斯 LFA	2011	RTM
翼子板	丰田	雷克萨斯 LFA	2011	G－SMC
车门外板	丰田	雷克萨斯 LFA	2011	G－SMC
侧围　上边梁	丰田	雷克萨斯 LFA	2011	G－SMC
门槛外板	丰田	雷克萨斯 LFA	2011	G－SMC
车身后部	丰田	雷克萨斯 LFA	2011	SMC
侧围	宝马	i3	2014	RTM
顶盖	宝马	i3	2014	RTM
地板	宝马	i3	2014	RTM
门槛	宝马	i3	2014	RTM
门框	宝马	i8	2015	RTM
窗框	宝马	i8	2015	RTM
前围板	宝马	i8	2015	RTM
后防火墙	宝马	i8	2015	RTM
门槛内板	宝马	i8	2015	RTM
上边梁	宝马	i8	2015	RTM
顶盖	宝马	i8	2015	SMC

目前由于国内主机厂基本处于前期的研发阶段，国内具备 RTM 工艺能力的厂家较少，如康得复材、中国恒瑞等。具备碳纤维 SMC 生产能力的厂家，主要是国外公司，如麦格纳、德国 Menzolit – Fibron、美国 Quantum 等。

（2）麻纤维增强复合材料。

随着全球环保意识的增强，人们越来越追求自然、绿色、环保。为了保护环境，各种天然纤维被人们研究，而麻纤维是一类从各种麻类植物上获取的韧皮纤维或者叶纤维的天然纤维，相比其他的天然纤维，麻纤维强度最佳、来源广泛、成本低，且具有可再生、可降解、环境友好、密度小等突出优点。麻纤维的纵向弹性模量较高、断裂伸长率较低，适合做树脂基复合材料的增强体，其结构表现出了典型的复合材料特征。

麻纤维增强复合材料契合未来汽车行业轻量化、绿色化、可回收的发展趋势。麻纤维增强复合材料作为塑料等传统制造材料的替代品在汽车工业领域得到应用，成为应用最广泛的天然纤维增强复合材料之一。

近年来，麻纤维增强复合材料的研究越来越多，从麻纤维种类、树脂基体、成形工艺都有开发应用。麻纤维根据取自麻类植物的不同，分为苎麻纤维、亚麻纤维、大麻纤维、剑麻纤维、洋麻纤维、黄麻纤维等，不同的麻纤维因为化学组成不同（见表 2 – 23），其主要力学性能也不同，但各种麻纤维均具有质轻、强度高、吸湿、透气、耐热、耐腐蚀等共性。在汽车上实际使用的麻纤维增强复合材料中的麻纤维以黄麻纤维、洋麻纤维、亚麻纤维、大麻纤维为主。

表 2 – 23　不同麻纤维纤维素含量　　%

成分	苎麻	亚麻	黄麻	洋麻	大麻	剑麻
纤维素含量	65～75	70～80	64～67	70～76	85.4	73.1

树脂基体一般分为热固性树脂与热塑性树脂：热固性树脂使用较早，易与麻纤维结合，固化温度较低，操作相对简单，但一般生产效率较低，不利于回收，不能重复加工；而热塑性树脂可重复加工、可回收性较好。目前在汽车中热固性树脂基体与热塑性树脂基体均有使用，但随着汽车可回收性要求的不断升级，热塑性树脂基体应用将越来越多。

目前麻纤维增强复合材料成形汽车零部件主要应用的成形工艺见图 2 – 73。模压成形

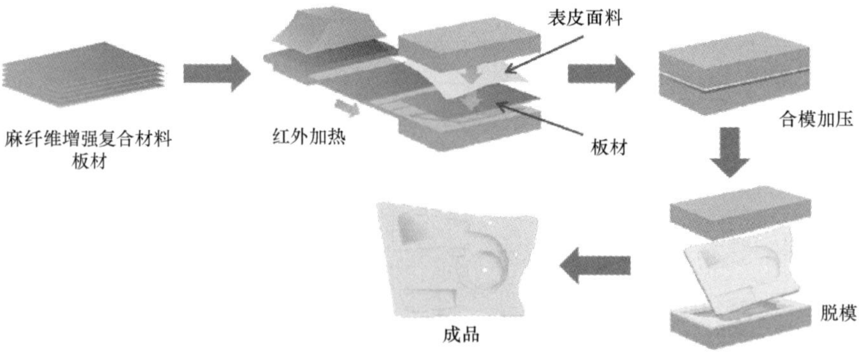

图 2 – 73　麻纤维增强热塑性树脂复合材料模压成形过程

对于热固性树脂基体和热塑性树脂基体均可应用，如麻纤维增强热塑性树脂复合材料是将板材加热、放入模具、加压，经过一定时间成形（图 2－73），这种成形方法能获得尺寸精确、表面光滑、机械强度较高的产品。

注塑成形适用于热塑性树脂基体，将改性后的麻纤维增强复合材料粒料从料斗加入注塑机的料筒，加热熔融，以设定的压力与速度注入模具内，经过一定时间的冷却，脱模，制成成品。注塑成形具有成形周期短，能制造外形复杂、尺寸精确或带有金属嵌件的制品等优点。其他麻纤维增强复合材料还有纤维缠绕成形、树脂传递成形（RTM）、模压＋注塑成形等多种成形方法。模压＋注塑成形技术是将热塑性材料的模压成形工艺和低压注塑成形工艺进行整合，将产品骨架通过模压成形，将产品结构件通过注塑与骨架进行结合，既保证结构件的粘接精度，又保证产品的粘接强度。

麻纤维主要组成是纤维素，纤维素含量对纤维的性质起决定性作用，一般来说纤维素含量越高，强度越大。同时麻纤维中含有大量羟基，是亲水的极性材料，而树脂多采用聚丙烯材料，聚丙烯为憎水的非极性材料，两者相容性差，纤维由于高吸湿性吸收后膨胀易导致复合材料产生微裂纹，降低材料机械性能，发生霉变，因而需要对麻纤维进行表面处理，改善界面黏合性和麻纤维的吸水性。麻纤维增强复合材料性能还受板材面密度、体密度的影响，以 50%麻纤维增强聚丙烯复合材料为例（表 2－24），其力学性能在同等厚度条件下，随面密度增加而增强。

表 2－24　不同面密度的麻纤维增强复合材料弯曲强度

面密度/（$g \cdot m^{-2}$）	体密度/（$g \cdot cm^{-3}$）	弯曲强度/MPa
1 600.00	0.4	6.87
1 800.00	0.45	8.49
2 000.00	0.5	9.79
2 200.00	0.55	11.92

面密度和体密度的不同，不仅影响材料力学性能，还因为麻纤维与树脂基体间空隙的大小，直接影响麻纤维增强复合材料的抗霉菌性能。将麻纤维板材放入一个底部有水的密闭容器中，板材与水不直接接触，同时将整个容器放入（40±2）℃的恒温箱中 14 天，观察并评价麻纤维样板（表 2－25）。

表 2－25　麻纤维增强复合材料抗霉菌试验结果

材料	麻纤维增强复合材料		
体密度/（$g \cdot cm^{-3}$）	0.5	0.7	0.8
试验后照片	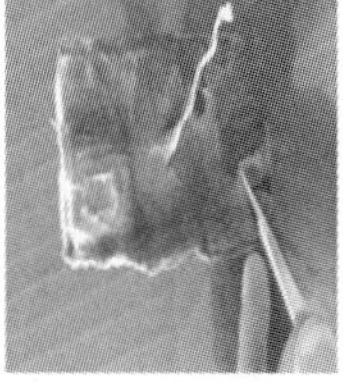	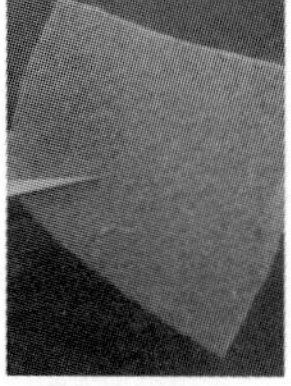	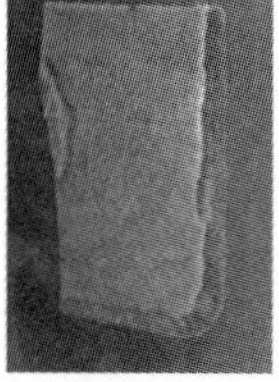
主观判断	有严重霉味、有大量霉菌	有轻微霉味、有轻微霉菌	有轻微霉味、无明显霉菌

麻纤维增强复合材料在汽车上主要替代 PP 滑石粉改性填充材料，相比其优势有：① 等体积强度提高 30%～50%，抗拉强度提高 5%～10%；② 尺寸稳定性好，耐热和耐寒尺寸变形小于 0.4%；③ 轻量化，减重可达 20%～30%（表 2－26）；④ 环保，麻纤维材料来源广泛、可再生，成本低廉，减少碳排放；⑤ 安全性高，非脆性断裂，破碎无尖刺；⑥ 隔热、吸声性能好。

表 2－26　麻纤维增强复合材料产品减重效果

成品面积	材质	板材面密度/（$g \cdot m^{-2}$）	产品质量/kg	质量变化/kg
1.64 m^2	PP－TD	2 300	3.77	—
	麻纤维增强复合材料	1 600	2.624	减重 1.146
	麻纤维增强复合材料	2 000	3.28	减重 0.49

麻纤维增强复合材料因其优良的性能、显著的轻量化效果（见表 2－26）被广泛地应用于汽车内饰零部件及功能零部件，如门内护板和仪表板本体等。麻纤维增强复合材料在汽车门内护板上应用较为常见，以地图盒、嵌饰板为主，也有做整体门内护板的。例如，宝马、奥迪、奔驰、福特、大众、斯柯达、通用等车型门内护板均有应用，见图 2－74。麻纤维增强复合材料的耐冲击性能较好，在宝马 i3、欧宝 Astra－G 系列、奔驰 A 系车型的仪表板骨架上也有应用，见图 2－75。

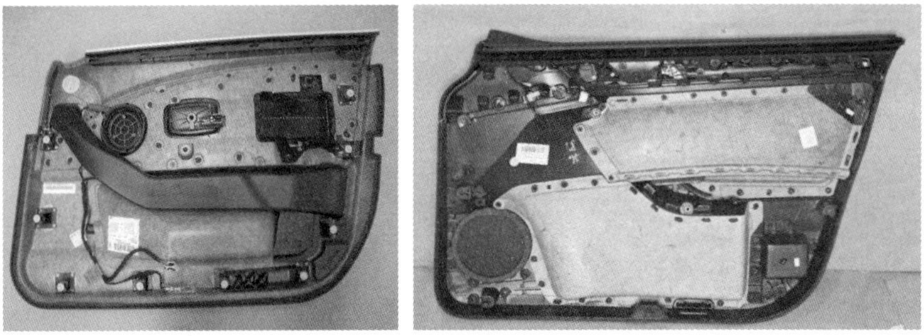

图 2－74　麻纤维增强复合材料在门内护板上的应用

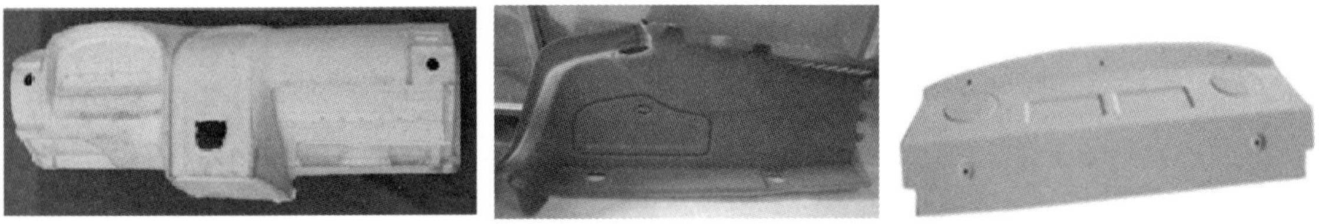

图 2－75　麻纤维增强复合材料仪表板骨架

2.2　典型主机厂的差异性车身设计技术

2.2.1　环状结构设计技术

在 2009 年“欧盟超轻汽车（Super Light Car）”项目的总结会议中，来自奥迪汽车的 Dr.

Klaus Koglin 针对不同的车身材料，提出了“Klaus Koglin 之问”——是否存在“Unification of Lightweight Architectures（统一的轻量化架构）”，如图 2-76 所示，即不同的车身材料选择是否可以按照同一种车身拓扑架构设计车身结构，均能使得材料与结构的匹配能够发挥出最佳的性能，从而实现不同材料车身的轻量化设计。要回答“Klaus Koglin 之问”，只能从主机厂偶尔闪烁出的灵光中寻找答案。

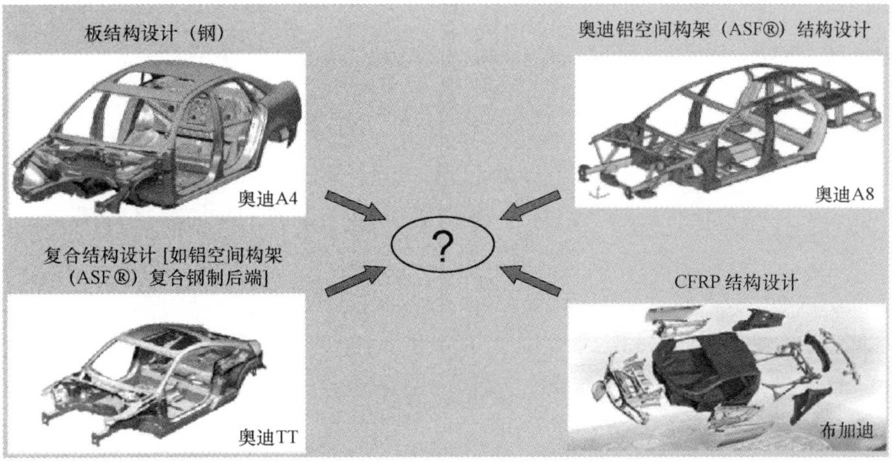

图 2-76 Klaus Koglin 之问

本田汽车在 2000 年获批的专利 US 6022070 中描述了一种新的设计理念：在对原来汽车车身框架的传统制造方法进行重新审视的研究中，发明者认识到车身框架是由环路组成的合成体，这一事实导致了新的设计思路。不可否认，此专利为汽车工程师认识车身结构提供了一种全新的视角——车身结构可以看成是由一系列环状结构设计组合而成的，与传统的按工艺结构划分车身结构存在本质的区别。可惜的是，本田工程师对新的设计理念是和特定的液压成形制造工艺绑定在一起的，并没有意识到这一灵光的重要价值和实际意义，没有将其应用于传统钢制车身的设计当中。

与本田刚好相反，斯巴鲁汽车从营销的角度对钢制车身提出了“The Ring-Shaped Reinforcement Frame Body Structure（环状增强框架的车身结构）”的概念——自 2002 年生产斯巴鲁车型以来，创新的环形强化框架车身结构提供了一些独特的防撞保护。环形强化框架是结构主体结构的一部分，其中车身侧板及其周围的立柱被连接和强化以形成三个环。环形强化框架有助于吸收碰撞能量并有助于保护车辆乘员。可惜的是，斯巴鲁描述了钢制车身有限的几个环状结构设计特征对乘员保护的重要性，并没有意识到环状结构作为一种车身的结构设计理念或设计方法所具有的重要价值和工程意义，“好钢没有用到刀刃上”。

根据环状结构设计理念，武汉上善的肖锋在 FISITA 2012 World Automotive Congress 发表的论文（F2012-E04-002）中提出了“The Ring-shaped Route Body（环状路径车身，简称 3R-BODY）”，并对其进行了详细的阐述。从目前全世界车身工程开发实践来看，采用环状结构设计理念指导车身工程设计已经成为国内外主机厂的共识。

环状结构特征在车身结构工程设计中，并不是一种直观的特征呈现，需要汽车工程师转换成环状结构特征的表达，但在飞机和潜水艇的结构设计中，环状结构特征却是一种直观的表达。汽车、飞机和潜水艇三种产品共同的设计理念是要满足封闭空间的高性能、轻量化、低成本的要求，而环状结构特征是满足综合要求的经典力学结构设计方案。因此，环状结构设计完美地回答了“Klaus Koglin 之问”，车身材料变化不会动摇环状结构所表征的车身拓扑结构或框架结构设计，但需要对其做进一步理解或回答：不同的车身材料设计方案，需要如何去满足环状结构设计特征，以使材料与环状结构的匹配发挥出最佳的性能状态，从而实现轻量化设计。

环状路径车身涵盖环状结构特征（Ring）、实质性要求（Route）和性能目标（Resist）三个方面：“Ring”和“Route”是基于车身骨架结构的概念，分别对应车身结构设计的“连通性”和“连续性”概念；“Resist”是环状路径车身所能达到的效果。

“Ring”定义是以车身骨架任意接头为起点，沿着某一较短路径回到起点，形成一个个环状结构特征，环可以是平面的或空间的，可以是圆的或是方的，关键是构成一个封闭回路。从结构设计角度，空间框架结构具有非常好的整体刚度和变形协调能力，实现“局部受力全身分担”的目的，而环状结构是构成空间框架结构的理想结构特征，实现载荷的快速分流。

“Route”是指在由钣金焊接构成的每个封闭环状结构上的任意位置都具有一定的封闭或半封闭截面，避免截面突变或刚度局部过弱，特别在设计的时候需要充分考虑环状结构的接头与路径的连接处，在载荷传递方向上尽可能地保证截面完全对接或至少部分对接。“Route”是在环状结构满足封闭回路条件下的实质性要求——截面封闭性或半封闭性，即保证刚度的连续性，不满足实质性要求则同样不满足环状结构设计。根据实质性要求，与碰撞相关的环状结构截面原则上要求是封闭的，且封闭截面尽可能大；与刚度相关的环状结构截面可以是半封闭的，采用一般强度材料即可。

如果车身骨架具有尽可能多的环状结构特征，且每个环状结构均满足实质性要求，即保证白车身具有理想的空间框架结构，根据性能目标采用适当的材料设计，则白车身结构将会具有理想的车身抗扭、抗弯、抗压、抗变形能力，即“Resist”性能目标。

根据“木桶理论”，如图 2－77 所示，由许多块木板箍成的木桶，其盛水量是由其中最短一块木板决定的，大量的工程经验表明车身结构设计符合“木桶理论”，结构整体刚度由“Route”上最弱刚度决定或最弱刚度至少是重要影响因素之一。按照“木桶理论”，提高非薄弱处的刚度不会有效增加整体刚度，或者说适当减少非薄弱处的刚度不会显著影响结构整体刚度，因此，最有效的方法是抓住“短板”，以最小的代价获取最大性能的提升，同时，“木桶理论”也为环状路径车身轻量化设计提供了理论依据。

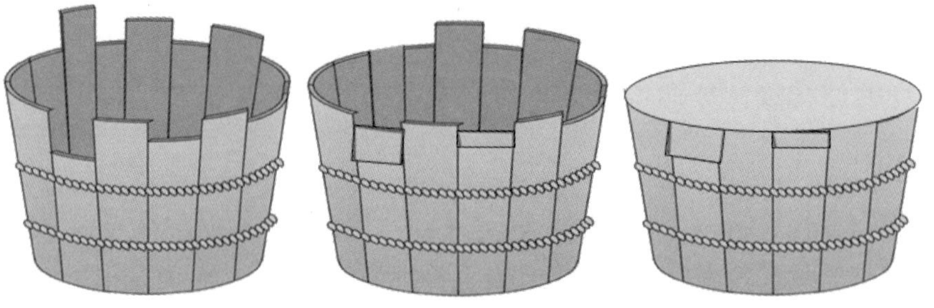

图 2－77　木桶理论

根据整车坐标系分别定义三个平面：垂直于 X 轴的 X－Surface、垂直于 Y 轴的 Y－Surface、

垂直于 Z 轴的 Z – Surface。构成车身骨架的环状结构在三个平面中的投影可以按位置分为三大类：垂直于 X 轴的环状结构，从车身前部至后部，依次命名为 Front – Ring、A – Ring、B – Ring、C – Ring、Damper – Ring 和 D – Ring；垂直于 Y 轴的环状结构，对于车身一侧，分别命名为 Front Door – Ring、Rear Door – Ring 和 Triangular Window – Ring，由于对称性，左右各一个；垂直于 Z 轴的环状结构，从前向后形成的环状结构，分别命名为 Front Absorber Energy – Ring、Hood – Ring、Shotgun – Ring、Front Windshield – Ring、Front Floor – Ring、Fuel Tank – Ring、Rear Absorber Energy – Ring。三类环状结构共 16 个，不含对称环状结构，如图 2 – 78 所示。

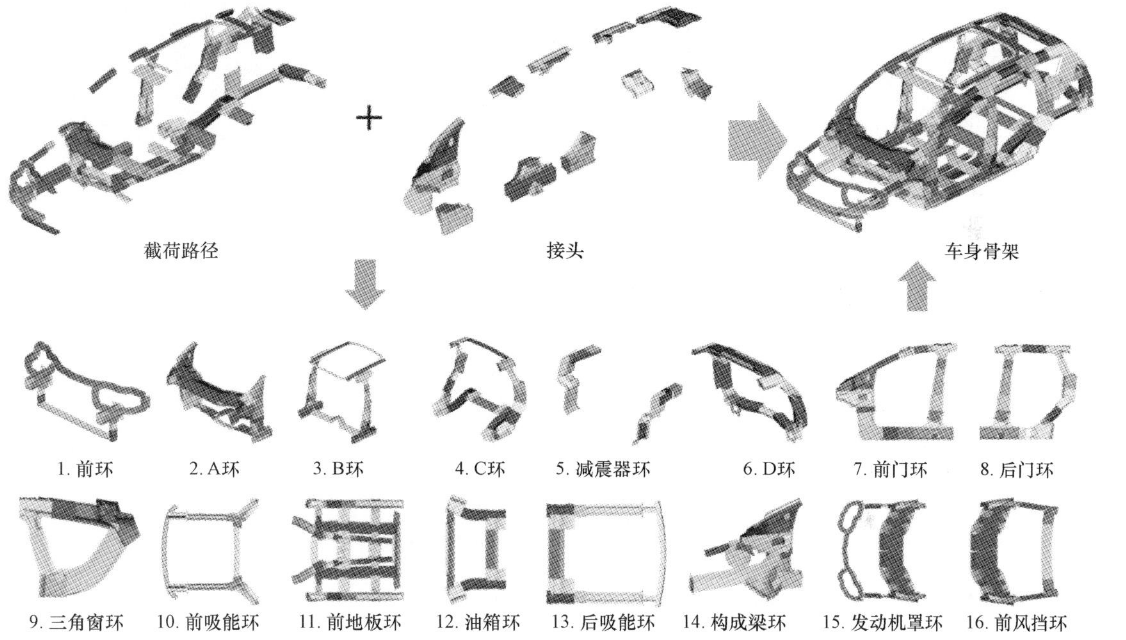

图 2 – 78　车身 16 个环状结构

从环状结构对车身性能影响的程度，可以将 16 个环状结构分为四类：第一类，耐久环，如 Front – Ring 和 Hood – Ring；第二类，刚度环，如 C – Ring、Damper – Ring、D – Ring、Triangular Window – Ring 和 Front Windshield – Ring；第三类，吸能环，如 Front Absorber Energy – Ring、Rear Absorber Energy – Ring 和 Shotgun – Ring；第四类，安全环，如 A – Ring、B – Ring、Front Floor – Ring、Fuel Tank – Ring、Front Door – Ring 和 Rear Door – Ring。

按照车身制造工艺的要求，划分车身结构的结果是分裂了车身性能设计，而车身环状结构设计正是从性能的角度，重新认识车身结构，准确地把握整车性能设计，是环状结构设计理念的核心要义所在，为车身的合理选材和轻量化设计打下了坚实的理论基础。

根据美国 NHTSA 的研究，SUV 车致死翻车率为轿车的 9 倍，因而萨博很注重汽车翻滚安全设计理念，2005 年萨博 93 即应用了环状结构设计，如图 2 – 79 所示，如 C 环和 D 环设计，C 环主要为了提升车身刚度以及提高耐翻滚性能，D 环主要为了提升后碰撞吸能以及提高耐翻滚性能。

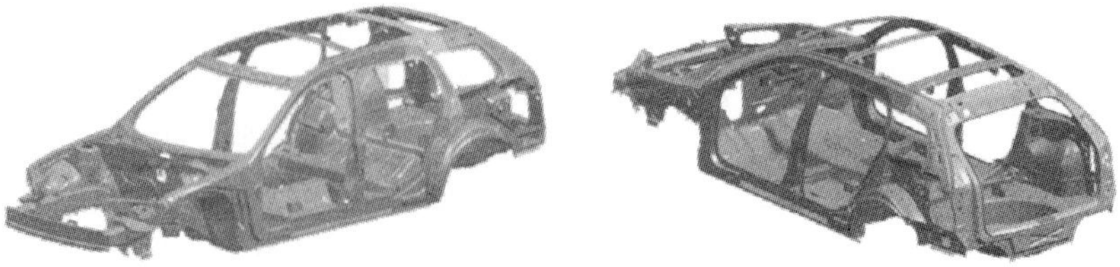

图 2-79　2005 款萨博 93 的 C 环和 D 环设计（见彩图）

宝马在 2005 款 3 系车型中，为了提高车身局部刚度，在车身前端和后端采用了环状设计，如图 2-80 及图 2-81 所示。

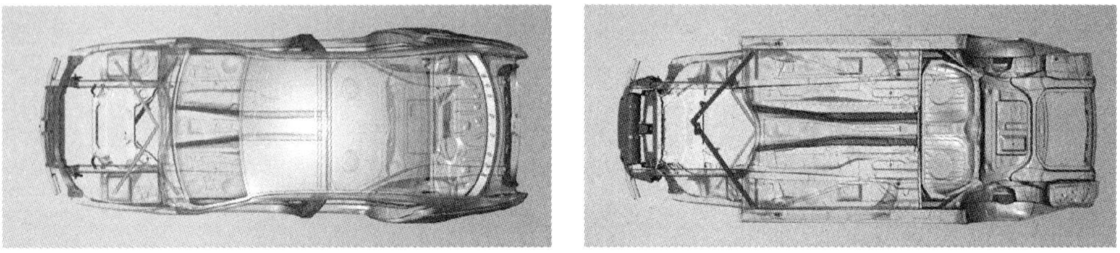

图 2-80　2005 款宝马 3 系的前端环状设计（见彩图）

图 2-81　2005 款宝马 3 系的后端环状设计（见彩图）

2005 款本田思域以及 2010 款 CR-Z 车型均采用了环状结构设计，CR-Z 的闭合 C 环和 D 环使局部刚度提升了 17%，如图 2-82 所示。

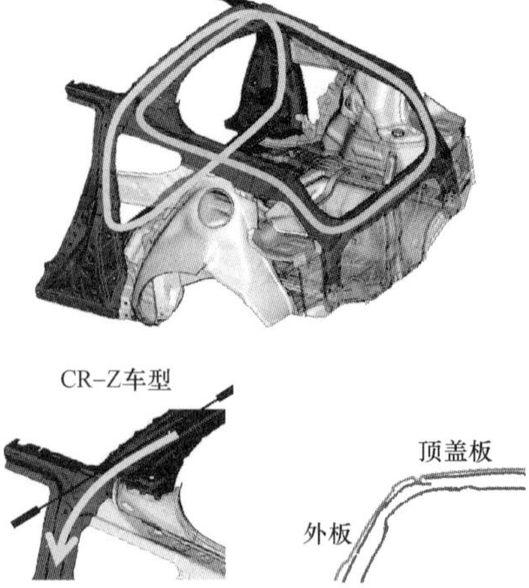

图 2-82　2010 款 CRZ 车型采用了环状结构设计

关于 SUV 的环状刚度设计在本书的第 10 章有详细的介绍。

2.2.2　ACE（Advanced Compatibility Engineering）的车身安全设计理念

汽车正面碰撞或者偏置碰撞时，前防撞横梁、前纵梁以及 Shotgun 的结构设计和材料选择至关重要，一般来说，主要的传力路径为纵梁、底梁和 A 柱等结构，Shotgun 会分散一定比例的力，但不希望 Shotgun 分散力过大，以避免碰撞后前门不能开启，因而需要 Shotgun 发生变形吸能。

本田提出了 ACE 的车身安全设计理念，见图 2－83，其主要目的是，在两车碰撞时，提升自我保护性能，同时降低对对方的伤害。图 2－84（a）为思域车型的前端设计，前纵梁（A 位置）采用多边形结构，使得有效碰撞压溃吸能；B 位置的设计可以在偏置碰撞时避免错位，从而起到抵抗和大面积接触作用；C 位置采用封闭结构能有效吸能。图 2－84（b）为采用 ACE 的第三代本田 CR-V，图 2－84（c）和（d）为第六代雅阁和第七代雅阁（采用 ACE）的前端结构对比，图 2－84（e）为采用 ACE 的 JAZZ 前端结构，实质上 2009 款 Insight 直接沿用了 JAZZ 的结构。传统车身结构以及 ACE 车身结构的载荷分布示意图见图 2－85（a），传统车身结构以及 ACE 车身结构的两车偏置碰撞示意图见图 2－85（b），图 2－85（c）和（d）为 JAZZ 的偏置碰撞前后的变形。

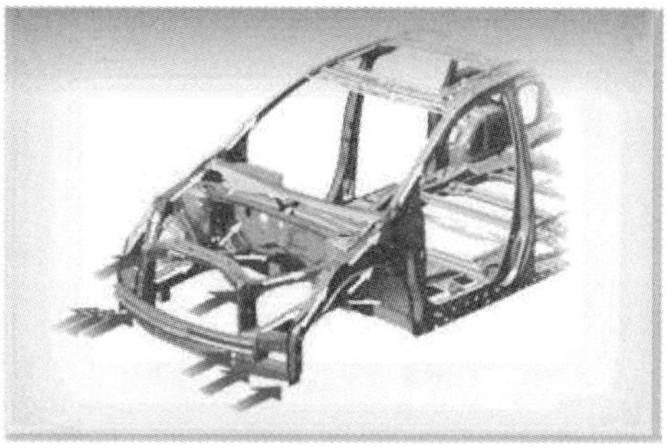

图 2－83　ACE 的车身安全设计（见彩图）

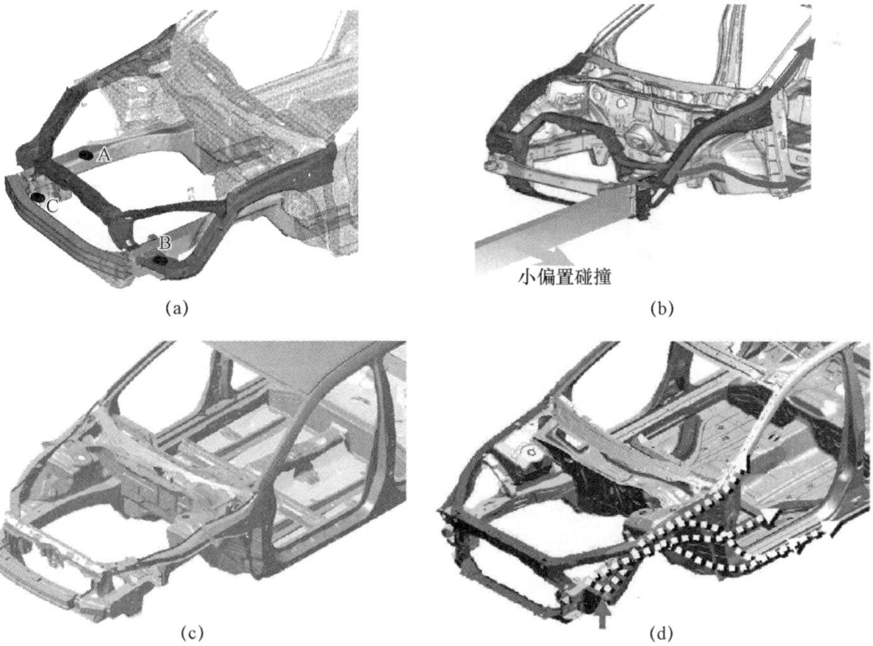

(a)　(b)　(c)　(d)

图 2－84　本田 ACE 车身前端设计

（a）2005 款思域；（b）第三代 CR-V；（c）第六代雅阁；（d）第七代雅阁

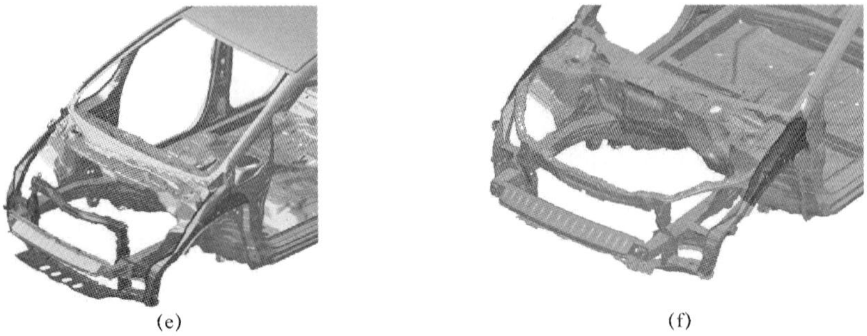

图 2-84　本田 ACE 车身前端设计（续）

（e）2008 款 JAZZ；（f）2012 款思域

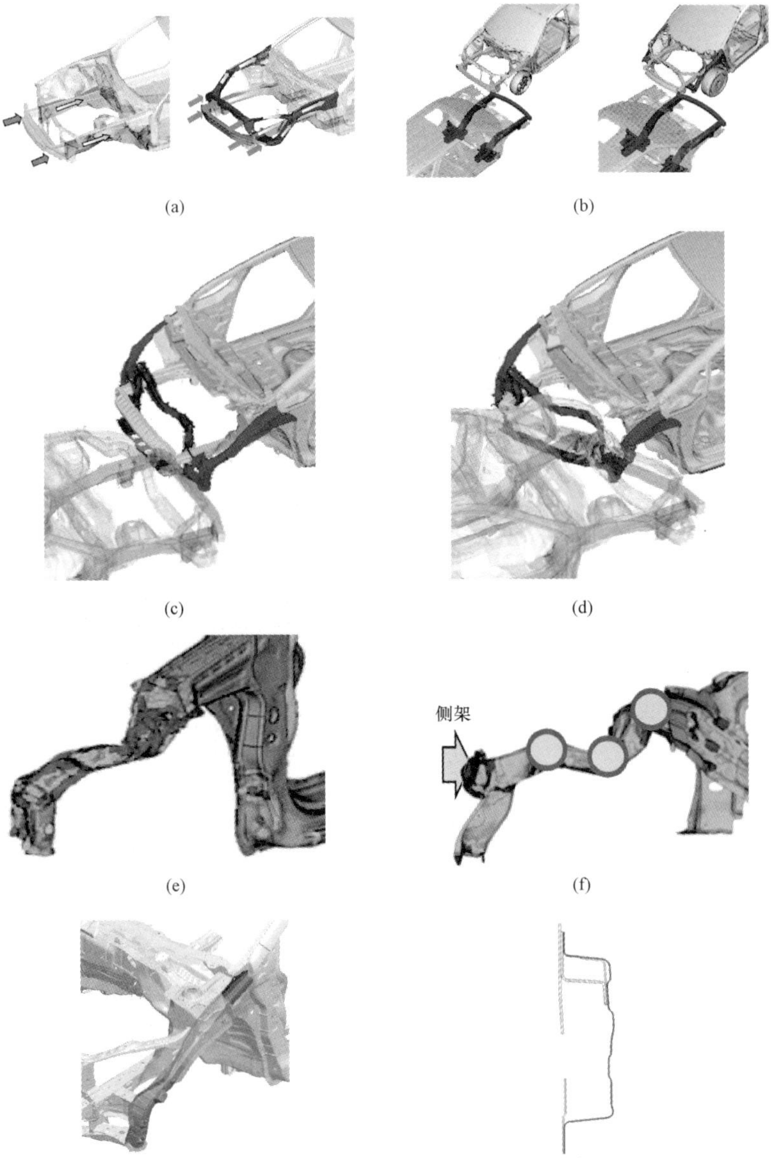

图 2-85　传统车身结构和 ACE 车身结构的载荷分布以及偏置碰撞比较

图 2－85（e）为 2009 款本田 Insight，图 2－85（f）为 2013 款本田飞度，其从两个压溃点变为如图所示的 3 个压溃点，吸能效果明显提高，而在 2010 款 CR-Z 车身上，本田还在采用两个压溃点的设计。另外在 Shotgun 与 A 柱连接位置采用更为刚性的设计，以减少该位置的变形，如图 2－85（g）和（h）所示，2013 款本田飞度采用更厚的红色连接板提高了该位置的刚性。

2012 款本田思域，在两者正碰或者偏置碰时吸能提高 20%，其前端结构如图 2－86 所示。雪铁龙 C4 的前端碰撞结构优化见图 2－87。

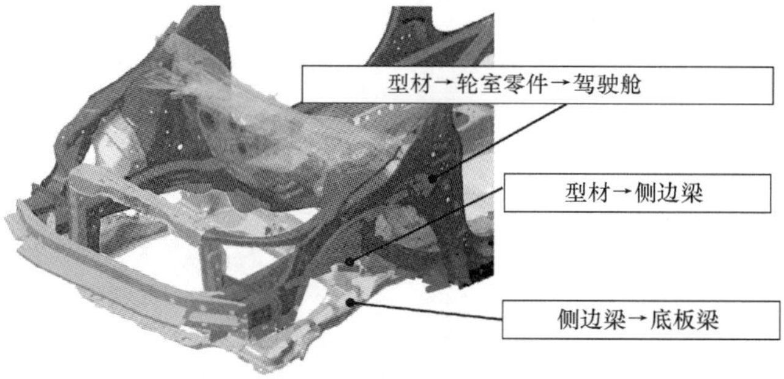

图 2－86　2012 款本田思域的前端结构

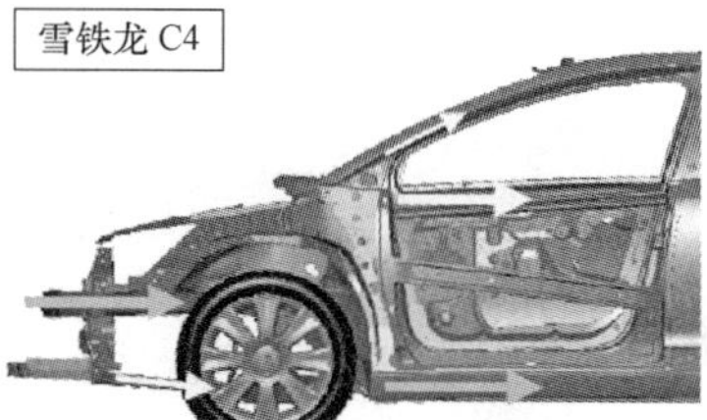

图 2－87　雪铁龙 C4 的前端碰撞结构优化

2.2.3　基于车身疲劳耐久的设计优化

2005 款欧宝 Zafira 采用了基于车身疲劳的结构设计，这值得借鉴，相比于上一代车型，大疲劳应力水平的位置均得到了改善，如图 2－88 所示。2006 款欧宝 Corsa 也采用了疲劳设计，不仅是铰链等的设计，还包括车身的疲劳耐久模拟分析，以及焊点的耐久性分析，如图 2－89 所示。

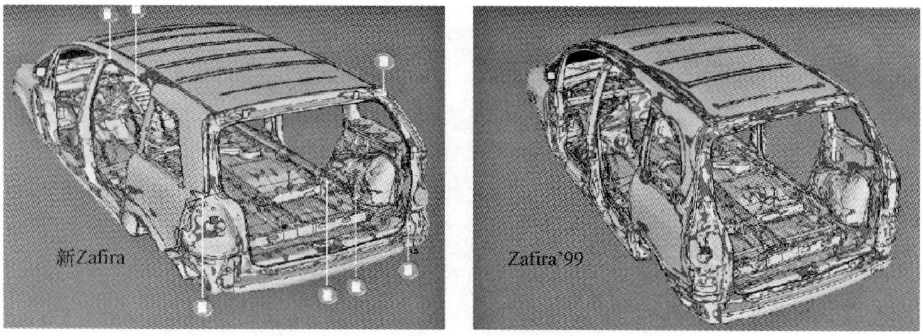

图 2－88　2005 款 Zafira 的车身疲劳应力分布（见彩图）

沃尔沃同样采用车身疲劳耐久设计，其设计分析流程（图 2－90）如下：① 车轮力传感器的物理测量；② 在 ADAMS 软件中进行载荷级联（车身按照刚性体处理）；③ 计算所有的身体附着点荷载；④ 应用底盘输入载荷的整备车身的有限元分析；⑤ 连接点和钣金件的有限元分析；⑥ 预测疲劳寿命。如图 2－90 所示。沃尔沃进行车身疲劳耐久分析的原则

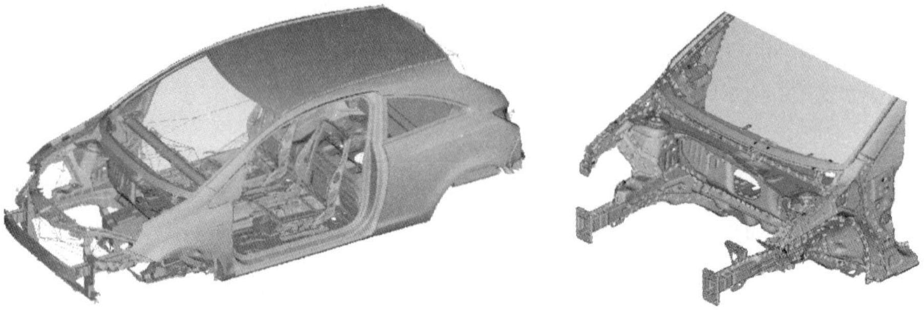

图 2-89　2006 款欧宝 Corsa 的车身疲劳模拟以及焊点的耐久性分析

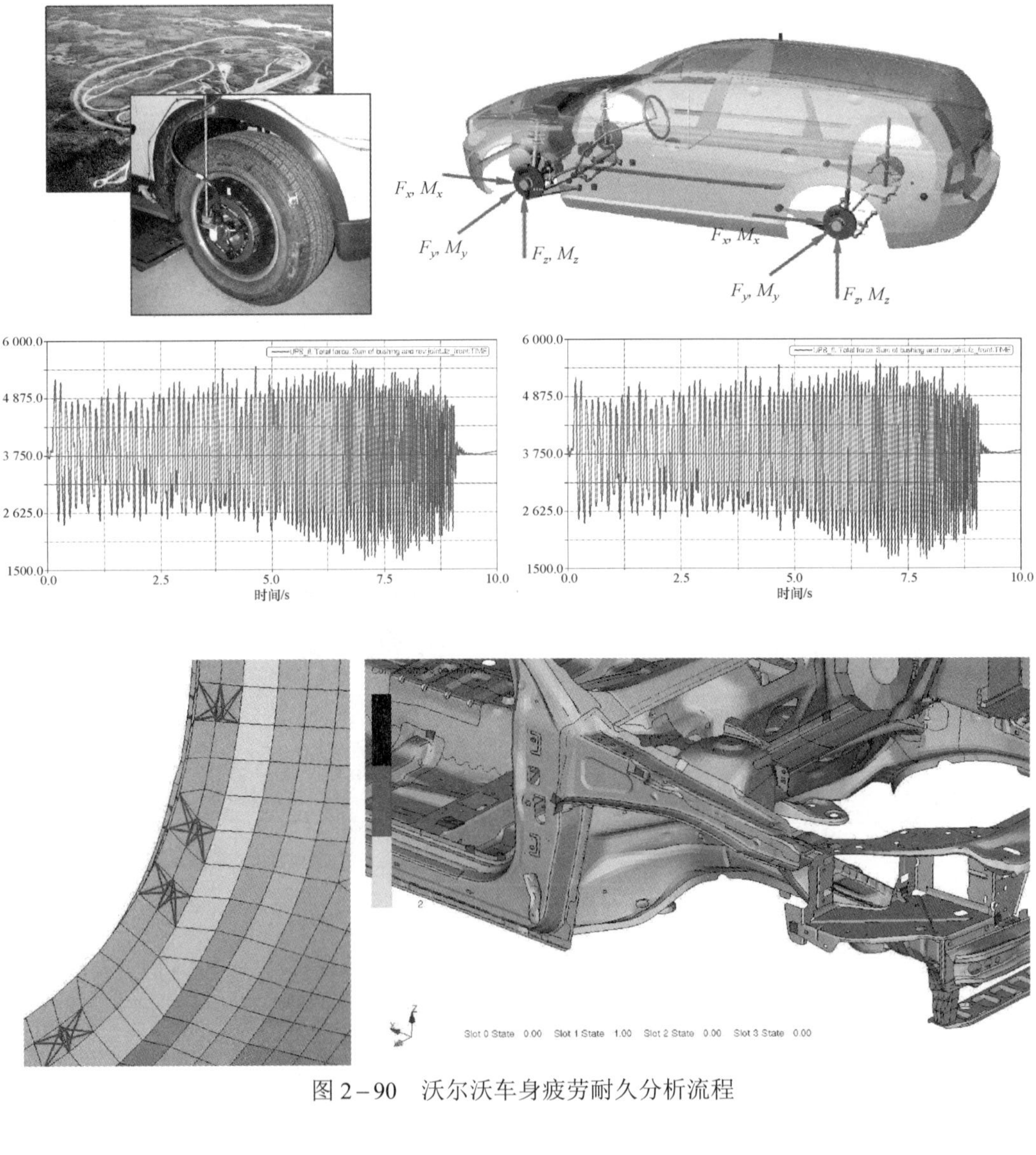

图 2-90　沃尔沃车身疲劳耐久分析流程

是：CAE 中检测到的疲劳故障应与物理测试中发现的故障相同；早期使用 CAE 检测出的疲劳故障可以在不增加成本和重量的情况下得到解决；所有的属性（包括疲劳）都要在物理测试之前使用 CAE 进行验证。

笔者个人理解，车身的疲劳测试及分析与原材料本身没有多大关系，因为汽车使用寿命设定为 10 年以上，无疑车身疲劳是高周疲劳，而高周疲劳时弹性应变占主导地位，称之为弹性应变疲劳或应力疲劳，即加载过程没有出现塑性变形，尽管汽车行业中也经常能看到低周疲劳，也就弹性变形伴随着不可逆的塑性变形。根据变形的特点，固体在受力过程中的力学行为可分为两个明显不同的阶段：当外力小于某一限值（通常称之为弹性极限荷载）时，在引起变形的外力卸除后，金属能完全恢复原来的形状，这种能恢复的变形称为弹性变形，金属只产生弹性变形的阶段称为弹性阶段；当外力一旦超过弹性极限荷载时，这时再卸除荷载，金属也不能恢复原状，其中有一部分不能消失的变形被保留下来，这种保留下来的永久变形就称为塑性变形，这一阶段称为塑性阶段。在低周疲劳条件下，由于外加循环应力 σ 高于屈服极限 σ_s，此时，同时产生弹性应变和塑性应变。但低周疲劳条件可能更多发生在底盘构件，应该不会用于车身，因而无须考虑材料强度问题（强度低的材料在一定应变时更容易出现塑性变形）。S/N 曲线通常用于高周疲劳。常规所讲的材料疲劳强度，都是用精心加工的光滑试样测得的，然而，实际机械零件都不可避免地存在着不同形式的缺陷，如台阶、键槽、螺纹和油孔等。对于车身而言，连接处的不平滑、焊点以及工艺孔等都可能造成应力集中，使缺口根部的最大实际应力远大于零件所承受的名义应力，零件的疲劳破坏往往从这里开始，因而车身的疲劳模拟分析以及疲劳测试更多是用来优化结构，以及确保连接的有效性（如优化焊接工艺、采用复合连接、采用低碳当量的钢材等）。也正是由于上述车身疲劳缺陷的存在，考虑材料的强度才有意义，比如提高材料的屈服强度，确定材料的屈服应力大于车身最大的疲劳应力，即提高材料的弹性极限荷载。2009 款斯柯达野帝的疲劳设计见图 2－91。

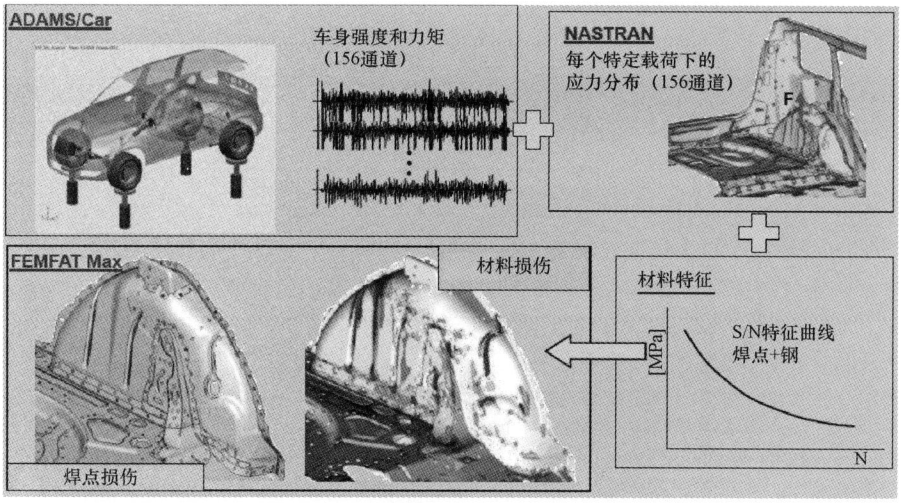

图 2－91　2009 款斯柯达野帝的疲劳设计

2.2.4 精确仿真技术——成形后材料数据作为性能模拟的输入

整车性能模拟的精确度与材料数据的输入有很大的关系，尤其对于双相钢（DP 钢）和 TRIP 钢即相变诱导塑性钢。

2003 年沃尔沃注意到该问题，在沃尔沃 S40 车型上，DP 钢的加工硬化对碰撞性能有较大的影响，因而成形模拟后的材料信息应该作为后续碰撞模拟的输入，如图 2－92 所示。对于 DP 钢而言，预应变的结果显示，2%的预应变可以带来 40%～50%的屈服强度提升，见图 2－93。

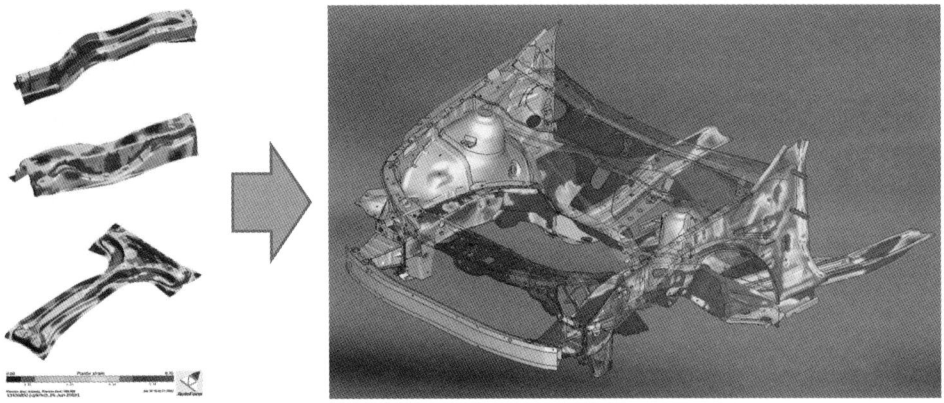

图 2－92 成形后材料数据作为性能模拟的输入

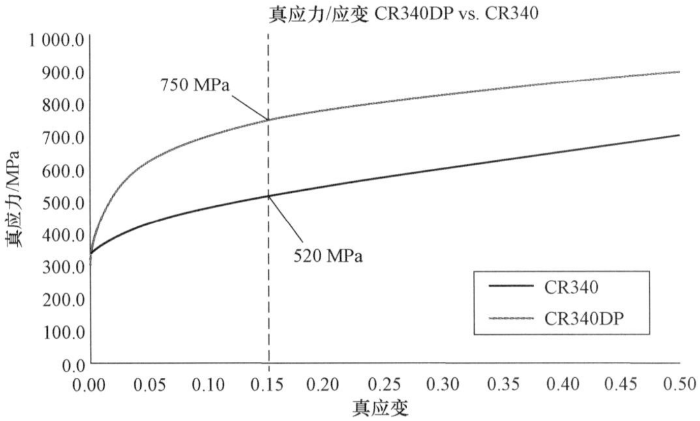

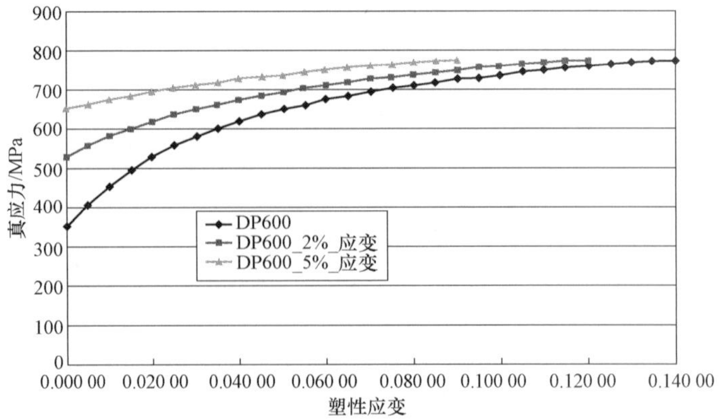

图 2－93 应变强化对材料屈服强度及其曲线的影响

2005 款欧宝 Zafira 新车型在性能模拟分析时，不再采用材料的原始曲线数据作为分析输入，而是采用成形模拟后的材料数据作为性能模拟输入，大大提高了 CAE 性能分析的准确性，尤其是对汽车整体性能的预测以及局部性能细节的预测。当然这并非缘于优化方法的革新，而是欧宝开始应用当时仍是新材料的 DP 钢和 TRIP 钢。这两种钢的加工硬化性能非常高，尤其是 TRIP 钢，在成形过程中发生奥氏体转变，材料强度明显提高，在做车身性能分析时，仍然采用原始材料数据显然会产生更大的误差。而在 2006 年的 Zafira 以及 2007 年的 Antara 车身设计优化中，欧宝除了不断与钢材供应商更新高强度钢的材料数据外，还使用了正确的失效准则应变率材料曲线，用失效准则优化焊点模型，使用所有加载路径的映射数据。笔者个人理解，在 10 年前，欧宝已经开始采用高速拉伸数据来作为 CAE 模拟的参考输入。顺便引申一下，当前我们在做汽车碰撞分析时，采用了材料真应力真应变曲线作为输入，这个曲线没有失效点，而需要从 FLC 的数据来判断失效点，这需要业界探讨如何通过 DIC 或相关处理技术来进行材料试样的拉伸测试，同时得到真应力真应变曲线以及真实缩颈点，否则只有真应力真应变曲线而无 FLC 的数据，将造成 CAE 结果的精确度不足问题。

2.2.5　铸造铝合金构件强化车身关键接头的设计

2006 款雪铁龙 C4 Picasso 在车身关键接头位置采用铸造铝合金构件强化的设计（见图 2－94）是一个重大的创新，这对于 NVH、碰撞安全、轻量化、减少零件数量以及降低成本有显著的作用。以 A 柱及 B 柱与门槛的强化连接为例，可以节约 6%的零件数量、减重 10%，并实现有效防水等功能，可见这是一个非常先进的设计理念。

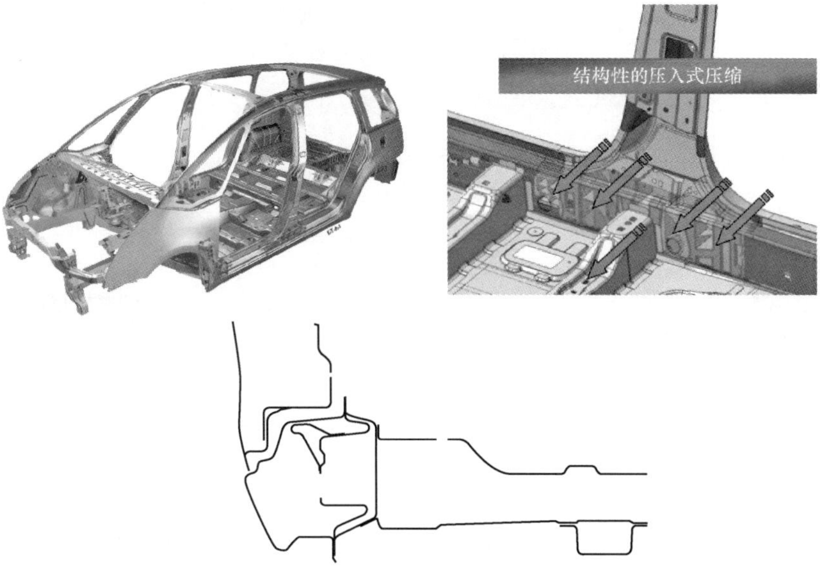

图 2－94　雪铁龙 C4 Picasso 车身关键接头位置采用铸造铝合金构件强化（见彩图）

2.2.6　三角结构应用

本田雅阁在地板纵梁应用三角结构来抵抗正碰时地板和门槛间的剪切破坏。同样地，在侧碰时，三角结构也可以分散 B 柱和门槛的侧向碰撞力，见图 2－95。

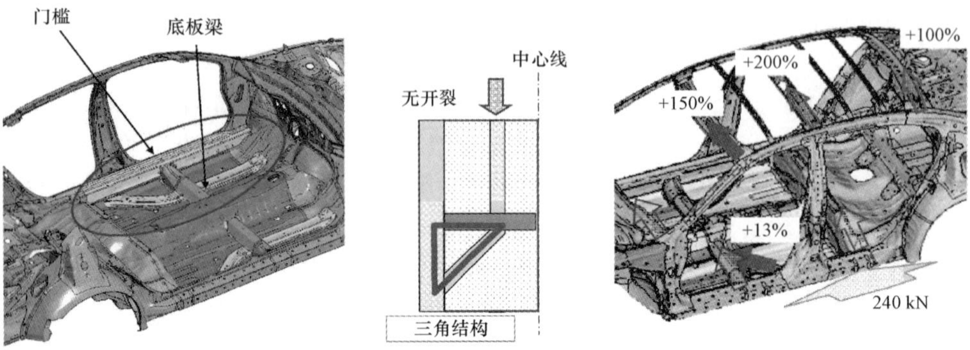

图 2－95　雅阁在地板纵梁应用三角结构

2013 款本田飞度应用后地板横梁增加了车身刚度，见图 2－96，该设计也被广泛应用。2011 款马自达 CX－5 从载荷路径优化的角度分析了三角结构的原理，认为三角结构能够有效传递载荷，如图 2－97 所示。

图 2－96　2013 款本田飞度应用三角结构

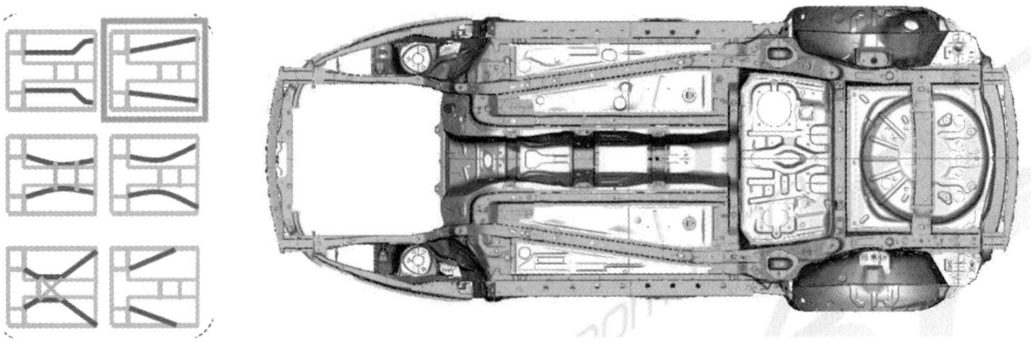

图 2－97　2011 款马自达 CX－5 应用三角结构

而诸如丰田的 GOA 车身技术、日产的 Zone Body 车身技术、本田的 G－CON 车身技术等将在第 8 章进行详述。

2.3 小　　结

随着科技的发展以及供应商技术的进步，除开发平台和设计理念外，汽车行业的多数设计、制造、材料等技术趋同，本章介绍了车身最新的“共性技术”及理念，如混合材料车身理念、车身连接技术的最新发展、车身用轻质材料和高强钢的最新进展等。同时简要介绍了几个典型整车企业的车身设计开发特色，如果把每个整车企业比作一个“武林门派”，我们可以发现每个门派都有其“独门绝技”。比如本田的 ACE 设计、通用欧宝的疲劳设计、沃尔沃的高刚性笼状设计、标致雪铁龙的连接接头位置的铸造件插入式强化设计以及日产的连接技术和低碳当量材料的选用等。当然很多技术已经被友商逐渐借鉴，比如环状设计、封闭截面及接头平滑和强化这项“绝技”已经被多个主机厂应用。

第 3 章

日系及韩系乘用车车身轻量化技术

3.1 日系乘用车轻量化技术概况

进入 21 世纪后，车身轻量化技术发展迅猛。全球各主流车企开始了车身轻量化技术的研究。无论是宝马汽车提出的“结构–材料–工艺”轻量化思路、奥迪和捷豹路虎致力开发的车身铝化技术，还是目前火热的多材料混合车身设计概念，都是车身轻量化的典型技术探索。

从 1902 年日本最早的本土汽车诞生以来，日系乘用车设计逐渐形成了鲜明的经济性特点，在车身上则表现为对传统技术潜力的挖掘。图 3–1 是日系乘用车轻量化技术路线，可见随着时间的推移，日本 5 大主机厂先后设定了轻量化指标，相继采用了高强度钢、铝合金、复合材料等新材料，先后进行了基础研究和应用研究，并基于多种材料的车身轻量化方案开展了异种材料连接等连接技术的研究。进入 20 世纪 90 年代后，世界汽车轻量化技术发展突飞猛进。集中表现为轻量化相关技术申请专利数量急剧增加，如图 3–2 所示，截至 2017 年年中，全球轻量化技术专利超 30 000 项。日本作为此次轻量化技术革命先锋，每年产出技术专利 400～600 项。截至 2017 年，日本轻量化技术专利占全球同类专利总量的 37%。这也表明了日系车在轻量化领域的领先地位。

图 3–3 是 2008—2017 年日系车典型车身用材情况，可见在 2010 年前，日系乘用车车身很少采用热成形钢和热冲压成形工艺，铝合金的用量很少，但 2010 年后，雷克萨斯 LFA 和 IS 及 LC、日产 LEAF、本田思域和雅阁、英菲尼迪 Q50、斯巴鲁 WRX 和 IMPREZA，以及马自达 MX–5 等均开始采用铝合金，但日本仍然把钢材作为首选材料，即使在雷克萨斯、英菲尼迪等高端品牌也是如此。

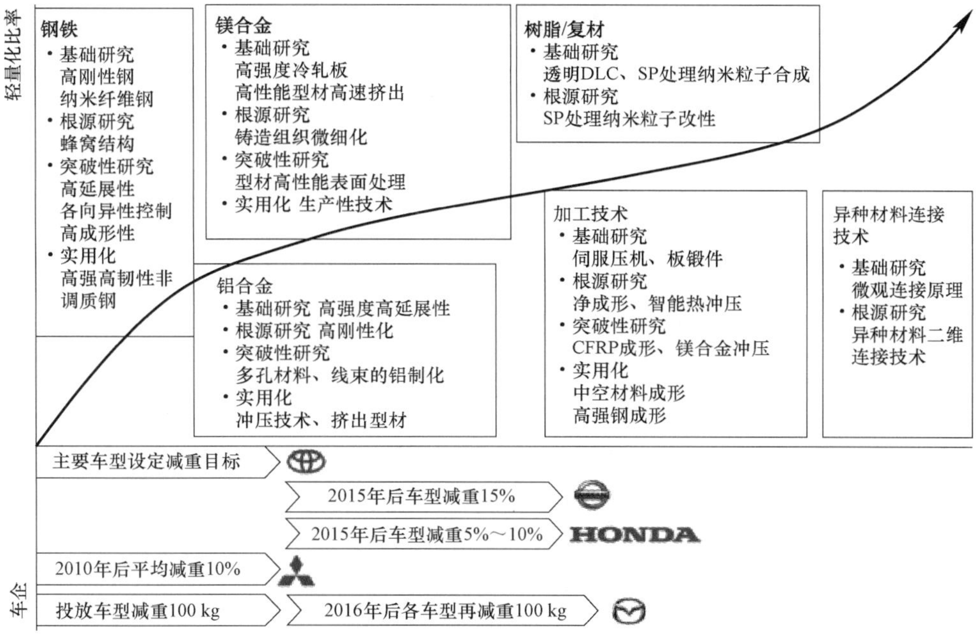

图 3－1　日系乘用车轻量化技术路线

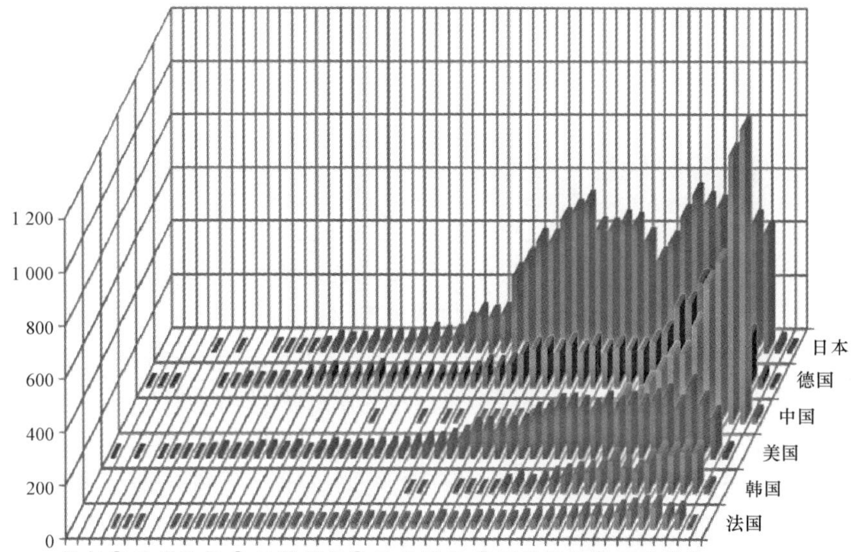

图 3－2　主要国家汽车轻量化技术年专利量

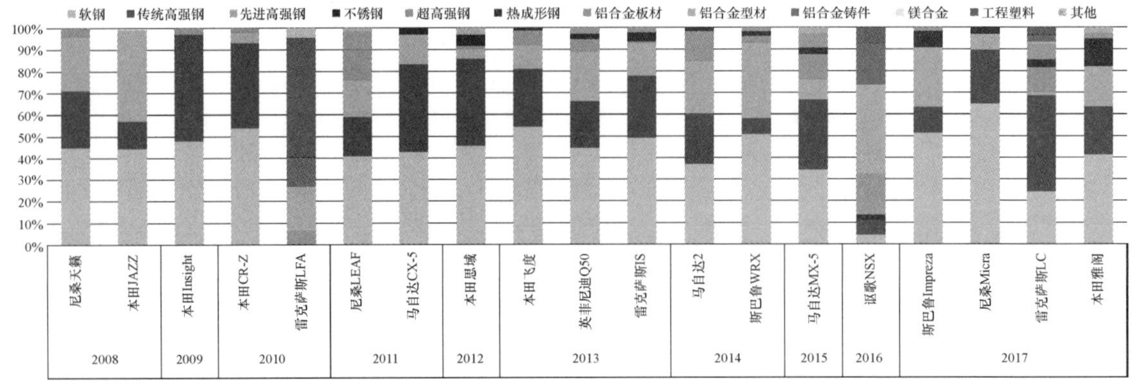

图 3-3　2008—2017 年日系车典型车身用材情况（见彩图）

3.1.1　日系乘用车的轻量化策略

如果说福特汽车的“规模化生产”是现代汽车工业的第一次革命，那么丰田汽车以其准时化（JIT-Just In Time）、自动化、看板方式、标准作业、精益化等管理方式构成的“丰田生产方式”迅速崛起，成为第二次现代汽车工业革命的领军者。丰田汽车提出的“杜绝一切浪费”的精益化管理思路大大减少了人力、物力、时间成本，使其产品在开发周期、开发成本方面取得极大优势。以“杜绝一切浪费”为最终目的的丰田生产方式正反映了日本汽车工业的发展思路。相比为人熟知的大众 MQB、MLB 平台、沃尔沃 SPA 平台，日系车企中最著名的是马自达于 2012 年推出的“SKYACTIV 创驰蓝天”平台。分析创驰蓝天平台以及丰田的精益设计可以发现，与欧美车型更倾向于使用创新技术相比，日系乘用车企业对原有技术的优化改善、对传统材料应用潜力的挖掘做到了极致。因此，日系乘用车更能诠释“The right material at the right location”的车身轻量化理念。2014—2017 年日本政策企业在欧洲车身会议展示的车型中，日系普通乘用车（不含跑车）车身平均用钢比例为 98.2%，其中软钢比例达到 49.2%。

3.1.2　本田汽车车身轻量化技术

本田汽车 2017 年发布的第十代雅阁提出了“终极钢基车身”的口号。虽然车身上使用了约 5.3%的铝合金材料，但全部集中在车身前后端的高惯性矩区域，目的是提高整车操控性。与应用铝合金相比，其车身钢板材料牌号级别整体提高了 20%，连接顺序的改变、结构胶的使用对车身性能提升和车身轻量化起到了更重要的作用。本田汽车从 2013 年飞度车型开始尝试改变车身连接顺序，将常规的“三大总成”结构改变为“内框架+外覆盖件”结构。这种改变很大程度上改变了总成接头对结构框架连续性的破坏，使整个车身结构框架形成一个整体，大大提升了车身安全性。与第九代车型相比，第十代雅阁白车身扭转刚度提升了 40%，轻量化系数降至 2.0。

（1）本田汽车的车身用材特点。

从 2008 年的 JAZZ 车型开始对比到 2017 年发布第十代雅阁，可以看出本田品牌乘用车在车身用材方面并没有欧系车型所表现得那样“突飞猛进”，如图 3-4 所示。用材种类从 JAZZ 车身的 3 类增加到新雅阁的 7 种，并且非软钢零件占比也没有明显提高。

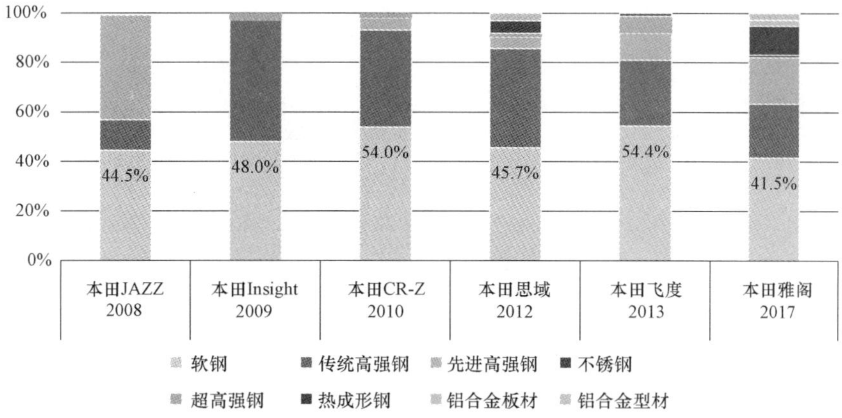

图 3－4　本田系列车型车身用材情况（见彩图）

本田设计师将车身划分为碰撞控制区、乘客保护区、远离质心区三个主要功能区，如图 3－5 所示，每个功能区表现出不同的性能需求，从而需要不同的材料特性。其中碰撞控制区主要起到碰撞能的分散与吸收作用，因此需要材料具有高的强塑积；乘客保护区要求在碰撞过程中尽可能不侵入乘客空间，因此需要绝对的高强度以保证乘客舱的稳定性；由于同等重量的远质心区零件比近质心区零件产生更大的惯性矩，因此为保证良好的车身稳定性和操控性，该区域零件除满足常规强度、刚度要求外，轻量化也成为重要的设计考虑因素。

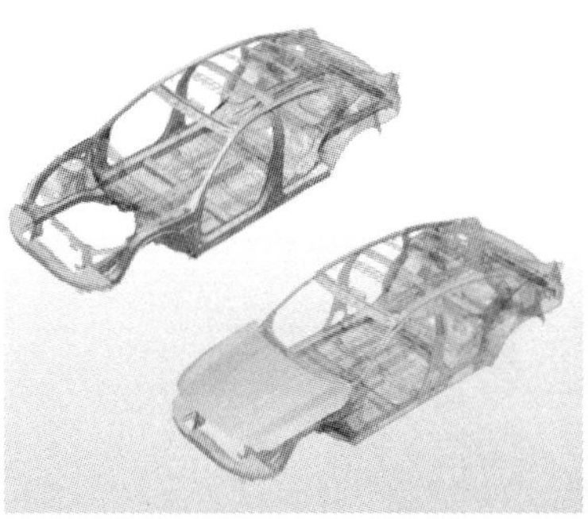

区域	性能需求	材料特征需求	材料牌号
碰撞控制区	吸能性	高强度/局部变形	相关牌号的热成形钢
			980YL钢
			780Y钢
			590R钢
乘客保护区	抗撞性	高强度	相关牌号的热成形钢
			980YL钢
			780Y钢
远离质心区	低惯性	轻质	相关牌号的铝合金

图 3－5　本田车身功能区域零件划分（见彩图）

虽然新雅阁仍坚持钢基车身的设计思路，车身软钢比例也没有明显降低，但由于汽车用钢牌号的更加丰富以及设计师对车身零件性能需求的把握更加成熟，新雅阁整体牌号级别提高了约 20%，第十代雅阁车身用材与前代车型对比见图 3－6。

（2）新一代本田汽车的车身内框架结构。

在坚持钢基车身的前提下，为提升车身轻量化水平，本田汽车对车身受力结构进行了重新设计。其在 2013 年推出的飞度车型首先打破了常规车身结构中零件—分总成—总成—白车身的制造路线约束，将所有内部框架设计为一个统一的受力单元。这样一来在受力状态下，车身结构框架真正起到了类似于人体骨架的作用，如图 3－7 所示。同时由于内部框架的接头设计不再受到总成连接工艺的制约，能设计出更优的接头结构以保证结构框架的连续性。本田公司在 2013 年以后推出的车型均采用了此种车身结构。其中第十代雅阁车身设计中仅接头优化一项就减重 11.9 kg（见图 3－8）。

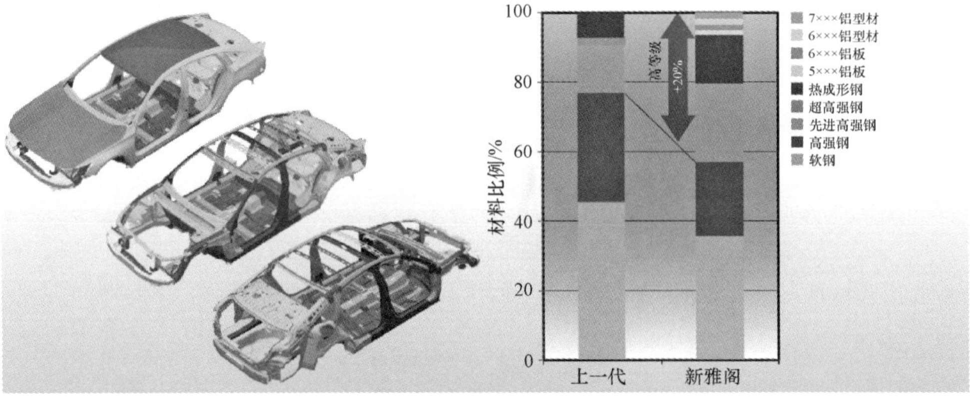

图 3－6　第十代雅阁车身用材与前代车型对比（见彩图）

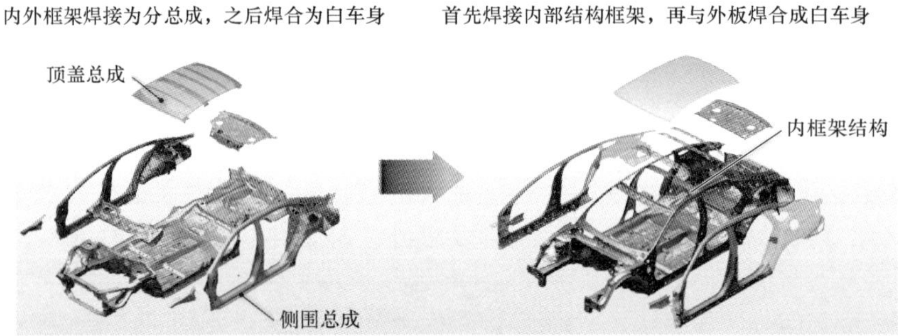

图 3－7　本田新型车身结构框架

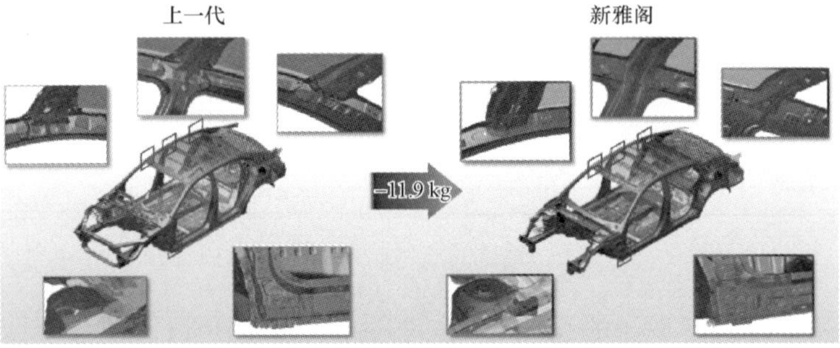

图 3－8　第十代雅阁的车身框架接头优化

3.1.3　马自达车身轻量化技术

（1）马自达轻量化策略。

马自达公司于 2011 年发布了创驰蓝天平台，如图 3－9 所示，同时 CX－5 作为第一款该平台车型问世。此后马自达 6（阿特兹）、马自达 3（昂克赛拉）、马自达 2、CX－4 等车型相继问世。

创驰蓝天技术是一套整车系统技术，包含创驰蓝天车身、创驰蓝天底盘、创驰蓝天变速器、创驰蓝天发动机四项技术，见图 3－10。

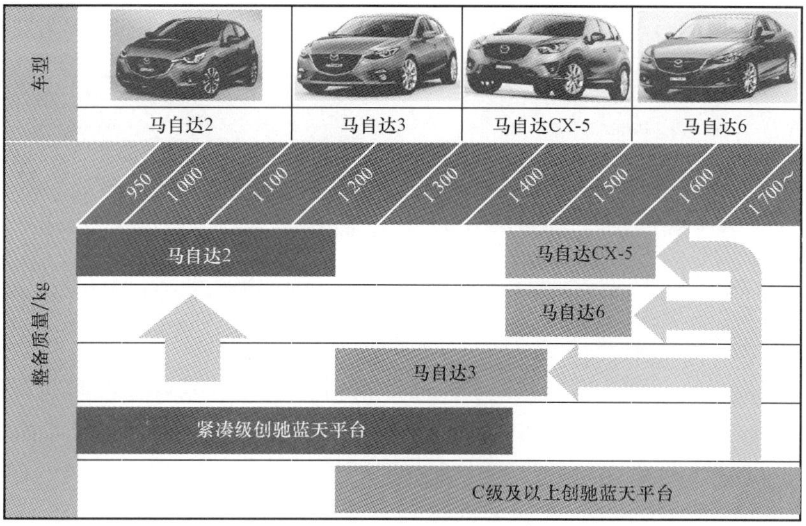

图 3－9　创驰蓝天平台车型分布

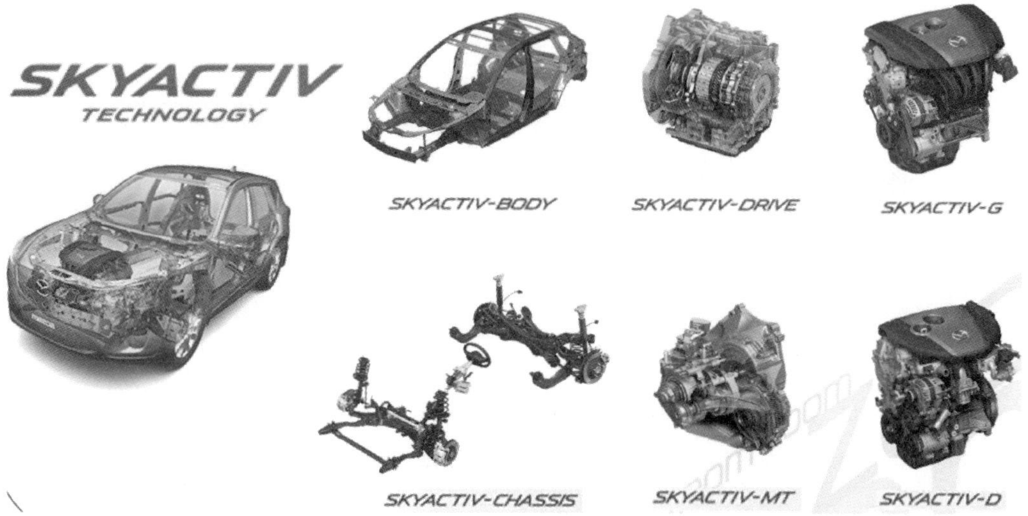

图 3－10　创驰蓝天平台技术

与其他车企相比，马自达公司更注重性能、效率、成本的统一。因此，在马自达内部提出了一个将轻量化业务效率等同于客户价值的轻量化工程指标：

$$业务效率=\frac{性能}{重量\times成本}=客户价值$$

其中，对业务效率最大化和客户价值最大化的追求是统一的。要实现这一工程目标，就要在实现整车轻量化的同时避免对性能和成本的负向影响。为此，马自达以实现燃油经济性、高性能、功能与空间、低价格这五种客户感知价值最大化为目标制定了创驰蓝天车身所秉承的轻量化技术路线——材料性能最大化（图 3－11）。这与日系车普遍追求的“The right material at the right location”不谋而合。与此同时马自达汽车为了控制车身成本，开发了浅拉延、套冲等一系列工艺技术，支撑了客户价值最大化目标的实现。

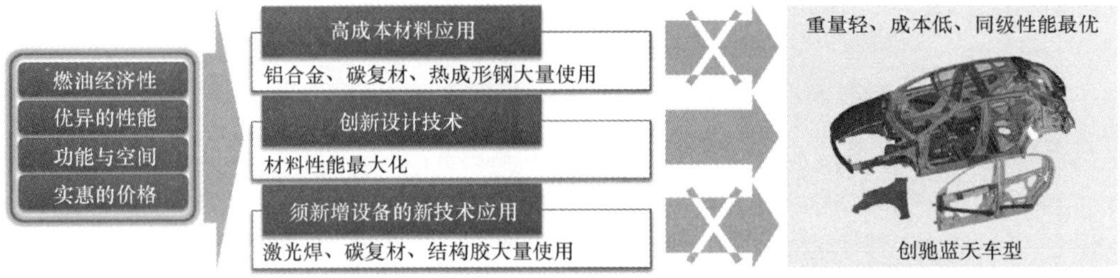

图 3－11　马自达车身轻量化技术开发策略

（2）马自达车身轻量化技术。

在创驰蓝天车型车身上，虽然超高强钢、热成形钢材料占比并未向欧美车型一样动辄达到百分之十几甚至百分之三十以上，但其高强钢整体比例也可达到 60%左右，如图 3－12 所示。马自达在追求材料性能最大化的过程中，不仅要求以结构性能导向选材，在结构特征适应材料性能方面也表现优异。这一理念集中体现在表 3－1 列举的案例中。

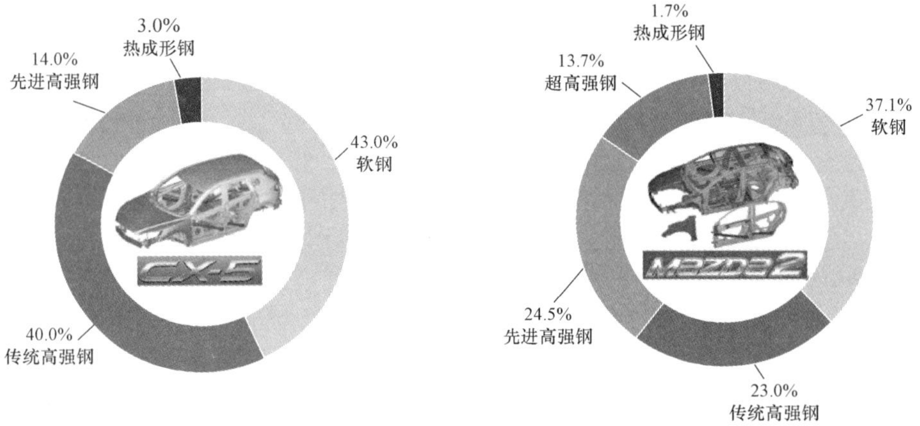

图 3－12　马自达 CX－5 和马自达 2 白车身材料构成

表 3－1　马自达创驰蓝天车身典型轻量化技术

序号	图　示	轻量化说明
1	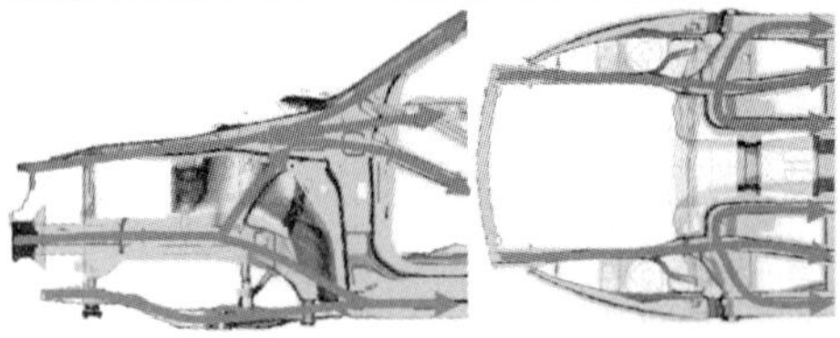 前车体结构　三叉戟框架结构	载荷路径分散及结构连续性： （1）载荷路径分散大幅降低了分散后零件所承受的应力水平； （2）结构连续性在提高车身刚性的同时延长了碰撞传力路径，起到载荷连续分散作用
2	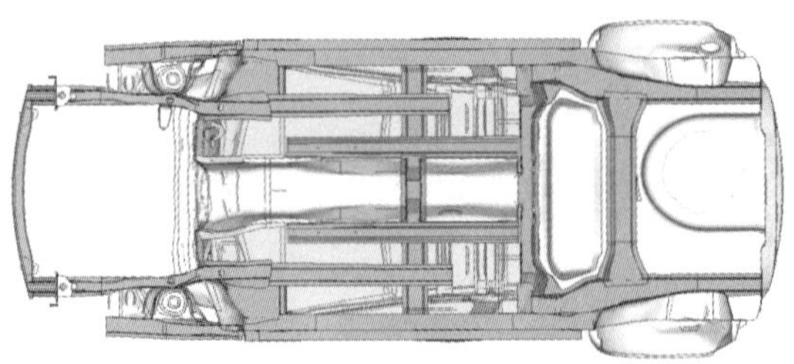	平直结构框架： 结构框架沿载荷方向搭建，提高了结构稳定性

续表

序号	图　示	轻量化说明
3	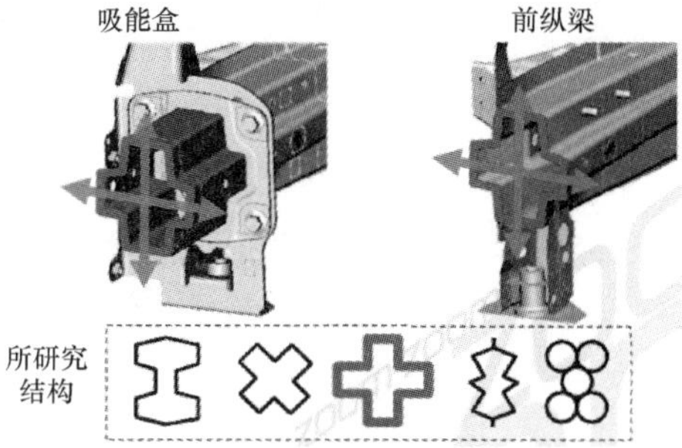	截面优化： 增加了单个零件传力路径，提高了零件单位重量承载能力
4	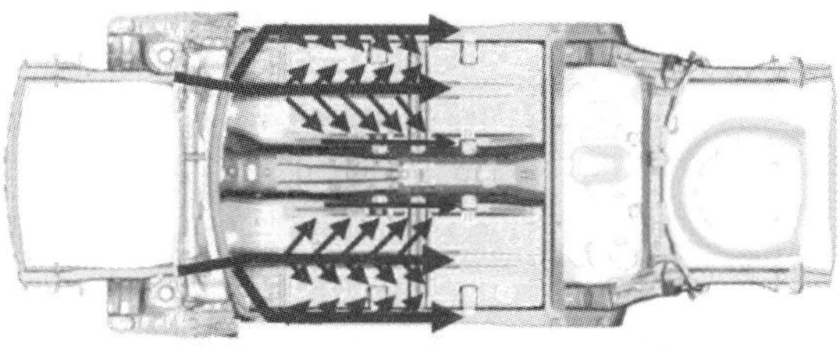	载荷分散功能零件： 零件本体设计载荷分散，提高单个零件承载效率
5	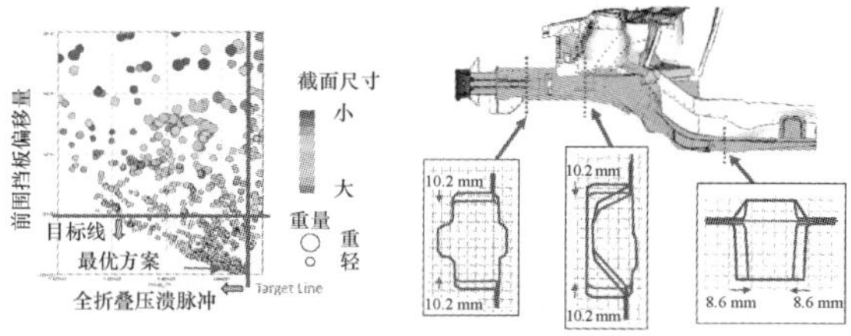	形状优化： 通过 CAE 分析，优化零件法兰长度

以马自达 2 车型为例，在减少的 35.6 kg 车身质量中，挖掘材料性能潜力的手段（形状优化、断面优化、多载荷路径）所贡献的减重达到 16.8 kg，轻量化贡献度超过 50%。马自达 2 车身各种轻量化手段贡献度见图 3－13。

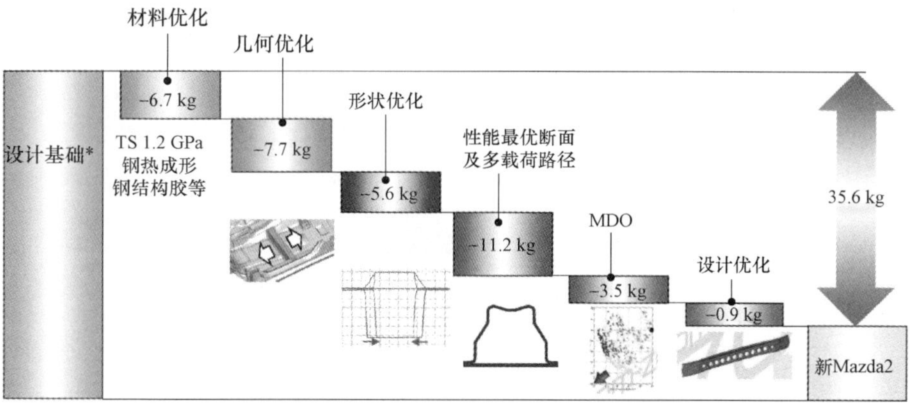

图 3－13　马自达 2 车身各种轻量化手段贡献度

（3）马自达车身成本控制方法。

作为日系乘用车小众品牌，马自达一直将成本控制放在重要位置。车身开发领域成本要素可分解为冲压和车身连接两大类。其中冲压类成本要素包含零件重量、材料利用率、材料规格、材料等级和工序数；车身连接类要素包含总成数量、零件数量、工序数和库存量。上述要素中材料零件重量、材料等级、总成/零件数量为设计要素；材料利用率、材料规格、工序数为工艺要素；库存量为物流要素。马自达通过 30 余年的持续技术改进，通过余废料再利用、套冲、浅拉延、成形代拉延等技术综合应用，应用创驰蓝天技术的全系车型车身材料利用率提升至 70%以上，如图 3－14 所示。相比 2007 年 58.4%的材料利用率，可节省材料消耗约 90 kg。在不牺牲产品质量的前提下通过技术降本实现了质量–成本曲线中的平衡点左移。马自达车身的成本控制策略见图 3－15。

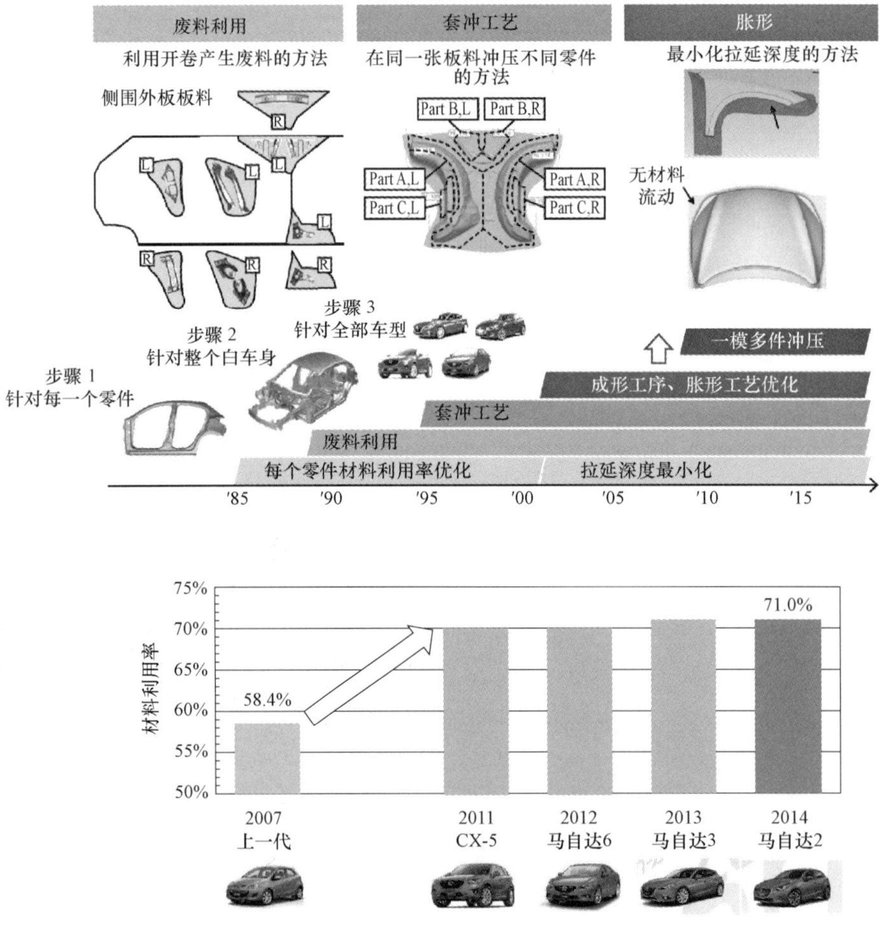

图 3－14　马自达车型车身材料利用率控制技术及其成果

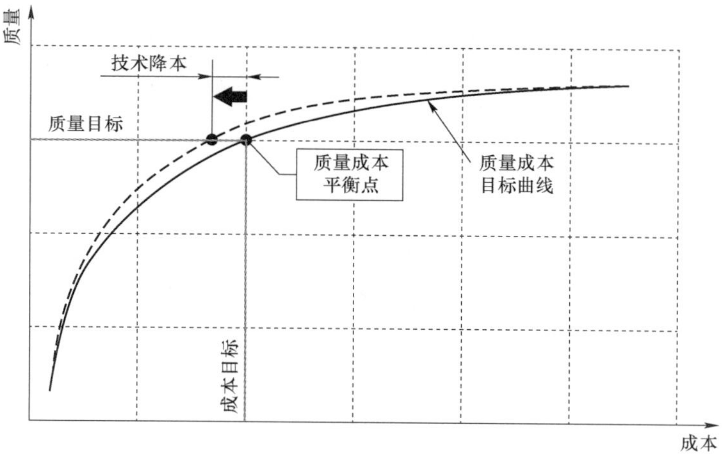

图 3－15 马自达车身的成本控制策略

3.2 韩系乘用车的开发历史及特点

3.2.1 韩系乘用车企介绍

韩国的汽车工业是从 20 世纪 50 年代中期开始起步的。当时，朝鲜战争刚刚结束，韩国处于经济恢复时期，百废待兴，对各种机械的需求量很大，对于作为主要运输机械的汽车需求更为迫切，这种现实需求成为韩国发展汽车工业的主要原因。经过几十年的发展形成现代、起亚、大宇、双龙、雷诺三星、Spirra 六家企业。其中发展最好、最有名的为现代和起亚汽车。二者于 2000 年成立现代起亚汽车集团，成为世界第五大汽车生产商。其中现代汽车与北京汽车于 2002 年合资成立了北京现代汽车有限公司，旗下的 IX35、索纳塔、全新途胜、名图、ix25、朗动、瑞纳成为畅销车型。起亚汽车（中国）成立于 2006 年 8 月，是起亚汽车在中国的独立法人机构，其代表车型为 K5、索兰托等车型。

3.2.2 韩系乘用车特点介绍

相比于欧系、美系乘用车的安全耐用、日系乘用车的经济节油，韩系乘用车在外观造型、配置上更显特色，具有性价比高、有颜值、配置丰富的特点。

曾经的韩系车没什么颜值可言，因为它们的汽车工业起步比较晚，外观设计上同样是从模仿开始，但彼得·希瑞尔这位设计师到来之后，韩系车完全颠覆了以往那种无趣的外观设计，变得非常时尚（见图 3－16）。

在合资品牌里，韩系车的性价比一向较高。同级别的合资品牌之中，它有一定的价格优势，还有比较丰富的配置。从消费者的角度看，价格实惠料又足的产品是最吸引人的，韩系车就属于这种。韩系车的实用性也比较强，空间方面通常都比较宽敞，舒适性相对也较好，用料中规中矩。总之，很难找到它特别明显的不足，无论是现代汽车还是起亚汽车，几乎都是如此。

图 3－16　韩系乘用车的造型

3.2.3　典型韩系乘用车车身技术及轻量化技术演变

由于韩系车主要以现代汽车为代表，下面以现代最具代表性的车型索纳塔为例，对韩系乘用车车身技术及轻量化做进一步分析和介绍。

（1）历代索纳塔车身技术革新。

索纳塔从 20 世纪 90 年代开始到现在历经 9 代开发，其无论是在设计理念还是在造型、配置、安全、节能、新技术的应用上都有了巨大的进步。最近 4 代索纳塔车型的整车造型变化见图 3－17。

图 3－17　索纳塔 4 代车型的整车设计变化

第 9 代索纳塔整车尺寸为 4 855 mm × 1 865 mm × 1 485 mm，轴距 2 805 mm，整车设计追求流畅动感，淋漓尽致地体现了现代汽车“流体雕塑”的理念：流线型的侧面腰线，鹰眼式前大灯设计带自动清洗和高度调节功能；狭长的外后视镜、大尺寸的铝合金轮毂和上挑的腰线是侧面的亮点；倾斜的 A 柱和 C 柱几乎直接连在一起，车顶完全呈弧形，从引擎罩开始的曲线一直延续到车尾；紧凑的尾厢设计使其在外观上更流畅，第 9 代索纳塔风阻系数达到 0.29。

历代索纳塔的设计过程中逐渐形成了车身的平台化设计理念，即上车身重新造型，下车体保持沿用原设计或者进行适当修改，如图 3–18 所示。基本保持发动机舱及防火墙不变，前地板和后地板根据造型进行加长和加宽，基本框架布置形式不变。

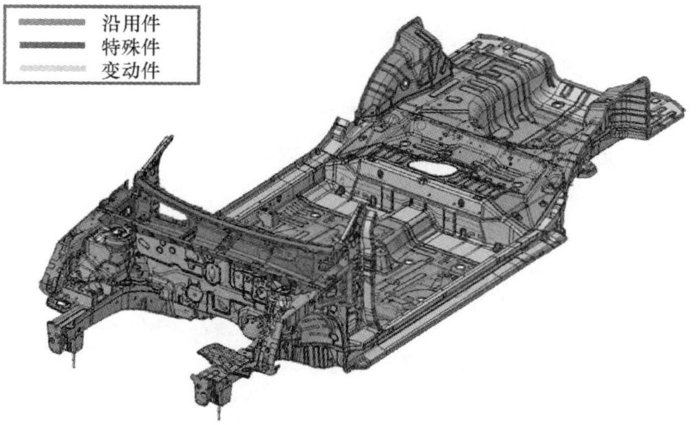

图 3–18　第 9 代索纳塔车型的下车体设计变化（见彩图）

索纳塔全车采用了碳纤维增强件及热冲压成形部件和大量的高强钢，高强钢比例达到 61%左右，见图 3–19，车身轻量化系数达到 2.09。

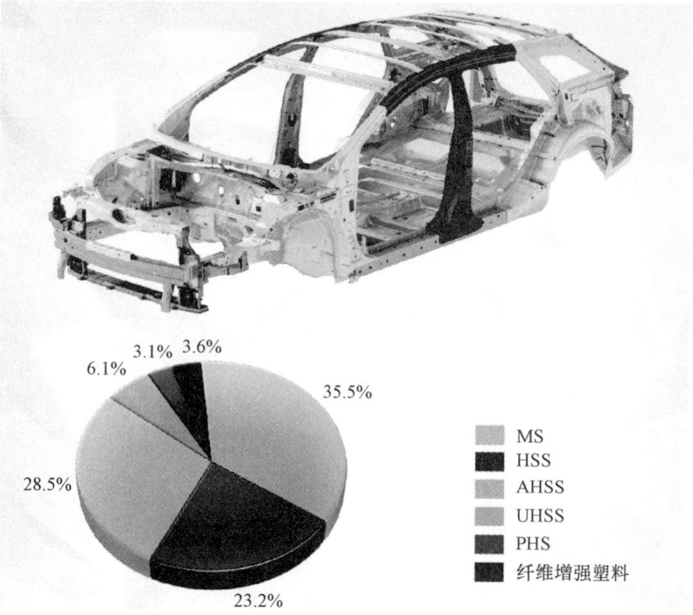

图 3–19　第 9 代索纳塔车型车身材料应用

在车身刚度设计和模态设计上采用结构环设计和铰接点设计（图 3–20），以及局部特殊设计来提升整车扭转刚度、弯曲刚度及模态和局部刚度（图 3–21），白车身扭转刚度达到 21 800 N · m/（°），弯曲刚度达到 14 560 N · m/mm。

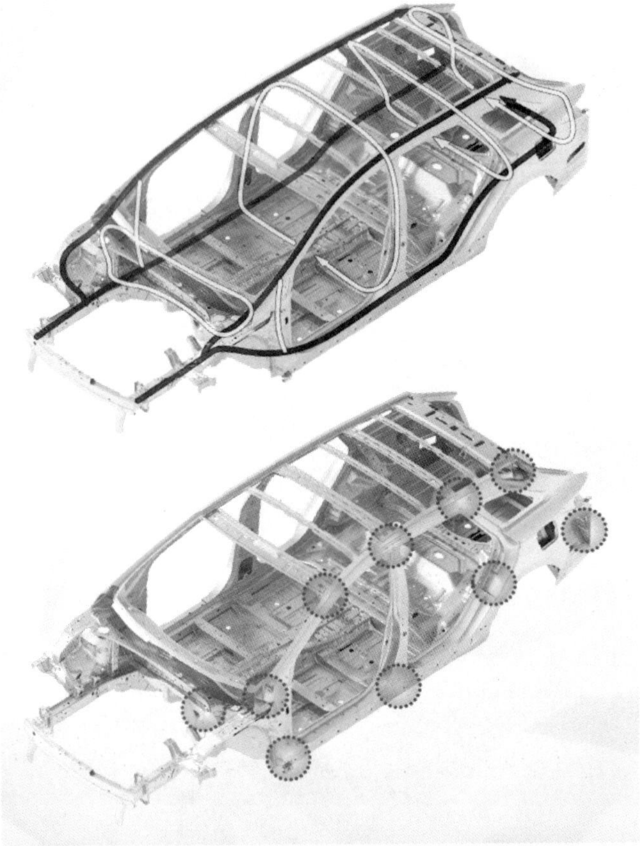

图 3-20　第 9 代索纳塔车型车身结构环和铰接点设计

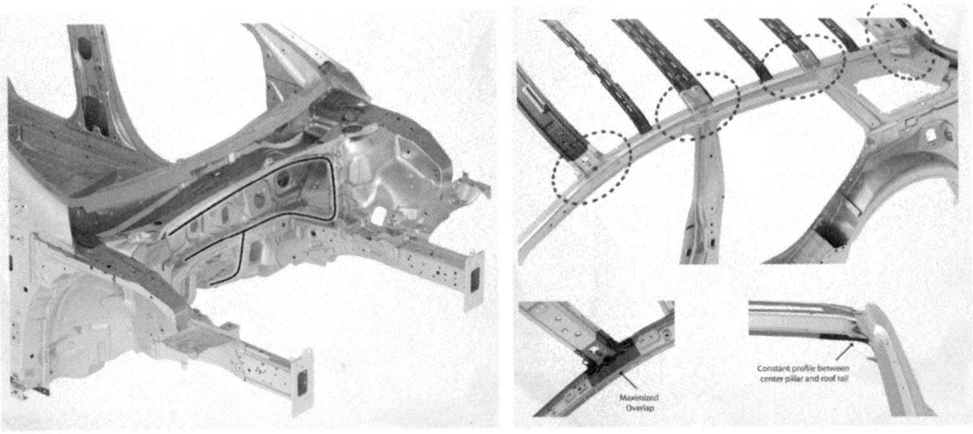

图 3-21　第 9 代索纳塔车型车身局部环状设计

对于第 9 代索纳塔车型，车身安全设计采用大量高强钢以及合理的框架设计，见图 3-22，保证了良好的力的传递和能量的吸收，使整车达到中国标准、欧标以及美标 NCAP 五星水平。

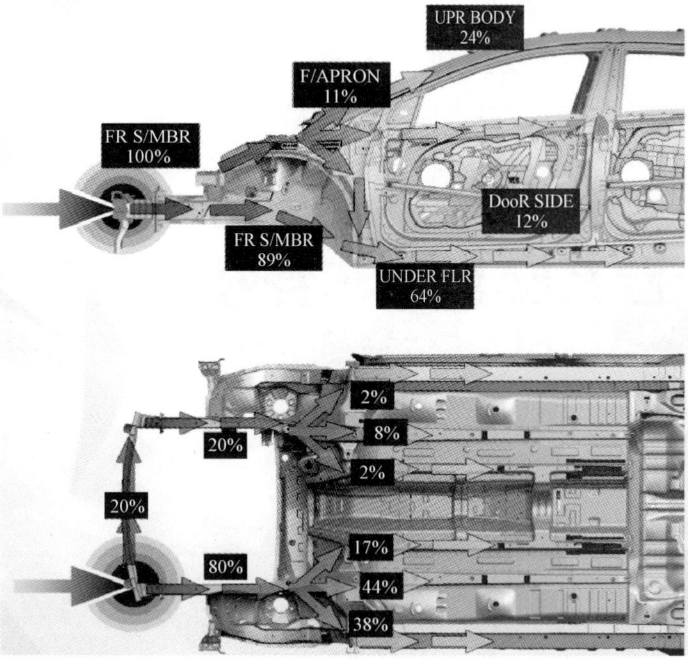

图 3－22　第 9 代索纳塔车型车身碰撞力的传递和能量的吸收

3.3　小　　结

从第 2 章及本章的研究可见，日系车在车身结构设计和高强钢应用方面有较多的创新，但并不依赖于高强钢和超高强钢的大量应用来提高车身的性能和轻量化。与欧美车型更倾向于使用创新技术相比，日系乘用车企业对原有技术的优化改善、对传统材料应用潜力的挖掘做到了极致，尤其是冷冲压超高强钢的应用走在行业前列。相比于欧美，热成形钢和铝合金应用较晚，且应用量均在一定的比例内。

以第 9 代索纳塔车型为例阐述了韩系车型的车身设计和轻量化技术的最近发展，采用了碳纤维增强件及热成形部件和大量的高强钢，以及环状结构设计和接头强化设计，实现了良好的车身刚度、安全性能和轻量化效果。

第4章

欧系乘用车车身技术及轻量化技术

4.1 欧系乘用车轻量化技术概况

汽车车身轻量化的技术路线，主要包括新型材料尤其是轻质材料的应用（如高强钢、铝合金、镁合金及复合材料等）、车身结构优化以及先进成形技术与制造工艺等。围绕着车身轻量化共性关键技术，国际上已经开展了许多先导性的探索和研究，比较著名的有国际钢铁协会分别于 1994 年和 1998 年组织实施的超轻钢车身（ULSAB）和超轻钢车身先进汽车概念（ULSAB－AVC）项目、由欧洲铝业与德国亚琛汽车研究院共同开发的“最优化铝质车体前端结构”项目、美国铝业公司（ALCOA）出资 10 亿美元与奥迪公司等研发的关于铝合金在汽车上应用的轻量化项目（奥迪 A8 铝车身项目）、2005 年欧盟开展的“超轻汽车”项目。

目前，多种材料混合车身结构设计代表了今后汽车车身结构的发展趋势，而其中又以钢铝混合材料车身最为典型。在混合材料轻量化车身结构有关的先导性基础研究中，不得不提欧盟的“超轻汽车”项目。该项目从 2005 年开始启动，历时四年，由欧洲 9 个国家和地区的 38 家机构共同参与。其中，主机厂共有 7 家，包括大众（协调人）、菲亚特、欧宝、雷诺、沃尔沃、保时捷和戴姆勒，几乎囊括了欧洲所有的主流汽车制造商。项目选定大众第五代高尔夫为参考车型，坚持应用多种材料及先进工艺理念，且兼顾成本。轻量化目标是在满足汽车相同性能如刚度、碰撞安全、耐疲劳及耐腐蚀等要求的情况下，对标参考车型白车身减重 30%。涉及的先进制造技术包括先进成形技术（镁/铝热、冷成形，长纤维增强热塑性，铝/钢板激光拼焊等）、多种材料连接技术（激光和搅拌摩擦焊、自冲铆接、粘接等）及表面处理等。项目最终的混合材料白车身质量仅为 180 kg，减重 101 kg，减重率达 35%；一阶扭转频率高达 50 Hz，白车身扭转刚度为 25 500 N·m/（°），和参考车型相当；整车被动安全性能没有降低，且正面偏置碰撞相比参考车型甚至有较大幅度的改善。“超轻汽车”项目最终的白车身样车及其材料分布及各部分轻量化情况如图 4－1 和图 4－2 所示。

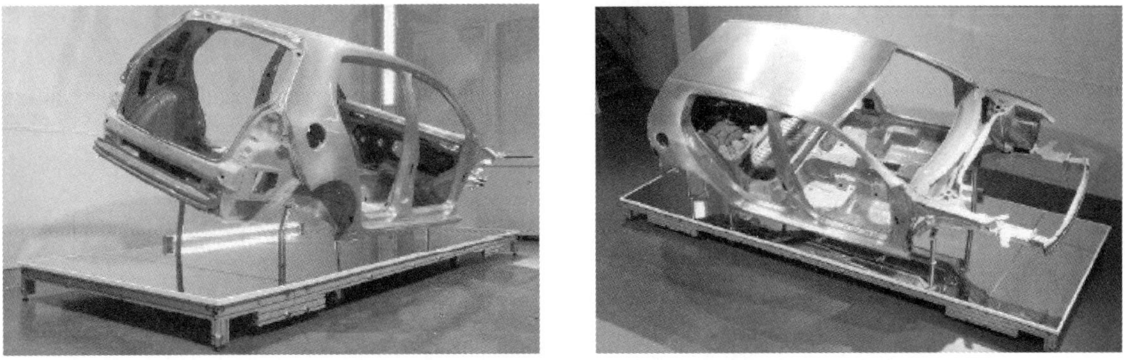

图 4－1　欧盟“超轻汽车”项目白车身样车

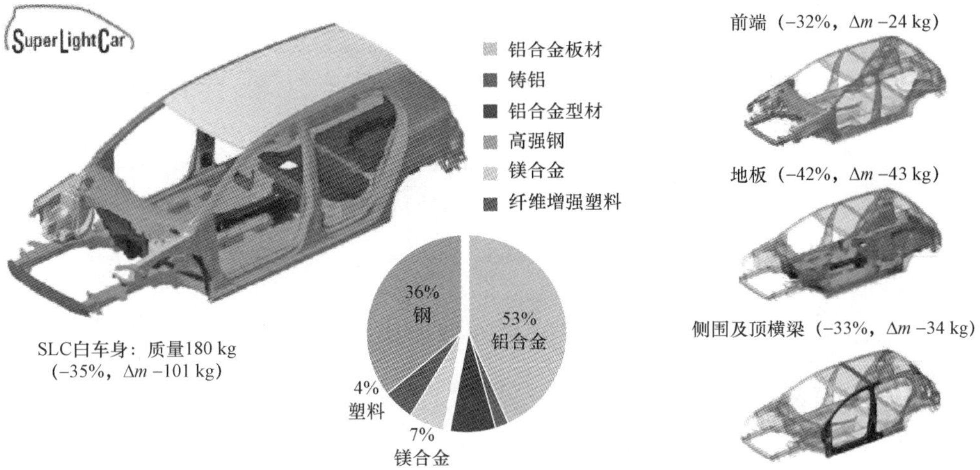

图 4－2　SLC 项目白车身材料分布及各部分轻量化情况（见彩图）

成本、性能与重量始终是制约轻量化技术开发与实施的关键因素，或者说是轻量化技术开发与应用最重要的三个冲突要素。而平台化与模块化策略则有效地平衡了这三者的关系，特别是模块化平台概念的逐步实现，新车型较上一代在重量上都有较明显的减轻，同时性能基本相当甚至有不同程度的提升而成本变化不大。奥迪 A6、奥迪 A3 与宝马 7 系历代车型的重量变化如图 4－3～图 4－5 所示，在平台化技术开始应用的 80 年代初期，乘用车的重量开始有所控制，有微量降低，此后整车的自重又开始缓慢回升。但是到了 2010 年大众开始推出其 MQB 模块化平台后，各大主流整车厂也相继推出模块化平台，比如奔驰的 MFA、MRA 平台、宝马的 UKL 平台、标致雪铁龙集团的 EMP2 平台以及雷诺－日产的 CMF 平台等。轻量化概念成为模块化平台的一个重要组成部分，轻量化技术得到了系统的实施，新换代车型重量上有了较明显的降低。

总之，欧系乘用车轻量化技术的发展和实际应用情况与平台化、模块化技术是比较同步的，要跟踪欧系乘用车车身技术与轻量化技术的发展趋势就要先了解平台化与模块化的发展历史。

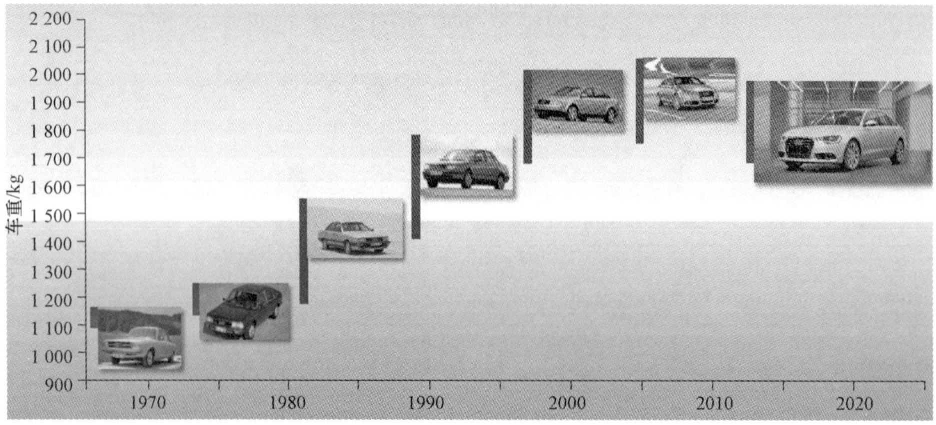

图 4-3　奥迪 A6 及历代重量变化

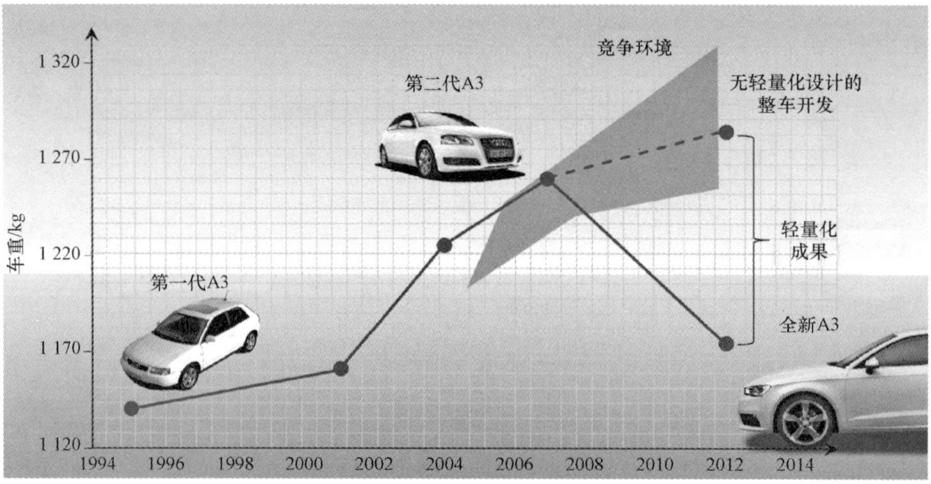

图 4-4　奥迪 A3 及历代重量变化

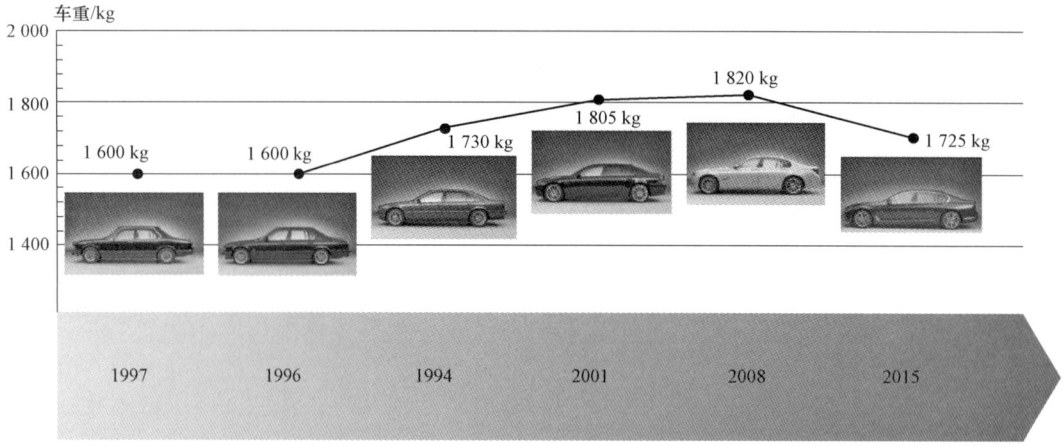

图 4-5　宝马 7 系及历代重量变化

4.2　平台化、模块化策略与轻量化技术

回顾汽车百年历史，其生产方式随着时代的变迁和科技的进步在不断地发生演变。最初的作坊生产，由少量的工人手工制模、手工组装，经过长达 728 个人工小时才能制造出一辆称不上精致的汽车。而福特的流水线将这一切都改变了，标准部件的生产化模式将工时缩短为 12.5 h，车价下降了 90%以上。福特汽车凭借其“规模化生产”大幅降低了生产成本，缩短了生产周期，开启了汽车生产方式现代化的发展进程，一直延续到 20 世纪 80 年代。

随着汽车工业发展日渐成熟，流水线生产模式的弊端开始显现，生产适应性差、产品单一，生产线闲置，或者开机后大规模生产产生的大量库存，都会导致严重的资源浪费。后来根据流水线生产模式利弊总结，丰田开发出了“追求消灭一切浪费”的精益化管理模式，摒弃了“总动员生产方式”，开始采用多品种、少批量、短周期的生产方式，“在需要的时候，按需要的量生产所需的产品”，追求一种无库存状态。这种模式减少了人力和物力成本，使丰田汽车开始迅速成长为汽车业巨头，而这种生产方式和平台化生产模式开始有了千丝万缕的联系。

由于大批量的生产已经不能适应日渐加剧的竞争，“汽车平台”的概念开始衍生并广泛使用。世界上第一个汽车平台是由大众于 20 世纪 80 年代提出的，当时大众旗下品牌众多，各品牌旗下又有多款产品，产品线拉得过长，生产成本过高，这迫使大众汽车想方设法进行技术整合，让多款产品共线生产，结果开发周期变短，研发成本大幅降低。大众集团主席皮耶希曾表示说：“平台不是大众汽车或我本人的发明，只不过我们比其他公司对这个概念理解得好一些，运用得好一点罢了。”

平台化开发已经是各大整车企业降低研发成本、缩短开发周期的重要手段之一。汽车平台是指在开发过程中使用相似底盘和下车体的一组公共架构，该架构可以承载不同车型的开发及生产制造，在此基础上可以生产出外形和功能都不尽相同的产品。比如 PQ35 平台是大众 A 级车的第五代平台，除了生产过高尔夫、速腾等车型，还生产过奥迪 TT 车型；福特的 C1 平台不仅生产过福克斯，还有沃尔沃 S40；标致雪铁龙集团的很多车系也是共用平台，比如标致 307 和雪铁龙 C4。组成汽车产品平台公共架构的识别要素主要包括发动机舱、地板、悬架、制动、传动、发动机和电气系统等。

从 20 世纪 80 年代平台概念的诞生，到 20 世纪 90 年代平台战略的兴起，至 2010 年全球九大跨国车企（通用、大众、福特、丰田、雷诺日产、PSA、本田、菲亚特和戴姆勒）已拥有了 175 个平台。平台化生产对汽车工业产生了巨大的影响，尤其被大众和通用这样的大集团所看重。其中大众对于自己的平台命名有着独特的解释，一般以两个字母加两个数字方式命名。以广为人知的高尔夫与速腾共用的 PQ35 平台为例，第一个字母表示乘用车平台（Passenger Car）；第二个字母代表发动机布局方式（横置 Quer/纵置 längs——德语），第一个数字表示平台尺寸或级别；第二个数字表示第几代产品。所以对于 PQ35，组成它的字母和数字代表的具体含义分别如下：P 表示乘用车平台，Q 表示横置发动机，3 表示平台尺寸级别为 3（A 级），5 表示该级别第五代产品。大众汽车平台及车型分布详细情况见表 4－1。

表 4-1　大众汽车平台及车型分布

大众汽车平台及车型分布							
平台名称	级别	大众	斯柯达	西雅特	奥迪	保时捷	宾利
PQ1	A00	Lupo		Arosa			
PQ2	A0	POLO 两厢	晶锐两厢	Ibiza	A1		
		POLO 三厢					
PQ3	A	途观	明锐	Altea	A3		
		途安	野帝	Toiedo	TT		
		开迪	明锐旅行版	SEATLeón	Q3		
		高尔夫		tríbu			
		捷达(NCS)					
		朗逸					
		BORA					
		速腾					
		捷达旅行版					
		EOS					
		VW Scirocco					
PQ4	B	迈腾	Superb				
		帕萨特旅行版	Superb 旅行版				
		大众 CC					
		NMS					
		夏朗					
		路坦					
PL4	B	帕萨特领取		Exeo	A4	Cajun	
					A4 旅行版		
					R8		
					Q5		
PL5	C				A5		
					S5		
					RS6		
					A6		
					A6 旅行版		
PL6	D	辉腾			A8		宾利欧陆 GT
					A7		宾利欧陆飞驰
					A9		
PL7	大型 SUV	途锐			Q7	卡宴	
PL8	大型 MPV	T5					

可以看到，在平台化生产中，不同级别的车型是源自不同平台的。虽然在研发设计、零件生产等方面具有一定的通用性，但随着市场日益细化，平台化生产开始有了一定的局限性，

比如说大众的 PQ35 平台，只能局限于 A 级车的演变，更加细分的市场必须增加新的细分生产平台。另外，当今的新车各种互联和信息娱乐系统、驾驶辅助和安全选项令人眼花缭乱，车企既要满足消费者日益多元化的用车需求，又要让一切都以最低成本实现。与此同时，车企还要应对严峻的价格压力、全球市场的波动、趋严的燃效标准，以及整车工厂和供应链之间越来越复杂的关系。所以为了抢占更多的细分市场，进一步缩减成本，打破传统车型平台之间相对封闭的技术壁垒，从 2010 年开始大众确定全面推进模块概念，淡化平台概念，通过梳理现有汽车产品，对平台进行整合以及精益化，并在精益化的基础上对平台进行模块化构建，目的是通过模块化提高不同车型之间的零部件通用性，从而进一步降低成本和缩短开发制造周期。

模块化平台演变经历了两个阶段。如图 4–6 所示，首先是部分模块化，零部件协同化设计超出单一车辆等级，同时对内饰和电器系统的零件采用模块化设计，这属于平台化向模块化平台转变的过渡阶段；第二阶段是完全模块化，整车零部件（车身底部、悬挂、内饰、电器等）都采用模块化设计，实现跨等级、跨类别、跨品牌的通用平台，其车型的扩展性与衍生性较传统平台明显增加。

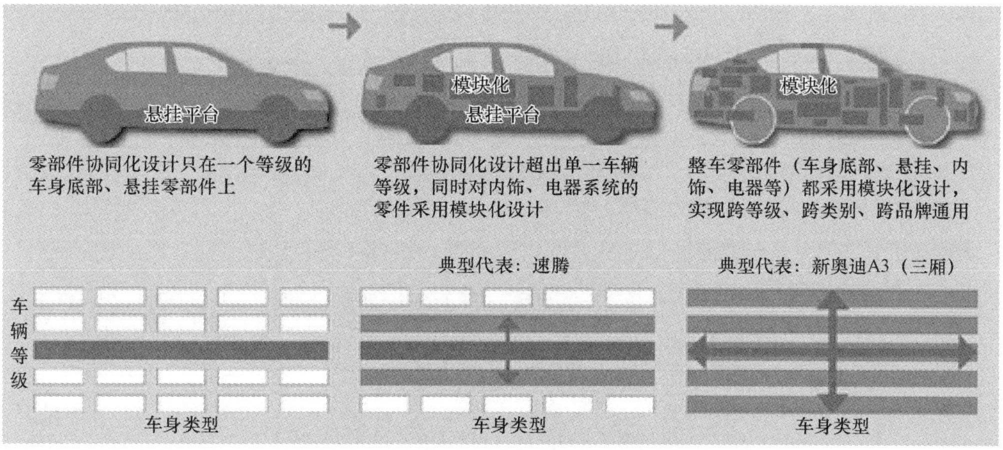

图 4–6　模块化平台的演变过程

目前，大众集团共有五大模块化平台：MQB（横置发动机）、MLB（纵置发动机）、MHB（后置发动机）、MMB（中置发动机）和 MSB（前置发动机后驱），见表 4–2，几乎覆盖大众旗下所有品牌。

表 4–2　大众汽车模块化平台

大众汽车模块化平台		
平台简称	技术特点	代表车型
MQB	横置发动机	大众高尔夫 7、奥迪 A3、斯柯达全新明锐 全新帕萨特、全新 POLO、全系途观等
MLB	纵置发动机	奥迪 A4、A5、A6、A7、A8、Q5
MHB	后置发动机	大众 UP
MMB	中置发动机	奥迪 R4、大众 Blue Sport
MSB	前置发动机后驱	保时捷 Panamera、宾利欧陆

大众 MQB（Modularer Querbaukasten）模块化平台，即横置发动机模块化平台技术开发也经历了这两个阶段，如图 4－7 所示。MQB 平台通过大量的数据模块支持来完成对车辆的设计。经过 MQB 平台整合之后，大众的车型平台将由现在的 PQ2、PQ3 和 PQ4 整合为一个统一的 MQB 平台，该平台上将诞生 A0 级、A 级、B 级甚至 A00 级的车辆，覆盖大众、奥迪、斯柯达和西雅特等多个品牌。MQB 平台暂有五大量产车系家族：第七代大众高尔夫、第三代奥迪 A3、第三代奥迪 TT、第三代斯柯达明锐、第三代西雅特 LEON。

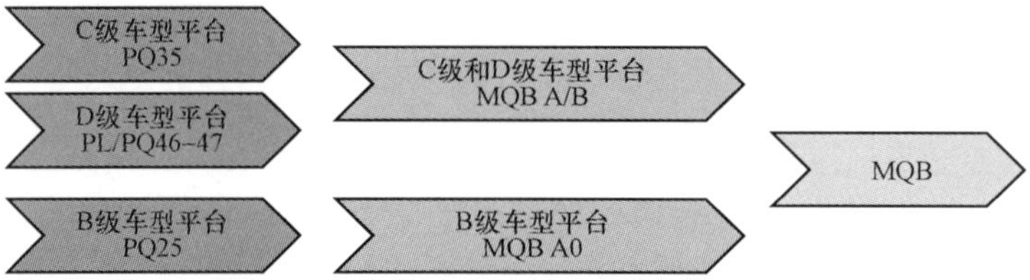

图 4－7 MQB 模块化平台演变

MQB 平台的发动机采用横向前置布局，在此基础上可调整轮距、轴距和悬挂，开发出不同车型，如图 4－8 所示。这一技术的应用可以将不同品牌的不同车型在同一个工厂里共线生产，这将带来以下三个明显益处：

（1）丰富的平台衍生性，可提供更多车型组合，节省了研发成本并缩短了研发周期；

（2）不同车型间通用零部件，降低生产成本和消费者后期维护成本；

（3）引入轻量化的设计理念，带来更好的燃油经济性，节能环保。

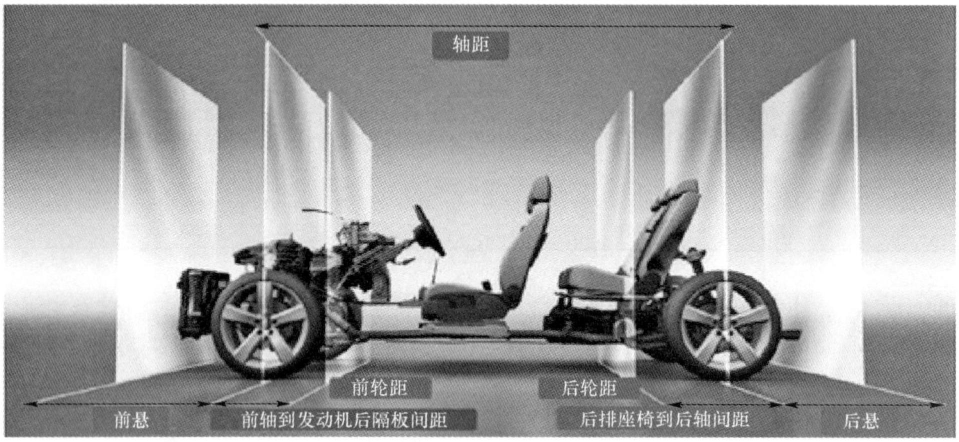

图 4－8 MQB 模块化平台架构

MQB 模块化平台全球首款量产车型为新一代奥迪 A3，该款车的轻量化效果见表 4－3。从表可知，新一代奥迪 A3 较上一代产品在名义体积略有提升的情况下，不仅带装饰件的车身的动刚度和静刚度有所提升以及噪声有所减小，而且整个白车身和整车也有显著的轻量化，较上一代产品分别减重 43 kg 和 80 kg，车身减重占了整体减重的 53.8%。由于模块化平台技术的引入，新一代奥迪 A3 在成本上是有所降低的，以入门版的 1.4 T 为例，老款售价为 25 万元，而新款的则为 19.9 万元起，从售价上也能看出两者成本上的差异。

表 4-3　奥迪 A3 轻量化效果

	长/mm	宽/mm	高/mm	轴距/mm	名义体积/m^3	带装饰件的车身的动刚度/Hz	带装饰件的车身的静刚度/N·m/(°)	噪声/DB	白车身质量/kg	整备质量/kg
新奥迪A3	4 327	1 777	1 421	2 601	10.93	33.9	27 500	新奥迪 A3 在 500～8 000 Hz 中高频区间内噪声较上一代有所减小	309.5	1 340
上一代A3	4 328	1 765	1 421	2 578	10.85	32.5	23 900		352.5	1 420
变化	−1	12	0	23	0.08	1.4	3 600		−43	−80

新奥迪 A3 车身轻量化技术方案见表 4-4，整个车身轻量化路径以大量应用热成形钢（大约 21.6%）与结构优化为主，结合轻质铝合金应用的策略。在材料应用上提高传统高强度等级以减小零件厚度，同时在机罩盖与翼子板等覆盖件上采用铝合金。另外，防撞梁与吸能盒采用铝型材。在结构设计上优化车身传力路径，采用环状结构设计，特别是对扭转刚度影响较大的后背门框进行传力环的优化设计，并优化环结构接头以及减少零件数量等。

表 4-4　新奥迪 A3 车身轻量化技术方案

方案	减重效果	图　示
乘舱框架热成形钢应用与结构优化	−31 kg	
铝合金机罩盖	−7.5 kg	
铝合金翼子板	−2.2 kg	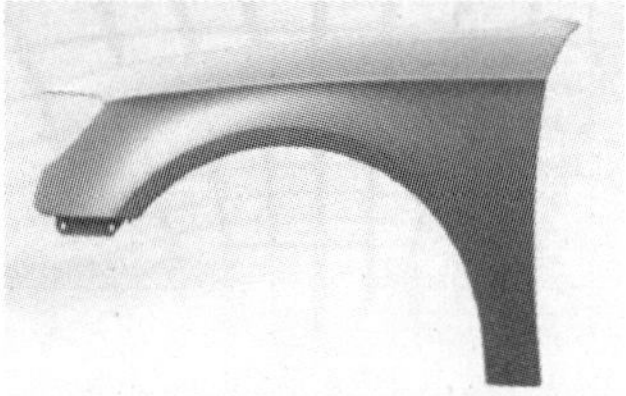
铝合金防撞梁总成	−1.5 kg	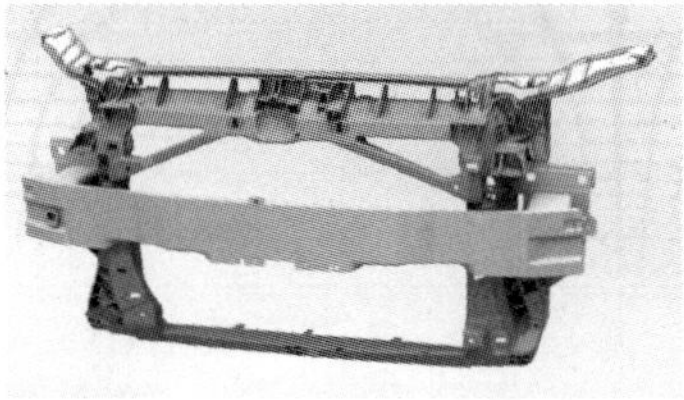
前端模块优化	−1.5 kg	
总计	−43.7 kg	

随着科技的不断进步以及人们要求的不断提高，为了保证产品的竞争力，在不牺牲性能且控制成本的前提条件下系统地引入轻量化技术才是可持续发展的技术路径。而把轻量化技术融入模块化平台这个载体上进行开发应用是目前实现这个技术路径比较有效的战略思路，大众的MQB模块化平台及轻量化成果已经很好地证明了这一点。正是由于这样的技术特点，近两年来欧洲车身会议（ECB）上参展的车型越来越多地采用模块化平台开发。2014—2015年度ECB车型及模块化平台详细情况见表4-5。除了皮卡和部分跑车，ECB参展车型都采用或者近期将引入模块化平台技术开发，从2014年到2015年，模块化车型比例从50%增加到了89%，增速明显，如图4-9所示。

表4-5　2014—2015年度ECB车型及模块化平台

ECB年代	品牌	车型	车型分类	欧洲分级	轴距/m	模块化平台
2014	雷诺	Twingo	微型车	A	2.494	CMF
2014	西雅特	500x	小型SUV	B	2.570	—
2014	马自达	马自达2	小型车	B	2.570	SKYACTIV
2014	奥迪	TT	跑车	C	2.505	MQB
2014	标志	308	紧凑型车	C	2.620	EMP2
2014	斯巴鲁	斯巴鲁WRX	紧凑型车	C	2.650	（2016引入SGP）
2014	奔驰	奔驰C-Class	中型车	D	2.840	MRA
2014	沃尔沃	XC90 NEU	中大型SUV	J	2.984	SPA
2014	捷豹	F-TYPE	跑车	S	2.622	—
2014	福特	野马	跑车	S	2.720	—
2014	雪佛兰	雪佛兰Z06	跑车	S	2.710	—
2014	宝马	宝马i8	跑车（电动）	S	2.800	—
2015	欧宝	Astra	紧凑型车	C	2.662	D2XX
2015	雷诺	Espace	MPV	D	2.884	CMF
2015	捷豹	捷豹XF	豪华型车	E	2.960	D7a
2015	宝马	宝马7系	豪华型车	F	3.070	CLAR
2015	凯迪拉克	CT6	豪华型车	E	3.109	OMEGA
2015	奥迪	Q7	中大型SUV	J	2.994	MLB
2015	马自达	MX-5	跑车	S	2.310	SKYACTIV
2015	奔驰	AMG GT S	跑车	S	2.630	AMG
2015	福特	F150	皮卡	P/U	3.683	—

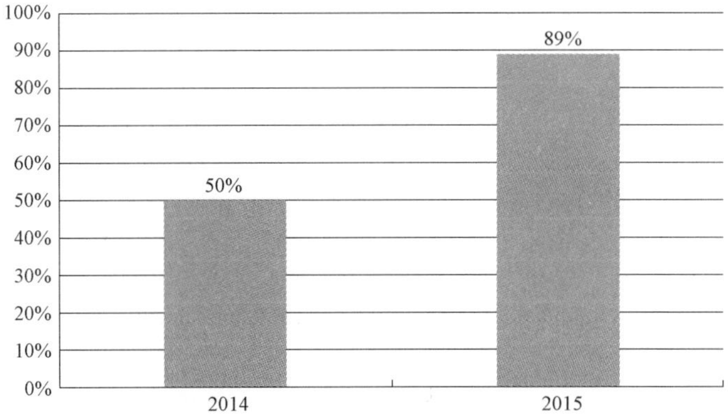

图 4－9　2014—2015 年度 ECB 模块化车型比例

综上所述，可以大胆预测：对于国际知名汽车制造商来说，未来的主流车型都会采用模块化平台开发。

4.3　奥迪车身轻量化技术

历代奥迪 A6 车身技术革新见表 4－6。

表 4－6　历代奥迪 A6 车身技术革新

代际	年份	技术特点	图　示
第一代	1968—1976	使用焊钳手工生产，装配线呈椭圆形布置	
第二代	1976—1982	具有多种点焊设备，生产线圆形布置	
第三代	1982—1991	具有多条机器人焊接线，具有自动化侧围定位系统、电子化监控系统	

续表

代际	年份	技术特点	图　示
第四代	1991—1997	白车身完全自动化生产，点焊设备被机器人装配单元替代	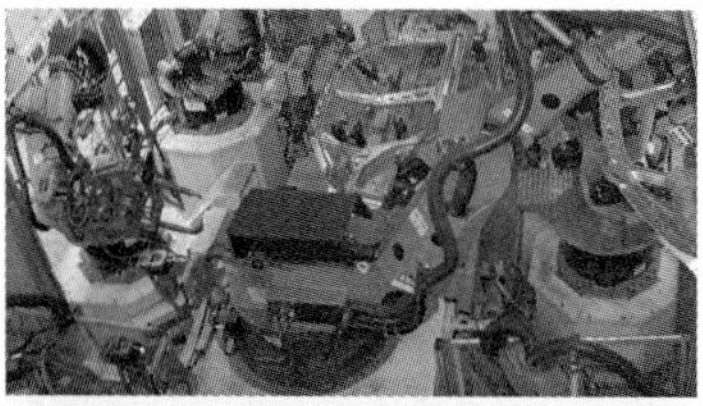
第五代	1997—2004	具有整体式侧围外板，顶盖采用激光焊接	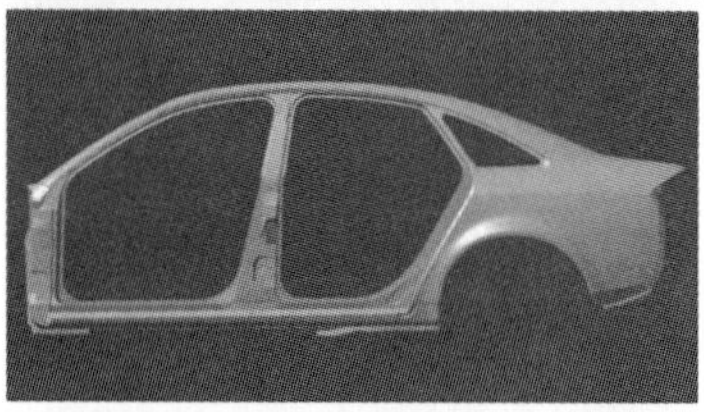
第六代	2004—2011	顶盖无缝激光焊接； 大量使用高强钢和超高强钢； 铝合金机罩盖； 胶焊工艺	
第七代	2011—2017	钢铝混合车身	

由表 4－7 可见，随着消费者需求的变化，奥迪 A6 整车和车身的长度及宽度越来越大，但风阻系数越来越小。

表 4－7　历代奥迪 A6 车身参数及风阻

ECB 代际	年份	长/m	宽/m	高/m	轴距/m	风阻系数
第三代	1982—1991	—	—	—	—	0.30
第四代	1991—1997	—	—	—	—	0.29
第五代	1997—2004	4.796	1.810	1.447	2.760	0.28
第六代	2004—2011	4.927	1.855	1.459	2.843	0.27
第七代	2011—2017	4.915	1.874	1.455	2.912	0.26

4.4　沃尔沃典型车身技术革新

4.4.1　车身轻量化设计

图 4－10 显示了新款沃尔沃 XC90 相对于上一代产品的车身轻量化路线。首先，为了提升安全性能而增重 15 kg，安全性是沃尔沃的核心理念，也是其领先于行业的关键领域；其次，为了改善舒适性，提高 NVH 性能而增重 14 kg；因基本尺寸的增加而增重约 9 kg；最后，通过结构设计和材料应用的优化，实现减重 60 kg。最终较上一代车型减重 22 kg，且安

全性和舒适性等性能也得到了提升。

整个轻量化优化过程遵循的原则及采用的主要方案包括：① 重量效率（Weight Efficient）最大化，即利用最少的重量达到最大的性能目标，或者说在重量不变的情况下提升性能；② 大量应用含硼热成形钢（High Amount of Boron Steel）；③ 采用铝合金零部件（Aluminum Components）；④ 减薄地板的材料厚度（Thin Body Panels）。

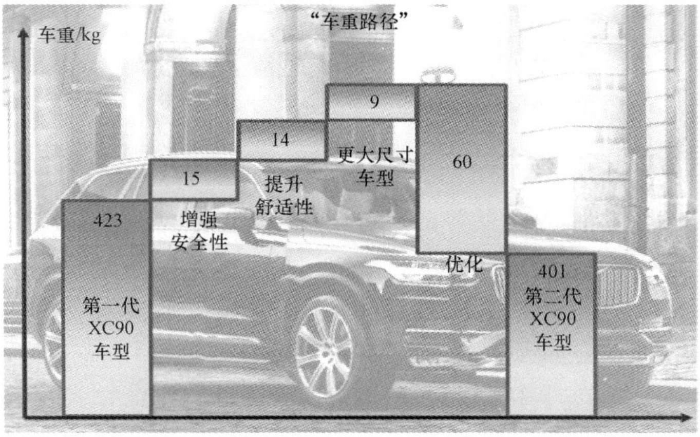

图 4－10　沃尔沃 XC90 相对于上一代车型的车身轻量化方案

关于车身的性能设计，坊间有个说法：80%的设计在于满足刚度的要求（与安全、舒适、NVH 和可靠耐久均有关），而 20%的设计是满足强度的要求（安全和可靠耐久），一个优秀的车身设计是用最小的重量来实现这样的设计要求，XC90 在提升刚度方面的方案主要有：

（1）高刚性环状设计（Stiff Ring Structures），其包括结构形状环和与材料强度相关的强度环，见图 4－11。

（2）高刚性的减震器支座（Stiff Shock Tower），虽然材质选用的是弹性模量较低的铝合金（约为钢的 1/3），但采用高压整体铸造工艺，通过加强筋的优化，使得刚度远高于传统钢板冲压的减震器支座（Shock Tower），见图 4－12。

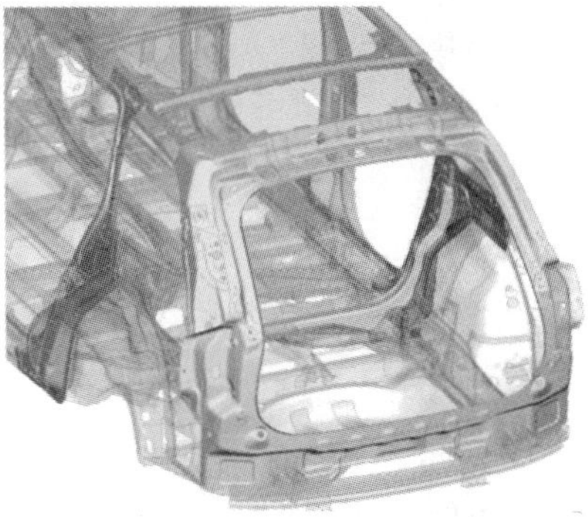

图 4－11　车身后部刚性环示意图

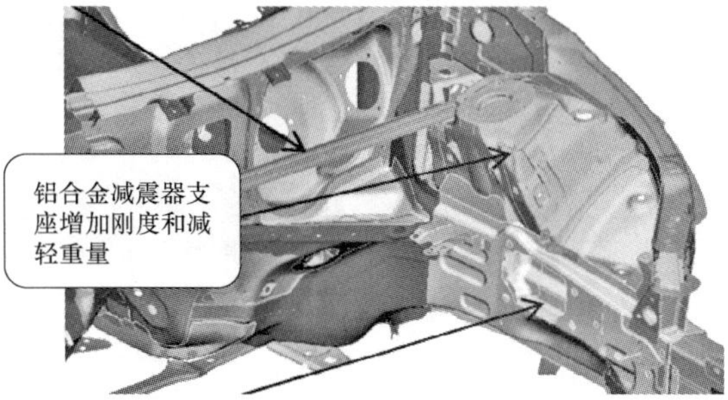

图 4－12　压铸铝合金减震器支座

（3）增加刚性连接前副车架（Bolted Front Subframe）。

（4）增加贯穿式横向地板横梁（Lateral Floor Cross Members），使得地板结构刚度连续，进而保证整车刚度的要求。

（5）侧边零件采用高刚性的截面（Side Members with High Sections）。

通过以上方式，新款 XC90 刚度比上一代车型提高了 3 600 N·m/（°），达到 25 000 N·m/（°），提高了 16.6%，车身一阶模态也提高近 10%，达到 37 Hz。虽然刚度和模态提高了，但是车身实现减重 22 kg。按照目前行业评价车身轻量化水平的指标即车身轻量化系数来测算，该车的车身轻量化系数由 4.2 下降到 3.2，降幅达到了 23.8%。可以说，新一代 XC90 的车身轻量化水平显著提高。作为一款以钢为主的大型 SUV，车身刚度达到 25 000 N·m/（°），已经是相当高的水平了（国内目前紧凑型 SUV 车身刚度一般在 15 000 N·m/（°））。

4.4.2 白车身用材情况

（1）白车身用材分布情况。

图 4－13 为沃尔沃 XC90 的白车身（包括四门两盖）用材分布情况，由图可知，白车身用材以钢为主，部分采用铝合金和塑料复合材料。其中传统软钢仅为 29%；高强钢、先进高强钢和热成形钢等达到 62%，主要用于内部结构件和安全吸能件上；而铝合金仅用 8%，其中铝型材应用于前保险杠横梁、纵梁前段，以及后保险杠横梁，铝板用在发动机罩盖和翼子板上，压铸铝合金主要用在前后减震器支座上；塑料复合材料主要用在前端模块上，这个在国内中低端车型都成为最基本的方案。图 4－14 给出了白车身应用到的新材料新技术，有热冲压成形技术、激光拼焊板（TWB）、变厚度轧制板（TRB）、铝合金保险横梁等。

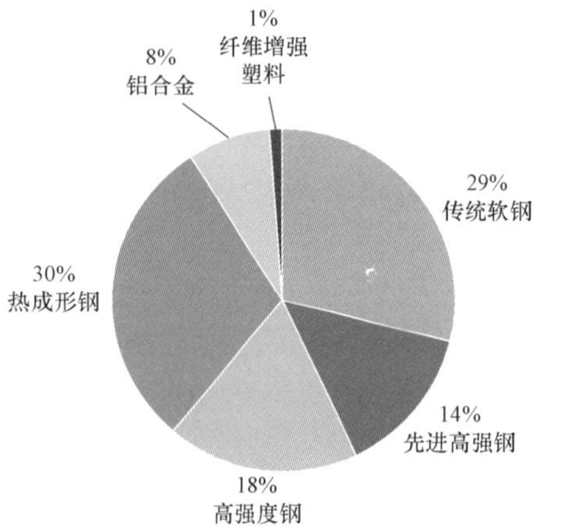

图 4－13 沃尔沃 XC90 白车身用材分布示意图

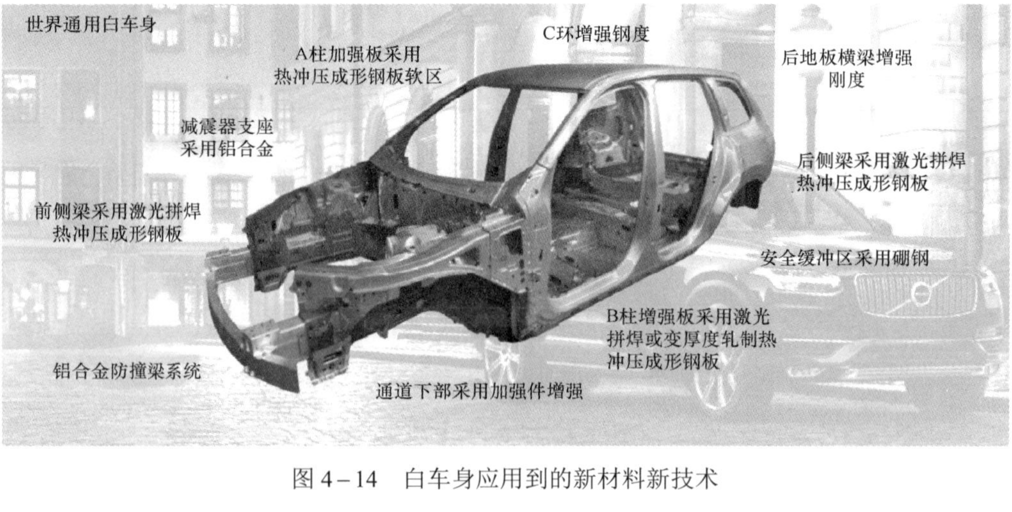

图 4－14 白车身应用到的新材料新技术

（2）热冲压成形的应用。

关于热冲压成形，目前行业有各种类似的词，包括热成型、热成形和热冲压（英译文有 Hot Stamping，Hot Press Forming，Press Hardening Process，目前通常简称为 HPF），意思都相近，笔者更倾向于热冲压成形，因为这个概念能较为全面地反映这个技术的特点和实现过程。应用于热冲压成形工艺的钢种被称为热成形钢，主要通过添加硼元素来提高淬透性，继而提高钢板的强度，所以热成形钢也称为热成形硼钢（Boron Steel）。该钢种目前有冷轧或热轧的裸板，也有的采用 AlSi 涂层板，沃尔沃 XC90 主要就是采用这种涂层钢板。

从整个车身用材上来说，最大的宣传亮点就是大规模地应用了热冲压成形钢，占车身重量比达到 30%（占白车身骨架的 33%），超过了 2013 款奥迪 A3，成为全球热成形钢单车用量占比或用量均最高的车型。2013 款奥迪 A3 的热成形钢用量达到 21.7%，详细可查阅中国汽车材料网“2012 Euro Car Body 亚军车型——Audi A3 车身用材解析”。由于热成形钢的强度可以达到 1 500 MPa 以上，对于提升安全性能、降低车身重量（减薄钢板厚度）都起到重要的作用。沃尔沃品牌的核心理念就是安全，早在 1927 年沃尔沃创始人古斯塔夫 • 拉尔森和阿瑟 • 格布尔森（Gustaf Larson & Assar Gabrielsson）就曾提出：“汽车是由人驾驶的，因此沃尔沃所做一切的指导原则是而且必须是保持安全。”沃尔沃又提出了到 2020 年的安全目标：“没有人在一辆全新的沃尔沃中死亡或严重受伤。”整个车身骨架的乘员舱通过热冲压成形钢的应用，形成了如图 4－15 所示的“笼式”结构，在车身受到碰撞时能有效减少乘员舱的变形。车身用材的一个发展趋势就是通用化，大量同种材料的应用对其焊接工艺实际是有利的。

此外，沃尔沃 XC90 拼焊板热冲压技术的原理和普通拼焊板近似，不同的是焊接后板坯的成形方式采用热冲压成形。其主要优点是减少了相关零件数量和材料消耗，优化了结构，降低了整车重量，简化了装配工艺。由于拼焊板可以根据需要进行任意厚度和材料的拼接，因而具有极大的灵活性。拼焊板热冲压成形方案主要有热成形钢与普通冷成形钢（如 HSLA 钢和 DP 钢等）焊接，以及不同热厚度热成形钢之间的焊接。沃尔沃 XC90 采用的是热成形钢与普通冷成形钢拼焊的方式，为了使冷轧板在热冲压模具中尽量减少氧化，也采用了热成形钢同样的 AlSi 涂层（见图 4－16）。采用拼焊板工艺，实现前、后纵梁的前后段和 B 柱上线段吸能的差异化。对于前、后纵梁，主要是减少乘员舱附近的变形；对于 B 柱减少上部变形的同时，希望下部来吸收碰撞能，进而保护成员的头部不受或少受伤害。

图 4－15　沃尔沃的安全笼车身

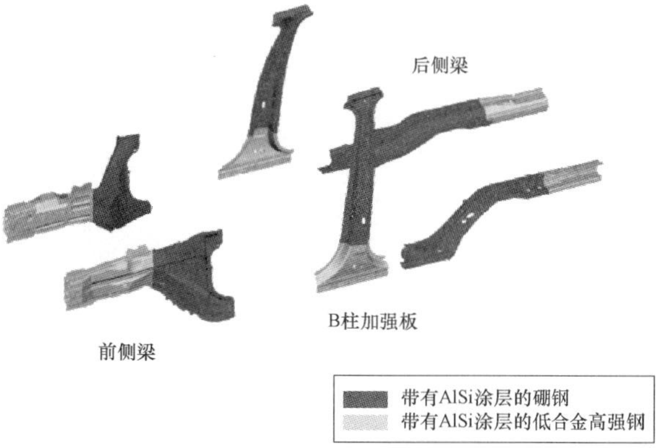

图 4－16　沃尔沃 XC90 采用的是热成形钢与普通冷成形钢拼焊

沃尔沃车型的热成形构件应用见表 4－8，用量从 2002 的 7%提高至当前的 33%，按照沃尔沃的规划，未来有望达到45%，原因之一是沃尔沃秉承的安全笼设计理念，更主要的原因是随着单车应用热成形构件数量的增多，成本降低，如图4－17所示。

表4－8　沃尔沃车型的热成形构件应用（见彩表）

年份	车型	比例	图　示
2002	XC90	7%	
2007	V70	10%	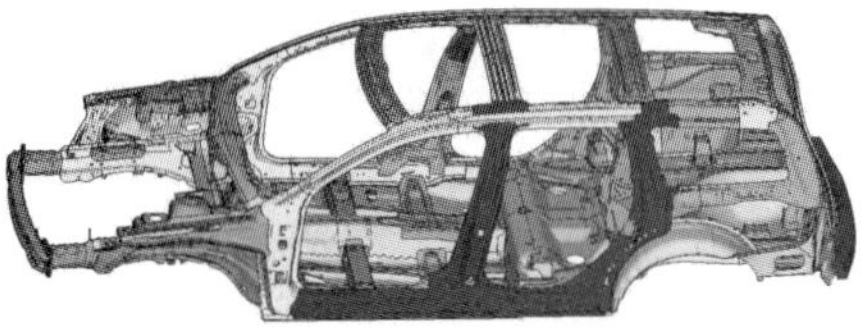
2008	XC60	11%	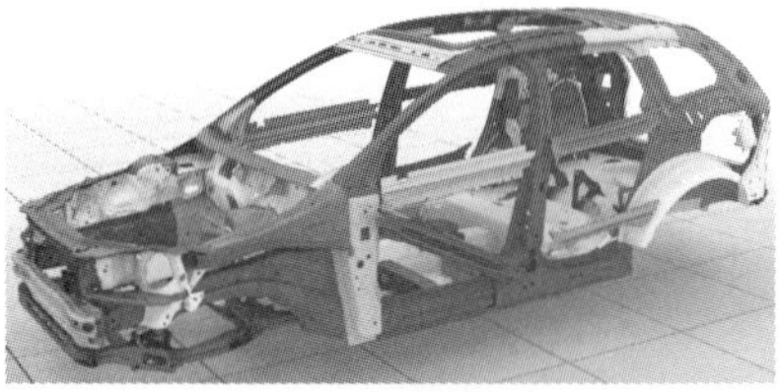
2010	S60	17%	
2014	XC90	33%	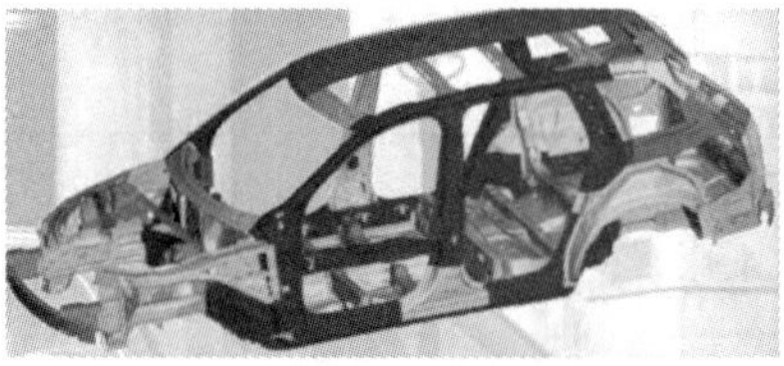
—	—	上限45%	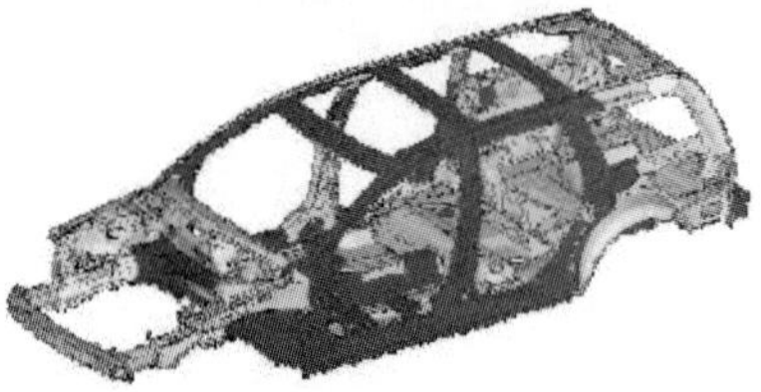

4.4.3　车身连接技术

车身主要使用钢材，点焊仍然是最主要的连接方式，此外也采用了少量的弧焊、胶接、激光焊接、自攻螺钉连接工艺等连接方式。其中铝合金MAG焊主要应用在前边横梁与前纵梁前段的连接部位。铆钉连接主要采用在前后保险杠横梁与白车身骨架的连接上。减震器支座部位主要采用结构胶与铆钉的复合连接。白车身的等价焊点数达到 6 587 个。沃尔沃典型车身的连接如表 4－9 所示。

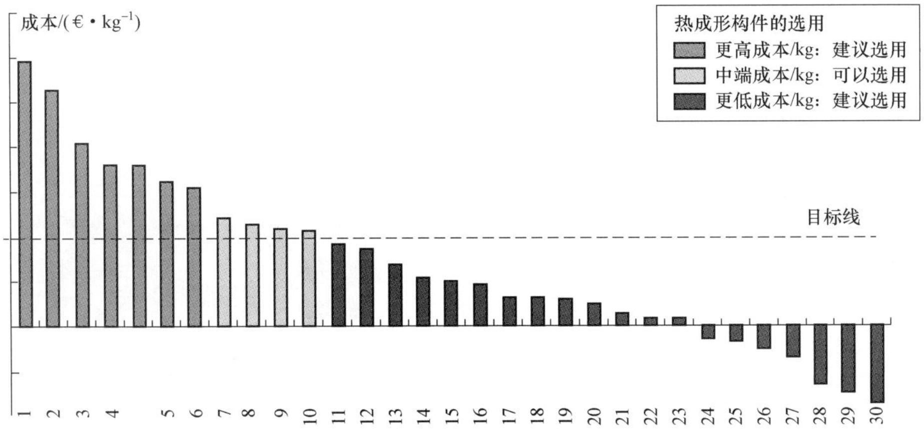

图 4－17　热成形钢应用数量与成本的关系

表 4－9　沃尔沃典型车身的连接

连接技术	连接点数量或连接长度	等价焊点数量/个	测算依据
点焊（钢）	5 353	4 811	1∶1 WSE
螺栓连接	275	410	0.67∶1 WSE
全铆钉	100	200	0.5∶1 WSE
激光焊接（钢）	5.467 m	166	33 mm＝1 WSE
MAG 焊（铝）	1.4 m	70	20 mm＝1 WSE
MAG 焊（钢）	3.9 m	156	25 mm＝1 WSE
Adhesives 胶粘接 （结构胶） （辅助粘接） （密封胶）	77.377 m （64.574 m） （2.559 m） （10.244 m）	232	333 mm＝1 WSE
等效焊点总数		6 587	

4.4.4　沃尔沃的造型

汽车设计并非简单的涂涂画画，它涉及许多基础理论、专业基础理论及专业知识，如工程数学、空气动力学、汽车构造、车身美工与造型、汽车制造工艺等。随着时代的变迁，对于美的概念也在悄然发生变化，汽车作为艺术与科技的结合体，自然在美的方面也下了不少功夫。如今车的大致形状已经确定，脱不开基本型的束缚，只在这个基础上润色加工，也能产生不同的产品。

北欧社会和文化的优先排序是社区、家庭和个人，所以瑞典人养成了谦逊和低调的习惯，体现在沃尔沃汽车上，设计理念就不张扬，甚至有些保守。但是，随着现代社会和消费者行为举止的快速变化，市场进入了一个个性化时代，所以沃尔沃也在产品设计上添加了更多时尚和动感的元素，比如 S60 R－Design，就代表了沃尔沃汽车设计的另一个转折点，安全的同时不失优雅、时尚和动感，见图 4－18。

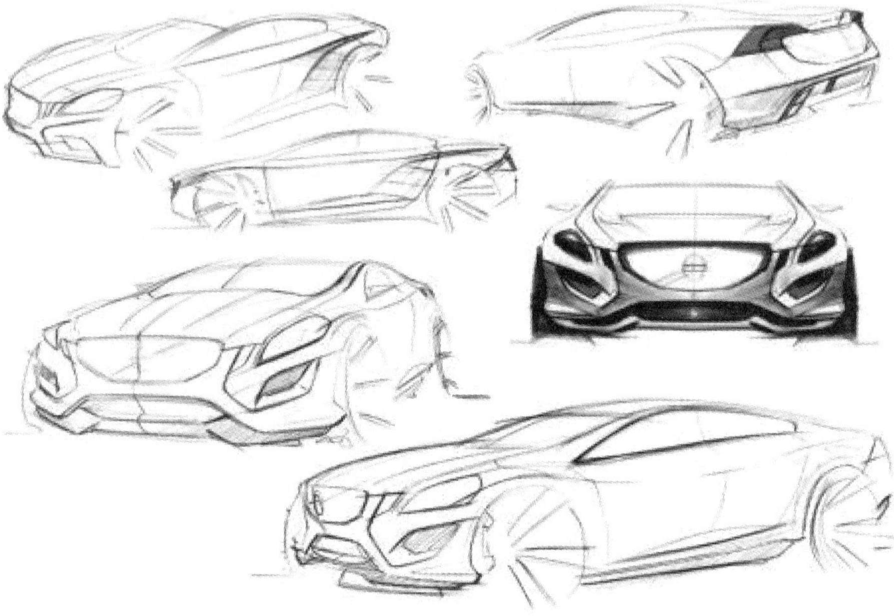

图 4－18　沃尔沃汽车设计

4.4.5　模块化平台技术

模块化平台早已成为各大汽车厂的发展趋势，前几年引起多方关注的大众 MQB 平台，证明了对于车厂而言，这是一项降低成本、提高设计灵活度的手段。对于沃尔沃而言，这也是一条必经的道路。早在 2013 年年底，沃尔沃推出 SPA 模块化平台，同时 2015 款的全新 XC90 作为这个平台的首款车型也于 2014 年 9 月发布。沃尔沃最新的 SPA 模块化架构是旗下全新一代中大型车的开发平台，沃尔沃基于这一平台已经推出了全新 XC90 与 S90 两款 90 系列车型。除了 90 系列车型外，沃尔沃 SPA 模块化架构还将开发更多产品，其产品规划见图 4－19。

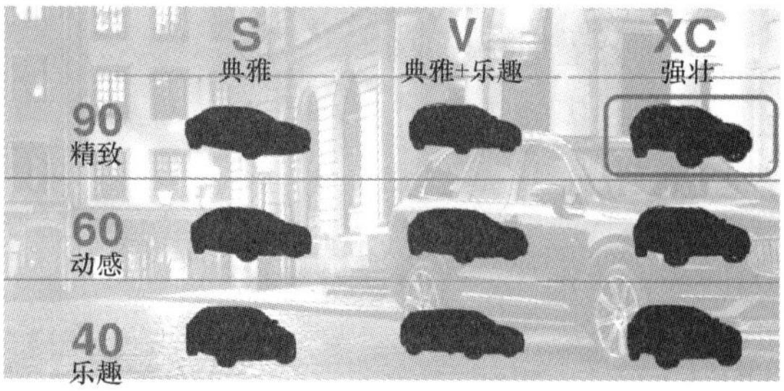

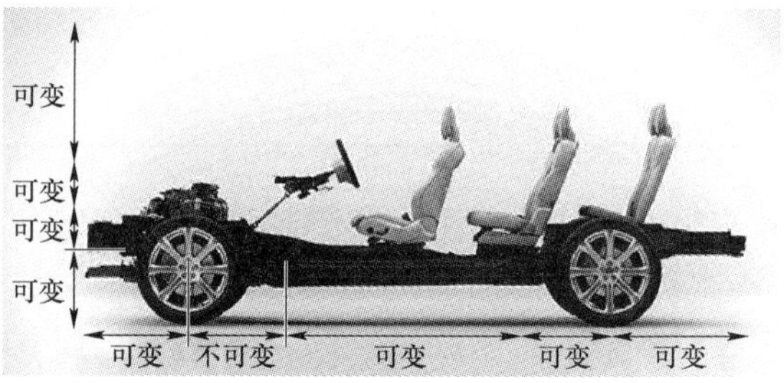

图 4－19　SPA 模块化平台产品谱图及 SPA 模块化平台架构

2015 款沃尔沃 XC90 在国内市场售价为 79.8 万～105 万元。作为一款豪华 SUV，其仍然采用以钢材为主、多材料复合的车身用材原则，铝合金仅应用于发动机罩盖、翼子板和前后保险杠横梁。超过 30%的热成形钢是其用材最大的亮点，也是沃尔沃巩固其汽车安全领导者品牌形象的有效保障。

4.5　德国宝马典型车身技术革新

欧洲人造汽车的理念是强调技术上的先进性和高度的安全性，设计严谨、科学，质量可靠，技术先进，制造技术和选材较严格，使汽车拥有良好的技术性和耐久性。从 1886 年全世界第一辆汽车在德国问世以来，德国汽车工业的发展在世界范围内影响巨大。宝马汽车股份公司是世界上以生产豪华汽车、摩托车和高性能发动机闻名的汽车公司，名列世界汽车公司前 20 名。图 4－20 为德国宝马汽车总部。

图 4－20　德国宝马汽车总部

宝马品牌强调驾驶乐趣，即 joy（快乐）、dynamic（动感）、cultured（素养）、challenging（挑战），品牌的核心为性能、驾驶激情。为打造独有的品牌核心元素，宝马公司从整车的每个设计细节入手使得旗下的所有车型均承载着其标志性的理念。

4.5.1　设计篇

宝马汽车产品图谱见图 4－21，通过对比分析宝马各系车型造型风格，可见其有共同点：长轴距、短前悬、修长的发动机罩。2000 年前，宝马汽车的造型严谨、传统，给人一种坚固和耐用的感觉，沉稳有余，激情不足。2000 年后，宝马汽车的造型激进，在美国和亚洲市场取得了相当大的成功，然而在德国本土却丢失了不少忠实的客户，所以公司重新审视新的设计。从 2005 年新款 3 系轿车开始，宝马公司逐渐收敛先前激进的外表，采用更加简洁的线条，提升造型内涵。

宝马汽车作为豪华车领域的一棵常青树，历来十分重视家族元素的提炼与传承。它的家族元素主要包括双肾格栅、鹰眼大灯、C 柱侧窗回勾弯角、L 形尾灯等，这些元素在近百年的历史发展过程中并不是一成不变的，而是随着整车的变化进行过不同的尝试和调整。

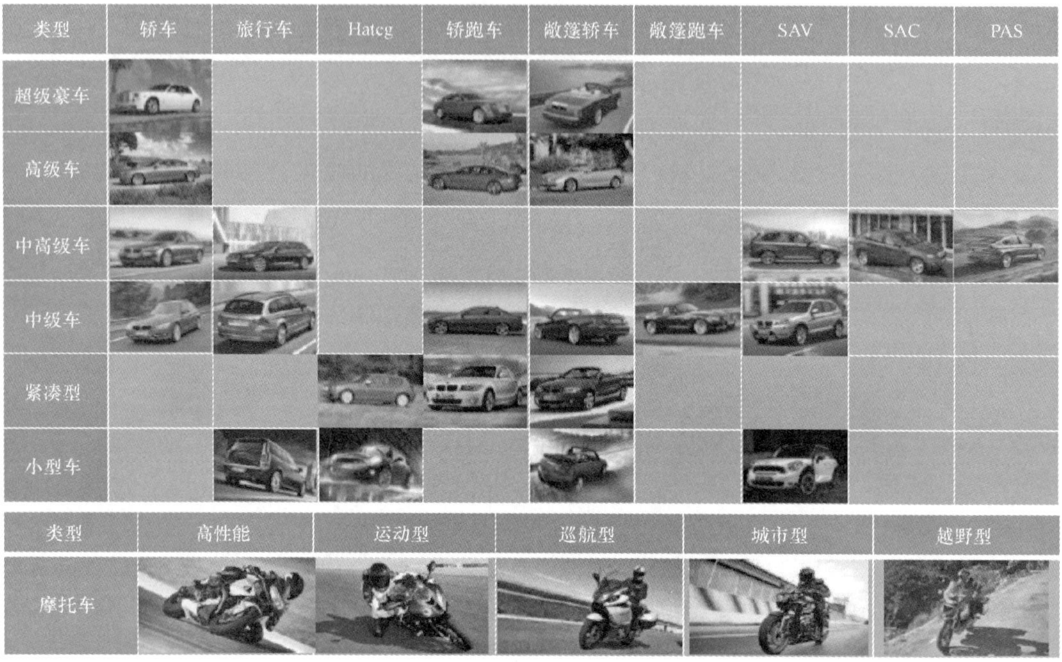

图 4－21　宝马汽车产品图谱

家族性前脸是汽车设计领域最热门的话题。1933 年的宝马 303 车型确立了双肾型进气格栅的设计，同时直列 6 缸发动机也被作为宝马的传统而延续至今。腰线从车辆前端延伸至后车厢，分割了车辆精致的侧影。宝马 20 世纪六七十年代的车型上都采用从前贯穿到后的腰线，并且大多数都使用镀铬亮条装饰，使腰线的感觉得以加强，从而塑造一种流畅的动感；而 80 年代末期则一度变身为前轮包、后轮包区域鼓起来，中间车门部分平拉的三段式，使得整车的肌肉感加强；90 年代后期这种一气贯穿的腰线又重新回归，但镀铬亮条的装饰手法被取消；2000 年以后则代之以工艺要求相当高的刀切式腰线。图 4－22 为宝马 5 系前脸及腰线。

图 4－22　宝马 5 系前脸及腰线

宝马汽车的大灯设计取材于鹰眼，良好地传达出宝马品牌的精髓：豪华、凶猛、凛然不可侵犯的王者之风。宝马新 5 系开创了汽车“鹰眼”设计的新潮流。Hofmeister（霍夫迈斯特）弯角是宝马在 1961 年推出的宝马 1500 上采用并延续至今的一个经典设计元素，即 C 柱靠近后窗位置一个小小的弯角。这个弯角强调了车辆的前进动势，并能引人注意到宝马的另一典型特征：后轮驱动力。另外，霍夫迈斯特拐角还能为第二排带来更加便捷的上下车方式。虽然现在有众多轿车都采用雷同的设计，但毋庸置疑的是，宝马才是开创此设计先河的汽车厂商。宝马特有照明元件的水平样式确保了最佳辨识度，强调了车尾的宽阔感和车辆矫健的运动姿态。

宝马一直是运动化轿车的典范，而一辆车只有配重均衡才易达到更好的操控性。宝马采用了前置发动机+后轮驱动，它的发动机位于避震顶（俗称塔顶）后方，也就是说，发动机和变速箱的重量更偏向于车辆中间，在此基础上要做到平均，也必须将后部重量前移，这就使得车辆重心全部集中在车辆中部，行驶表现更像为一个整体。由于惯性原理，前置后驱的汽车在加速时驱动轮附着力加大，牵引力和加速性要普遍优于前置前驱车型，前后轴 50:50 配重方式也会得到良好的车辆稳定性和行驶平顺性。

4.5.2 动力篇

宝马赖以成名的是飞机发动机，发动机一直都是宝马产品的核心竞争力之一。宝马 IIIa 是宝马公司的第一款航空发动机，是一款直列 6 缸发动机，并配备了 Max Friz 设计的高海拔净化器技术。1932 年，宝马位于慕尼黑的发动机研发部门开始进行汽车发动机的研发，并于 1933 年推出第一款汽车 6 缸发动机（M78）。1968 年，被沃德评为 20 世纪最伟大的发动机之一的宝马 M30 单顶置凸轮轴直列 6 缸发动机诞生。M30 及其衍生机型（包括 2.5 L、2.8 L、3.0 L、3.2 L 和 3.5 L）被用在宝马不同车型上长达 20 多年。2004 年推出的 N52 直列 6 缸 3.0 L 发动机是宝马进入新千年后的一代经典作品，这是全球首款在量产车型中使用镁铝合金曲轴箱的发动机，仅重 161 kg，最大输出功率却达到 258 马力①。下面简要介绍宝马几款有世界影响力的发动机。

（1）N13 系列 1.6 T 涡轮增压发动机。

N13 系列是宝马推出排量最小的发动机系列，N13 系列发动机全版本列表见表 4－10，目前采用这一系列发动机的宝马车型是宝马新 1 系的 114i、116i 以及 118i 车型。进口到国内的宝马 116i 和 118i 搭载的就是这一款发动机。它取代了主要由老款宝马 1 系所搭载的N43、N45 和 N46 发动机。

N13 系列发动机的核心技术包括：① 双涡管单涡轮增压技术；② 可变气门升程辅以可变气门正时技术；③ 燃油直接喷射技术。

表 4－10 N13 系列发动机全版本列表

最大功率	75 kW（102 ps）/4 000 $r \cdot min^{-1}$	100 kW（136 ps）/4 400 $r \cdot min^{-1}$	125 kW（170 ps）/4 800 $r \cdot min^{-1}$
峰值扭矩	180 N • m/1 100 $r \cdot min^{-1}$	220 N • m/1 350～4 300 $r \cdot min^{-1}$	250 N • m/1 500～4 500 $r \cdot min^{-1}$
0～100 km/h 加速	11.2 s	8.5 s	7.2 s
平均油耗	5.5 L/100 km	5.6 L/100 km	5.8 L/100 km

① 1 马力（ps）= 0.735 kW。

（2）N20 涡轮增压发动机。

宝马 N20 涡轮增压发动机是借助在 N55 发动机上运用成熟的双涡管单涡轮增压技术而开发的低排量直列 4 缸涡轮增压发动机，带有废弃涡轮增压器、Valvetronic 和直接喷射装置（TVDI）。宝马 N20 发动机基本参数见表 4－11，该发动机主要应用于宝马中端系列车型。在国内首次搭载在国产宝马 X1 车型上，现已陆续搭载在新款宝马 3 系、5 系部分车型上。

表 4－11　宝马 N20 发动机基本参数

名称	N20B20（低功率版）	N20B20（中功率版）	N20B20（高功率版）
进气形式	涡轮增压	涡轮增压	涡轮增压
气缸排列形式	直列 4 缸	直列 4 缸	直列 4 缸
冲程	四冲程	四冲程	四冲程
每气缸气门数	4	4	4
缸盖/缸体材质	铝/铝	铝/铝	铝/铝
配气机构	DOHC（顶置双凸轮轴）	DOHC（顶置双凸轮轴）	DOHC（顶置双凸轮轴）
供油方式	缸内直喷	缸内直喷	缸内直喷
缸径	84 mm	—	84 mm
活塞行程	90.1 mm	—	90.1 mm
压缩比	10	—	10
最大功率	135 kW（184 ps）/5 000 $r \cdot min^{-1}$	160 kW（218 ps）/5 000 $r \cdot min^{-1}$	180 kW（245 ps）/6 500 $r \cdot min^{-1}$
最大扭矩	270 $N \cdot m$/1 250～4 500 $r \cdot min^{-1}$	310 $N \cdot m$/1 250～4 800 $r \cdot min^{-1}$	350 $N \cdot m$/1 250～4 800 $r \cdot min^{-1}$
燃油标号	97（京 95 号）	97（京 95 号）	97（京 95 号）
机油类型	5W30 全合成机油（原厂标准）	5W30 全合成机油（原厂标准）	5W30 全合成机油（原厂标准）

（3）N43/N46/N52/N53 系列自然吸气发动机。

N43/N46 发动机为 2.0 L 排量的自然吸气直列 4 缸发动机，N43 发动机采用的是缸内直喷技术，N46 发动机采用的是多点电喷技术，宝马 N46 与 N43 发动机对比见表 4－12。国内引进的 2.0 L 自然吸气系列的车型都采用 N46 机型，海外销售的车型则采用 N43 发动机。N52/N53 系列是经典的宝马直列 6 缸发动机，它用于宝马的中端车型。

表 4－12　宝马 N46 与 N43 发动机对比

项目	N46 发动机	N43 发动机
最大功率	112 kW（152 ps）/6 400 $r \cdot min^{-1}$	125 kW（170 ps）/6 700 $r \cdot min^{-1}$
峰值扭矩	200 $N \cdot m$/3 600 $r \cdot min^{-1}$	210 $N \cdot m$/4 250 $r \cdot min^{-1}$
0～100 km/h 加速时间	9.2 s	8.4 s

4.5.3　材料篇

轻量化材料包括高强钢、铝合金、镁合金、钛合金、碳纤维、塑料和纤维增强复合材料等。

宝马自 2002 年提出高效动力策略以来，轻量化材料的应用就成为其中重要一环。多年来，宝马正在积极推行多材料轻量化车身结构，宝马在自身各个车型上的用材比例不尽相同，但随着车型的不断开发及轻量化材料的不断应用，车身轻量化材料应用比例将越来越高。

据相关书籍统计，宝马各系列车型最新一代的选材情况如表 4－13 所示。从表中可以看出，高强钢在宝马传统燃油车 1、3、5 和 7 系各车型所应用的比例均较高。高强钢具有性能好、成本低、易成形、好连接等方面的优势，成为目前市场上最受欢迎的轻量化材料。

表 4－13　宝马各系列车型最新一代的选材情况

车型信息		材料信息															
车型名称	上市年度	钢						铝合金					镁合金	非金属			其他/%
		软钢/%	普通高强钢/%	先进高强钢/%	不锈钢/%	超高强钢/%	热成形钢/%	铝合金板材7000系/%	铝合金板材6000系/%	铝合金板材5000系/%	铝合金型材/%	铸造铝合金/%	镁合金/%	纤维增强/%	SMC/%	热塑性/%	
宝马 5 系	2009	13	39	16	0	3	14	0	4	7	0	4	0	0	0	0	0
宝马 1 系	2011	28	53	13	0	0	2	0	0	0	0	0	0	0	0	0	4
宝马 3 系	2011	25	54	9	0	4	3	0	0	0	0	0	0	0	0	0	5
宝马 7 系 Carbon Core	2015	11	30	9	0	1	15	0	7	6	3	10	0	3	0	0	5
宝马 i3	2013	7.29	0	0	0	0	0	0	10.66	0.76	3.89	3.89	0	46.41	0	9.55	14.54
宝马 i8	2014	0	7	0	1	0	0	0	5	7	7	1	0	43	0	17	13

2009 年上市的宝马 5 系和 2015 年上市的第六代宝马 7 系对铝合金有一定的应用，主要应用了铝合金板材、挤压铝合金和铸造铝合金。第六代宝马 7 系较 5 系对铝合金应用比例增多。其中，7 系对铸造铝合金的应用大幅增加，并新增挤压铝合金的应用。宝马的新能源汽车 i3 和 i8 对铝合金也有一定的应用。铝合金主要应用于行李箱盖、发动机舱罩盖、减震塔和侧梁等零件。

宝马是汽车行业里使用碳纤维增强复合材料的先行者，是首个在大规模量产的车型上大量使用碳纤维的品牌。宝马在 i3 电动汽车和 i8 混合动力汽车车身上大量使用碳纤维，并且推出了具有碳纤维内核的全新宝马 7 系汽车。

宝马各系列车型的轻量化技术在选材方面的具体分析如下：

（1）高强钢。

图 4－23 是宝马汽车车身平均屈服强度的变化趋势，可见随着安全和排放法规的日益严格，宝马汽车高强钢的应用呈增多趋势。

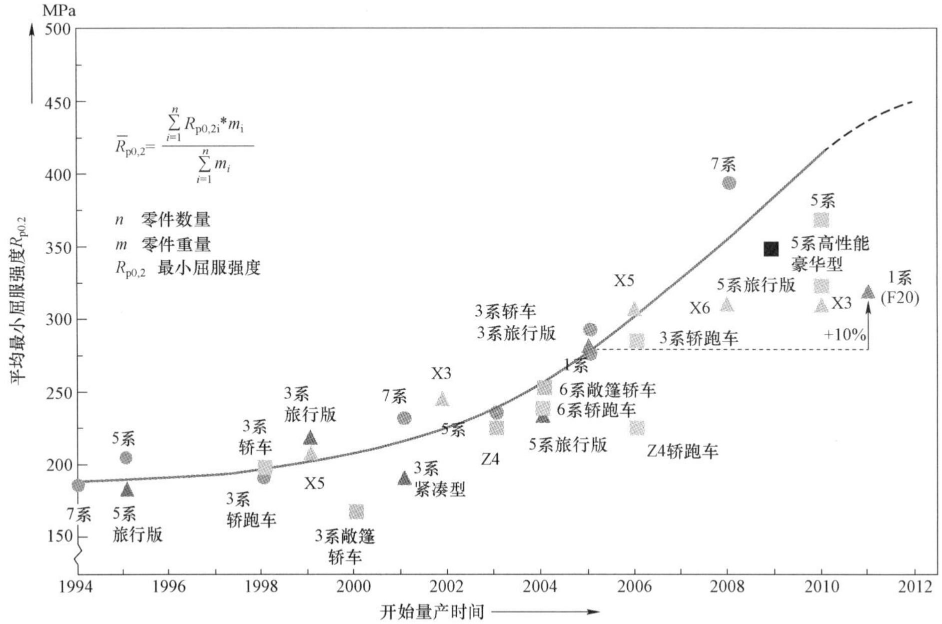

图 4－23　宝马汽车车身平均屈服强度的变化趋势

宝马 1、3、5 和 7 系对热冲压成形钢均有一定的应用，2009 年上市的宝马 5 系和 2015 年上市的第六代宝马 7 系的应用比例更高，具体的应用情况如表 4－14 所示。

表 4－14　宝马各车型热冲压成形钢具体的应用情况

车型	上市年度	热冲压成形钢应用比例/%	应用零件
宝马 5 系	2009	14	B 柱加强板、上边梁、门槛等
宝马 1 系	2011	2	B 柱加强板
宝马 3 系	2011	3	B 柱加强板
宝马 7 系	2015	15	防火墙加强梁、B 柱加强板、上边梁、门槛等

（2）铝合金。

2009 年上市的宝马 5 系和 2015 年上市的第六代宝马 7 系对 6×××和 5×××系列铝合金板材有一定的应用。发动机盖外板、门外板和翼子板等应用 6 系铝合金板材，发动机盖内板和门内板等部件应用 5 系铝合金板材。具体的应用情况如图 4－24 和图 4－25 所示。

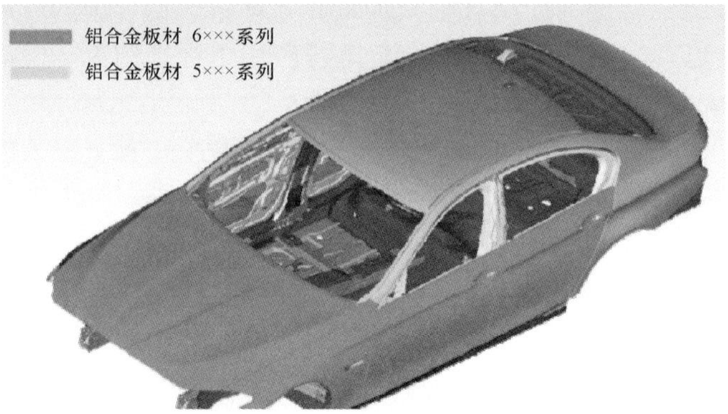

图 4－24　宝马 5 系铝合金板材应用情况（见彩图）

图 4－25　第六代宝马 7 系 6×××铝合金板材及 5×××铝合金板材应用情况

2009 年上市的宝马 5 系只有减震塔应用了铸造铝合金，具体情况如图 4－26 所示。相对于 5 系，2015 年上市的第六代宝马 7 系应用了更多的铸造铝合金，如图 4－27 所示。铸造铝合金的应用可减少零件数量，例如图 4－27 所示的后纵梁上加强件，一个铸造铝合金后纵梁上加强件替代了 18 个零件。

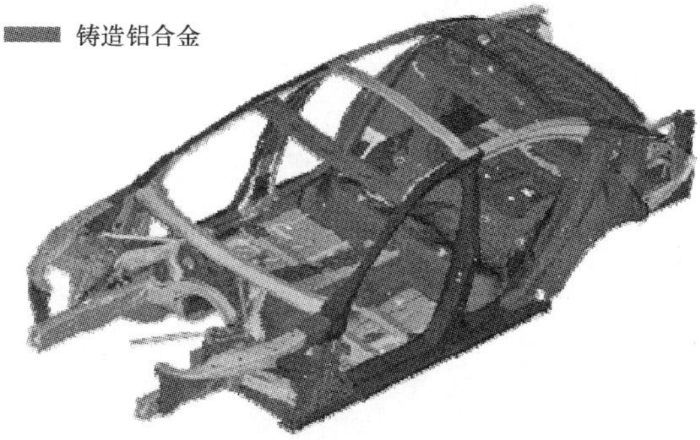

图 4－26　宝马 5 系铸造铝合金的应用情况（见彩图）

与宝马 1、3 和 5 系车型相比，第六代宝马 7 系新增对挤压铝合金的应用。如图 4－28 所示，第六代宝马 7 系前纵梁应用了铝合金挤压型材。

图 4－27　第六代宝马 7 系铸造铝合金的应用情况及铸造铝合金后纵梁上加强件

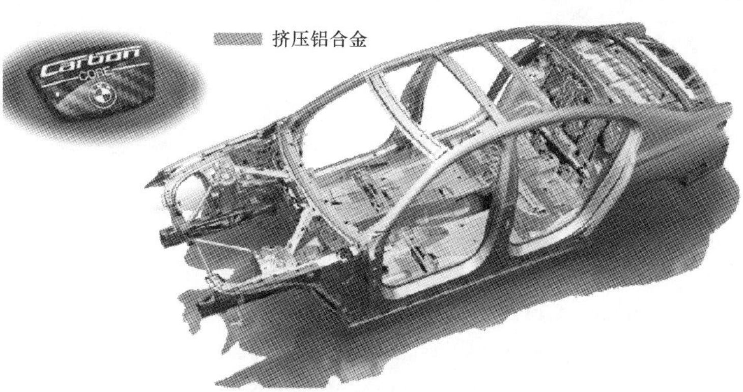

图 4－28　第六代宝马 7 系铝合金挤压型材的应用情况

（3）碳纤维增强聚合物基复合材料。

碳纤维增强聚合物基复合材料（CFRP），密度仅为钢的 1/4，具有优异的韧性和抗拉强度，是一种新型汽车用复合材料。

宝马 i3 电动汽车采用了碳纤维车身和铝制底盘，白车身轻量化系数达到 1.26。宝马首次在大规模量产的车型上使用碳纤维材料制造整个乘员舱，而包含有电动机、电池和悬挂结构的底盘模块则由铝质材料制成，两个模块结合到一起，组成了 i3 的主体。对于全碳纤维增强复合材料乘员舱，在正碰情况下，高强度的碳纤维乘员舱在碰撞中不发生变形，生存空间保持完整。在侧碰情况下，高强度的碳纤维使乘员舱侵入量大大减少，对乘员起到良好的保护作用。宝马 i3 应用的碳纤维增强复合材料的重量占白车身重量的 49.41%。车身共采用 34 个碳纤维件，其中 13 个整体 RTM（树脂传递模塑成形）部件、2 个以泡沫材料为核心的编织件和 19 个织物模压件。车身覆盖件采用热塑性碳纤维复合材料，耐腐蚀性高，相比传统车辆涂装节能 50%。图 4－29 所示为宝马 i3 车身。

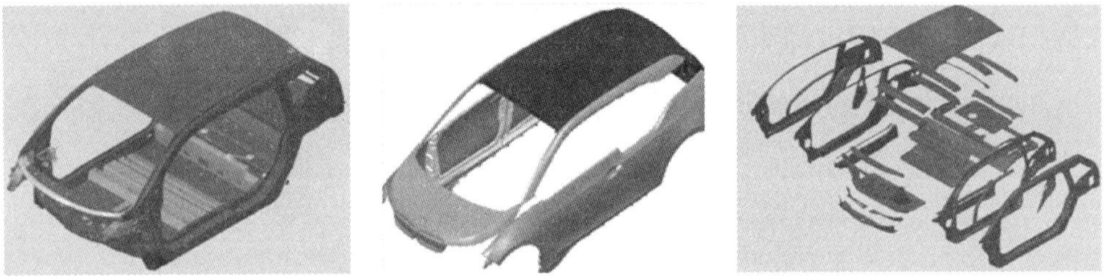

图 4－29　宝马 i3 车身

宝马 i8 同样采用碳纤维增强复合材料制造整个乘员舱，其应用的碳纤维增强复合材料的重量占白车身重量的 61%。白车身包含 42 个碳纤维零部件，车舱由 14 个整体 RTM 部件和 23 个湿压件组成。发动机支座是由铝合金材料加工的，在发生前部碰撞时可以最大限度地吸收冲击能量。座椅横梁和车身后部也采用了铝合金材料。在承受局部高负荷的区域和螺栓连接区域采用了钢材，集成件周边则采用了塑料构件和泡沫构件。图 4－30 所示为宝马 i8 车身材料方案及碳纤维零件。

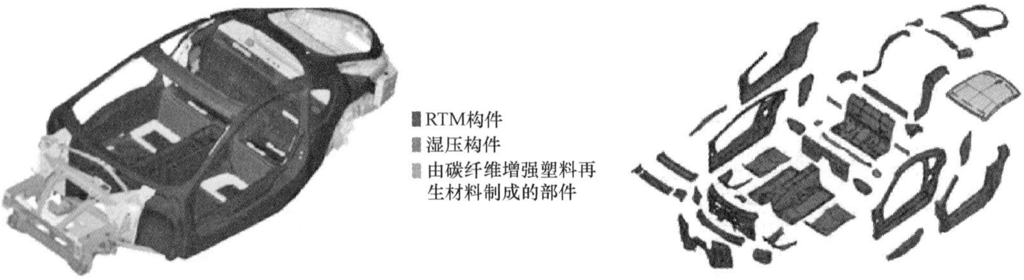

图 4－30　宝马 i8 车身材料方案及碳纤维零件（见彩图）

宝马发布的第六代宝马 7 系采用 Carbon Core 高强度碳纤维内核，为宝马 7 系做出较上代减重 40 kg 的贡献。Carbon Core 是指在钢板制成的封闭截面的内侧插入 CFRP 制作的芯材。第六代宝马 7 系的白车身包含 16 个碳纤维零部件，应用 4 种技术，具体应用情况如图 4－31、图 4－32 所示。顶盖前横梁、中通道上盖板和门槛等零件应用湿法模压技术，衣帽架加强件和 C 柱加强板应用 SMC 技术，A 上柱加强件等零件应用 RTM 技术，B 柱处应用碳纤维复合材料与钢混合结构。并且，第六代宝马 7 系的白车身所用的碳纤维原料均来源于可再生资源。

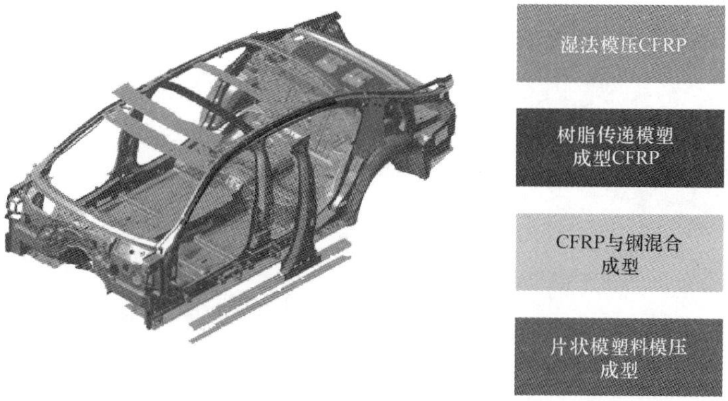

图 4－31　第六代宝马 7 系碳纤维复合材料应用情况（见彩图）

（a）

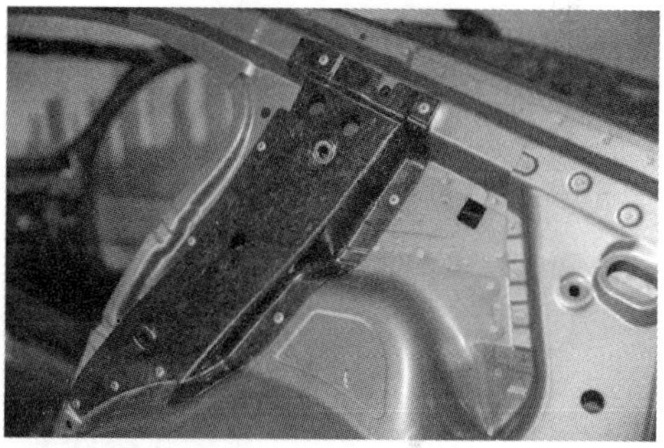

（b）

（c）

图 4－32　碳纤维零部件

（a）中通道加强件；（b）C 柱加强板；（c）A 上柱加强件

4.5.4　工艺篇

（1）高真空压铸技术。

宝马 3、5、7 系均采用了高真空压铸技术，用于生产铝合金结构件。铝合金高真空压铸零件主要有前后减震器支座、后纵梁。高真空压铸是指在金属液填充模具型腔前，利用抽真空装置抽出型腔中的气体，使型腔中的真空度保持在 91 kPa 以上的特种压铸工艺。其关键技术就是压铸过程中在极短的时间内将模具型腔中的气体抽出，使型腔中达到并保持较高的真空度，为金属熔体的填充做好准备。高真空压铸能够生产高强度、高韧性、复杂薄壁的零件，并且零件集成度高；与普通压铸相比能够减少压铸件内部因卷气而引起的气孔缺陷，提高压铸件的机械性能和表面质量；可热处理、可焊接。第六代宝马 7 系虽然只有 6 个高真空压铸铝合金零件，如图 4－33 所示，但是由于零件集成度高，仅此 6 个零件就占总重量的 10%。

图 4－33　宝马 7 系高真空压铸铝合金零件（见彩图）

（2）热成形技术。

宝马 1、3、5 和 7 系均应用了热冲压成形技术，主要应用部位为 A 柱、B 柱、门槛、中通道等。第六代宝马 7 系应用热成形技术的零件占总重量的 10%，并且是首次将热成形技术和激光拼焊技术结合应用（应用于门槛）。

（3）连接工艺。

传统的钢制车身，所有零件的连接均为焊接工艺，主要有电阻点焊、气体保护焊、塞焊等。但是随着新材料的推广应用，单纯的焊接工艺并不能满足使用需要。铝合金、碳纤维复合材料与钢板之间无法焊接，因此，机械连接方式及化学连接方式广泛应用于宝马车型上。

宝马 5 系及 7 系在钢与铝合金连接，以及铝合金与铝合金连接上较多部位使用了自冲铆接技术。宝马 5 系白车身上共应用 136 个自冲铆钉进行连接，宝马 7 系白车身上共应用 564 个自冲铆钉进行连接。第六代宝马 5 系和第六代宝马 7 系均应用了无铆连接技术，宝马 5 系在铝合金车门和翼子板处共应用 113 个无铆连接，宝马 7 系共应用 126 个无铆钉连接。第六代宝马 7 系共应用 154 处热融自攻丝连接。激光焊接是利用高能量密度的激光束作为热源的一种高效精密焊接方法。在汽车工业中，激光焊接是一种新型的连接方式，可以进行车身拼焊和焊接。宝马 1、3 和 7 系均在钢材间连接应用了激光焊接。第六代宝马 5 系和 2015 年上市的第六代宝马 7 系在铝合金上应用了激光焊接。第六代宝马 5 系在车门处的铝合金上应用了激光焊接，激光焊接长度共 13.8 m。2015 年上市的第六代宝马 7 系的铝合金车门处也应用了激光焊接。原有的铝合金车门是激光焊接与包边相结合：上侧（车门玻璃）采用激光焊接，下侧采用包边工艺及包边处断面，分布如图 4－34 所示。2015 年上市的第六代宝

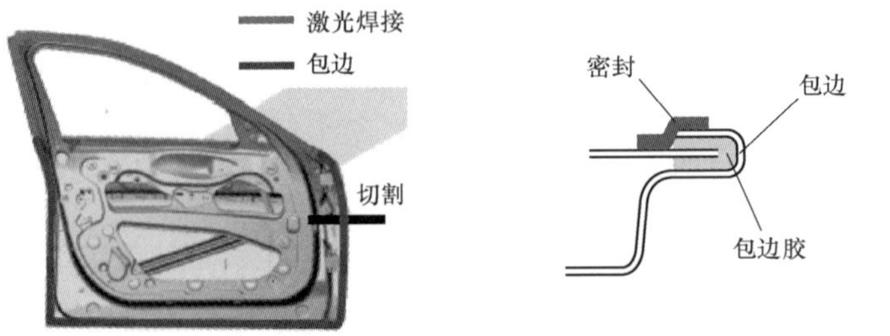

图 4－34　原有铝合金车门激光焊接与包边情况及包边处断面图

马 7 系的铝合金车门取消了包边工艺，整个车门的内外板连接全部采用激光焊接技术，激光焊接车门示意图及断面图如图 4－35 所示。

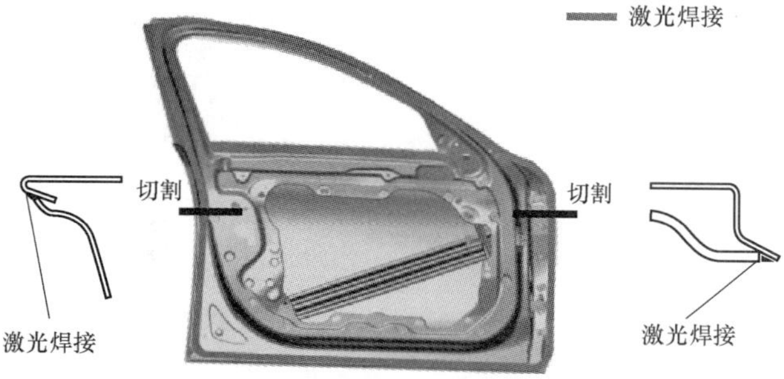

图 4－35　第六代宝马 7 系的铝合金车门激光焊接示意图及断面图

第六代宝马 7 系应用了碳纤维材料，找到合适的连接方式也尤为重要。第六代宝马 7 系通过抽芯铆钉连接碳纤维材料和钢材。抽芯铆钉是一类单面铆接用的铆钉，需要在连接的板材上预先钻孔。铆接工作在工件的一侧实施，广泛应用于不便采用普通铆钉的铆接场合。首先将抽芯铆钉插入需连接板料的孔内，将专用拉铆枪枪口套住芯轴，拉动铆枪，使铆体尾部发生变形挤成镦头，再将上下板料铆紧，而后钉芯在断颈槽处被拉断，抽芯铆钉将板料连接在一起，完成铆接过程。第六代宝马 7 系的碳纤维材料置于上层，碳纤维材料和钢板之间涂有一定的胶，通过抽芯铆钉将碳纤维材料与钢材连接起来，图 4－36 为连接方法的示意图，以及经抽芯铆钉连接后的截面图和抽芯铆钉实物图。

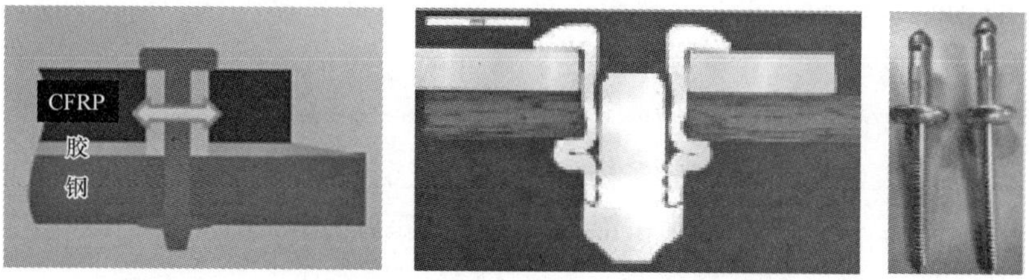

图 4－36　连接方法的示意图、截面图及抽芯铆钉实物图

4.5.5　宝马 5 系车型轻量化技术应用

第六代宝马 5 系白车身仅重 347 kg，较上一代减重 81 kg，车身轻量化系数仅为 2.2，较上一代（车身轻量化系数为 2.6）降低 15%，扭转刚度达到 33×10^3 N・m/（°），较上一代（扭转刚度为 22.5×10^3 N・m/（°））提升 47%，见图 4－37。在车身减重的前提下，实现扭转刚度提升，这主要得益于其优异的选材和车身结构设计。由于车身的前部要减重，故全部使用铝合金，称作“减重型铝制前身”（宝马是第一家使用这种结构方式的厂家），并巧妙应用集成化设计（见图 4－37），最大程度实现轻量化。

第六代宝马 5 系轿车白车身的平均屈服强度较第五代提升 55%，其中高强钢应用比例达 72%。

第六代宝马 5 系铝合金应用比例达 15%，其中铝合金板材应用比例为 11%，主要应用部位为发动机罩内外板、车门内外板等，共实现减重 23 kg。铸造铝合金应用比例为 4%，主要应用部位为前副车架、后副车架、减震塔等，仅减震塔就减重 4 kg。

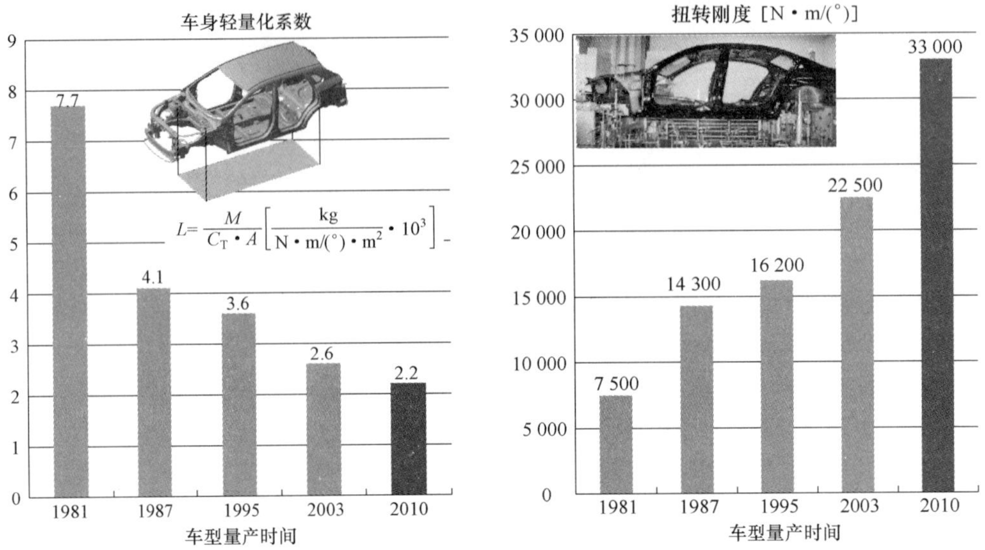

图 4－37　车身轻量化系数及车身扭转刚度

第六代宝马 5 系热成形钢应用比例达 12%，主要应用部位为 A 柱加强板、B 柱加强板、门槛梁加强板等，共实现减重 20.7 kg。第六代宝马 5 系的 B 柱加强板选用镀锌板经热成形过程制备，此处选用了间接热成形技术。间接热成形技术是钢板首先在常规冷成形模具中成形到最终形状的 90%～95%，然后将预成形的零部件加热到奥氏体温度后再热冲压成形和淬火硬化。间接热冲压成形可以避免成形开裂，零件的预成形可以减小材料与模具之间的相对位移，从而减少模具表面在高温下的磨损。

钢和铝之间易形成电解，导致铝件损伤，因此在钢件和铝件接合时，要确定缝隙内是否有电解质。第六代宝马 5 系车身钢件和铝件的连接处采用拼贴和冲铆相结合的方法。这时黏合剂不但起着密封的作用，也起着增强接合部位强度的作用。黏合剂是环氧基的黏合材料，其优点是强度高，可实现自动化。

以上介绍的第六代宝马 5 系的轻量化技术均基于欧洲汽车车身会议发布的车型。而由中国国产化的第六代宝马 5 系即 2010 年开始生产的华晨宝马 5 系，车身用材并没有完全延续其铝合金的应用。2010 年量产的华晨宝马 5 系，只有前减震器支座应用了高真空压铸铝合金，车门、发动机盖、行李箱盖均改为钢制。其国产化从铝制改为钢制的根本原因在于国内铝合金冲压件整个产业链不成熟，原材料、模具及配套实施在国内都无法正常供应。而 2017 年 6 月底在中国新上市的第七代宝马 5 系，车门、发动机盖、行李箱盖又重新采用了铝合金板材制造。分析使用铝合金的原因有两个：一是国内已经有成熟的上下游产业链支撑；二是国内日趋严格的燃油消耗、排放等标准的限制，使得汽车不得不考虑重量控制。

对比第七代宝马 5 系和第六代宝马 7 系，不难发现，7 系率先使用的铝合金等新材料新技术均在比其低一个级别的 5 系后期开发车型上得到了应用，但是碳纤维材料并没有在最新一代 5 系上得到应用。从这点上看，宝马新材料新技术的应用也是从高端先开始，应用成熟后，在成本降低的情况下，再往低级别车型上推广。

研究宝马最新车型的车身技术后，总结其特点为：根据不同的车型定位，选材不同，设计随之也有调整。5 系及 7 系车型用材朝向多材料方向发展，综合考虑车身性能、材料特性及结构设计特点来定义各种材料的使用部位。其他燃油车型车身多使用高强钢来实现减重目标，个别部位使用铝合金。对于纯电动车型，宝马则是遵循其独特的技术路线，采用碳纤维车身＋铝合金底盘模块。

4.6 小　结

总而言之，欧系车企更早地注重体系的打造，如模块化平台的开发，无论是大众的模块化平台、沃尔沃的模块化平台，还是宝马的模块化平台，都走在了行业前列。而且轻量化是欧系最为重视的性能之一，在新材料方面也一直引领行业发展，如奥迪的全铝车身、沃尔沃的热成形钢安全笼车身，以及宝马的碳纤维车身。轻量化、新材料的应用自然引发了制造工艺的转变，因而一些新的成形工艺、连接工艺等应运而生。

第5章

美系乘用车车身技术及轻量化技术发展

5.1 美系乘用车的开发历史及特点

美国被称为“车轮上的国家”，有着深厚悠久的汽车文化历史，有着影响全球的三大汽车品牌，有着最为著名的汽车城底特律。汽车在美国人的日常生活中扮演着重要的角色，渗透了人们生活的方方面面，可以说，汽车就是美国家庭的一员，人们出行必开车。因此，很多公共设施都是按照有车的情况来设置的。从坐在车里享受看电影乐趣的汽车电影院，到专为司机们设计的麦当劳餐厅“汽车穿梭窗口”，从遍布美国的汽车旅馆，到专门为房车设置的露营地，汽车文化是现代美国文化中不可或缺的一部分。

美国人骨子里有一股开拓创新和崇尚自由的精神，美国汽车的发展历程也带有这种精神的烙印。虽然汽车是由卡尔·本茨发明的，却是由美国人亨利·福特实现了千千万万人拥有汽车的梦想。1908 年，福特汽车公司生产出世界上第一辆属于普通百姓的汽车——T 型车，世界汽车工业革命就此开始。1913 年，福特汽车公司又开发出了世界上第一条流水线，这一创举使 T 型车产量达到 1 500 万辆，缔造了一个至今仍未被打破的世界纪录。福特汽车的 T 型车推广了很多技术创新，如方向盘左置、发动机气缸体和曲轴箱做成单一铸件、可拿掉以便于检修的气缸盖、行星齿轮变速器等。

从 1886 年第一辆汽车诞生至今，也经历了 130 多年的历史。美国人的汽车设计经历了不同的阶段历程：T 型车，船型车，楔型车，流线型车，喷气型车。宽大的车身，高马力大排量的发动机，豪华的配置，这是美国车给人的第一印象。然而随着石油危机的爆发和排放法规的加严，大个子的美国汽车有点无所适从，娇小实用的日本汽车攻占了美国汽车市场。经过多年的融合以及国际化的冲击，美系车型虽然仍没有摆脱粗糙、耗油的特点，但是已经向精致实用的路线靠近。典型的美国汽车见图 5－1。

图 5-1　典型的美国汽车

美国汽车的宽大、粗犷、大排量与美国的油价福利是密不可分的，原油价格的波动也会影响车型的开发，原油价格上涨，小排量经济型轿车会更受喜爱，原油价格回落，大排量车型也会被更多考虑，历年世界原油价格波动见图 5-2。原油价格波动同时影响美国的经济，进而成为汽车消费者购车考量的指标，美国原油价格波动与经济增速对比见图 5-3。消费者购车考虑因素比例见图 5-4，随着美国对环境保护的重视和消费者对汽车油耗的关注，大排量、笨重、宽大的车型已经越来越被消费者所摒弃，经济型、小排量以及新能源车型越来越受欢迎。消费者购车考虑燃油经济性的比重也越来越高。

图 5-2 世界原油价格波动

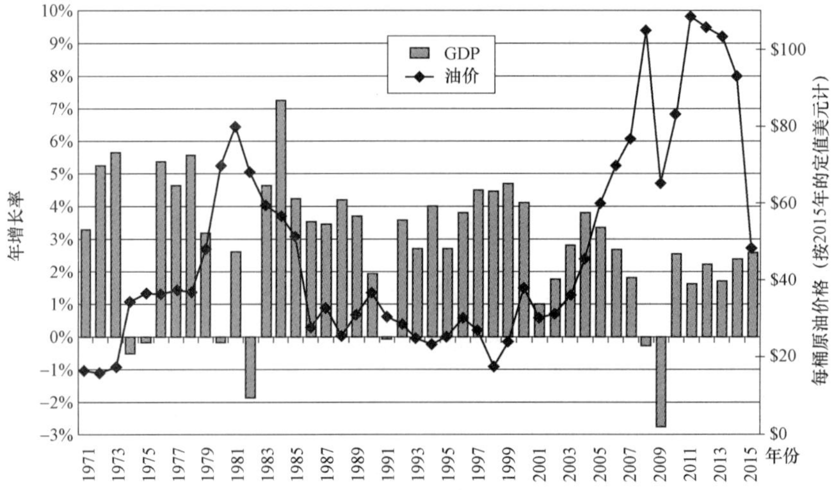

图 5-3 美国原油价格波动与经济增速对比

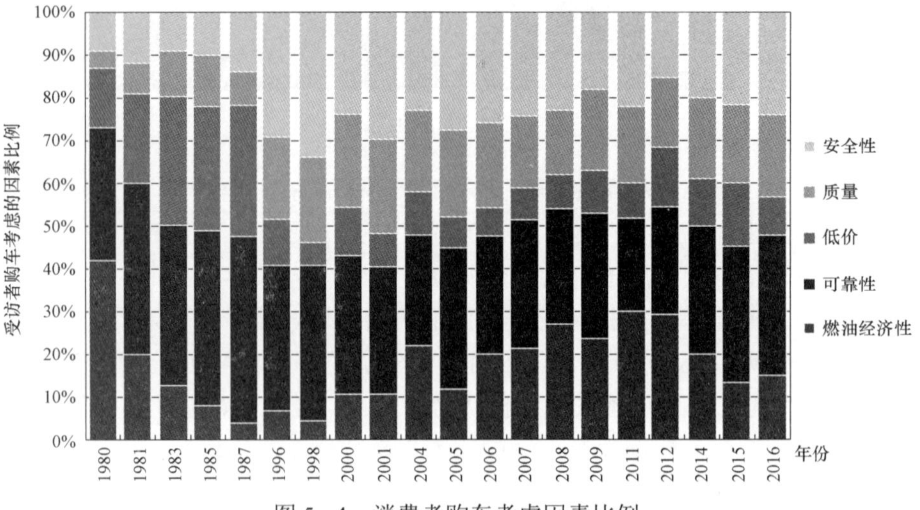

图 5-4 消费者购车考虑因素比例

美国车企发展至今，当年亨利·福特缔造的福特汽车帝国以及底特律汽车城，如今基本以福特（Ford）、通用（GM）、菲亚特克莱斯勒（FCA）三家独大。在 2009 年的金融危机中，通用公司和克莱斯勒申请了破产保护，而经过这些年的恢复，销量有了稳步的提升，市场占有率也逐渐提高。2015 年美国轻型车产量及各车型占比见图 5－5。

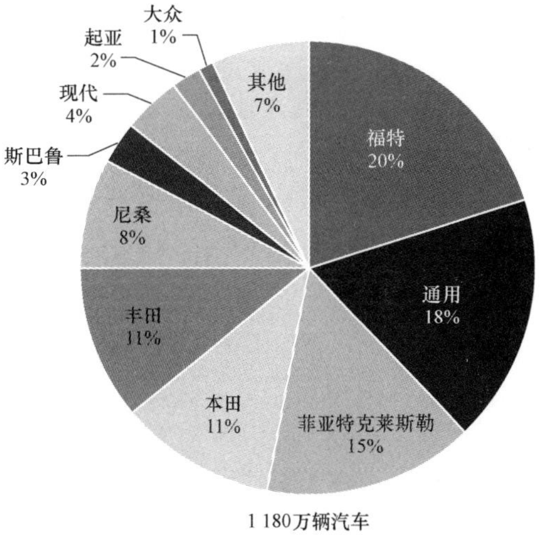

图 5－5　2015 年美国轻型车产量及各车型占比

美系汽车的设计风格可以说是自由狂野和奔放的，这与美国本土的地域条件、人文地理以及历史起源有密切关系。前面已经提过，美国是车轮上的国家，汽车工业在美国起步比较早，美国人对汽车的消费理念相比其他国家更为成熟。美国地域辽阔，人烟稀少，高速公路系统发达，油价低廉，这造就了美系车型宽大、舒适、奢华的设计风格，也给人留下了外观方正、油耗高等印象。然而随着日系车对美国市场的影响，美系车型的设计风格也在逐渐改变，做工在改变，宽大舒适的追求没有变，张扬的个性依然保留了下来。美系汽车的独特之处还在于它们广阔的皮卡市场，皮卡车型的销量在美国达到 20%。美国皮卡设计跟商用车是一脉相承的，没有复杂的灯具，线条粗犷，身形硬朗，一切非圆即方，整车就是各种直圆方正的堆砌。这种自由是设计的理想状态，也使得美国汽车与其他国家车系相比，辨识度非常高。

5.2　典型美系乘用车车身技术及轻量化技术演变

（1）福特 F150 车身技术革新。

皮卡在美国的市场销量非常高，而福特的 F 系列皮卡则是在美国皮卡市场独占鳌头，连续 40 年销量领先。皮卡的用户群体是比较广泛的，皮卡车能够拖拽拖车、小型工程设备等进行物品的运送，自带的小车厢也可以装载一些货物、建筑渣土、木材、农作物等，因此，设计之初就考虑各种功能需求，后期性能测试也囊括了很多工况。与此同时，还兼顾方便舒适和豪华内饰的客户诉求。

本章以 F150 为例，阐述福特 F 系列车型的车身演变，F 系列车系历史演变见图 5－6。

图 5－6　F 系列车历史演变

2015 款 F150 是在上一款车型的基础上，提出了性能更强、更智能和灵活轻便的设计目标。最终车型表现出来的性能如下：

整车长×宽×高（mm）：5 890×2 029×1 920；

整备质量：4 651 lb（磅），约为 2 110 kg；

拖拽重量：12 200 lb，约为 5 534 kg；

有效载荷：3 300 lb，约为 1 500 kg；

燃油消耗量：26 mile/gal，相当于 11 km/L，也就是百公里油耗约 9 L；

安全星级：美国国家公路交通安全管理局（NHTSA）评价为五星，美国高速公路安全保险协会（IHHS）评价为优秀（Good）；

轻量化系数达到 0.86（2014 款为 1.6），车身扭转刚度：26 341 N·m/（°），弯曲刚度：7 789 N·m/mm，TB（Trimmed Body）车身一阶模态计算值：18 Hz，二阶模态计算值：27.2 Hz。2015 款 F150 与 2014 款的轻量化系数及车身扭转刚度对比见图 5－7。

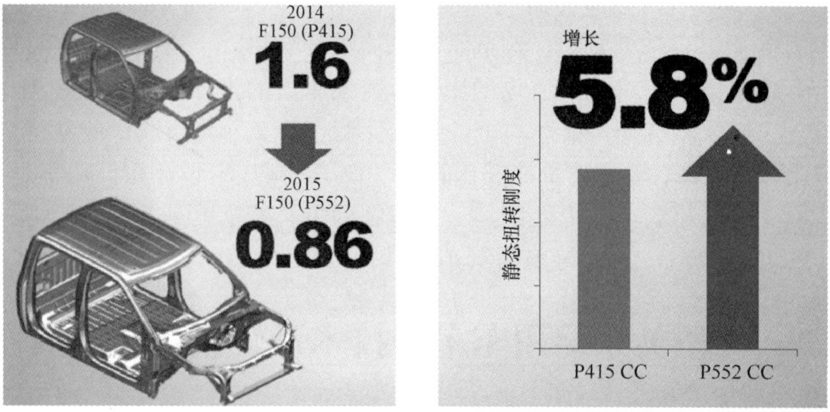

图 5－7　轻量化系数及车身扭转刚度对比

全新 F150 在车身结构方面有较多的创新，F150 的创新结构设计见图 5－8，除了全铝车

图 5－8　F150 的创新结构设计

身外，还设计了便于维修以减少维修成本的结构。例如，管形 A 柱，可以部分替换的顶盖梁加强件或 A 柱加强件，节约维修费用；前裙板采用管形及简易可拆卸接头，维修时不需要拆卸仪表板就可以完成裙板更换，节省维修工时；B 柱设计为不用拆卸顶盖就能更换加强件；地板设计预留了地板和地板横梁可以分段更换的选项。

性能更强、灵活轻便的目标需要车身在最低重量的情况下，实现车身扭转刚度、弯曲刚度、模态和疲劳强度的最优化。最终采用全铝车身的技术方案，实现了车身的高强低重，车身减重率高达 45%，见图 5－9。

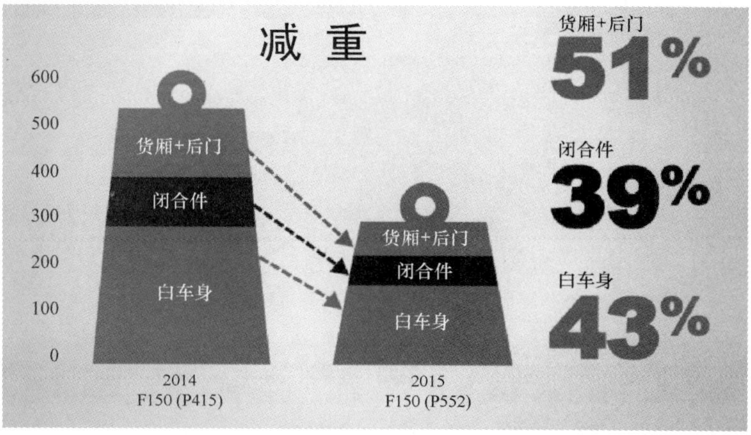

图 5－9　F150 全铝车身减重比例

铝合金成形的形式有型材挤压成形、板材冲压成形和铝合金内高压成形，其中挤压成形主要用于：顶盖前/后横梁，门槛加强件，车厢地板以及前端的一个小支架；铝合金内高压成形主要用于：A 柱，前纵梁；其余为铝合金冲压成形。F150 车身用材情况见图 5－10，铝合金挤压成形和内高压成形应用零件情况见图 5－11。

F150 所使用的铝合金材料系列是 6×××系和 5×××系，板材是 6×××系和 5×××系，挤压型材是 6×××系。具体选用牌号时，需要参考使用部位的结构特性和性能特性。板材用于外板时，需要使用具备高的抗凹陷性（DR）的牌号，用于一些有屈服极限要求的位置，需选用具备高强度（HS）的材料；用于特殊的结构件部位，需选用 ST（Structure）牌号的材料。6×××系材料与 5×××系材料的区别是可否热处理强化，6×××系材料为 Al－Mg－Si 合金，也可以加入少量的 Cu，5×××系材料为 Al－Mg 合金，6×××系可以通过热处理进行强化，5×××系合金不能热处理强化。令人赞叹的是，根据 6×××系合金的可热处理特性，福特发明了一种冲压后进行热处理（Post Form Heat Treatment，PFHT）的工艺，经过处理，能提升材料的屈服强度，因此，该工艺适用于对屈服极限要求较高的零件。PFHT 工艺及屈服强度提高比例见图 5－12，PFHT 的工艺处理详见第 10 章。

全铝车身除了考虑材料应用位置外，还需要考虑材料连接的方式。常规的钢板电焊工艺已经不适用于铝合金的连接。铝合金的连接方式有：拉铆连接、压铆连接、自冲铆接（SPR，TOX）、自攻螺丝连接（FDS）、粘接、铝合金电阻点焊、螺柱焊、弧焊、激光焊接、搅拌摩擦焊、电子束焊等方式，应用较多的是 FDS、SPR、螺柱焊、激光焊接等方式，在本书的第 2 章已经对上述部分关键连接技术做了详细的介绍，本章不再赘述。F150 采用的连接方式有：

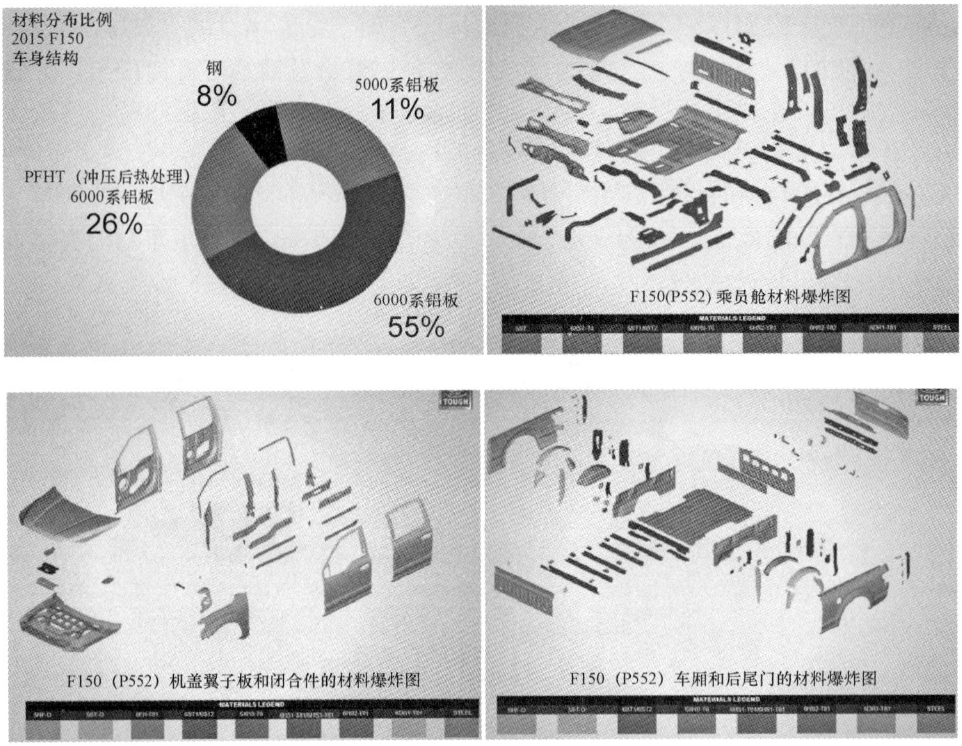

图 5－10　F150 车身用材情况（见彩图）

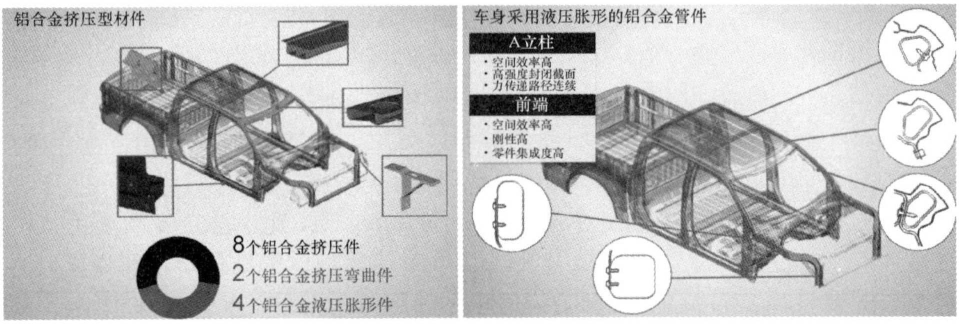

图 5－11　铝合金挤压成形和内高压成形应用零件（见彩图）

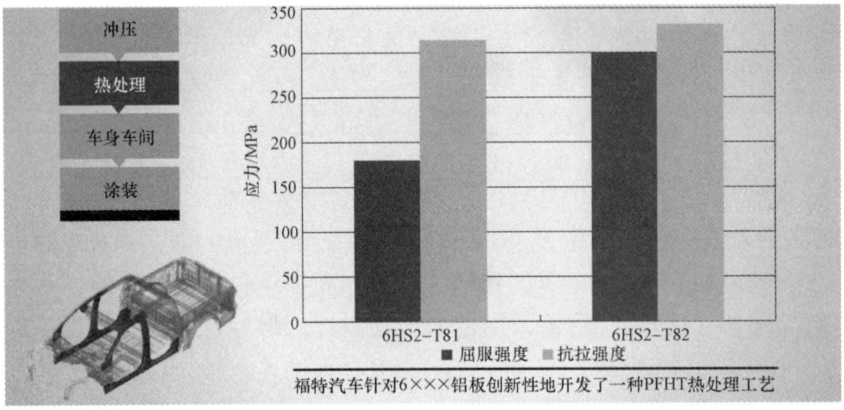

图 5－12　PFHT 工艺及屈服强度提高比例

粘接、SPR、FDS、摩擦焊、电阻点焊、压铆、激光焊接。其中，电阻点焊 98 处，SPR 连接 2 270 处，压铆 120 处，FDS 连接 196 处，激光焊接 3 m，粘接 110 m，见图 5－13。

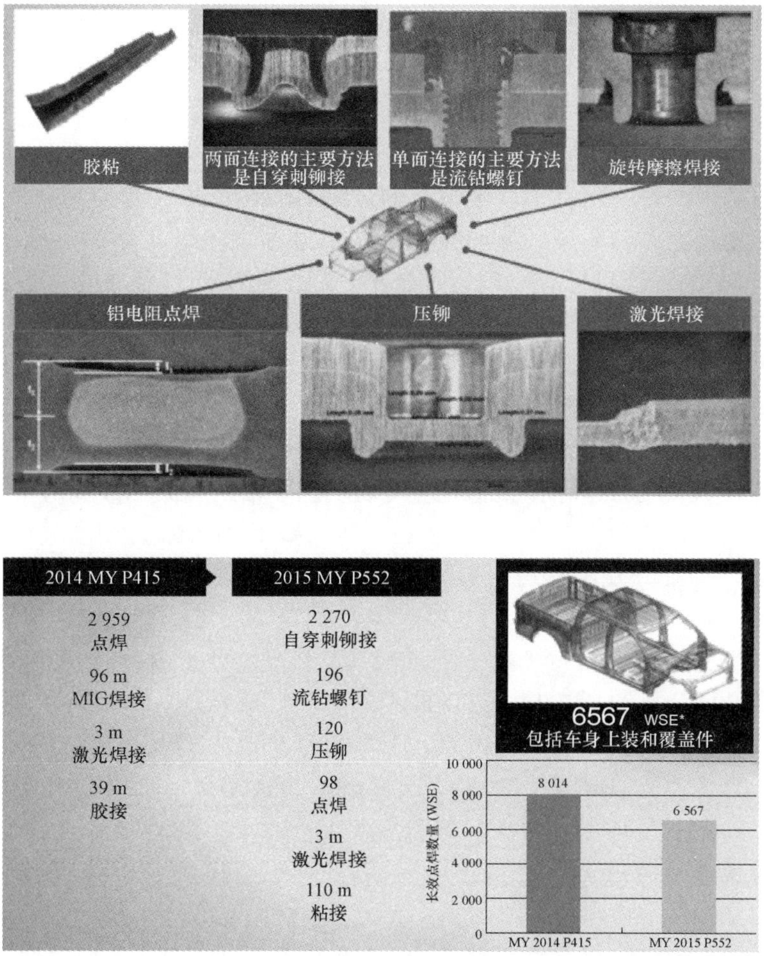

图 5－13　F150 铝合金车身连接方式

铝合金粘接需要对铝合金材料表面进行预处理，预处理工艺流程见图 5－14，是将表面氧化物去除，并替换成更稳定的化合物，有利于粘接牢固。经过预处理之后，最终得到的铝合金粘接接头是铝合金基材＋预处理涂层＋润滑剂＋黏结剂，不仅能显著提高接头的强度和

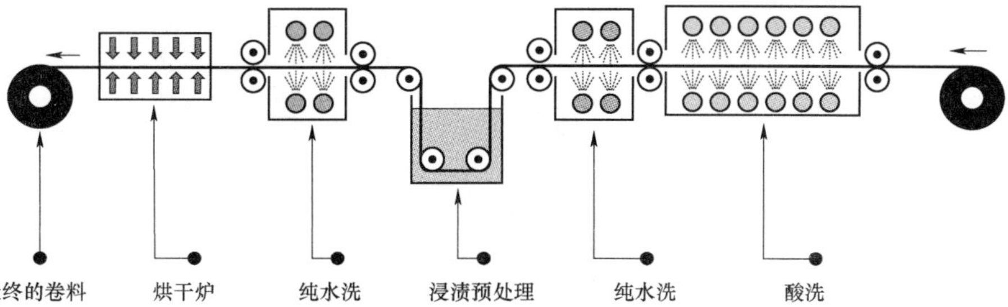

图 5－14　铝合金预处理工艺

可靠性，也提高了接头的耐腐蚀性能。

值得一提的是，全铝车身对环保是有利的，能提高车辆回收利用率。初始原材料供应商对全铝车身进行回收，只需要投入少许成本，回收的铝合金便可以重新应用于生产，其他非初始原材料供应商回收之后，经过处理也能用于其他对纯净度要求较低的铝合金产品（如铸件）。如此循环利用，大大节约能源和减少排放，对环境是十分友好的。

（2）凯迪拉克 CT6 车身技术革新。

凯迪拉克（Cadillac）是美国通用汽车旗下的一款豪华汽车品牌。该品牌诞生于 1902 年底特律，凯迪拉克代表着通用汽车豪华轿车的最高品质和形象，为美国最豪华汽车的标志。CT6 是凯迪拉克最新上市的车型，凯迪拉克 CT6 代表了北美豪华车的车身设计趋势。

凯迪拉克 CT6 的设计目标有：最大且豪华、精细化工艺且可靠的材质、高满意度的特征、先进技术创新、优良动力性。令人印象深刻的是外观和轻量化框架，加以优秀的底盘系统，能激发驾驶高级轿车的激情。搭配三种动力系统和两种变速器，车身的模态综合平衡各种动力系统和变速器条件下的频率值。

相比凯迪拉克 ATS 车型，CT6 轴距加大 330 mm，车长加长 540 mm，一阶弯曲频率要增加 3%，扭转刚度提高 16%。相比凯迪拉克 CTS，CT6 轴距加大 200 mm，车长加长 22 mm，白车身减重 100 kg，具体为下车体减重 48 kg，四门减重 21.6 kg，侧围减重 16 kg，前罩/后备厢减重 14.4 kg。最终开发出来的整车参数如下：

整车长 × 宽 × 高（mm）：5 184 × 1 879 × 1 472；

整备质量：1 655 kg；

燃油消耗量：百公里油耗 7.9 L（2.0 T）；

轻量化系数达到 1.66；车身扭转刚度：36 602 N • m/（°），相比 ATS 的 31 300 N • m/（°）增加了 17%；车身弯曲刚度：7 789 N • m/mm；TB 车身一阶模态试验值：31.5 Hz，二阶模态试验值：31.8 Hz；减重方面，下车体减重 48 kg，四门减重 21.6 kg，侧围减重 16 kg，前罩和后备厢共减重 14.4 kg。

CT6 采用的是钢铝混合车身，如图 5－15 所示，钢约占 38%，铝合金占 62%。与全铝车身相同之处是采用了先进的材料连接技术。CT6 采用的连接方式有：铝合金电阻点焊、FDS、SPR、激光焊接和粘接。其中，铝合金电阻点焊 1 821 处，FDS 连接 745 处，SPR 连接 357 处，激光焊接 7 m，粘接 27 m。

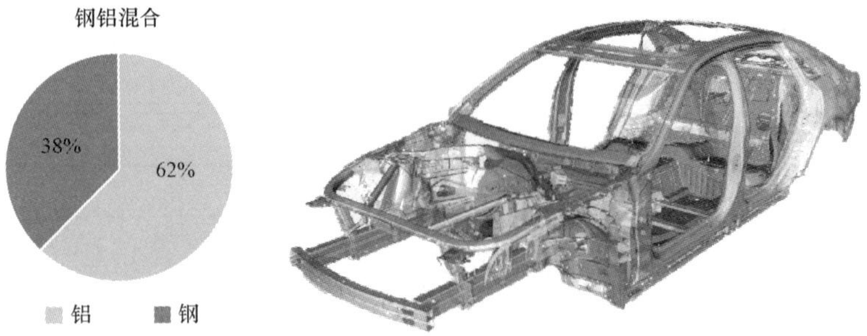

图 5－15　CT6 钢铝混合车身（见彩图）

CT6 钢铝混合车身用材分布见图 5－16。CT6 车身铝合金应用的有铸件、型材和板材，主要以 5×××系、6×××系和 7×××系为主。铸件主要用在连接节点处，如减震塔、前扭矩盒、中央通道加强件、A 柱加强件、后纵梁和后置物板加强件，型材主要用于连接件，如舱边梁、水箱上横梁、门槛、地板横梁和后段上横梁等，板材主要用于外观件。钢制材料主要用于驾驶室、地板以及 A 柱和 B 柱，打造“安全笼”式车身。

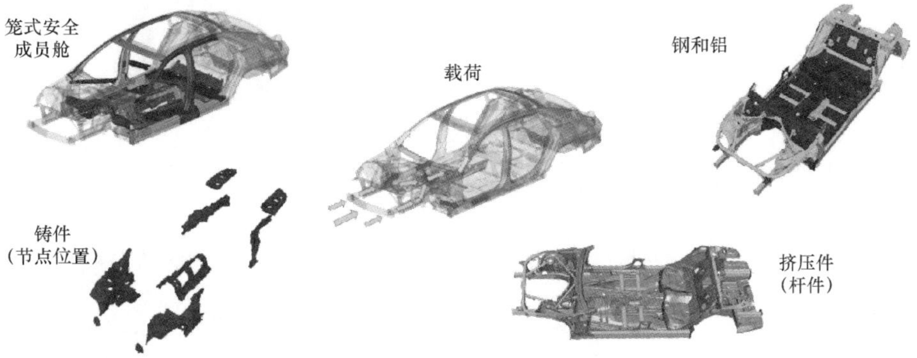

图 5－16　CT6 钢铝混合车身用材分布

需要特别指出的是，CT6 车身某些部位应用铝合金铸件能减少零件数量，并将多零件整合成一个零件，减少接头，提高装配精度，有效降低成本，如 A 柱下加强件，传统的冲压，需要 30 多个零件，铸造可以整合成 4 个零件，经过优化之后，可以将内外板整合为 1 个零件，再根据铸造模流分析，对零件进行内部结构优化，减少冗余重量。CT6 A 柱下加强件铸造整合示意图见图 5－17。

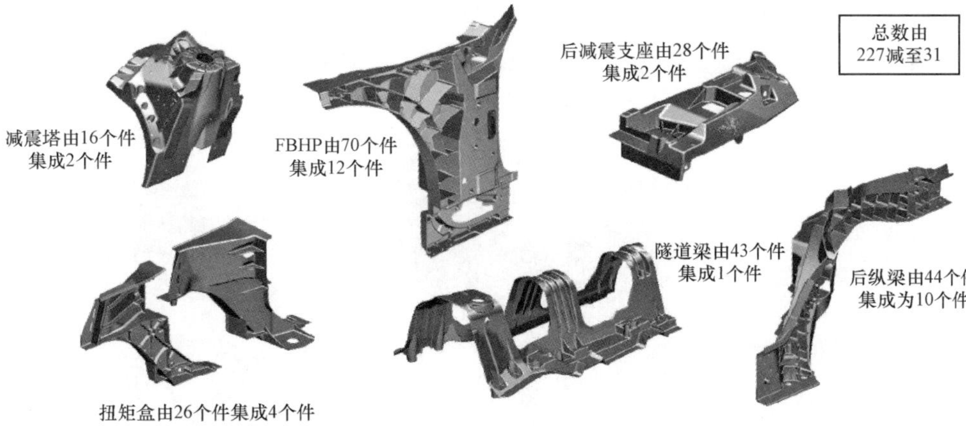

图 5－17　CT6 A 柱下加强件铸造整合示意图

对于局部刚度需要加强的位置，CT6 对一些连接位置的结构或形式进行了创新设计。例如，舱边梁与扭转盒的连接，可以将一部分边梁和扭转盒内外板分别铸造，再通过 MIG 焊将其连接在一起，形成一个类似于口袋形的结构，纵梁可以插到口袋形结构中进行后续的处理，这样纵梁和扭转盒就能可靠地连接在一起了，如图 5－18 所示。

某些应用铝合金型材的梁形结构，可通过挤压一个管柱到型材内部，之后将顶部和底部用 MIG 焊连接来提升局部刚度，并且十分可靠，如图 5－19 所示。

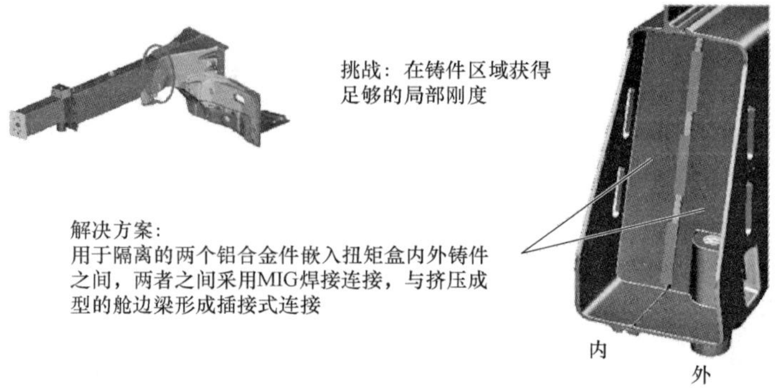

图 5－18　CT6 舱边梁与扭转盒连接形式

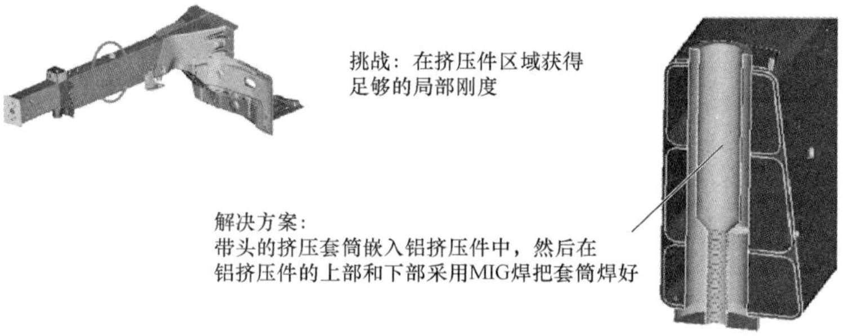

图 5－19　CT6 铝合金型材局部刚度提升

CT6 车身钢制材料主要用于车身框架，包括驾驶室、地板、横梁和一些加强件。形成的笼式车身用于保证乘员舱的刚性，CT6 笼式车身见图 5－20，碰撞时能减少乘员舱变形。而外板采用铝合金板材成形，内板及加强件采用高强钢、热成形钢或者超高强度钢板，既能保证性能又能实现轻量化。

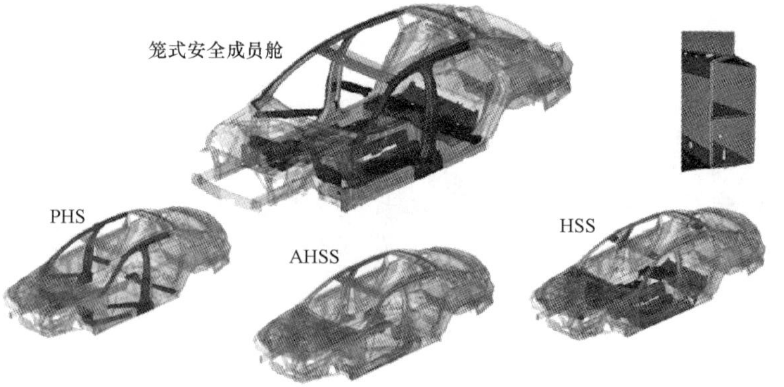

图 5－20　CT6 笼式车身

5.3　美系乘用车轻量化技术发展趋势分析

从这几年的北美车身轻量化技术发展来看，美系车型车身应用较为普遍的轻量化技术包含先进高强钢的应用（内高压成形、热冲压技术）和轻质材料（铝合金为主）的应用。

（1）先进高强钢的应用。

轻量化的路径之一是先进材料或者工艺的应用，用高强钢代替低强度钢，对结构或者工艺进行优化，能够减轻重量，提升性能。福特车型钢材应用比例见图 5－21，可见各车型软钢的应用比例在逐渐减少，高强度钢的应用在提升，先进的工艺采用也在逐步增加。

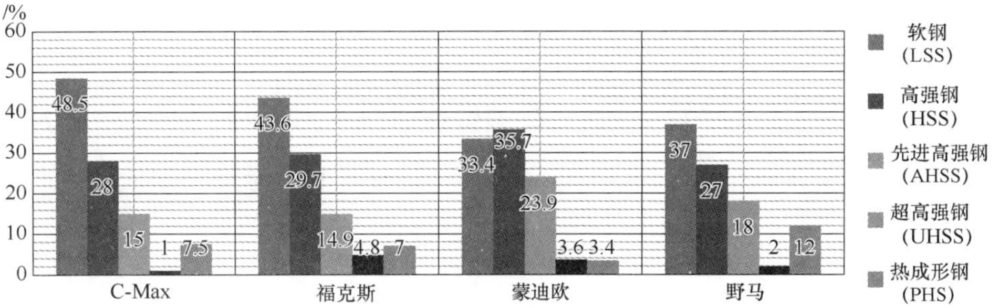

图 5－21　福特车型钢材应用比例

福特车系在一些零件上应用了内高压成形技术和热成形技术，如野马的 A 柱采用内高压成形，蒙迪欧的 A 柱延伸到 C 柱，都采用内高压成形；C－Max 采用的是补丁板热成形技术，福克斯采用的是变截面板热成形技术，野马采用的是激光拼焊板热成形技术。由此可以看出，美系车型对先进材料及先进工艺并不排斥，并能尝试新的成形方式。

（2）铝合金等轻质材料的应用。

福特 F150 车身接近 95%的材料都是铝合金，作为福特的一款销量最大的车型，敢于应用全铝车身，需要一定的战略魄力。全铝车身虽然减重明显，但是铝合金的原材料价格是钢铁的两三倍，消费者后期的维修成本高。需要付出比较高的成本代价，才能实现全铝车身的应用，因此 F150 创新了一些便于维修更换的结构设计。凯迪拉克 CT6 车型属于钢铝混合车身，钢材占比 38%左右，铝合金占比 62%左右。能较好地综合钢和铝的材料特性，加上一些结构的优化，能发挥各自的优势，达到成本、性能和重量的平衡。与欧系车型相比，美系车身的全铝车身开发落后较多，应用也较少。

混合材料的应用也推动了先进连接技术的应用，除了传统的电焊、激光焊接和粘接，还出现了拉铆连接、压铆连接、自冲铆接（SPR，TOX）、自攻螺丝连接（FDS）等连接方式。混合材料的连接方式，也是轻量化车身必须面对的问题。

5.4　小　　结

从近几年美系车型的材料应用情况来看，车身轻量化的趋势倾向于采用混合材料车身。混合材料车身能发挥不同材料的优势，结合零部件的结构属性和性能要求，能赋予材料活力，实现材料和性能的完美契合。将合适的材料应用在合适的位置，方能实现性能最大化，成本最优化和重量最适中。如此这般，才能凸显轻量化的工业魅力。

第 6 章

中国自主品牌乘用车车身技术及轻量化技术发展

中国汽车工业的发展，也是中国工业发展史的一个缩影。2001 年以来，中国汽车自主品牌异军突起，逐渐成长为中国汽车工业的一支重要主力军。近年来，随着国家新能源汽车战略的发布，确定“发展新能源汽车是我国从汽车大国迈向汽车强国的必由之路”的指导思路，为自主品牌汽车发展提供了新的机遇。同时，自主品牌汽车发展对于我国现代化工业的发展以及对相关产业的带动作用都是非常巨大的。自主品牌乘用车发展的不同历史时期也有其自身特点，车身技术作为乘用车的核心技术之一，见证了自主品牌的发展历程。

6.1 中国自主品牌乘用车的开发历史及特点

6.1.1 中国汽车自主品牌发展历程

中国的汽车发展始于 1901 年，当时匈牙利人李恩思首次将美国奥兹莫比尔汽车从香港运到上海，开启了中国大地的汽车史。我国保存最早的汽车是颐和园里慈禧太后的座驾，被誉为“中国第一车”，是袁世凯 1902 年从香港购买赠给慈禧的。1903 年以后，上海陆续出现了从事汽车或零部件销售、汽车出租的洋行。1929 年汽车进口量已达 8 781 辆，世界各国汽车蜂拥而入，1930 年中国汽车保有量为 38 484 辆。但限于当时的国内工业基础和技术实力，一直没有一辆国产汽车。1931 年，张学良主持试制成功中国第一辆汽车——民生牌载货汽车（图 6－1），但受“九一八”事件影响，该车型最终未能量产。

图 6-1　民生牌载货汽车

1942 年，我国著名机械工程专家支秉渊制造了第一辆国产汽车，该车完全由中国人设计制造。但由于战乱环境影响，新中国成立前我国民族汽车工业并未真正发展起来。

1953 年 7 月中国一汽奠基，成为中国汽车工业体系化发展的真正起点。至此，新中国汽车工业走过了 60 年。在中国汽车工业发展的 60 年中，自主品牌狭义乘用车发展历程大致可以分为三个阶段：

（1）1953—1983 年。

1953—1983 年是中国汽车工业的诞生阶段，也是商用车居于绝对主体地位的时代。1956 年 5 月中国第一汽车制造厂（一汽集团前身）试制成功东风牌轿车，诞生了新中国自制的第一部轿车。1958 年，中国第一汽车制造厂将自主制造的“东风牌”小轿车（图 6-2）作为礼物向当时正在召开的党的八大二次会议献礼。

图 6-2　首台东风轿车

同年 6 月北京第一汽车附件厂（北汽集团前身）试制成功井冈山牌轿车，是以大众汽车甲壳虫为蓝本设计的小型轿车，见图 6-3。1958 年 8 月 1 日，第一辆红旗牌高级轿车在长春第一汽车制造厂诞生，见图 6－4。

图 6－3　井冈山牌轿车

图 6－4　红旗牌轿车

1958 年 9 月上海汽车配件厂（上汽集团前身）试制成功凤凰牌轿车（图 6–5），1964 年 2 月凤凰牌更名为上海牌。1974 年，经过局部改进的上海 SH760A 车型推出，年产能力最终达 5 000 多辆。上海牌轿车是 20 世纪 60 年代除红旗轿车之外唯一批量产销的国产轿车，如图 6－6 所示。

图 6－5　凤凰牌轿车

图 6－6　上海牌轿车

（2）1984—2000 年。

1984 年 1 月，中国汽车行业第一个中外合资企业——北京吉普汽车有限公司成立，中国汽车工业以合资合作和自主发展两种形式双管齐下，逐步形成了以乘用车为主体的中国汽车工业发展格局。

1984—2000 年，我国汽车工业进入开放合作、加速发展的阶段，先后诞生了上海大众、南京菲亚特等合资公司。这个时期内自主品牌乘用车开始真正起步。1998 年，吉利汽车推出首款豪情轿车（图 6－7），1999 年奇瑞汽车推出风云系列轿车（图 6－8），自主品牌艰难创业，在合资品牌的夹缝中求生存，并逐渐发展壮大。

（3）2001 年至今。

2001 年之后是中国自主品牌汽车的崛起阶段，随着长城汽车、比亚迪、一汽奔腾、长安汽车、上汽荣威、东风风神等车企纷纷进入乘用车领域，自主品牌汽车产销量迅猛增长，日益成为中国汽车工业不容忽视的一支新生力量。2001 年，自主品牌乘用车仅 16 万辆，2017 年则达到了 1 084.7 万辆，市场份额达到 43.9%。在自主品牌的发展初期，大多使用逆向研

图 6-7　吉利豪情轿车

图 6-8　奇瑞风云轿车

发的方法，产品多半使用合资品牌过时的技术，品牌上也处于劣势。近年来，长安、长城、吉利、上汽和广汽等自主品牌的品牌力逐渐攀升，受到市场的逐步认可，对自主品牌稳定乘用车总体市场份额有重要的支持作用。长城 WEY 系列、吉利领克、广汽 GS8 等自主品牌车型占领中高端市场，使自主品牌摆脱了低端、劣质的品牌形象，为品牌进一步向上发展奠定了基础。在这个竞争激烈的汽车市场，近几年来自主品牌车企真正开始崛起了。

6.1.2　国产乘用车市场份额变化

自主品牌在过去 10 年里经历了两个发展阶段：2009 年至 2013 年，合资品牌进入中国市场，从技术到市场全面的差异，造成自主品牌不断受挫，市场份额逐渐萎缩到 2014 年的最低点 38.2%；自 2015 年开始，自主品牌的市场份额进入了新的反弹期，见图 6-9。面对市场份额逐步萎缩的现状，自主品牌选择以 SUV 产品作为突破口，尤其是紧凑型 SUV 这个合资品牌尚未发展成熟的领域，迎合消费者对于外形宽大、配置和驾驶舒适性的需求，逐步提升市场份额。此阶段的标志性车型为长城哈弗 H6，成为爆款车型，为自主品牌快速发展奠定了基础。

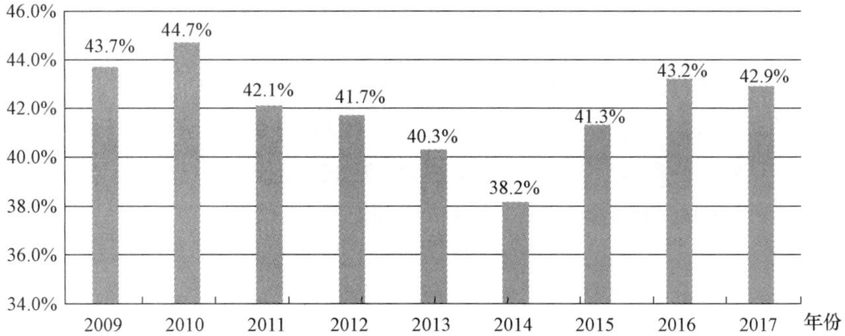

图 6-9　中国自主品牌乘用车市场份额

6.1.3　国产乘用车整车性能变化趋势

自主品牌发展初期，以模仿和逆向开发为主产品开发模式，缩短开发周期，加快产品的上市步伐。但汽车产品的消费升级，以及企业品牌向上的内在驱动，使得汽车产品性能开发越来越受到重视。中国汽车工业发展环境的改善，使自主品牌设计和制造高性能的汽车产品成为可能。在这个过程中，自主品牌汽车的性能表现也见证了产业的发展历程。乘用车的性能包括安全、可靠、动力性、燃油经济性等。以下基于行业的公开数据，对国产乘用车整车安全性、燃油经济性、动力性和整车重量趋势等方面进行分析。

（1）安全性趋势。

乘用车安全性的表征，除了国内汽车公告的强制性安全法规（GB 20071 等）外，C－NCAP（China－New Car Assessment Program，也称中国新车评价规程）是国内最具代表性的汽车安全性能评价标准之一。C－NCAP 借鉴了欧洲 Euro－NCAP 的碰撞标准，通过测试让消费者直观地了解汽车的安全性能，引导汽车厂家不断提升汽车安全技术。

C－NCAP 创立于 2006 年，至今共发布了 5 个版本，最新《C－NCAP 管理规则（2018 版本）》于 2018 年 7 月实施。在前 4 次的版本执行期内，共对近 1 000 款车型的碰撞安全性进行了测量，并公开了相关的数据。图 6－10 为自主品牌与合资车型历年 C－NCAP 五星安全占比情况对比。由图可知，自主品牌的五星安全车型占比总体是逐年增加，但趋势的变化也与各阶段法规安全性要求的特点高度相关。每逢新法规版本的升级，自主车型的五星安全占比都呈现一次明显的下跌，然后经过 1～2 年的技术适应期，又逐步跟上行业的趋势，在 2015 年甚至超过合资品牌的五星安全。

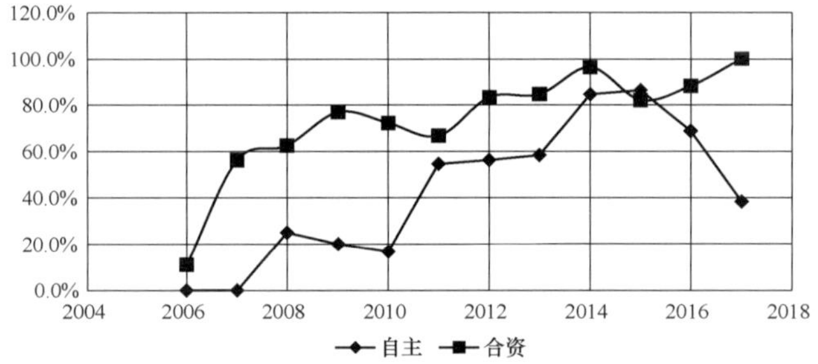

图 6－10　自主品牌与合资车型历年 C－NCAP 五星安全占比情况（注：依据 C－NCAP 官网数据整理）

图 6－11 给出了不同法规版本下，国内自主品牌与合资品牌乘用车的五星安全占比情况对比。2006 版法规颁布时，国内汽车安全设计处于起步阶段，设计和用材水平也处于较低阶段，因此也是安全性与合资品牌差距最大的阶段。在随后的 C－NCAP 版本升级后，自主品牌也很快适应了法规的改变，并逐步缩小与合资品牌的差距，越来越多的自主品牌车型都获得了五星的成绩。2015 版规则出台之后，相比 2012 版规则，增加了至少 3 分的难度，合资与自主车企五星安全占比均有所下降，行业正值适应期。

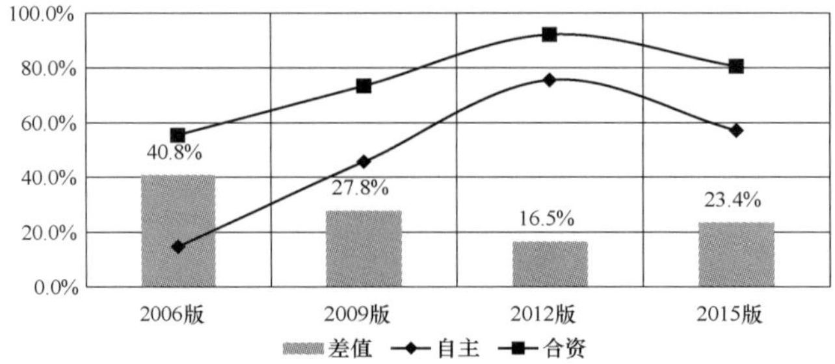

图 6－11　不同版本法规下自主品牌与合资品牌 C－NCAP 五星安全占比情况
（注：依据 C－NCAP 官网数据整理）

与 2015 版规则相比，2018 版规则评价体系发生较大改变，由之前的车辆乘员被动安全保护性能评价拓展到对车外行人的保护性能和车辆主动预防安全性能评价，全面覆盖车内外主、被动安全要求，并新增对于纯电动及混合动力车型的评价，即将实施的 2018 版规则对整个行业都将是一个巨大的挑战。

（2）燃油消耗量趋势。

根据国内研究机构的研究结果，国产企业（自主品牌企业和国产合资企业）中，2006—2016 年合资企业年平均油耗下降幅度为 2.2%，而自主品牌企业年平均油耗下降幅度还不足 1%，尤其是 2013－2016 年自主品牌企业的油耗不降反升，如图 6－12 所示。

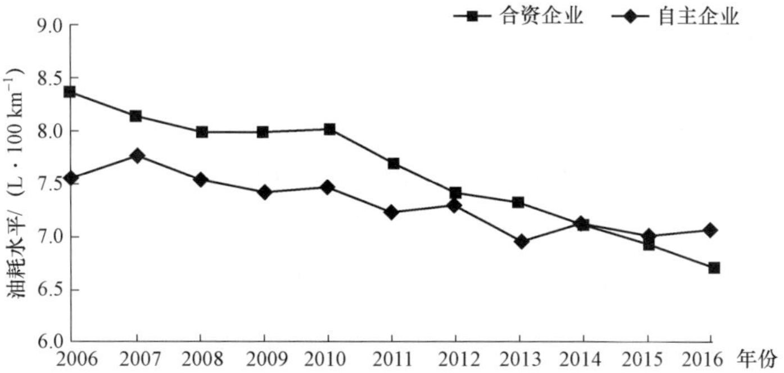

注：不包含 NEV 优惠核算，仅计算传统车的平均油耗。

图 6－12　2006—2016 年自主品牌企业与合资企业平均燃料消耗量发展趋势

油耗下降缓慢最主要原因是乘用车大型化导致整备质量的持续增加，2009—2016 年，国产车平均整备质量增加了 163 kg，增幅大约为 13%，其中自主品牌企业整备质量增加了约 258 kg（增幅约 22%），如图 6－13 所示。按照每增加 100 kg 质量，油耗将增加 0.3～0.6 L 计算，整备质量的上涨将导致国产车平均油耗增加 0.5～1 L，自主品牌企业平均油耗增长 0.7～1.5 L，节能技术提升导致的油耗下降被整备质量的上涨所吞噬。

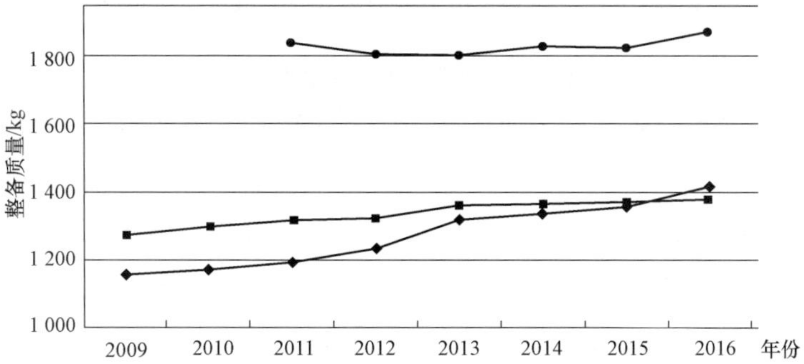

图 6－13　2009—2016 年乘用车平均整备质量发展趋势

在车型节能降油耗的技术升级方面，通过可变气门、增压技术、缸内直喷及高挡位数变速器等的应用，车型在油耗降低方面取得了显著成果。以奇瑞瑞虎 3 手动挡车型为例，2009 款车型的油耗为 8.0 L/100 km，而 2015 款已降到 6.7 L/100 km，见图 6－14。

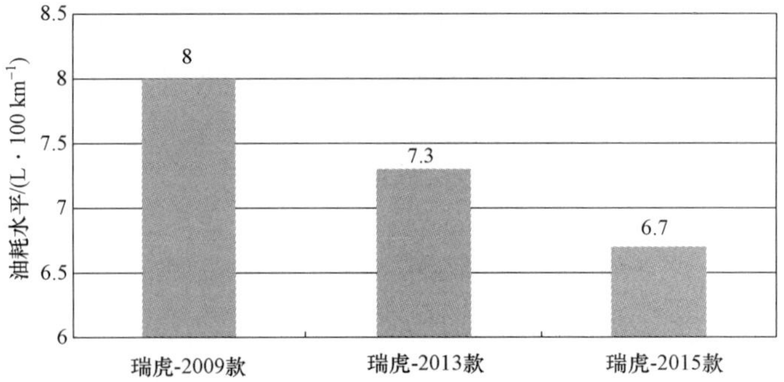

图 6－14　奇瑞瑞虎 3 手动挡车型不同款型燃油消耗量变化情况

（3）动力性变化趋势。

汽车动力性是指汽车在良好路面上直线行驶时由汽车受到的纵向外力决定的，所能达到的平均行驶速度，是汽车的基本性能之一，主要的评价指标是 0～100 km/h 加速时间。汽车动力性的影响因素主要包括发动机的功率和转矩、传动系参数、整备质量、轮胎尺寸与形式等。图 6－15 为历年自主品牌紧凑型车 0～100 km/h 加速时间，由图可知，近 8 年的时间，自主品牌车型 0～100 km/h 加速时间降低了 30%，而合资品牌仅降低了 13.6%。

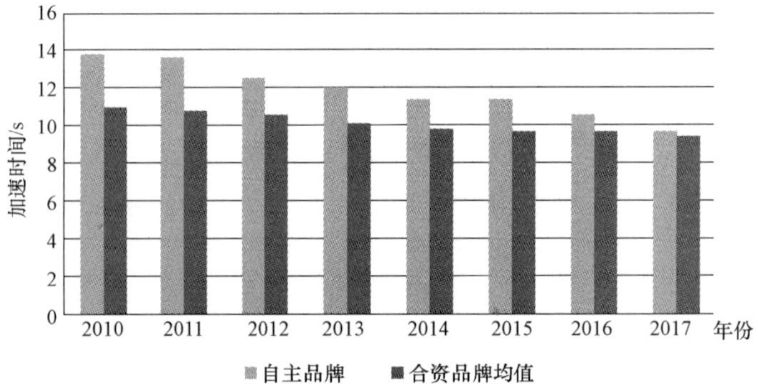

图 6－15　历年自主品牌紧凑型车 0～100 km/h 加速时间

国产乘用车性能的提升得益于发动机功率的持续增加。2009—2016 年合资企业与自主品牌企业的平均额定功率分别增长了 17 kW 和 33 kW，如图 6－16 所示。

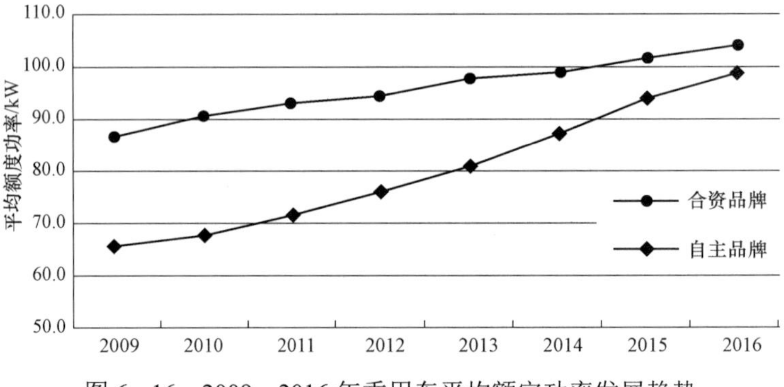

图 6－16　2009—2016 年乘用车平均额定功率发展趋势

（4）重量趋势。

重量的趋势采用名义密度的评价指标。为了减少重量分析的影响因素，所选样本为手动变速器车型，约 8 000 个样本。样本的范围覆盖了 2005—2017 年间在中国市场销售的自主品牌和合资品牌车型（其中合资品牌包含少量进口车型；B 级车和 SUV 车型部分年份样本空缺）。

图 6－17 为 2005—2017 年各级别乘用车名义密度的变化情况。由图可知，近几年车型的名义密度变化趋势是先增加后降低，从 2009 年开始，汽车的名义密度呈现下降趋势，2013 之后，轻量化的趋势又进入新的瓶颈期。

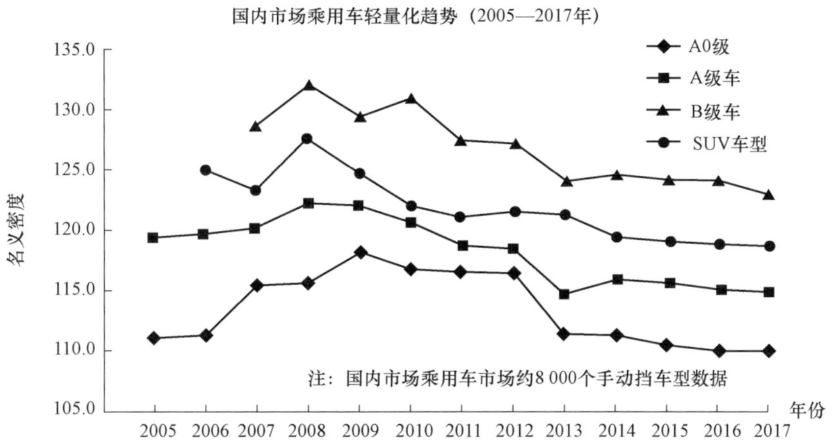

图 6－17　2005—2017 年各级别乘用车名义密度的变化情况

6.2　典型中国自主品牌乘用车车身技术及轻量化技术演变

6.2.1　国内乘用车车身轻量化趋势

对于乘用车的白车身，轻量化的主要变化方向是钢制车身→钢铝混合车身→全铝车身→全碳纤维车身，见图 6－18。传统软钢材料逐渐减少，新型高强度钢、铝合金和碳纤维等新材料将逐步得到应用。根据产品的定位不同，各汽车企业将选择适合自己的车身轻量化技术路线。

车身轻量化系数是评价白车身轻量化水平的一个重要指标。近年来，随着车身高强度钢、铝合金的应用，行业的车身轻量化水平也在不断提高。由于 SUV 和轿车的车身结构特点存在差异，将它们的车身轻量化系数分开对比，图 6－19 和图 6－20 分别给出了这两种车型历年欧洲车身会议和国内车身会议的车型平均车身轻量化系数。总体来看，不论是轿车还是 SUV 的车身轻量化系数均呈逐年降低趋势，但与国外相比，整体上还有 5%～10% 的差距。

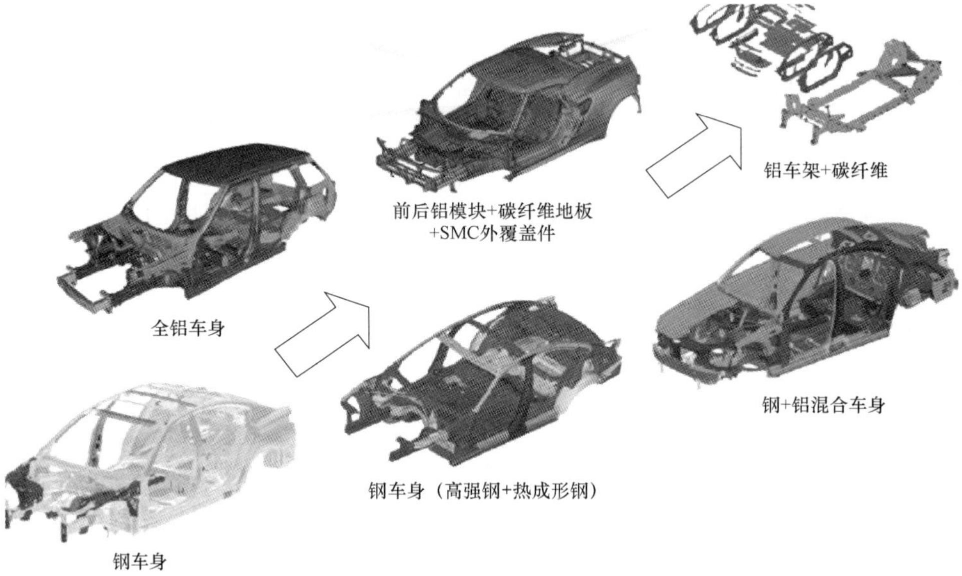

图 6－18　白车身的总体轻量化发展路线

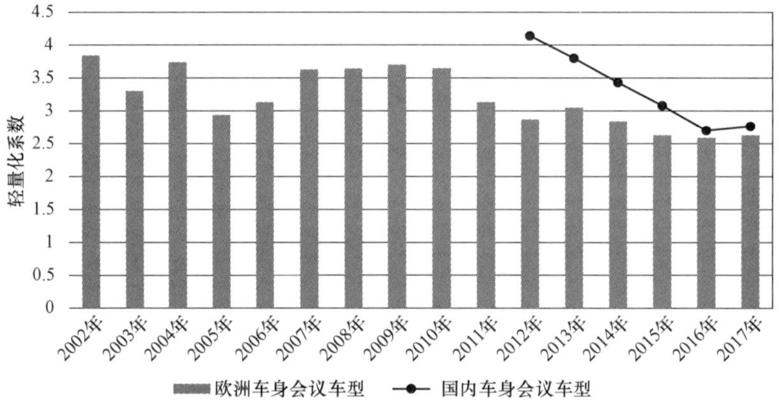

图 6－19　历年欧洲及国内车身会议轿车车身轻量化系数

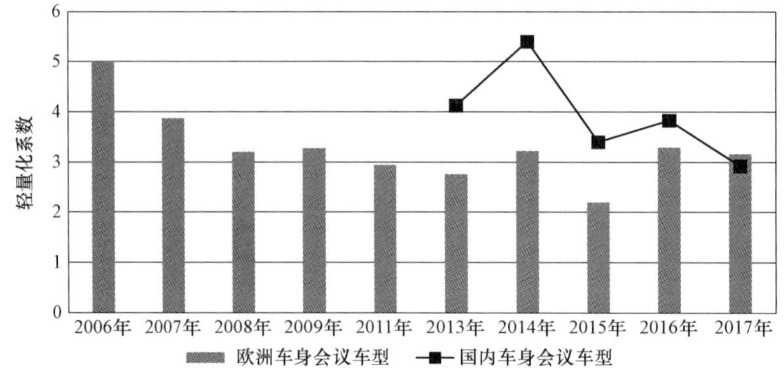

图 6－20　历年欧洲及国内车身会议 SUV 车身轻量化系数

6.2.2　轻量化设计

乘用车的轻量化设计主要包括车身结构和底盘关键零部件的轻量化设计。由于乘用车车身结构重量占整车重量的比例高，有较大的减重空间，因此，近年来针对车身结构轻量化设计方法的研究越来越多。

（1）轻量化设计方法概述。

目前，汽车结构的轻量化设计方法主要有：有限元方法、单一目标优化设计方法、多目标优化方法、多学科协同优化方法、拓扑优化、尺寸优化、参数化轻量化设计方法等。其中有限元和灵敏度分析方法是应用最多、技术相对最成熟的轻量化设计方法，其他方法从目前国内外关于汽车结构轻量化设计研究文献上看还处于探索阶段。

车身参数化设计方法近年在国内正成为轻量化设计新的热点，这主要是由于汽车结构复杂，轻量化设计必须同时满足强度、刚度、NVH、结构安全性和耐久性等多个性能指标要求，传统的结构轻量化优化设计方法，无法满足对汽车零部件多性能目标优化的需要，限制了在汽车结构上充分挖掘减重的潜力。

长安汽车与吉林大学应用参数化模型，采用拓扑驱动的方法快速方便地实现了几何模型的建立和修改。同时对多种设计方案进行快速结构拓扑布局与优化评估，通过对结构形状、拓扑、材料、厚度等方面的优化来实现整车轻量化的目的。采用少数变量控制大量参数变化的技术，使得多参数优化后台自动运行变为现实。图 6－21 为长安汽车某车型白车身全参数化模型。

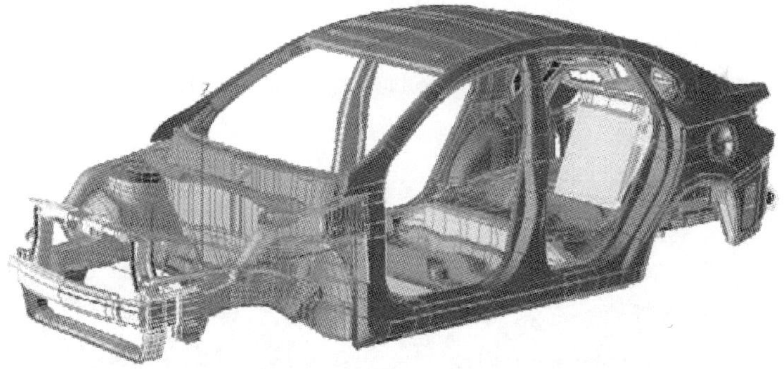

图 6－21　长安汽车某车型白车身全参数化模型

吉利汽车采用隐式参数化设计方法开展了某车型的轻量化车身优化设计，通过优化分析，在获得优化模型的模态及刚度性能与基准模型基本一致的前提下，实现刚度 0.36%的提升，白车身减重效果达到 6.31%。

华晨汽车也开始应用优化算法及参数化建模，研究基于平台化开发的轻量化设计方法，以及多学科综合优化方法，并成功为 M8X 平台的车身减重 35.83 kg。此外，奇瑞、长城、众泰等国内车企也相继开展了参数化多目标的优化工作。

综上所述，车身结构轻量化优化技术已经取得显著进步，从传统优化设计中仅限于基于刚度、强度或模态单一准则优化发展到考虑结构耐撞性优化在内的多学科优化设计，从对车身单一零部件的分析和优化发展到对白车身乃至整车进行结构优化。

（2）平台化设计。

成本是决定产品竞争优势的重要因素之一，对于市场竞争日趋激烈的汽车产业来说，极度追求规模效应的目的也在于此。为了充分发挥大规模制造带来的成本节约优势，平台化模式在汽车行业率先得到了应用，而产品的平台化制造则以产品的平台化设计开发为基础。平台化的核心在于实现不同产品间零部件的通用。

早在 20 世纪 80 年代，一些跨国汽车企业就提出了汽车产品平台的理念，强调在同一平台内应用一些固定的零部件组合，同平台的不同车型之间具有相似的结构与配置，从而为产品的设计与生产带来便利。全球车企也相继发布自己的平台，如大众的 MQB 平台和丰田的 TNGA（Toyota New Global Architecture）平台等。

与传统开发模式相比，平台化模式具有节约开发成本、分摊制造和采购成本、产品衍生能力强、新品开发时间短、质量更易保障等优势。以大众为例，采用 MQB 平台产生的效果，零部件成本降低 20%、投资成本降低 20%、制造时间减少 30%。但平台化也存在一定的缺点，如约束造型、提高初始开发成本、降低灵活性等，也不利于后续车型的轻量化开发。

国内车企也顺应汽车市场的发展，吉利、奇瑞和东风等也纷纷推出自己的平台化底盘和车身。

吉利 CMA 平台：是由沃尔沃汽车主导，与吉利汽车联合开发的，于 2016 年 5 月发布。CMA 平台是沃尔沃继 SPA（Scalable Platform Architecture，可扩展的平台架构，中型车平台）之后又一整车平台架构，延续后者灵活性、可调整性和高兼容性的特征。CMA 平台能根据设计需求改变车身基础参数，推出不同尺寸、功能的车型，并可以适应不同的动力系统，沃尔沃全新 XC40 便是出自这一平台。吉利汽车全新的 LYNK&CO 品牌旗下的相关车型均是 CMA 平台的产品。LYNK&CO 品牌目前已经规划多款车型，这些产品均与沃尔沃共享 CMA 模块化平台，如图 6－22 所示。

图 6－22　吉利汽车 LYNK&CO 及 CMA 平台

奇瑞 T1X 平台：是奇瑞进入战略 2.0 时代后，遵循 V 字形正向开发流程打造的平台，融合奇瑞建立正向开发流程中的技术储备，形成了先进的平台架构和柔性带宽优势。在等轴距条件下，T1X 平台开发的产品拥有更好的前后排头部空间，以及较高的离地间隙、接近角和离去角，空间利用率更高的同时也保证了较好的越野性能。此外，与竞争品牌车型的平台相比，T1X 平台还具备柔性带宽的优势。例如，T1X 平台的轴距带宽在 2 560～2 800 mm，离地间隙在 145～190 mm，乘坐空间可根据不同需求灵活运用，能够生产 5～7 座车型，在车型灵活开发方面达到目前自主品牌平台的最高水平。奇瑞 T1X 平台开发的首款车型为瑞虎 7，荣获了 2016 年度中国车身轻量化会议一等奖。图 6－23 为奇瑞 T1X 平台车身的平台化示意图。

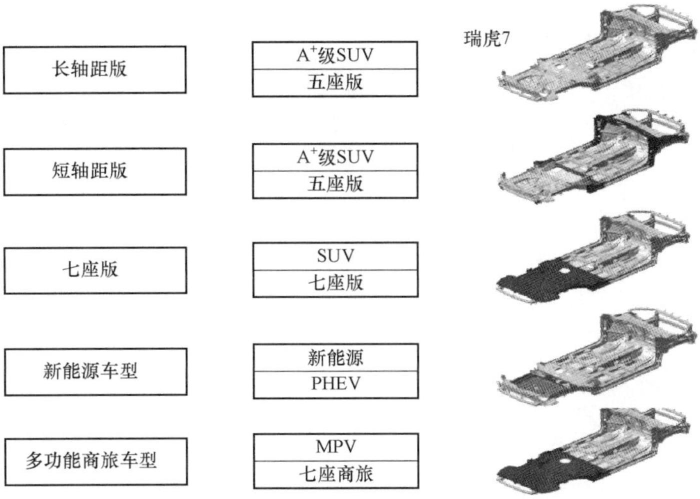

图 6－23　奇瑞 T1X 平台车身的平台化示意图

东风汽车 DF1 平台：是东风与 PSA 共同研发的平台，该平台可生产 3 种轴距（2 540～2 650 mm）、3 种轮距（1 485～1 555 mm）的车型，产品可覆盖两厢/三厢轿车和 SUV 车型，并且平台部分通用化率在 80%以上。东风计划在 2019 年至 2021 年期间基于该平台打造中型车、多功能旅行车、小型 SUV 和紧凑型 SUV 四款车型。图 6－24 为 DF1 平台升级及车型谱规划，首款车型 AX4 已上市销售。

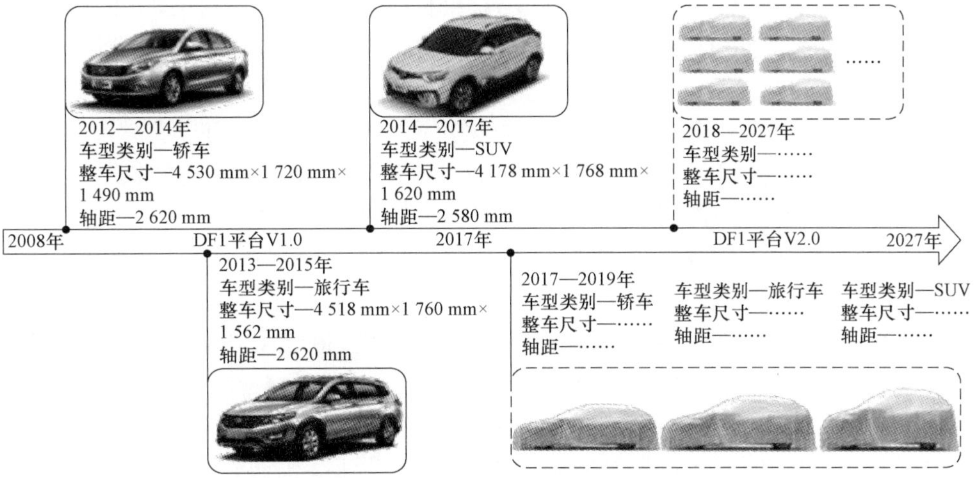

图 6－24　DF1 平台升级及车型谱规划

（3）环状路径设计方法。

目前国内的车身轻量化设计方法，主流的为传统有限元优化和参数化，多家车企也建立了平台化的设计理念，也包括前述章节介绍的环状路径车身的设计理念。图 6－25 为国内部分融入“环状路径车身”设计理念的车型。

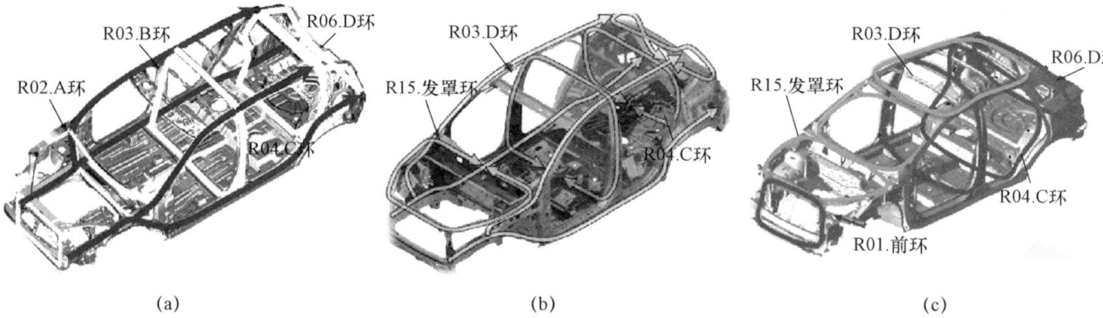

图 6－25　国内部分融入“环状路径车身”设计理念的车型

（a）2015 款上汽名爵锐腾；（b）2015 款奇瑞瑞虎 7；（c）2016 款北汽绅宝 X55

6.2.3　轻量化材料应用

随着国内汽车工业和轻量化技术的不断发展，汽车车身用材也在不断地发生变化。传统冷轧低碳钢的应用比例在逐渐缩小，高强钢、先进高强钢、热成形钢、铝型材、铝板、压铸铝、镁合金等材料的应用比例呈快速增长趋势。每种材料都有其长处和短板，有些材料是成本较高，有些材料是成形性能不足，有些材料难以满足轻量化目标要求，还有些材料对连接和涂装工艺的要求较高。如何实现“合适的材料用在合适的地方”，就需要系统的轻量化设计方案和材料及工艺规划。随着设计水平和工艺技术能力的发展，预计未来车身材料将呈现钢、铝、镁、碳纤复合材料等多种材料共存的局面，充分发挥多种材料各自的优势。

6.2.3.1　高强钢的应用

采用高强钢替代低强度钢板可以实现减薄板材厚度和轻量化的目的，并能同时保证汽车的碰撞安全性。高强钢凭借高性价比、成熟的设计和制造工艺，成为车身轻量化材料的首选。在减重、节能、提高安全性、降低排放等方面展现了良好的应用前景和竞争力。高强钢主要应用于车身结构件和碰撞安全件上，这些位置采用高强度钢板不仅可以有效实现轻量化，还能够降低成本，并且在提升车身安全性能等方面也有突出贡献。除车身结构件、安全件用材高强化外，国内自主品牌外覆盖件也逐步开始使用高强钢实现轻量化。

近年来，国内自主品牌乘用车高强钢以及超高强钢（含热成形钢）的应用比例持续增加，图 6－26 展示的是 2012—2017 年国内自主品牌典型车身高强钢应用情况（传统燃油车）。从图中可以看出，2012 年高强钢的应用比例不足 50%，2016 年高强钢应用比例已超过了 60%，2017 年达到了 65%以上，接近合资品牌高强钢应用水平。相对于镁铝合金材料，高强钢的成本、性能和技术成熟度优势明显，在可预见的未来，高强钢依然是车身的主要材料。预计 2018 年高强钢应用比例将持续提高，普通软钢比例将下降，车身高强钢的比例将在 2020 年达到 75%左右。

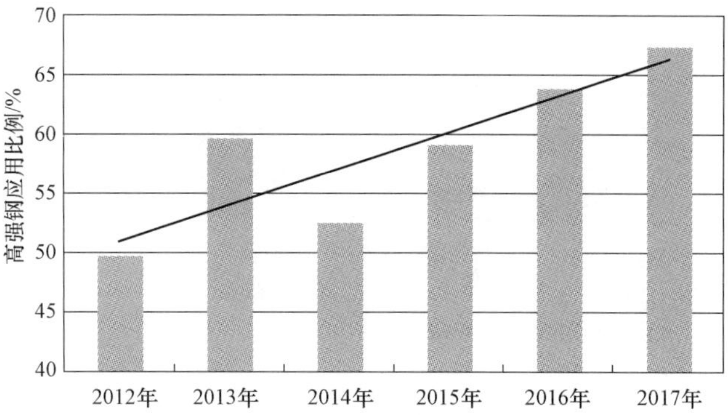

图 6-26　2012—2017 年国内自主品牌典型车身高强钢应用情况（传统燃油车）

此外，在普通高强钢、先进高强钢、超高强钢（含热成形钢）的应用方面，自主品牌车型已接近国外车型的应用水平。

典型车型高强钢应用案例如下：

（1）北汽绅宝 X55 车型高强钢应用。

北汽目前车身高强钢应用比例已达 55%以上，新开发车型已达到 60%以上。达到行业应用的先进水平，且超高强钢（热成形钢）应用比例越来越高。图 6-27 为北汽绅宝 X55 车型，其中热成形件用量达到 11 件，单车减重 20 kg 以上，且实现了成本的降低。

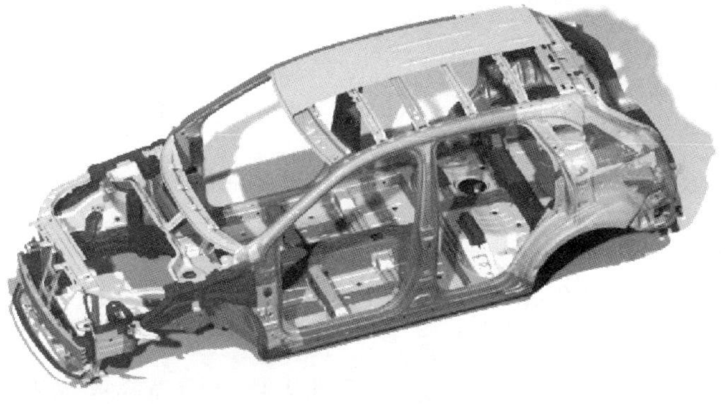

图 6-27　北汽绅宝 X55 车型高强钢应用

热成形材料是近年来北汽车身轻量化应用的重点材料，未来新车型上用量将进一步增加，达 20 件以上，实现车身轻量化。

此外，北汽率先与宝武集团验证成功绿色成本热成形材料，此种材料在实现轻量化的同时，将进一步降低成本。

（2）奇瑞瑞虎 7 高强钢应用。

奇瑞公司目前车身高强钢应用比例已达 50%以上，与外资高端品牌车身高强钢水平的差距逐渐缩小，且高强钢的强度级别越来越高。图 6-28 所示为奇瑞瑞虎 7 的高强钢应用。车身通过高强钢应用实现减重 7.1 kg，同时保证了 C-NCAP 五星水平。

（3）长城 H6 高强钢应用。

作为长城汽车乃至国内汽车市场的明星车型，H6 一直以来都是被关注的重点，该车型是长城公司在新的平台下开发，于 2011 年在天津滨海区批量生产的，其用材可以代表长城汽车

图 6－28　奇瑞瑞虎 7 高强钢应用

2010 年前后的用材水平，该车型覆盖件大量选用 180 MPa、220 MPa 烘烤硬化钢取代了传统的低碳软钢，实现了 10%以上的减重。防撞梁等安全件大量选用了 590 MPa、780 MPa 的 DP 钢等先进高强钢；车门防撞梁选用了 1 200 MPa 以上的超高强钢；车身高强钢的比例达到 60%以上，整车平均屈服强度在 300 MPa 以上，高强钢的应用确保整车通过了 C－NCAP 五星安全要求。车身用钢的统计如图 6－29 所示。

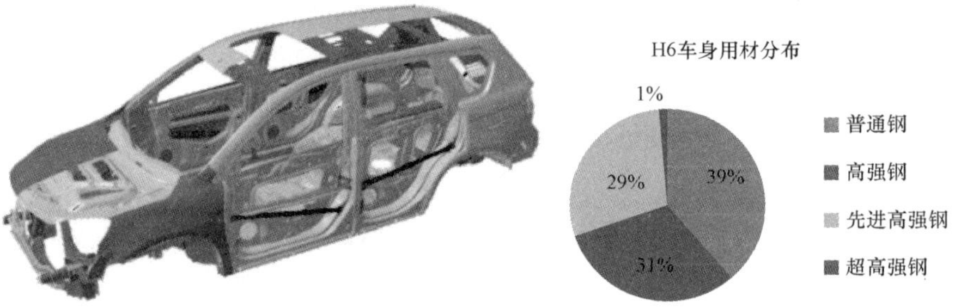

图 6－29　长城 H6 车身结构及车身用材分布（见彩图）

（4）风神 AX4 高强钢应用。

风神 AX4 作为一款以泛 90 后人群为目标用户，定位时尚的小型 SUV，首先在外观上极尽个性与时尚。风神 AX4 采用 DF1 平台设计，该平台设计及车型型谱规划白车身重 440.2 kg，轻量化系数为 3.65。车身除覆盖件外大量采用高强度钢板，关键部位采用超高强度钢板。普通高强钢/先进高强钢/超高强钢比例合计达到 65%，见图 6－30。

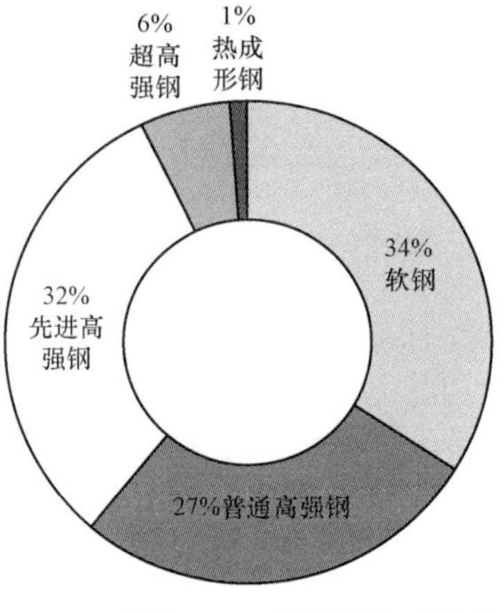

图 6－30　风神 AX4 车身用材占比情况

6.2.3.2　车身铝合金的应用

与国外和合资品牌相比，自主品牌在铝合金车身技术上刚刚起步，还存在明显的差距。国外的车身用材已发展至多材料混合，铝合金应用从过去的豪华车型向中低端车型扩展。自主乘用车品牌大多已开展铝合金应用技术的研究，部分已开始尝试应用。

近年来，随着新能源汽车市场占有率越来越大，国内自主品牌汽车铝合金材料的应用显著增多，除典型的铝合金挤压型材（防撞梁）的批量应用之外，在新能源汽车的全铝车身骨架、铝合金冲压汽车板、铝合金减震塔等方面均实现了突破和批量应用。

国内乘用车铝合金用铝基本在 7%～10%，与美国目前的 9%～10%的差距并不是非常明显。随着新能源汽车的发展，国内自主品牌的铝合金用量未来将显著提升。图 6－31 为 2018 年北京车展各类车型的车身铝合金应用情况和售价。新能源汽车应用铝合金轻质材料的比例高，从 A00 级到 C 级均有大量应用，A00 级用铝主要为框架式车身，白车身材料以铝型材为主，外覆盖件使用非金属复合材料。传统乘用车的铝合金应用集中在中高端车型，自主品牌中端车型有部分应用铝合金发盖，外资高端车型采用铝合金多材料车身，售价在 40 万元以上。越野车铝合金的应用相对较少，但比例在上升，比如 2018 年，全新牧马人的开闭件就使用了铝合金。

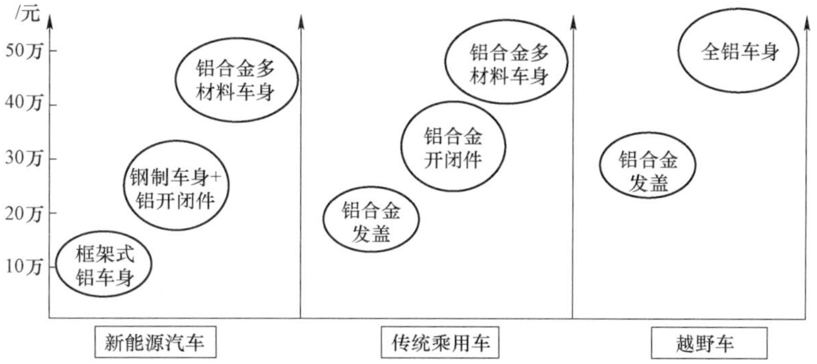

图 6－31　2018 年北京车展各类车型的车身铝合金应用情况和售价

自主品牌典型车型铝合金应用如下：

（1）奇瑞小蚂蚁铝合金应用。

奇瑞小蚂蚁通过铝型材 MIG 焊接，形成车身主体框架，如图 6－32 所示。其挤压型材主要选用空心材和心部增强结构，除了重量轻、刚度高以外，耐腐蚀性能也非常优异。

图 6－32　奇瑞小蚂蚁全铝车身主体框架

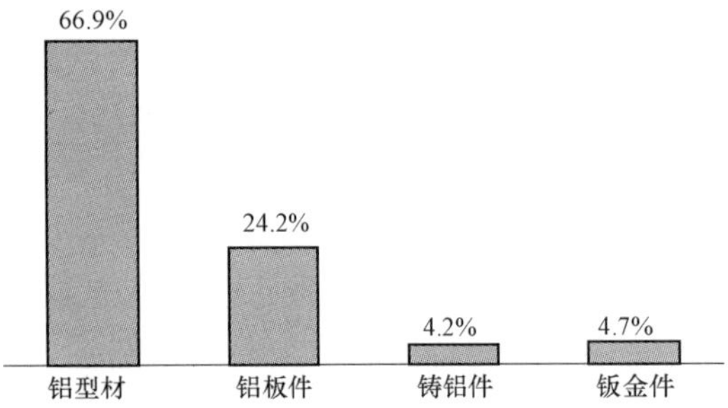

图 6－33　奇瑞小蚂蚁车身用材比例

相比于钢制车身，采用框架式铝合金车身可减重 110 kg，轻量化减重达 40%。车身用材比例如图 6－33 所示，铝型材的比例达 66.9%，铝板材占 24.2%，其余为少量铸铝件和钣金件。小蚂蚁车身采用了复杂断面设计、高强度铝镁合金挤压成形、3D 空间精密弯曲、激光组合焊接等技术。车身骨架重 94.4 kg，扭转刚度 13 000 N • m/（°），轻量化系数达 3.1，并且具有良好的碰撞性能表现。

此外，小蚂蚁创新应用了先进、独特的制造工艺，简化了传统冲焊涂总四大流程，如图 6－34 所示，主机厂仅负责焊装和总装，减少了厂房建设和工装投入。先进的设计理念和材料应用，实现了性能和成本的双重保障。

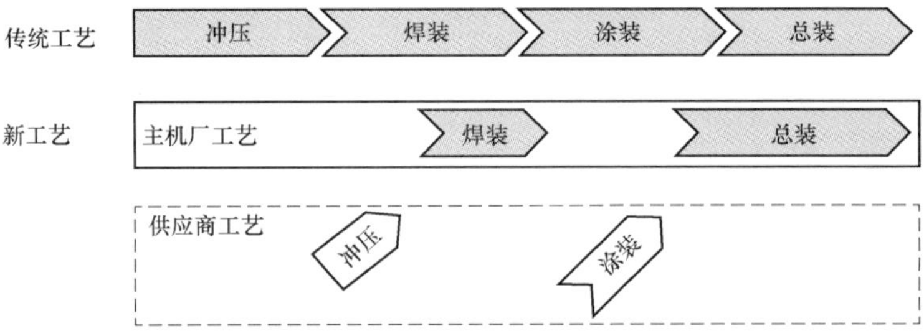

图 6－34　奇瑞小蚂蚁制造流程

（2）铝合金板材车身——蔚来 ES8。

蔚来 ES8 是国内首款采用铝合金板材的全铝车身，如图 6－35 所示，车身设计以轻量化绿色环保为导向，车身上铝材的使用率高达 96.4%，成为全球量产的全铝车身中铝材应用量比例最高的车型。白车身重 335 kg，扭转刚度 44 140 N •m/（°），白车身轻量化系数为 2.02。

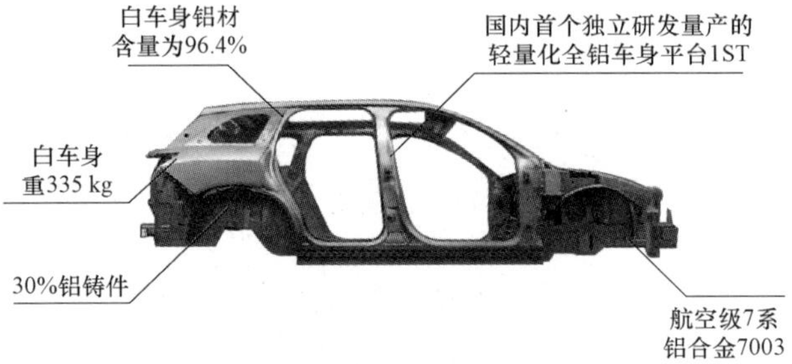

图 6－35　蔚来 ES8 全铝车身

图 6－36 为蔚来 ES8 白车身用材示意图，从图中可以看出，ES8 白车身以铝板材为主，减震塔和后纵梁为压铸铝合金，横梁和部分结构件采用铝型材。另外，ES8 的前端结构采用了镁合金，其工艺为高压铸造，相对于铝合金结构可减重 30%左右。

ES8 通过全铝车身的应用，整车能耗降低 8%～10%，污染物排放量减少 7%；刹车距离减少 3 m，动能降低 10%；百公里加速时间减少 0.5 s，有效负载增加 130 kg。

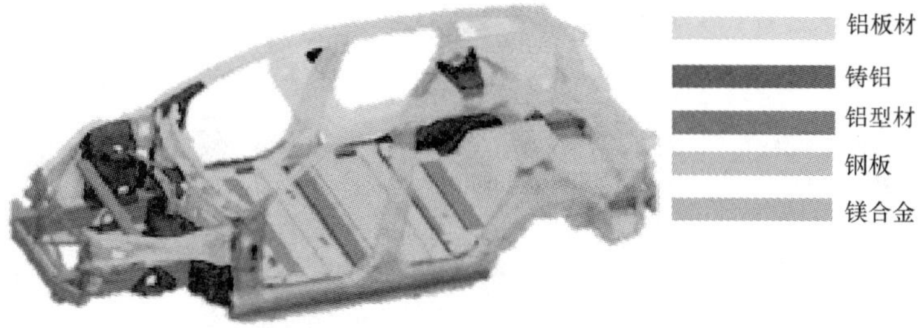

图 6-36　蔚来 ES8 白车身用材示意图（见彩图）

（3）长城 VV7 铝合金发盖。

在轻量化和行人保护的双重要求下，目前国外 50%以上发动机盖外部采用铝板，国内铝合金发盖的应用也在逐渐增多。随着国内车企的主力车型由中低端的经济性车型向中高端车型转移，整车成本接受能力逐步提升。上汽、吉利、长城等主机厂也纷纷对铝合金发盖进行研发和应用，如荣威 950、吉利 TXN、长城 WEY 等车型也都选择应用铝合金发盖。

长城 VV7 铝合金发盖如图 6-37 所示。其牌号主要为外板 6016-T6，内板 5052，内外板可实现减重 45%。

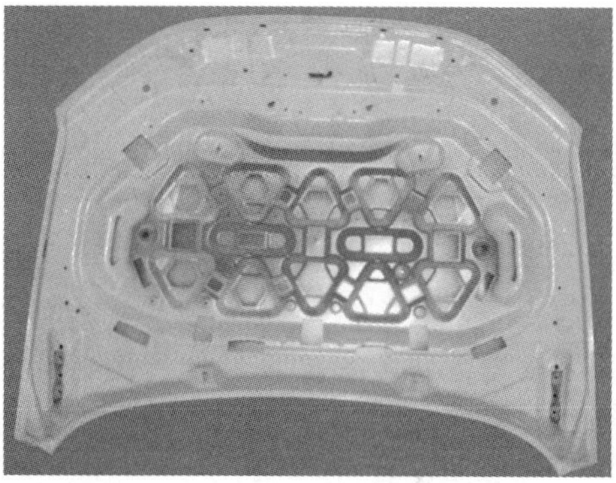

图 6-37　长城 VV7 铝合金发盖

铝合金板的材料性能与深冲压钢板有很大的差异，主要表现在延伸率小、弹性系数小、卷边性能差等，因此在冲压成形时材料的流动难以控制，板材的应力应变分布不均匀，易产生起皱、滑移线和裂纹。目前，随着铝合金材料性能的提升和冲压技术的进步，铝合金覆盖件的应用已经形成了完善的数据、理论和工艺技术能力，自主品牌铝合金发盖的应用呈明显增长趋势。

（4）长安 CS55 铝合金防撞梁。

铝合金型材在车身上的应用，一般是从铝合金防撞梁开始的，这是因为：一方面防撞梁需要较优异的吸能性能，而铝合金的吸能效果较好；另一方面，防撞梁易于采用铝合金挤压成形，是目前铝合金应用较为成熟的零件。

长安 CS55 采用了铝合金前防撞梁，如图 6-38 所示。相对于原钢制部件，铝合金前防撞梁减重 1.5 kg，轻量化减重幅度达 37%。同时，经仿真分析和实车碰撞试验验证，铝合金前防撞梁的碰撞性能与钢制方案相当。

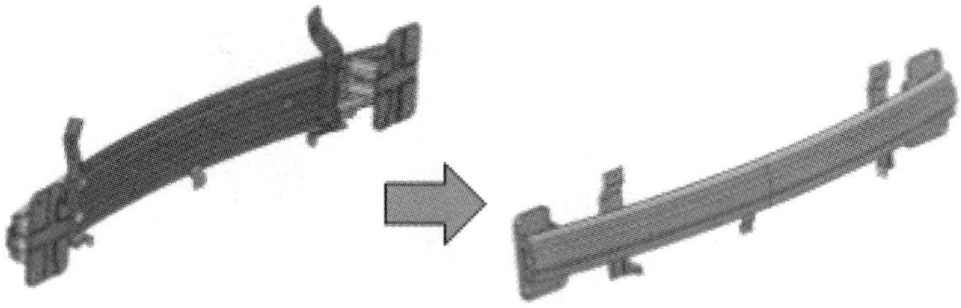

图 6-38　长安 CS55 前防撞梁钢制和铝合金方案

铝合金保险杠横梁具有重量轻、强度高、碰撞吸能性好等优点，目前，铝合金保险杠横梁典型截面形式有“日”“口”“目”“田”等结构，如图 6－39 所示。

图 6－39　不同铝合金保险杠横梁的截面结构

受限于铝合金的材料成本、制造工艺等，传统乘用车在铝合金车身、铝合金冲压汽车板等方面的广泛应用还尚未形成主流趋势。但随着铝合金挤压防撞梁的成本逐步降低，铝合金防撞梁逐步在更多车型上实现了量产应用。

6.2.3.3　车身塑料件应用

塑料件仅占汽车自重的 8%～15%，却是实现汽车轻量化的重要手段，汽车常用的塑料件包括工程塑料和增强复合材料两类。工程塑料一般用于性能要求不高的外观件，如翼子板、车门外板等。汽车零件应用塑料的最大优势是轻量化效果显著，一般工程塑料的密度只有 0.9～1.5 g/cm^3，增强复合材料的密度也不会超过 2 g/cm^3，在性能、工艺和成本可满足要求的前提下，塑料成为汽车轻量化的首选材料。

塑料除了明显的轻量化优势外，还具有设计自由度高、成形性能好、耐腐蚀性强、改性性能优异等特点。塑料件一般采用一副注塑模具即可成形，可制备比钢制零件更为复杂的形状，并省去了焊接工序。

塑料在汽车上的应用主要集中在外饰件和内饰件，随着轻量化技术的进步，塑料件在车身上的应用开始出现并增长。图 6－40 为单车用塑料量的发展趋势，从图中可以看出，20 世纪 90 年代，塑料的单车用量在 90～120 kg，2005 年达到了 160 kg，2015 年达到了 230 kg。2017 年中国汽车塑料用量达到了 412 万 t，而未来随着改性技术的不断提高，塑料在汽车工业中的应用比率将不断提高，预计 2018—2022 年汽车改性塑料需求总量增速将达到 6%左右，到 2022 年，汽车用改性塑料需求总量将超过 640 万 t。

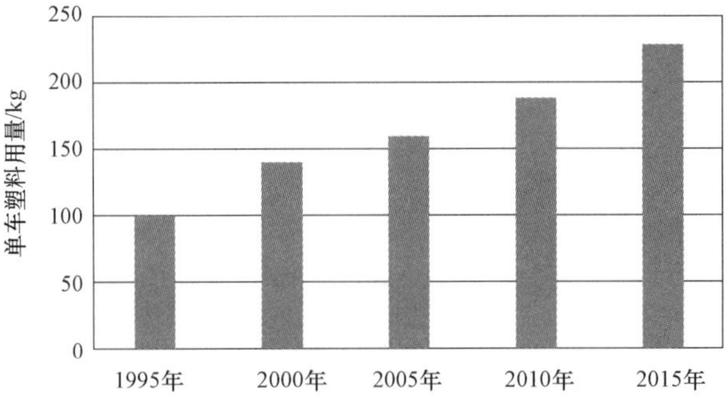

图 6－40　单车用塑料量的发展趋势

车身塑料件的应用以增强复合材料为主，其中碳纤维增强复合材料的占比较大，这是由于碳纤维增强复合材料具有较好的强度、刚度、比模量和耐冲击性。

塑料件在自主品牌车型车身系统的典型应用如下：

（1）奇瑞小蚂蚁车身外覆盖件。

2013 年宝马 i3 白车身率先采用了碳纤维增强复合材料，外覆盖件使用了工程塑料。近几年，随着国内新能源汽车产业的发展以及轻量化的需求日益增强，越来越多的电动车应用了塑料外覆盖件。图 6-41 为奇瑞小蚂蚁外覆盖件示意图，其外覆盖件全部采用工程塑料，可实现 40%的减重。

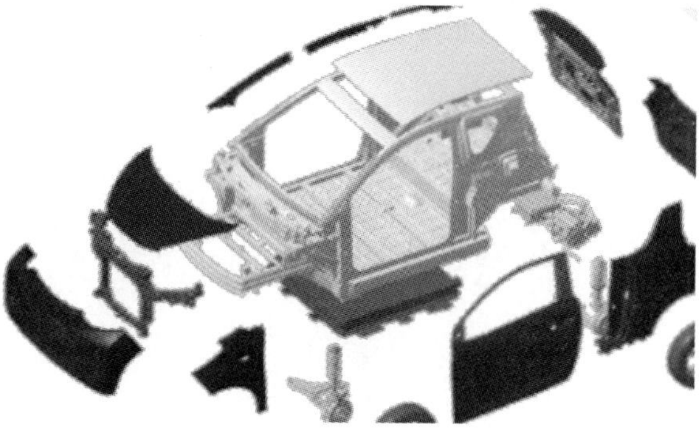

图 6-41　奇瑞小蚂蚁塑料外覆盖件示意图

车身外覆盖件选材在传统软钢的基础上将向着塑料等轻质材料方向发展，除考虑零件轻量化外，前期模具等投入费用相对于传统钢制冲压件也大幅降低，因此在一些小型新能源汽车上实现了批量应用，如北汽新能源 Lite、东风 E30、奇瑞小蚂蚁等。

塑料外覆盖件主要分 SMC 模压成形和 PA＋PPO 或 PP＋长纤注塑成形两种方案。除了成形，塑料翼子板还需要关注部件的涂装工艺。在线喷涂的工艺温度高，塑料易变形，而离线喷涂则易出现色差。具体工艺的选择需要根据翼子板的材料、生产（是否可以加装工位）、成本等诸多因素进行考量。比亚迪 E6 车型上使用了 PPO＋PA 注塑成形的塑料翼子板，采用在线喷涂工艺。奇瑞小蚂蚁等使用 PP 注塑材料，采用离线喷涂工艺，总装车间装配。

（2）江淮瑞风 S5 塑料前端模块。

为了实现整车轻量化设计，车身系统的“以塑代钢”技术已经越来越得到各主机厂高度关注。塑料前端模块在合资品牌中已得到广泛应用，但在自主品牌中相对滞后。传统意义上的前端模块通常由 100 多个散部件组成，重点涉及照明系统、发动机冷却系统、减震装置、空调冷凝器和空气净化器以及引擎盖锁紧装置、软管、接头和部分线束等。目前，前端模块主要以塑料材料为主，由零部件供应商供货，主机厂进行装配。

玻纤/长玻纤增强 PA 或者长玻纤增强 PP 是近年来较受欢迎的前端模块材料。一般通过模压或者注塑成形得到成品。如图 6-42 所示，国内江淮汽车在其瑞风 S5 车型上采用了长玻纤增强 PP 前端模块，实现减重 50%。江淮汽车为了实现整车轻量化、模块化设计，本着“以点带面、夯实基础、逐步拓展”的原则，以新一轮的瑞风 S5、和悦 A30 等车型平台为重点，展开了塑料前端模块的产品研制工作。此外，北汽、奇瑞、长安等车企均在新车型上实现了塑料前端模块的研发和量产。

（3）东风 AX4 塑料后尾门。

后尾门是 SUV 或两厢轿车尾部后背上的车门，是最重要的外覆盖件之一，也是影响整车外观质量的关键零件。后尾门和后备厢盖一样，须有防尘和防水功能，结构也基本相同。后尾门一般由经冷冲压而成的外板件和内板件再经过包边压合工艺连接成一体。由于产品特点，其外形轮廓多不规则，制作工艺复杂。后尾门外板一般需要具有一定的刚度和强度、较高的成形性、较高的抗凹性能以及良好的外观表面。

近年来，全塑料后尾门成为新的流行趋势。内板一般使用长玻纤增强的 PP（LGF+PP），外板和扰流板使用 PP 或者 TPO，全部使用注塑工艺成形，然后涂胶进行装配。图 6-43 为东风 AX4 的塑料后尾门，其采用塑料后背面替代钢制件，实现了 19.5%的减重。

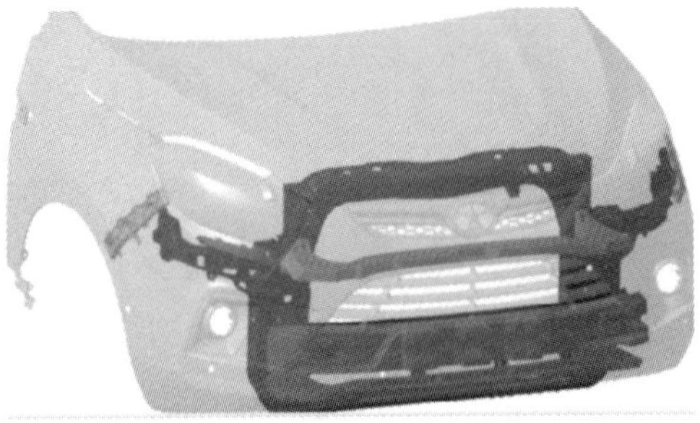

图 6-42　江淮瑞风 S5 塑料前端模块

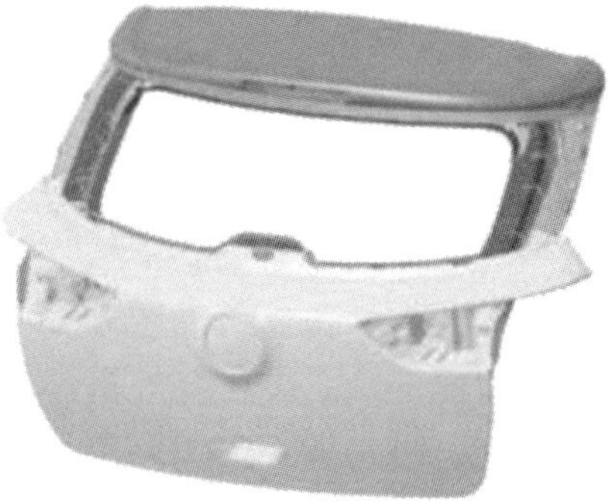

图 6-43　东风 AX4 的塑料后尾门

此外，国内北汽、吉利、长安、宇通、奇瑞、长城等自主品牌车企也纷纷开发了塑料后尾门。

塑料后尾门提高了零件的设计自由度，通过集成化设计减少了零件数量，提高了材料利用率。塑料后尾门的发展趋势如图 6-44 所示，传统 SMC 尾门由于不利于回收，近年来使用逐渐减少。取而代之的是改性 PP、长玻纤增强 PP 材料。

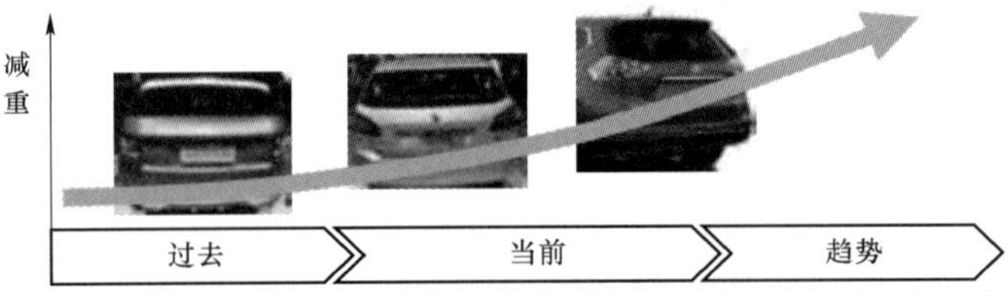

外板材料	SMC	改性PP	改性PP
里板材料	SMC	SMC, PP+LGF	PP+LGF

图 6-44　塑料后尾门的发展趋势

塑料后尾门的使用成本相对较高，适合于对成本不太敏感的车型。图 6-45 为 2010 年上市的国内外各级别车后尾门的选材情况，塑料后尾门主要应用在 C 级以上车型。但最近几年，随着国内塑料改性技术的成熟和成本的降低，部分 B 级车甚至 A 级车也开始应用塑料后尾门。

（4）江淮 S3 塑料后防撞梁。

受市场认知度和接受度限制，纤维增强塑料的防撞梁，在前防撞梁中应用较少，但在后防撞梁上已有一定的应用。欧、美、日、韩等汽车工业发达的国家和地区，已大量应用热塑性复合材料制造汽车前/后防撞梁，如现代的悦动、大众的高尔夫等车型均采用了玻璃纤维增强型热塑性塑料 GMT 的后保险杠横梁。

目前，国内自主品牌车企还没有开始大量应用塑料防撞梁，但相关的研究和开发工作已大量展开。江淮瑞风 S3 的后防撞梁已实现了复合材料批量应用，如图 6-46 所示，相比于钢制零件，可减重 0.9 kg（28%），并可保持成本不上升。另外，奇瑞、上汽、吉利等自主品牌也开展了碳纤维增强复合材料前后防撞梁的开发。

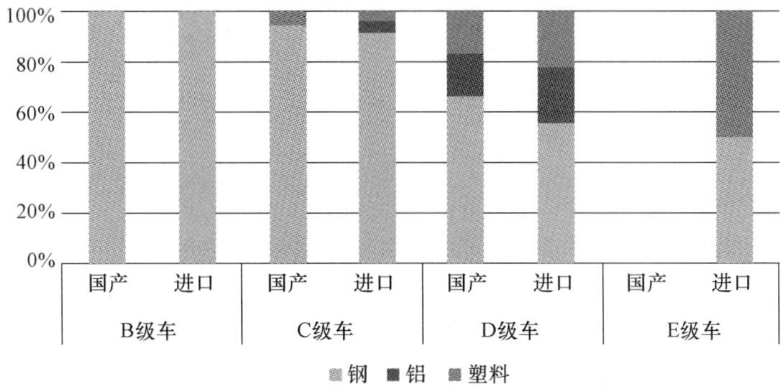

图 6-45　2010 年上市的国内外各级别车后尾门的选材情况

图 6-46　江淮 S3 后防撞梁

6.2.4　工艺篇

6.2.4.1　激光拼焊板

激光拼焊是指采用激光焊接，将不同性能的材料拼合和焊接而形成一块整体板材，以满足同一零部件不同部位对材料性能的不同要求，用最轻的重量、最优的结构和最佳的性能实现装备轻量化。目前激光拼焊板已广泛应用于汽车制造业，采用激光拼焊板工艺不仅能够降低整车的制造成本、物流成本、整车重量、装配公差、油耗和废品率，而且可以减少外围加强件数量，简化装配步骤，同时提高车辆的碰撞能力、冲压成形率和抗腐蚀能力。此外，由于不再使用密封胶，也更具有环保性。

北汽绅宝 D50 的车门内板以及窗框加强板采用激光拼焊工艺，如图 6-47 所示。采用激光拼焊板后，其应用效果如下：① 车门整体刚度得到加强，耐久性明显改善。② 减少了焊点数量，提高了焊接、电泳工艺性。③ 窗框的整体刚度增加，提高了车门侧碰刚度。④ 减小车门关闭时窗框变形，减小面差。⑤ 相比传统点焊式车门内板，取消点焊搭接边、铰链加强板等零件，减重效果明显。⑥ 相对于传统冲压零件，整体轻量化达到了 25%，单车实现减重 6.1 kg。

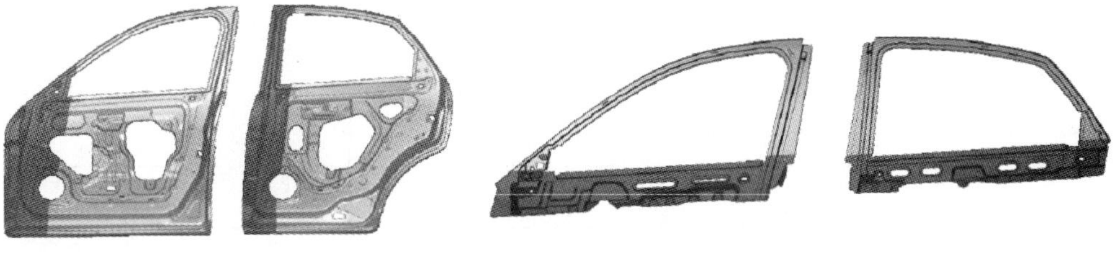

(a)　　(b)

图 6-47　北汽绅宝 D50 激光拼焊示意图

（a）车门内板拼焊示意；（b）窗框加强板拼焊示意

6.2.4.2 热冲压成形

热冲压成形是一种将高强度钢板加热到奥氏体化温度以上，保温一定时间后，快速移动到模具中，快速冲压，在压机保压状态下，对零件进行淬火冷却，最后获得超高强度冲压件的成形工艺。相对于传统冷冲压成形，热冲压成形的主要优势包括：① 热成形零件的强度高，抗拉强度一般在 1 500 MPa 左右。② 由于是在加热状态下成形，零件回弹非常小，解决了高强钢容易回弹的难题。③ 通过减薄零件厚度和取消加强件，采用热冲压成形可实现轻量化。

热冲压成形适用于汽车中对安全性能要求较高的零件，如前后防撞梁、车门防撞杆、A 柱、B 柱、C 柱、地板中通道、门槛等。目前，铝硅镀层的热冲压成形技术被阿赛洛米塔尔垄断，该技术适用于车身高防腐要求区域。表 6－1 为国内自主品牌乘用车典型位置（B 柱、防撞梁、门防撞杆）热冲压成形技术应用案例汇总。

表 6－1 国内自主品牌乘用车典型位置热冲压成形技术应用案例汇总

车型名称	车企	B 柱成形工艺	前防撞横梁成形工艺	门防撞杆成形工艺
东风风神 E30	东风汽车集团股份有限公司		√	
东风风神 E30L	东风汽车集团股份有限公司		√	
吉利博瑞	浙江吉利控股集团有限公司	√	√	
传祺 GA6	广州汽车集团乘用车有限公司	√	√	
艾瑞泽 7	奇瑞汽车股份有限公司	√	√	√
名爵锐腾 MG GS	上汽通用	√		
长安锐翔 V7	重庆长安汽车股份有限公司	√		
瑞风 A60	江淮汽车股份有限公司	√		
风神 AX7	东风汽车集团股份有限公司	√		
荣威 E50	上汽集团乘用车公司	√	√	√
瑞虎 5	奇瑞汽车股份有限公司	√	√	
长安逸动混合动力	重庆长安汽车股份有限公司	√		
绅宝 D50	北京汽车股份有限公司	√		√
长城哈弗 H6	长城汽车技术中心			√
江淮瑞风 S5	江淮汽车集团股份有限公司	√	√	√
红旗 H7	一汽轿车股份有限公司	√	√	√
绅宝 X55	北京汽车股份有限公司	√	√	√

（1）北汽绅宝 D50。

北汽绅宝 D50 热冲压成形技术主要应用于 B 柱、车门防撞杆等部位，约占车身重量的

3%。其中 B 柱加强板采用热冲压成形技术取代传统冷冲压成形技术，将 B 柱加强板和 B 柱加强板补板两个零部件合为一件，如图 6－48 所示。热成形 B 柱加强板抗拉强度达到 1 500 MPa 以上，保证了成员的生存空间，同时质量由原设计的 7.94 kg 减少至 4.53 kg，减重率高达 42.9%。

（2）北汽绅宝 X55。

北汽绅宝 X55 在不断优化最初设计的同时，经过多轮设计方案讨论和改进，最终确认白车身应用 11 个热冲压成形件，如图 6－49 所示，白车身减重 22.98 kg，同时扭转和弯曲刚度得到显著提升。

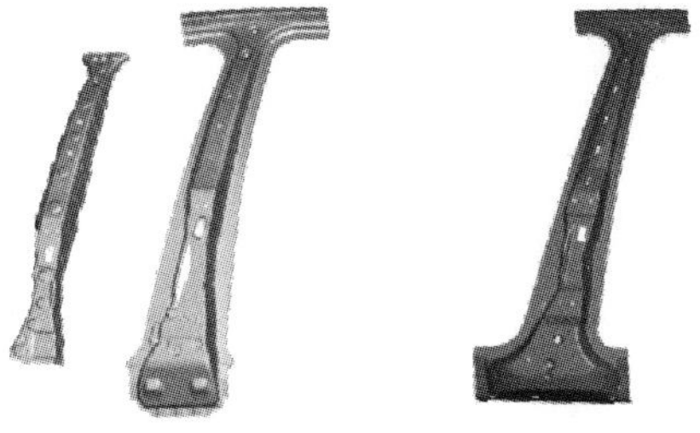

(a)　(b)

图 6－48　绅宝 D50 B 柱加强板
（a）采用高强度钢板的 B 柱加强板；
（b）采用热冲压成形钢板的 B 柱加强板

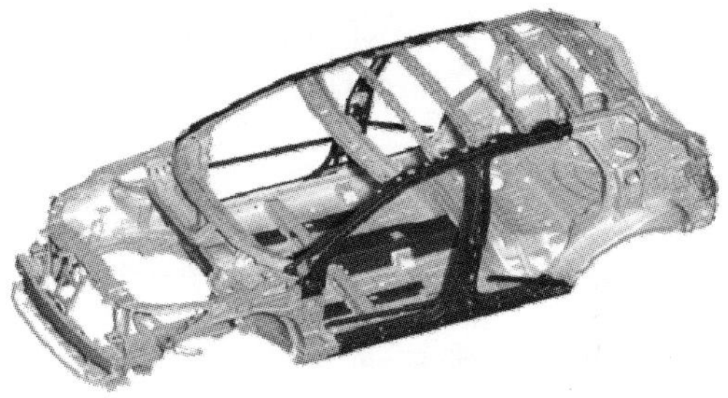

图 6－49　北汽绅宝 X55 车身热冲压成形材料应用示意图

（3）奇瑞瑞虎 7。

奇瑞瑞虎 7 热冲压成形材料占白车身重量的 60%，主要应用部位如图 6－50 所示。其中，A、B 柱加强板采用热冲压成形 PATCH 工艺，减重 2.62 kg；前门防撞板采用热冲压成形技术，较原有设计减重 0.78 kg。

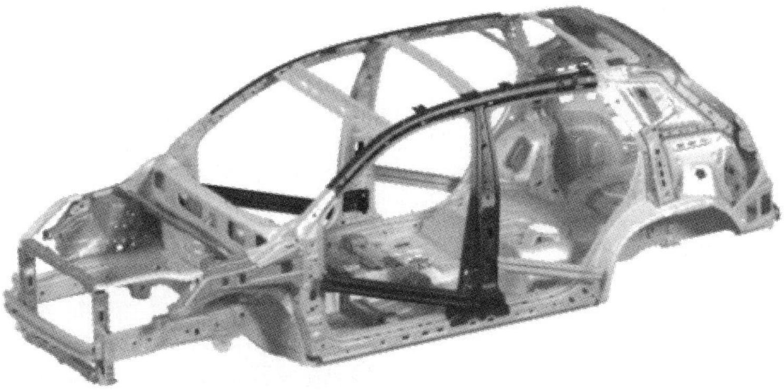

图 6－50　车身材料应用部位

6.2.4.3　辊压成形

辊压成形在材料成形中又称为冷弯成形，是通过顺序配置的多道次成形辊压，把卷材、带材等金属板材不断地进行横向弯曲，以制成特定断面的型材，其工艺如图 6－51 所示。在辊式冷弯成形的过程中，只有弯曲变形，除坯料弯曲角局部有轻微减薄外，变形材料的厚度在成形过程中保持不变。这种方法适用于外形纵长、批量较大的高精度产品。其成本低、损耗少，降低了材料的总成本；因其连续操作，生产效率得到了很大提高。

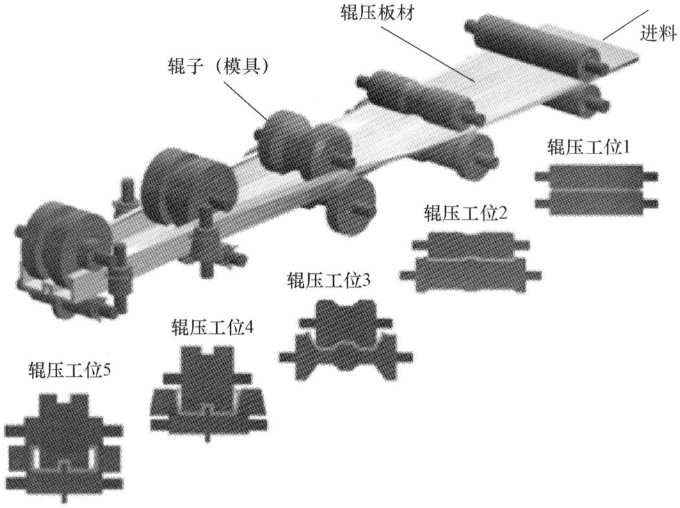

图 6－51　辊压成形工艺示意图

辊压成形在汽车上早期主要应用于车身的窗框，选用的材料强度级别也较低。随着轻量化对高强钢新工艺的需求，辊压成形在国内得到快速发展。目前车身上高强钢辊压成形应用最为成熟的是防撞梁，如图 6－52 所示，奇瑞、长城、吉利和长安汽车等企业已批量应用。

辊压成形工艺在自主品牌中的应用案例如下：

（1）长安汽车 CS75。

长安汽车 CS75 门槛加强板应用了辊压成形工艺，如图 6－53 所示。零件原冷冲压方案采用厚度 2.0 mm 的 B410LA 材料，质量为 6.8 kg，通过选用辊压成形工艺优化，材料改为厚度 1.4 mm 的 HC950/1180MS 马氏体钢，质量为 4.76 kg，实现单件减重 2.04 kg，减重率为 30%，并能满足碰撞安全性能要求。

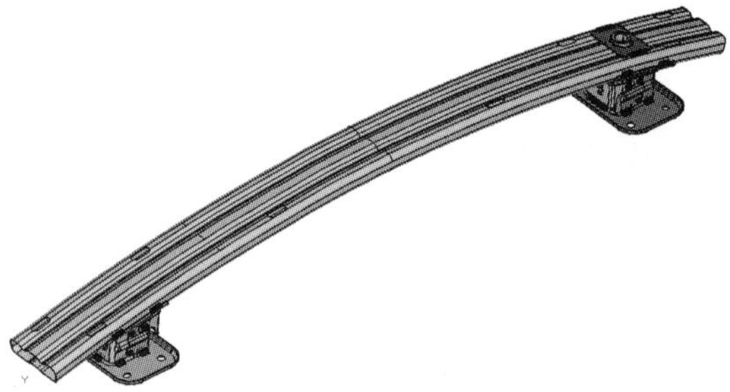

图 6－52　某公司高强钢防撞梁

图 6－53　辊压成形的门槛加强板

（2）北汽绅宝 D50。

北汽绅宝 D50 前后防撞梁均采用辊压成形设计及工艺，其中前防撞梁采用 B 字形截面，如图 6－54 所示。采用辊压成形后具有较好的强度和刚度，抗冲击性能好。同时材料采用

Docol 1000DP，强度高达 1 200 MPa，相对于传统防撞梁减重率达到 35.2%。后防撞梁采用双凹槽设计，保证了车辆后碰的安全性能，其减重率达到 18.6%。

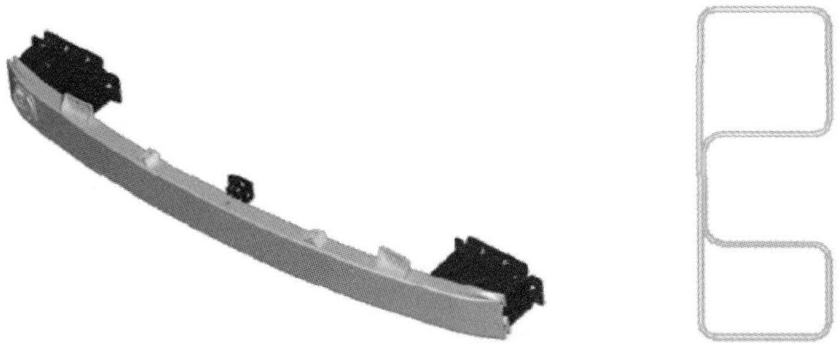

图 6－54　绅宝 D50 前防撞梁及截面形状

6.2.4.4　铆接成形

目前，可用锁铆工艺连接的工件材料包括：① 铝板材、铝型材、铸铝等铝合金材料，这是目前锁铆在汽车上应用最多的基体材料。② 抗拉强度小于 1 000 MPa 的钢板。③ 镁板材、铸镁等镁合金材料。另外，也可以连接铜、非金属材料、中间带有胶粘剂的材料等。

目前铆接工艺在合资品牌车型已有广泛的应用，如铝合金发动机罩板、内板加强板相连处，碳纤维连接等，但自主品牌应用尚不广泛，主要应用为铝合金发动机罩内外板及加强板连接。

蔚来 ES8 上采用 7 种先进的连接技术，如图 6－55 所示，分别为 FDS（热融自攻铆接）、RSW（铝点焊）、CMT（冷金属过渡弧焊）、SPR（自冲铆接）、Adhesive（结构胶）、Laser（激光焊接）、Monobolt（高强度抽芯拉铆），确保车身连接强度，提升了整车安全性。

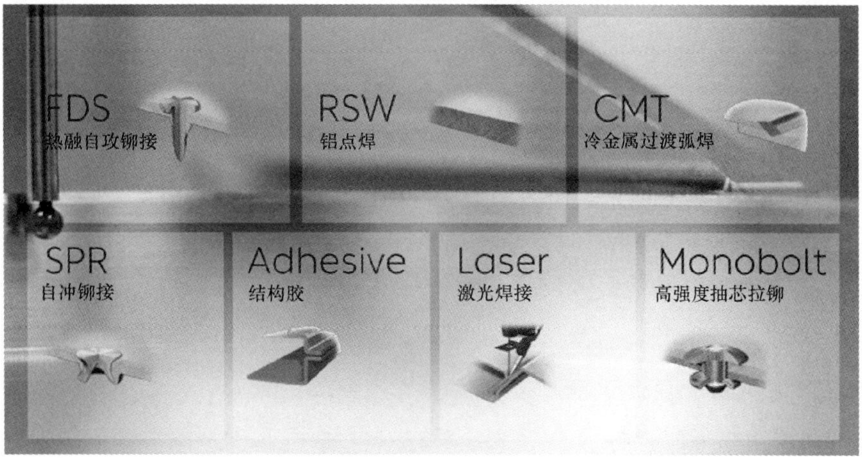

图 6－55　蔚来 ES8 上应用到的 7 种先进连接技术

6.3　中国自主品牌乘用车车身轻量化技术发展趋势分析

由于国内现有阶段油耗法规不能有效地引导车辆小型化和轻量化趋势，同时国产乘用车的产品结构与品牌力不足，导致轻量化技术的推广应用受阻。很多新技术的应用导致成本的增加，成本高，用量少，导致技术开发不成熟。国产乘用车的产品与品牌处于低价区，因此对成本的增加相对敏感。基于上述现实原因，国产乘用车车身轻量化的发展趋势可以总结为以下几点：

燃油车的轻量化尚需油耗法规体系的进一步推动，第四、五阶段油耗实施后将对燃油车的轻量化具有更大的驱动力。

（1）传统燃油车车身仍采用“以钢为主，多材料混合”的技术路线。

“以钢为主，多材料混合”仍是燃油车轻量化的主流技术路线。由于钢铁材料在强度、塑性、抗冲击能力、回收使用及低成本方面具有综合优越性，其在汽车材料中的主导地位仍是不可动摇的，尤其是高强钢和超高强钢的应用还有较大的增长空间。电动化、智能化、共享化成为汽车行业的新趋势，汽车行业的发展也面临低成本化的制约。

（2）开发满足新能源汽车市场特点的轻量化车身技术路线。

发展新能源汽车是我国从汽车大国走向汽车强国的必由之路，是我国汽车工业由大到强的唯一出路。而目前新能源汽车对于轻量化的需求最为迫切，在现有电池材料技术难有实质性突破的情况下，轻量化成为新能源汽车的迫切需求，新能源汽车轻量化有望成为我国轻量化技术应用推广的突破口。此外，新能源汽车对成本相对不敏感，产量相对较低，一些轻量化方案对于低产量的车型具有成本优势，且技术风险小。因此，可以通过新能源汽车的应用，积累经验，降低应用成本，再向传统乘用车上转移。

国内轻量化技术的突破在于新能源汽车领域，通过提高技术的成熟度、规模化带来的低成本化，进一步推动燃油汽车的轻量化。

第 7 章

A 级轿车车身技术及轻量化技术发展

7.1 A 级车概述

A 级车是按德国汽车标准定义的一种轿车类型，主要是指轴距 2.45 m 以下，排量 1.6 升以下的轿车，其中又可细分为 3 个类型：

A00 级：该级轿车称为微型轿车。轴距为 2～2.2 m，发动机排量小于 1 L，主要车型有 Mini、菲亚特 500、奥拓等。

A0 级：该级轿车称为小型车。轴距为 2.2～2.3 m，排量为 1～1.3 L，主要车型有大众 POLO、标致 206、马自达 2 等。

A 级：该级轿车称为紧凑型轿车。其轴距范围约为 2.3～2.45 m 之间，排量在 1.3～1.6 L，主要车型有大众捷达、高尔夫、速腾、福特福克斯、本田思域等。

这个定义只是作为一种习惯性的划分方式，并不绝对，随着市场的发展和消费者需求的提升，A 级车的尺寸、发动机排量也在不断增加。比如荣威 550 的轴距就达到了 2 705 mm；而基于紧凑型车平台经过加长的车，也归属于紧凑型车，如以雪铁龙 C4 平台研发生产的凯旋，轴距加长后达到 2 710 mm，其仍属于紧凑型车；一些“性能车”，比如三菱 EVO 同样属于紧凑型车。

据 2012—2016 年乘用车市场的不完全统计，中国市场主要 A 级车销量变化趋势见表 7－1，虽然近年占比有所下降，但仍占全部乘用车销量的 1/3 以上，是乘用车市场的主力。

中国市场主要品牌 A 级车价格见表 7－2，可以看出除个别高端品牌，如宝马价位偏高外，合资品牌价格主要在 10 万～15 万元区间，自主品牌价格则主要在 10 万元左右。可见 A 级车的价位在乘用车市场中处于中等或中等以下区间。

表 7-1　2012—2016 年中国市场主要 A 级车销量变化趋势

时间	A 级车销量/万辆	占乘用车比例
2012	804.7	54.6%
2013	801.7	44.8%
2014	767.3	39.2%
2015	720	33.6%
2016	809.8	36%

表 7-2　中国市场主要品牌 A 级车价格（排名不分先后）

序号	车型	车企	参考价格/万元
1	艾瑞泽 5	奇瑞汽车	6.39～9.79
2	帝豪 EC7	吉利汽车	6.98～10.08
3	比亚迪 G5	比亚迪汽车	7.59～10.29
4	荣威 360	上海汽车	7.59～12.99
5	英朗	上汽通用	10.99～15.09
6	卡罗拉	一汽丰田	10.78～17.58
7	朗逸	上汽大众	10.99～15.99
8	宝马 2 系	华晨宝马	23.69～33.19
9	现代朗动	北京现代	10.58～12.78
10	福特福克斯	长安福特	11.58～16.58

7.2　A 级车车身设计技术

7.2.1　A 级车车身特点

A 级车作为占销量 40%的主力车型，亲民成为其重要的特点。亲民性体现在：造型符合大众审美、更新换代快、价格和油耗等相对较低，既能满足代步需要，也能体现个人价值。因此 A 级车车身与其他级别车身相比，经常需要根据造型而变化结构，重量与成本相对较低。从 2012—2017 年 A 类乘用车的 C-NCAP 得分来看，进行 C-NCAP 评测的共 78 个车型中，仅 12 个车型得分为 4 星或以下，85%的车型都是 5 星及以上，可见 A 级车的安全性能并没有因为价位较低而有任何降低。同时随着中国购车群体购买力的提升，对 A 级车的操控性和舒适性也有了更高的需求，使得政策企业车身在设计时，需要考虑更多的因素，如整车扭转、局部模态等，而将要实施的中国保险汽车安全指数（C-IASI）也对车身设计提出了更高的要求。

7.2.2　A 级车车身平台化设计

（1）平台化设计对 A 级车的意义。

A 级车作为消费者的入门车型和轿车销量的主力，其定位使得 A 级车的价位处于中等或中等以下水平，这对车身的设计制造提出了挑战。影响车身成本的因素很多，平台化就是有效降低成本的手段之一。所谓平台化，简单地说，就是将可以共用大部分零件、有着相似车身结构和生产工艺的车型归类为一个“平台”，在研发的过程中可以根据需要在同一个平台上加减不同的零部件，使它“快速”换装成不同的车型，使得零部件可以在多个车型中应用。

平台化的优点包括：（a）减少零件种类，降低零件的采购和管理成本；（b）沿用成熟零部件，降低零件的研发和试验成本；（c）总成件的模块化应用，在产线规划上也可以充分利用现有产线，降低了生产投入；（d）缩短车身开发的周期，使得车企可以持续有符合消费者需求的新车型投放市场，增加车企的竞争力，丰富消费者的选择。

平台化的缺点：因为多车型应用，一旦某个车型发现缺陷，会导致所有车型的批量更改，产生较大的损失，所以在规划平台化件时，应优先选用经过成熟车型批量生产，或经过大量试验验证的零部件，并针对不同车型的不同配置、性能、造型等需求进行充分论证。

（2）主流车企平台简介。

各大主机厂均有自己的平台化策略与平台化车型，如大众的 PQ 平台、通用的 EPSILON 平台、福特的 C1MCA 平台等。

平台的划分根据主机厂的策略各有不同，如大众的 MQB 平台，由 PQ 平台发展而来，主要是以车型定位区分。如其中的 PQ35 平台，P 意为平台，Q 代表横置发动机（纵置发动机代码为 L），3 表示 A 级车、5 表示第五代，其下有途安、途观、高尔夫 6、速腾等车型，又如 PQ25 平台，其中数字 2 表示 A0 级车，其下有 POLO 车型。

福特的 C1MCA 平台则囊括了更多的品牌与车型，见图 7－1。

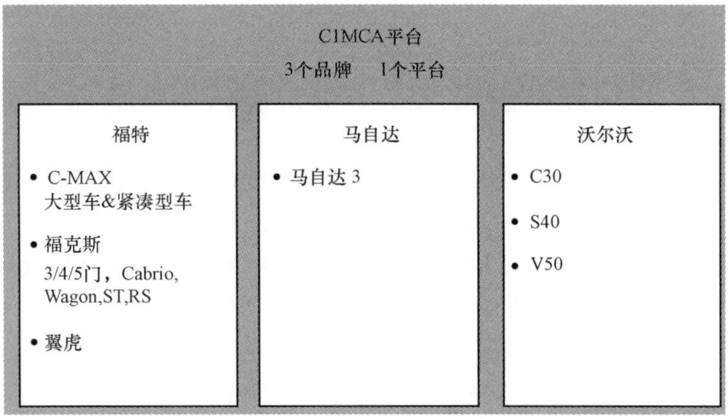

图 7－1　福特的 C1MCA 平台囊括的品牌与车型

由于本书第 1 章已经对上述平台做了详细的描述，这里仅做简略说明和补充。目前主流车企的代表平台如下：

① 大众的 MQB、MLB、MSB 平台：MQB（Modularer Querbaukasten）平台表示横置发动机模块化前驱平台。这个平台的前轴中心到防火墙的距离为固定的标准值，而其他部分都可以调整。该平台下主要车型有高尔夫、迈腾、途观 L、途昂、斯柯达速派以及奥迪 A3、TT 等。MLB（Modularer Langsbaukasten）平台，表示纵置发动机模块化平台，现行的 MLB Evo 平台为第二代平台，是比 MQB 高端的平台。该平台下主要车型有奥迪 Q7、奥迪 Q5、奥迪 A8、奥迪 A5、奥迪 A4L、宾利添越、大众辉昂等。MSB（Modularer Standardantriebs

Baukasten)，表示前置后驱模块化平台。

② 宝马 UKL、CLAR 平台：UKL（Untere Klasse）平台表示横置发动机前驱模块化平台，Untere Klasse 是德语，意为“入门级”。UKL 平台专门生产车身长度在 3.8～4.3 m 之间的成本较低的前驱车型。该平台下主要车型有 1 系三厢版、2 系旅行车、X1 以及所有的 MINI 新车型。CLAR（Cluster Architecture）平台，模块化后驱车型平台，属于高端车型平台。该平台下主要车型有宝马 3 系、5 系、7 系。

③ 奔驰 MFA、MRA 平台：MFA（Mercedes Front－wheel－drive Architecture）平台为横置发动机前驱模块化平台。该平台下主要车型有 A 级、CLA 级、GLA 级以及 B 级等前驱车型。MRA（Mercedes Rear－wheel－drive Architecture）平台，纵置发动机后驱模块化平台，该平台下主要车型有 C 级、E 级和 S 级。

④ 雷诺－日产 CMF 平台：CMF（Common Module Family）平台按照级别不同可划分为 CMF－A、CMF－B、CMF－CD 三个细分平台。该平台下主要车型有雷诺科雷嘉、科雷傲、梅甘娜、全新塔利斯曼、日产逍客、奇骏、全新 Juke。

⑤ 丰田 TNGA 平台：TNGA（Toyota New Global Architecture）平台拥有适用于小型车、紧凑型车和前驱中型车的三种底盘架构。该平台下主要车型有全新凯美瑞、CH－R 以及新普锐斯等。

⑥ 标致雪铁龙集团 PF2、EMP2 平台：PF2 平台是雪铁龙集团的 2 号平台或称中型车平台。该平台下有很多经典车型，如标致 307、308、408，雪铁龙世嘉、凯旋、C4 L，以及豪华品牌 DS 旗下的 DS3、DS4、DS5、DS5 LS、DS6 WR。EMP 2 平台即高效模块化平台，可以涵盖紧凑型、中型、中大型轿车以及 SUV、MPV 等多种车型。EMP2 平台在轻量化设计和改善操控性方面表现非常出色。此外，还支持混动和纯电动力的布置。该平台下主要车型有标致 308S、标致 408、标致 4008、标致 5008、雪铁龙 C6 等，未来雪铁龙天逸、标致全新 508、DS 7 Crossback 等。

⑦ 沃尔沃 CMA、SPA 平台：CMA（Compact Modular Architecture）平台是沃尔沃旗下的横置发动机紧凑型前驱模块化平台，并可衍生出混动和纯电动版本。该平台下主要车型有新沃尔沃 40 系（XC40，V40，S40 等）。SPA（Scalable Product Architecture）平台即可拓展整车架构平台。该平台下主要车型有新沃尔沃 90 系（XC90，S90 等）。

（3）平台化车身设计要点。

要实现车身的平台化，车型开发初期的平台策划工作非常重要。平台策划需要考虑的指标包括：

1）平台架构要求。

① 整车尺寸（平台各车型的长、宽、高、轴距、轮距等）；

② 平台车型的扩展方案，如是否有混合动力、纯电动车规划等；

③ 通过性要求（平台各车型的最小离地间隙、接近角、离去角等）；

④ 整车及各系统的重量目标；

⑤ 动总平台化布置；

⑥ 底盘配置；

⑦ 人机硬点（如 H 点、腿部空间等）。

2）性能和工艺指标。

① 平台性能目标，包括现在的目标与未来可能需要实现的目标；

② 现有工艺及未来新工艺的研究；

③ 重量目标。

3）质量指标。

4）成本指标。

整车各大系统因为车身基本涉及所有整车零部件的装配，所以整车系统，包括底盘、动力总成、电器等都需要作为平台化的一部分进行整体规划，车身的平台化只有在整车系统平台化的基础上才能实现。

车身平台化的关键在于对零部件的平台化策划。根据车身零部件在平台中的共用和相似程度，一般会将车身零部件分为四类。第一类为平台通用件，是共用率最高的件，在该平台内所有车型上通用，使用相同的零件号，零部件已有技术标准并且满足所有要求。这类件一般称为C类件（Carry Over Part或Common Part，不同车企对每类件的简称会有差异，但原则基本相同）。第二类为平台更改件，是指在平台沿用件基础上进行修改，使用新的零件号，由以前的技术标准修改而来。第三类为完全的新开发件，使用新的零件号，也需要制定新的技术标准，在平台的某个车型系列中共用。第三类与第二类件一般称为M类件（Modified Part）或A类件（Adaptive Part）。第四类与第三类一样，同为新开发件，使用新的零件号和新的技术标准，但只能在单一车型上应用，是共用率和沿用率最低的件。这类件一般称为N类件（New Part）。

平台化设计的原则就是尽量少产生N类的新开发件，在规划好平台各项指标的前提下，使得车身零件可以在多个车型上通用。

（4）代表性平台车型简介。

福特C1MCA平台C－MAX：除受造型和轴距影响的零部件（如前保横梁，门槛等），单独为车型开发外，包括前纵梁、前轮罩、地板等主要车身结构件均是平台内全部沿用或两个以上车型沿用。C－MAX前舱总成、前地板总成、后地板总成分别见图7－2、图7－3、图7－4。

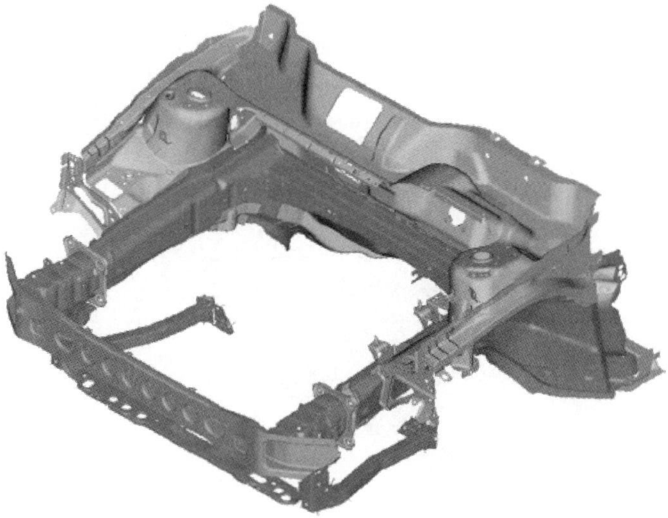

图7－2　福特C1MCA平台C－MAX前舱总成

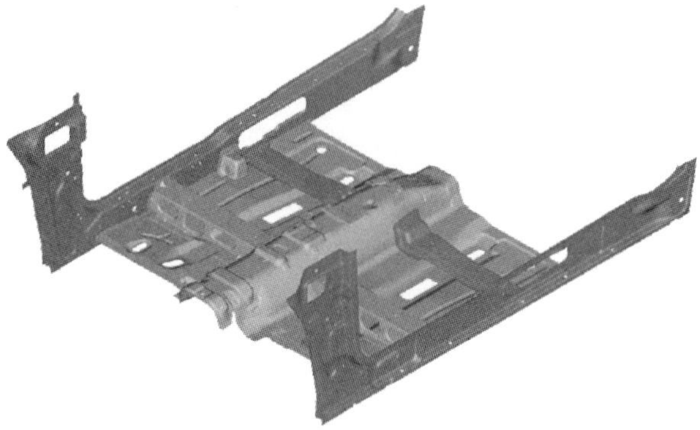

图 7-3　福特 C1MCA 平台 C-MAX 前地板总成

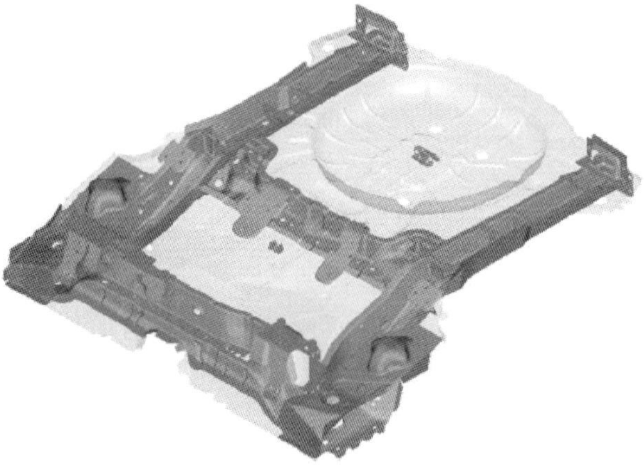

图 7-4　福特 C1MCA 平台 C-MAX 后地板总成

雷诺 CMF 平台 ESPACE：前舱总成和地板总成均为平台内所有车型通用，后地板加长板、门槛后段和前后防撞梁因为轴距、车身尺寸等关系，在至少 2 个车型以上通用，仅有后地板和前风挡横梁为每个车型全新开发。雷诺 CMF 平台 ESPACE 下车体见图 7-5。

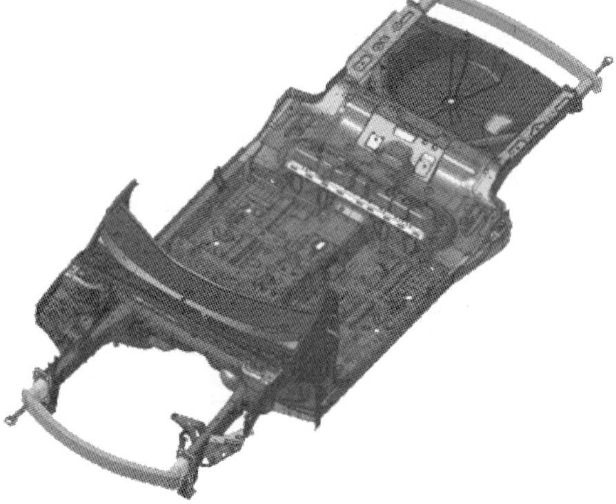

图 7-5　雷诺 CMF 平台 ESPACE 下车体

雪铁龙 PF2 平台 C4：前轮罩、前纵梁、地板纵梁、前挡板等总成均为全平台车型通用，见图 7－6，前地板也仅有两种区别，大部分均可以在两个以上车型通用，为每个车型单独开发的件大约只占 10%。

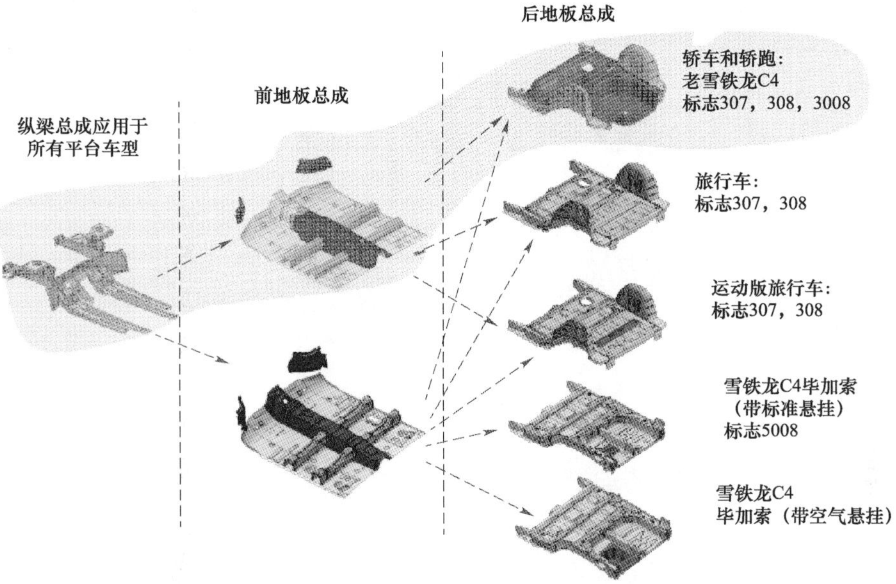

图 7－6　雪铁龙 PF2 平台 C4（见彩图）

标致 EMP2 平台标致 3008：除前风挡横梁、门槛前段、中通道、座椅横梁、后地板外，其他均为平台沿用件，见图 7－7。

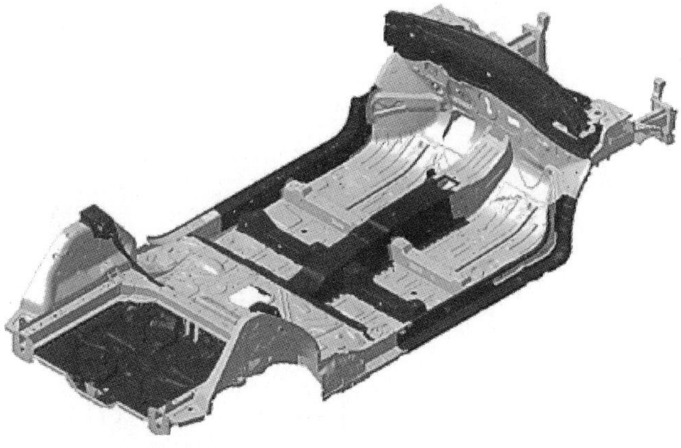

图 7－7　标致 EMP2 平台标致 3008

7.3　A 级车车身轻量化技术

7.3.1　A 级车车身轻量化的特点

一般来说，白车身重量占整车重量的 30%～35%，因此白车身减重对整车减重有较为重要的贡献。但是，白车身零部件有着零件多、单件重量差异大、相关性大等特点。

（1）零件多，单件重量差异大。一个白车身有近千个零部件，最重的件有十几千克，最轻的件可能只有十几克，因此车身减重一般重点关注重量较大的零件才能取得比较明显的效果。同时因为零件较多，每个件都减一点，汇总以后就是一个可观的数量，因此车身减重是一个积少成多的过程。

（2）相关性大。车身作为整车承载和装配的载体，任何一个件的变动都会对系统产生影响，因此车身减重工作无论零件大小，都需要考察整车系统，以确保各个环节的可行性。

7.3.2 A 级车轻量化措施

A 级车的轻量化措施一般有以下几种：

（1）零部件采用新材料，如使用复合材料、铝合金、超高强度钢等。

（2）零部件使用新工艺，如连续变截面板（Tailor Rolling Blanks，TRB）、激光拼焊板（Tailor Welded Blanks，TWB）等。

以上两种轻量化技术在其他章节有专门介绍，本章不再赘述。需要注意的是，一般 A 级车的价格定位偏中下，而以上两种方案都可能会增加成本，因此在采用以上两种轻量化措施时，需要综合考虑成本和重量目标。

（3）结构优化。这种措施通过车身自身结构优化，并满足性能、工艺、成本等要求，是性价比较高的轻量化措施，其常见手段有以下两个方面：

① 点焊搭接边优化。电阻点焊作为目前钢制车身最主要的连接方式，每个车身件都会设计与周边件连接的点焊搭接边，一个白车身的焊点数一般有 3 000～5 000，按平均焊点间距 30 mm 算，则焊接边长度有 90～150 m，因此，合理的搭接边宽度设计可以起到很好的减重效果。点焊的接头形式一般有折边接头和搭接接头两种，见图 7－8。

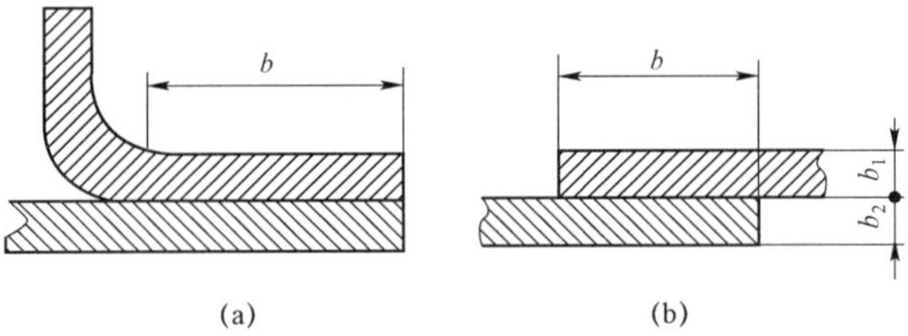

图 7－8　点焊的接头形式

（a）折边接头；（b）搭接接头

中国机械工程学会焊接学会编《焊接手册（第 1 卷）——焊接方法及设备》中，对最小搭接边宽度有推荐值，见表 7－3，其中板厚指多层板中较薄者。

表 7－3　最小搭接边宽度推荐值　　mm

板厚	单排焊点			双排焊点		
	结构钢	不锈钢及高温合金	轻合金	结构钢	不锈钢及高温合金	轻合金
0.5	8	6	12	16	14	22
0.8	9	7	12	18	16	22
1.0	10	8	14	20	18	24

续表

板厚	单排焊点			双排焊点		
	结构钢	不锈钢及高温合金	轻合金	结构钢	不锈钢及高温合金	轻合金
1.2	11	9	14	22	20	26
1.5	12	10	16	24	22	30
2.0	14	12	20	28	26	34
2.5	16	14	24	32	30	40
3.0	18	16	26	36	34	46
3.5	20	18	28	40	38	48
4.0	22	20	30	42	40	50

在实际应用中，白车身上的搭接边宽度范围在 12～20 mm，在满足焊接工艺要求的情况下，搭接边优先选择最小值。

另外，还可以用其他焊接方式来取代点焊，通过取消焊接边来减少这部分重量。如新款雪铁龙 C4 的顶盖与侧围连接采用激光焊代替老款 C4 的点焊，可减重 1 kg 左右，见图 7－9。

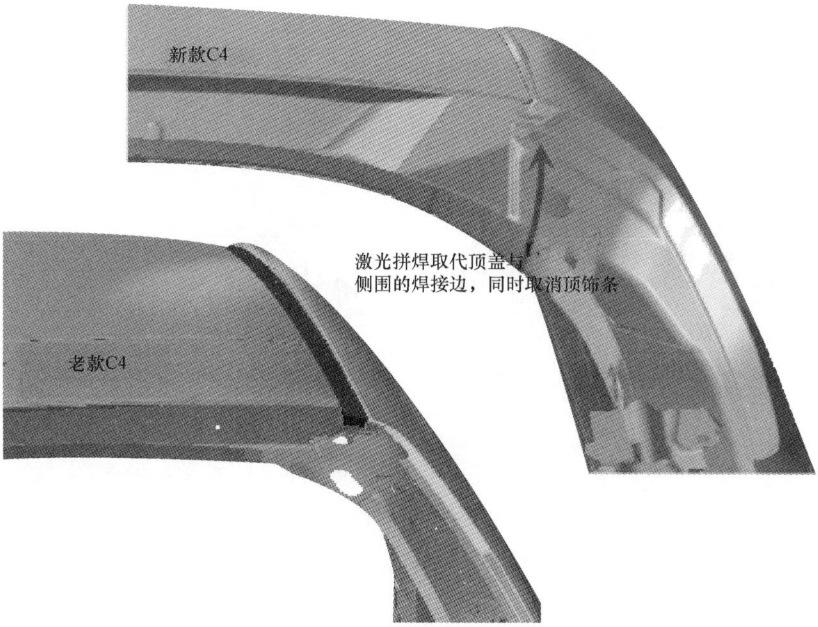

图 7－9　新款 C4 车型采用激光焊代替的点焊

② 截面优化。缩小零件的截面尺寸，达到减重的效果。如图 7－10 所示的新款标致 3008 的 B 柱根部截面设计。

可以看出，新款标致 3008 的 B 柱根部截面缩小，不但增加了前门洞空间，优化了乘客上下车通过性，也起到了明显的减重效果。同时通过截面优化，如 B 柱加强板结构优化、B 柱加强板往外侧移动等，保证了截面惯性矩，没有降低安全性能。

另一个例子是新款标致 3008 的前挡板结构，如图 7－11 所示，可以看出，新款 3008 车型的前风挡和流水槽部位没有采用老款 3008 的全封闭截面，只是在风挡玻璃安装面和流水槽通过两个连接车身左右侧的横梁，与主体结构形成了两个较小的截面，与全封闭截面相比，既保证了风挡玻璃安装面和左右减震器座的刚度，也起到了明显的轻量化效果，减重 7 kg。

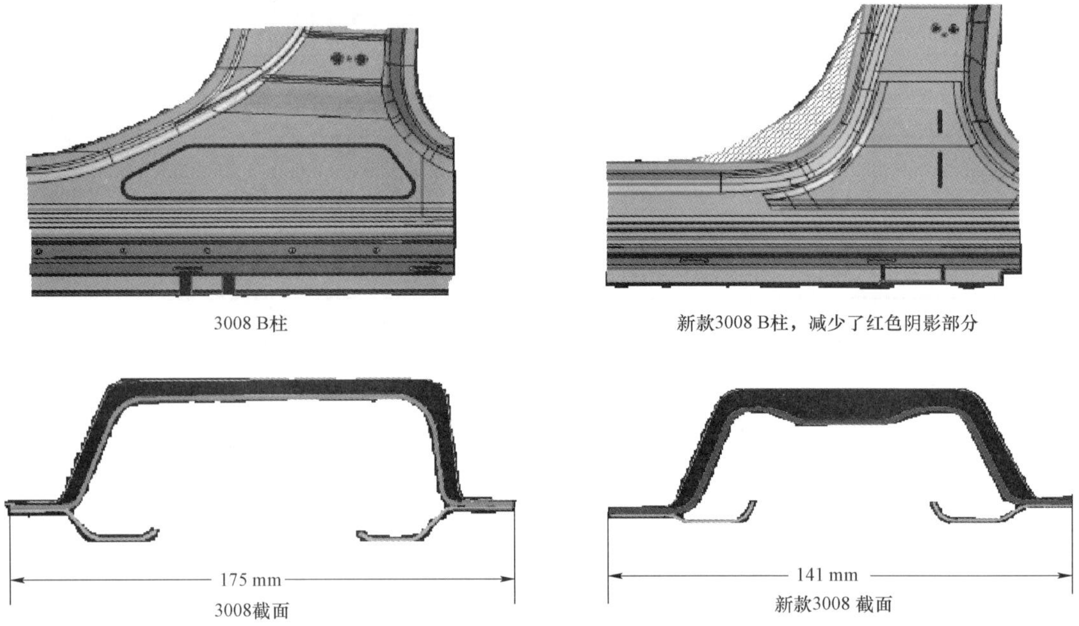

图 7－10　新款标致 3008 的 B 柱根部截面设计（见彩图）

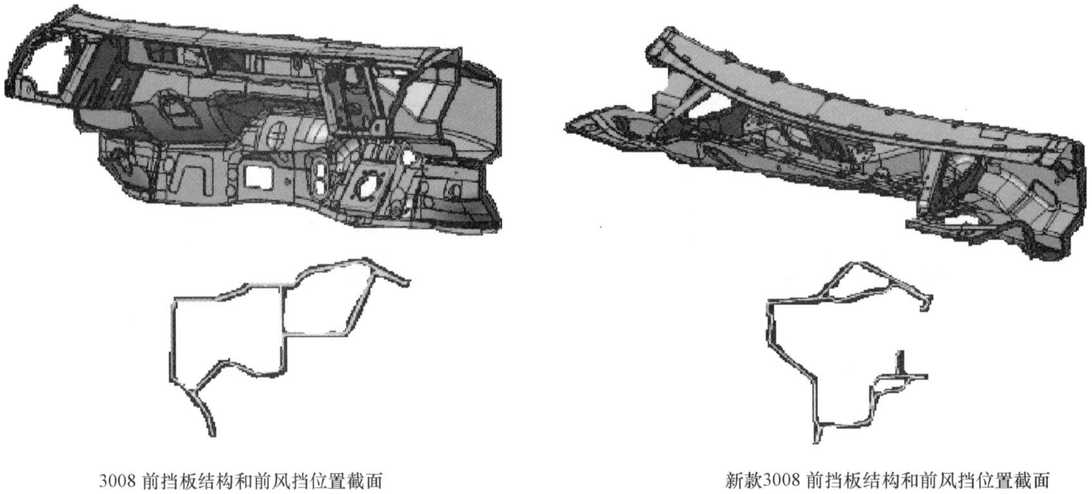

图 7－11　新 3008 的前挡板结构设计

以上几个例子是比较典型的轻量化设计案例，轻量化的思路主要是基于性能最优前提下的轻量化理念，这也是目前主机厂的研究方向和未来的发展趋势。利用软件对结构进行分析仿真，找出结构中性能（如刚度，模态等）敏感度不同的件。对敏感度低的件进行弱化甚至取消；同时可以适当强化敏感度高的件，在性能不变的前提下，实现整体轻量化。随着分析软件的发展和分析经验的提高，分析精度会越来越接近真实情况，其轻量化方案也更具备实用性。

7.4 小　　结

作为大众消费的主力车型，A 级车不但需要造型符合大众审美，而且价格也要更加亲民。但是低价不代表低质；相反，因为 A 级车的销量大，辐射区域更广，需要经受不同环境、地形、气候甚至驾驶员行驶习惯等综合因素的考验，更容易出现极限情况，所以需要更为可靠的性能保障。因此，高性价比在 A 级车车身设计中显得尤为重要。平台化、避免过度设计、结构最优等都是实现这个目标的设计思路。随着零部件制造工业的发展，A 级车上会更多应用所谓高档车的技术，更好地提升用户使用体验。

第 8 章

B 级轿车车身技术及轻量化技术

8.1 B 级轿车发展历史及定义

8.1.1 B 级轿车定义

B 级轿车，即中型车或称作 Large Family Car，是指轴距一般是 2 700～2 900 mm，车身长度一般为 4 600～5 000 mm，发动机排量一般都在 1.6～2.5 L 的一类车。市场上的 B 级轿车品牌繁多，不管是自主品牌还是合资品牌，所有厂商都关注此块细分市场。国产品牌有比亚迪思锐、吉利帝豪 EC8、长安睿骋、奔腾 B70、荣威 750 等。合资品牌典型代表为一汽大众 CC、别克新君威、雪铁龙 C5、标致 508、本田雅阁、丰田凯美瑞、丰田锐志、日产天籁、北京现代名图（MISTRA）、马自达 6、大众帕萨特、大众迈腾等，以及高端品牌奥迪 A4、宝马 3 系、奔驰 C 级等车型，部分车型排量会更高。

当然，随着车型的增加以及价格、款式、配置选择越来越多样化，A 级、B 级、C 级车的边缘交叉也会越来越多。

8.1.2 B 级轿车发展历史

（1）发展历史。

B 级轿车市场一直以来都占据着汽车市场的最大份额，车型十分密集，市场竞争可以用惨烈来形容。

纵观我国 B 级轿车近十余年的发展历史，也有着非常明显的变化：

2001 年，国内的合资品牌开始大张旗鼓地增加车款、丰富配置，主流价格体系较 90 年代末也有了大幅下降，但总体来说，中高级轿车还未能走进寻常百姓家。中高级轿车市场呈现上汽大众、上汽通用以及广汽本田三足鼎立之势，市场一直是雅阁、凯美瑞、帕萨特以及君威等老牌车型角力的场所，受到普遍消费能力的制约，这几款产品更多是立足于公务车市场。

2000 年，紧凑型轿车一年销售了 40.9 万辆，而小型轿车以 24.8 万辆的销售成绩占得次席，中高级轿车仅仅卖出了 3.6 万辆，占比 1.72%。究其原因，是当时国民消费水平有限，车价在 10 万元左右或者更低价的车型产品让很多家庭实现了汽车梦。也正是看中了市场对这部分车型的需求，厂商开始对产品线进行积极的部署，庞大的需求量和强大的供给量在初期使小型轿车和紧凑型轿车的销售成绩迎来了第一个小高潮。

2002 年迎来了中国汽车销售市场第一个增长高峰，这也预示着我国汽车消费市场步入了一个高速发展阶段。这一年，我国的汽车产销量双双突破百万辆大关，宝来、POLO、爱丽舍等高品质的家用型轿车成了主角。而此时的中高级轿车市场也蓄势待发，7 万辆的销售成绩在一些厂家看来已具备进一步开拓的条件。

2004 年对中国中高级轿车市场来说是不同寻常的一年。中国汽车产销量突破了 500 万辆大关，但值得关注的是，整个汽车行业的利润却在这一年出现了负增长的情况。中高级车型出于对销量的考虑，也开始打折销售，不再高不可攀，新中高级轿车时代来临了。

2006 年，中国汽车产量已居全球第三，达到 721.5 万辆。纵观整个中高级轿车市场，各家的主流车型均已齐备。该年度中高级轿车共卖出了 69 万辆，下半年上市的凯美瑞以月均销量 8 751 辆的成绩成为最畅销车型。由此看出，中高级轿车市场已在整个轿车市场萌发出巨大的能量。

在随后的几年中，中高级轿车市场成了众厂商争夺最激烈的一块蛋糕，这与该级别车型在我国市场的利润分不开。相比发达国家，我国中高级轿车的价格基本上存有 40%左右的差异，明显高于紧凑型轿车或小型车。

（2）自主品牌从试水到错位竞争。

回想数年前，自主品牌也曾试水中高级轿车市场，但是面对合资品牌的强大实力，缺少品牌知名度和技术支持的自主品牌不得不偃旗息鼓。但这并没有让自主品牌汽车放弃竞争，如今，随着多年技术和市场口碑的积累，加之近年国内车市形势大好，多个自主品牌汽车企业向中高级轿车市场发起了新一轮挑战。

虽然从整体上看，自主品牌近年来在产品设计、技术和质量方面都有很大进步，但表现出的水准严重参差不齐。汽车除了设计外，最重要的就是品质，部分自主品牌汽车存在做工粗糙的问题，因此，自主品牌汽车还有很多地方需要改进才能更适应中高级车领域，还要在与合资品牌竞争的过程中开发更多符合细分市场的车型，为特定的消费人群提供更贴心精准的汽车产品和服务，在激烈的市场竞争中，以差异化的价格赢得属于自己的市场份额。

目前，中高级轿车市场的价格区间在 15 万～30 万元，其价格区间跨度很大，车型排量组合一般为 2～2.4 L（大众车系较多采用 1.8 T 发动机）。自主品牌的中高级轿车价格范围在 9 万～24 万元，排量一般在 1.8～2.0 L，其价格差异主要在于品牌价值和技术含量。

8.2 B 级轿车整车性能的演变

8.2.1 B 级轿车性能变化趋势

（1）空间充裕度在增加。

空间更大是国内所有细分市场车型的设计趋势，在中高级轿车市场尤为典型。从车身尺寸来看，国内上市的第二代中高级轿车中，很多都突破到“4 米 7”时代。当第三代中高级轿车上市之后，绝大多数车型都挤进了“4 米 8”时代。当第四代中高级轿车上市之时，很多车型不仅比原来的老款车型车身尺寸加长、加大，而且轴距也普遍加长。

为了在中级车或者中高级车市场上脱颖而出，各品牌都会争取为自己的中高级轿车赢得空间上的优势，以迎合消费者的需求。放眼当下，几乎所有近期上市的主流中高级轿车车身长度均在“4 米 8”级别，轴距也介于 2.7～2.85 m 之间，昊锐、凯美瑞、致胜、御翔等都是此尺寸级别。更长、更高、更宽将会是轿车市场一直追求的目标，而直接导致的将是内部空间的增加，极大地提高乘坐舒适性，这在公私兼顾的中国市场，显得尤为重要。

（2）造型设计年轻化。

2000 年前，人们描述中高级轿车造型设计最热门的词汇是“大气”和“稳重”。其中“大气”是指车子“大”，“稳重”则是意指车子“中规中矩”。实际上，从第二代中高级轿车进入国内汽车市场开始，中高级轿车的设计趋势就在变化，这种变化的主要特征是，“大气”确实保留了，但“稳重”的元素，却更多地在向“动感”“运动”和“时尚”的趋势演变。

中高级轿车造型设计上从“稳重”向“动感”“运动”和“时尚”的演变过程也非常明显。在国内市场，第一代中高级轿车定位主要是商务用车，而商务用车的功能诉求，决定车辆造型要以“稳重”为主。可是很快，国内中高级轿车的功能诉求就开始向个人、家庭使用变化。而个人、家庭使用需求，在厌倦了“稳重”而产生审美疲劳之后，“动感”“运动”“时尚”的审美诉求开始出现。这从根本上决定了中高级轿车的生产厂家，在推出新的产品时在造型设计上不能再只求线条的“直来直往”，不能只求“简约”，还要讲究动感、讲究弧线的运用，讲究点与面甚至光与影的结合。

（3）配置提升。

无论是欧系车、美系车还是日系车，近年来都在加大对科技装备的开发力度。在中高级轿车身上的科技性装备也日趋增多，ESP/VSC/TCS/BA 等装备都将成为主流。由于厂商对安全的重视，高科技配置将逐渐成为车型的标准配备。

另外在动力和传动系统上，新的发动机将更强劲、更省油、更安静，大众的 TSI、丰田的 VVT－i、本田的 A－VTEC 都将获得全面应用，大众的 DSG 变速器，日系的无级变速器也将普及；其他诸如夜视系统、氙气转向大灯、LED 尾灯、一键启动、无钥匙进入系统、变速巡航系统都将逐渐从高端车型向下普及。

（4）进行节能减排设计。

在十余年国内中高级轿车的推陈出新中，“节能减排”也是中高级轿车发展的一大趋势。在过去十多年中，中高级轿车节能减排主要通过下面三个方面体现出来。

首先是动力系统的提升和革新。新材料、新工艺和新技术的诞生，促使燃油经济性更好的发动机和变速箱相继出现。除了 V6 发动机、小排量涡轮增压发动机、CVT 和 DSG 之外，更先进的发动机技术如 VVT、DVVT、D－CVVT 技术、小型涡轮增压发动机，甚至是混合动力技术的出现，都大大提升了中高级轿车的燃油经济性。

其次更加符合空气动力学的设计。中高级轿车造型设计向动感、运动趋势演化，除了审美原因之外，另外一个原因就是流线型、更动感的设计也更符合空气动力学原理，可以减少车辆行驶时的阻力和降低燃油消耗。

再次是轻量化设计。由于新材料的不断推出，中高级轿车的轻量化设计也成为一个趋势，比如说，新天籁的发动机采用了全铝合金材料，发动机本身的重量大大减轻，因而也可以降低整车油耗。

（5）智能化、电子化。

从过去十余年及未来趋势来看，信息化、智能化、多媒体化和网络化的应用，已是中高级汽车的重要发展趋势。它们的联合应用，不仅大大提升了汽车的动力性、经济性、安全性和环保性，而且大大改善了汽车行驶的稳定性和舒适性。从中高级轿车的发展趋势看，智能化主要体现在三个方面：首先是信息技术的发展促使智能安全驾驶辅助设施出现，比如说前、后泊车系统、360° 环车影像系统以及车辆行驶动态数据（如车速、瞬时油耗、平均油耗及剩余油量可行驶里程数据）显示系统；其次是智能导航系统，给驾乘者提供道路指引、车辆远程故障诊断、拯救和防盗等功能；最后是更自由、更完善的人车交流系统，比如说酒店预订及新闻、娱乐资讯等方面的增值服务等。智能化已经成为体现中高级轿车品质的重要标志，中高级轿车的智能化竞争也日趋激烈。

（6）安全性能迅速提升。

过去，人们衡量车辆安全性能的“指标”往往是车大不大、车辆从外观上看“禁撞不禁撞”，但在国内中高级轿车市场逐渐发展成熟的过程中，不管是消费者还是厂家对车辆产品安全性的理解和定义，都已经更加具体、更加专业。在这一过程中，更安全的车身结构设计、大量超高强钢和高强钢的使用以及更丰富完备的主被动安全系统的采用是一个明显的趋势。

8.2.2　B 级轿车发展趋势小结

由于低端车型利润日渐稀薄，技术含量高、产品更新换代快、单车利润高的 B 级轿车市场自然就成了中国汽车市场的主战场。由于中高级车的影响力和利润率均高于其他车型，它的市场一直是厂商的必争之地。

未来的中高级轿车大战将在日系和欧美系与自主品牌之间全面展开。本田、丰田、日产、马自达与大众、通用、福特、PSA 形成了正面的竞争态势，相互争夺话语权，比拼市场的竞争力。合资品牌在中高级车领域的竞争将更加激烈。

与此同时，以吉利、上汽、长安等为代表的自主品牌中高级轿车也正在崛起，自主品牌的产品品质和品牌形象都得到了明显提升，这将对合资品牌的中高级车造成强劲的市场“干扰”。随着自主品牌中高级轿车的集体发力，以及合资新车型产能的不断释放，中高级轿车市场将呈现出多点作战、战线焦灼的复杂战况。

8.3 B级轿车典型车身设计技术

作为轿车市场的细分车型之一，B级轿车定位于公商务用车和家庭用车两大消费群体，长期以雅阁、凯美瑞、帕萨特为销量领先车型。近年来，B级轿车市场风生水起，大众、丰田、本田、福特、通用、日产、标致等跨国车企陆续实现了旗下热销B级车型产品的更新换代或相继推出了新款车型产品，从2003年的15款品牌车型，到现在的40多款，产品价格和排量层次不断细化，形成了丰富的产品线。而诸如吉利、长安等自主车企不甘合资企业永远垄断国内B级轿车市场，近年来也陆续加强了B级轿车产品的研发工作，相继面向市场推出了多款新车型，加剧了国内B级轿车市场的竞争。

车身设计开发一般是基于相应的平台进行的，当前，国内B级轿车市场基本为合资品牌所垄断，旗下主流的B级轿车产品均有自身的车身设计平台，代表性B级轿车车身开发平台诸如福特EUCD、通用Epsilon II、丰田TNGA、大众MQB等。为顺应当前及未来B级轿车轻量化的紧迫需求，各大车企均对各自的B级轿车车身开发平台进行了不同程度的换代升级。具体体现在尺寸增大，更加有利于实现零件的标准化、通用化、模块化、一体化设计，刚度与强度大大提升，有利于降低车身重量，极大地提升了整车的操控性、舒适性、燃油经济性。此外，近年来诸如通用、大众等车企为提升旗下B级轿车产品市场竞争力，对某些车型直接在自身C级轿车平台上进行车型开发，推出了所谓的“B+”车型。

对于B级轿车产品而言，空间性、安全性、舒适性是其车身设计过程中最为关注的三大技术问题。

空间性：近年来随着国内乘用车市场对车型产品空间要求的不断提高，在B级轿车领域内刮起了一股强烈的加长风暴，具有更大空间的B级轿车正成为市场的新宠。从近年来国内各大主流车企相继推出的主打B级轿车产品的车身空间尺寸设计数据值来看，传统的B级轿车车身空间尺寸规格标准已不再成为车企遵守的准则，很多车型产品的空间设计尺寸均超过了传统的尺寸界定范围，部分车型的长、宽、轴距值已接近甚至已经进入了C级车的空间尺寸范围内。

此外，在传统B级轿车市场加长加大的道路上，各主流车系鉴于其自身B级轿车产品特性及其发展理念的差异性，具体所表现出来的车身空间设计风格也不尽相同。日系车一直遵循稳步变化的节奏，针对每次的B级轿车产品换代，在车身空间尺寸方面仅做一些小幅度的改动，总体变化不大；德系车一直属于比较激进的风格，近年来大众、宝马、奔驰、奥迪先后针对中国市场推出了相应的加长B级轿车产品版本，如宝马3系Li就比起标准版轴距增长了110 mm；美系车由于其传统B级轿车产品的车身空间设计就很大很长，因此相对于德系也比较保守，但是近一两年来为满足国内市场的需求，抢占市场，也相继推出了多款大空间的B级轿车产品，代表车型如迈锐宝XL、金牛座、新君越等，尤其如新君越轴距超过了2.9 m，直接定位在了C级轿车内。部分车企甚至直接采用C级轿车平台进行了新的大尺寸B级轿车产品设计开发，以满足国内消费者需求。此外，在增大车身空间尺寸设计值基础上，为了不使整个车型显得笨拙，广大车企均大量使用了更多的流线型设计，降低风阻，使车身外观显得更加舒展并年轻化。最后，为满足国内二胎政策开放后未来可能出现的越来越多的4人及以上普通家庭的使用需求，当前B级轿车产品车身空间的设计焦点在于后排空间的增大，各大车企均力求通过合理的布局、结构优化，增大 B 级轿车产品的后排空间尺寸，并保证后排乘坐人员的舒适度。

安全性：与 A0、A 级轿车相比，B 级轿车安全性能往往更为优异，这也是由其市场定位决定的。此外与 C、D 级车型往往趋向于通过大量运用轻合金、碳纤维等超轻质材料不同，针对 B 级轿车车身安全性能设计目前均是基于钢质或者以钢铝混合车身提出的。当前，国内外为匹配各类高强钢、超高强钢材料及其对应的先进制造工艺技术的应用目标，在以钢为主体的 B 级轿车车身结构安全性设计方面主要采用了以下几类技术模式，即 BFI 牢笼式车身、GOA 车身、Zone Body 车身、3H 结构的高刚性安全车身、新环状力骨构造车身、HEEAB 高强度吸能构架式车身、G－CON 车身、TECT 车身、Rise 车身等。

（1）BFI 牢笼式车身技术：这是当前欧美车型普遍采用的车身结构设计模式，如图 8－1 所示。笼式车身指的是车身的框架结构（主要是其内部由各类高强钢加强板焊接而成）多方位连接，把乘员舱构造成一个类似于笼子的结构，无论从哪个方向来的冲击，都会由整个笼子来承担。缺点是车身往往较为沉重，成本较高，同时车型一旦固定下来，改动起来就比较困难。但从民用车的安全性角度考虑，目前来说这种结构对于车身及成员的保护是最佳的。因此，当前诸如大众、福特等欧美主流 B 级车型依旧采用这种车身结构设计模式。

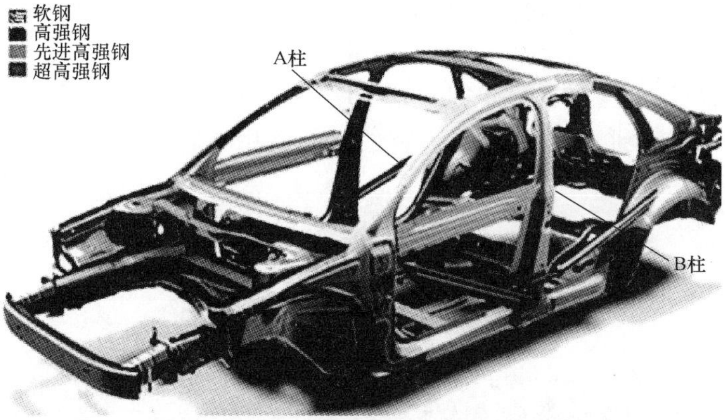

A、B柱等关键部位大量应用高档车专用的超高强度硼钢材质

图 8－1　BFI 牢笼式车身结构设计（见彩图）

（2）GOA 车身技术：基于“吸能分散”的理念，在使用高张力钢板的同时采用 CAE（计算机模拟控制）技术，开发具有高强度座舱和冲击能量高效吸收能力优化设计的车身结构。GOA 车身有 8 个基本的组成部分（车身整体一次冲压而成，通过焊接连接成一体；大型保险杠加强板；吸能前纵梁直线布置；采用横梁至前柱的加强梁；中柱部分强化；嵌入门槛板前柱穿入下门口；下门槛加强筋与后轮罩直接相连；车门内采用防侧撞钢梁），如图 8－2 所示，通过这种量化的数值最终形成一个可信赖的 GOA 车身。在车辆撞击发生时，吸收碰撞能量的车身和高强度驾驶室能够有效吸收碰撞能量，并将其分散至车身各部位骨架，将驾驶室变形减小到最低程度，以确保座舱中驾乘者的安全。一汽丰田全系车型都严格按照 GOA 车身结构的要求，大量应用高强度钢板来加强车身结构。

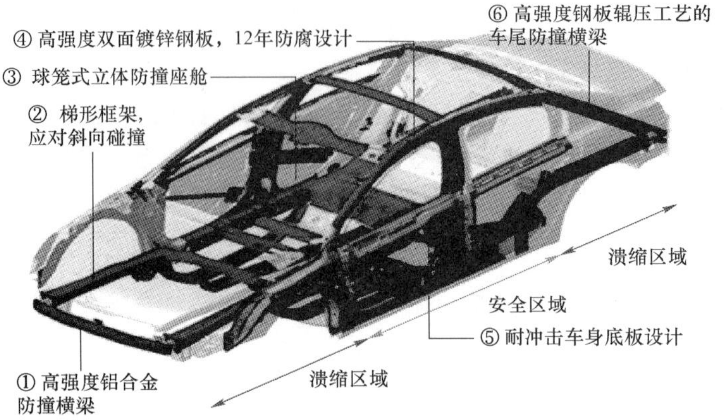

图 8-2　典型 GOA 车身结构设计示意图（见彩图）

（3）Zone Body 车身技术：典型 Zone Body 车身结构设计如图 8-3 所示，其核心设计思想是快速将撞击能量分散。该车身技术将车身划分为几个相对独立的区域，并辅助几条负荷通道，以保证车辆无论在哪个角度发生撞击，均能迅速分散冲撞力，最大限度地降低传递给乘客的撞击力，并且最大限度减小车体变形，以保护乘客安全。日产的 Zone Body 车身将整个车子分为前中后三个区域，其中前后两区为“溃缩区”，其刚性经过精密计算，在受到撞击时会向内溃缩并有效地吸收冲击力，而又不至于太过脆弱让冲击力直接影响车室。中间则为“安全区”，其结构经过补强，能够有效地抵抗并分散尚未被“溃缩区”吸收掉的冲击力。这项车体技术在日本汽车事故研究中心所进行的撞击实验中获得了最高的 AAA 评价，表示乘员在事故中头部及胸部受到严重伤害的可能性相当低。

图 8-3　典型 Zone Body 车身结构设计示意图

（4）3H 结构的高刚性安全车身结构：如图 8-4 所示，该设计主要特点是车身框架结构由三个 H 形结构构成，下边梁、B 柱、上边梁构成第一个 H 形框架，两条上边梁、顶盖中梁构成第二个 H 型结构，两条下边梁和前座椅安装梁构成第三个 H 型结构。该结构能保证在车辆发动机前舱和其他部位变形后乘员舱室空间不被侵袭变形，以最大程度保护室内乘员的安全。某车身结构如图 8-4 所示，车身底板增加了六条由超高强钢制成的分散轨道以确保撞击能量的快速分散与吸收，使得车辆在发生正面撞击时，最大限度地减小乘员舱的车体变形。

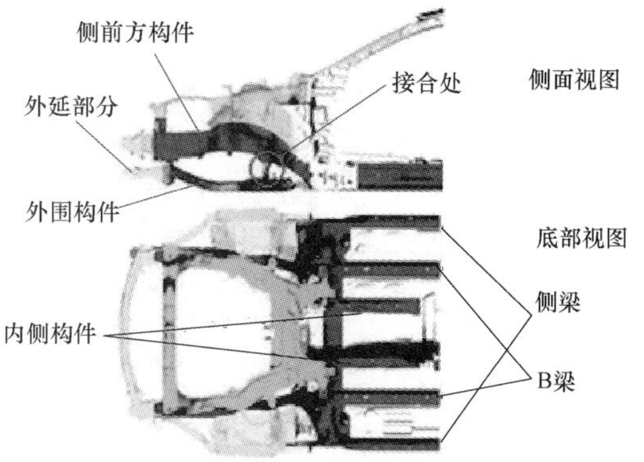

图 8－4　典型 3H 结构的高刚性安全车身结构设计示意图（见彩图）

（5）新环状力骨构造车身：典型环状力骨构造车身结构设计如图 8－5 所示，就是将车身侧面的 A、B、C 柱与底部车架结合成环状，强力地包覆住车室的空间，与其他车厂车身前后吸收撞击而补强中央的方式有所不同。这样不但达到高水平的全方位防护能力，同时由于车身的刚性是整体加强的，因此对于操控性也有正面影响。

图 8－5　典型环状力骨构造车身结构设计示意图

（6）HEEAB 高强度吸能构架式车身：该车身拥有坚固的驾乘室、高效的约束力、能量吸收高缓冲、高强度侧防撞、力传递车体设计。长安逸动采用了此车身结构，前后防撞梁、前纵梁后段、车门防撞梁以及 B 柱都采用 1 200 MPa 的高强度热成形钢材，车辆的主要承载结构如门槛梁、A 柱、前后纵梁中段以及全框副车架也都采用 800 MPa 以上高强度钢，如图 8－6 所示。

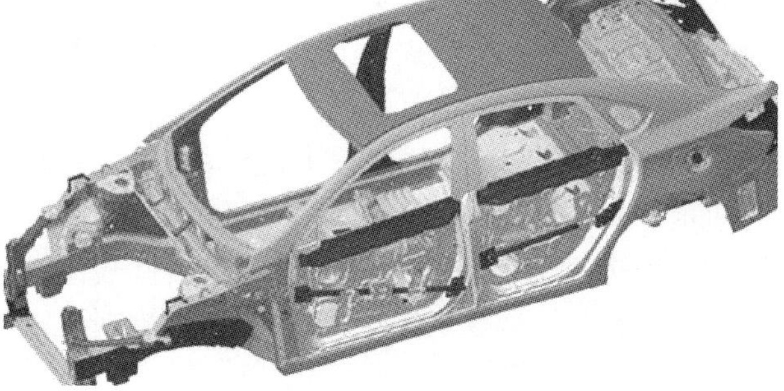

图 8－6　典型 HEEAB 车身结构设计示意图（见彩图）

（7）G－CON 车身技术：典型 G－CON 车身结构设计如图 8－7 所示，G－CON 是本田公司研制出的一种新型安全车身，属于被动安全技术方面。G－CON 车身结构设计技术的第一要点是降低对乘员的伤害，使吸收碰撞力和保证生存空间这两种对立的要求达到统一。本田将尽量降低对乘员的伤害作为首要目标，确立了独有的 G－CON 技术。G－CON 技术利用可破碎结构控制碰撞时产生的冲击力，其目的是在实际碰撞条件下吸收能量的同时保证车内乘员的生存空间。该技术已取得了较大成功。

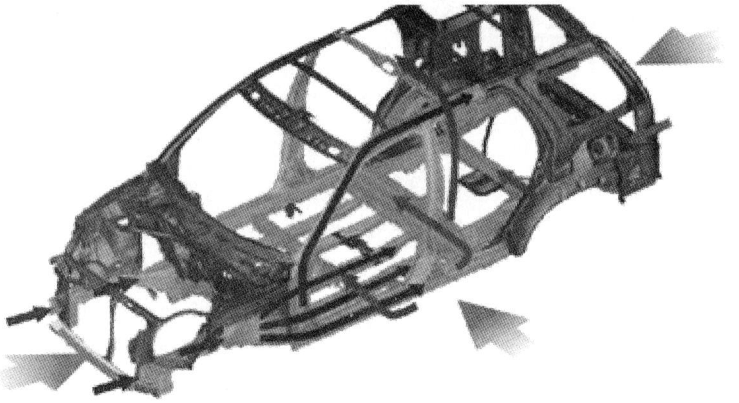

图 8－7　典型 G－CON 车身结构设计示意图（见彩图）

综上所述，当前国内外主流车企在进行以钢材为主体的 B 级轿车车身安全性结构设计技术领域，均高度强调"强硬"与"吸能"二者的良好匹配，上述各类车身结构设计模式已得到广泛的应用。实际上各大车企推出的主流 B 级轿车产品往往并不是单一某种车身结构设计的体现，而是不同车身设计模式的混合体，但大体上都体现出前后结构"软"，中间车身相对"硬"的三明治结构特性，以便车身能够同时拥有足够的刚度和足够优异的碰撞吸能性能。

舒适性：汽车的舒适性跟底盘有着密切的联系，在之前很长一段时间里底盘的性能往往容易被消费者所忽视，而随着国内 B 级轿车选车标准的日益成熟理性，底盘作为衡量 B 级轿车整车性能的一项重要因素，正在成为 B 级轿车市场新的分水岭。

当前，为保证车型产品的乘坐舒适性，国内外主流车企均花大力气致力于 B 级轿车产品的舒适性提升，其中最核心的就是针对悬挂系统的设计。当前主流的 B 级轿车悬挂系统设计模式有横臂式独立悬挂、双叉臂式悬挂、斜置单臂式独立悬架、滑柱摆臂式独立悬架（麦弗逊式或叫支柱式等）、多连杆独立悬挂、拖曳臂式悬挂等，具体如下：

（1）横臂式独立悬挂：此类悬挂系统代表 B 级车型为广本雅阁、一汽轿车马自达 6、北京奔驰－戴克的克莱斯勒 300 C。结构特征为车轮在汽车横向平面内摆动，按横臂数量又分为双横臂和单横臂两种，这种悬挂的优点是摩擦较小，能够兼顾悬挂的刚度和对震动的缓冲，采用这种悬挂的车子对路面的震动过滤得非常快，舒适度好，在成本和性能之间取得了较完美的平衡，是许多主流车企比较喜欢使用的一种悬挂，双横臂式悬挂如图 8－8 所示。但这种悬挂系统也存在独立悬挂的缺点，零件较多，对车身侧倾控制不够好。

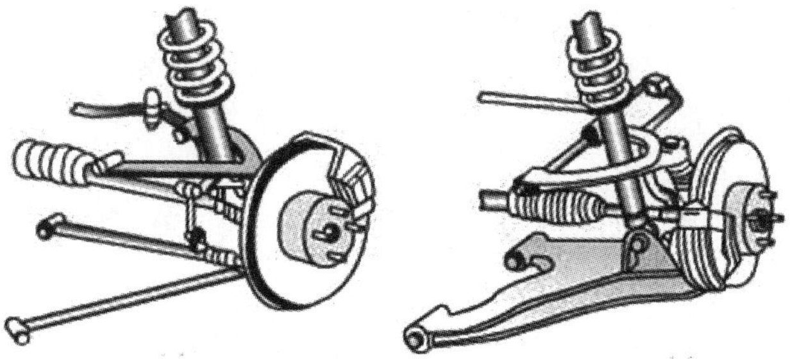

图 8-8　双横臂式悬挂

（2）斜置单臂式独立悬架：如图 8-9 所示，这种悬架是单横臂和单纵臂独立悬架的折中方案。其摆臂绕与汽车纵轴线具有一定交角的轴线摆动，选择合适的交角可以满足汽车操纵稳定性要求。这种悬架适于做后悬架。

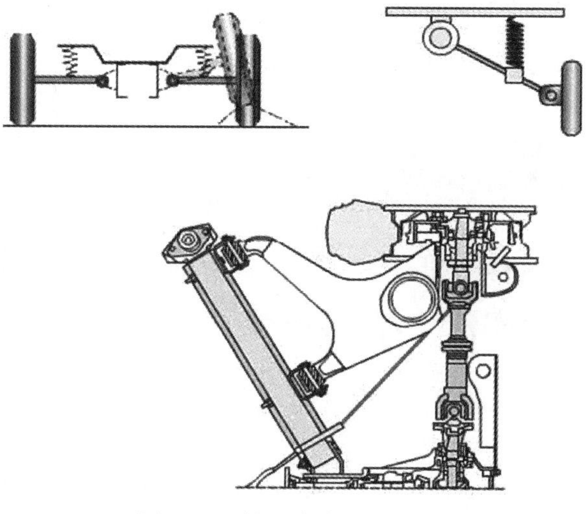

图 8-9　斜置单臂式独立悬架

（3）滑柱摆臂式独立悬架（麦弗逊式）：如图 8-10 所示，这种悬架目前在 B 级轿车中

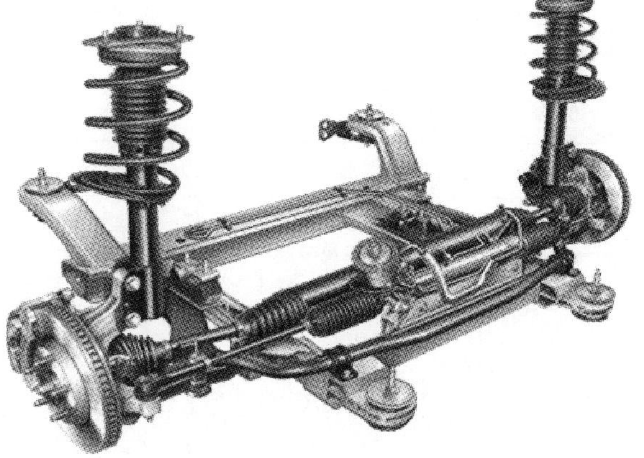

图 8-10　典型的滑柱摆臂式独立悬架（麦弗逊式）结构

采用很多。滑柱摆臂式悬架将减震器作为引导车轮跳动的滑柱，螺旋弹簧与其装于一体。这种悬架将双横臂上臂去掉并以橡胶做支承，允许滑柱上端作少许角位移。内侧空间大，有利于发动机布置，并降低车子的重心。车轮上下运动时主销轴线的角度会有变化，这是因为减震器下端支点随横摆臂摆动。以上问题可通过调整杆系设计布置得到合理解决。目前应用这种悬挂系统的代表 B 级车型主要有迈腾、凯美瑞、荣威 750、名爵 MG7、君越、蒙迪欧、天籁等。

（4）多连杆独立悬挂：如图 8－11 所示，这种悬挂系统是在消费者越来越多地追求乘坐的舒适度和操作的安全性要求下出现的一种悬挂，是靠多根连杆（杆件数一般为 3～5 根）来控制车轮位置的悬挂，因连杆的数目及固定点不同，各车厂命名方式不同，其具备拖曳臂式悬挂的舒适性和双横臂式悬挂的操控性：车轮跳动时轮距变化较小，能提供平稳的行驶性并吸收大部分路面传递的震动，且能自动调整轮胎角度，使轮胎与路面永远保持 90° 垂直，抓地力很好。但成本高昂、较占底盘空间，所以只能用于后悬挂。

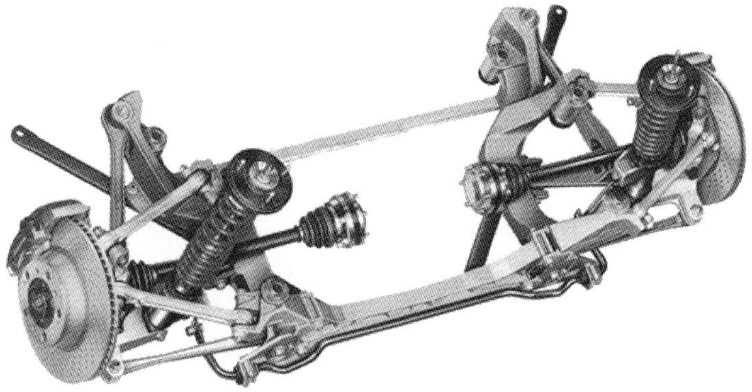

图 8－11　多连杆悬挂

由表 8－1 可以看出，当前主流 B 级车型的悬挂系统大多采用了麦弗逊式前悬架＋多连杆式后悬架设计，兼顾操控性、舒适性和运动性。

表 8－1　主流 B 级车型的悬挂系统

项目＼车型	迈腾	领驭	名爵 MG7	荣威	致胜	雅阁	凯美瑞	君越	天籁	铂锐
售价区间（万元）	18.45 27.97	17.68～30.18	16.26～30.28	18.18～27.68	17.52～23.36	18.18～33.98	19.78～26.98	17.50～27.48	20.68～34.98	18.17～22.79
前悬架	麦弗逊	四连杆	麦弗逊		麦弗逊	双叉臂	麦弗逊	麦弗逊	麦弗逊	麦弗逊
后悬架	四连杆	复合式后桥+纵摆臂	Z 形纵臂+双横臂		多连杆，螺簧减震器分离	多连杆，螺簧减震器串连	2 模杆+1 纵杆	四连杆	多连杆	多连杆，螺簧减震器串连
底盘平台	PQ46 源于大众高尔夫的 PQ35	PL45 平台，后桥半独立式	源于美国罗孚汽车，由莲花对其进行调校		源于福特、马自达、沃尔沃的 EUCD 平台	在第 7 代雅阁中级车平台上升级	丰田 B 级轿车平台	基于北美君越平台	日产 FF-L 平台	源于克莱斯勒与三菱共同开发的 JS 平台

续表

项目＼车型	迈腾	领驭	名爵 MG7	荣威	致胜	雅阁	凯美瑞	君越	天籁	铂锐
简评	强调运动感，驾驭能力较好，悬架调校较硬	前悬性能较好，但后悬与 B 级轿车不匹配，运动感较好，后轴成本低	非常注重运动性能、特殊的后悬架匹配前悬架提供较好的刚度。荣威调校稍软，符合上汽的理念		颠覆老款设计，强调运动感，悬架与铂锐相似，颇具欧款车风范	悬架优势明显，新款提升了刚度，降低了质心，运动感提升	调校较软，后排乘坐平顺性较好，后三连杆悬架成本较低	调校较软，仍有美国车特点，坏路起伏较大，运动性不强，注重平顺性	较好地兼顾了操稳与平顺，不着重强调舒适	调校偏硬，运动性能提升，与致胜悬架相似，但与同级车相比不具明显优势

8.4　B 级轿车典型车身的轻量化技术

近年来，国内外各主流车企均纷纷发力，致力于其各自旗下代表性 B 级车型产品的升级换代，以提升市场竞争力。其中轻量化是当前各大车企 B 级轿车产品阵营最为重点的发展技术方向之一。各车企均投入了大量的资源，致力于各类先进轻量化技术在 B 级轿车产品上的应用，取得了良好的轻量化成效，推出了多款代表性的典型轻量化 B 级车型，展现了各大车企在这方面的技术实力。总体而言，就当前国内外典型轻量化 B 级车型而言，其车身基本的轻量化技术路线均为立足于高强钢、高强钢 + 部分铝合金车身框架体系，借助各类先进结构设计理念，打造高强度、刚度车身结构，大量应用各类超高强钢及铝合金，辅之以先进的制造工艺技术，实现车身轻量化。下面介绍当前国内外主流车企代表性的一些 B 级车型产品轻量化技术的应用情况，具体如下：

（1）大众——迈腾：迈腾是大众集团一款经典的代表性 B 级车型，多年来始终在国内外市场经久不衰，推出的每一代迈腾车型均完美地展示了大众在 B 级轿车轻量化方面的技术实力。全新一代迈腾采用 MQB 平台，车身平台和超级架构进行了全新的设计，打造出基于大众 HSB 理念的高强度车身结构。在欧盟统一的 NCAP 最高安全测试中，迈腾达到了五星安全标准。迈腾车身结构如图 8－12 所示，前纵梁采用“几”字形结构和变截面技术，使车身前部在发生车辆正面碰撞时具有更好的吸能缓冲作用，阻止碰撞产生的能量传递到车厢，

图 8－12　迈腾车身结构（见彩图）

有效保护乘员的安全。侧面防撞杆呈对角线安装在车门内，可以扩大保护面，更重要的是，这样在发生正面碰撞或者追尾碰撞时，侧面防撞杆就会向上或者向下弯折而不会插入 A、B 和 C 立柱内，车门不会被侧面防撞杆堵塞，从而方便救护人员打开车门，即便遭遇不幸也能在短时间内安全获救。此外，针对车门件等覆盖件，为提升其安全性，迈腾采用了一体化结构设计，避免了焊接对零件刚度造成的不利影响。

针对车身用材，迈腾约 81%车身结构件采用了高强度和超高强度钢板，其中关键结构都采用工艺技术更先进的热成形钢板，应用比例达到 27%，以保证关键零件每平方厘米可以承受 10 t 以上的压力而不变形，提升了车身的整体强度、刚度。如图 8－13 所示，迈腾的全身分布了许多种不同强度的钢材，这些钢材越靠近驾驶舱，结构强度就越高，在外层提供了变形吸能之后，乘员舱周围的部分则会为人员提供充足的生存空间。例如，迈腾前后保险杠、A 及 B 柱、底盘、四门防撞梁等关键承载部位均采用了屈服强度 1 200～1 500 MPa 的热成形钢材，应用比例相比于上一代车型有 11%的显著提升，可使车身能够承受强烈的正面、侧面及顶部冲击，全方位保护车内人员安全。此外，针对车顶、引擎盖、后备厢等位置，应用了屈服强度 320～700 MPa 的超高强钢板，占整个车身的 36%。其余非主要承载部位应用了屈服强度 180～320 MPa 的钢板，占整个车身的 37%。总体而言，将各类超高强度钢材集中应用于车身的正面及侧面受力区，极大提升了车身的被动安全性，且有利于实现车身减重。

图 8－13　迈腾车身用钢分布

为满足车身结构及用材设计需求，迈腾车身应用了大量的先进制造工艺技术方法，进一步满足车身安全性及轻量化要求。A、B 柱等关键碰撞安全构件全部采用热成形工艺制造；部分超高强度钢质等复杂构件采用当前国际上最为先进的变截面连续辊压技术；采用一体化冲压成形技术，实现了双层结构车门成形，相比于传统的焊接件，刚度得到了显著提高。此外，为进一步保证车身的连接刚度，迈腾车身大量运用了先进的激光拼焊技术，如图 8－14 所示，最具代表性的即为其 A 柱至 C 柱与车顶之间均通过超长激光拼焊实现了可靠连接，使得焊接连接处更窄、更牢固。数据显示新一代迈腾车身激光拼焊焊缝总体长度达到了 43 m，为当前国内外 B 级轿车产品中最长的。总体而言，通过大量采用各类先进成形、连接技术，进一步保证了迈腾车身的安全性。

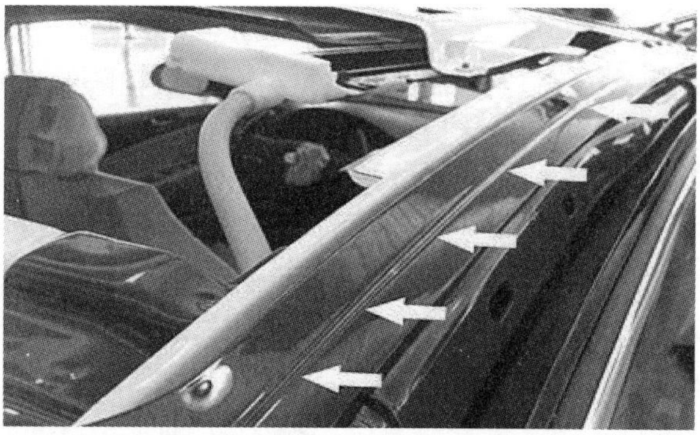

图 8－14　迈腾超长激光拼焊焊缝

（2）大众——帕萨特：与迈腾一样，帕萨特也是当前大众旗下最为畅销的一款商务型 B 级轿车产品，也是轻量化技术应用成效较好的典范车型。其同样基于大众的 MQB 平台开发，相比于上一代车型，其通过对车身、底盘、动力总成、电子系统进行全方位的系统优化，成功实现减重 85 kg。其中，通过车身结构优化及轻量化材质应用，实现减重 33 kg。如图 8－15 所示，新一代帕萨特针对前后纵梁部位进行了轮廓几何形状优化，以达到更高的抗变形能力；针对车架不同部位承载特性的差异性，应用了差厚板技术，通过改变同一构件上不同部位的钢板厚度，满足不同的抗变形要求。

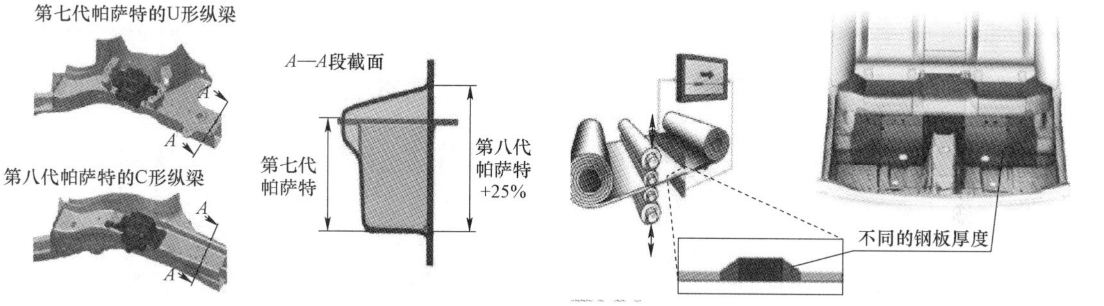

图 8－15　帕萨特车身结构优化

如图 8－16 所示，相比于上一款车型，新一代帕萨特在热成形钢应用方面从 15%用量提升至 27%水平，其余超高强钢也由上一代的无应用提升至 17%，主要应用于前地板、车门加强梁、A 及 B 柱等重要部位。这些超高强钢材的大面积使用给车身带来了明显的轻量化及安全性优化功效，在发生撞击时尤其是侧面撞击时可有效减小座舱形变，保护驾乘人员的安全，并使整车动力性和燃油经济性获得明显提升。

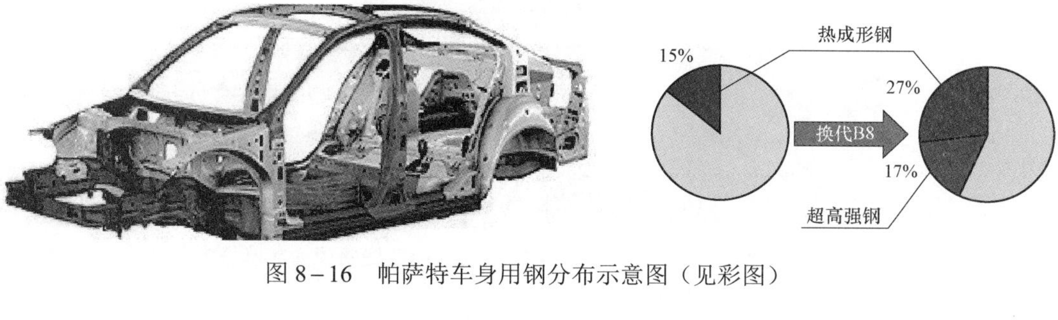

图 8－16　帕萨特车身用钢分布示意图（见彩图）

此外，与迈腾类似，全新帕萨特四车门也采用高成本一体冲压成形工艺，强度较拼接车门大幅提升。如图 8－17 所示，相比于上一款车型，新一代帕萨特也全面采用了具有大众优势性的激光拼焊工艺，尽量降低点焊数量，极大提升了焊缝的冶金结合程度，其强度特性使各钢板相结合成一块钢板，使车身连接整体强度相比于普通的点焊工艺提升了 30%以上。此外，针对其他车身局部部位则是大量采用了粘接技术，进一步提升车体连接密封性。

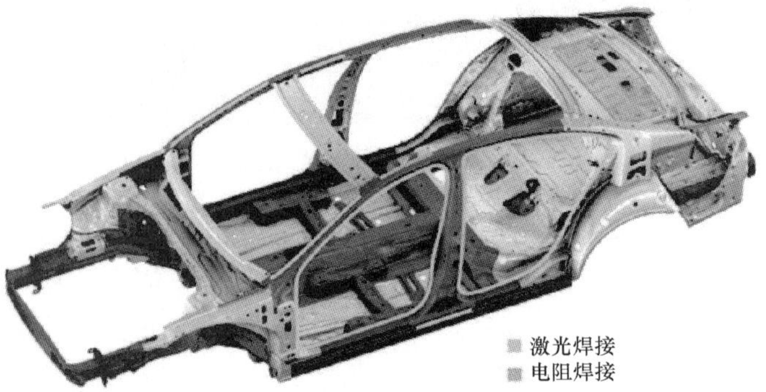

图 8－17　帕萨特车体连接工艺应用示意图（见彩图）

（3）奔驰——C 系列：从 1982 年第一代奔驰 C 问世至今已经过了 30 多年的发展，作为一款豪华型 B 级轿车，其多年来一直受到消费者的青睐，是奔驰系列车型中销量最大的车型。新一代奔驰 C 系列车型的白车身总成重 362 kg，在车型长度和宽度均增加的情况下，仍较上一代车型减重 71.4 kg，这主要得益于轻量化的结构设计、多种轻量化材料及先进制造工艺的综合应用。

针对车身结构设计，如图 8－18 所示，通过结构优化，奔驰 C 系列具有了轻量化的车身骨架体。首先，在正面碰撞时有 4 个独立的能量传递路径，大量的碰撞动能传递给纵梁和 A 柱，然后纵梁和 A 柱将碰撞能量分成若干小的能量流被单个钣金零件吸收。而在侧碰时能量通过门槛梁、B 柱、门防撞板等传递到车身被钣金零件吸收，其中 B 柱加强板的热冲压件仅连接到 B 柱本体下端，而未与门槛相连，主要是考虑到 B 柱侧碰时上下端侵入量的差异化，上端变形小，而下端变形大，实现对乘员的保护。据奔驰方面估算，该车型由轻量化结构设计实现的车身减重为 10.2 kg。

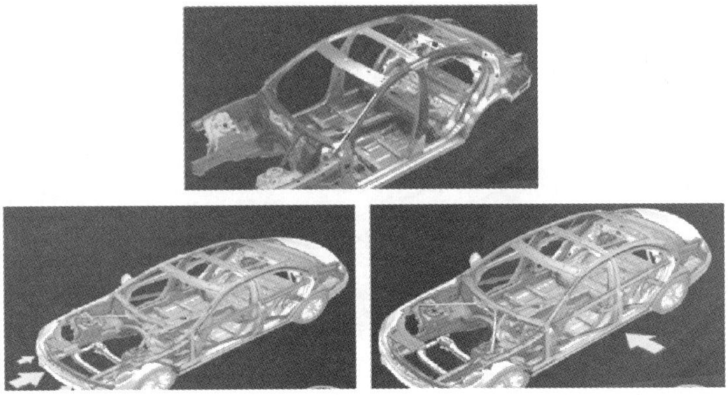

图 8－18　奔驰 C 系列车身结构骨架及承载传递路径（见彩图）

针对车身用材设计，如图 8－19 所示，新一代奔驰 C 白车身主要由钢、铝合金和塑料组成，其中高强钢（包含普通高强钢、先进高强钢、超高强钢和热冲压成形钢）的比例为 62.4%，铝合金材料（包含铝合金板材、型材和铸造铝合金）的比例为 24.8%。相比于上一代车型，其热冲压成形钢及铝合金材料的应用比例均有明显提升，其中热冲压成形钢的比例由 3.8%提高到 11.9%，而白车身骨架用铝合金材料占整个白车身重量的比例由 0.2%提升到 7.6%，整个白车身用铝合金材料的比例由 3%提高到 24.8%。其中，在 A 柱、B 柱加强板、前挡板、中通道等安全结构件上大量应用了热冲压成形钢，再加上优化了的结构设计，使整车具有较高的安全性能；针对车身的减震器支座等零件采用了铸造铝合金，使整个车身的扭转刚度得到了明显的提升，一阶扭转频率由 54.6 Hz 提高到 56.0 Hz，一阶弯曲频率由 51.6 Hz 提高到 58.0 Hz，且使该零件总成由 10 个减为 2 个，实现减重 2.8 kg。据奔驰方面估算，该车型由热冲压成形钢减重 6.7 kg，铝合金结构件减重 13.2 kg，铝合金覆盖件减重 41.3 kg。

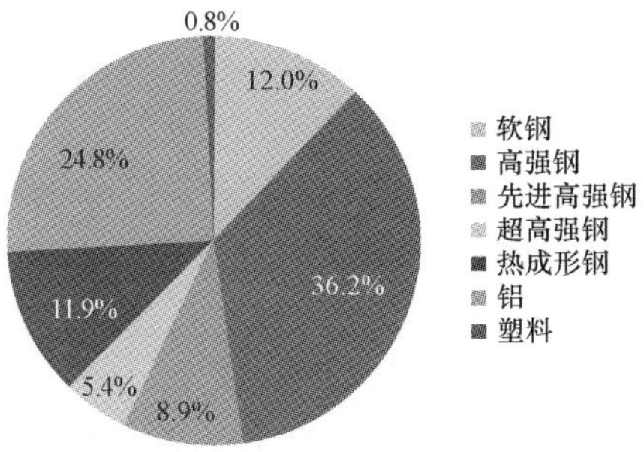

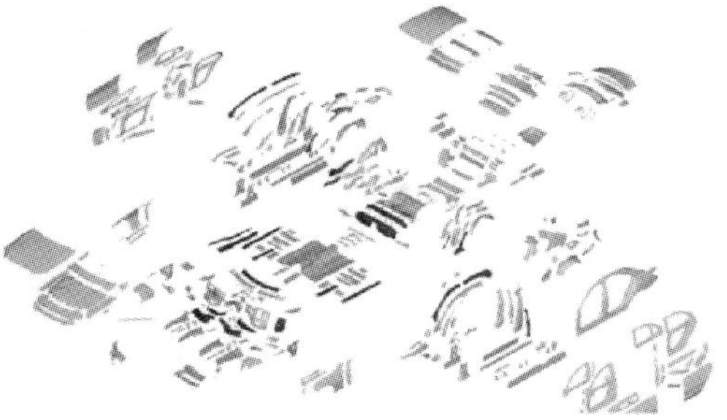

图 8－19　奔驰 C 系列车身用材分布（见彩图）

针对车身工艺应用，新一代奔驰 C 系列除采用冷热冲压成形、点焊及电弧焊等制造工艺方法外，重点还是为实现钢铝混合车身用材料条件下的异种材料连接技术。首先，由于在白车身中应用了近 25%的铝合金材料，故而其连接工艺也有别于传统钢板车身，运用了大量的铆接和胶粘接等工艺。车身结构件应用了“ImpAcT”连接方法，如图 8－20 所示，其与传统的车身铆接和螺钉连接都存在一定的差异，中间有粘接胶。其次，铝合金覆盖件的翻边连接也有别于传统的钢板，由图 8－21 可以看出翻边的间隙中均有粘接胶填充，这样不但增加了连接的强度，而且提升了整车的 NVH 性能。

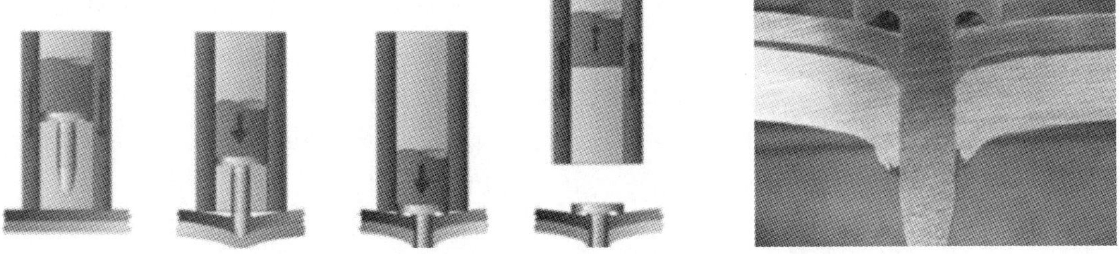

图 8－20　奔驰 C 系列钢铝混合车身——“ImpAcT”连接过程示意图

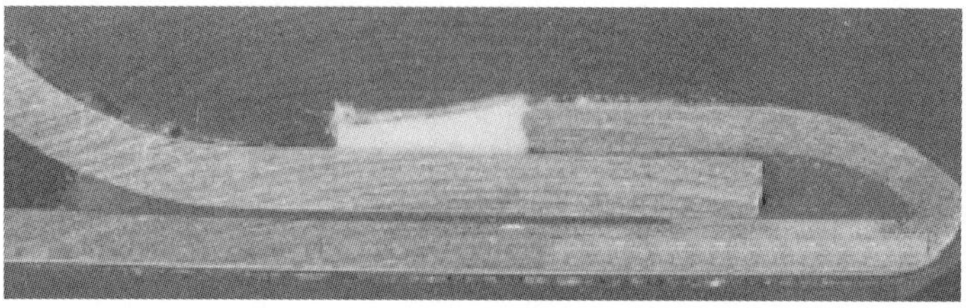

图 8－21　奔驰 C 系列铝覆盖件翻边连接

经过折合计算，整个白车身的等价焊点数达到 7 789 个，保证了车身的强度和刚度。而且在该白车身连接中用到了铝合金材料的点焊和螺柱焊，焊点数量分别达到 316 个和 32 个，这在以前的铝合金材料车身中比较少见。激光焊接的焊缝长度达到 12 885 mm，胶粘接的长度达到 187 912 mm，这些先进连接工艺的大量应用保证了白车身的强度和刚度。

综上所述，奔驰 C 系列作为一款入门豪华型 B 级轿车，基于奔驰先进成熟的车身设计与用材技术，采用多材料混合的轻量化用材理念，铝合金材料及热冲压成形钢等轻量化材料得到了大量的使用，不但实现了轻量化，而且保证了整车的安全性能。整个白车身仅重 362 kg，相当于部分自主品牌 A0 级车型白车身的重量水平，而且安全性能还超过自主品牌车型。

（4）福特——Fusion：作为福特旗下的代表型 B 级车型，自 1993 问世以来，Fusion 经过 5 代的演化，在车身轻量化方面取得了显著成效。主要归功于结构优化、高强钢材料及先进工艺的应用。新一代 Fusion 摒弃了前几代所采用的马自达 CD3 平台，基于 EU－CD4 平台研发，相比于上一代平台，EU－CD4 平台针对前围及地板等部位结构进行了局部改进，有利于提升车身的刚度和 NVH 性能等。

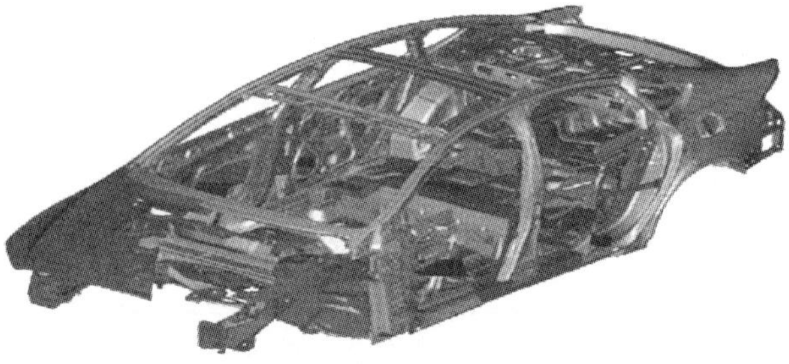

图 8－22　Fusion 车身结构设计示意图（见彩图）

在车身结构设计方面，新一代 Fusion 基于 EU－CD4 开发平台，借助参数化、多目标优化设计技术，实现了结构优化，提升了车身刚度及碰撞性能，为新材料应用创造了条件。如图 8－22 所示为新一代 Fusion 结构示意图，相比于上一代车型，其在结构方面的优化方法具体如下：大量零件采用一体化结构设计，整合统一不同零件断面结构参数，降低车身零件数量，提高连接刚度；优化零件断面结构。例如，前纵梁横截面采用六边形设计，刚度提高，抗轴向碰撞能力增强，为实现铝合金等轻质材料在该处的使用提供了条件；局部采用高刚度结构设计，如前纵梁处设计 Y 形架体替代扭力盒，进一步提高该处刚度，优化碰撞载荷加载路径，改善吸能效果。

在车身用材设计方面，新一代 Fusion 全部由钢材组成，其中高强钢约占车身用钢比例的 63%，如图 8－23 所示；其中高强钢材以普通高强钢、先进高强钢为主，少量用了热成形钢、CP 钢、马氏体钢等超高强钢。相对于上一代 Fusion（马自达 CD3 平台），新款车身高强钢材料应用比例提高近 6%，其中超高强钢所占份额显著提高，尤其是如 AB 柱、门槛、前后保险杠等部位使用了热成形钢满足零部件的薄壁化设计及强度要求，Fusion 白车身、覆盖件用材分布情况如图 8－24 所示，整车平均材料强度提升了 10%，对降低车身重量起到了促进作用。此外，相比大众迈腾等车型，Fusion 车身所用的热成形钢等比例也偏低。这也体现出了当前针对 B 级轿车车身结构设计的另一种思路，即并不是一味地使用高强度级别钢材或提高高强度钢材用量比例就意味着更好的安全性能，尤其随着当下国内外 B 级轿车车身尺寸不断加长的发展趋势，B 级轿车车身前后端可供吸能的空间越来越大，缓冲余量逐渐增大，因此中部驾乘舱不用做过度的强硬化也能保证安全。

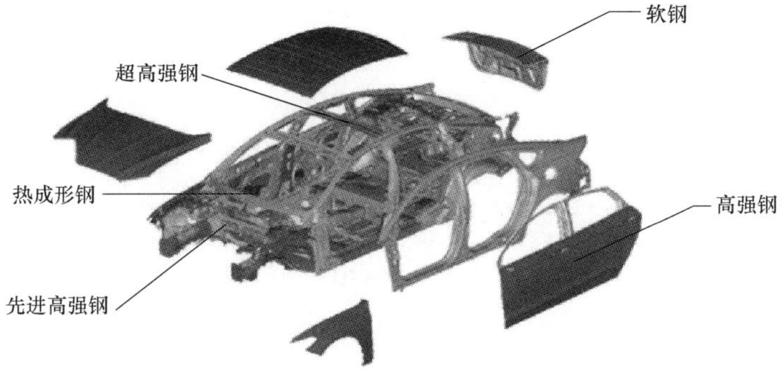

图 8－23　Fusion 车身整体用材组成

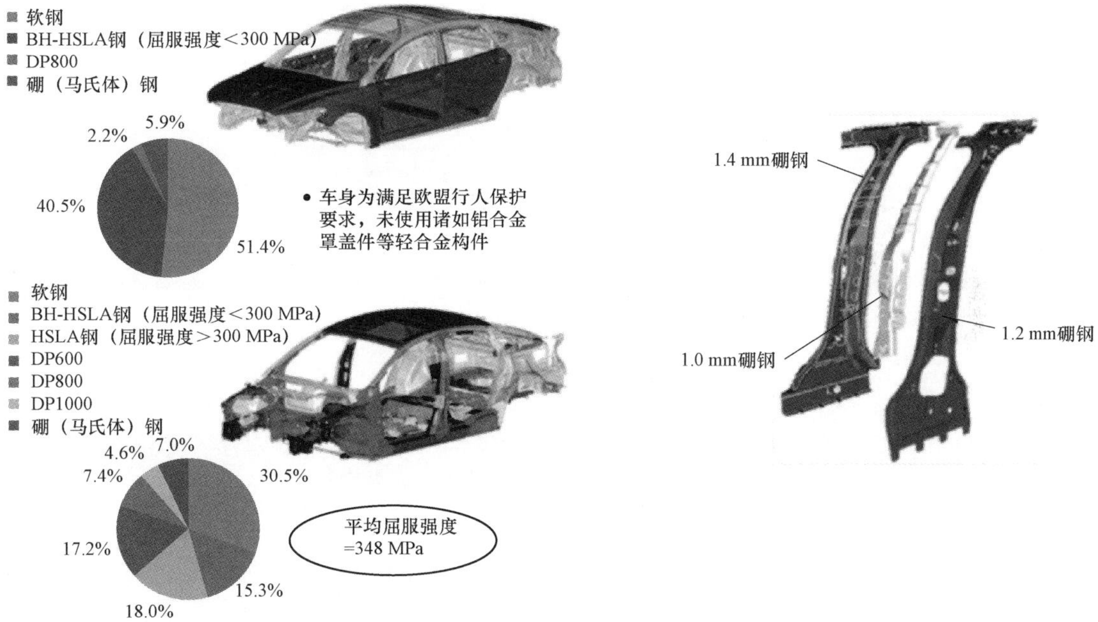

图 8－24　Fusion 白车身、覆盖件用材分布情况（见彩图）

在车身工艺应用方面，新一代 Fusion 为满足高强钢零件制造技术需求，大量应用了各类先进制造技术，具体如下：首先如图 8－25 所示，A 柱、C 柱采用了一体化三维复杂截面、强度高达 1 000 MPa 的内高压成形领先工艺，代替原有的热压印焊接薄板制造车柱零件，而 B 柱更采用了两根具有独创的强度高达 800 MPa 的内高压成形复杂截面管，获得的零件具有良好的封闭性，相比原有工艺，其比强度及扭转、弯曲刚度显著提高，重量减轻，材料利用率＞95%，节约了成本。此外采用内高压技术，零件及焊点数量都显著减少，使车身可获得更佳的结构连续性，防撞性能更为出色（满足 IIHS 标准）。

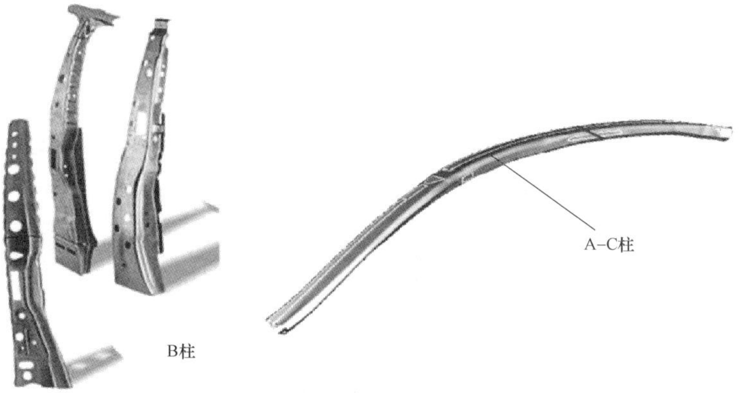

图 8－25　Fusion 内高压支柱零件

针对车身连接，除点焊、电弧焊外，大量使用了先进的激光拼焊技术，匹配胶接技术应用，确保车身连接刚度。如图 8－26 所示，Fusion 车顶采用激光拼焊工艺，板材厚度由 0.75 mm 降至 0.65 mm，无须加强件及其他辅助性零件，连接刚度相比点焊工艺提高近 50%，在强度不降低条件下（采用了 BH210 钢辅助件，弥补了因板厚减薄带来的强度损失），零件减重 0.51 kg。针对 A、B、C 柱件，采用激光拼焊替代 GMAW 工艺，连接强度提高、焊接变形量降低，确保了零件整体连续性，降低了零件重量。

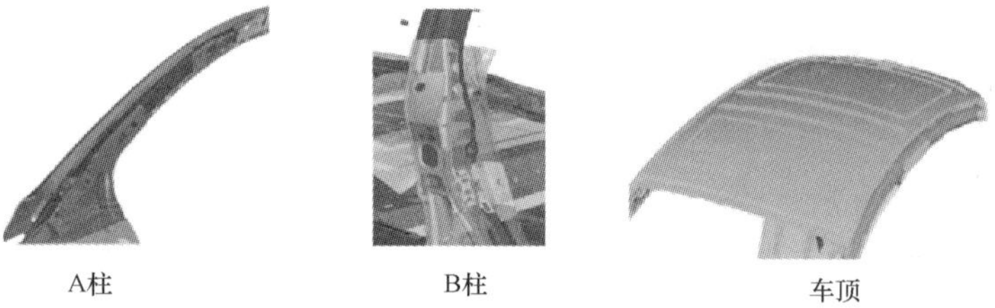

图 8－26　Fusion 激光拼焊零件

综上所述，基于高强钢车身设计，通过结构优化、大量应用高强钢，结合应用相关先进制造技术，新一代 Fusion 车身刚度相比上一代车型有了显著的提升（开闭件：13%，副车架：10%，其他：25%），基于刚度提升，实现车身减重 20 kg，如图 8－27 所示。

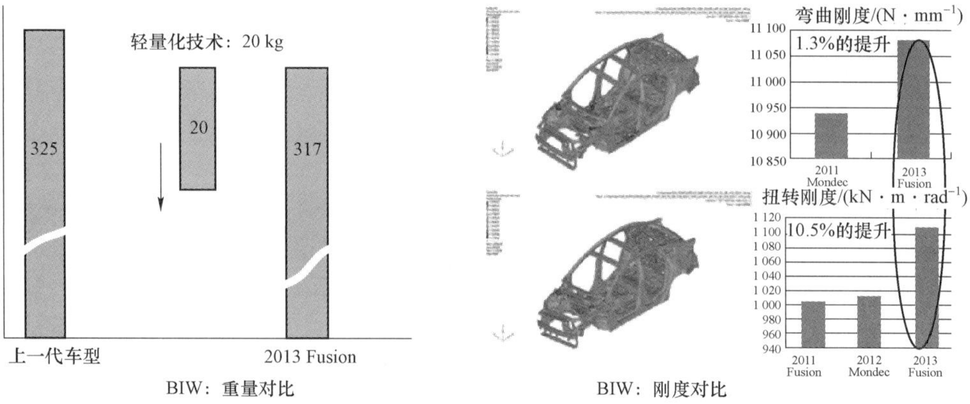

图 8－27　Fusion 轻量化成效

（5）通用——君越：作为通用旗下的代表型B级车型，君越近年来在轻量化方面也开展了大量的工作。作为别克新一代高档轿车的代表之作，全新一代君越树立了基于C级轿车要求，采用高于全球五星安全碰撞标准，打造更高强度、更强刚性的轻盈车身的开发目标，基于反复的拓扑结构试验及碰撞试验分析，全面优化车身构架，车身强度全面升级，扭转刚度高达 23 100 N•m/（°），扭转与弯曲模态表现优异，车身稳定性和振动及噪声抑制能力显著增强。在结构优化基础上结合轻量化材料、先进工艺，实现整车减重200 kg，其中车身减重90 kg，带来了整车安全性、稳定性、振动及噪声抑制性能以及燃油经济性的全面提升。

针对车身结构设计，如图8－28所示，全新一代君越采用了大量的计算机拓扑结构试验，构建起牢固的车身笼架。最为重要的正面三条力传递路径分布于车底，分别位于雪橇板至B柱、中央通道至后排以及中央通道两侧的小纵梁之上，能够有效地将正面碰撞的力量进行传递和缓解；而针对侧碰或后碰的力量，分别设计了相应的防护与缓冲结构，能够将冲击力逐层分解吸收，保证乘员的安全性。此外针对大量车身关键结构部件，基于采用更高强度等级材料的考虑，在提升零部件强度条件下有效减小了零件的体积，实现了“安全加、重量减”的双赢。以A柱为例，得益于强度达到1 500 MPa的PHS热成形超高强度钢材的应用，在安全性提升的前提下，全新一代君越的A柱法向横截面积缩小27.5%，减重之余还扩大了驾驶员视野，取得了良好的轻量化效果。

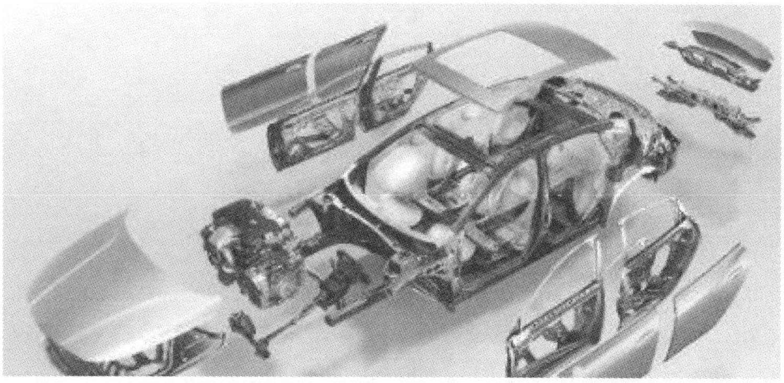

图8－28　全新一代君越车身结构示意图

科学的架构搭配优秀的材料让安全如虎添翼，针对车身用材设计，全新一代君越车身依旧以钢材为主，高强度材料的使用比例达75%，其中超高强钢比例罕见地达到41%。在A柱、B柱、门槛梁、车顶以及车底等核心区域，屈服强度在900～1 500 MPa的超高强钢和热成形钢被大量使用，极大提高了整个乘员舱的强度。值得一提的是，全新一代君越的前后车门内，同样以最高规格的PHS热成形钢作为防撞梁，可谓“武装到牙齿”。而引擎盖、防撞梁等部位铝合金材料的应用，也是实现整车减重的另一重要举措。

在车身生产工艺方面，全新一代君越使用大量结构胶进行车身连接，在强度提升20%的同时大幅减重，而激光焊接、阿普拉斯（Arplas）焊接等工艺，也为轻量化工程做出了贡献。

综上所述，基于全新架构的开发设计与高强度材料及工艺的应用，构筑了全新一代君越更安全、更坚固、更安静、更轻盈的车身，实现了安全性及轻量化之间的良好匹配，使全新一代君越以标杆性的安全品质、卓越的操控性能、舒适的乘坐感受与优异的燃油经济性，树立全新市场基准，展现了别克品牌中大型高档轿车的产品实力。

（6）通用——凯迪拉克 ATS：作为通用旗下的豪华型 B 级车型，与一般主流 B 级轿车产品的全钢质车身设计不同，其采用了钢铝混和车身设计，这也是当前国内外较高档次 B 级轿车的主流轻量化车身设计模式，也代表了未来 B 级轿车车身的发展方向。

首先，如图 8－29 所示，凯迪拉克 ATS 车身结构优化设计基于大量的 CAE 拓扑结构优化设计及试验验证，打造了适于钢铝及其他材料混合应用的车身结构，为后续轻量化材料及相关制造工艺技术的应用奠定了坚实的基础。

图 8－29　凯迪拉克 ATS 车身结构优化设计模式

如图 8－30 所示，为提升车身结构刚度，以匹配轻量化材料应用，新款凯迪拉克 ATS 对车身局部进行了高刚度结构改进，具体如下：车身零件大量采用了一体化结构设计，并通过增加减重孔（钢质后悬挂系统——直线滑槽连杆）等方法，有效降低了车身重量（减重 2.8 kg），且实现了车身前后配重平衡。针对多处承载敏感部位要求，采用三角或环形结构设计，大大提高了车身刚度（静态扭转刚度为 29 000 N • m/（°），比上代车刚度提升 10 000 N • m/（°）），提高了轻质材料在该部位使用的可行性，促进了车身轻量化。

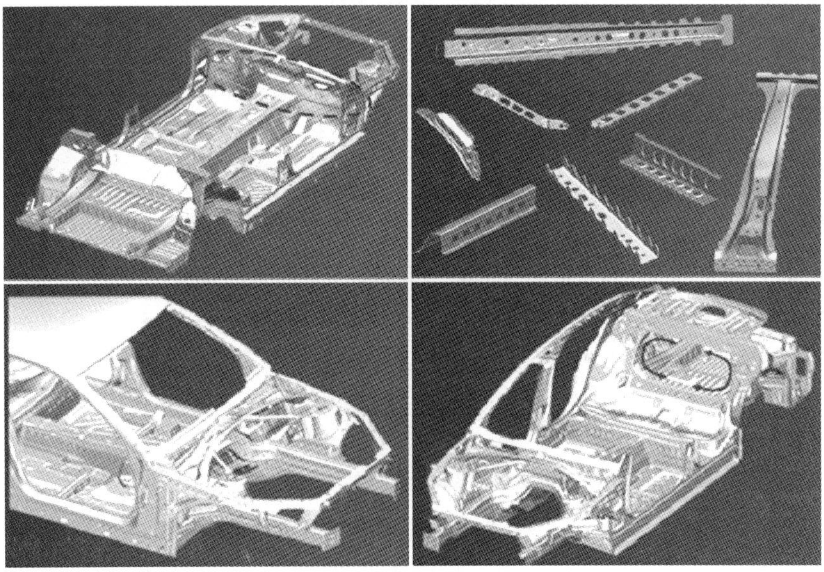

图 8－30　凯迪拉克 ATS 车身布局结构优化

如图 8－31 所示，在车身用材方面，凯迪拉克 ATS 依旧以钢材为主，但是提高了铝镁合金在车身上的用量。其中高强钢总的比例达到了 64%，超高强钢比例为 10%左右，主要应用于门槛梁、支柱件、导轨、中顶横梁、座椅横梁、地板等关键承载部位，以起到对驾乘舱位置的强化作用；而发动机罩盖、前纵梁、减震器支座、发动机支架及后悬架系统等前后部位大量应用铝镁合金，形成了前后软而中间硬的总体车身结构特性，以保护车内乘坐人员安全。基于钢与轻合金材料混合搭配，一方面通过加大高强钢材料应用比例，实现了车身整体强度提升；另一方面通过大量应用轻合金，实现了更为优异的减重效果。

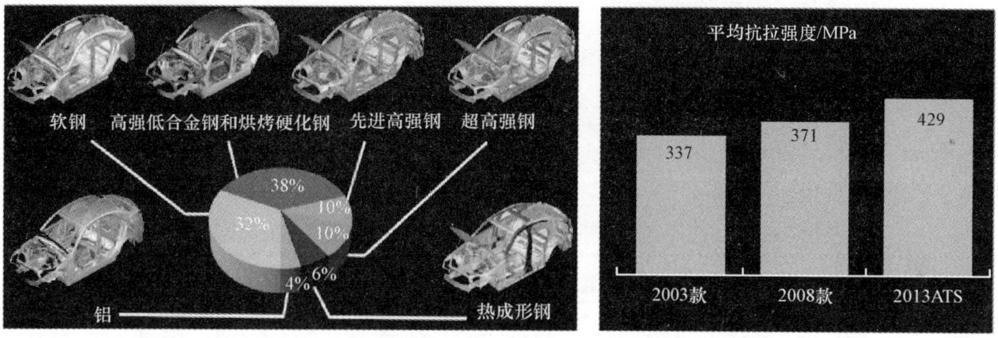

图 8－31　凯迪拉克 ATS 车身用材分布情况（见彩图）

为满足钢铝混合车身材料设计要求，凯迪拉克 ATS 在制造工艺技术方面不惜成本，采用了大量的先进技术方法，具体如下：针对门槛、座椅横梁等截面较为简单的梁类零件，采用辊压成形技术进行制造，实现了成本、工艺性和产品性能的平衡，如图 8－32 所示。

图 8－32　凯迪拉克 ATS 门槛、座椅横梁辊压成形

如图 8－33 所示，针对减震器支座，采用压铸铝合金，将 15 个零件集成为一个整体，提高了车身刚度，相比钢材车身减少 14 个零件，重量降低 40%。

图 8－33　凯迪拉克 ATS 压铸减震器支座

如图 8－34 所示，ATS 车身铝合金的应用主要集中在车身前部，也是为了整车前后轴载荷能够更合理地分布。发动机舱盖采用铝板冲压成形。纵梁前段采用连续变截面铝合金挤压型材，实现纵梁前后端吸能差异化，减重（13.6 kg，减重＞30%）的同时可以更好地保护驾乘人员安全。

图 8－34　凯迪拉克 ATS 铝合金应用部位

如图 8－35 所示，为满足钢铝混合车身连接质量要求，凯迪拉克 ATS 车身采用了多种先进的连接技术。针对钢质零件连接，除采用点焊、MIG 焊、钎焊外，大量采用激光拼焊技术，应用于车顶、后备厢盖等部位，焊缝总长度达到 5 m。针对钢与铝零件间的连接，采用机械连接、结合胶连接及二者相结合的复合连接方式。例如，前纵梁前段与后段之间、铝合金与钢构件均采用了螺栓连接，为零件修复提供了更便利的方案；铝质减震器支座与钢结构之间采用胶粘接（长 109 m）结合铆钉连接（90 个）的方式，提高了连接可靠性。

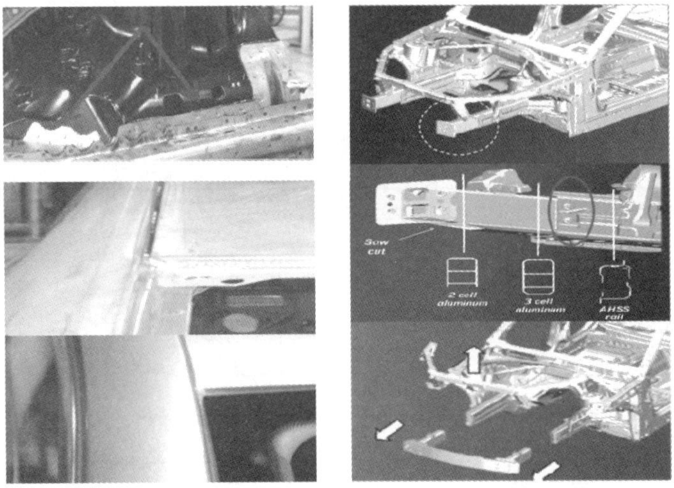

图 8－35　凯迪拉克 ATS 车身连接技术应用

综上所述，新款 ATS 车型整车质量＜1 542 kg，为该品牌最轻车型，轻量化系数为 2.34，比上一代产品轻量化系数降低 37%，轻量化系数的降低主要得益于车身刚度的提升（51%）。车身比上一代车型减重 17%，高速公路油耗检测为 7.8 L/100 km，燃油经济性显著改善，且安全性有所提高。

（7）日产——天籁：作为日产旗下的代表性 B 级车型，在当前国内 B 级轿车市场竞争格外激烈的情况下，多年来东风日产天籁始终凭借其驾驶高安全性、高舒适性、优异的燃油经济性，在同级车型中遥遥领先，这也与其车身的科学设计密切相关。当前国内的新一代天籁，采用了与北美 Altima 相同的日产 D 平台，比老款天籁的 FF－L 平台高出一个层次。

针对车身结构设计，如图 8－36 所示，新天籁采用了 Zone Body 区域车身结构设计模式，该设计模式将车身分成撞击缓冲区域、安全保护区域两部分，碰撞产生的能量可以沿预设方向向车身其他部位处分散从而被吸收，减缓对驾驶室的冲击负荷，并防止驾驶室发生严重变形，保证车主生命安全。此外，新天籁车身结构较为特殊之处还在于在车身底板增加 6 条由超强钢制成的分散轨道以确保撞击能量快速分散与吸收，使车辆在遭受不同角度撞击时，均能最大限度减轻乘员舱部位的变形。

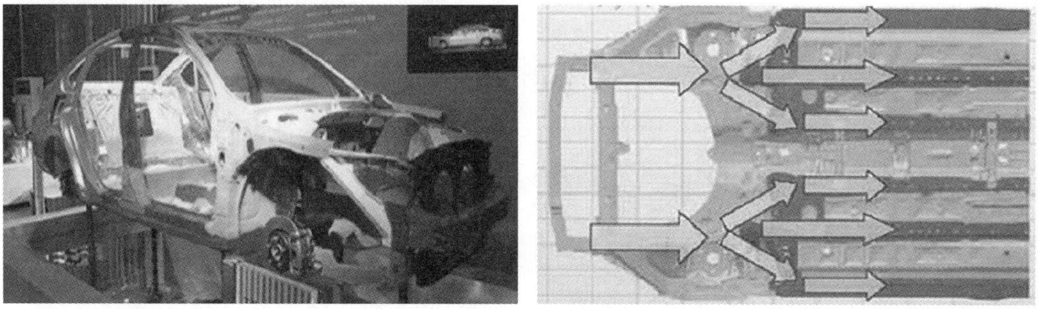

图 8－36　新天籁车身结构设计及承载传递示意图（见彩图）

此外为确保整车的操控性及舒适性，新天籁车身还采用了高刚度的杠杆平衡悬挂系统，通过改善减震器安装位置，加强安装点刚性，车身整体的减震效果甚至达到了更高级别车型的水平。

针对车身用材设计，要满足车身碰撞能量快速分散与吸收原则，车身关键部件还需要采用高强度的钢板，起到增加车体强度刚性、抑制变形、传递能量，以及降低钢板厚度、减轻重量的作用。如图 8-37 所示，新天籁车身结构中高强钢的应用比例达到 55%，最高采用了抗拉强度达到 980 MPa 级别的超高强钢材料。其中，前后保险杠、前纵梁、前围板、侧围板、A 柱、底板加强横梁等关键车身部件均采用屈服强度≥550 MPa 的超高强钢；前后副车架与部分加强结构部件则使用屈服强度≥390 MPa 的高强钢；而针对侧面车身防护，B 柱及车门内防撞杆等关键安全构件，均采用抗拉强度 980 MPa 级别的超高强钢来抑制车门变形。

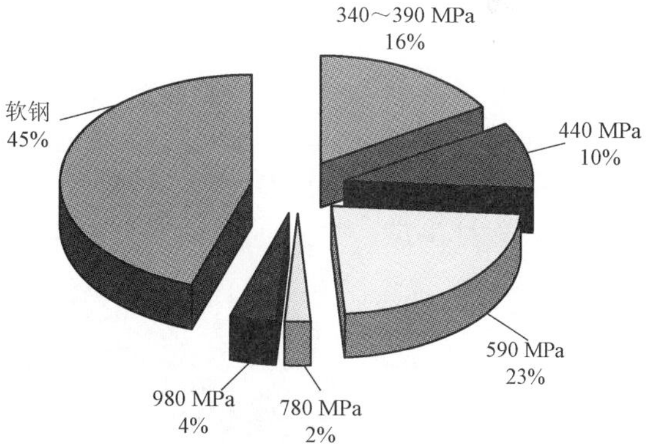

图 8－37　新天籁车身用材分布情况

新天籁在车身制造工艺技术方面，首先大量采用了一体化冲压成形技术，最大限度上实现各类零件的整体化，以减少零件数量，提升零件刚度，并降低冲压工作量；针对车身连接，也大量采用了激光焊接工艺，最大限度上提升车身的连接刚度及耐久度，达到了标杆水平。

综上所述，基于结构—材料—工艺的良好匹配，新天籁的车身结构具有超强的坚韧性，相比上一代车型，新天籁车身的扭转刚度提升 40%，弯曲刚度提升 85%。可确保当意外碰撞发生时，新天籁车身结构将能最大限度地吸收能量，让驾乘人员拥有最大范围的生存区域且减少受到的伤害，有效地保障了驾乘人员的安全，且基于车身刚度的提升，有效地实现了车身重量的降低，进一步提升了整车的燃油经济性。

（8）本田——雅阁：作为本田旗下的代表性 B 级车型，雅阁在轻量化技术应用方面一直处于国际先进水平。为进一步实现轻量化，增强车型的节油表现，最新一代雅阁车型采用了高兼容性车身技术（ACE，即为升级版 G－CON），其核心思路就是在采用独特的高刚性车身结构设计基础上，应用更多的高强钢，打造超轻质车身，使车身安全性得到进一步提升，并带来更为优异的乘坐舒适性和操控性。

图 8－38　雅阁车身结构示意图

针对车身结构设计，雅阁依旧是以钢铝混合车身为基准，设计了前后相对较软而中部强硬的车身架构，在外层提供了变形吸能之后，乘员舱周围的部分则会为人员提供充足的生存空间。如图 8－38 所示，基于高刚性＋吸能车身结构设计，雅阁在遭受正面撞击时可借助保险杠、前纵梁、发动机罩盖、两侧翼子板等吸能部件将撞击力有效分散至全车各部位；作为保护乘员舱最为重要的一部分，围绕在乘员舱四周的高强钢会形成一个笼型结构，当车头部分在碰撞发生溃缩变形时，乘员舱则在吸收撞击力之后会尽量小地发生变形，以免影响车内人员的生存空间。此外，雅阁的后部车体也以高强度钢板铸成，这一结构将大大加强车辆后方的结构强度，在遭受尾部撞击时，后防撞梁失效，能保证乘员舱的安全性。

雅阁车身用材及副车架用材，如图 8－39 所示，基于 ACE 理念，新一代雅阁车身约 55% 采用高强钢，相比上代产品提升 7.8%，是迄今为止采用高强钢比例最高的一代雅阁，最高钢材强度达到 1 500 MPa（热成形钢），主要应用于乘员舱周边关键承载部位；此外，为进一步减轻车身重量，设计了钢铝混合副车架代替原有的钢质零件，实现零件减重 25%。

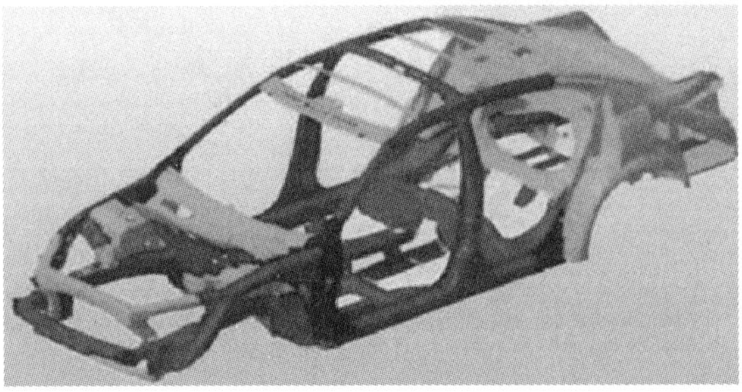

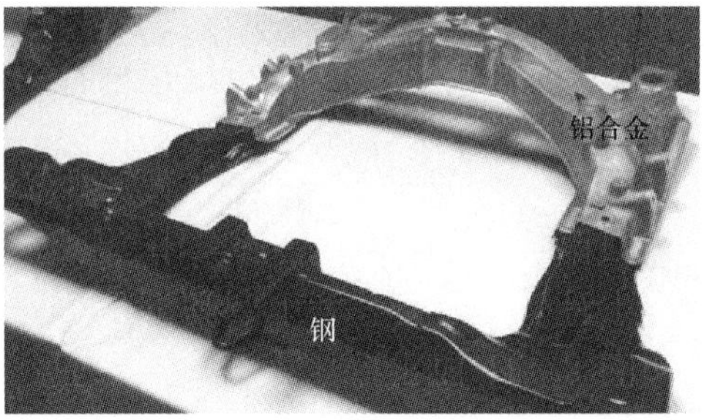

图 8－39　雅阁车身用材及副车架用材

在车身工艺应用方面，除基于不同钢材强度级别要求，采用冷、热冲压成形技术外，关键在于满足钢铝混合车身设计的连接质量要求。如图 8－40 所示，区别于大多车企采用铆接、螺钉连接方法，新一代雅阁车型创新性地采用了搅拌摩擦焊技术，借助按压在金属表面高速旋转的搅拌头，可以使接合面处的钢、铝产生塑性流动（摩擦生热），使两种金属融为一体从而达到结合的目的。该工艺应用于混合材料副车架等部位。焊接消耗的电量可以减少 50%，在环保节能与轻量化的大环境下，这种制造工艺在轻量化与成本之间取得了一个很好的平衡，在抑制成本上升的同时实现了车身零件的轻量化。

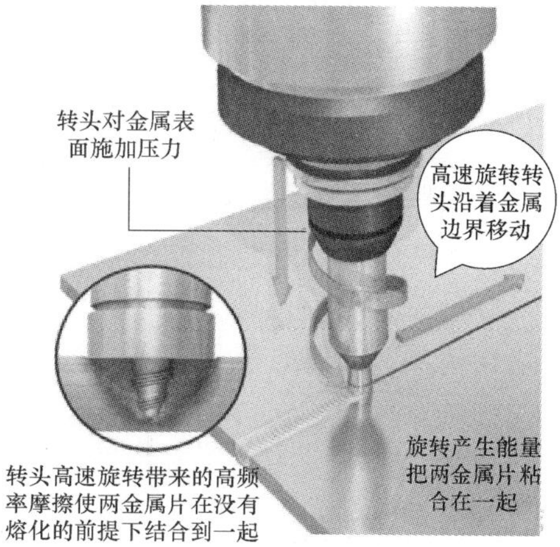

图 8－40　搅拌摩擦焊工艺过程

综上所述，通过从结构、材料、制造工艺三方面进行优化，新一代雅阁车身刚度相对于上一代车型提升了 42%，以保证安全性为基础（在北美两大汽车安全评测机构 IIHS、NHTSA 测试中均取得佳绩），在舒适性、操控性、燃油经济性等方面有了进一步的提升，轻量化成效显著。

（9）丰田——凯美瑞：作为丰田旗下的代表性 B 级车型，多年来凯美瑞一直拥有非常不错的用户口碑和市场表现，但随着同级对手的数量和实力的增加，迫于市场压力，近年来它也进行了相应的产品升级换代，其中，针对车身的轻量化改进也成了该车型升级换代的重点之一。

针对车身结构设计，如图 8－41 所示，和如今的承载式车身车辆一样，新凯美瑞采用的高强钢（也就是图片上的红色部分）围成了一个笼形车身，丰田称之为 GOA 车身，其核心就在于“碰撞吸能”的承载式和可溃缩结构。车辆在受到碰撞时前车身的柔性结构吸收碰撞

图 8－41　新凯美瑞车身整体及局部结构（见彩图）

能量，并将其分散至车身各部位，使驾驶室变形减小，保证乘员的安全。而在车身前部的发动机舱位置周围则采用了强度相对低些的钢材（图片中的黄色部分），这样可以在正撞时吸收能量，确保乘员舱的完整性，实现在事故中保护乘员的目的。此外，GOA 车身针对底部的横梁、纵梁乃至座椅支架进行了结构优化，在不增加重量的前提下，提升车辆的稳定性，并改进车辆的 NVH 等特性。为应对侧面及尾部碰撞，采用了高强钢制成的侧围支柱、车门防撞杆、后纵梁，起到在侧碰及追尾时维持乘员舱完整性的作用。

针对车身用材设计，要达到“吸能分散”的原则不仅仅需要车身结构的优化设计，在车身结构部件上还需要采用强度更高的高强度钢板来起到抑制变形和传递能量的作用。高强度钢板的大量使用不仅可以降低钢板厚度、减轻重量，同时还可以增加车体强度和刚性。凯美瑞车身结构中大量应用了多种双面镀锌钢板，针对诸如前后稳定杆等关键承载构件，采用了抗拉强度 1 200 MPa 以上的超高强钢；针对车身前、后门内设计的 4 根防撞杆件，更是采用了抗拉强度 1 800 MPa 以上的超高强钢。针对车身制造工艺，秉承丰田一贯坚持的将传统工艺技术发挥到极限的理念，采用整体式冲压工艺，满足车身零件的一体化设计要求；针对某些超高强度零件（如前后车门防撞杆），采用先进的辊压工艺进行制造；针对车身连接，和欧美系广泛采用激光拼焊不同，其依旧立足于传统的点焊工艺，提高车身焊点数量（≥5 000），保证每个焊点的质量，使车身的密封性及扭转刚度等性能得到了很大程度的提升。

综上所述，基于上述结构、材料及工艺应用，凯美瑞取得了良好的安全性与轻量化之间的匹配。其在 C－CNAP、NHTSA、IIHS 三大碰撞测试中均取得了最高等级成绩，并通过刚度的提升实现了车身轻量化，使整车燃油经济性在同级别车型阵营中处于领先水平。

（10）马自达——马自达 6：长久以来，作为仅次于丰田、本田、日产的日本本土第四大车企，马自达始终没有停下对前列竞争对手的追赶。近年来通过与福特及沃尔沃等欧美车企间的技术合作，马自达在车身轻量化技术方面突飞猛进。与知名度较高的丰田 GOA 车身、本田 ACE 车身等车身技术相比，马自达近年来在车身轻量化及安全性提升方面的技术成就同样不能被忽视。而作为马自达旗下代表性的 B 级车型，马自达 6 集中体现了当前马自达在乘用轿车方面的轻量化技术实力。

图 8－42　马自达 6 MAIDAS 车身结构设计

针对车身结构设计，新一代马自达 6 的车身结构设计中应用了 MAIDAS（Mazda Advanced Impact Distribution and Absorption System）方案，即马自达先进碰撞能量分散与吸收方案），如图 8－42 所示。该方案同样秉承了日系车一贯遵循的碰撞能量分散与吸收原理，通过车身结构优化，使碰撞能量可以沿预设方向向车身分散吸收，从而降低对乘员舱冲击的负荷，而由超高强度钢板加强的乘员舱不会发生严重变形，保证乘员生存空间。

新马自达 6 车身各部位安全结构设计如图 8－43 所示，在发生正面碰撞应对措施方面，新马自达 6 前纵梁呈笔直状，并且加大了断面面积，前纵梁采用 980 MPa 级别超高强度钢板加强。车身底板增加 6 条由超高强度钢制成的分散轨道，确保撞击能量能够快速分散与吸收，使车辆在正面撞击时能最大限度降低乘员舱车体变形。此外，新马自达 6 加大了副车架的尺寸，也在正面撞击发生时溃缩变形，起到吸收分散碰撞能量的作用。车门内部同样由超高强度钢板制成斜列式防撞钢梁，可以有效抑制车门变形，侧面碰撞时防止因车门塌陷而伤害到车内乘员。中前门采用双斜列式防撞钢梁结构，进一步加强了车身防侧面碰撞的能力。

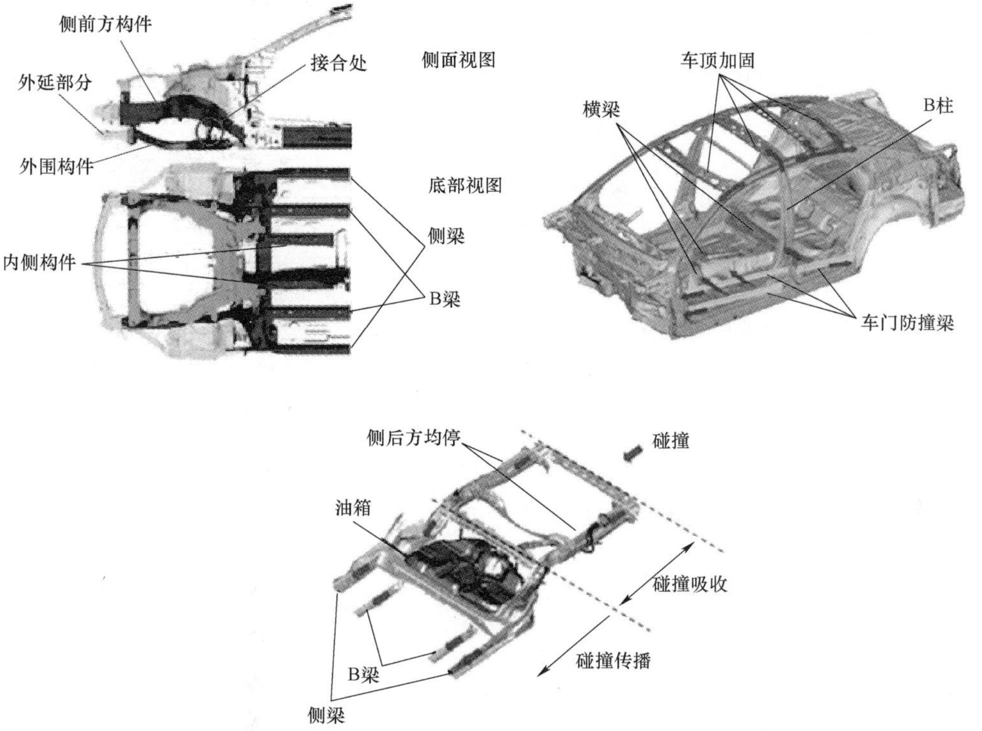

图 8－43　新马自达 6 车身各部位安全结构设计（见彩图）

除整体车身外，新马自达 6 也针对某些布局构件的结构进行优化。如图 8－44 所示，为降低正面碰撞过程中前纵梁部位处的应力峰值、增强吸能效果，基于仿真模拟结果，该构件采用了变厚度结构形式。

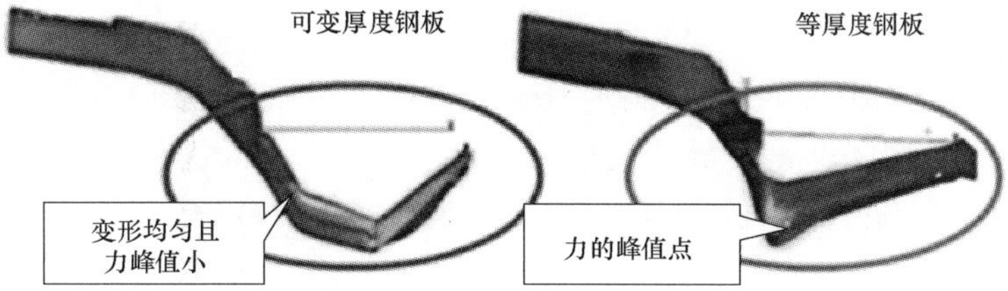

图 8－44　新马自达 6 前纵梁结构优化

针对车身用材设计，新马自达 6 车身结构中高强钢使用率相比于上一代车型有较大幅度提升，除 590 MPa、780 MPa 钢板外，大量采用了 980 MPa 以上级别的超高强钢，整车最高强度钢板等级为 1 500 MPa。如图 8－45 所示，前围板、侧围板、A 柱、底板加强横梁等关键车身部件均采用 980 MPa 强度以上的超高强钢，A 柱采用了热成形钢板制造。此外，在新马自达 6 侧面车身中，对于防止侧面变形至关重要的 B 柱和侧围板，同样采用了热成形钢板。对于前、后纵梁而言，则采用了 980 MPa 级别超高强度钢板进行加强。针对车门内部侧面防撞杆，同样采用的是 980 MPa 级别超高强度钢板制成，以强化抗侧面碰撞性能。

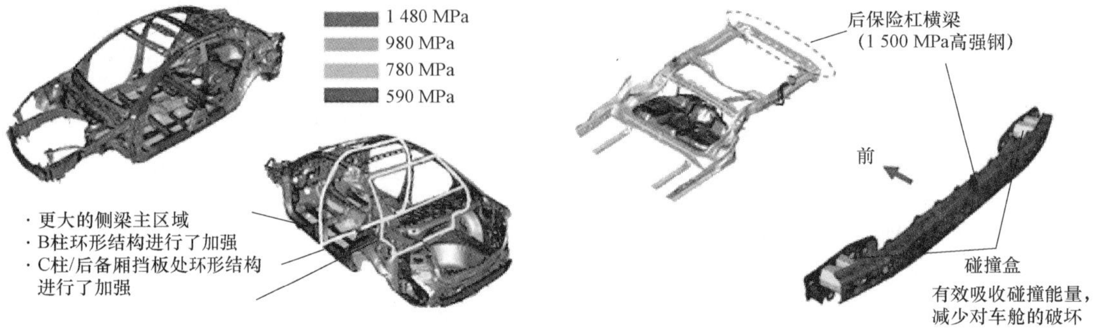

图 8–45　新马自达 6 车身用材分布（见彩图）

针对车身工艺应用，新马自达 6 最大的特色是采用整体式冲压工艺制造了车身侧围及车门件等，显著提升了车身整体刚度。在连接技术方面依旧是以传统的点焊、局部堆焊为主，如图 8–46 所示，采用了激光拼焊技术实现了各类不同厚度钢板的连接，达到了一体化钢板的程度，满足前纵梁等零件的变厚度整体式冲压工艺技术要求，进一步提升了车身刚度。

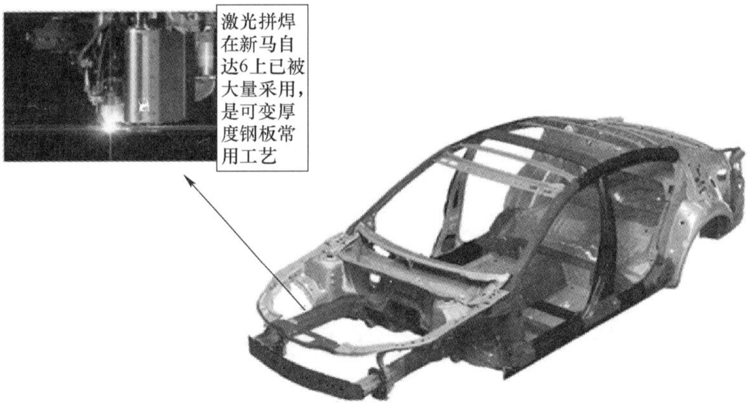

图 8–46　新马自达 6 激光拼焊——冲压前纵梁

综上所述，基于马自达 MAIDAS 吸能车身结构设计，结合大量应用高强钢和超高强钢，新马自达 6 在保证安全性能前提下（满足 IIHS 最高安全等级要求），相比于上一代车型成功减重 130 kg 以上，取得了非常优异的轻量化效果。

（11）吉利——博瑞：长久以来国内 B 级轿车市场都被合资、进口车企所把持，自主品牌在 B 级轿车市场中几乎没有任何地位。近年来随着自主品牌技术的快速发展，诸如吉利、长安、广汽等车企也相继进军 B 级轿车市场，与合资、进口车企展开竞争，推出了一些有代表性的自主品牌 B 级轿车产品。随着近年来与国外车企进行合作，许多自主品牌车企逐渐汲取了国外先进的技术经验，所以这些自主品牌 B 级轿车产品在品质方面与合资、进口产品相比，并不完全处于下风，甚至在很多方面已能与它们并驾齐驱。从近几年来国内每年的 B 级轿车销量排行榜来看，名列前茅的依旧是合资和进口 B 级轿车，而吉利博瑞是唯一挤入前列的自主品牌 B 级轿车产品，引发了行业关注。这主要得益于吉利在国内较早地致力于超高强钢在乘用轿车上的应用，加之近年来汲取了沃尔沃的先进技术经验，所以其在乘用轿车轻量化方面走在了国内自主品牌的前列，而博瑞也成为近年来自主品牌在中高端轿车领域的典型轻量化车型。

如图 8－47 所示，针对车身结构设计，吉利博瑞采用潜艇笼式吸能车身，其中 A、B 柱等关键部位均采用了热成形件，为乘客构造出一种高强度、高刚度的安全生存空间。

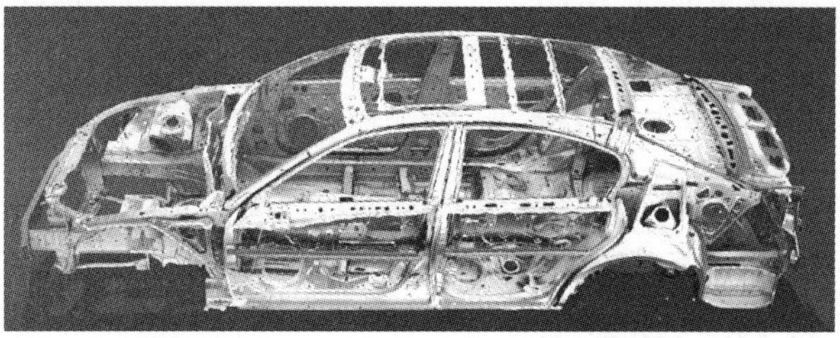

图 8－47　吉利博瑞潜艇笼式吸能车身

如图 8－48 所示，针对车身前后端，吉利博瑞采用了基于不同材质及料厚实现吸能区域划分的结构设计，如前后保险杠及其吸能盒等构件均采用了铝合金设计制造，强化吸能效果；

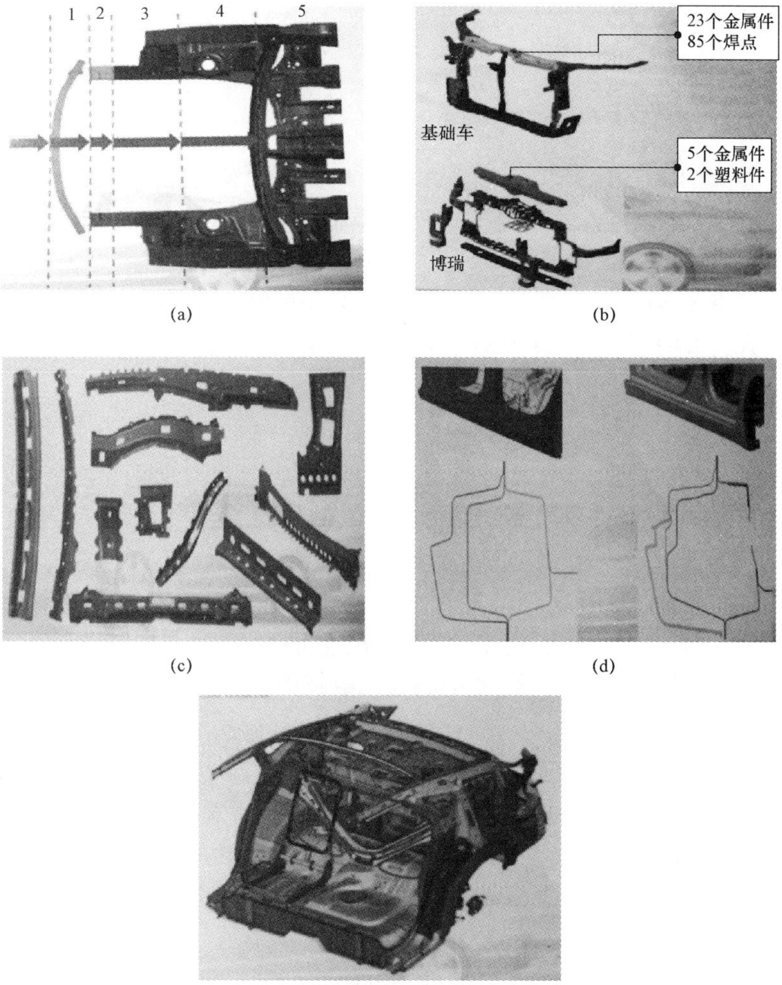

(a)　(b)　(c)　(d)　(e)

图 8－48　吉利博瑞车身局部结构优化设计

（a）前端吸能区域划分结构；（b）前端模块优化设计；（c）零件轻量化结构设计；（d）基于截面优化的零件减重；（e）辅助 V 形梁

针对前端模块构件，采用了集成化设计，大大减少了零件数量，并通过引入塑料，相比于原钢制零件重量降低约 30%，且成本降低约 10%；针对驾乘舱周边大量承载构件，采用在零件搭接边部设计锯齿边、在零件上增加沉台孔等方式，以尽量降低每一个零件的重量；针对门槛梁等构件，通过截面结构优化，减少了零件用材量，从而进一步实现了零件减重并降低零件制造难度；此外在车身后部专门设计了 V 形梁体，通过其与地板、轮罩、衣帽架等构件组成多个三角形环状结构，实现车身扭转刚度提升约 20%，且提升了车辆操控稳定性。

图 8－49　博瑞车身用材分布（见彩图）

针对车身用材设计，如图 8－49 所示，博瑞依旧以钢材为主体，其高强钢应用比例占整车材质的 58%，应用于左右 A 柱加强梁、左右前门防撞梁、左右 B 柱加强板、防火墙加强板、门槛梁等关键承载部位，与其他普通高强钢相匹配，打造高强度的驾乘舱。铝合金主要应用于前后防撞横梁总成，除了增强车身吸能效果外也可进一步降低车身重量。

针对车身工艺应用，博瑞基于结构及车身用材设计优化，通过匹配相应的热成形、连续挤压成形、塑料注塑成形、激光拼焊、粘接、电弧焊、凹焊螺柱/螺母、螺栓连接、包边等各类制造工艺技术等，来满足不同材质、结构零部件的制造及性能要求。

综上所述，通过对材料、结构、工艺进行优化，博瑞取得了良好的轻量化效果，其白车身骨架重 374.8 kg，且达到了 C－CNAP、EURONCAP 正碰、偏碰五星等级要求，在自主品牌中处于领先水平。

总结：从本小节所选的 11 款国内外代表性 B 级轿车车身的轻量化技术应用情况可以得出以下结论：当前 B 级轿车车身最为典型的车身轻量化设计模式有钢质车身设计和钢铝混合车身设计两种。其中欧美车企主流 B 级车型依旧趋向于全力提升车身用高强钢尤其是热成形钢等超高强度钢材的应用比例及强度级别，打造超高强硬度的一体式牢笼车身骨架，尽量降低碰撞过程中车身的变形量，保护驾乘人员安全；而日系车企则更加趋向于前后端偏软＋中部高强式的结构设计，其实就是舍弃车身、仅保护驾乘人员安全的设计理念，车身前后端往往趋向于采用强度偏低的钢材或铝合金，中部应用一些高强度的钢材。可以看到受制造成本因素影响（吸能车身往往涉及铝合金等高成本材料的应用），日系 B 级轿车在设计方面往往适可而止，不单纯追求技术层面的完美，因此常常难以将其吸能车身结构设计发挥到极限，导致现阶段主流日系 B 级车型的刚度相比于欧美系同类产品略微偏低。另外，近年来欧美车企受来自市场的轻量化压力，针对 B 级轿车车身结构设计也在借鉴日系 B 级车型的成功技术经验，将吸能技术理念融入传统的高强硬车身结构设计过程中，同样起到了很好的安全性与轻量化综合提升效果。但是受车型产品成本制约，欧美吸能式车身结构设计常常见于豪华型 B 级轿车产品中，如奔驰 C、凯迪拉克 ATS、宝马 3 等，BFI、3H 等车身结构设计依旧是欧美 B 级轿车车身结构设计的主流技术方向。

针对车身用材，从上述 11 款车型车身的用材料情况来看，欧美系 B 级车型高强钢应用比例高于日系车型，且用钢强度普遍达到 1 500 MPa 级别，也高于日系车型，这也是欧美 B

级轿车趋向于高强牢笼式车身结构设计所导致的。此外，基于日系车的吸能车身结构设计理念，铝合金在主流日系 B 级车型上得到了一定程度的应用，但同样因受制于成本，主流日系 B 级车型上的铝合金应用比例依旧不高，导致所谓的吸能效果往往也会打折扣。欧美车系目前同样也仅在一些豪华型 B 级车型产品上能看到大量应用铝合金的例子。

针对车身制造工艺技术的应用，欧美车企更为激进，更加趋向于采用先进的成形、焊接技术，以满足更多车身零件的一体化、高刚度、高疲劳性设计制造性能要求。而日系车企相对保守，趋向于以传统技术为主，适当应用一些先进技术以满足成本控制要求，提升传统技术潜力是日系车企更加青睐的技术理念。此外，随着近年来 B 级轿车车身结构及材料技术的发展，解决更高强度级别钢材的冲压成形、复杂铝合金零件的塑性及铸造成形、钢铝间的连接是国内外 B 级轿车车身轻量化制造技术领域三大焦点，诸如热成形、内高压、辊压、整体式冲压、高压真空铸造、连续变截面挤压成形、差厚板轧制、激光拼焊、胶接、自冲铆/锁铆、热钻自攻螺钉、包边等先进工艺技术已逐渐成为国内外 B 级轿车产品主流的制造技术方法。

自主品牌 B 级轿车车身设计目前更多的还是借鉴、模仿国外先进车企的技术经验。尽管当前自主品牌 B 级轿车也推出了诸如博瑞、GA6 等车型，市场反响也不错，但相比于国际先进水平，在技术先进性、成熟性等方面依旧存在一定的差距，同时也远未形成具有自主特色的国产 B 级轿车车身轻量化技术体系，距离赶超国际先进水平还有较长一段路要走。

8.5　B 级轿车制造技术

如前所述，当前及未来相当长的一段时间内，国内外主流 B 级车型产品的车身材质体系依旧会是以钢为主、以钢为主＋部分铝合金两种类型，因此针对 B 级车型产品的制造工艺技术也将以上述两类材质车身为基准。当前轻量化已成为国内外 B 级轿车产品最重要的技术发展方向之一，具体体现为结构—材料—性能—成本一体化优化设计，为车身制造提出了新的要求，具体如下：

（1）为保证车型的安全性能，提升刚性，B 级轿车车身大量关键构件结构设计均向模块化、一体化方向发展，零件冲压工艺难度显著提高。

（2）为在满足安全性能要求前提下实现车型的轻量化，B 级轿车所采用的钢材强度级别越来越高（最高达到 1 500～2 000 MPa），比例越来越大（部分车型已经超过 70%），由于超高强钢塑性差，采用传统冷冲压工艺易开裂，导致了温/热成形技术在 B 级车型产品上的应用比例正逐步提高。

（3）首先，随着钢材强度级别的提升，采用传统的点焊工艺实现零件连接装配，相比于一般钢种，易产生焊接飞溅，点焊工艺参数窗口较窄，焊点熔核脆性强、韧性较差，尤其是 1 000 MPa 以上焊点热影响区软化现象显著，强度低于母材，在碰撞过程中成为零件上的最薄弱点；其次，基于超高强钢点焊热影响区的组织性能特殊性，焊点部位在实际服役过程中易产生应力集中，对零件的耐久性不利；再次，随着近年来市场对 B 级轿车品质需求的不断提高，要求车型具有优异的密封性，采用传统的点焊工艺显然无法满足要求；最后，采用点焊工艺也不利于一体化零件结构设计。

（4）当前部分 B 级轿车为钢铝混合车身设计结构，为实现对诸如发动机缸体、悬架、转向系统等具有中空、薄壁、复杂铸铝件的一体化集成设计及大规模化生产，对铸造工艺提出了更高的要求。

（5）同样由于当前部分 B 级轿车为钢铝混合车身设计结构，为实现钢与铝零件的可靠连接装配，采用传统的点焊、电弧焊工艺均难以避免高温条件下产生钢铝脆性反应层组织，导致接头质量低下这一致命缺陷，因此对连接工艺也提出了更高的要求。

基于上述 B 级轿车车身结构—用材—性能发展趋势，相比于 A00、A0、A 级车型，大量先进的钢、铝合金制造技术在 B 级轿车上得到了更为广泛的应用，具体如下：

（1）为满足零件一体化设计要求，激光拼焊技术在 B 级车型产品中得到了越来越广泛的应用，通过其可将不同厚度、材质、强度、冲压性能和表面处理状态的钢板焊接在一起，有利于随后的一体化冲压成形。当前在国内主流车企 B 级轿车产品上均可大量看到激光拼焊的应用，大量用于车门内板、车身侧框架、风窗玻璃框架、前风窗框、轮罩板、地板、ABC 支柱、车顶、前纵梁等零件，据统计当前国内外部分 B 级车型钢质车身结构中超过 50%的构件应用了激光拼焊技术，很大程度上取代了传统的点焊技术，典型例子如迈腾等热销车型产品的激光拼焊焊缝长度高达数十米。目前激光拼焊技术在自主品牌中也已实现了应用。

（2）为满足零件一体化设计要求，不等厚度轧制板技术近年来在国内外主流车企的 B 级轿车产品中也得到了广泛应用，主要用于各类车身梁结构件的制造，诸如前纵梁、仪表板支架、顶盖横梁、中通道加强板、前地板纵梁、后保险杠、后地板横梁等零件。

（3）内高压成形技术近年来也成为国内外中高端车型上广泛应用的一类先进制造技术，其主要适用于车身上大量沿构件轴线变化的圆形、矩形截面或各种异形截面空心构件的生产，诸如副车架、扭力梁、控制臂、AB 柱等。与传统冲压焊接工艺相比，内高压成形技术具有成形精度高、可大大节约材料、减少零件数量和成形后机械加工与焊接量、提高成形件强度和刚度、减少模具数量、降低生产成本等一系列优点。

（4）热冲压成形技术是一种将热处理和高温成形相结合的汽车零件制造工艺技术，适用于 B、C 级车等对舒适性、安全性均有较高要求的大量中高端车型零件的制造，诸如前后门防撞杆（梁）、前后保险杠横梁、ABC 支柱、地板中通道、车顶加强梁等。当前国内外主流合资品牌 B 级轿车产品上热成形零件的比例显著高于低级别车型，最高已接近 30%的比例。

（5）辊压成形技术也是当前国内外超高强钢汽车零件最重要的制造工艺技术方法之一。其通过按顺序配置的多道次成形轧辊，把卷材、带材等金属板带不断地进行横向弯曲，以制成特定断面的型材。其优势在于能够加工其他工艺无法加工的等截面复杂形状零件，提高零件承载能力，减轻零件重量，成本低且效率高，近年来正逐渐在国内外 B 级轿车制造领域获得越来越广泛的应用。如凯迪拉克 ATS 地板有 8 件采用超高强钢辊压成形，奔驰新 B 级轿车地板有多个零件也采用辊压成形，材料利用率≥90%。未来国内外的发展趋势是大力开发出可供工业化应用的三维、变截面汽车零件辊压成形技术。

（6）如前所述，当前 B 级轿车车身材料依旧主要是钢材，铝合金主要应用于前纵梁＋保险杠、发动机罩盖、减震塔支座、发动机缸体等，以型材及铸件为主。针对当前铝合金零件设计的一体化发展趋势，铝板冲压成形技术、连续变截面挤压成形技术、半固态成形技术、高压铸造技术、差压铸造成形技术等逐渐在 B 级轿车领域得到了愈加广泛的应用。

（7）如前所述，为满足当前 B 级轿车钢铝混合车身设计条件下的零件连接质量需求，传统的点焊、电弧焊等均无法实现钢铝间的可靠连接，基于连接性能及工艺成本考虑，当前国内外 B 级轿车制造领域针对钢铝零件间的连接所采用的主流的连接工艺技术方法大多为机械连接（螺栓连接、自冲铆，锁扣连接等）、胶接及两者间相结合的复合连接工艺，实现前纵梁＋保险杠、发动机罩盖、减震塔支座、发动机缸体等铝制零件与周边钢质零件的连接装配，典型如凯迪拉克 ATS 铸铝减震塔构件与周边的钢质件就采用了铆接＋胶接工艺方法，兼顾该零件的承载性、疲劳性等。此外，近年来随着诸如搅拌摩擦焊、激光钎焊、热熔自攻螺钉等先进连接工艺的日趋成熟化，一些车企也在尝试将这些工艺技术规模化应用于 B 级轿车制造领域中，以进一步提升其连接装配质量。

综上所述，基于当前及未来国内外主流车企 B 级轿车车身用材发展趋势，一方面随着 B 级轿车车身用钢强度级别的不断提升（≥1 000 MPa），为满足更高强度钢质车身零件制造需求，冷冲压技术在国外的应用已逐渐减少，而在国内目前还是主流，但其主导地位正在被削弱。温/热冲压成形、内高压成形、辊压、激光拼焊成形技术、不等厚度轧制板技术等先进钢质零件制造技术在 B 级轿车制造领域的应用力度正在不断加强，在 B 级轿车车身上的应用比例正不断扩大。另一方面为满足 B 级轿车钢铝混合车身设计需求，铝板冲压成形技术、复杂构件的挤压成形技术、压力铸造技术得到了广泛应用，为满足钢铝零件连接需求，基于钢与铝在物理及力学性能方面的差异性，机械连接、胶接是主流的连接方法。

此外，当前国内外各类车型的界定正在逐渐模糊化，尤其是 A 级轿车在车身设计技术、轻量化技术方面的进展正逐渐向 B 级轿车领域靠拢，两者间的制造技术差距在逐渐缩小。因此可预见，一方面，未来国内外 B 级轿车领域制造技术体系将不断地成熟化；另一方面，从近年来的发展来看部分先进车企正致力于在更为高端的 C、D 级轿车平台上进行 B 级车型产品的设计开发，因此未来大量应用于豪华车型的先进制造技术可能也会逐步应用于 B 级轿车领域中。

8.6　未来 B 级轿车车身技术以及轻量化技术发展趋势

随着近年来国内乘用车市场的发展，相比于 A 级轿车市场及 SUV 市场的快速增长，B 级轿车市场增长稍显颓势，究其原因是当前国内的 B 级轿车市场面临多方面的市场压力，具体如下：

（1）随着当前国内消费水平的提升，B 级轿车从赋予身份、商务等诸多属性逐渐回归“家用”“交通工具”的本真。作为消费主体的“80/90 后”更愿意购买更为个性化的 A 级轿车或者更高档次的豪华品牌甚至是入门车；

（2）B 级轿车相对于 A 级轿车而言，在排量、燃油经济性、价位方面具有一定的劣势，与 C 级及以上级别车型相比，其在科技含量、用料质量、综合配置等方面又处于劣势，因此随着近年来国内乘用车市场豪车下探与 A 级轿车档次上扬，处于转变中的 B 级轿车难以快速适应形势的变化；

（3）SUV 的风行也是造成 B 级轿车稍显颓势的主要原因之一；

（4）相比于更加高端的车型市场，B 级轿车用户群体普遍依旧关注油耗、排放等车型指标，近年来受国内实行购买节能减排车税减半政策的影响，更多的消费群体被 A 级车所吸引，B 级轿车由于排量普遍在 1.6 L 以上，无法享受政策红利，导致了销量持续走低。

综上所述，国内传统认为的“得 B 级轿车者得天下！”的流行说法在当下的中国汽车市场上正逐渐失去作用。未来 B 级轿车市场销量要实现持续的增长，根本上还是要通过技术创新，使 B 级轿车更加体现出其相对于其他竞争车型的优势。从近年来国内主流车企 B 级轿车发展现状来看：未来的趋势就是空间更大、配置更高、油耗值更低。一方面在现有 B 级轿车产品基础上进一步增大车身空间设计值，加强舒适性，并通过对车身的不断轻量化以降低油耗值，从而确定其对 A 级车型的绝对优势，减缓来自 A 级轿车市场领域的冲击；另一方面通过车身空间设计值及整车配置的提升，可弥补其与 C 级及以上高端乘用车型产品间的差距，以降低豪华车型价格下探带来的压力，提升 B 级轿车市场竞争力。总体而言，未来国内外 B 级轿车车身设计发展趋势如下：

（1）未来各品牌都会争取为自己的中级轿车赢得空间上的优势，以迎合消费者的需求，部分先进车企可能将逐渐趋向于基于现有 C 级等高端车型产品平台进行 B 级轿车车身设计开发，以进一步提升现有车型产品的空间性，满足未来多人口家庭用车需求，市场将更加青睐于更低、更宽、更长的汽车形状，以提高空气动力学性能、内部空间舒适度和外观视觉吸引力。

（2）基于更高的车身安全性考虑，在现有诸如 BFI、3H、GOA、Zone Body、新环状力骨构造、G－CON 车身等高刚性车身结构设计基础上，更加强调不同结构设计模式理念的综合运用，不断提升车身刚度，以满足更高强度材料的应用，实现更高的车身轻量化成效。

（3）在空间提升、刚度提升基础上，进一步在车身设计中引入更多的轻量化材料，不断降低现有 B 级轿车车身重量，以降低油耗，适应未来小排量 B 级轿车产品发展趋势。

（4）基于整车操控性、舒适性考虑，未来将越来越多地在 B 级轿车上应用以往只能在高端车型上出现的车身设计内容，如双叉臂式悬挂、电子空气悬挂、电磁悬挂、液压式可调悬挂等高端轿车、跑车、SUV 车型上常常出现的先进技术也可能出现在 B 级车型上。

针对车身的轻量化，当前豪华车品牌轻量化往往涉及高成本的材料及工艺应用，对普通消费者并不构成吸引力，SUV 消费者往往从一开始就不会将节能减排等作为首选要素，对轻量化的需求暂时不是那么迫切，A 级轿车由于市场定位所限，注定不会在轻量化方面投入过多的技术资源，因此 B 级轿车领域往往成为当前广大车企轻量化技术应用的焦点。如前所述，基于 B 级轿车产品的市场定位，可预计未来各大主流车企在相当长一段时间内肯定也将立足于钢质、钢铝混合车身设计，开展相应的轻量化技术应用，具体如下：

（1）车身结构逐渐由钢密集型结构形式向高强钢主体结构形式、高强钢＋铝合金结构形式转变，尤其在钢板厚度逐渐减薄、车身尺寸却增大的前提下，为保证车身刚度，在现有各类高刚性车身结构设计基础上，各类车身零部件总成结构的模块化、一体化也是未来 B 级轿车轻量化结构设计的必然发展趋势。

（2）针对车身用材，未来 B 级轿车毫无疑问将成为所有车型中高强钢比例应用最大的一类车型，基于我国乘用车轻量化发展技术路线及国内外各大主流车企的轻量化用钢发展趋势，未来 B 级轿车上各类先进高强钢、超高强钢的应用比例将超过 50%，部分车型可能将达到 60%～70%甚至更高（迈腾等热销车型已率先超过这个比例）。首先，未来具有更高强韧性匹配的钢材（如强度 1 200 MPa、延伸率≥20%、1 500 MPa 温成形钢和马氏体钢、1 800 MPa 以上热成形钢等）将出现在越来越多的 B 级轿车上；其次，中锰钢、Q&P 钢等第三代汽车用钢也将在以高强钢为主体的 B 级轿车领域占据一席之地（国内计划截至 2025 年应用比例达到车身重量的 30%以上）；最后，未来基于 Al、Si、Mn 等轻量化合金元素以及向钢中引入高模量粒子（如 TiB_2）形成的低密度、高弹性模量钢也是未来国内外 B 级轿车主要应用的新型钢种，预计到 2030 年此类钢种将达到 1 500～2 000 MPa，弹性模量提升 10%，密度降低约 5%，可进一步满足 B 级轿车车身的轻量化用材需求。

此外，随着未来国内外 B 级轿车产品的品质逐步提升，B 级轿车产品的车身用材肯定将逐渐向 C 级车产品车身用材方向发展，尤其是铝合金的应用将逐步加强。预计到 2030 年将有诸如 2000 系、5000 系、6000 系、7000 系等更多的铝合金板材、型材、铸材等应用于各品牌车企主流 B 级轿车产品上，且由于铝合金相关成形、焊接连接的日趋成熟化，成本的逐步降低，未来 B 级轿车车身上的铝件重量比例也将相比于目前有大幅提升，应用于副车架、ABC 支柱、行李厢盖、车门等构件上。从长远期发展来看，随着成本的不断降低，也不排除目前只能在高端车型产品车身上实现应用的碳纤维复合材料等未来也能应用于 B 级轿车车身制造中。

（3）先进工艺是实现轻量化的重要因素，近年来汽车零部件的模块化、薄壁化及空心化趋势对工艺技术提出了新的挑战。一方面，在今后相当长一段时间内钢依旧是汽车制造最主流材料的前提下，未来诸如热冲压、辊压、内高压、激光拼焊等先进钢质零部件制造工艺技术将得到更为广泛的应用；另一方面针对铝合金零件制造需求，未来随着用铝强度级别的不断提升（如 7000 系铝合金），诸如高强铝热冲压、半固态成形、高压铸造成形、连续变截面挤压成形、差压铸造等先进技术也将逐步应用于 B 级轿车车身制造中。针对钢铝混合车身设计所面临的异种材料连接问题，未来的发展趋势是依旧立足现有机械连接、胶连工艺方法，加大激光钎焊、搅拌摩擦焊、热熔自攻螺钉连接等先进连接技术手段的应用力度，并还将致力于通过推陈出新，衍生出更多的复合连接技术，满足不断提升的超轻质超高强车身连接综合质量需求。此外，从长远期来看，随着碳纤维零件相关制造工艺技术的日趋成熟化及成本降低，与之相对应的大量先进的超轻质材料零件制造技术也可能出现在 B 级轿车上。

总体而言，未来国内外 B 级轿车在轻量化制造技术方面毫无疑问将向 C 级轿车等高端车型靠拢，在成本范围内密集性应用各类先进零件制造技术是未来 B 级轿车轻量化制造技术的必然发展趋势。

第 9 章

C 级及豪华轿车车身技术及轻量化技术

9.1 C 级轿车发展历史及定义

从诞生到如今，汽车工业已经走过了 100 多年的历程。在这短暂的岁月中，汽车发展的重心在不同的地区转移。汽车的诞生之地是德国，1886 年世界上最早的两台汽车分别由德国人卡尔·本茨和戴姆勒发明，那时的汽车以活塞式发动机为动力，汽车速度仅为 15～16 km/h。随后的 10 年内，法国人对汽车不断进行改进，如研制出齿轮变速器、差速器和摩擦式离合器，采用前置发动机和后轮驱动技术以及采用汽车方向盘和充气轮胎，使早期汽车的性能得到了很大的提高。随后美国福特公司发明的流水生产线，极大地提高了汽车生产效率、降低了产品成本并保证了质量的一致性。1925 年，克莱斯勒公司制造出了一辆带厢式车身、装有保险杠以及备胎架的小客车，标志着汽车车身完成了由马车形车身向厢式车身的转化，是汽车车身的一个里程碑式的进步。20 世纪六七十年代，在世界石油危机的大背景下，日本汽车工业凭借生产出轻便节油、物美价廉的汽车而迅速崛起，在世界汽车工业领域建立了日本、欧洲和美国三足鼎立的局面。

汽车工业在发展的过程中，由于地理条件、文化、技术、石油等方面的差异性，在不同的国家和地区产生多样化的发展。美国经过几十年的经营，在 20 世纪 50 年代，已成为世界汽车强国，主要汽车公司包括通用、福特和克莱斯勒。由于充足的石油供应，美国国内的油税价格低廉，大排量的高档车大受欢迎，因而汽车厂商纷纷研发和生产大马力、高操纵性能的产品以获取最大利润，产品不断更新换型。这一时期发动机的排量一度达到 3.2～7 L，并出现了搭载大排量 V8 发动机、具有强劲马力、外形富有肌肉感的各式跑车。与此同时，欧洲受到当地较高油税政策的影响，汽车的发展重心转向了小型车，汽车设计轻巧，车身紧凑而省油，并发明了前置前驱的轿车发动机布置方式。为满足美国市场，欧洲汽车工业采用多种新技术，开发了多种跑车。日本的石油资源稀缺，其主要发展方向是省油的小型车，引入欧美汽车生产技术和管理技术后，日本实行精益化生产方式，使日本汽车品牌很快在国际汽车工业中占据举足轻重的一席之地。

在汽车产品的演化过程中，总有一部分车与众不同、分外引人瞩目。它们的外观时尚大气、动力十足，引领着时代的潮流，它们就是车中贵族高档车。按照德国大众的划分标准，这类轿车又称为 C 级轿车。在德国通常将轿车分为 6 个等级，分别为 A00、A0 级、A 级、B 级、C 级和 D 级。发动机排量与汽车轴距是其分类的关键参数。美国和中国对轿车主要按照发动机排量进行分类。

德国大众汽车将 C 级轿车定为排气量 2.3～3.0 L，轴距 2.6～2.8 m 的车型，但这个分类已经不符合现在的市场实际情况。通过对目前市面上 C 级轿车的相关数据统计，可以看出目前市面上 C 级轿车的轴距均超过 2 800 mm。由于采用不同的发动机技术甚至不同的动力方式，传统上根据发动机排量的大小对 C 级轿车进行分类的方式不太科学。根据目前市场大量 C 级轿车的车身参数和动力参数，定义轴距在 2 800～3 100 mm 范围内、最大功率在 160～250 kW 范围内、最大扭矩在 300～450 N • m 范围内的轿车为 C 级轿车。

C 级轿车中，极具代表性的莫过于德国奥迪、宝马、奔驰和日本的皇冠。这四个品牌 C 级轿车历史悠久，前后数十年进行了多次的换代、升级，代表了 C 级轿车的技术发展水平，体现了 C 级轿车的历史发展轨迹。

奥迪 A6 为奥迪 C 级轿车，从 1968 年初创至今，先后经历了六次改款。1968 年 12 月，奥迪 A6 的前身——奥迪 100 型问世，其轴距达到 2 675 mm，发动机排量 1.6～1.9 L。按照德国大众的轿车分类方法，此时的奥迪 100 型轿车，其轴距虽然达到了 C 级轿车标准，但其发动机排量仍显不足。考虑当时的技术水平以及相应的汽车市场行情，第一代奥迪 A6 无疑已经进入高档汽车的行列。1976 年 8 月，第二代奥迪 100 推出，在第一代的基础上，该车型的轴距未发生变化，而发动机排量有所提高，同时加入电动控制系统。第三代奥迪出现于 1982 年，其轴距加长了 10 mm 左右，车身重量持续增加，发动机排量首次超过 2.3 L，成为名副其实的 C 级轿车。1988 年，第三代奥迪 A6 通过与一汽合作正式进入中国市场。奥迪 C 级轿车的第四代在 1990—1997 年期间，车身尺寸和车重进一步增加。值得一提的是，1994 年第四代奥迪 C 级轿车正式更名为奥迪 A6，发动机排量显著增加，相关电控和安全配置更加丰富。第五代和第六代奥迪 A6 分别于 1997 年和 2004 年上市，两款车在外形上均做出了较大突破，动力性能持续提升。奥迪第七代全新改款始于 2012 年，其轴距增加到 2 910 mm，车身宽度也显著增加，配备六款发动机，提升动力性能的同时兼顾燃油经济性。

与奥迪 A6 类似，宝马 C 级轿车宝马 5 系也先后经历了数次革新。1972 年第一代宝马 5 系在法兰克福车展中正式亮相，开启了宝马一个崭新的经典设计时代，宝马的重要特征——双肾型进气格栅好似一个“猪鼻子”被置于车头的四圆灯中央。第一代宝马 5 系的整车尺寸为长 4 600 mm，宽 1 690 mm，高 1 425 mm，轴距 2 600 mm。配备的发动机包括 1.8 L 和 2.0 L 直列四缸发动机以及 2.5 L 直列六缸发动机，与奥迪相比，晚出道几年的宝马 5 系轴距虽短，但其动力性更强。第二代宝马 5 系诞生于 1981 年，相对于第一代，其外观变化不大，轴距增加 28 mm，内饰和其他配置显著升级，动力性能显著提高，配有 2.4 L 直列六缸涡轮增压柴油发动机。第三代宝马 5 系于 1988 年上市，直到 1996 年为止。第三代宝马 5 系保留其传统前脸造型以巩固其品牌形象，大幅提升其轴距到 2 761 mm，不断丰富其配置，强调驾驶乐趣。在这一时期，第一批宝马 5 系正式进入中国市场。1995—2004 年为第四代宝马 5

系时期，其车身尺寸不断增加，轴距增加到 2 830 mm，甚至采用 4.4 L 的 V8 自然吸气发动机，这一参数使其超出大众 C 级轿车的范畴。同时第四代宝马在配置方面不断提升，高科技在汽车上不断运用以提高舒适性和驾驶感。第五代宝马 5 系诞生于 2003 年，其外观设计颇受争议，V10 发动机首次应用于宝马轿车，轴距提升到 2 888 mm。第六代宝马 5 系为最近发布的系列产品，其全新的外形设计大受好评，轴距持续增加，动力性能不断提升，混动车型和 GT 衍生车型诞生，产品不断丰富。

奔驰 E 级的历史可以追溯到 1953 年推出的采用“浮筒式”车身设计的奔驰 180，但 E 级的名称直到 1993 年才被正式确定，至今已发展到第六代。奔驰前 E 级第一代车型的轴距为 2 649 mm，发动机最大排量为 1.9 L，由于在实用性、经济性等方面的优势，该车当年还被广泛应用在德国的出租车市场。奔驰前 E 级第二代车型产生于 1961 年，采用三段式车身结构，大大提高其安全性能。轴距增加到 2 700 mm，最大动力采用 2.3 L 六缸汽油发动机，在动力性能方面也比奔驰前 E 级第一代车型有了较大幅度的提升。到了 60 年代后期，奔驰汽车推出其奔驰前 E 级第三代产品，轴距达到 2 750 mm，动力系统包括 2.0～2.8 L 的汽油发动机以及 2.4～3.0 L 的柴油发动机。同时推出四门长轴版和双门 Coupe 版车型。1976 年奔驰前 E 级第四代车亮相，轴距为 2 795 mm，继续搭载排量分别高达 2.8 L 和 3.0 L 的汽油和柴油发动机，并推出了五门旅行版、双门 Coupe 版以及车长 5 355 mm、轴距 3 425 mm 的四门长轴版车型。采用一系列如 ABS 和汽车安全气囊等新技术提高汽车安全性能。第一代奔驰 E 级车脱胎于 W124 系列，轴距 2 800 mm，搭载如 6.0 L V8 发动机和 3.6 L 直列六缸发动机。第二代奔驰 E 级轿车 1995 年上市，其轴距为 2 832 mm，流线型的车身设计使其风阻系数低达 0.27，动力搭载如 3.2 L V6 汽油发动机和 3.6 L 直列六缸发动机。第三代 E 级于 2002 年首发，新车历时 4 年、耗资 20 亿美元打造。轴距持续延长，内饰、动力、安全性等方面继续提升。2009 年，第四代 E 级轿车在北美车展上亮相。新车的轴距增加到 2 874 mm，风阻系数进一步降低，科技、安全性和燃油效率在这一代轿车上体现得淋漓尽致。与第五代奔驰 E 级车相比，第六代车的轴距有了显著提升，轴距长度达到 2 939 mm，同时造型设计更显年轻化，车辆配置处处体现了科技感和豪华感。

相比于欧美国家，日本的汽车工业起步较晚，但在精益化的管理以及成功的汽车战略定位的帮助下，日本很快屹立于世界汽车强国之列。尽管日本汽车以价廉和节油闻名，但在高端车市场中，丰田皇冠也占有一席之地。丰田皇冠第一代诞生于 1955 年，到如今已经经历了 14 次更新换代。以现今的标准来看，第一代皇冠的参数甚至不及如今的 A 级车，车身尺寸偏小，发动机动力不足。第二代皇冠瞄准豪华轿车市场，将轴距提升到 2 690 mm，最大动力搭载 2.6 L 发动机，其他方面的配置也显著丰富。从 1967 年到 1987 年的 20 年间，皇冠先后经历了 5 次改款，品牌定位进一步集中在私人豪华轿车上，造型略有改变，内饰科技感十足，不断应用新的发动机技术以提高其动力性。在此期间皇冠退出美国市场，而第七代皇冠进入中国市场成为国人心中的高端车代表。从 20 世纪 90 年代末期到 21 世纪初，皇冠又先后经历了 5 次革新。主要包括第八代主推四门硬顶版，第九代对外形重新设计推出高端车型皇冠 MAJESTA，第十代采用承载式车身结构并于 2001 年停止对中国出口，第十一代仅面向日本市场销售。第十二代皇冠秉承从零开始的理念重新设计，风阻系数降低到 0.27，轴距延长到 2 850 mm，内饰设计更加豪华并富有科技感，配备最大 3.5 L 排量的全新 V6 发动机。第十二代皇冠车 2005 年在中国首次实现国产化，上市初期其销量一度超过了奥迪

A6L，2006年高级车市场中的占有率超过30%。随后在2008至2012年，丰田先后推出了第十三代和十四代皇冠车，混合动力开始在这两款车上运用，全新科技技术如主动安全也不断丰富着皇冠的配置。

从上述四大车型的发展历史中可以窥见C级轿车的发展历史，整个过程充满着竞争与挑战。为在激烈的竞争中存货并保持领先，汽车制造商必须对原有车型不断更新换代，不断增加车身尺寸以满足人们对空间感的需求，不断改变车身和内饰的用材和造型以满足客户的审美需求，不断改进发动机技术以满足驾乘人员的动力需求，不断运用新技术以提高用户的体验感和汽车的安全性能。

如今C级轿车市场已成为高端品牌竞争最激烈的地方。以中国汽车中高端市场为例，2016年中国C级轿车销量排行榜如表9-1所示。德国的奥迪、宝马和奔驰占据销量前三名，销售量占据2016年国内C级轿车总销量的70%左右，宝马5系和奥迪A6L销量远高于其他车型。从整个销售榜单来看，中国市场的C级轿车主要来自德国、美国和日本，其销量占总销量的95%左右。值得注意的是，中国国产中高端车型于2016年异军突起，众泰Z700入市第一年就进入C级轿车前十榜单，传祺GA8和东风A9也先后跟上，受到国内消费者的青睐，在C级轿车市场上占有一席之地。

表9-1　2016年中国C级轿车销量排行榜

排名	车型	车企	2016年销量/辆	2015年销量/辆	派系
1	宝马5系	华晨宝马	143 170	146 399	德系
2	奥迪A6L	一汽大众	135 730	147 977	德系
3	奔驰E级	北京奔驰	57 439	60 102	德系
4	金牛座	长安福特	34 043	6 376	美系
5	凯迪拉克XTS	上汽通用	33 291	22 285	美系
6	皇冠	一汽丰田	30 251	26 017	日系
7	众泰Z700	众泰汽车	13 101	0	自主
8	凯迪拉克CT6	上汽通用	5 830	0	德系
9	捷豹XFL	奇瑞捷豹路虎	5 644	0	英系
10	辉昂	上汽大众	3 307	0	德系
11	传祺GA8	广汽乘用车	2 909	0	自主
12	东风A9	东风乘用车	1 768	0	自主
13	沃尔沃S90	沃尔沃亚太	968	0	瑞系

9.2　C级轿车整车性能演变

19世纪末，卡尔·本茨制造的三轮汽车的功率为0.66 kW，速度为15 km/h。同一时期戴姆勒制造的四轮汽车，功率为0.91 kW，速度为16 km/h。从第一台汽车问世起，经过100多年的技术变革，汽车的性能发生翻天覆地的变化。如今随处可见的汽车，基本动力参数如功率均高于90 kW，最高行驶速度不低于160 km/h，汽车的性能有了十倍以上的提升。其中，高级车的代表——C 级轿车，其性能大大超出同时代的产品。在整个 C 级轿车的发展历史中，基于人们在审美、舒适性、安全性和动力性等方面的要求，C 级轿车不断更新换代，新的设计理念、新材料和新技术的不断开发和应用，使 C 级轿车在外观及车身尺寸、内饰及电子配置、动力及相关系统和安全配置方面发生了翻天覆地的变化。

1. 车身尺寸及外观

人们对汽车最直观的印象是外形和大小，作为轿车中的高端品牌，C 级轿车的外形和车身尺寸一直处于轿车产品的领先地位。为满足用户的空间需求，C 级轿车通过不断换代增加车身尺寸。如表 9-2 所示，从 1968 年奥迪 A6 第一代产品问世后，每次车型换代都伴随着车身尺寸的变化，车长、车宽、车高和轴距全方位增加。另一个高端 C 级轿车宝马 5 系历代车型的尺寸演变如表 9-3 所示，虽然在同一时期两种车型的尺寸存在一定的差异，但在更新换代中其尺寸的变化趋势一致，即通过不断增加车身三维尺寸以增加 C 级轿车的舒适性。此外由于受到不同市场的影响，同一代车型的车身尺寸也会发生一定变化。例如 1999 年将奥迪 A6 引入中国市场时，国产版本的 A6 总长比国际版加长了 90 mm，总高增加了 22 mm。

表 9-2　奥迪 A6 历代车型尺寸

时间	车型	车长 × 车宽 × 车高	轴距
1968—1976 年	第一代	4 590 mm × 1 729 mm × 1 421 mm	2 675 mm
1976—1982 年	第二代	4 683 mm × 1 768 mm × 1 390 mm	2 676 mm
1982—1990 年	第三代	4 792 mm × 1 814 mm × 1 422 mm	2 687 mm
1990—1997 年	第四代	4 790 mm × 1 804 mm × 1 433 mm	2 692 mm
1997—2004 年	第五代	4 796 mm × 1 810 mm × 1 453 mm	2 760 mm
2004—2012 年	第六代	4 916 mm × 1 855 mm × 1 459 mm	2 783 mm
2012 年至今	第七代	4 920 mm × 1 870 mm × 1 460 mm	2 910 mm

表 9-3　宝马 5 系历代车型尺寸

时间	车型	车长 × 车宽 × 车高	轴距
1972—1984 年	第一代	4 600 mm × 1 690 mm × 1 425 mm	2 600 mm
1981—1988 年	第二代	4 620 mm × 1 700 mm × 1 415 mm	2 628 mm
1988—1996 年	第三代	4 720 mm × 1 751 mm × 1 412 mm	2 761 mm
1995—2004 年	第四代	4 775 mm × 1 801 mm × 1 435 mm	2 830 mm
2003—2010 年	第五代	4 843 mm × 1 846 mm × 1 491 mm	2 888 mm
2009 年至今	第六代	4 899 mm × 1 860 mm × 1 464 mm	2 968 mm

C 级轿车的外形设计充满着时代气息。在其发展的初始阶段，设计的 C 级轿车整体方正，外形大气，线条硬朗，显得庄重大方。在发展过程中，为降低风阻系数提高燃油经济性，流线型元素开始出现在 C 级轿车的外观上。如 1997 年发布的奥迪 A6，采用大量曲线代替了平直线条，外观圆润、优雅，极大降低行车阻力，风阻系数仅为 0.28。2016 年最新上市的奔驰 E 级车，将外形的流线造型设计发挥到了极致，风阻系数降低到了 0.23。随后外观

设计思路沿着现代、时尚和动感方向发展，通过改变头灯大小、位置、形状，改变尾灯形状并加入 LED 灯组，改型和点缀进气格栅等方式，表达不同 C 级轿车对流行元素的诠释。C 级轿车发展过程中，基于不同功能和人群的需求，某一代车型除了普通的轿车版外，还有诸如运动版、旅行版之类的衍生产品，部分衍生产品在外观上做出一些较大的改动，以迎合特殊人群的口味。例如，第九代皇冠的外形圆润、车头简约大气，方形车灯、倒梯形的格栅带着银色装饰条，而作为皇冠高端产品的 MAJESTA，虽然与普通皇冠出自同一平台，但采用了不同的外观设计，车身尺寸也大幅提高。第四代奔驰 E 级轿车进行中期改款时，抛弃了标志性的四眼头灯设计，应用全 LED 大灯，提供优雅型和时尚型两种前脸造型。C 级轿车的外观发展过程中，还有一些比较有趣的演变历史。比如早期的 C 级轿车，汽车没有前后保险杠，只有驾驶员一侧有后视镜，皇冠的第一代车型上车身侧面采用了独特的车门对开设计方式。

2. 内饰及电子配置

C 级轿车定位于中高级轿车，内饰及相关配置将豪华感和科技感发挥得淋漓尽致。受技术条件制约，早期的 C 级轿车配置比较简单。20 世纪 50 年代，以皇冠为代表的 C 级轿车车内设计简洁，除简单的仪表显示和灯光控制外，仅有少量功能性配置，前后排座椅为一体式无头枕设计。随后两代皇冠车型对内饰、仪表盘、中控、方向盘等进行了改进，采用清晰易读的炮筒式仪表盘，规整中控布局，内饰配备了真皮座椅，增加了收音机、电动车窗、立体声音响、磁带式录音机等电控设备，大大增加了轿车的娱乐性和舒适性。

20 世纪 70 年代，C 级轿车的内饰及电子配置进一步丰富。内饰设计层次感增强，真皮座椅成为高级轿车的标准配置，部分车型上出现了实木装饰。方向盘出现三辐和四辐两种样式。除了空调、收音机、电动车窗等常规装备外，许多令人眼花缭乱的新的电控装备和配置也出现在各车型上，如电动外后视镜、转向助力、电动调节座椅、自动空调、后排独立空调、车载冰箱、电动天窗等。

从 20 世纪 80 年代到 90 年代末期，C 级轿车的内饰及电子配置日趋豪华，科技感不断增强，安全性能日益提高。通过大量使用考究的真皮和实木来增添整车的豪华氛围，配备了多功能方向盘并具备电动调节功能，中控台整体布局清晰并层次感十足，中央控制面板上配备彩色液晶显示屏，车载导航功能也在这一时期进入 C 级轿车的配置列表中。除此之外，定速巡航、行车电脑、立体声音响系统、外后视镜电动调节、带记忆功能的电动调节加热座椅、车载电话、无钥匙进入、倒车雷达、预收紧式安全带、自动头灯、电动后窗遮阳帘等配置和功能也在各 C 级轿车上得到应用，进一步提高了 C 级轿车的品牌地位，增加驾乘人员的驾驶和乘坐舒适性及便利性。此外，基于安全性能的气囊和被动安全控制系统在 C 级轿车身中的应用也越来越丰富，极大提高了 C 级轿车的安全性能。

进入 21 世纪后，成熟的先进科技手段不断用于 C 级轿车上，进一步凸显了 C 级轿车在轿车中的高端地位。在 C 级轿车内，真皮内饰、大量实木、金属拉丝饰板、镀铬装饰和实木条纹随处可见，传统的指针式仪表盘逐渐被全液晶仪表盘代替。不同厂家结合自身特点推出了不同的交互驾驶系统，如宝马推出的 iDrive 人机交互系统，丰田推出的 G－BOOK 智能副驾系统，为驾驶者提供便捷的人性化服务。此外，无钥匙进入/启动、主动适应大灯、自适应巡航系统、主动转向系统、夜视系统、启停系统、车道偏离系统等配置如今的 C 级轿车科技感十足。

3. 动力系统

早期 C 级轿车的发动机通常有前置前驱和前置后驱两种布置方式，后期发展过程中逐渐全部演变为前置后驱的驱动方式。悬架使用方面，不同的厂商采用不同的悬架匹配方式，为适应舒适性的要求，逐渐演变成前后独立悬架结构。如宝马 5 系最初使用前麦弗逊、后半拖曳臂式独立悬架结构，随后以多连杆独立悬架为后悬架，在第五代时对前悬架进行替换，采用双叉臂式独立前悬架。早期奔驰 E 级轿车前后均使用独立悬架结构（前双叉臂式+副车架/后摆动桥式），先后采用“对角线摆式轴”半拖曳臂式悬架和多连杆结构悬架替换后悬架。第三代奔驰 E 级车采用了前四连杆+后多连杆独立悬架结构，与自适应减震系统协同工作的双重控制空气悬架系统，解决了以前在悬架舒适性和操控性之间的冲突。丰田皇冠第一代的悬架结构为双横臂式独立前悬架与整体桥式非独立后悬架，第七代将后悬架改成了单斜臂独立悬架，第十一代改为前双叉臂+后多连杆的悬架形式。此外，奥迪公司还为 A6 开发出自适应空气悬挂，允许驾驶者在 60～185 mm 的离地间隙范围内随意调节车身高度。

变速器方面，第一代宝马 5 系推出 4 速、5 速手动变速箱和 3 速自动变速箱，第二代推出 4 速自动变速箱，第三代更新时又推出了 6 速手动变速箱，6 速和 8 速手自一体自动变速箱则分别在第五代和第六代宝马 5 系中配置。奔驰 E 级轿车前身车型配备有 4 速手动变速箱、4 速半自动变速箱、5 速手动变速箱和 4 速自动变速箱，在其第二代产品时升级到 6 速手动变速箱，第三代时出现 7 速自动变速箱，第五代时推出了 9 速自动变速箱。皇冠最初产品搭载了 3 速手动变速箱，先后开发了 2 速自动变速箱、4 速手动、5 速手动及 3 速自动变速箱、4 速自动变速箱、5 速自动变速箱、6 速自动变速箱等。

C 级轿车的发动机包括汽油发动机和柴油发动机，在发展过程中其发动机的缸数、排列方式、喷射技术不断更新，衍生出了一系列发动机，基于能源和排放问题推出混合动力和纯电动汽车。奥迪 A6 最早采用水冷 1.8 L 直列四缸发动机，发动机最大功率达到 100 马力。随后第二代 A6 开发出世界上首款直列 5 缸汽油发动机，搭载电子燃油喷射技术，并为其柴油发动机配备涡轮增压器，在该技术的基础上衍生出涡轮增压柴油喷射（TDI）发动机并应用在第三代 A6 上。1991—1997 年期间，A6 发动机非常丰富，有 1.8 T、2.2 T 和 2.3 L 的直列五缸发动机、2.8 L V6 发动机等，每缸 5 气门的发动机和涡轮增压技术已经开始广泛使用，在其顶级运动版车型上搭载了 4.2 L V8 发动机，最大功率可达 322 马力（米制马力①），同时该车型也配备了四驱系统。在顶尖动力方面，搭载双涡轮增压器的 5.2 L V8 发动机，最大功率为 571 马力，最大扭矩力 650 N•m。奥迪还推出了混合动力系统，该系统由最大功率 208 马力的 2.0 TFSI 发动机和一台 44 马力的电动机及一套 1.3 kW 的锂离子电池组组成。

宝马 5 系早期搭载了直列四缸和六缸发动机，装备了燃油喷射系统，于 20 世纪 80 年代开始运用涡轮增压技术。随后在第三、四代产品中开始使用 V8 自然吸气发动机，在其 M5 产品中这一发动机升级到 5.0 L V10 自然吸气发动机，最大功率 507 马力，最大扭矩 520 N • m。在最新一代 5 系产品中，双涡轮双涡管高精度燃油直喷技术再次提升了发动机的动力。与之相对应，在发动机技术方面，奔驰先后使用了 CDI 共轨直喷柴油发动机技术、双顶置凸轮轴和四气门技术、燃油缸内直喷技术、进排气门可变正时系统、可变气门升程系统、可变排量机油泵以及发动机启停系统、双涡轮增压等技术，不断提高 E 级轿车的动力

① 1 马力（ps）=735.5 瓦。

性和燃油经济性。此外，奔驰推出三款了混合动力车型，其中一款车型由 2.0 T 涡轮增压发动机和电动机组成，2.0 T 发动机的最大功率为 211 马力，电动机的最大功率为 68 马力。

4. 安全配置

除了俊朗的外形设计、豪华的内饰和动力配置外，C 级轿车另一大特色在于其极高的安全配置。在整个 C 级轿车发展历史中，早期的安全配置主要集中在被动安全方面，而随着科技的发展，主动安全技术逐渐成为 C 级轿车的标准配置。

被动安全方面，奔驰 E 级轿车在 20 世纪 60 年代，在世界范围内率先采用了安全车身理念，以便提升被动安全性。设计一种三段式车身结构，前后为变形区，中间是坚固稳定的座舱，碰撞发生时，碰撞力通过既定的变形路径有效分散，碰撞安全性通过吸能式转向柱、带冲击板的方向盘以及带缓冲垫的仪表板得到进一步加强。丰田皇冠在 20 世纪 90 年代也提出了 GOA 安全车身理念。此外，还通过为汽车配上前后保险杠，采用高强度的钢材打造汽车车体，将多种气囊、侧气帘运用于汽车上等方式提高 C 级轿车碰撞时的安全性能。部分车型还装有行人安全保护装置，当车辆与行人发生正面碰撞时，发动机盖后部能够迅速地向上提起，缓和对行人的头部冲击。

主动安全技术主要兴起并运用于最近十来年，其核心理念在于防患于未然，即通过一系列监控的电子仪器和交互系统管理，对刹车、驱动力、转向等功能进行综合控制，对存在的安全隐患进行监视和排查，具备如“防瞌睡”、预碰撞等模式的干预功能。

9.3　C 级轿车典型车身设计技术

汽车的车身设计是一个复杂的系统工程，主要包括外形设计、内饰及内部空间设计以及车身结构设计，涉及诸如空气动力学、人机工程学、美学、力学等众多学科。汽车的外形设计主要包括汽车尺寸设计和汽车的造型设计。汽车的外形尺寸参数主要包括长度、宽度、高度和轴距，汽车的造型设计主要考虑汽车的外形美观以迎合消费者的审美需求，同时需合理设计汽车局部特征尽量降低风阻系数。内饰及内部空间设计通过对内饰材料的合理选择，对内部座椅、中控等的合理布置来满足人们乘坐的舒适性。汽车车身结构设计是汽车车身设计中最重要的环节，其设计的好坏直接影响汽车的安全性能和舒适性能，尤其是汽车安全性能，通过合理的汽车车身结构设计，在汽车发生碰撞时，可以通过有效的能量传递或形成刚性环的方式将冲击能量转移，保护乘员的人身安全，降低事故的伤亡程度。

作为轿车中的高级产品，C 级轿车的空间性、舒适性和安全性能均高于其他级别车型，这一方面得益于其不以成本作为主要限制条件的硬件配置，另一方面归功于其独到的车身设计技术。在进行车身设计时，不同 C 级轿车品牌有不同的设计理念和风格，采用不同的设计技术，使 C 级轿车的车身设计风格异彩纷呈。虽然采用不同的设计方式，但最终殊途同归，C 级轿车的共同目标在于使客户有更高级的体验和更舒适的感受。以下以典型的 C 级轿车为代表，一窥其车身设计技术。

1. 丰田皇冠

在丰田皇冠历代产品革新升级的道路上，车身设计技术都扮演着主要角色。C 级轿车升级过程中历来首推外形改造，车身尺寸不断增加，2015 年最新款皇冠的车身尺寸为长 5 020 mm、宽 1 805 mm、高 1 480 mm、轴距 2 925 mm，展现出典型的 C 级轿车车身尺寸特点。为迎合年轻一族精英群体的审美需求，新一代皇冠车采用硕大的进气格栅和修长的大灯前脸设计，前格栅与下进气中网连为一体，辅以镀铬饰条加以点缀，年轻气息扑面而来。中网处嵌入显眼的皇冠标志，雾灯位置设计进气口，采用氙气灯为灯源并将远近光灯一体式融合。车身侧面和车尾采用笔直的硬朗线条，尾灯融入灯带设计，运动潮流感清晰可见。

内部设计方面，真皮座椅及靠背质地柔软，乘坐舒适感极佳，帖服性好。前排驾乘空间考虑了不同身高因素，后排乘坐区域即使身高 180 cm 的人员乘坐，头顶仍有两指的空间，腿部有一拳和一掌的空间。中控台上方采用硬的搪塑材质，下方采用了大量软皮材料包裹，观感和触摸感都不错。

皇冠汽车采用了丰田独有的 GOA 车身技术（图 9-1），被动安全性能大大提升。GOA 全称为世界顶级车身技术，其设计思路为：当车辆发生碰撞时，通过车身将冲击力分散开，从而保证乘员舱不变形，最大限度保证车内乘员的安全。GOA 车身设计了高强度座舱、高吸能车身和成员约束系统三个子系统。

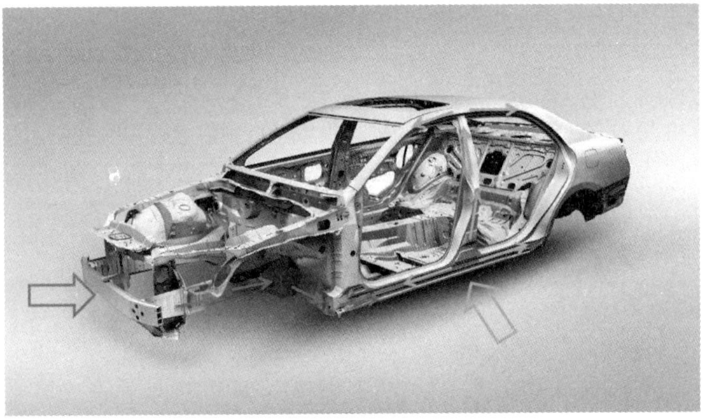

图 9-1　丰田 GOA 车身结构

GOA 技术的核心是碰撞吸能和能量传递分散。为实现这一过程，在车身设计时一方面采用强度较低的材料作为吸收能量的软区，构成高吸能车身，另一方面大量采用高强度钢板抑制变形和传递能量，并制造高强度座舱。车身整体使用大型保险杠加强板，对前纵梁采用直线布置的方式，A 柱、B 柱、C 柱均采用高强度钢板制造。此外，设计的约束系统在碰撞中将乘员牢牢约束在坐椅上，避免其因激烈碰撞脱离座椅而遭到伤害。

2. 奥迪 A6

奥迪 A6 在车身设计的过程中，一方面通过不断增加车身尺寸来增加乘坐空间，另一方面通过将前悬前移等方式，在车身尺寸变化不大的情况之下，使轴距和乘坐空间不断增加。在外形设计方面，奥迪 A6 形成的倒 U 形进气隔栅中网别具一格，与其独特的车标交相辉映。通过对头灯和尾灯进行细节方面的刻画，呈现出不同的风格，如在大灯中加入 LED 灯组，突显了科技感与现代感。奥迪 A6 内部设计风格一贯秉承形式与功能的完美统一，同时兼具温暖舒适的特点。内饰方面用料和色彩和谐搭配，厢内设计更具雕塑感，突显其高贵的品位。A6 车身平滑流线的曲线使其风阻系数显著降低，与老款的 0.3 的风阻系数相比，新设计的 A6 风阻系数足足降低了 0.04。

奥迪的车身为承载式车身，以 2012 年奥迪 A6 为例，其车身结构中使用了大量超高强度的热成形材料，如中通道、A 柱、B 柱、门槛梁和横向加强筋等零件均采用热成形技术并组合形成笼式结构，如图 9－2 所示。就单个零件而言，立柱、门槛梁和中通道等零件采用了多种材料的复合设计结构，有些部分甚至采用了 4 层钢板叠加的方式制造。热成形材料在夹层中保证笼式结构的形状并具有传递分散碰撞能量的作用，表层采用强度较低的软钢板，在碰撞时吸收并降低能量。A6 车身的防撞梁采用铝合金材料制造，但与钢制防撞梁相比其厚度显著增加，因此虽然采用强度更低的铝合金材料，其碰撞性能不降反升。

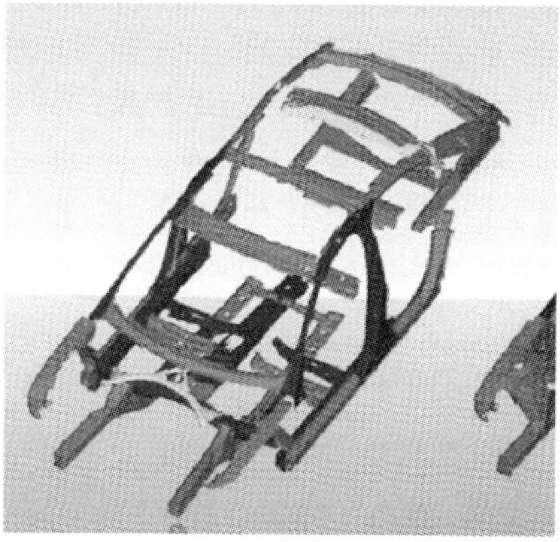

图 9－2　奥迪承载式车身结构

3. 宝马 5 系

以第六代宝马 5 系为例，在外形设计时继续坚持通过增加车身尺寸来提高车辆内部乘坐空间，与上一代车型相比，其长度、高度和轴距分别增加了 56 mm、14 mm 和 80 mm。在保持其主要前脸特征的基础上，通过对大灯、进气隔栅、发动机盖造型进行微调以及对车尾进行错位设计，彰显新车型的独特风格。内饰布局方面，中控台再次采用了向驾驶员一侧倾斜的独特设计风格，配备真皮座椅，金属和实木装饰在车内随处可见，再次彰显了豪华品牌的风格。

宝马 5 系车身为承载式车身，用材主要以钢铝混合为主，如图 9－3 所示。其中，车身承重或受力的结构件多采用钢制材料制造，车身覆盖件多采用铝合金板材。这种设计制造方式一方面考虑了车身的安全性能，另一方面体现了轻量化技术和水平。在该车型上，采用了两种不同的策略以保证碰撞时乘员的安全。车身前端大量采用了强度中等的高强钢，车身后

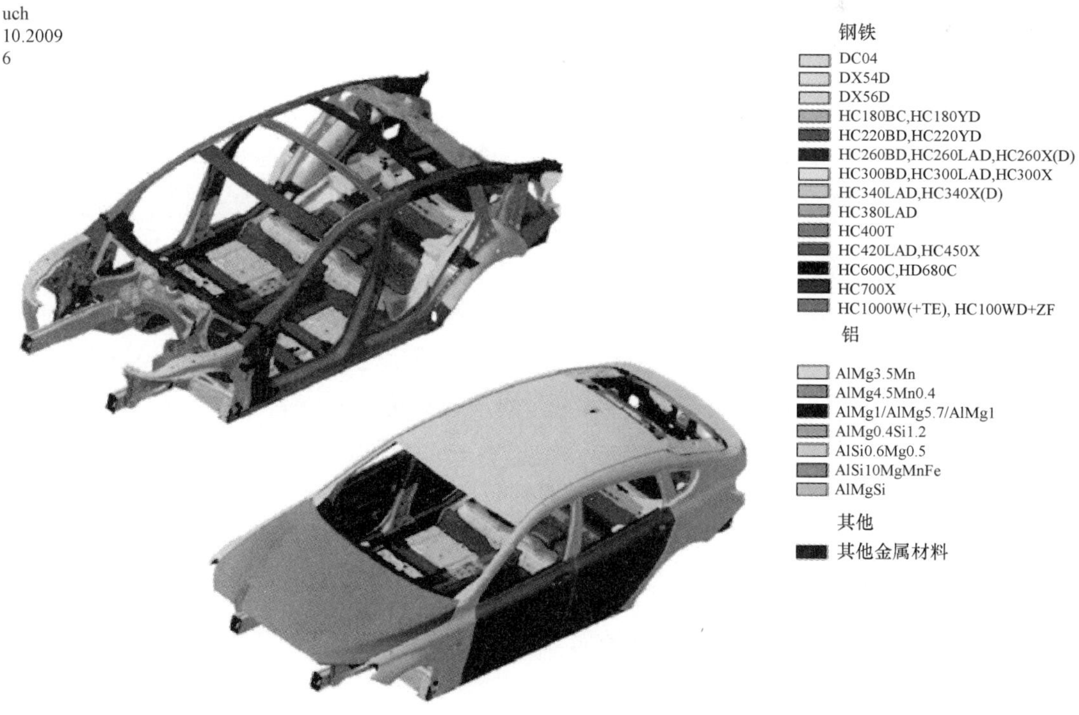

图 9－3　宝马 5 系车身用材（见彩图）

端采用普通高强度钢板和软钢，其特征在于碰撞时可以迅速发生变形并消耗冲击能量，设计理念与丰田的 GOA 车身类似，通过削弱车辆的头部和尾部并加强乘员舱来实现对乘员的保护。由于车身侧面与座椅的距离极小，所以在碰撞时这些部分应极具刚性，对外部冲击力具有较高的抵御作用，发生较小的变形。基于此，宝马 5 系在设计车身两侧的 A 柱、B 柱和门槛梁时均采用了热成形制造技术，车顶盖横梁和地板横梁采用了先进高强钢，一起形成了笼式结构，将乘员舱牢牢包围，如图 9－4 所示。

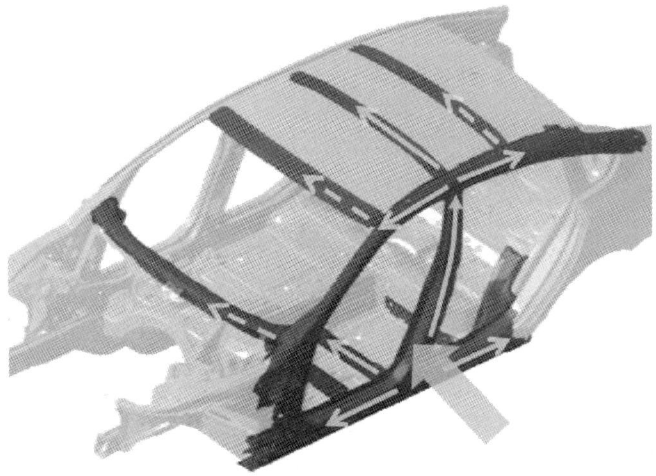

图 9－4　宝马 5 系车身安全结构

4. 捷豹 XF

经过若干代的演变，全新一代捷豹 XF 的尺寸为长 4 954 mm、宽 2 091 mm、高 1 497 mm，轴距 2 960 mm。与上一代相比，其车身长度尺寸减小 7 mm，但经过精心设计，前部悬架距离降低 66 mm，轴距增加 51 mm，后排座椅头部乘坐空间增加 27 mm，后排座椅膝部空间增加 24 mm，从而使其内部空间不降反增。在外部造型方面，弧形车身足显优雅，并大大降低风阻系数，这一代 XF 的风阻系数仅为 0.26。其大嘴的前格栅配上红底的豹头标志已成为捷豹的经典设计。在造型设计方面，上下隔栅均采用黑色设计，使前脸整体很具攻击性，前大灯采用自适应性全 LED 技术，尾部设计更具立体感，小型尾翼给其注入运动气息，尾灯采用了类似 F－TYPE 的设计。

车身结构方面，捷豹 XF 采用钢铝混合的材料搭配方式构建车身，将材尽其用的用材方式演绎到极致。为提高车身的被动安全性能，捷豹 XF 采用了框架式车身结构，当发生前碰时，先后通过防撞梁、两侧纵梁、两根加强高强钢杆将碰撞能量均匀传递到车身其他部位；当发生侧面碰撞时，A 柱、B 柱、C 柱和门槛梁组成一个受力缓冲面，随后分别将能量沿着顶盖前横梁、座椅支撑横梁和防火墙横梁位置进行传递，使碰撞能量呈立体式分散开来（图 9－5）。为提升侧碰安全性能，捷豹 XF 还开发了多种材料协调使用的 B 柱，热成形材料、冷冲压双相钢和纤维增强材料集成到 B 柱上，使其不但具有高的强度和刚度，可以抵御碰撞冲力，还能在柔性区域进行变形，充分吸收能量。此外，通过科学设计车身结构和优化连接结构，主动引导和控制力的传递路径，XF 的车身刚度、模态和 NVH 等性能也显著提升，大大提高了其乘坐舒适性。

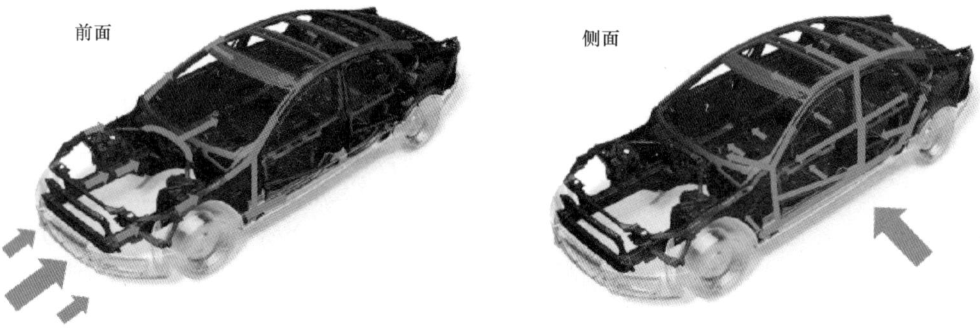

图 9－5　捷豹 XF 碰撞时的传力路径

总的来说，在空间方面，C 级轿车主要通过不断增加车身长、宽、高和轴距尺寸来增加车内的空间；在外形方面，通过典型元素的组合，各车型均形成了自己的家族式风格，在此基础上通过对局部细节的调整和修改，不断融入或演绎出不同的时代风尚；在内饰设计方面，真皮座椅、木质饰料成为 C 级轿车的标配，通过色彩和材料的搭配表达运动、豪华、科技抑或现代风格。车身结构设计方面，主要关注车身的安全性能、NVH 性能以及轻量化效果。一方面围绕乘员舱打造高强度、高刚性、具备传力特性并均分冲击力效果的车身结构，另一方面采用软钢、铝合金等低强度材料打造高吸能区，充分保证 C 级轿车的碰撞安全性能，并在轻量化方面有所建树。

9.4　C 级轿车典型车身的轻量化技术

汽车的轻量化主要包括轻量化结构设计、轻量化材料以及先进制造技术的运用三个方面。轻量化结构设计主要通过优化设计的方式使零部件薄壁化、中空化或使零件的数量减少从而降低车身重量；目前在汽车上运用的轻量化材料主要包括高强度钢、铝合金和镁合金、工程塑料以及复合材料；高强度钢板主要采用的先进制造技术包括热成形、液压成形、激光拼焊和管材的内高压成形，铝镁合金使用的半固态成形和温热成形等。轻量化的主要目的是降低车身重量，从而提高汽车的燃油经济性、降低排放，保证甚至提高汽车性能。

对 C 级轿车而言，燃油经济性是次要因素，动力性、舒适性、操纵性以及安全性能才是主要目标。尽管如此，C 级轿车是最早采用轻量化技术并运用得最多的车型之一。这取决于轻量化技术可以有效降低车身自重，从而提高车辆的操纵性能以及动力性能。更为重要的是，采用轻量化技术后，车身的整体性能不仅未降低，在安全性能等方面反而有了显著提升。这是由于采用轻量化车身设计技术以及大量的先进高强钢、热成形材料、铝合金、复合材料等材料的科学运用与搭配，充分发挥了吸能和防撞理念，有效保护了乘员的安全。本章以轻量化水平较高的 C 级轿车为例，分析 C 级轿车的典型轻量化技术。

1. 凯迪拉克 CT6

2015 款凯迪拉克 CT6 车身尺寸为长 5 184 mm，宽 1 879 mm，高 1 472 mm，轴距 3 109 mm，几乎为 C 级轿车车型中尺寸最大的车。凯迪拉克 CT6 包括覆盖件、车门以及防撞梁在内的车身总重 375.4 kg，与 CTS 车型相比，车身轴距增加了 200 mm 以上，但其白车身减重 100 kg；与 ATS 车型相比，轴距增加了 330 mm，一阶弯曲模态增加了 3%，扭转刚

度增加了 16%，为 36 620 N · m/（°）。

车身结构和用材方面，凯迪拉克 CT6 秉承正确的技术、正确的材料、正确的位置与正确的连接方式相结合的理念，采用钢铝混合的车身结构，采用热成形技术制造的 A 柱、B 柱、C 柱和地板纵梁以及采用先进高强钢制造的顶盖横梁形成的笼式结构，牢牢守护着乘员舱乘客的安全。车身前端和后端采用了大量铝合金材料制造，包括四门两盖、翼子板、保险杠、前纵梁以及前后副车架。整个白车身中，钢材用量为 37.9%，其中热成形钢为 10.5%，高强钢和先进高强钢的用量为 20.3%；铝合金的用量为 62.1%，其中 6 系铝合金板材用量为 21.7%，5 系铝合金板材用量为 11.7%，挤压铝合金占比 11.7%，铸造铝合金的用量为 17%，如图 9 – 6 所示。

图 9 – 6　凯迪拉克 CT6 车身用材分布情况

制造技术方面，凯迪拉克 CT6 采用了先进的连接技术，包括铝合金点焊、热融自攻丝 FDS 铆接、自冲铆、铝合金弧焊焊接螺柱、激光焊接技术、结构胶粘接等。采用高压和真空铸造工艺制造了前后轮罩板和减震器安装支座。采用铸造技术一体成形制造前车身铰链柱、减震塔等零件，替代了传统的多个冲压件的组合方式，将传统的 227 个零件缩减为 31 个，有效降低了零件重量和减少了生产工序，如图 9 – 7 所示。此外，大量采用铝合金挤压件，显著提高了车身的比刚度和弯扭性能，同时提高了碰撞时的吸能性能。

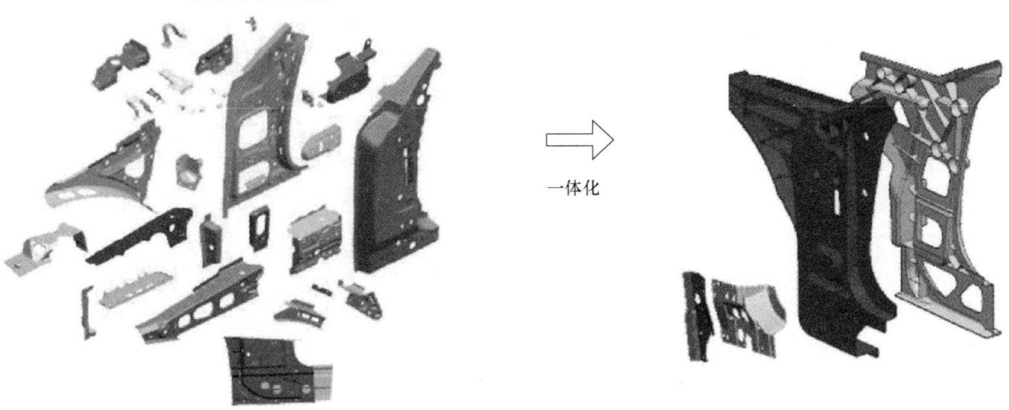

图 9 – 7　凯迪拉克 CT6 铸造一体成形

2. 捷豹 XF

2015 款捷豹 XF 采用了一定的轻量化技术。捷豹 XF 车身尺寸为长 4 954 mm，宽 2 091 mm，高 1 457 mm，轴距 2 960 mm，其长度和轴距中规中矩，但其车身宽度在 C 级轿车中实属罕见。捷豹 XF 包括覆盖件、车门以及防撞梁在内的车身总重 382 kg，其静态弯曲刚度为 11.5 kN/mm，扭转刚度为 24 kN • m/（°）。

车身结构和用材方面，捷豹 XF 也采用了钢铝混合的车身结构，如图 9－8 所示。其中，铝合金的用量为 48%，钢材的用量为 51%。其车身前部结构、主要的地板以及顶部均采用铝合金材料制造，而后端结构采用了钢材。其中，软钢用量为 16%，高强钢用量为 27%，先进高强钢（含热成形硼钢）的用量为 8%，主要用于 B 柱、门防撞梁以及前轮罩。6 系铝合金板材用量为 24%，主要用于车身的外覆盖件（除车门外），5 系铝合金板材用量为 20%，用于车身内部冲压结构，挤压铝合金占比 2%，主要为铝合金保险杠和前纵梁，铸造铝合金的用量为 2%。值得一提的是，捷豹 XF 的大灯支架和水箱横梁采用了更加轻质的镁合金制造。

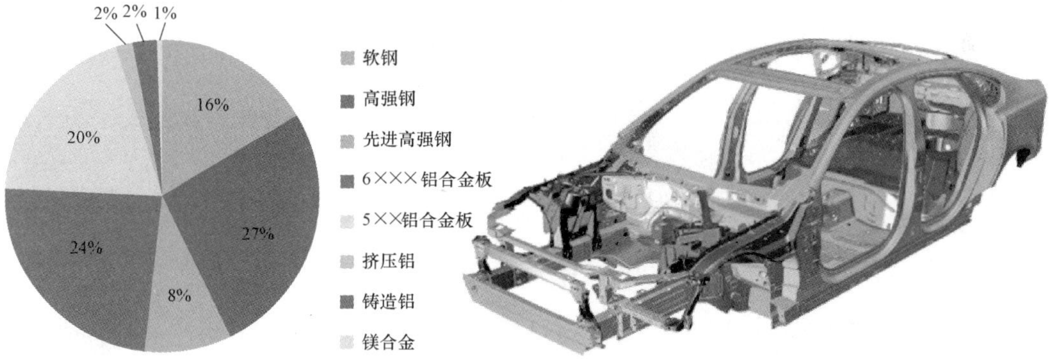

图 9－8　捷豹 XF 钢铝混合车身材料分布（见彩图）

制造技术方面，除了传统的制造工艺外，典型零件如铝合金减震塔支座采用铸造的方式成形，铸造镁合金交叉车梁也在该车上得到应用。钢制零件主要采用电阻点焊、螺柱焊接、铆接、激光钎焊以及粘接的方式进行连接。对于钢铝混合连接问题，捷豹 XF 采用了铆接和粘接相结合的方式，即在钢铝连接界面涂抹结构胶后，再进行铆接。该种连接方式可以有效提高钢铝的连接强度、刚度和疲劳性能。在防腐蚀方面，对于内层的钢制零件，其表层进行电镀锌处理，连接后进行磷化和电镀涂层处理；对于外层的铝合金零件，进行磷化和电镀涂层处理后，对其表面涂抹塑料溶胶涂层，如图 9－9 所示。

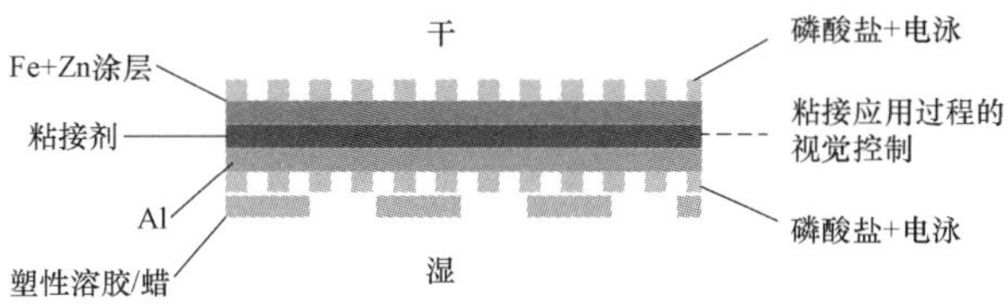

图 9－9　捷豹 XF 钢铝混合连接处防腐处理

3. 奥迪 A6

2011 年上市的第七代奥迪 A6 的车身尺寸为长 4 915 mm，宽 1 874 mm，高 1 455 mm，轴距 2 912 mm。包括覆盖件、车门以及防撞梁在内的车身总重 373.3 kg，去除四门两盖和挡泥板等覆盖件后，白车身重 318 kg。奥迪 A6 的静态弯曲刚度为 12.7 kN/mm，扭转刚度为 26.2 kN·m/（°）。

车身结构和用材方面，奥迪 A6 采用了以钢为主的钢铝混合的车身结构，如图 9–10 所示。其中，铝合金的用量为 18%，钢材的用量高达 81.9%。发动机罩盖、保险杠、减震器支座等零部件采用铝合金材料制造，而车身的主要承载结构均采用钢材。其中，软钢用量为 29.1%；高强钢用量为 28.2%；先进高强钢用量为 13.3%；热成形硼钢的用量为 11.3%，主要用于 A 柱、B 柱、地板横梁和纵梁。6 系铝合金板材用量占比 13.5%；挤压铝合金用量占比 2.6%，主要用于铝合金保险杠；铸造铝合金的用量占比 1.9%。

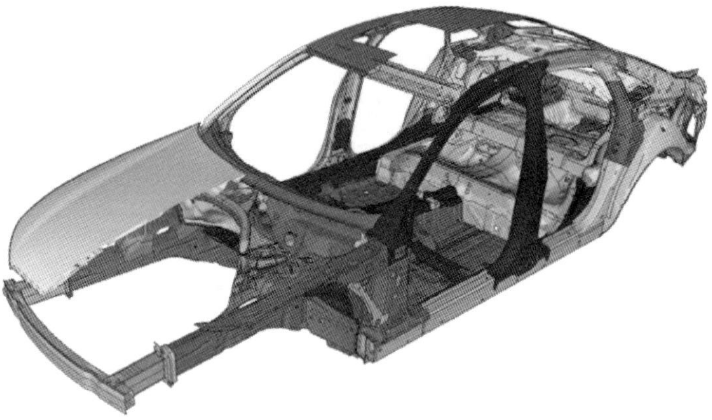

图 9–10　奥迪 A6 车身用材分布

奥迪 A6 采用了多种连接技术，如粘接、气体保护焊、激光焊接和电阻点焊，对钢铝混合采用了无铆钉自冲铆连接技术。车身前围采用变厚板柔性轧制（TRB）技术，合理设计了零件的厚度分布并实现了零件的轻量化（图 9–11）。针对 B 柱碰撞时的变形特征，采用了部分回火技术，如图 9–12 所示，在单个零件上实现了不同的性能分布区域，高强度的上端有效抵抗外力的侵入，较弱的下端吸收碰撞能量从而降低外部的冲击作用。同时对 A 柱采用了通过焊接接入零件对局部区进行加强的制造策略，进一步提高被动安全性能。通过铸造的方式制备减震塔，显著降低零件数量。

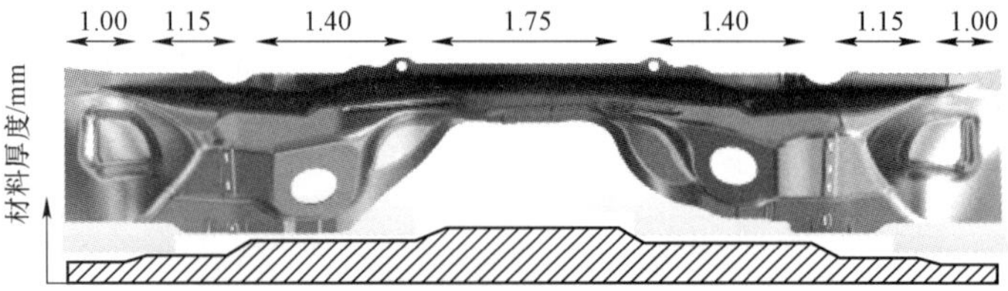

图 9–11　奥迪 A6 车身前围变厚板柔性轧制技术

4. 奔驰 E 级轿车

2009 年上市的奔驰 E 级轿车的车身尺寸为长 4 868 mm，宽 2 071 mm，高 1 464 mm，轴距 2 874 mm。包括覆盖件、车门以及防撞梁在内的车身总重 492 kg，去除四门两盖和挡泥板等覆盖件后，白车身重 401 kg，白车身的总的零件数量为 373。奔驰 E 级轿车的静态扭转刚度为 29.92 kN·m/（°）。与前代车相比，新一代 E 级车的轻量化系数降低到了 2.95。

在轻量化设计方面，奔驰 E 级轿车在其车身前端保险杠吸能盒与纵梁间采用了插入式连接方式，去掉了法兰安装板，减重 3 kg；如图 9－13 所示，前舱部位通过减少两侧颈部区域面积、增大截面、优化节点的方式实现减重 7 kg。奔驰 E 级轿车以钢制车身为主，钢材的使用量占比达到 91%，其中软钢的使用率为 14.2%，高强钢的用量占比为 60.2%，先进高强钢使用比例为 8.2%，超高强钢和热成形钢的用量占比分别为 3.7%和 4.7%，如图 9－14 所示。奔驰 E 级轿车车身的铝合金用量为 6.6%，主要以铝合金板材为主，用量为 6.2%，余下 0.4%为挤压型材。此外，这一代奔驰车身还使用了纤维增强塑料，用量占比达到 2.4%。

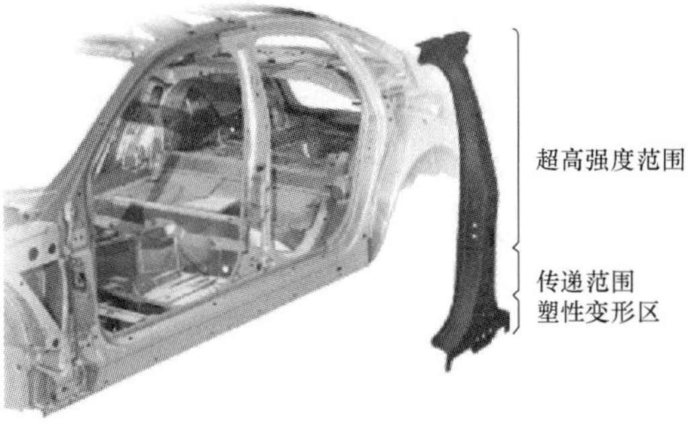

图 9－12　奥迪 A6 车身 B 柱部分回火技术

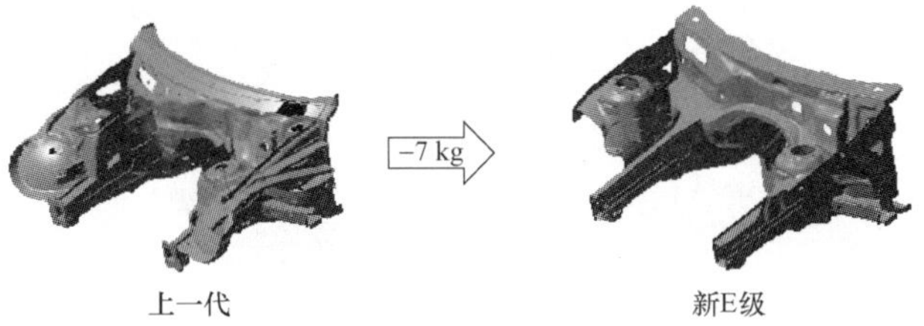

图 9－13　奔驰 E 级轿车前舱部位结构优化减重

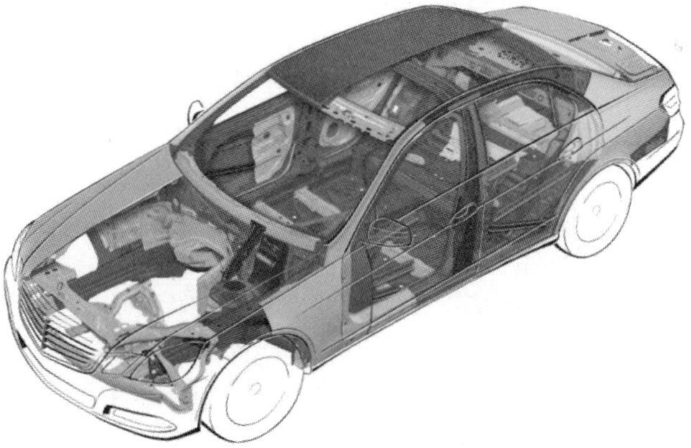

图 9－14　奔驰 E 级轿车车身用材分布

连接技术方面，奔驰 E 级轿车主要采用了电阻点焊和粘接的方式，辅以激光钎焊和自冲铆连接技术。制造技术方面在前后地板上使用了大量激光拼焊板，在前地板纵梁、后地板横梁等位置采用了变厚板柔性轧制技术，有效减少了零件数量并满足了这些部位厚度尺寸多变的要求。采用热成形工艺方式制备的 B 柱，不仅满足了碰撞法规安全需求，还有效降减重 11 kg。

5. 宝马 5 系

2010 年上市的宝马 5 系轿车的车身尺寸为长 4 899 mm，宽 1 860 mm，高 1 464 mm，轴距 2 968 mm。包括覆盖件、车门以及防撞梁在内的车身总重 425 kg，去除四门两盖和挡泥板等覆盖件后，白车身重 347 kg，白车身的总零件数量为 405。宝马 5 系轿车的静态弯曲刚度为 15 kN/mm，扭转刚度为 33 kN • m/（°）。

车身结构和用材方面，如图 9－15 所示，宝马 5 系也主要采用了以钢材为主的车身结构，整个车身中钢材的占比高达 85%。其中软钢的使用率为 13%，高强钢的用量占比为 39%，先进高强钢使用比例为 16%，超高强钢和热成形钢的用量占比分别为 3%和 14%，热成形材料为其车身使用的一大特色。宝马 5 系轿车车身的铝合金用量为 15%，主要为铝合金冲压件和铝合金铸造件，其中 6 系铝合金板材用量为 4%，5 系铝合金板材用量为 7%，铸造铝合金占比为 4%。

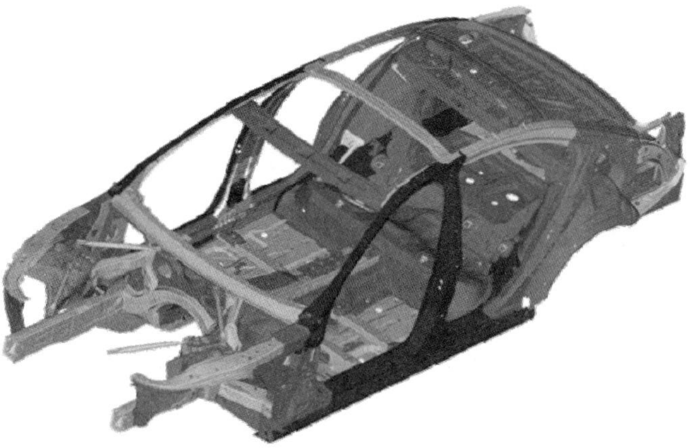

图 9－15　宝马 5 系车身用材分布

连接技术方面，该代宝马 5 系轿车主要采用了多种连接方式，主要包括电阻点焊、弧焊、激光焊接、激光钎焊、粘接、铆接、自冲铆连接以及螺栓连接；制造技术方面，全车身零件以冲压方式为主：发动机罩盖、前挡泥板和四门均采用铝合金冲压成形，顶盖、后挡泥板和后备厢盖均采用软钢冲压成形，地板、前纵梁、顶盖横梁、C 柱等零件采用高强钢和先进高强钢冲压成形，A 柱、B 柱和门槛梁采用热成形技术制造。

从以上典型 C 级轿车的轻量化情况来看，各 C 级轿车制造商采用了不同程度和方式的轻量化技术。部分 C 级轿车以钢制车身为主，大量采用先进的成形技术和高强度钢材，全力打造钢制安全性能车身；部分 C 级轿车采用钢铝混合的设计方式，大量采用铝合金和钢材，辅以镁合金或复合材料，采用先进的成形和连接技术，有效地实现了车身轻量化并保证了整车的综合性能。

9.5　C 级轿车车身制造技术

与所有轿车一样，C 级轿车的制造过程主要包括主要零部件的制造以及车身的制造两个过程。典型 C 级轿车零部件的制造工艺主要涉及冷冲压、热成形、挤压成形和铸造。车身制造过程主要涉及相关零件的连接技术，如焊接、粘接和机械连接。现将相关的制造技术简要介绍如下：

1. 冷冲压

冷冲压是在常温下，通过压力机和模具对板材施加一定的外力，使之产生塑性变形或分离，从而获得所需形状和尺寸的零件的成形加工方法。C 级轿车上，四门两盖，侧围外板，侧围内板，A 柱、B 柱、C 柱外板，地板，横梁，纵梁等零件多采用冷冲压成形的方式制造。冲压成形的零件一般尺寸精度高、表面质量好。但是采用冲压铝合金和高强度钢板时，回弹控制影响着后续零件的装配。此外，激光拼焊板与冷冲压结合的方式，可以有效减少零件数量和降低重量，在 C 级轿车上得到一定的应用。

2. 热冲压成形

目前在 C 级轿车上应用的热成形技术主要指热冲压成形技术，它是将含硼钢（供货态强度为 500～600 MPa）加热至奥氏体化状态，然后快速转移到模具中高速冲压成形，在保证一定压力的情况下，在模具中以大于一定临界冷却速度进行淬火处理，保压一段时间，以获得具有马氏体组织的超高强零件的成形方式。采用热成形技术可以减轻车身重量，提高车身安全性和舒适性，改善高强钢冲压成形难的问题，提高了零件尺寸精度并降低了冲压机吨位要求。为提高车身安全性能，热成形零件被广泛用于 C 级轿车车身安全件，典型零件如 B 柱、门槛梁等。此外，在热冲压成形技术的基础上，部分生产商还开发了变温成形和局部回火技术，使零件的不同部位产生不同的性能，更有利于提升车身的被动安全性能。

3. 挤压成形技术

基于铝合金的变形吸能能力，部分 C 级轿车在其前后防撞梁、门槛梁等部位采用了铝合金挤压零件。此外在车身设计中，应用空间框架设计可使车身的静态扭转刚度提高 60%。挤压成形技术是实现空间框架设计的主要技术手段。挤压成形技术始于零件设计，零件的设计形状决定其性能以及挤压模具的形状。以铝合金为主的挤压型材，除了成形工艺如温度、挤压比、挤压速度影响最终产品的性能，挤压后的热处理工艺也至关重要。通常铝合金挤压零件成形后，还需进行人工时效处理，以进一步提高其强度和延伸率，以使其吸能性能最大化。

4. 铸造技术

与冲压和挤压成形技术相比，铸造技术可以实现形状极其复杂零件的一体成形，可以有效减少零件数量和减轻零件重量。C 级轿车中部分车型中使用了铝合金铸件作为连接件，此类铸件起到连接车身各铝材的作用，是主要的承力部件，要有较高的强度。为了满足使用需要，车身铝合金铸件多为复杂薄壁结构。由于此类铸件的结构特点，以及汽车产业大批量生产的需要，采用传统的铸造工艺已无法满足要求，国外目前制造铝合金车身铸件大多采用真空压力铸造和特种挤压铸造等新型铸造工艺技术。真空压力铸造与普通压铸相比，增加了抽真空操作，可将型腔中的气体抽出，金属液在真空状态下充填型腔，减少了卷入的气体，铸件可进行热处理，力学性能高于普通压铸件，该技术在本书第 2 章中有详细论述。

5. 焊接技术

目前点焊是汽车车身焊接技术中采用最多的连接方式，主要用于车身各种冲压零件之间的连接。电阻点焊采用双面双点过流焊接的原理，工作时两个电极加压工件使两层金属在两电极的压力下形成一定的接触电阻，而焊接电流从一电极流经另一电极时在两接触电阻点形成瞬间的热熔接，利用正负两极在瞬间短路时产生的高温电弧来熔化电焊条上的焊料和被焊材料，达到使被焊接部位相结合的目的。除此之外，部分 C 级轿车车身上还采用激光焊接和激光钎焊的连接工艺，主要用于顶盖、后盖、底板等部位的焊接。采用激光焊接时，热量相对集中，焊接热影响区小，焊缝质量高。

6. 粘接

根据连接部位的不同特征和需求，汽车车身上主要采用三种胶进行粘接，即膨胀胶、密封胶和结构胶。膨胀胶主要用于四门两盖的内外部连接处；密封胶主要用于保证车身的密封性；结构胶的黏结强度高，能承受较大荷载，且耐老化、耐疲劳、耐腐蚀，在预期寿命内性能稳定，在汽车车身上运用时有利于提高刚度。在凯迪拉克 CT6 车身上采用了结构胶粘接；捷豹 XF 车身上采用了粘接+铆接的复合连接方式，实现了钢铝异质材料的连接。

7. 机械连接

由于近年来多数 C 级轿车采用了钢铝混合车身，采用传统的焊接技术很难实现钢–铝和铝–铝的高强度连接。传统的螺栓连接方式在 C 级轿车车身上运用得越来越少，以铆接为主的新型机械连接方式顺势发展，逐渐成为白车身最重要的连接方式之一。目前主要的铆接有冲铆、压铆、拉铆、自冲铆等方式。捷豹 XF 为典型的钢铝混合车身，大量使用了自冲铆连接技术，铆接点多达 2 700 多个。

9.6 未来 C 级轿车车身技术以及轻量化技术发展趋势

从 20 世纪中叶到如今，C 级轿车经历了几十年的发展，在一代代车型经验累积之下，其车身设计和制造技术日趋成熟，在此过程中，轻量化技术从无到有，渐渐融入 C 级轿车的车身技术中，极大地改变了车身设计技术，赋予其更加广阔的设计外延。同时，轻量化技术发展过程中衍生出的各种成形、连接技术，也不断地丰富着车身的制造技术。与其他车型相比，作为高级车型的 C 级轿车，可以先于其他车型采用先进的材料、先进的成形和连接工艺，因此其车身技术和轻量化技术处于领先地位。但是随着汽车行业的发展，行业竞争日趋激烈，高级车型市场的 C 级轿车也是如此，其竞争激烈程度从逐年增加的 C 级轿车车型数量中可见一斑。此外，在能源、环境危机突显，国家限排政策日趋严厉和安全事故高居不下的多重压力下，为保持其持续稳定地发展，C 级轿车也必须在车身技术和轻量化技术方面不断突破。根据 C 级轿车的发展历程和现在的技术条件预测，未来 C 级轿车的发展趋势如下：

基于消费者的习惯需求，C 级轿车仍将在空间上大做文章。首先，其车身尺寸还有继续提升的空间，仍将继续增加，未来 C 级轿车与 D 级轿车之间的界限将完全消失；其次，在内部空间设计方面将更加合理，以便腾挪出更多空间，满足用户对空间的需求。

在结构设计方面，将牢牢围绕以人为本的理念，设计不同的车身结构，不断提升车身的刚度和强度，极力提高 C 级轿车的被动安全性能。为满足新能源在车身上的应用，C 级轿车将来的设计会更具有包容性。此外，新的制造技术如 3D 打印将不断地在 C 级轿车上实现应用，以实现零件一体化甚至车身一体化制造，最终提升 C 级轿车的车身性能。

在轻量化车身方面，C 级轿车的车身结构将沿三个不同的方向进行演化。首先是全钢制车身，国外的一些车身轻量化研究证明，大量采用更薄的高强钢、先进高强钢、超高强钢以及热成形材料，可以有效降低车身重量，并显著提升车身的轻量化水平，而对应的制造成本不发生太大变化；C 级轿车车身结构的第二个演化方向为全铝车身，以铝合金挤压件和铸造件为主构建的框架式结构可以显著提升车身刚度，大量吸能柔性零件的有机结合，可以最大程度吸收撞击能量，再加上铝合金板材生产的铝合金覆盖件，全铝车身也可以实现轻量化和性能的综合提升，这一点在奥迪 A8 上已经得以证明，而实现 C 级轿车全铝车身主机厂所需做的是进一步优化和研发新技术使其成本和性能得到更高标准的匹配；C 级轿车的车身结构的第三个发展途径为采用混合材料车身，在现有的 C 级轿车钢铝混合结构基础上，不断优化各零件的结构、材料和制造工艺，最终实现钢铝材料的最佳搭配，同时，新的材料如碳纤维、复合材料在车身上的应用仍有较大空间，混合材料车身能否最终成为三种车身结构中的最优结构，很大程度上取决于其他材料的加入以及多种材料的最优配置。

在轻量化材料的方面，钢材和铝合金材料仍需不断地开发和运用。钢材方面，更高强度级别材料的开发有利于进一步提高轻量化水平，如已经处于研发中的 1 800 MPa 的超高强度马氏体钢的运用，有望帮助 C 级轿车的性能和轻量化再上一个台阶。铝合金方面，成形性能更好、性能更加稳定、强度级别更高、价格更加便宜的铝合金材料是其未来发展的方向。此外，其他材料的开发和应用，可以给轻量化带来更多可能性。例如，捷豹 XF 车身上使用的镁合金水箱横梁，为镁合金的应用提供了范例。

为配合新材料的使用，新的成形技术和新的连接技术亟待开发。例如，碳纤维复合材料具备高的比强度和比刚度、密度小而抗冲击力强，可以广泛应用于车身骨架、四门两盖、防撞梁、A 柱、B 柱、C 柱等零件，但制造成本和性能的稳定性是制约其使用的主要因素，因此为配合碳纤维增强复合材料的应用，必须开发新的生产工艺，提高其制造效率和成形质量，开发和优化其与钢、铝材料的连接技术。

第 10 章

SUV 车型的车身技术及轻量化技术

SUV 是多功能运动车（Sports Utility Vehicles）的英文缩写，一般内部空间大，乘坐相对舒适；接近角、通过角、离去角大，离地间隙高，即通过性比较好；因为车身一般都比较高，所以驾乘人员的视野较好。SUV 车型因为车身较高，空间宽敞，马力强大，一般都具有四轮驱动配置，兼有越野车的动力和通过性。另外，专业型的 SUV 有较好的涉水深度等特殊性能。早期的专业型 SUV 粗犷豪迈，不甚讲究细节，车身也以非承载式为主，但随着消费者对于舒适性的要求越来越高，承载式车身以及更为精细的内外饰应用增多，汽车整备质量越来越大，这对于整车的刚度和燃油经济性提出了更高的要求。本章尝试介绍过去 20 年间的 SUV 车身技术变化，并探讨未来 SUV 车身技术的发展。

10.1　SUV 车型的发展

近 5 年中国 SUV 车型的需求量大幅度提高，过去 5 年 SUV 销量见表 10－1，可见 2012 年 SUV 销量为 184 万辆，仅占乘用车总销量的 12.5%，但从 2013 年开始，中国市场 SUV 车型的需求量大增，销量达到近 300 万辆，增幅近 50%，后续几年的增幅均在 35%以上。2016 年，销量超过 900 万辆，占乘用车总销量的 40%，远超业内的想象。

表 10－1　过去 5 年中国市场的 SUV 销量

时间	SUV 销量/万辆	增长幅度	占乘用车比例
2012 年	184	21.8%	12.5%
2013 年	298.88	49.41%	16.7%
2014 年	410.58	36.4%	21%
2015 年	622.03	52.39%	29%
2016 年	902.3	47.1%	40%

笔者研究了 2014 年及以前约 880 个 SUV 车型数据，发现主流 SUV 的整备质量集中在 1 400～2 200 kg，综合工况油耗在 8～13 L/100 km，见图 10－1。发动机排量集中在 1.2～3.6 L，当然更大排量的 SUV 数量也不少，见图 10－1。

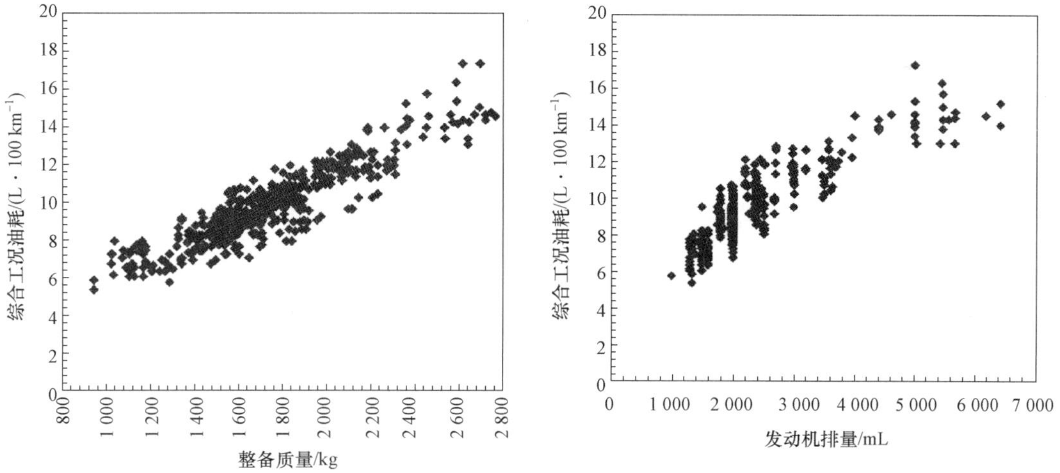

图 10－1　中国市场 SUV 的综合工况油耗与整备质量及发动机排量的关系

由于油耗限制法规的实施，SUV 也向节能减排方向发展，主要是把造型设计成流线型（风阻系数更低）、整车及车身的轻量化以及新能源化，尤其是城市公路型 SUV 以及新能源 SUV，如特斯拉的 model X 以及保时捷卡宴，风阻系数分别仅为 0.24 和 0.27，见图 10－2。

图 10－2　SUV 的流线型设计

专业越野型 SUV 的设计风格仍保持粗犷、豪放的发展方向，如奔驰 G、牧马人、BJ80、丰田霸道，见图 10－3。

图 10－3　专业越野型 SUV 的粗犷设计

在造型方面，SUV 近年来更倾向于路虎的设计风格，车身整体线条设计平直清晰、干净利落、硬派且富有力量感，阶梯式车顶和蚌壳式引擎盖成为其经典设计，如路虎揽胜；最新的路虎 SUV 添加了柔美的曲线，使流线型和方刚相结合，如揽胜星脉和极光，见图 10－4。

图 10－4　路虎的设计风格

10.2　SUV 车身设计技术

10.2.1　SUV 的通过性设计

在一定车载质量下，汽车能以足够高的平均车速通过各种坏路及无路地带和克服各种障碍的能力，称为汽车的通过性。SUV 与轿车最大的不同是其越野性能，而通过性显然是越野性能的重要组成部分，通过能力强的 SUV，可以轻松翻越坡度较大的坡道，可以放心地驶入一定深度的河流，也可以高速地行驶在崎岖不平的山路上，在城市中也不用为停车上下马路牙子而担心。通过性的主要表征指标包括最小离地间隙、接近角、离去角、纵向通过角、最大涉水深度、四驱结构和四驱性能以及轮胎抓地性能等，四驱结构和四驱性能及轮胎不是本书主要的论述范畴，因而主要对前 5 项进行比对探讨。

最小离地间隙是指汽车在满载的前提下，汽车停放水平地面上，除车轮之外的底盘最下突出部位与地面之间的距离。它表征汽车无碰撞地越过石块、树桩或凹凸不平地面等障碍物的能力。汽车的前桥、飞轮壳、变速器壳、消声器和主传动器外壳等通常有较小的离地间隙。接近角是指满载车辆在水平静止时，地面与前轮轮胎外缘到前保险杠平面之间的最大夹角。它表征了汽车接近障碍物（如小丘、沟洼地等）时，不发生碰撞的能力。接近角越大，就越不容易发生触头事故，汽车的通过性就越好。离去角是指车辆满载静止时，水平地面与后轮轮胎外缘到后保险杠平面之间的最大夹角。当车辆一路下坡，前轮已经行驶到平地上，后轮还在坡道上时，后保险杠会不会卡在坡道上，关键就在于离去角。它表征了汽车离开障碍物（如小丘、沟洼地等）时，不发生碰撞的能力。离去角越大，后保险杠就越不容易发生触地，则汽车的通过性就越好，车辆就可以由越陡的坡道上下来，而不用担心后保险杠卡住动弹不得。离去角不像接近角那样直接决定着是否能通过一个坡度，当车辆开上土坡并离去时，即使后保险杠稍稍碰到坡面上，也会因车子的惯性而通过，因此，离去角的重要性比接近角稍稍差一点。纵向通过角，是指在汽车空载、静止时，在汽车侧视图上通过前、后车轮外缘做切线交于车体下部较低部位所形成的最小锐角。它表征汽车可无碰撞地通过小丘、拱桥等障碍物的轮廓尺寸。纵向通过半径越小，汽车的通过性越好。最大涉水深度是评价汽车越野通过性的重要指标之一，指汽车所能通过的最深水域，也是安全深度。汽车通过性参数示意图见图 10－5，可见接近角、离去角和纵向通过角以及最大涉水深度与最小离地间隙密切相关。

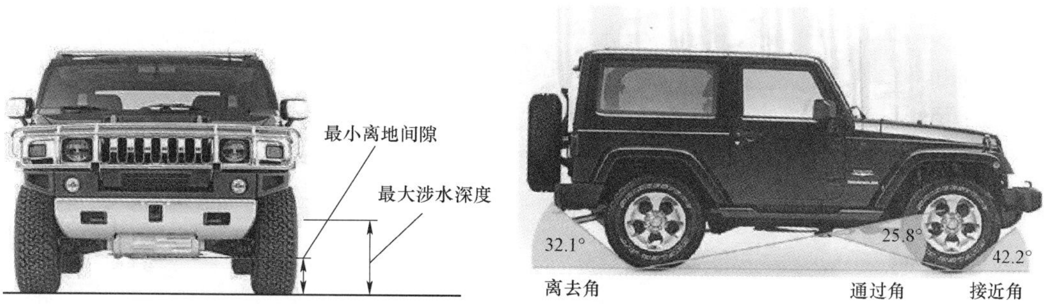

图 10－5　汽车通过性参数示意图

典型 SUV 的通过性参数见表 10－2。SUV 的最小离地间隙，一般是轿车的两倍，一台 SUV 的最小离地间隙越小（比如小于 200 mm），就意味着通过性能越差，越注重公路性能，越偏向于城市 SUV；反之，通过性能就越好，越注重越野表现，越偏向纯粹的越野车。如表 10－2 所示，专业型 SUV 的最小离地间隙也在 200 mm 以上，而城市型 SUV 的相关通过性参数则更接近轿车，最小离地间隙也在 180～200 mm 之间，如哈弗 H6、名爵锐腾 MG GS、CRV 等。接近角、离去角和纵向通过角，除了可以反映一台 SUV 的通过性外，还是衡量爬坡能力的主要指标，这几个角度越大，SUV 的爬坡能力也就越强。由于用途不同，轿车较少提及接近角，一般轿车的接近角在 25° 左右，而 SUV 车型的接近角都会在 30° 以上。如表 10－2 所示，专业型 SUV 的接近角一般在 30° 左右或者 30° 以上，而城市型 SUV 的接近角一般在 20° ～26° 之间，如路虎揽胜极光、雷克萨斯 GX、奥迪 Q7。越野车难免要涉水行驶，最大涉水深度指的就是在水中行驶的安全深度，即车子在多深的水里不会熄火，这是专业型 SUV 设计时必须考虑的参数，如表 10－2 所示，可见专业型 SUV 的最大涉水深度在 700 mm 左右，很多专业型 SUV 的最大涉水深度在 700 mm 以上。

表 10－2　典型 SUV 的通过性参数汇总

车型	最小离地间隙/mm	接近角/（°）	离去角/（°）	通过角/（°）	最大涉水深度/mm
奥迪 Q7	240	22.1	20.4	25.4	535
长城哈弗 H9	185	28	23	23	700
路虎发现 2017	240	34	27.5	30	900
揽胜运动版	278	33	31	27	850
路虎揽胜	302	34.5	29.5	28.3	900
路虎揽胜极光	212	25	33	22	500
丰田普拉多	215	32	26	22	700
大众途锐	300	33	33	27	580
福特撼路者	227	29.5	25	21	800
北京 BJ80	215	39	33	25	500
荣威 W5	193.5	25.4	24.5	20.2	520
雷克萨斯 GX	210	22.3	23.9	26	700
吉普牧马人	254	42.2	32.5	25.8	762

续表

车型	最小离地间隙/mm	接近角/（°）	离去角/（°）	通过角/（°）	最大涉水深度/mm
吉普大切诺基	264	36.1	27.8	22.8	508
吉普自由光	221	29.8	32.1	23.3	508
撼路者	225	25	29.4	21	800
雪佛兰科帕奇	200	24.4	22.2	18.2	700
悍马 H2	267	41.7	39.6	23.5	1 500
三菱帕杰罗	235	36.6	25	22.5	690

接近角、离去角、纵向通过角以及最大涉水深度与最小离地间隙密切相关，最小离地间隙越大，上述参数就越大，因而空气悬挂开始被应用在 SUV 上，即通过空气悬挂来使车身高度（最小离地间隙）可调，可调的高低范围越大，车的通过能力就越强。奥迪 Q7 车身的离地间隙能够在最小 180 mm 和最大 240 mm 之间动态调整。途锐配备了具有连续减震控制系统（CDC）的空气动力悬架，可使车身高度在 160 至 300 mm 之间调节，在空气动力悬架的帮助下涉水深度即可达 580 mm。路虎揽胜的最小离地间隙为 232 mm，是较好的通过性保障，若还无法通过，则四轮空气悬挂系统还可抬升起更高车身范围，即当揽胜底部的传感器感知到托底的危险时，悬挂会在底盘处于最高位置的基础之上再次升高 20 mm，从而最大限度地帮助车辆脱困。进气口的高度与最大涉水深度密切相关，帕杰罗的进气口位于前进气格栅顶端，进气口的离地间隙为 1 030 mm，保证了其最大涉水深度可以达到 700 mm。

接近角、离去角和纵向通过角以及最大涉水深度除了受最小离地间隙的影响外，还跟车身尺寸以及车身设计有很大关系，比如接近角，前轮离车头位置越远，接近角就越小；离去角也是同样的道理；而通过角就跟轴距关系很大，轴距越大，通过角就越小。另外车体结构直接决定着汽车在复杂路面行驶时车体的受力状况，能受的力越强，汽车的通过性就越强，一般认为非承载式＞半承载式＞承载式，不过车体结构对汽车的通过性影响不是十分明显。

10.2.2 SUV 的车身设计

越野路面通常高低起伏非常大，这对 SUV 的车身是个严酷的考验，如果车身刚度不够，很容易因变形导致异响、车门打不开甚至损坏，同时复杂路况也对 SUV 的安全性提出了更高的要求。可见，由于要求 SUV 车型具有较好的越野性能，因此车身的刚度设计和安全设计是 SUV 的主要开发性能。

10.2.2.1 环状刚度设计

如前所述，相比于轿车，对 SUV 而言，车内噪声的降低似乎不是消费者的主要追求，而良好的越野性能毫无疑问地成为第一需求，进而车身刚度成了 SUV 车身的核心性能，所以刚度设计尤为重要。过去十年典型 SUV 的车身扭转刚度见表 10－3，可见除了个别城市型 SUV 以外，多数车型的车身扭转刚度在 20 000 N·m/（°）以上。

表 10－3 过去十年典型 SUV 的车身扭转刚度

车型	上市年度	扭转刚度/［N·m/（°）］
路虎发现	2016	23 800
斯柯达 Kodiaq	2016	28 300
标致 3008	2016	22 100
名爵锐腾 MG GS	2015	21 929
沃尔沃 XC90	2014	25 000
福特 F150	2014	26 341
奥迪 Q7	2015	32 700
东风风神 AX7	2014	15 189
奇瑞瑞虎 5	2013	17 000
长城哈弗 H6	2013	18 768
路虎揽胜运动版	2013	22 600
现代 IX35	2013	14 289
全新路虎揽胜	2012	26 300
路虎揽胜极光	2011	25 196
斯柯达野帝	2009	21 510
奥迪 Q5	2008	24 500
路虎　神行者 2	2007	27 700
欧宝安德拉	2007	11 318

车身刚度设计主要是提升关键车身位置的局部刚度，进而提升整个车身的刚度。近年来车身刚度设计主要以环状刚度设计为主，具体定义已在本书的第 2 章有所介绍。以 SUV 车身结构设计为例，根据整车坐标系分别定义三个平面：垂直于 X 轴的 X－Surface、垂直于 Y 轴的 Y－Surface、垂直于 Z 轴的 Z－Surface，将构成车身骨架的环状结构向三个平面中进行投影，可以按位置分为三大类：垂直于 X 轴的环状结构，从车身前部至后部，依次命名为：前环、A 环、B 环、C 环、减震器环和 D 环。垂直于 Y 轴的环状结构，对于车身一侧，分别命名为：前门环、后门环和三角窗环，由于对称性，左右各一个。垂直于 Z 轴的环状结构，从前向后形成的环状结构，分别命名为：前吸能环、发动机罩环、枪式梁环、前风挡环、前地板环、油箱环、后吸能环。三类环状结构共 16 个，不含对称环状结构，如图 10－6 所示。

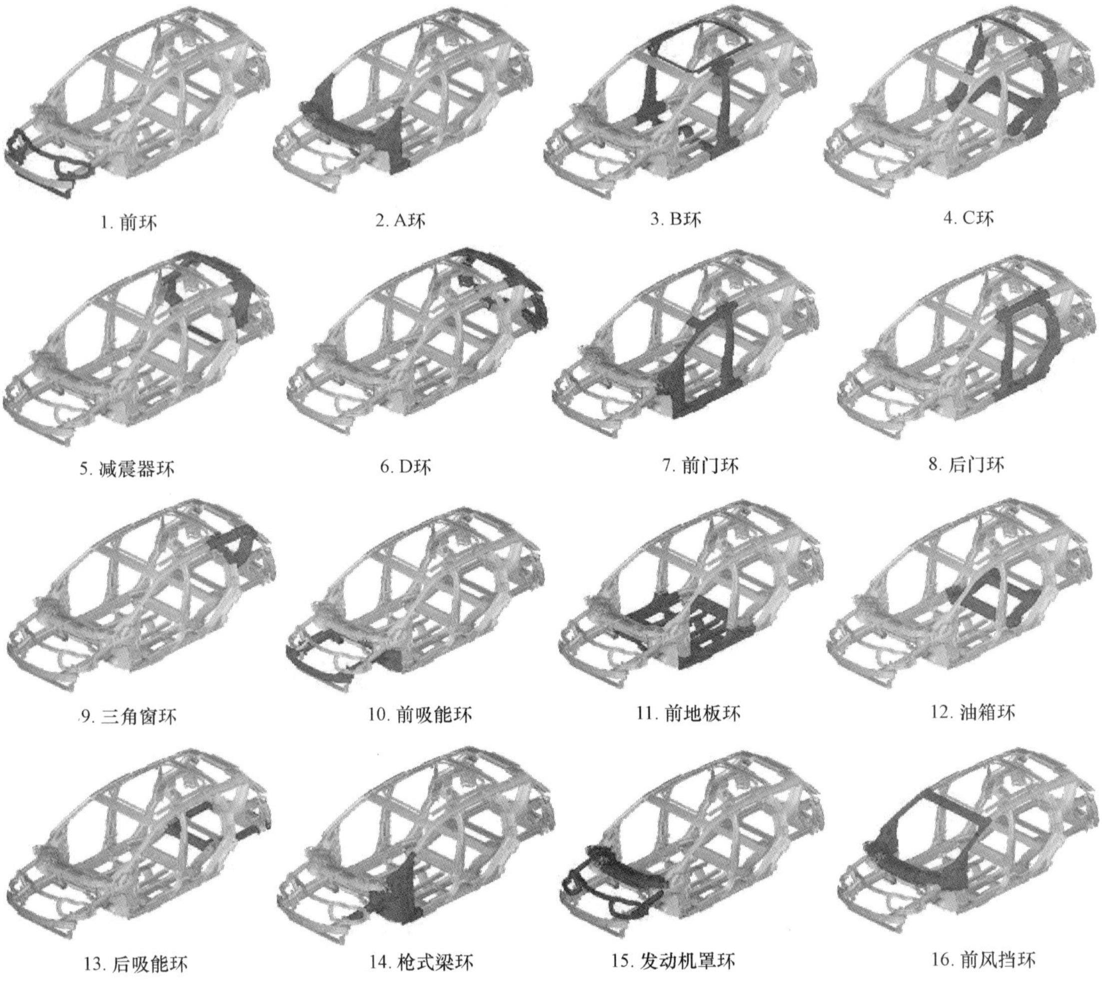

图 10－6　SUV 车身 16 个环状结构

其中 C 环、减震器环、D 环、三角窗环和前风挡环对车身刚度影响较大，同时发动机罩环、A 环对车身扭转刚度也有一定的影响。

2016 款沃尔沃 V90 采用了环状刚度设计，如图 10－7 所示的 C 环、D 环、A 环和中通道环，采用了铝合金铸造减震塔，采用螺栓连接上横梁，保证了 A 环刚度。提高座椅横梁和中通道形成闭环，提高局部刚度。通过上述设计，2016 款沃尔沃 V90 扭转刚度达到了 22 800 N • m/（°），比上一代提升了 30%。沃尔沃 XC90 采用类似的环状刚度设计方案。

2015 款奥迪 Q7 采用了环状刚度设计，奥迪汽车称之为扭转环面，如前端的发动机罩环以及前环；而为了加强后端结构的刚度，应用了 D 环、C 环和减震器环，达到了提高车身扭转刚度的效果，如图 10－8 所示。

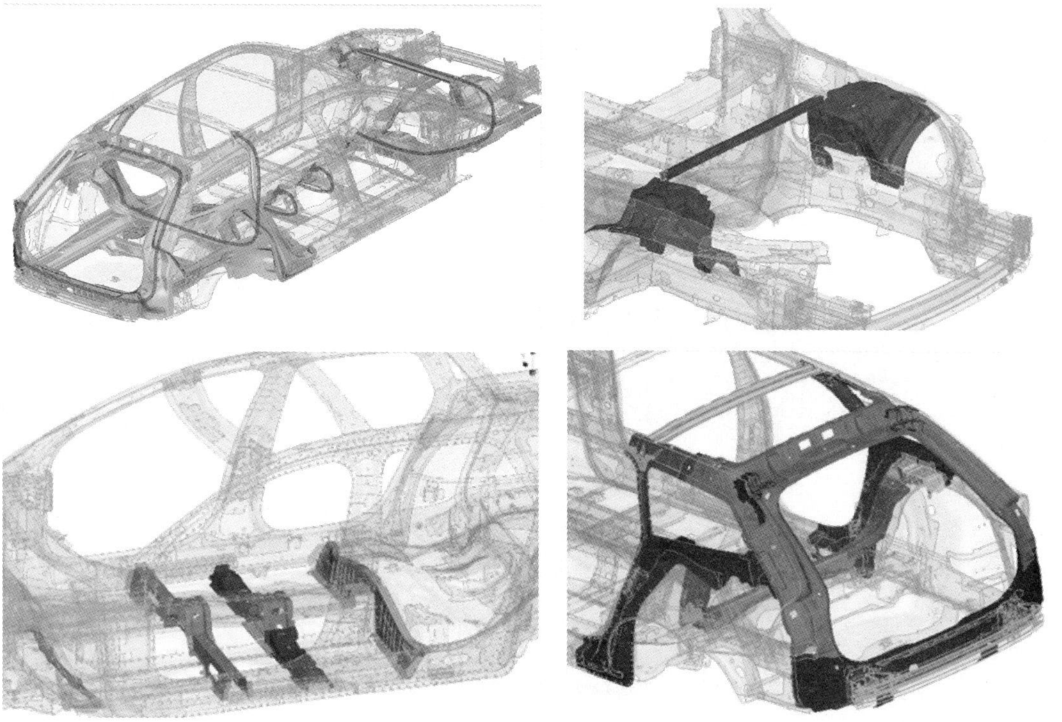

图 10－7　2016 款沃尔沃 V90 的环状刚度设计

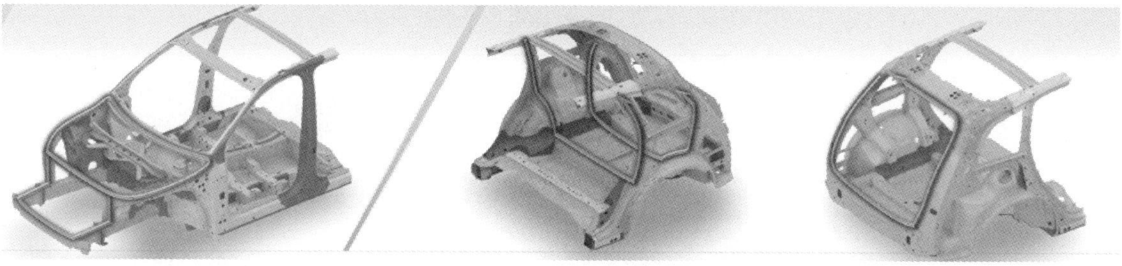

图 10－8　2015 款奥迪 Q7 的环状刚度设计

同时为了提高前端的刚度，奥迪 Q7 采用了铝合金铸造减震塔和热成形加强梁与 A 柱相连接的方式，强化了 A 环，如图 10－9（a）所示。铸造减震塔和热成形加强梁的连接及截面如图 10－9（b）和（c）所示。铝合金铸造减震塔本身作为一个刚性件，对提升扭转刚度有很大贡献，为了避免防火墙产生变形，采用 1 500 MPa 的超高强度的热成形横梁，确保了局部刚度，而 A 柱加强梁仍采用热成形构件，因而提高了前端的刚度。

为了提高尾窗环和 D 环的刚性，Q7 采用了如图 10－10 所示的铸造接头的强化。上述刚度设计，使得奥迪 Q7 的刚度达到了 32 700 N • m/（°），这在大型承载式 SUV（奥迪 Q7 车长 5.052 m，轴距 2.994 m）上实属罕见。

2016 款斯柯达柯迪亚克也在 C 环和 D 环接头位置采用高强度增强件来强化连接接头，以提高局部刚度，见图 10－11。事实上，2009 款斯柯达野帝就开始在 D 环接头位置采用高强度增强件来强化连接接头，以提高局部刚度。

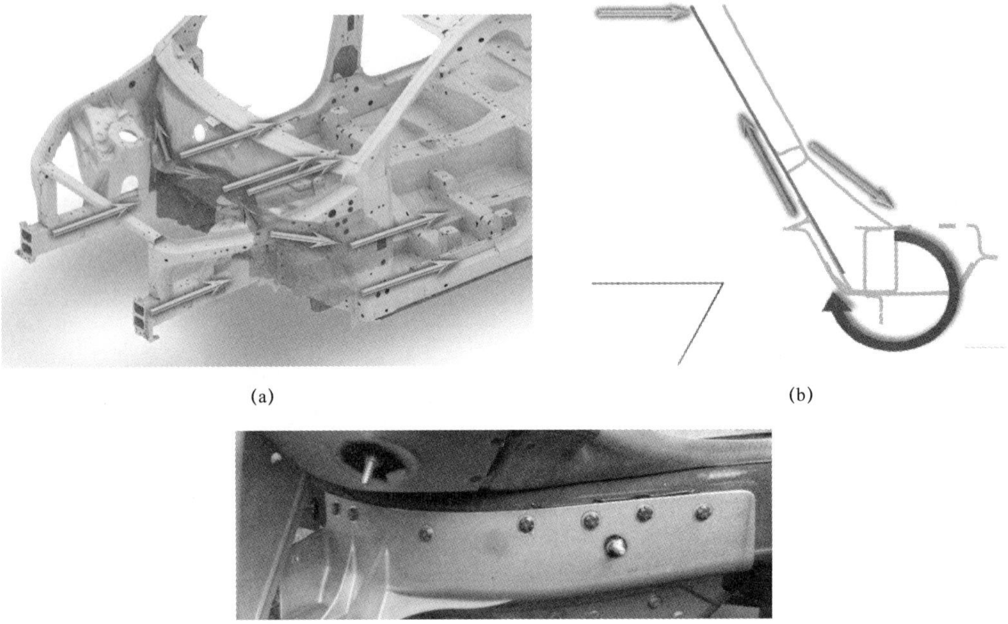

(a) (b) (c)

图 10－9　奥迪 Q7 前端的刚度设计

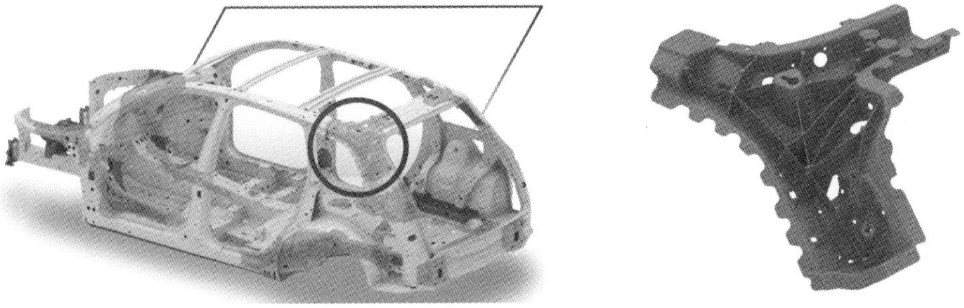

图 10－10　奥迪 Q7 环状结构的接头薄弱点强化

其他如马自达 CX5 亦采用 D 环和减震器环的环状刚度设计（见图 10－12）。2006 款 CRV 采用 D 环连续环状设计以及接头的平滑连接，以提升车身刚度。

10.2.2.2　高强度安全笼状设计

安全笼状设计英文称为“Safety Cage”，由沃尔沃汽车提出并大量实践，其主要目的是保证碰撞时乘员舱的变形最小，主要采用 1 000 MPa 以上的超高强钢，特别是 1 500～2 000 MPa 的热成形钢制造。高强度安全笼状设计主要寻求碰撞安全性、轻量化以及良好的装配性能。同时，可以实现低成本、好的形成性、回弹控制以及工艺成熟性。当然，由于笼状设计与环状设计异曲同工，某些构成安全笼的环可以提高车身局部刚度和整体刚度。2014 款沃尔沃 XC90 和 2016 款沃尔沃 V90 以及 2007 款沃尔沃 V70 的高强度安全笼见图 10－13。

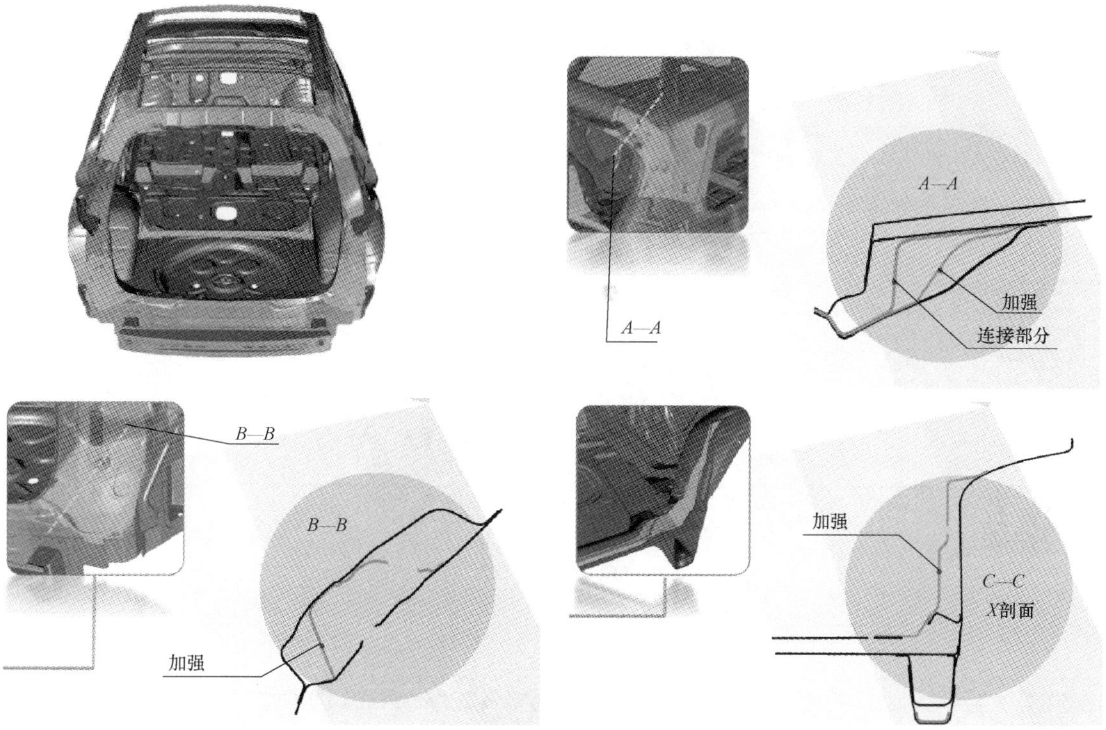

图 10－11　2016 款斯柯达柯迪亚克车身环状结构的接头薄弱点强化

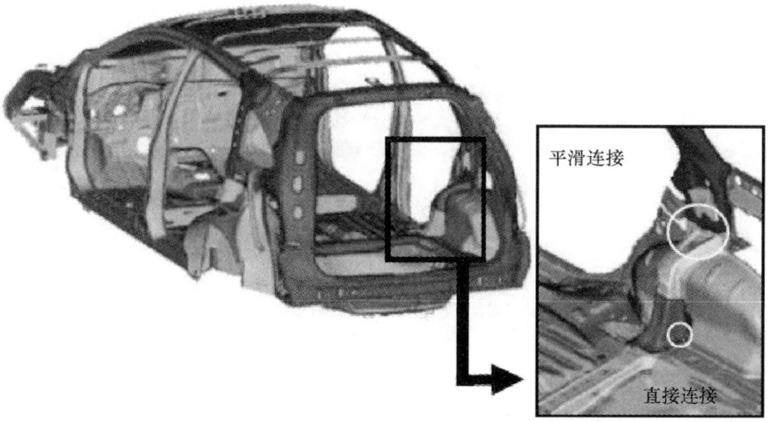

图 10－12　马自达 CX5 车身环状结构

除沃尔沃外，其他车企也采用高强度安全笼设计，比如 2016 款标致 3008 采用了 PHS 构件＋DP 构件形成高强度笼设计（见图 10－14），DP 构件包括 780 MPa、980 MPa、1 180 MPa 三个强度级别。

(a)

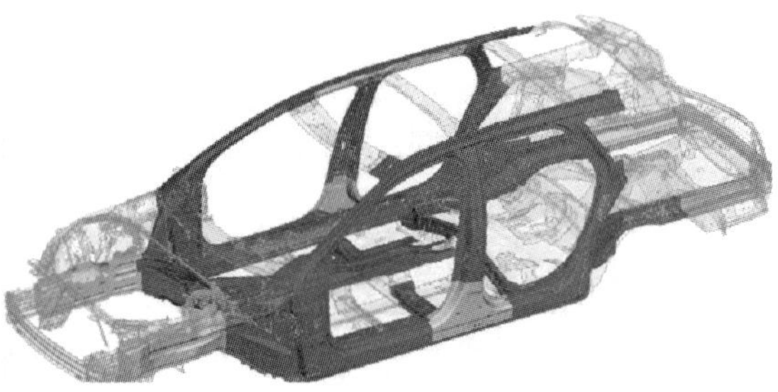

(b)

(c)

图 10－13　沃尔沃汽车的“安全笼”车身

（a）2014 款沃尔沃 XC90 高强度安全笼；（b）2016 款沃尔沃 V90 高强度安全笼；（c）2007 款沃尔沃 V70 高强度安全笼

(a)

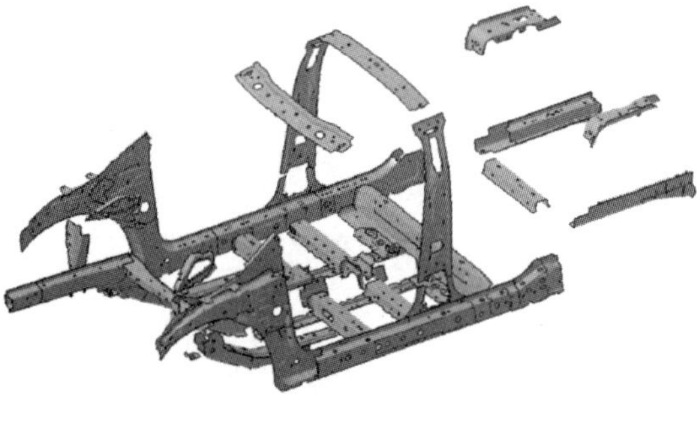

(b)

图 10－14　2016 款标致 3008 的“安全笼”车身

（a）热成形超高强度笼；（b）双相钢构件

10.3　SUV 车身轻量化技术

由于 SUV 车身较高，多以独立悬架为主，而且多配置四驱系统，考虑到非公路工况，对整车刚度要求高，而早期的刚度设计多以提高钣金厚度为主，所以整体来看，SUV 的整备质量要高于同尺寸的轿车，因此 SUV 的轻量化需求高于轿车。表 10－4 列举了近年来国内外典型 SUV 整备质量、车身质量、白车身质量和轻量化系数情况，可见近 10 年来，欧美的 SUV 车身轻量化工程实施较好，车身轻量化系数多在 4 以下。本节主要从 SUV 车型整车轻量化目标设定以及车身技术方面展开探讨。

表 10－4　典型 SUV 的质量和轻量化情况

车型名称	上市年度	整备质量/kg	投影面积/m²	车身质量/kg	白车身质量/kg	轻量化系数
路虎发现	2016	1 910	4.918	411.6	282.2	2.41
斯柯达柯迪亚克	2016	1 540	4.413	434.1	327.4	2.62
标致 3008	2016	1 565	4.235	395.6	307	3.28
名爵锐腾 MG GS	2015	1 420	4.17	415	314	3.4
沃尔沃 XC90	2014	2 083	4.983	505	401	3.2
福特 F150	2014	2 375	6.32	291	214	1.3
奥迪 Q7	2015	1 995	5.05	446	362	2.2
东风风神 AX7	2014	1 542	4.30	—	357	5.5
奇瑞瑞虎 5	2013	1 537	3.97	401	300	4.4
长城哈弗 H6	2013	1 560	4.42	415	319	3.8
路虎揽胜运动版	2013	2 710	4.85	353	275	2.5
现代 IX35	2013	1 482	4.18	441	364	6.1
全新路虎揽胜	2012	2 413	4.93	379	288	2.2
路虎揽胜极光	2011	1 600	4.34	417	323	3.0
斯柯达野帝	2009	1 380	3.96	374	279	3.3
奥迪 Q5	2008	1 730	4.53	453	355	3.2
路虎神行者 2	2007	—	4.28	490	379	3.2
欧宝安德拉	2007	1 805	4.23	457	335	7.0

251

10.3.1　SUV 重量的定义

一般认为汽车燃油产生的能量或者汽车燃油的消耗主要被分为三部分。

第一部分用来克服汽车行驶的各种阻力，包括轮胎滚动阻力、空气阻力、加速时的惯性力和爬坡时的下滑力；第二部分被发动机本身使用及耗散；第三部分则被传动系统损失掉了。汽车行驶的各种阻力如图 10－15 所示，各阻力的计算见下文相关公式。

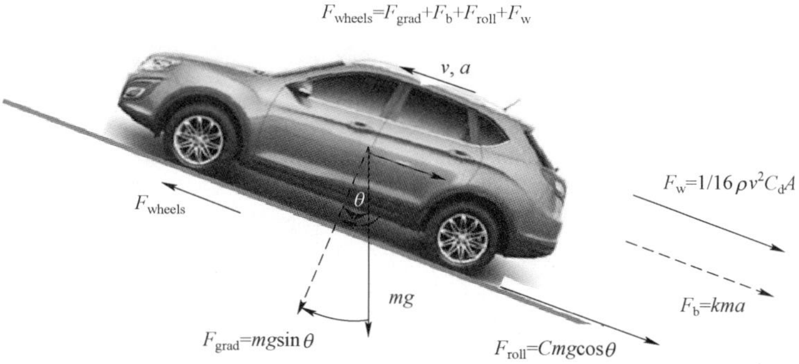

图 10－15　汽车行驶的各种阻力

$$F_{\text{Resistance}} = F_{\text{wheels}} = F_{\text{grad}} + F_{\text{roll}} + F_{\text{w}} + F_{\text{b}} \tag{10-1}$$

$$F_{\text{grad}} = mg\sin\theta \tag{10-2}$$

$$F_{\text{roll}} = Cmg\cos\theta \tag{10-3}$$

$$F_{\text{b}} = kma \tag{10-4}$$

$$F_{\text{roll}} + F_{\text{w}} + F_{\text{b}} = f(m) \tag{10-5}$$

$$F_{\text{w}} = \frac{1}{16}v^2 C_{\text{d}} A \tag{10-6}$$

$$F_{\text{w}} = f(A) \tag{10-7}$$

式中，v 为行车速度，m/s；A 为汽车横截面面积，可以通过汽车的宽×（高－离地间隙）得到，m^2；C 为滚动摩擦阻力系数；C_d 为风阻系数，取值范围一般在 0.3（好）～0.6（差），有测试表明，当轿车以 80 km/h 的速度行驶时，其中 60%的功率是克服风阻的；m 为汽车整备质量，kg；F 代表各种阻力，N；a 为加速度，m/s^2。由式（10－2）、式（10－3）及式（10－4）可知，汽车行驶过程的滚动阻力、爬坡阻力以及加速度阻力均是整备质量的函数，即式（10－5）。由于汽车的百公里油耗主要通过《轻型汽车燃料消耗量试验方法》确定，即在同一标准下测定，而风阻系数难以在公开材料中获取，因而风阻可以通过式（10－7）来表达，即风阻作为汽车尺寸的函数，因而汽车行驶过程克服阻力所消耗的能量可以通过式（10－8）来体现，式中 b 为整车宽度，c 为整车高度，h 为整车离地间隙。

$$f(F_{\text{Resistance}}) = f(m) + f[b\times(c-h)] \tag{10-8}$$

SUV 综合工况油耗与整车尺寸的关系见图 10－16，为了使本研究的结果能够用于指导汽车设计开发，可以考虑将整车的长度 L 嵌入公式中。这也可以在物理意义上解释得通，在汽车实际行驶过程中，不仅仅是横截面积影响风阻，由于风向的不一致性以及在车辆转弯等过程中，汽车侧面积与风阻的关系也很大，故用 $L\times b\times(c-h)$ 来表征汽车正迎风面积和侧迎风面积，如式（10－9）。

$$f(F_{\text{Resistance}}) = f(m) + f[L\times b\times(c-h)] \tag{10-9}$$

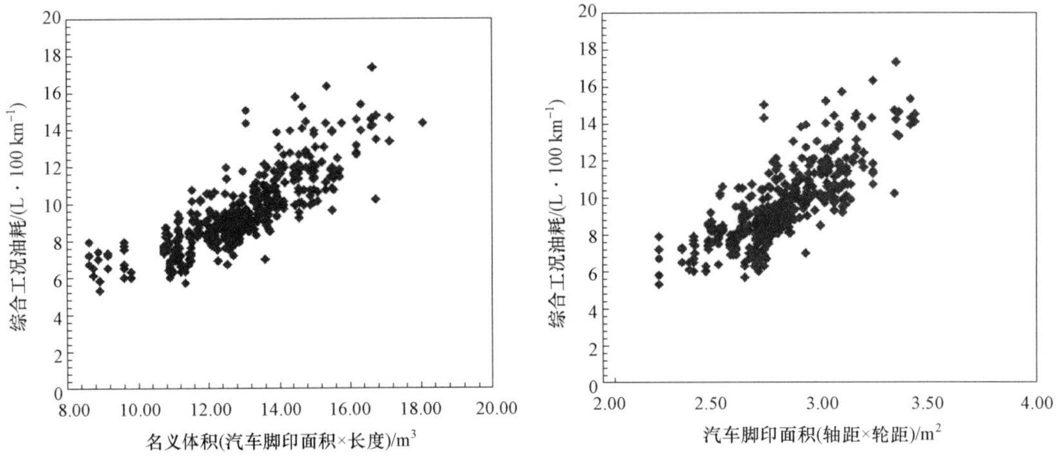

图 10－16　SUV 综合工况油耗与整车尺寸的关系

汽车燃油的第二部分消耗源于发动机本身的使用和热耗散。汽车发动机排气量是根据发动机的缸径×行程×缸数而计算出来的。汽车排量是衡量一辆汽车动力性能的主要指标，一般用 L（升）来表示。由于发动机构造、厂家以及型号各不相同，不同厂家制造出的相同排量发动机的功率并不一样；大排量发动机拥有刚度更大的气门弹簧、惯性更大的连杆与活塞以及阻力更大的滑动副，这些部件的“新陈代谢”都要消耗更多的能量。同时，更多的换气损失和热损失也是大排量发动机耗油较高的罪魁祸首。但发动机排量不能单独与油耗建立起关系，如过小排量的汽车可能不省油，因为必须经常使用很高的转速来弥补动力的不足，尤其是对于经常在山区行驶的汽车，很小的排量并不是一个明智的选择。排量作为发动机的性能指标之一，可以与功率一起表征发动机的效率，相同排量的发动机，功率大的自然就能耗低、输出功率大，即通过升功率（最大功率除以排量）可以表征发动机的效率。目前较为合理的测算方法是用 kW/L 来表示，见式（10－10）。

$$f(P_{\text{Engine}})=f\left(\frac{\text{最大功率(kW)}}{\text{排量 (L)}}\right) \tag{10-10}$$

然而，尽管理论上可行，但统计上，百公里综合油耗与升功率的定量关系并不明显。由于发动机的效率与油耗极为复杂，可能难以用一个简单的回归得到两者的关系，进而考虑“近似升功率”的概念，即用发动机功率的平方根与排量的比值代替升功率，来表征发动机的燃烧效率，见式（10－11）。经过对近 1 000 个车型数据的分析，发现百公里综合油耗与“近似升功率”的定量关系显著。

$$f(P_{\text{Engine}})=f\left(\frac{\sqrt{\text{最大功率(kW)}}}{\text{排量 (L)}}\right) \tag{10-11}$$

最终可以推导出如式（10－12）的乘用车整备质量设定指标函数。

$$M=\sqrt[p_2]{\frac{K-\text{abs}\left(p_3\times\left(L\times b\times(c-h)\right)^{p_4}\right)-\text{abs}\left(p_5\times\left(\frac{\sqrt{\text{最大功率}}}{\text{排量}}\right)^{p_6}\right)}{\text{abs}(p_1)}} \tag{10-12}$$

式中，p_1,p_2,p_3,p_4,p_5,p_6 为待定参数，根据行业统计数据回归得到；M 为回归得到的 SUV 整备质量，kg；b 为整车宽度，m；c 为整车高度，m；h 为离地间隙，m；$\frac{\sqrt{\text{最大功率}}}{\text{排量}}$ 为“近似升功率”，(kW)$^{1/2}$/L；K 为车型的百公里综合油耗，L/100 km。本公式尚未考虑传动系统能量损失，后续研究将进一步深入探讨。

根据式（10－12）以及约 880 个 SUV 车型数据，回归得到了 SUV 车型的行业平均整备质量方程，见式（10－13）。整车企业可以根据此方程来定义车型的合理的整备质量和整车轻量化目标。

$$M=\sqrt[1.273]{\frac{K-0.002\times L\times b\times(c-h)^{1.953}-10.73\times\left(\frac{\sqrt{\text{最大功率(kW)}}}{\text{排量(L)}}\right)^{-0.656}}{0.000\,419}}\pm R \tag{10-13}$$

图 10－17 为根据上述公式回归得到的 SUV 整备质量与实际整备质量的比对，红色为回

归值。由于回归过程存在误差，因而式中可以引入修正值 R，R 一般可以选为 0.3 左右。

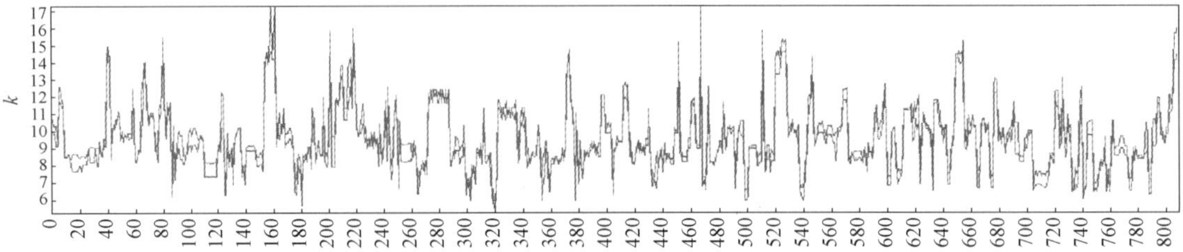

图 10-17　回归得到的 SUV 整备质量与实际整备质量的比对

10.3.2　SUV 车身的轻量化

10.3.2.1　承载式车身的应用

SUV 车体结构按照受力情况可分为非承载式、半承载式和承载式三种。非承载式车身的汽车有一刚性车架，又称底盘大梁架。车架与车身通过弹簧或橡胶垫作柔性连接，发动机、传动系统的一部分、车身等总成部件用悬架装置固定在车架上。早期专业越野型 SUV 多采用非承载式车身。承载式车身的汽车没有刚性车架，只是加强了车头、侧围、车尾、底板等部位，发动机、前后悬架、传动系统的一部分等总成部件装配在车身上设计要求的位置。城市公路型 SUV 采用了这种车身结构。部分车型采用半承载式车身，兼顾公路性和越野性，如帕杰罗和铃木的超级维特拉。非承载式车身的缺点之一是重量大，车架本身就很重，而车身和车架又是两个独立的部件，所以整体重量更大，用的钢材多，成本也会相对较高。非承载式车身还有另外一个问题就是车辆重心比承载式更高、车内空间小。随着消费者对舒适性和轻量化的需求，很多专业型 SUV 也开始采用承载式车身，比如路虎揽胜和大众途锐等。通常非承载式车身+大梁导致汽车较重，因而用承载式车身代替非承载式车身可以达到轻量化效果。但有些专业越野型 SUV 依然坚持非承载式车身，比如牧马人、普拉多、奔驰 G500 等。如图 10-18 及图 10-19 展示了路虎发现 2017 与上一代车型路虎发现 4 车身差别。

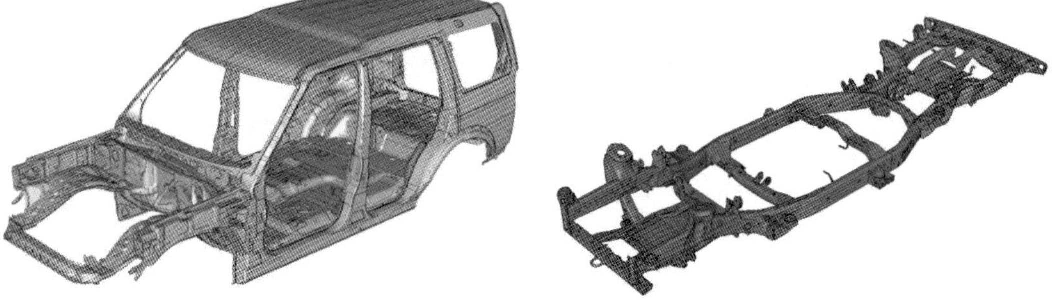

图 10-18　上一代路虎发现 4 的非承载车身及车架

上一代路虎发现 4 的非承载车身重 371 kg，车架重 258 kg，合计车身车架总重为 629 kg。而路虎发现 2017 承载车身重 296 kg，副车架重 90 kg，合计车身重 386 kg，新一代的车身比上代车型车身减重 243 kg。用承载式车身代替非承载式车身实现了显著的轻量化效果，当然，新一代车身铝合金的应用也起到很大的作用，这将在后续章节进行介绍。

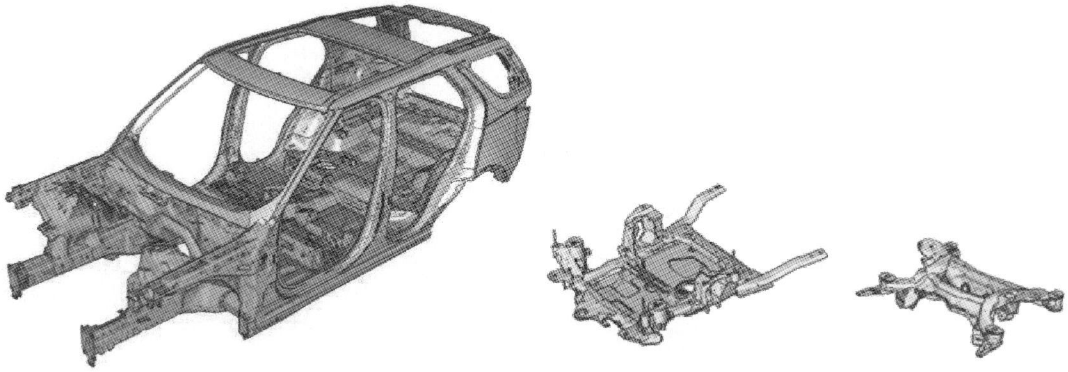

图 10－19 路虎发现 2017 的承载车身及副车架

10.3.2.2 铝合金的应用

如前所述，路虎发现 2017 车型通过承载式车身以及铝合金的应用实现了 38.6%的轻量化效果，见图 10－20，白车身应用铝合金达到 94%，铝合金板材达到了 78%，B 柱采用铝合金制造。

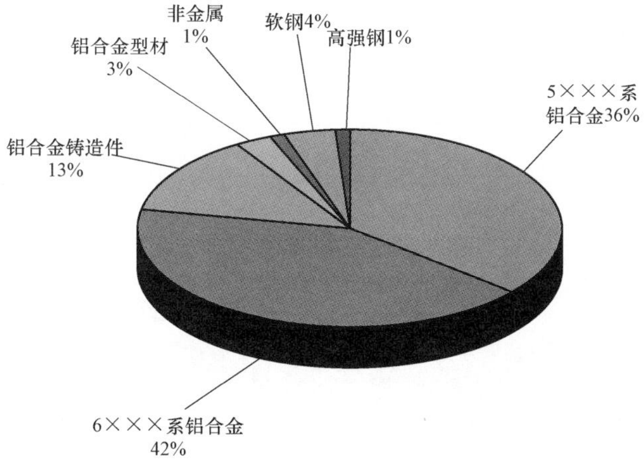

图 10－20 路虎发现 2017 的白车身应用铝合金

2015 款福特 F150 开始采用大量的铝合金制造车身，包括 11%的 5×××系铝合金、54%的 6×××系铝合金以及 26%的 6×××系零部件时效强化铝合金（Post Form Heat Treated，PFHT），其中不同成形要求或者功能要求的构件采用不同的材料，福特将铝合金板材分为 6HS、6EH、6DR、5HF、5ST、6ST，分别代表 6×××高强度铝合金板材、6×××翻边专用铝合金板材、6×××抗凹痕专用铝合金板材、5×××高成形性铝合金板材、5×××结构件专用铝合金、6×××结构件专用铝合金。具体的应用位置见图 10－21。

新一代 F150 车身比上一代减重 45%，铝合金应用比例为 92%，包括全铝的 B 柱总成，其中，前端采用了铝合金管的液压成形技术，液压成形铝合金管件的应用位置及截面见图 10－22。

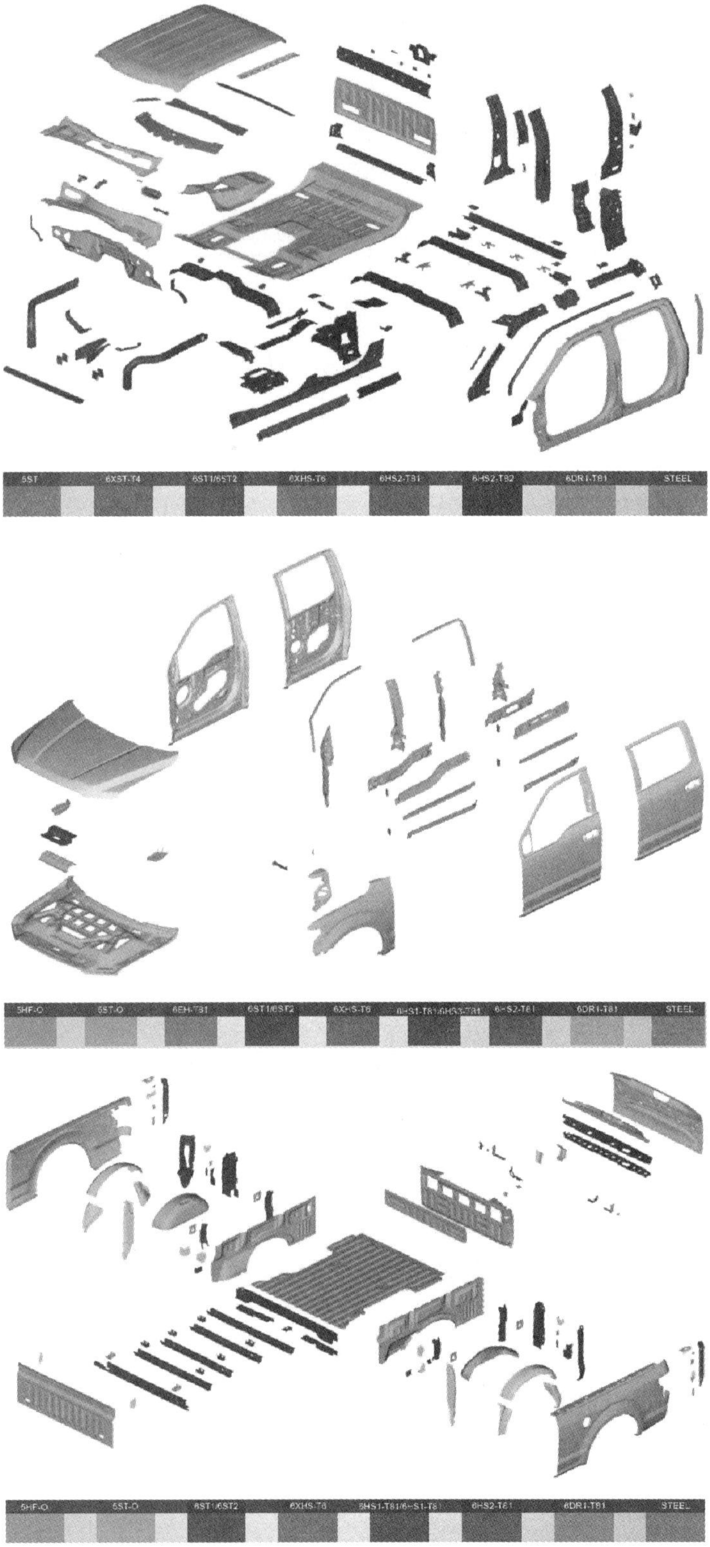

图 10-21　新一代 F150 车身铝合金应用

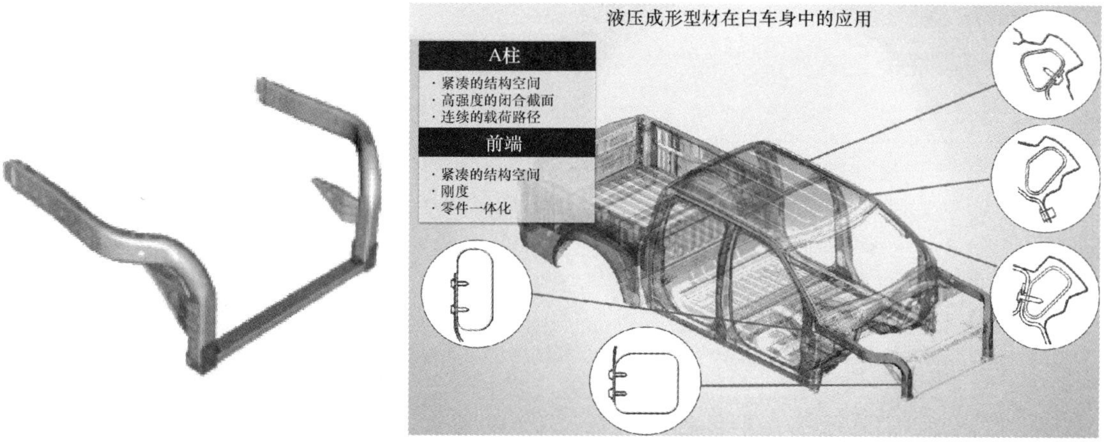

图 10－22　F150 液压成形铝合金管件的应用位置及截面

不同前端的轻量化方案比较见表 10－5，可见液压成形和铝合金的耦合应用达到了较好的轻量化效果，比钢制冲压前端减重 59%。

表 10－5　不同前端的轻量化方案比较

	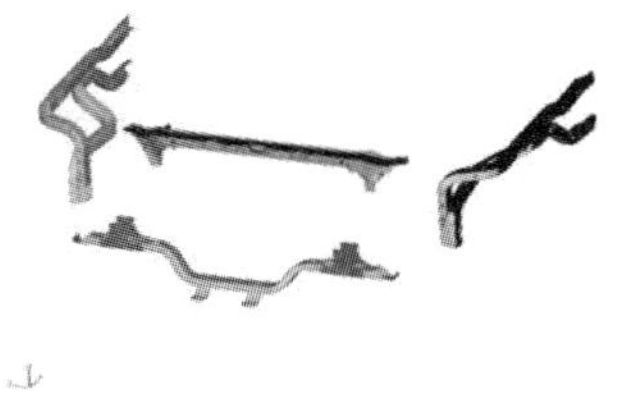	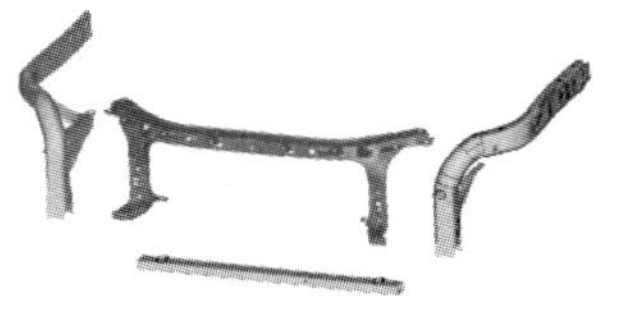
部件数：31	部件数：18	部件数：12
预弯曲：0	预弯曲：20	预弯曲：6
重量：100%	减重：31%	减重：59%

2015 款奥迪 Q7 除了达到了 32 700 N·m/(°)的扭转刚度，同时其轻量化系数仅为 2.2，白车身仅重 362 kg，而车身重 446 kg，这主要归功于大量铝合金的应用。

2015 款奥迪 Q7 的车身覆盖件、底板以及车顶横梁等均采用铝合金冲压件，铝合金板材应用在车身中的重量百分比为 36%，而前后保险杠加强梁以及前后纵梁采用铝合金型材，加上 12%的铝合金铸造件，奥迪 Q7 车身采用了 52%的铝合金，而 2005 款奥迪 Q7 的铝合金应用仅为 6%，如图 10－23（b）所示。

奥迪 Q7 中通道采用了铝合金冲压件和热成形加强件耦合，见图 10－24，采用摩擦单元塞焊与全钢制中通道相比减重 6 kg，摩擦单元塞焊的连接工艺本书不再赘述，有兴趣的读者可以参阅相关文献。

2013 款路虎揽胜运动版较上一代车型减重 420 kg（从 2 535 kg 减重到 2 115 kg），主要归功于路虎揽胜运动的全铝轻量化车身及轻量化悬架，如图 10－25 所示。白车身应用铝合金达到 94%，铝合金板材达到 78%，B 柱采用铝合金制造。其中 6×××和 5×××铝合金板材应用了 37%，铸造铝合金构件应用了 15%，型材为 6%。特征包括：AC300T61 高吸能型铝合

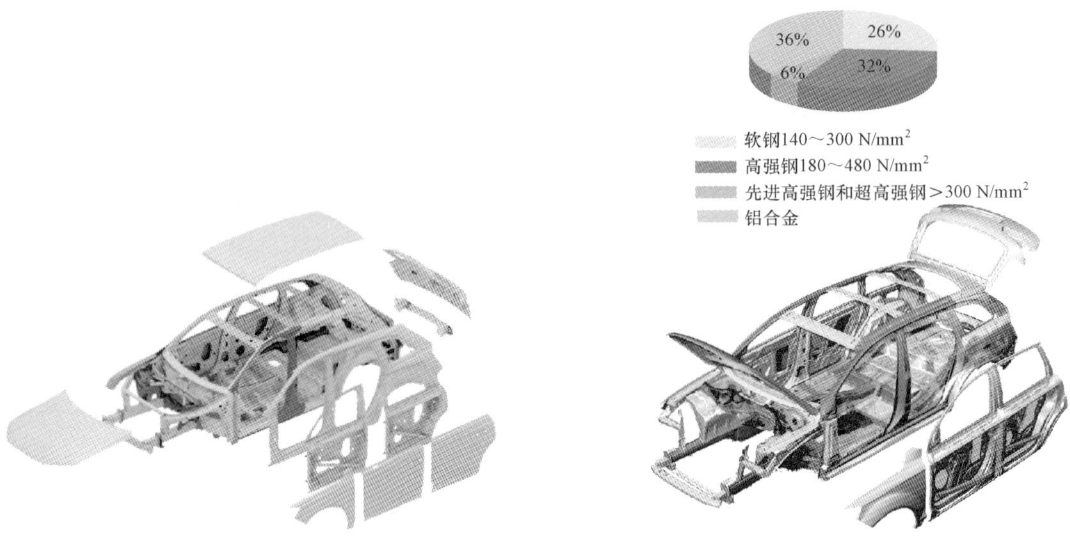

(a)　　　　(b)

图 10－23　奥迪 Q7 的车身铝合金应用（见彩图）

（a）2015 款；（b）2005 款

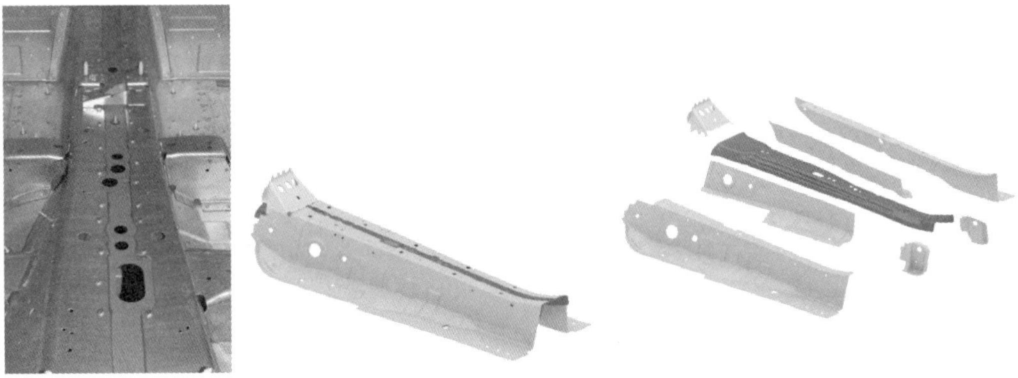

图 10－24　奥迪中通道的铝合金冲压件及热成形加强件的耦合应用

图 10－25　2013 款路虎揽胜运动（Range Rover Sport）的全铝车身

金型材制造吸能盒（减重 20%，即 6 kg），一件式侧围（在后续的路虎揽胜上均为一件式的冲压侧围，减重 2 kg），6×××系零部件时效强化铝合金（PFHT）地板（减重 52%），以及揽拌摩擦焊的应用等。该技术在新一代福特 F150 上也有所应用，其主要原理是：为了保证 AA6111 的成形性，需要在成形前进行预时效并控制板材的屈服强度，以期得到高的延伸率和低的屈服强度，在成形及烘烤后，为了达到更好的强化效果，仍需在 180 ℃进行 8 h 的人工时效。因而 PFHT 相当于在保证不影响部件尺寸和形状的前提下，对冲压后的构件进行预时效热处理 30min，然后再装配车身进行连接和烘烤涂装，即可实现 300 MPa 的屈服强度，流程见图 10－26。2013 款路虎揽胜运动主要应用该技术在底板构件上；福特 F150 主要应用该技术在 B 柱等安全件上。

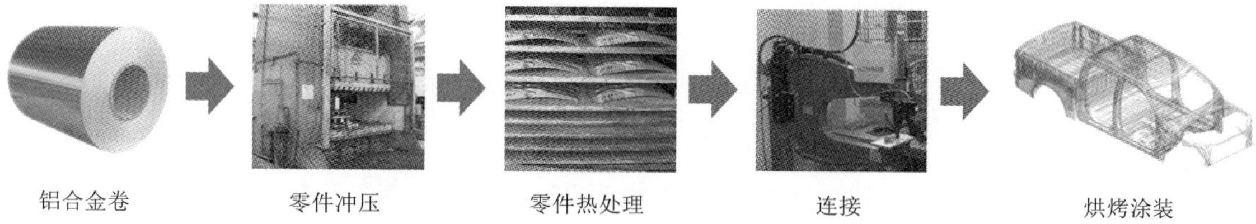

图 10－26　PFHT 工艺流程

从成本角度考虑，2011 款路虎极光没有采用全铝车身，只是在顶盖和发动机罩采用了铝合金（见图 10－27），两者相对于钢制构件合金减重 14 kg。可见铝合金的轻量化效果还是比较明显的。

图 10－27　2011 款路虎极光的铝合金应用

10.3.2.3　铌钢及硼钢的应用

2016 款标致 3008 采用了铝合金、复合材料和高强钢的多材料车身方案，软钢用量仅为 27.3%，热成形硼钢的用量为 9.4%，DP 钢和 TRIP 钢达到了 21.6%。如图 10－28 所示，标致 3008 应用了 DP1180、DP980 和 DP780，DP 钢车身与热成形硼钢构成了安全笼，如图 10－14 所示。

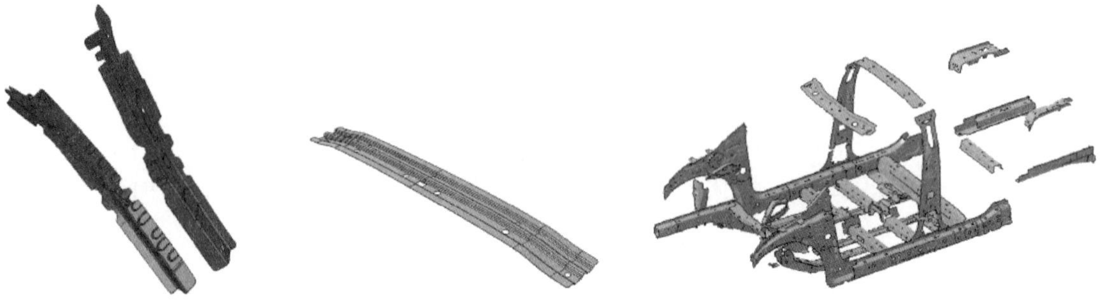

(a)　　(b)　　(c)

图 10－28　2016 款标致 3008 含铌 DP 钢的应用

（a）DP980 冲压构件；（b）DP1180 冲压构件；（c）含铌 DP 钢车身

图 10－29 展示了 2014 款沃尔沃 XC90 和 2002 款沃尔沃 XC90 中高强钢的应用，可见高强钢的应用特别是热成形超高强钢的用量大幅提高，达到了更好的轻量化效果。

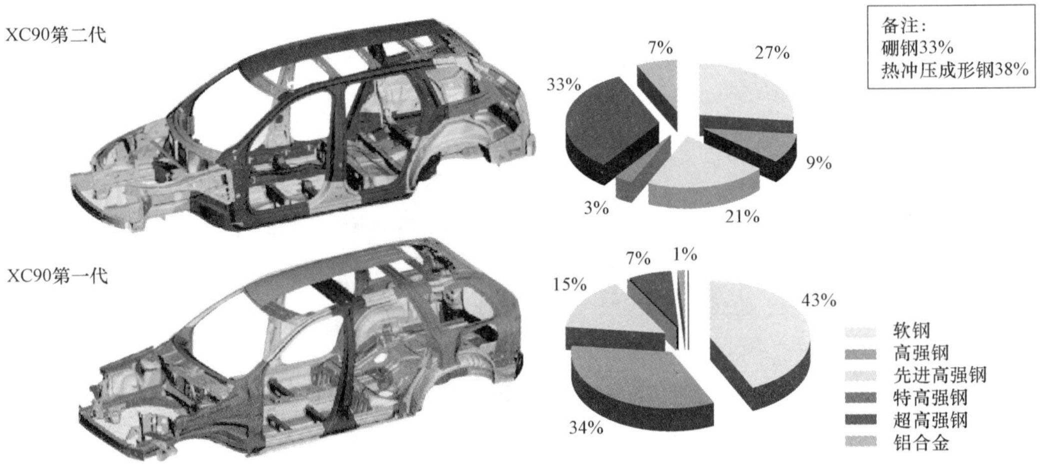

图 10－29　2014 款沃尔沃 XC90 和 2002 款沃尔沃 XC90 的高强钢的应用（见彩图）

马自达 CX5 采用 1 800 MPa 的含铌热成形钢制造前后保险杠横梁，减重 4.8 kg。具体技术细节详见本书第 2 章。在 10 年前，2007 款日产逍客采用了低碳当量含铌钢，该车型高强钢的应用比例达到了 63%，尤其是应用了 8%的低碳当量含铌 DP980 以及 2%的热成形钢，使其轻量化系数达到了 3.73。

笔者分析了奔驰 GLA、宝马 X4、丰田汉兰达、长安马自达 CX－5、宝骏 560 以及长安 CS75 款 SUV 的用材情况。包括 A 柱、B 柱、侧围、前保险杠、前纵梁、减震塔（轮室）、中通道、车门、顶盖等总成，如图 10－30 所示的 6 款 SUV 车身典型总成的高强钢应用比例均在 50%以上，除汉兰达和宝骏 560 以外，其他 4 款车型的高强钢应用比例均在 80%以上，汉兰达为 75.4%。而铌钢的应用比例差异较大，如图 10－31 所示，宝马 X4、宝骏 560 和马自达 CX－5 均超过了 50%，而其他三款 SUV 均为 10%～15%。

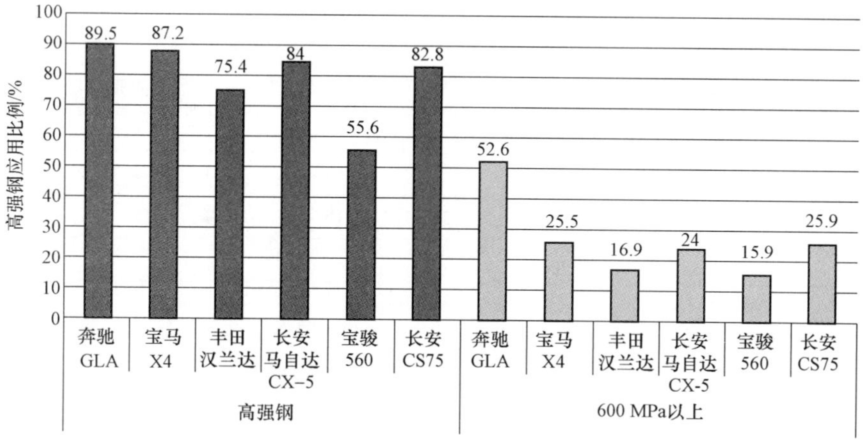

图 10－30　6 款 SUV 车身典型总成的高强钢应用比例

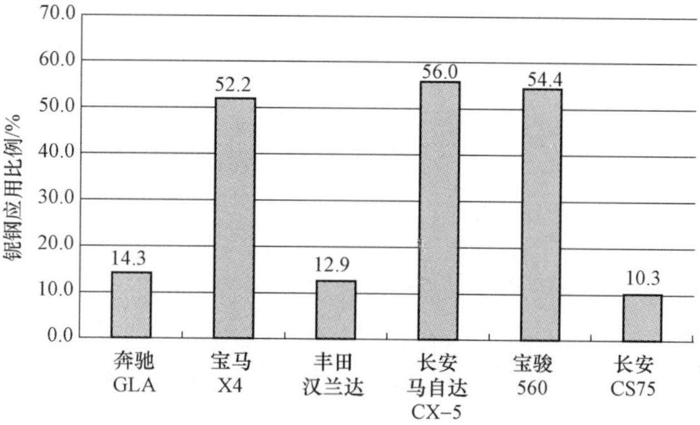

图 10－31　6 款 SUV 车身典型总成的铌钢应用比例

表 10－6 和表 10－7 展示了 6 款 SUV 的 A 柱及 B 柱总成的用钢情况，由表 10－6 可见，宝骏 560 和丰田汉兰达的强度级别较低。其他 4 款车型均用了 780 MPa 级别的双相钢。表 10－7 中，奔驰 GLA、宝马 X4 和宝骏 560 均应用了热成形硼钢，而马自达 CX－5 应用了 980 MPa 级别的 TRIP，而丰田汉兰达和长安马自达 CS75 强度仅为 590 MPa 级别。可见丰田的车身高强钢应用比例低于其他日系车企。

表 10－6　6 款 SUV A 柱总成用钢情况

零件类别	奔驰 GLA	宝马 X4	丰田汉兰达	长安马自达 CX－5	宝骏 560	长安 CS75
A 柱上内板	590DP GI	HC420LAD＋Z	JSC440W	780DP	W280VK	SAPH440－P
A 柱下内板	780DP GI	HC340LAD＋Z	JAC490W	HC420LAD＋ZF	W280VK	780DP
A 柱上加强板	1500HF	HC420LAD＋Z	JSC590Y	HC420LA	W280VK	590DP
A 柱下加强板	HC300LA GI	HC420LAD＋Z	JAC590Y	HC420LAD＋ZF	W280VK	780DP
侧围边梁加强板	780DPD＋Z	780DPD＋Z	JAC590Y/JAH490W	HC420/780DP	—	SAPH440－P
侧围边梁	MS1200 GI	HC420LAD＋Z	—	JSC390W	W280VK	SAPH440－P

表 10-7　6 款 SUV B 柱总成用钢情况

零件类别	奔驰 GLA	宝马 X4	丰田汉兰达	长安马自达 CX-5	宝骏 560	长安 CS75
B 柱上内板	HC340/590DP GI	HC340LAD+Z	JSC440W	JAC340W	W280VK	HC250/450DP
B 柱下内板	HC340/590DP GI	HC340LAD+Z	JSC590Y	JAC340W	W280VK	HC250/450DP
B 柱上加强板	1500HF Al-Si	1500HF	JSC590Y	HC420LAD+ZF	1500HF	280VK
B 柱下加强板	HC340/590DP GI	1500HF	JSC440W	HC420LAD+ZF	1500HF	HC340/590DP
B 柱加强板补强板	—	—	JSC590Y	TRIP980	—	HC340/590DP

10.3.2.4　非车身的减重

事实上，除车身以外，底盘的轻量化也潜力巨大，如轻量化悬架、轻量化转向构件以及轻量化车轮等，一般来说簧下质量的轻量化效果高于车身，尤其是簧下旋转件，其轻量化效果在节油、减排、减少刹车距离以及提高加速性能方面是车身轻量化的 5～10 倍。如上文所述路虎揽胜的轻量化悬架，以及奥迪 Q7 的整体轻量化。奥迪 Q7 采用整体轻量化设计方法（Wholistic lightweight approach=ultra®），除车身应用铝合金和热成形硼钢减重 71 kg 外，其他总成减重达到 254 kg，最终实现比上代车型减重 325 kg（从 2 320 kg 到 1 995 kg），具体见图 10-32。

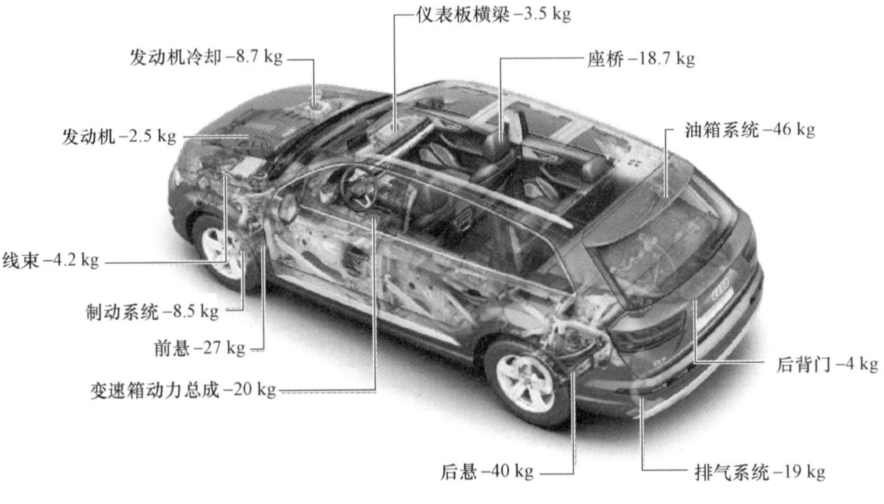

图 10-32　奥迪 Q7 的整体轻量化设计

10.4　小　　结

随着人们生活品质的提高，SUV 车型得到消费者的厚爱，其原因是 SUV 车型的外观与驾驶视角不同于轿车，底盘高于轿车，更便于停车，尤其是当人们对驾车休闲旅行有了更多的诉求时，SUV 车型因为更适于爬山涉水（尽管一些城市公路型 SUV 的越野性能不突出，但仍强于轿车，且城市公路型 SUV 舒适性与轿车类似），近年来得到了市场的青睐。专业越野型 SUV 更注重于通过性的设计，如大的接近角、涉水深度以及高的离地间隙等；而城市公路型 SUV 更注重于空间和舒适性，兼有轿车和专业越野型 SUV 的特点。两者的车身结构设计均倾向于刚度设计、安全设计以及轻量化设计。城市公路型 SUV 几乎没有使用非承载式车身的案例，而少量经典专业越野型 SUV 仍采用非承载式车身，从轻量化的角度考虑，非承载式车身将越来越少。环状刚度设计得到了业界的广泛应用，而高强度安全笼设计在沃尔沃等车企颇为受宠，最主要原因是其工艺成熟、成本低。铝合金在路虎、奥迪、宝马等豪华 SUV 上大量应用，而高强钢尤其是热成形硼钢以及含铌钢在大众型 SUV 上普遍应用，铝合金和高强钢两者均可以达到较好的轻量化效果。

第 11 章

新能源乘用车车身技术及轻量化技术发展

11.1 新能源乘用车发展历史及定义

11.1.1 新能源乘用车发展历史

全球能源和环境系统面临巨大的挑战，汽车作为石油消耗和二氧化碳排放的大户，需要进行革命性的变革；全球新能源汽车发展已形成共识，引领新能源汽车发展最早的是美国、日本以及欧洲的一些国家。美国长期侧重降低石油依赖、确保新能源安全的战略，将发展新能源汽车作为交通领域实现根本上摆脱石油依赖的重要措施，并以法律法规的形式确定了新能源汽车的战略地位。早在克林顿时期，美国就提出了以提高燃油经济性为目标的计划，混合动力是当时主要的技术解决方案。到了布什时期，变为追求零排放和零石油依赖，技术解决方案主要是氢燃料电池汽车，后来还有一个计划，想用 10 年的时间实现 20%的石油替代和节约，主要措施是生物质燃料。国际金融危机以后，奥巴马政府将大力发展电动汽车作为实施新能源战略的重要内容，提出了总额 40 亿美元的动力电池以及电动汽车研发和产业化的计划，产品上，选择了以插电式混合动力电动车为重点。

日本长期坚持确保能源安全和提高产业竞争力的双重战略，通过制定国家目标引导新能源汽车产业的发展，同时高度重视技术创新。2006 年，日本提出了新的国家能源战略，目标是到 2030 年交通领域对石油的依赖从 100%降到 80%，为了配合这个新能源战略的实施，提出了下一代汽车燃料计划，明确提出改善和提高汽车燃油经济性标准，推进生物质燃料的应用，促进电动汽车和燃料电池汽车的应用等。近期，作为低碳革命的重要内容，日本又将大力发展电动汽车并且计划到 2020 年普及以电动汽车为主体的下一代汽车。目前，日本正全面发展三类电动汽车，其中混合动力汽车全球销量第一；在纯电驱动方面，规划和产业化推进步伐也是最快的。另外，日本燃料电池产品的研发和产业化推进也领先于其他国家。

相对于美国和日本，欧洲更加侧重于温室气体减排战略。满足日益严格的二氧化碳排放限制要求已经成为欧洲对新能源汽车发展的主要驱动力。欧洲的新能源汽车发展在早期主要以生物质燃料、天然气以及氢燃料为主，21 世纪初曾经提出到 2020 年 23%的石油替代目标。近期，欧洲则对电动汽车给予了高度关注。例如，德国 2009 年下半年发布电动汽车计划，高度重视纯电驱动的电动汽车发展，以纯电为重点，分别提出了 2012 年、2016 年、2020 年的产业化和市场化目标。

中国新能源汽车产业始于 21 世纪初。2001 年，新能源汽车研究项目被列入国家“十五”期间的“863”重大科技课题，并规划了以汽油车为起点，向氢动力车目标挺进的战略。“十一五”以来，我国提出“节能和新能源汽车”战略，政府高度关注新能源汽车的研发和产业化。2008 年，新能源汽车在国内已呈全面出击之势。2008 年成为我国“新能源汽车元年”。2008 年 1—12 月新能源汽车的销量增长主要源于新能源乘用车的增长，全年新能源乘用车销售 899 台，同比增长 117%。但在 2009 年，新能源乘用车市场遇冷，1—11 月，新能源乘用车销量同比下降 61.96%，只有 310 辆。2010 年，我国加大对新能源汽车的扶持力度，2010 年 6 月 1 日起，国家在上海、长春、深圳、杭州、合肥 5 个城市启动私人购买新能源汽车补贴试点工作。2010 年 7 月，国家将十城千辆节能与新能源汽车示范推广试点城市由 20 个增至 25 个。选择 5 个城市作为对私人购买节能与新能源汽车给予补贴的试点，新能源汽车正进入全面政策扶持阶段。2011—2015 年开始进入产业化阶段，在全社会推广新能源乘用车，且为加快培育发展新能源汽车，新能源汽车项目每年将获 10 亿～20 亿元资金支持，同时相应的优惠政策也逐步出台。

2012 年国务院出台《节能与新能源汽车产业发展规划（2012—2020 年）》，提出了新能源汽车行业具体的产业化目标：到 2015 年，纯电动汽车和插电式混合动力汽车累计产销量力争达到 50 万辆；到 2020 年，纯电动汽车和插电式混合动力汽车生产能力达 200 万辆、累计产销量超过 500 万辆。之后，国家接连出台了一系列配套补贴优惠政策，如《关于继续开展新能源汽车推广应用工作的通知》（2013 年）、《关于进一步做好新能源汽车推广应用工作的通知》（2014 年）、《关于加快新能源汽车推广应用的指导意见》（2014 年）、《关于电动汽车用电价格政策有关问题的通知》（2014 年）、《关于免征新能源汽车车辆购置税的公告》（2014 年）、《京津冀公交等公共服务领域新能源汽车推广工作方案》（2014 年）、《电动汽车充电基础设施发展指南（2015—2020 年）》（2015 年）、《关于 2016－2020 年新能源汽车推广应用财政支持政策的通知》（2015 年）、《关于“十三五”新能源汽车充电基础设施奖励政策及加强新能源汽车推广应用的通知》（2016 年）等，这些政策以车辆购置补贴政策为主，包括全国范围内的车辆购置税减免、政府及公共机构采购、扶持性电价、充电基础设施建设支持等，对新能源汽车行业进行全方位扶持。2011—2017 年中国新能源汽车销量见图 11－1。

截至 2017 年，在国家政策及补贴支持下，我国新能源乘用车得到长足发展，产销量也是逐年翻番，已从 2011 年的几千辆发展为 2017 年的 70 多万辆；新能源汽车整车制造企业的生产规模也迅速提升。在乘用车领域，我国涌现出了诸如比亚迪、吉利、北汽新能源、众泰、上汽、江淮等一批新能源汽车明星企业。

但从 2018 年起，新能源汽车产业在补贴退坡、技术标准提高、竞争加剧等因素催化下，将实现落后产能逐步淘汰，使产业集中度得到显著提升，因此，如何进一步发展新能源乘用车，将是整个汽车行业的一次重大挑战。对于新能源纯电动汽车，如何进一步提升整车续航里程将是一个重大的发展方向，而实现整车续航里程提升的关键就是电池能量密度的提高与整车轻量化水平的提升。

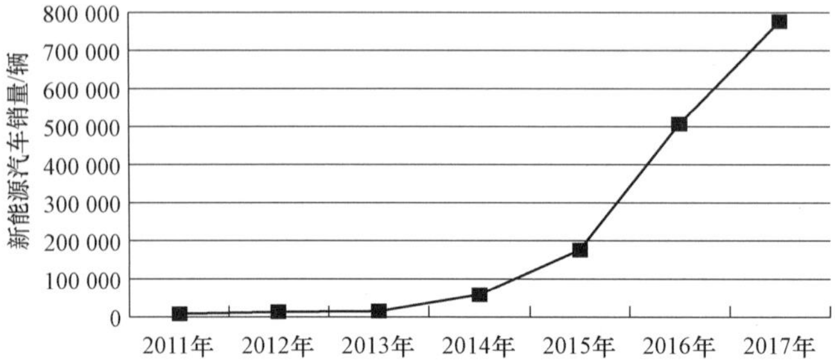

图 11－1　2011—2017 年中国新能源汽车销量

11.1.2　新能源乘用车的定义

依照中华人民共和国工业和信息化部 2009 年 6 月 17 日发布的《新能源汽车生产企业及产品准入管理规则》，新能源汽车是指采用非常规的车用燃料作为动力来源（或使用常规的车用燃料、采用新型车载动力装置），综合车辆动力控制和驱动方面的先进技术形成的技术原理先进，具有新技术、新结构的汽车。其中新能源乘用车按照动力供给模式，主要包括混合动力乘用车、纯电动乘用车、燃料电池电动乘用车、氢动力乘用车及其他新能源（如高效储能器、二甲醚）乘用车等。

（1）混合动力乘用车。

混合动力是指那些采用传统燃料的，同时配以电动机/发动机来改善低速动力输出和燃油消耗的车型。按照燃料种类的不同，主要又可以分为汽油混合动力和柴油混合动力两种。目前国内市场上，混合动力车辆的主流都是汽油混合动力，而国际市场上柴油混合动力车型发展也很快。

按照推进系统能量流和功率流的配置结构关系，混合动力汽车分为串联、并联、串并联三种结构形式。按照两种不同能量的搭配比例不同，混合动力汽车又可分为轻度混合动力、中度混合动力、重度混合动力和插电式混合动力四种类型。其中，重度混合动力汽车代表车型有丰田普锐斯，插电式混合动力汽车代表车型有雪佛兰 Volt。

（2）纯电动乘用车。

电动汽车就是主要采用电力驱动的汽车，大部分车辆直接采用电机驱动，有一部分车辆把电动机装在发动机舱内，也有一部分直接以车轮作为四台电动机的转子，其难点在于电力储存技术。日产 Leaf 是纯电动车的代表，日产宣称，Leaf 将是全球首款普及化的“零排放”车型，这款产品于 2011 年由东风日产引入中国市场销售。近年来，纯电动汽车发展迅猛，尤其是国内纯电动汽车的发展，其中北汽、比亚迪、吉利、长安、奇瑞、江淮等车型均有典型代表车型。

（3）燃料电池乘用车。

燃料电池汽车是指以氢气、甲醇等为燃料，通过化学反应产生电流，依靠电机驱动的汽车。其电池的能量是通过氢气和氧气的化学反应产生，而不是经过燃烧直接变成电能。近年来，燃料电池技术已经取得了重大的进展。世界著名汽车公司，如戴姆勒–克莱斯勒、福特、丰田和通用汽车公司已经宣布，计划不久将燃料电池汽车投向市场。

（4）氢动力乘用车。

氢动力汽车是一种真正实现零排放的交通工具，排放出的是纯净水，其具有无污染，零排放，储量丰富等优势，因此，氢动力汽车是传统汽车最理想的替代方案。与传统动力汽车相比，氢动力汽车成本至少高出 20%。中国长安汽车在 2007 年完成了中国第一台高效零排放氢内燃机点火，并在 2008 年北京车展上展出了自主研发的中国首款氢动力概念跑车“氢程”。

随着“汽车社会”的逐渐形成，汽车保有量呈现不断上升的趋势，而石油等资源却捉襟见肘，大力发展新能源汽车已成为整个汽车行业与国家战略发展的重要发展方向。在现有技术与市场的双驱动下，混合动力乘用车，已被整个行业看作是暂时性地缓解能源危机的过渡产品，只能减少但无法摆脱对石油的依赖，而纯电动乘用车因受到漫长的充电时间和重量的制约，发展缓慢，氢燃料乘用车或被看作是新能源汽车发展的未来。

11.2 新能源乘用车补贴政策及整车性能的演变

新能源乘用车的发展，离不开国家政策及补贴，而新能源乘用车整车性能指标发展，可以说是由国家政策及补贴不断演变催生而来。

新能源汽车产业的发展需要考虑几个因素，首先是产业链的构建，其次是技术链的构建，最后是价值链的构建，如果中国新能源汽车行业的这三者都没有问题，那么中国的新能源汽车必将大踏步发展。然而，任何一种新技术、新产品都不可能短期内完成产业链、技术链和价值链的整合和构建，除非这不是市场经济。所以毫无疑问，国家支持新兴战略型产业的发展，就必须从产业链、技术链和价值链入手。

首先通过政策引导促进“产业链”的形成。这里讲的产业链是狭义的概念，经济学理论上的产业链包含技术链、价值链、供应链等，这里更倾向于供应链的概念，也就是说新能源汽车的各关键环节的供应是否健全，比如中国是否有能够匹配的新能源汽车专用电池供应？是否有能够匹配的新能源汽车专用充电桩供应？是否有能够匹配的新能源汽车专用高性能电机供应？缺了任何一个供应环节，新能源汽车就无法生产或者无法大规模地产业化。比如，中国原来的电池产业不进入新能源汽车专用电池的生产，不能够进行供货，那整车企业就只能采购国外进口的电池，这就意味着新能源汽车的核心环节被国外控制，那对于中国政府和中国汽车行业来说，是损失巨大的、是受制于人的。中国早期新能源电池产业化的瓶颈主要有以下几个方面：一个是技术难度太大，企业做不出来，这是技术链的问题；一个是资金投入太大，短期内不赚钱，这是价值链问题；当然还可能有对汽车行业不了解、资金不足、对产业观望、信心不足等原因。在这种情况下，产业链的一个或几个环节没有联通，这是一个“产业链问题”，要解决这个问题，国家要做的就是从政策层面进行引导，出台一系列引导政策并将该产业定义为国家新兴战略产业的高度，破除一切阻碍“产业链”发展的障碍。例如，新能源汽车试点城市政策，针对充电桩问题国家出台法规，要求各行政部门和各小区必须积极配合充电桩的安装，让消费者安装汽车充电桩有法可依。此外，还发挥政府财税杠杆的作用来配合引导政策实施，如税收方面的支持政策，在税收方面给予适当的优惠。一旦相关政策出台和健全后，相关投资和相关企业看到机会并无太多后顾之忧，就会进入这个产业，进而使整个新能源汽车生产和使用、维修、报废等产业链日趋完整。

其次通过科技项目支持，加速“技术链”形成。整个产业链，有做新能源汽车电池的、有做电机的、有做电池回收的、有做充电桩的，但往往做出来的产品不能满足新能源汽车的需求。或者产品过于落后，或者产品进度过慢，这主要是产业链内企业的技术瓶颈问题。既然是新兴战略产品、技术创新产品，要想快速实现产业化，无疑是很难的，这就涉及“技术链”问题。比如企业研发实力不足、研发经费投入不足、有国外的专利限制等。这个阶段，国家必须对这个行业给予研发经费的支持，如国家发改委的技改专项资金扶持项目、工信部的创新专项经费、科技部的“863”和科技支撑计划等技术创新项目等，这些经费主要是技术层面的“补贴”，用来解决“技术链”的问题。

而解决了“产业链”和“技术链”问题，仍然不一定能够完全推动该产业的运行，比如开发出来的新能源汽车性能是可以接受的，但由于技术不成熟、批量小，造成最终汽车产品价格过于昂贵，消费者一时接受不了。如果电机产品没有利润，生产新能源汽车电机的厂家就不想再继续投入和改进等，造成产业链脱节。这就是一个“价值链”的问题，要么产业链的某个环节不赚钱、要么终端消费者拿不出这么多钱来消费。最终的结果是新能源汽车无法大批量推广。此时，国家再去出台引导性政策或者进行技术支持已经起不到相应的预期作用了，唯一的手段就是进行“推广补贴”，但这个补贴不是随意的，也不是一刀切的，首先要计算到底消费者接受的价格和产品的成本之间的关系及具体差值，从产业链的各个环节进行计算，包括对原材料成本、制造成本、开发成本、销售成本、配套成本、维修成本、使用成本等各个环节进行量化，最终形成一个消费者能接受的价格和产品的成本之间的具体差值，这个差值就是国家要补贴的“补贴金额”，政府的智囊还要测算这个补贴的持续期限，补贴的目的就是暂时填补价值链的“断口”，不可能是永久的，因为中国是市场经济，一旦消费者能接受的价格和产品的成本接近或者持平，就不需要也不可能再进行补贴了，所以这个补贴的持续期限关联关键技术的突破、规模量产情况、消费者的接受度、配套设施的具备情况等。

通过以上探讨，我们可以明晰，国家推广补贴不是随意的，需要秉持的原则：第一，所补贴的产品必须是对经济有举足轻重影响的、新兴战略产品；第二，产业链的构成已基本成熟，通过税收、试点等行业政策的引导，产业链的各环节已经初步打通，最终的产品能够初步满足使用需求；第三，技术层面也已经基本拉通，一些关键的技术得到了初步的突破，能够具有批量制造产品的能力；第四，产业链的某个关键环节不赚钱，或者产品价格过高，消费者不买单，进而这种新兴战略产品卖不出去或者得不到大批量推广；第五，必须经过系统的消费者能接受的价格和产品的成本之间的差值测算。基于上述五个基本条件，国家为了推动这个行业的发展，经过各层面专家的研讨最终做出决策进行推广补贴，推广补贴的额度是根据消费者能接受的价格和产品的成本之间的差值测算来确定的。

我们回头再来看新能源汽车的推广补贴问题。首先，新能源汽车（无论是纯电动还是混合动力）被国家定义为新兴战略产品，它满足第一个“推广补贴条件”；其次，经过国家一系列宏观引导性政策的出台，新能源汽车产业链的构成已经完备，多个口径的技术课题经费的支持使得技术链的突破已初见成效，所以满足了“推广补贴条件”的第二个和第三个基本条件；再者，由于电池、充电桩等成本高，新能源汽车的价格比传统燃油汽车贵，这是不争的事实，消费者不愿意买“这么贵”的汽车，因而它也满足“推广补贴条件”的第四个基本条件。所以新能源汽车推广补贴的决策无疑是正确的，这是不需要再进行讨论和质疑的。

这里要再讨论“推广补贴条件”的第五个基本条件，即我们提到的补贴的金额确定需要依据消费者能接受的价格和产品的成本之间的“测算差值”，这就涉及上文提到的行业有质疑的“补贴的强弱关系”了，纯电动新能源汽车的“测算差值”与传统油电混合动力汽车的“测算差值”，甚至增程式油电混合动力汽车的“测算差值”、插电式油电混合动力汽车的“测算差值”是否一样？毋庸置疑，这四种车型应该是不一样的，非但不同类型的新能源汽车的“测算差值”不一样，就连不同续驶里程的同一类型的新能源汽车的“测算差值”也应该不同，这就是讨论“补贴的强弱关系”的基础，科学的推广补贴必须是不同产品的补贴额度差异化，而不是中央政府给予了补贴，地方政府就跟风再给予一次补贴，而且补贴的额度没有经过深度测算，这就造成了不合理、不科学的补贴政策，也可能不利于行业发展。

第三点即“补贴方式问题”的讨论，如果是产业链的某个环节不赚钱，如充电桩完善的环节出现脱节，问题不是出现在政策环节、技术环节，而是价值链环节。那就可以对充电桩完善的环节进行补贴，以替代一部分消费的“推广补贴”，这更符合科学补贴原理，所以这一点是可以探讨的。但用研发环节的补贴来替代价值链环节补贴的提法就不合理了，研发环节的技术经费支持是应该不断地、循序渐进地实施的，它和价值链环节的推广补贴不冲突，价值链的问题就应该用对症下药的方式来解决，也就是采用推广补贴的方式来解决，而采用“技术链”问题的解决方法是不行的，不符合经济原理，也起不到相应的预期作用。只要这个新能源产品仍然具备“推广补贴”的五个基本条件，新能源补贴就会存在，但纯电动新能源汽车的补贴额度和混合动力汽车的补贴额度确实有可能出现变化，因为这个“额度”是根据新能源汽车产品的属性和产业链的全方位测算得到的，如果经过产品的全价值链测算，认为纯电动新能源汽车的补贴额度低了或者混合动力汽车的补贴额度高了，或者补贴额度有违技术发展发向，那无疑会进行调整，或者随着产业链的日益成熟进行调整。

从 2009 年国家开始新能源汽车推广试点以来，我国一直推行新能源汽车补贴政策，随着新能源汽车推广的进行，国家对补贴政策也一直进行调整，补贴政策呈现补贴额度收紧、补贴门槛逐渐提高的趋势，补贴各项政策与新能源乘用车整车性能指标关系更加紧密，对整车性能指标要求也越来越高，进而催生国内各车企研发更高性能指标的新能源乘用车。

11.2.1　2013—2015 年新能源乘用车整车性能指标变化

2014 年 2 月 8 日国家发改委等部门联合发布《关于进一步做好新能源汽车推广应用工作的通知》，2014 年和 2015 年的补贴相比 2013 年将分别降低 5%和 10%（见表 11－1）。该补贴推广政策执行到 2015 年 12 月 31 日。

表 11－1　2013—2015 年国家新能源乘用车补贴额度/（万元・辆$^{-1}$）

车型类型	里程/km	2013 年	2014 年	2015 年
纯电动乘用车	80（含）～150	3.5	3.325	3.15
	150（含）～250	5	4.75	4.5
	250（含）或更高	6	5.7	5.4
混合动力乘用车	50（含）或更高	3.5	3.325	3.15
燃料电池乘用车	—	20	19	18

从 2013—2015 年国家补贴金额不断缩减额度的情况来看，从宏观的角度，侧面地反映了三个问题：其一，2013—2015 年，纯电动乘用车整车续航里程性能指标不断提高。为了获得高额的补贴额度，各车企的新能源纯电动乘用车整车续航里程不断提高，比如北汽新能源 EC180、EC200、EU260 等车型演变。其二，国家重点扶持的还是新能源纯电动车，混合动力乘用车虽然可以降低油耗，从环保角度考虑，远不及纯电动乘用车，只是过渡型。其三，国家对燃料电池乘用车的补贴额度变化不大，侧面反映出燃料电池乘用车技术发展缓慢，技术壁垒的突破还在测试及试验阶段。

11.2.2 2016 年新能源乘用车整车性能指标变化

2016 年，国家的新能源乘用车补贴政策见表 11－2，相比 2015 年已发生本质变化，尤其是纯电动乘用车，其中取消续航里程小于 50 km 的政策补贴，反映出国家取消针对市场上部分车企研发的低续航里程 A00 级电动车补贴，同时国家补贴起始门槛从原来的 80 km 提高至 100 km，说明纯电动乘用车整车性能指标中续航里程进一步提升；100 km≤R＜150 km，补贴额度进一步降低，150 km≤R＜250 km 则保持不变，而 R≥250 km 车型补贴额度提高，补贴额度的倾向引导车企不断研发高续航里程车型。车企要提高续航里程，只能通过提高电池能量密度或降低整车重量，而相比于提高电池能量密度，整车实现轻量化则更加容易，因此轻量化技术逐渐被各车企所重视。

表 11－2 2016 年国家新能源乘用车补贴政策

车辆类型	纯电续航里程 R（工况）			
	100 km≤R＜150 km	150 km≤R＜250 km	R≥250 km	R≥50 km
纯电动乘用车	2.50 万元/辆	4.50 万元/辆	5.50 万元/辆	—
混合动力乘用车	—	—	—	3.00 万元/辆
燃料电池乘用车	20 万元/辆			

混合动力乘用车补贴额度进一步缩减，过渡性产品作用不断缩减，燃料电池乘用车补贴额度反映出技术突破的局限性。

11.2.3 2017 新能源乘用车整车性能指标变化

相对于 2016 年，2017 年国家对新能源乘用车市场的补贴额度进一步缩减，促使整车企业不断研发高续航里程车型，减少对低续航里程车型的研发。市场上销售的年度改款车型的整车性能指标中，续航里程不断提高，同时整车重量也在降低，说明轻量化技术正在不断实施应用。混合动力乘用车补贴额度也是在原有基础上进一步缩减，而燃料电池乘用车续航里程满足大于 300 km 即可拿到高额的补贴，整车性能指标的起始门槛是 300 km，具体见表 11－3。

表 11－3　2017 年国家新能源乘用车补贴政策

车辆类型	纯电续航里程 R（工况）			
	100 km≤R<150 km	150 km≤R<250 km	R≥250 km	R≥50 km
纯电动乘用车（2017—2018 年）	2.00 万元/辆	3.60 万元/辆	4.40 万元/辆	—
包括增程式在内的插电式混合动力乘用车（2017—2018 年）	—	—	—	2.40 万元/辆
燃料电池乘用车	R≥300 km			20 万元/辆

11.2.4　2018 新能源乘用车整车性能指标变化

如表 11－4 所示，2018 年新补贴标准与 2017 年补贴标准相比，纯电动车性能补贴显然细化了很多，续航里程起步门槛从 2017 年的 100 km 提升至 150 km。划分挡位更加细致，150 km～250 km 划分为两挡，短续航里程产品将不再受到政策的扶持。对于超过 250 km 续航里程的产品，新增 250 km～300 km、300 km～400 km、450 km 以上三个挡位划分，对于 450 km 以上的长续航里程产品，补贴金额甚至还有一定幅度的提升。

表 11－4　2017 年/2018 年国家新能源乘用车政策补贴对比

车辆类型	续航里程/km	2017 年国补/万元·辆$^{-1}$	续航里程/km	2018 年国补/万元·辆$^{-1}$
纯电动乘用车	100 km≤R<150 km	2.0	R<150 km	0.0
	150 km≤R<250 km	3.6	150 km≤R<200 km	1.5
	R≥250 km	4.4	200 km≤R<250 km	2.4
			250 km<R≤300 km	3.4
			300 km<R≤400 km	4.5
			R≥450 km	5.0
混合动力乘用车	R≥50 km	2.4	R≥50 km	2.2
燃料电池乘用车	R≥300 km	20	R≥300 km	20

从 2018 年国家补贴政策变化来分析，新能源乘用车整车性能指标已发生革命性变化，续航里程低于 150 km 的纯电动乘用车将逐渐被淘汰；低续航里程 300 km 以下车型，占比正在不断缩减，导致整车企业减少对其的研发、生产和销售；对于续航里程大于 300 km 的车型，补贴额度进一步增加，反映出新能源乘用车整车性能指标已提升到 400 km 续航里程，部分车型甚至可达到 450 km。

插电混动车型方面，依然是续航里程不低于 50 km 即可获得补贴，只是补贴金额减少了 2 000 元。燃料电池车型与 2017 年保持一致，续航里程不低于 300 km 即可获得补贴。同比来看各国对新能源汽车的发展各有侧重，2018 年美国加州 ZEV（Zero-Emission Vehicle）零排放汽车政策中，插电混动车型将不再得到补贴，着力发展纯电动车型与燃料电池车型。从长远发展的角度分析，混合动力车型将逐渐被市场淘汰，而燃料电池乘用车则成为行业发展的方向。

2018 年新能源汽车补贴政策对新能源乘用车技术要求进行了一系列的划分，除了里程之外，电池能量密度与车辆能耗调整系数均做了不同程度的调整，如表 11－5 所示。

根据国补政策，对于纯电动乘用车，有两项关键指标：动力电池能量密度与百公里耗电量。这两项指标满足一定要求时，才能享受续航里程下的全额补贴或超额补贴，如果动力电池能量密度、百公里耗电量不达标，则只能享受部分补贴，甚至是没有补贴。此次补贴调整，对纯电动车中动力电池能量密度指标的要求，促使电池供应商加大技术研发，提升电池能量密度，进而提升整车企业纯电动车整车性能指标；国补政策中，则要求整车企业按整车整备质量（m）不同，不断优化百公里耗电量，优化整车配置指标，减少不必要耗电。在一定条件下，通过轻量化技术，实施整车减重则是一条有效途径。

表 11－5　2018 年纯电动乘用车国补调整系数

纯电动 能量密度调整系数	能量密度/（$Wh \cdot kg^{-1}$）	2018 年国补调整系数
	ED＜105	0%
	105≤ED＜120	60%
	120≤ED＜140	100%
	140≤ED＜160	110%
	ED≥160	120%
纯电动 能耗水平调整系数	百公里耗电量 X/（$kWh \cdot 100\ km^{-1}$）	2018 年国补调整系数
	$Y \times 0.95 < X \leq Y$	50%
	$Y \times 0.75 < X \leq Y \times 0.95$	100%
	$X \leq Y \times 0.75$	110%
	m＝整备质量/kg，Y＝工况条件下百公里耗电量门槛标准 当 $m \leq 1\ 000$ kg，$Y = 0.012\ 6 \times m + 0.45$； 当 1 000 kg＜$m \leq 1\ 600$ kg，$Y = 0.010\ 8 \times m + 2.25$； 当 $m > 1\ 600$ kg，$Y = 0.045 \times m + 12.33$	
插电混动调整系数	纯电续航里程 R/km B 状态燃料消耗量 J/（$L \cdot 100\ km^{-1}$） 国家标准燃料消耗量 K/（$L \cdot 100\ km^{-1}$）	2018 年国补调整系数
	$50 \leq R < 80$ $J \geq K \times 0.65$	0%
	$50 \leq R < 80$ $K \times 0.60 < J \leq Y \times 0.65$	60%
	$50 \leq R < 80$ $J < Y \times 0.60$	100%
	$R \geq 80$	100%
燃料电池 调整系数	电池/电机额定功率比值 η/%	2018 年国补调整系数
	$\eta < 30$	0%
	$30 \leq \eta < 40$	80%
	$40 \leq \eta < 50$	90%
	$\eta \geq 50$	100%

对于混合动力乘用车，在 2018 年国补调整系数中，B 状态燃料消耗量（不含电能转化的燃料消耗量）要满足小于国家标准燃料消耗量 0.6，才能享受全额补贴。此次调整，对于混合动力乘用车整车 B 状态燃料消耗量提出限制要求，整车企业则必须运用新技术降低油耗。燃料电池乘用车中，电池与电机额定功率比值，则成为补贴调整指标。

通过 2013—2018 年新能源乘用车国家补贴政策调整的轨迹可以发现，新能源汽车整车性能指标的发展，不仅仅体现在续航里程的增加，还体现在核心关键技术指标的提升，如对于纯电动乘用车，电池能量密度不断提高，已发展至 160 Wh/kg；百公里耗电量则不断降低，反映出整车轻量化技术在车型中应用越来越广泛；而对于混合动力乘用车，B 状态燃料消耗量指标则不断降低；对于燃料电池乘用车，电池/电机额定功率的比值则不断提高。

新能源乘用车整车性能技术指标的不断演变，无论是电池能量密度、百公里耗电量，还是燃料消耗量、电池/电机额定功率比值关系，其中间都隐藏着一项关键技术的发展，即轻量化。目前，国内外无论是整车企业还是科研中心，都将轻量化技术作为提升新能源乘用车整车性能的关键性技术途径。

11.3　新能源乘用车典型车身设计技术

我国从 2009 年开始发展新能源乘用车，新能源乘用车车身随着整车性能演变不断发展，但其根本上还是从传统乘用车车身演变而来，最初的新能源乘用车车身就是通过传统燃油乘用车改制而来，到目前为止，市场上大多新能源乘用车车身还是传统的燃油车车身，使用的主要还是结构优化设计技术。

11.3.1　传统车身设计技术

车身设计必须同时满足强度、刚度、振动和噪声（NVH）、结构安全性和耐久性等多个性能指标要求。车身结构优化设计主要有两个方面：一是在不改变材料的前提下，通过优化零件结构，在保证性能的同时实现减重；二是采用高强度钢、铝合金等轻质材料替代原有部件材料，并采取相应的结构设计，从而实现减重。传统的车身结构优化设计方法，以减重为单一目标，无法满足对汽车产品多性能目标优化的需要，限制了在汽车结构上充分挖掘减重的潜力。

传统车身结构优化设计的基本思想是，将优化设计理论与有限元方法相结合，构建以减重为单一目标的车身结构优化设计模型，同时考虑一些结构性能方面的约束条件，基于优化设计算法进行迭代计算，直到找到最优解。这种单一准则的车身结构轻量化设计方法在国内外高校、研究机构和汽车企业中应用较为普遍。其不足是不能同时满足对车身多性能目标的要求，有时甚至会出现零部件在某一方面性能得到改善的同时，其他方面性能恶化的问题。

11.3.2　常用的车身设计技术

随着结构分析能力和手段的不断完善，以及现代优化设计理论的不断发展，车身结构优化设计的研究范围已开始从单一准则减重优化发展到考虑结构强度、刚度、耐撞性、NVH 性能和耐久性优化在内的多学科和多目标优化设计。需要建立包含多个目标的优化设计目标函数，并合理分配各目标之间的权重，确定优化设计的约束条件和设计变量，并通过多目标优化设计算法的求解，得到同时满足多个性能目标要求的优化求解方案。常用的多目标优化设计算法主要有线性目标规划法、分层求解法、响应面法、模糊优化方法、遗传算法和神经网络方法等。

目前，车身结构优化设计方法主要有有限元法、单一目标优化设计方法、多目标优化方法、多学科协同优化方法、灵敏度分析方法、拓扑优化、形貌优化和尺寸优化方法、车身结构参数化轻量化设计等方法。在上述方法中，有限元法和灵敏度分析方法是应用最多、技术相对最成熟的轻量化设计方法。

由于车身零部件结构复杂，很多情况下难以用解析表达式来描述其优化目标函数，用解析表达式建立优化目标函数的方法在车身零部件轻量化设计多目标优化上的工程应用中并不多见。为了解决这一问题，一些多目标、多学科优化设计软件也相继推出，如 iSight 和 Optimus 等。利用这些多学科优化设计软件，以其为核心，通过综合调用相关的结构性能分析软件，如 Hyperworks/Optistruct 拓扑优化、尺寸优化和形貌优化软件，ADAMS/DOE 多体动力学和试验优化设计分析软件，LS－dana 结构非线性和碰撞分析软件，NASTRAN 或 ANSYS 结构强度、刚度和振动特性分析软件，VirtualLab 和 VAone NVH 分析软件，Ncode 和 Fatigue 结构耐久性分析软件等，即可实现车身零部件结构的多学科、多目标优化设计。使用这种多目标、多学科优化方法，不需要用户自己编程和优化建模，且能充分利用已建立的结构强度、刚度、振动特性、被动安全性等的现有模型和分析结果，是一种技术方法成熟，继承性和应用性好，深受企业欢迎和认可的多学科、多目标优化方法。

11.3.3 参数化车身设计技术

近年来，德国 SFE 公司和美国的 DEP 公司推出的专用的结构参数化设计软件 SFE－Concept 和 DEP－Mopher，可以根据车身结构的三维数模或有限元模型来提取参数，建立整个车身结构的参数化模型，进行网格划分，并与不同的求解器实现无缝连接，输出相应的数据文件进行结构性能的分析计算，根据分析结果和设计要求进行设计变量的参数化结构局部修改。车身参数化模型会根据所修改的参数自动调整与之相关联的参数，显著缩短了因结构修改和改进所需再建模的时间，大大提高了结构轻量化优化设计的效率。这种车身结构参数化设计方法，一般用于车身结构概念设计早期，对车身结构进行多目标和多学科轻量化优化设计。

德国大众汽车公司、美国福特汽车公司和通用汽车公司都开始应用这些车身结构参数化优化设计软件，进行新车型车身结构的先期开发设计，取得了较好的效果，缩短了产品开发周期，显著提高车身结构分析设计效率，降低了开发成本。国内一些汽车企业，如吉利、长安、奇瑞、上汽和北汽等也开始应用车身结构参数化设计软件进行车身结构的轻量化开发设计，减重效果明显。

综上所述，车身设计技术已经取得显著进步并且日趋深入，已从仅限于基于刚度、强度或模态单一准则的传统的优化设计发展到考虑结构耐撞性优化在内的多学科优化设计，已从对车身单一零部件的分析和优化发展到对白车身乃至整车的多目标结构优化。

11.4　新能源乘用车典型车身的轻量化技术

传统车身轻量化技术建立在轻量化结构优化设计、轻量化材料和轻量化制造工艺技术基础上，见表 11－6。新能源乘用车车身轻量化技术也是建立此基础之上，只是新能源乘用车车身轻量化的需求更加迫切。

表 11－6　车身轻量化技术

<table>
<tr><td colspan="2" rowspan="4">轻量化材料</td><td colspan="2">高强钢</td></tr>
<tr><td colspan="2">铝合金</td></tr>
<tr><td colspan="2">镁合金</td></tr>
<tr><td colspan="2">复合材料</td></tr>
<tr><td rowspan="4">轻量化制造工艺技术</td><td rowspan="3">制造技术</td><td>高强钢</td><td>热冲压成形、辊压成形、激光拼焊、不等厚轧制板、液压成形</td></tr>
<tr><td>镁合金/铝合金</td><td>高压铸造成形、低（差）压铸造成形</td></tr>
<tr><td>复合材料</td><td>在线模塑成形、在线注射成形、在线模压成形</td></tr>
<tr><td>连接技术</td><td colspan="2">激光焊接及激光钎焊、搅拌摩擦焊、锁铆及自锁铆技术、流钻螺钉、胶粘连接</td></tr>
<tr><td colspan="2" rowspan="3">轻量化结构优化设计</td><td colspan="2">拓扑优化</td></tr>
<tr><td colspan="2">尺寸优化</td></tr>
<tr><td colspan="2">多学科/多目标优化</td></tr>
</table>

新能源乘用车中典型轻量化材料包括高强钢、铝合金、镁合金以及复合材料等。

（1）高强钢在新能源乘用车车身中的应用。

高强钢应用于新能源乘用车车身中，是性价比较高的轻量化技术，减重效果明显，目前被各车企广泛采用，成本低、制造简单，主要应用于中低端新能源乘用车。长安、北汽、奇瑞、吉利和长城等公司新开发车型的车身高强钢的应用比例也已近 50%～60%。奇瑞公司屈服强度为 340 MPa 的高强钢在车型上的应用比例已达 40%，部分车型达 50%。长城汽车开展车身选材和优化工作，大量采用了高强度钢板，高强钢的应用比例为 62.9%。

（2）铝合金在新能源乘用车车身中的应用。

新能源乘用车车身应用铝合金，已从原始的单个零部件应用铝合金发展为全铝车身，相比于传统钢制车身，减重率可达 30%～40%。而全铝车身的应用中，如美国的豪华电动汽车特斯拉车身采用了大量铝合金挤压件、冲压件和铸件，铝合金应用比例达到了 97%，如图 11－2 所示。

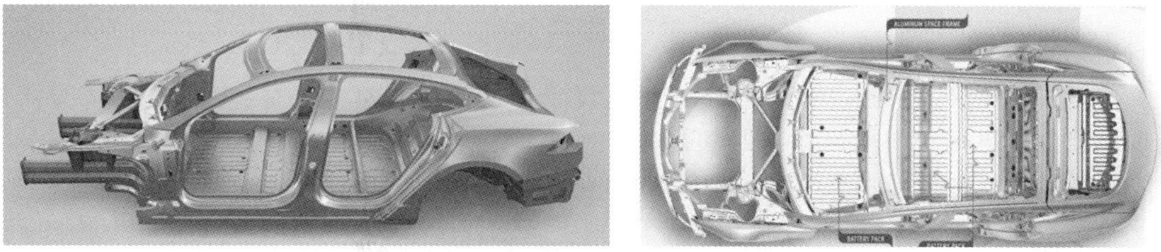

图 11－2　特斯拉电动汽车全铝车身

我国新能源乘用车如奇瑞小蚂蚁 EQ1（图 11–3）和北汽 Lite，车身都是采用全铝车身，但相比于特斯拉，国内全铝新能源乘用车，由于受到成本、技术制约，批量应用多在 A00 级新能源乘用车上，而且车身主要采用铝型材框架。但随着新能源乘用车的发展，国内长安、北汽、吉利及新型造车势力，开发的全新新能源乘用车，车身结构都采用全铝车身；目前，刚刚上市的蔚来汽车 ES8，见图 11 – 4，车身用铝达到 96.4%，整个车身仅 335 kg，减重率为 40%。

图 11 – 3　奇瑞小蚂蚁 EQ1 全铝车身

ES8 主要应用 4 种铝合金材料：

➢ 3 系高压压铸铝合金，主要应用在结构口位置；
➢ 5 系板材，主要应用在四门一盖支架位置；
➢ 6 系板材，主要应用在车顶、底板、前机舱位置；
➢ 7 系铝材，主要应用在主前后纵梁、前保险杠吸能盒。

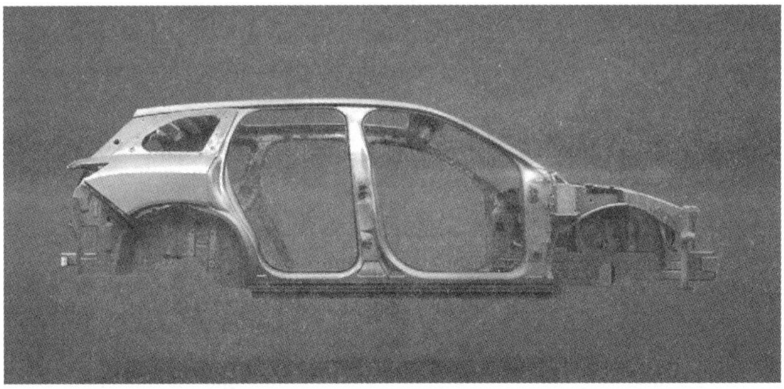

图 11 – 4　蔚来汽车 ES8 全铝车身

（3）镁合金在新能源乘用车车身中的应用。

在新能源乘用车车身中，镁合金压铸前端构件、压铸后尾门已应用在国外新能源电动车车身中，见图 11 – 5 和图 11 – 6。

而国内，长安、吉利、北汽等车企也正在开发新能源乘用车镁合金零部件，主要有镁合金前端构件、电机安装支架等压铸零部件。

（4）复合材料在新能源乘用车中的应用。

宝马 i3 作为全球最创新的纯电动汽车，由于大量使用了碳纤维复合材料，其减重 300 kg 左右，见图 11 – 7。

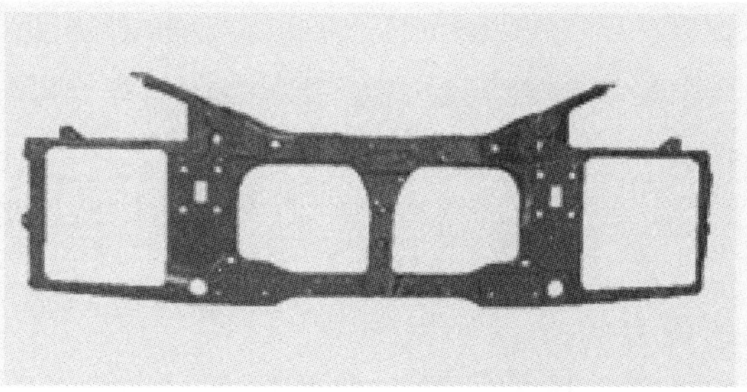

图 11－5　镁合金压铸前端构件

图 11－6　镁合金压铸后尾门

图 11－7　宝马 i3 碳纤维车身

在国内，各主要车企针对新能源乘用车开展了碳纤维复合材料、GMT 等轻量化材料在汽车上的应用研究，部分材料处于转量产阶段。其中、上汽、北汽、长安汽车与中国科学院、中航复材以及湖南大学等院校开展合作正在研制适于规模化生产的碳纤维顶盖和地板。

阻碍碳纤维在汽车领域商品化的关键因素是制造成本，研发性价比更高的大丝束碳纤维是今后的一个发展方向，随着碳纤维行业的不断成熟与发展，在节能减排和汽车轻量化大方向的指引下，碳纤维材料或成汽车界“瘦身革命”的领导者。可以预见，碳纤维轻量车身将掀起一股新的变革潮流，一个新的市场突破点正在形成，但由于碳纤维构件的制造工艺更适合于小批生产，同时成本较高，短期内难以在一般汽车上大批量应用。

11.5　未来新能源乘用车车身技术以及轻量化技术发展趋势

发展新能源乘用车，是全世界汽车业的共同目标，但不同国家对发展新能源乘用车的愿景是不同的，不同国家发展新能源乘用车的技术路线也是不同的。车身技术路线不尽相同，应用的轻量化技术也不相同。中国新能源汽车产业发展趋势同样体现在发展技术路线的差异上。

11.5.1　新能源乘用车未来发展趋势

新能源乘用车已经发展了近 20 年，近几年来，世界主要的汽车强国纷纷表示将其提升至国家战略层面，尤其是欧盟一些国家不仅提出“禁止销售燃油时间表”，而且上升到具体的法律层面，同时也采取一些“限行”措施。中国则是更主动、更积极、更系统地推动新能源汽车的发展。

与汽车强国相比，我国中央和地方两级政府在财力上强力支持，这个特点更为突出。

（1）中国将新能源汽车作为七大战略性产业之一。习近平总书记提出：发展新能源汽车是我国从汽车大国走向汽车强国的必由之路。国家最高领导人号召发展新能源汽车，可见新能源汽车的发展在中国七大战略性产业中的地位尤为突出。

（2）中国新能源汽车的发展政策相对比较健全，更为系统。中央财政和地方财政同时补贴新能源车辆生产成本差价，并减免购置税，还设置了新能源车辆专门的车牌，予以优先道路通行权等。这样多的支持政策，是其他国家所没有的。

（3）在众多正面政策的鼓励下，中国新能源汽车市场需求量螺旋式上升，2016 年 50 万辆、2017 年 80 万辆、2018 年 127 万辆，2020 年预期为 200 万辆。

（4）在中国新能源汽车的快速发展之际，中国政府又开始研究新的鼓励政策，推动中国新能源汽车向智能网联汽车方向发展，中国政府发布的智能网联汽车发展规划，就是具体的体现。

中国发展乘用车的技术路线与其他汽车强国是不同的，具体表现在以下四个方面：

（1）美系车企的技术路线主要是发展纯电动和增程式混合动力汽车；

（2）日韩系车企的技术路线主要是发展混合动力、纯电动和燃料电池汽车；

（3）德系车企技术路线主要是发展纯电动和插电式混动汽车；

（4）中国车企以纯电动和插电混合动力汽车为主、兼顾燃料电池汽车路线。

11.5.2　新能源乘用车未来典型车身技术

随着轻量化材料、工艺技术的不断成熟，新能源乘用车车身正在发生革命性改变，已从传统的车身技术逐步向多元化、模块化、集成化、平台化发展。车身技术的不断发展，源于轻量化技术的不断发展。

（1）多材料混合车身及轻量化技术。

混合车身已成为行业发展的趋势，结合轻量化材料、工艺技术成熟度与成本因素，集成应用多个轻量化技术，主要以高强钢及超高强钢为基础，辅以铝合金、镁合金轻质金属与复合材料。

为保证安全性能，乘员舱以高强钢及超高强钢为主。

福特公司曾经开发过一款多材料混合车身，其中驾驶舱主要为高强钢及超高强钢，为乘员舱提供了很好的安全性能，见图 11－8。乘员舱地板主要以铝合金板材为主，但关键承载结构件，仍是超高强钢，整个驾驶舱通过高强钢、超高强钢包围整个乘员舱区域，辅以铝合金板材或碳纤维零件，在实现优秀的碰撞、防腐性能的同时，实现多材料轻量化。类似的钢铝混合材料车身有大众辉昂等，见图 11－9。

图 11－8　福特多材料混合车身

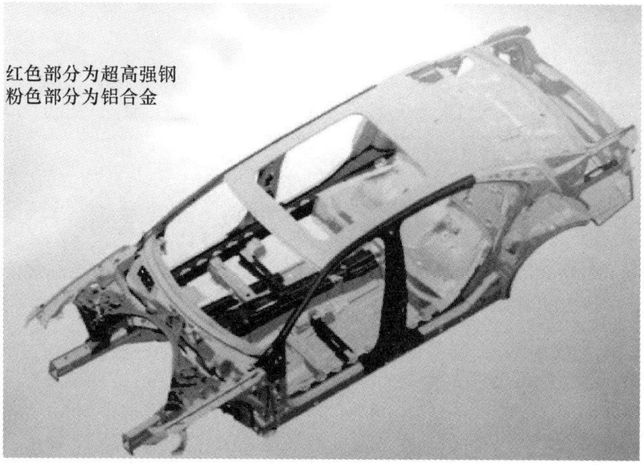

图 11－9 大众辉昂车身（见彩图）

车身采用多材料混合轻量化技术，材料呈现多元化趋势，其中铝合金、复合材料呈上升趋势，高强钢及超高强钢呈下降趋势，同时出现镁合金及其他材料，如图 11－10 所示。

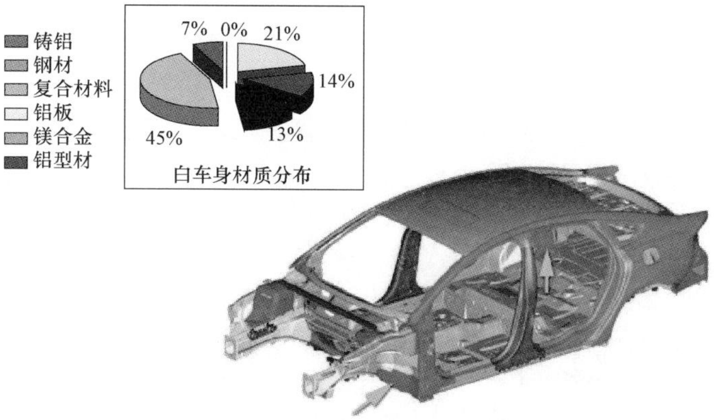

图 11－10 多材料混合车身示意图（见彩图）

（2）全铝车身及轻量化技术。

现阶段国内外已有部分豪华电动车实现全铝车身，未来逐步向中低端发展，全铝车身相比于传统钢制车身，可实现 40%的减重，主要采用铝合金挤压件、冲压件和铸件，车身连接相比于传统车身更加复杂，铆接、自攻螺钉、胶粘等连接技术更加集成应用。

国外豪华电动汽车特斯拉，如图 11－2 所示，整个车身 95%采用铝合金材料，但车身结构与传统结构不同，它是非承载式车身，整个车身与全铝底盘构架是可分离的，见图 11－11。

图 11－11 特斯拉全铝底盘框架结构示意图

国内新造车势力蔚来全新打造 ES8，也是采用类似特斯拉的车身结构，ES8 车身铝合金使用率达到 96.4%，整个车身重 335 kg，实现 40%的减重，见图 11－4。全铝车身带来的是工艺相对复杂，对连接技术要求更高，应用多种连接技术，其中铝点焊、自攻铆接、弧焊、铆接等，见图 11－12。

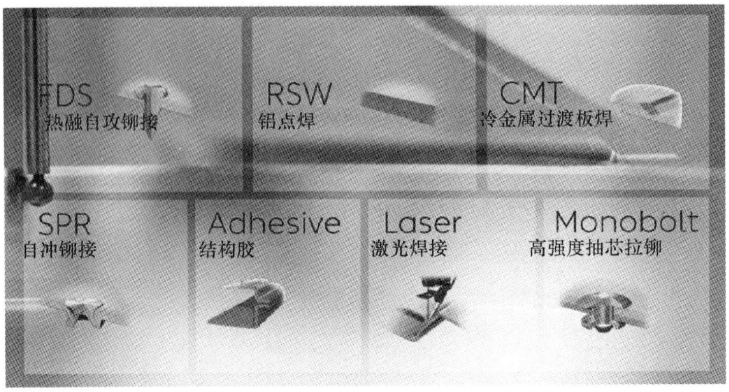

图 11－12　全铝车身中的连接工艺

（3）碳纤车身及轻量化技术。

碳纤维车身是一种新型的车身集成应用技术，可实现多个零部件集成，可将车身几千个零部件集成至几百块，集成化程度高，将是未来高端新能源乘用车发展的趋势。但受到制造工艺成本因素影响，目前国内外应用较少，代表车型是宝马 i 系列新能源车，整车车身驾驶室全部使用碳纤维，整个车身比钢材轻 50%，比铝材轻 30%，见图 11－7 及图 11－13。

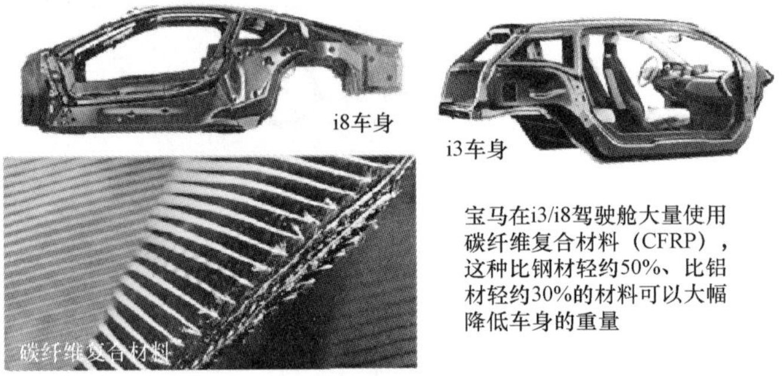

图 11－13　宝马 i 系列新能源车碳纤车身

宝马 i3 碳纤车身的整个车身是一个 Life 模块，属于非承载式车身结构，承载下体是由铝合金构造的底盘 Drive 模块。碳纤车身仅重 223 kg（包含门及封闭件），一共由 152 个零部件组成，主要采用的是结构胶粘，同时还包含激光焊接、氩弧焊、点焊、铆接以及螺栓连接等。

宝马在新开发车型中，对碳纤维零部件的应用也在发生改变，在驾驶室车身结构中加入碳纤零部件进行结构加强，同时实现碳纤与钢材、铝材及塑料的组合应用。新 7 系的车身结构吸取了 i 系列车辆研发经验，首次在大型车车身结构（非承载构件）使用了碳纤维复合材料，同时也是第一款实现碳纤维复合材料与钢材、铝材以及塑料进行组合达到工业化规模生产的车型，如图 11－14 所示。在新 7 系车身 B 柱、车顶纵梁/前横梁、门槛梁、中央通道及

C 柱使用到碳纤维复合材料，与高强钢一起构成驾驶室结构，提高了驾驶室的结构强度与抗扭刚度，同时降低车身重量，如图 11－15 所示。新 7 系白车身部分较现款车型减重 40 kg，这也是整个新 7 系轻量化结构中最大减重部分。

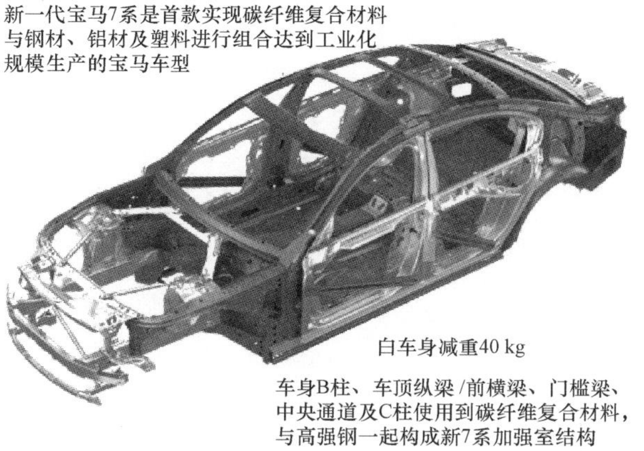

图 11－14　宝马 7 系碳纤车身的混合应用

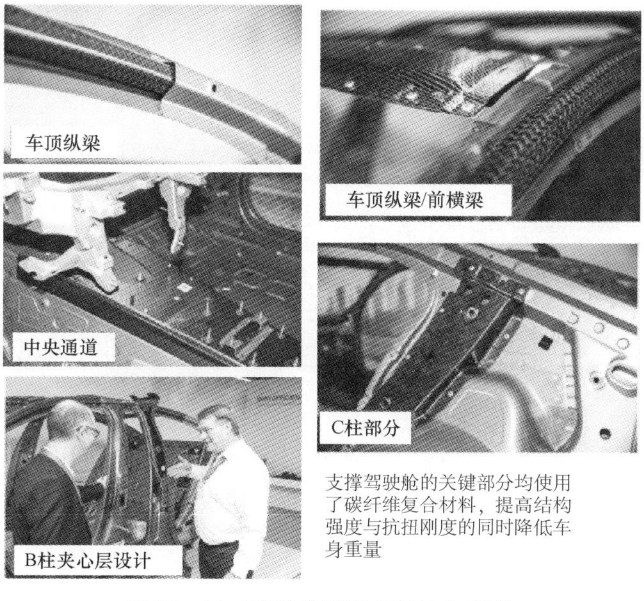

图 11－15　碳纤维应用于结构加强件

11.5.3　新能源乘用车未来发展技术路线

新能源乘用车车身核心零部件轻量化技术路线见图 11－16，通过轻量化结构优化设计，高强钢、铝镁合金、碳纤维复合材料等轻量化材料以及先进的制造成形工艺在车身上的应用，预计以多材料（高强钢、铝镁合金、碳纤维）混合车身为代表的轻量化零部件将占市场的 40%，全铝车身约占 30%。

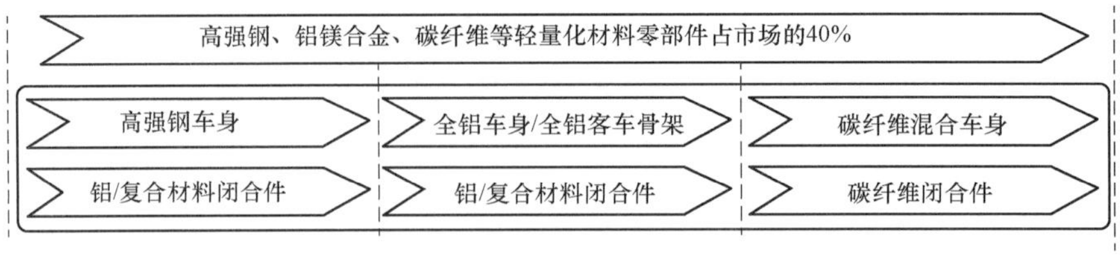

图 11－16　新能源乘用车车身核心零部件轻量化材料技术

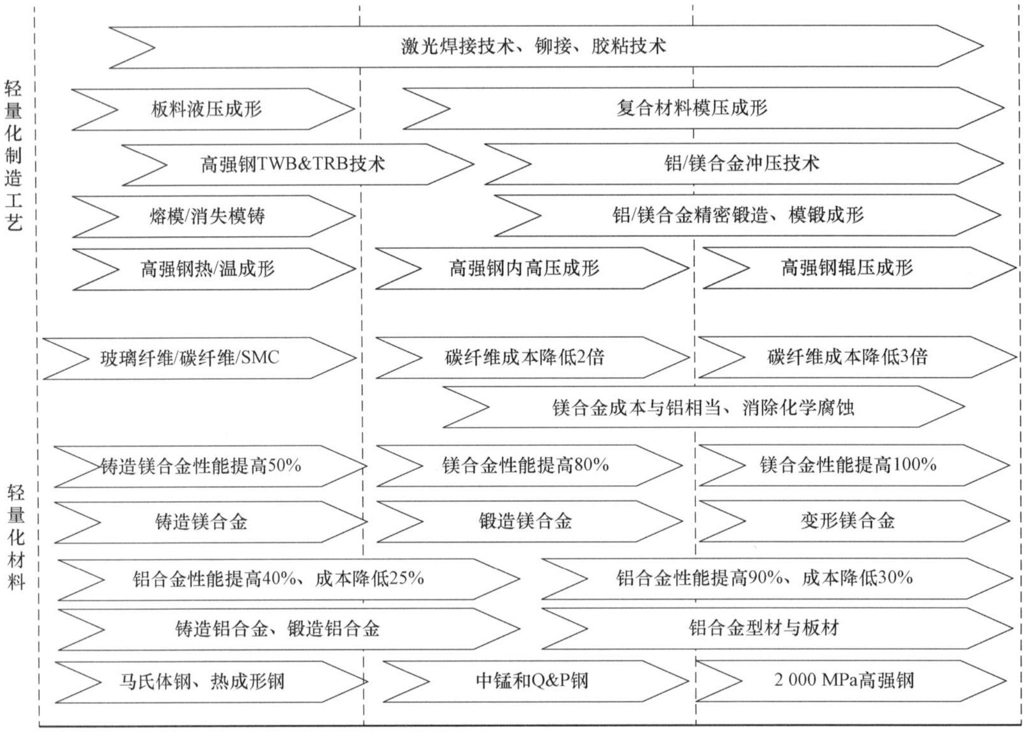

图 11－17　新能源乘用车车身核心零部件工艺技术

通过图 11－17 所示的高强钢、镁铝合金、碳纤维复合材料和先进的制造成形工艺及连接技术在车身中的应用，预计可实现整车减重 30%～40%。

第 12 章

概念车或小批量量产车型车身技术及轻量化技术

12.1 概念车或小批量量产车型发展历史及定义

概念车及小批量车型是最先进、最前卫、最环保、最能代表汽车工艺技术与科技发展的设计，通常也是世界各大汽车公司显示其科技实力和设计观念的主要方式。

别克 YJob 是汽车工业界公认的世界第一辆概念车，它于 1938 年由美国通用汽车艺术和色彩部首任主任、美国汽车造型之父——哈利·厄尔（Harley Earl）发明，如图 12－1 所示。

图 12－1 别克 YJob

20 世纪五六十年代，概念车及小批量量产车型车体只是木制框架上的纤维玻璃车体，是为了展出而制作的，甚至连动力装置都没有。现在世界各大汽车公司都不惜花费巨资研制概念车，并在国际汽车展上亮相，一方面了解消费者对概念车的反应，从而继续改进；另一方面也是为了向公众显示公司的科技实力、设计新观念和产品开发水平，从而提高自身形象。所以真正在车展上大放异彩的不是各个品牌即将推出的量产新车，而是概念车和小批量量产车型。因而这一类汽车也是科技设想最超前、艺术性最强并且代表汽车未来发展方向的最具吸引力的汽车。

一般来说，概念车及小批量车型大致可分为两大类：一是能行驶的车辆类型，比较接近于批量生产阶段，其先进的技术已从科学试验逐步走向实用化阶段，一般在 5 年左右的时间里可成为正式上市的新产品；另外一种是不能行驶的车辆类型，比较接近于研究发展阶段，虽然其超先进的设计集想象力与高科技于一身，但因环境、科技水平、成本因素的限制，仅能展示出未来发展的研究构想。

12.2 概念车或小批量量产整车性能的演变

概念车或小批量量产车型在出现的早期，仅仅是各大汽车公司为展出而设计的车型，通常并未体现出前瞻性的整车性能，如部分概念车只体现了新材料或新造型观念，连动力总成都没有。大部分小批量量产车型是仅为少数客户需求而制造的更豪华、更吸引眼球的变种车型，在主要性能方面并未有很大的提升。

在近几年的时间里，概念车和小批量量产车型作为体现各大主机厂科技实力、生产水平及未来研究方向的载体，除了造型设计、豪华体验外，已经越来越注重整车性能的表现。根据近期概念车和小批量量产车型的投放趋势可以发现，其整车性能的飞跃主要集中在如下两个方面：

一方面是以超跑、超豪华车型作为代表的体现动力性能、操控性能或舒适性能的常规动力车型。例如奥迪 R8（图 12–2（a）），作为奥迪第一款中置引擎跑车，它结合了从众多赛车运动冠军中所得到的外型设计优点以及奥迪专业的品牌技术。在动力方面，奥迪 R8 采用 5.2 L V10 发动机，其最大输出功率为 386 kW（525 ps）/8 000 r/min，最大扭矩为 530 N • m/6 500 r/min，百公里加速时间仅为 3.9 s，最高时速可达 316 km/h。除此之外，该车型发动机舱也采用了大量碳纤维材质，这除了起到减轻车辆重量、提升车辆性能作用外，碳纤维的高强度也起到加固发动机的效果。

另一方面是在环境、能源、法规等大前提下，以绿色能源为主同时体现超现代科技感的新能源车型。特斯拉 Model S（图 12–2（b））就是这一类车型的代表。作为一款纯电动车型，其整车性能已能傲视绝大多数超跑：近 5 m 的车身长度，最大 772 ps 的输出功率，以及百公里加速时间仅 3.4 s。除了上述整车性能外，我们还看到了该车将目前电动汽车最前沿的技术进行了实际应用，拥有集成多功能的大尺寸液晶显示屏、多样化的电池选择，支持太阳能充电，巡航里程最大 480 km 等，在这一款车上有太多的亮点值得人们关注。

图 12-2　奥迪 R8 与特斯拉 Model S

12.3　概念车或小批量量产车型车身轻量化技术

概念车及小批量车型的车身设计中，轻量化设计是最重要的内容。而汽车轻量化设计应包括质量减轻及功能的完善和改进，为表征白车身的轻量化效果，宝马公司的 Bruno Ludke 提出了轻量化系数的概念，该系数 L 可用下式表示：

$$L = m/（C_t A）$$

式中，m——白车身的结构质量（不包含车门和玻璃），kg；

C_t——静态扭转刚度（包括玻璃）N · m/（°），静态扭转刚度和材料的弹性模量、断面形状、主要部件的刚度、结构以及连接方法有关；

A——左右轮边宽度与轴距的乘积所得的面积，m^2；

L——轻量化系数。

汽车轻量化设计是不同材料、不同专业的优势集成，是设计、材料和先进的加工、成形技术的优势集成。在满足性能的前提下，通过结构优化、先进的工艺及轻质材料的应用，同时兼顾工程可行性、工艺价格和材料成本等因素，平衡各方面性能要求，最终实现轻量化设计的目的。

汽车车身的轻量化设计主要分为结构优化设计和轻质材料与工艺两大类，其中结构优化设计包含模块化集成设计、结构拓扑优化与板厚减薄优化等，轻质材料与工艺包括了轻质材料的选用以及先进工艺的开发，如图 12-3 所示。

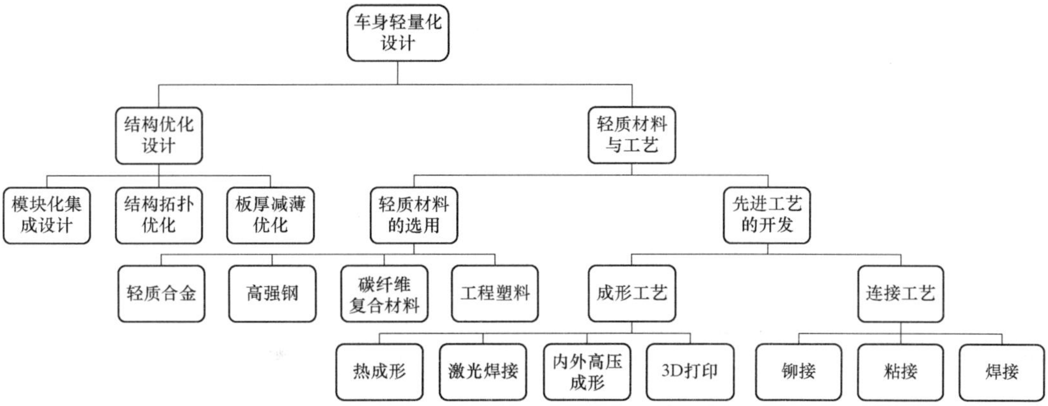

图 12-3　汽车车身轻量化设计方法

12.3.1 结构优化设计

结构优化设计中结构拓扑优化与板厚减薄优化两项核心内容基本一致，均为应用相关的软件分析车身结构应力分布情况，识别车身敏感部件，然后通过弱化非敏感位置的材料实现车身轻量化。

车身零部件的模块化与集成化可以将复杂的车身结构简单化，降低生产成本，同时可以大量地减少车身零件数量以及总成的重量，达到轻量化的效果。越来越多新材料的应用以及制造工艺的发展，给车身零部件的集成化带来了很大的可能性。

采用铝合金铸造设计能够更多地体现轻量化和集成化应用。在 2015 年的 ECB 参展车型中，奥迪 Q7 铸造铝的使用比例为 12.3%，凯迪拉克 CT6 为 17%，奔驰 AMG GT 为 17.16%，新宝马 7 系为 10%。图 12－4 为某车型车身压铸铝集成结构的应用示意图，图中可以看到前后减震器支座、中通道加强板、A 柱、后纵梁等区域都使用了压铸铝结构。压铸铝的应用能够将多个复杂的零件简化为一个零件，减轻了车身的重量，并通过铸件的结构优化提高了结构的刚度。通过铝合金的使用以及车身零部件的模块化设计，车身减少了 196 个零件，减重达 96.18 kg，如图 12－5 所示。

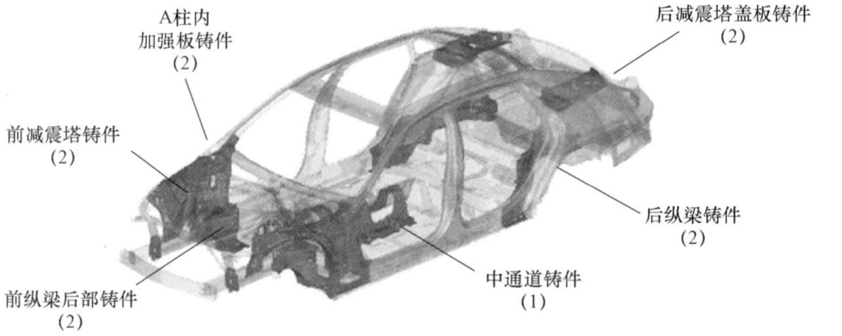

图 12－4　某车型模块化铸铝集成结构应用示意图

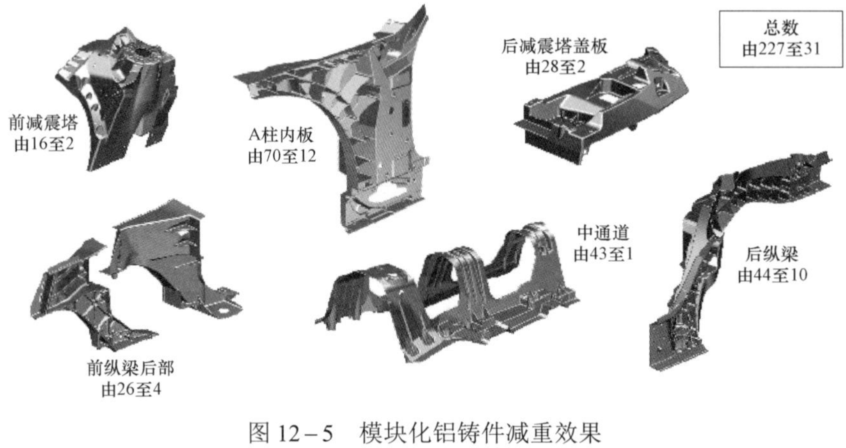

图 12－5　模块化铝铸件减重效果

除了上述铝铸件的应用外，碳纤维乘员舱＋铝型材前后托架组合是目前在小批量车型中应用比较广泛的模块化设计案例。例如宝马 i3（图 12－6）、i8，阿尔法罗密欧 4C 均采用了这一结构。在碰撞过程中，铝型材托架模块利用铝材良好的溃缩性能实现最大限度的吸能，而超高刚度的碳纤维乘员舱实现了乘员的保护功能。这种模块化设计的应用不仅保证了最大限度的轻量化，还能提供最好的乘员安全性，同时也兼顾到了售后维修的便利性，可谓一举多得。

图 12－6　宝马 i3 模块化白车身示意图

12.3.2　轻质材料的选用

采用轻质材料是实现车身轻量化的另一种主要手段。表 12－1 列举了几种比较典型的小批量量产车型白车身所采用的材料，可以看出，轻质材料已被大量应用，而其中以轻质合金、碳纤维复合材料和工程塑料为主。

表 12－1　典型小批量量产车型白车身材料

车型	白车身材料				
	钢材	铝合金	镁合金	碳纤维	工程塑料
宝马 i3	7.29%	19.20%	—	49.41%	9.55%
宝马 i8	8%	20%	—	43%	17%
奥迪 R8	—	100%	—	—	—
阿尔法罗密欧 4C	8%	36%	—	30%	25%
阿斯顿马丁 DB11	1.50%	86.10%	—	12.40%	—
讴歌 NSX	13.50%	79%	0.10%	0.80%	6.60%
奔驰 AMG GT	7.50%	88.80%	1.20%	—	—

（1）轻质合金。

铝及其合金加工材料由于具有密度小、比强度高、抗冲击性能好、耐腐蚀、加工成形性良好以及再回收、再生性极佳等一系列优良特性，成为实现汽车轻量化最理想的首选材料。通常每使用 1 kg 铝，汽车自重可下降 2.25 kg，另外通过热处理可以改变铝合金力学性能。其中铝板可应用于地板、侧围、顶盖等的各类覆盖件上，铝型材可应用于前纵梁、后纵梁、地板横梁等梁系零件，而铸铝则应用于各类接头或者减震塔、A 柱、后纵梁等部位。因此在概念车及小批量量产车型的车身中，铝材是车身结构应用最广泛的轻量化材料。例如奥迪 R8 铝材应用率达到 100%，阿斯顿马丁 DB11 为 86.1%（图 12－7），讴歌 NSX 为 79%等。

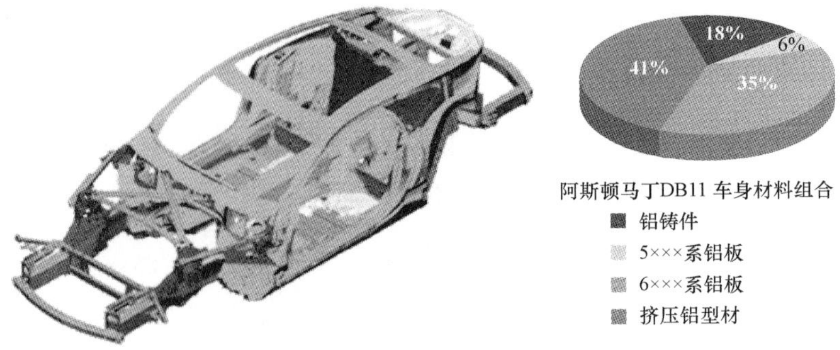

图 12－7　阿斯顿马丁 DB11 白车身铝材示意（见彩图）

镁合金是除铝合金外另一种应用于车身结构的轻质合金。金属镁及其合金是工程应用中最轻的金属结构材料，纯镁的密度仅为 1.738 g/cm^3，而常规镁合金如 AZ91 密度也只有 1.81 g/cm^3，约为铝材的 2/3，钢材的 1/4，接近工程塑料的密度，因此将镁合金应用在汽车领域中可极大地减轻结构件的重量。镁合金抗拉强度、屈服强度、伸长率与铝合金铸件相当，试验显示其比强度高于铝合金及钢材，因此在不降低零部件强度的条件下，镁合金铸件比铝铸件的重量减轻大约 25%。除此之外，镁合金还具有良好的焊接和铸造性能、良好的震动冲击吸收性以及易于机械加工等优点。因此，将镁合金应用于概念车及小批量量产车型中是目前各主机厂的一个趋势，同时在可预见的未来，大批量车型也将逐步地应用镁合金。

目前，镁合金主要应用在四门两盖的内板、IP 横梁、座椅骨架、轮毂等位置，图 12－8 所示为路特斯工程(美国)公司计划在 2020 年问世的一款车型,其镁合金使用量将达到 16%。

图 12－8　镁合金应用车型

（2）碳纤维复合材料。

碳纤维是一种由有机纤维或低分子烃气体高温下碳化所形成的含碳 90%以上的纤维状材料，具有低密度、高强度和模量、耐高温、低热膨胀等优点，被称为新材料之王。碳纤维增强聚合物基复合材料主要由碳纤维和热固性树脂组成，在众多轻量化材料中具有较高的比强度、比刚性，应用在车身结构件中，轻量化效果十分明显，因此备受国内外主机厂关注。但由于成本高，仅在概念车或小批量量产等高端车型中应用。

碳纤维多作为增强材料加入树脂、金属、陶瓷、混凝土等材料中构成复合材料。碳纤维复合材料，通常采用环氧树脂、酚醛树脂、不饱和聚酯等热固性树脂。表 12－2 对比了几类常用结构材料的特性值，碳纤维复合材料由于重量轻，比强度和比模量能够获得显著提升。

表 12－2　碳纤维与几类常用材料性能对比

材料种类		密度/（g·cm^{-3}）	拉伸强度/MPa	弹性模量/MPa	比强度/（N·m^{-2}）	比模量/m
钢		7.8	1 000	214 000	1.3	0.27
高级合金钢		8	1 280	210 000	1.6	0.26
铝		2.6	400	70 000	1.5	0.27
2A12 铝合金		2.8	420	71 000	1.5	0.25
60%玻纤增强塑料		2	1 100	40 000	5.5	0.2
60%碳纤环氧复合材料	高强度型	1.5	1 400	130 000	9.3	0.87
	高模量型	1.6	1 100	190 000	6.2	1.2

碳纤维复合材料应用于车身结构件，预计减重 40%～60%，相当于钢结构重量的 1/3 到 1/6。英国材料系统实验室曾对碳纤维复合材料减重效果进行研究，结果表明碳纤维复合材料车身仅重 172 kg，而钢制车身重 368 kg，减重达 50%。并且当生产量在 2 万辆以下时，采用 RTM（树脂传递模塑）工艺生产复合材料车身成本要低于钢制车身。碳纤维复合材料在车身上最开始应用于外覆盖件，宝马 M3 车型采用碳纤维顶盖，仅重 3.9 kg，通用第七代的克尔维特跑车的顶盖和发动机罩也采用了碳纤维。大量使用碳纤维的车型主要为宝马的 i3、i8 车型，使用率达到了 50%和 61%。例如，宝马 i3 车身使用了多达 200 kg 的碳纤维复合材料，见图 12－9，相比金属材料车身，减重达 300 kg 以上。对于汽车，尤其是新能源汽车而言，减重意味着更长的续航里程。

图 12－9　宝马 i3 碳纤维车身

目前国内的概念车与小批量量产车型也将焦点聚集在碳纤维的应用上，2015 年 1 月 20 日我国首辆具有自主知识产权的碳纤维新能源汽车（奥新鹿曦 e25）在盐城奥新新能源汽车公司下线。车辆采用了国内首次在量产汽车上使用的全碳纤维乘员舱设计，比同类汽车减重 50%。同时碳纤维复合材料整体非承载式车身，通过覆盖件与内板黏合成结构强度功能优化集成零件模块。零部件数量减少至传统汽车的40%。

（3）工程塑料。

除了轻质合金、复合材料外，工程塑料也是另外一种极其重要的轻量化材料，并且已经在车身上获得大量应用。表12－3所示是几种常用于车身的工程塑料的对比情况。

表12－3　常用于车身的工程塑料的对比情况

英文简称	SMC	GMT	PP－SGF	PP－LGF	PA－SGF
中文名称	片状模塑料	玻纤毡增强聚烯烃	短玻纤增强聚丙烯	长玻纤增强聚丙烯	短玻纤增强聚酰胺
密度	1.7～1.9	1.1～1.6	1.06～1.4	1.06～1.4	1.4～1.7
树脂种类	热固性	热塑性	热塑性	热塑性	热塑性
玻纤长度/mm	12～50	玻纤毡	0.2～0.4	1～3	0.2～0.4
玻纤含量	20%～35%	20%～45%	20%～60%	20～%60%	20%～60%
制件成形工艺	模压	模压或模流，且模流成形为主	注塑	注塑或模压	注塑
优点	材料价格便宜，强度高和外观性好	与SMC相比，密度低，原料储存周期长，可回收利用	制备工艺简单，设计自由度好，成形周期短，可回收	设计自由度好，相比PP－SGF，耐热性能、强度、耐疲劳性、抗蠕变性好	制备工艺简单，强度和耐热性比PP－LGF优异
缺点	设计自由度相对较低，原料储存周期短，成形周期长，不可回收	设计自由度较低，成形周期较长，高玻纤含量下制件外观性差	制件耐热性、机械强度不如其他材料，高玻纤含量下制件外观性差	价格比PP－SGF贵，高玻纤含量下制件外观性差	价格比PP－LGF贵，高玻纤含量下制件外观性差
应用零件举例	保险杠、翼子板、扰流板等大型薄壁件	前端模块支架、仪表板骨架、备胎仓等非外观件	电器壳体、低集成度前端模块、小排量发动机罩盖等	前端模块支架、蓄电池托架、仪表板骨架等结构件	类同于PP－LGF

以PP－LGF为例，其总产量的80%以上被应用于汽车行业，用于制造前端模块（图12－10）、仪表板骨架、蓄电池托架等零件，已达到取代轻质金属和昂贵工程塑料的目的，满足汽车轻量化和成本需求。

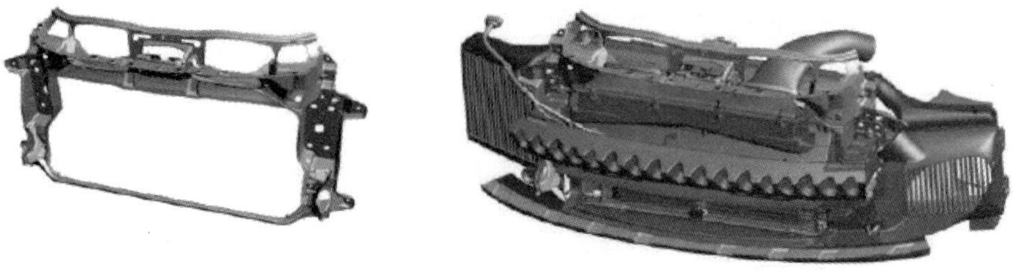

图12－10　PP－LGF前端模块

以SMC为例，阿尔法罗密欧4C中顶盖、侧围、两门两盖等13个零件全部采用SMC材料，仅重53 kg左右，占到了整个白车身（含开启件）重量的25%，最大限度地实现了白车身的轻量化，如图12－11所示。

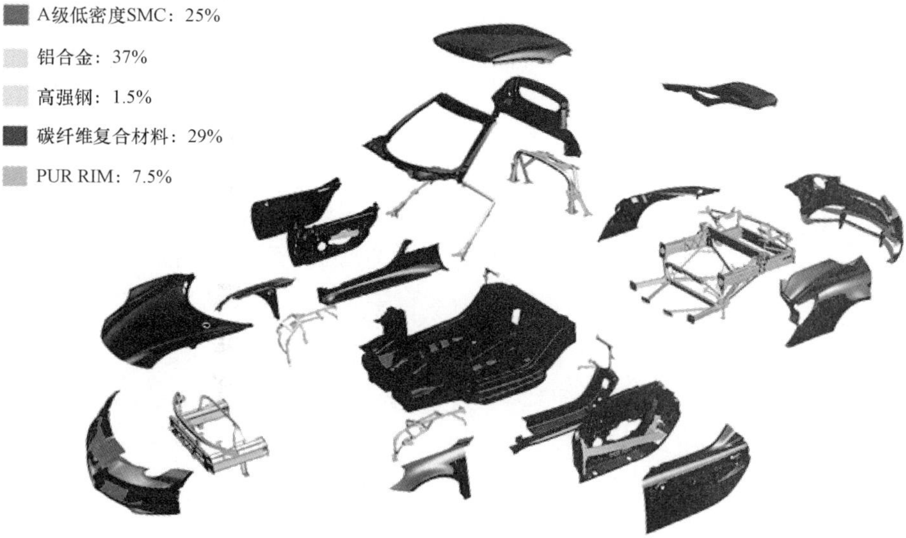

图 12－11　SMC 外覆盖件（见彩图）

12.4　概念车或小批量量产典型车型车身制造技术

12.4.1　成形工艺

（1）轻质合金。

众所周知，车身板要能真正用于实际生产就必须具有较高的强度和优良的冲压成形性能。通过调整合金成分及时效工艺，铝合金抗拉强度高达 700 MPa，但铝合金与钢板在冲压成形性方面仍存在较大差距。铝合金由于在室温条件下回弹较大、塑性较低，用冷冲压方法成形复杂形状的覆盖件较为困难。例如，抗拉强度为 300 MPa 的 T3 和 T4 态铝合金板材的伸长率只有 25%，而同样强度软钢的伸长率则可达 42%，是铝合金的 1.68 倍，所以，改善铝合金板材的成形工艺对于加快汽车铝化有着十分重要的现实意义。近年来，新的成形技术主要有对置液压成形、温成形和超塑性成形等。

对置液压成形是一种可以提高极限深冲比的深冲成形方法。对置液压成形是在模腔内充满液体的状态下把材料置于模面上，加上防皱压力后使冲头前进，材料被压入充满液体的模腔内。因此，在成形过程中，侧壁与冲头之间产生的摩擦力有部分成为成形负载，减轻了成形制品冲头部位所受的力，从而控制冲头部位的裂纹。该方法已经在德国、日本成功生产出汽车上的顶盖外板、前挡泥板。

温成形技术通过把铝合金等轻质金属板材加热到一定成形温度（200～400 ℃），确保材料在该温度下能获得较好的延伸率，然后迅速转移到模具内进行冲压成形（含翻边和包边），从而获得强度高、回弹小的轻质金属冲压件，其工艺生产过程如图 12－12 所示。根据板料成形过程中温度的变化情况，温成形可归为等温成形（B）和非等温成形（A、C）两类。等温成形是指板料在成形过程中温度保持基本恒定的一种理想状态；而非等温成形中，由于板

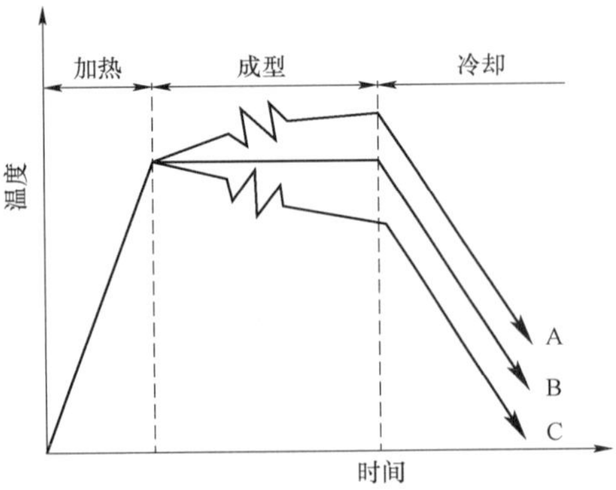

图 12－12　铝合金温成形工艺生产过程

料与模具接触，温度出现不断变化。

与传统冷成形相比，高温条件下铝合金材料的流动应力减小，一方面可以提高延伸率，改善成形性；另一方面可以改善常温成形下铝合金常见的勒德斯线和橘皮现象，提高产品表面质量。此外，温成形技术能消除回弹影响，产品精度高，成形质量好。由于不同覆盖件的形状不同，对成形性的要求也不同，覆盖件形状的复杂程度对模具的结构设计也有很大影响。基于以上情况，温成形技术出现了如图 12－13 所示的三种工艺方法。

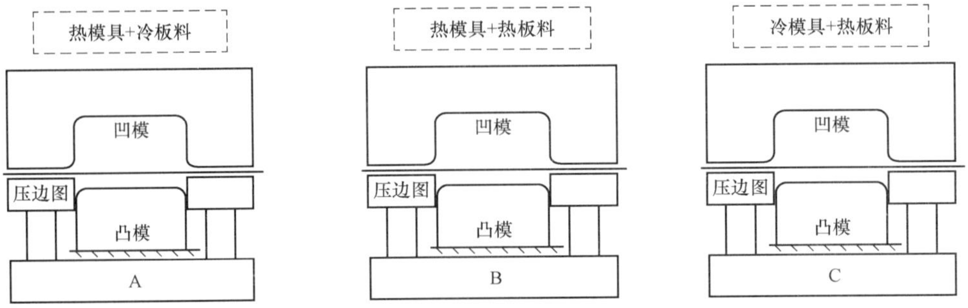

图 12－13　温成形技术的三种工艺方法

超塑性成形是指板材在特定的温度和变形速度下产生超塑性后的成形，铝合金的超塑性温度范围为 500～550 ℃，比温成形的温度高许多。超塑性成形能加工常规冲压不能成形的复杂零件。目前，国外采用超塑性成形技术成功生产了汽车覆盖件用 5083 板材，其超塑性伸长率可以接近 500%。

（2）碳纤维复合材料。

碳纤维复合材料成形工艺主要有如下几种：

真空袋成形工艺：真空袋成形是通过对密闭在模具和真空袋之间的预成形体，抽真空均匀施压，使产品更加密实，提高纤维树脂比，从而提高力学性能的成形方法（图 12－14）。在模具中铺覆干纤维，真空袋保压后再倒入树脂，俗称干法真空袋工艺；在模具中铺覆含有浸透树脂的纤维，再对其抽真空，俗称湿法真空袋工艺。

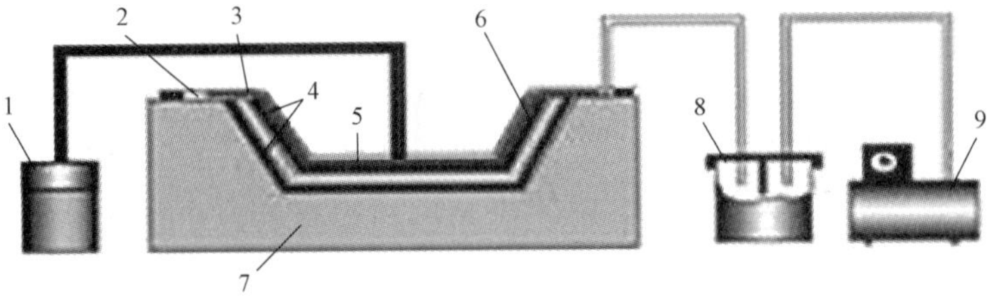

图 12－14　真空袋工艺示意图

1—树脂管；2—真空袋膜；3—脱模布；4—纤维增强材料；5—泡沫夹芯材料；6—导流介质；7—模具；8—树脂收集器；9—真空泵

RTM 成形：RTM（Resin Transfer Molding）指树脂传递模塑成形，主要原理如图 12－15 所示。RTM 工艺由于具有效率高、生产的零件尺寸精确、表面质量好等优点，因此比较适合汽车行业。

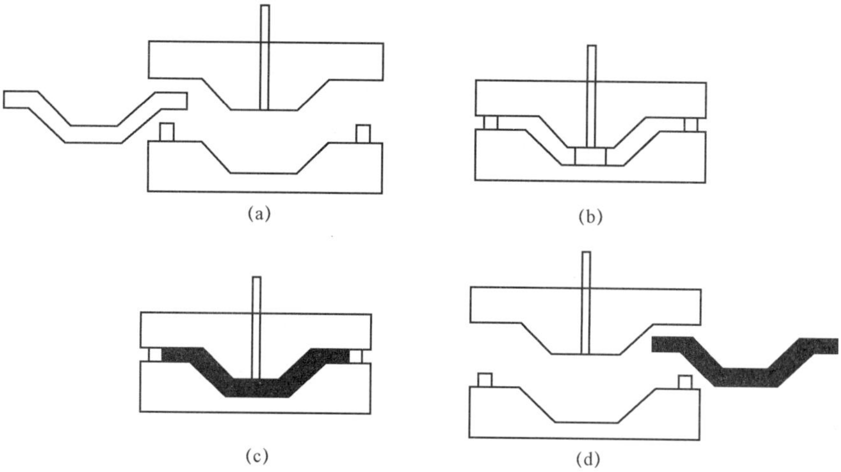

图 12－15　RTM 树脂传递模塑成形主要原理

（a）铺放增强材料；（b）注入树脂；（c）固化；（d）脱模

RTM 成形－改进工艺：RTM 成形工艺的研究和推广不断取得新的进展，主要研究方向集中在微机控制注射技术、增强材料预成形技术、低成本模具、快速树脂固化体系及工艺稳定性和适用性等方面。其中 RTM、真空辅助 RTM（VARTM）、真空辅助树脂注射成形（VARI）、树脂膜熔浸成形（RFI）和树脂浸渍成形（SCRIMP）被称为 RTM 的五大主要成形工艺，也是目前应用最多的 RTM 工艺。

编织袋成形：编织袋成形是将中空的编织物缠绕到芯模上，在 RTM 成形后再将芯模融化掉，i3 采用了石蜡制作的芯模，如图 12－16 所示。

PCM（Prepreg Compression Molding）成形：三菱丽阳开发的一种针对预浸料进行热冲压成形的方法，具体流程是先加热预浸料，预成形后投入正式模具中进行热冲压成形。图 12－17 是采用上述成形工艺制作的行李箱盖外板，厚度为 1.1 mm，仅重 2.4 kg。

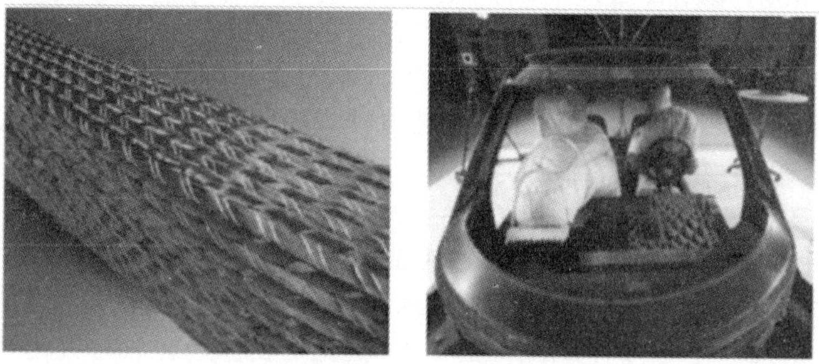

图 12－16　i3 所采用的编织袋成形

图 12－17　PCM 成形的行李箱盖外板

上述几种主要的碳纤维复合材料成形工艺的对比见表 12－4。

表 12－4　主要碳纤维复合材料成形工艺对比

成形工艺	优点	缺点	适用零件
手撕成形	工艺及设备简单，投入少，方便灵活	效率低，质量不易控制	小批量，复杂外形零件
干法真空袋成形	模具成本低，产品精度和质量较高	效率低，容易产生树脂浸润不均匀	小批量
湿法真空袋成形	模具成本低，效率较高，表面质量好	预浸料成本较高	小批量，外观零件
RTM 成形	效果高，尺寸精度高，表面质量好	模具成本高，对设备要求高	小批量，大多数车身零件
编织袋成形	效率高，质量稳定	纤维编织方法复杂	可制作中空等截面零件，如 A 柱、车窗框等

（3）3D 打印成形技术。

3D 打印的工作原理类似喷墨打印机，不过喷出的不是墨水，而是黏结剂、液态的蜡、塑料或树脂。按照喷出的材料不同，3D 打印可以分为黏结剂打印、熔融蜡打印和熔融塑料涂覆（FDM）。如果把打印头换成激光头，激光烧结（SLS）、光固化树脂（SLA）和激光熔融（SLM）也可以视为 3D 打印的特例，所以广义的 3D 打印一词包含了大多数增量叠层制造技术，更加从宏观上进行系统思考，也便于公众对新技术的理解。3D 打印与从毛坯上去除多余材料的切削加工方法完全不同，也与借助模具锻压、冲压、铸造和注射等强制材料成形的工艺迥然有异，是一种“增量”成形技术。具体成形过程是根据三维 CAD 模型，经过格式转换后，对零件进行分层切片，得到各层截面的二维轮廓形状。按照这些轮廓形状，用喷射源选择性地喷射一层层的黏结剂或热熔性材料，或用激光束选择性地固化一层层的液态光敏树脂，或烧结一层层的粉末材料，形成每一层截面二维的平面轮廓形状，然后再一层层叠加成三维立体零件。

2015 年 6 月 24 日，在旧金山举行的 O’Reilly Solid 会议上，DM 公司推出一辆基于 3D 打印部件的超级跑车，如图 12－18 所示，其加速度比迈凯轮 P1 更大，功率重量比是布加迪威龙的 2 倍，排量只有一辆电动汽车的 1/3，而工厂资本消耗只有其他汽车制造方式的 1/50。它能够在短短 2.2 s 内从 0 加速至 60 mi/h①（迈凯轮 P1 的这个数字是 2.8 s）。它只

① 1 mi/h=1.609 km/h。

有 1 400 tb[①]重，并且安装着一个 4 缸 700 ps 的双燃料内燃机，可使用汽油或压缩天然气为燃料。汽车底盘由大约 70 个 3D 打印的铝节点组成，工人手工组装该底盘前后历时仅 30 min。而底盘本身仅重 61 lb。

图 12－18　基于 3D 打印部件的超级跑车

该车并不是 3D 打印整个车辆，而是只 3D 打印铝制的“节点”结构。DM 使用 3D 打印精心打造出形状复杂的节点之后，通过现成的碳纤维管材将其连在一起，如图 12－19 所示。当所有的节点都打印出来后，几个半熟练的工人几分钟之内就可将汽车底盘组装好。汽车的主体是复合材料，车身本身并不是结构性的，所以可以使用几乎任何材料将其制造出来，甚至包括氨纶。这辆车上最重要的一个结构性部分就是底盘。使用这种独特的 3D 打印方法制造节点式汽车底盘，减重 90%，强度却更高了，而且比使用传统技术制造的汽车更耐用。

图 12－19　3D 打印关键节点

12.4.2　连接工艺

新型轻质材料的大量应用，除了成形工艺外，连接技术是另外一个挑战。同样选取上述所提及的几款经典的小批量量产车型进行连接方式分析，可以看出，常规的电阻点焊已经不能适应多样性材料的连接，而铆接、粘接作为新型连接方式代表，由于具备多样性、可靠性、轻量化效果明显等优点，已经实现了广泛应用，见表 12－5。

---

① 1 lb=0.454 kg。

表 12－5　小批量量产车身连接方式

车型	白车身材料					连接方法			
	钢材	铝合金	镁合金	碳纤维	工程塑料	点焊	激光焊	粘接	铆接
宝马 i3	7.29%	19.20%	—	49.41%	9.55%	1.20%	15.50%	79%	3.50%
宝马 i8	8%	20%	—	43%	17%	3.50%	—	24.40%	48%
奥迪 R8	—	100%	—	—	—	—	—	—	14.30%
阿尔法罗密欧 4C	8%	36%	—	30%	25%	—	—	42.90%	57.10%
阿斯顿马丁 DB11	1.50%	86.10%	—	12.40%	—	—	—	53.60%	31.60%
讴歌 NSX	13.50%	79%	0.10%	0.80%	6.60%	8.10%	3.25%	3.10%	19.20%
奔驰 AMG GT	7.50%	88.80%	1.20%	—	—	1.40%		6.40%	28%

（1）铆接。

半空心自冲铆接（SPR）是指铆钉在外力的作用下，穿透第一层材料和中间材料，并在底层材料中进行流动和延展，形成一个相互镶嵌的塑性变形的铆钉连接过程，如图 12－20 所示。该铆接点具有较高的抗拉强度和抗剪切强度，与粘胶工艺结合使用，可实现防水、隔音和降噪功能，适用于板材和板材之间的连接。SPR 工艺流程为：压边圈首先向下运动对铆接材料进行预压紧，防止材料在铆钉的作用下向凹模内流动；然后冲头推动铆钉向下刺穿上层材料；在凹模与冲头的共同作用下，铆钉尾部在下层金属中张开形成喇叭口形状所致铆接材料，达到连接目的。如图 12－20 所示，主要分为定位、预紧、挤压、刺穿、镶嵌、成形几个工序。其优势和不足已在本书第 2 章有详细论述。

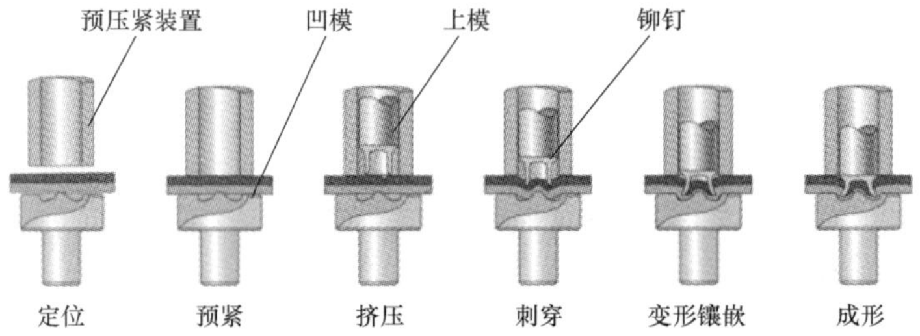

图 12－20　SPR 工艺流程

旋转攻丝铆接是一种通过高速旋转使板料热变形后攻丝铆接的冷成形工艺，简称 FDS。此连接的工艺流程主要分为加热、穿透、翻边、螺纹成形、螺纹咬合、紧固六个阶段，如图 12－21 所示。

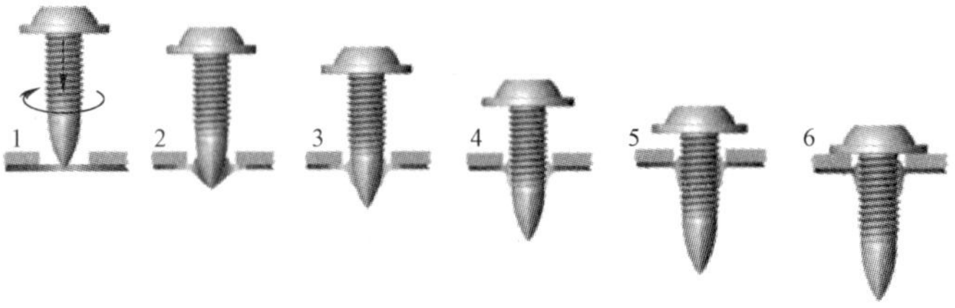

图 12－21　FDS 工艺流程

FDS 属于单面连接工艺，设计上可以有预开孔或者没有预开孔；可以连接不同的材料，主要是轻质合金和钢材的连接；连接过程中旋转摩擦生热使得攻丝旋转扭矩低；因大的螺纹接触面而产生大的旋紧扭矩；其动态承载性强，而且攻丝产生的螺纹可以重复旋紧。

无铆钉铆接技术属于金属板材连接技术之一，相对于传统的连接技术，无铆钉铆接技术在节能减排、疲劳强度等方面具有显著优势，见图 12－22。该技术主要应用于白车身覆盖件的连接，如全铝车身、车门、前后盖、顶盖等部位。与 SPR、FDS 等铆接方式相比，无铆钉铆接具有投入低、轻量化效果好、工艺流程短等优点。

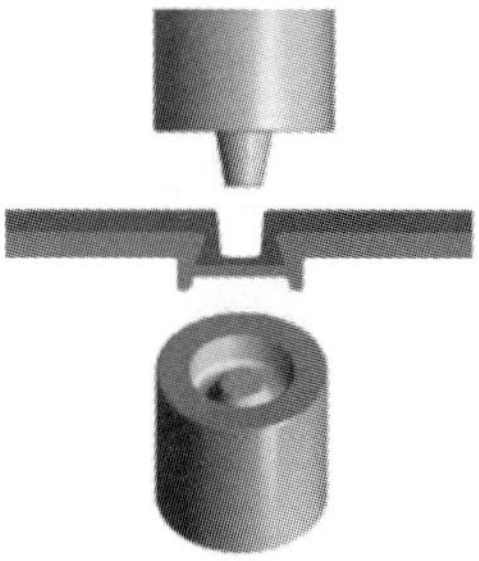

图 12－22　无铆钉铆接工艺

以奥迪 TT 为例，白车身应用了 SPR、FDS、点焊、熔化极活性气体保护焊、粘接等 10 种连接方式，其中铆接共占所有连接方式的 46.5%，见图 12－23。

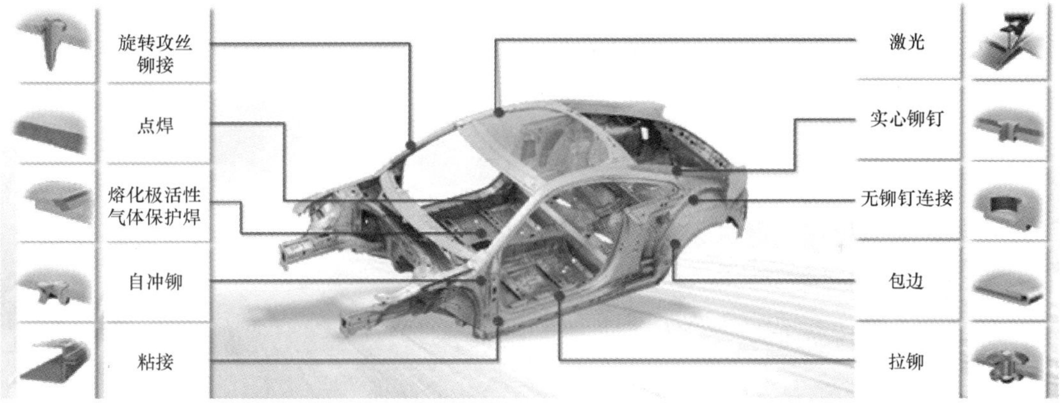

图 12－23　奥迪 TT 白车身使用的连接方法

（2）粘接。

粘接技术在汽车制造上的应用，不仅可以起到增强汽车结构、降噪、减震、筋骨防锈等作用，还能代替某些部位的焊接、铆接等传统工艺方法，实现相同或不同材料之间的连接，简化生产工艺，优化产品结构的效果。在汽车轻量化、节能降噪、延长使用寿命和提高性能方面，胶黏剂机器粘接密封技术发挥了越来越重要的作用。以宝马 i3、i8 为例，粘接长度分别为 172.9 m 和 150 m。

车身结构胶分为单组分和双组分两种类型，按照拉伸强度和弹性模量分类，结构胶可分为弹性粘接、半结构粘接和结构粘接三类，如图 12－24 所示。不同材质金属之间的连接以及金属与非金属的连接主要应用的是结构粘接。

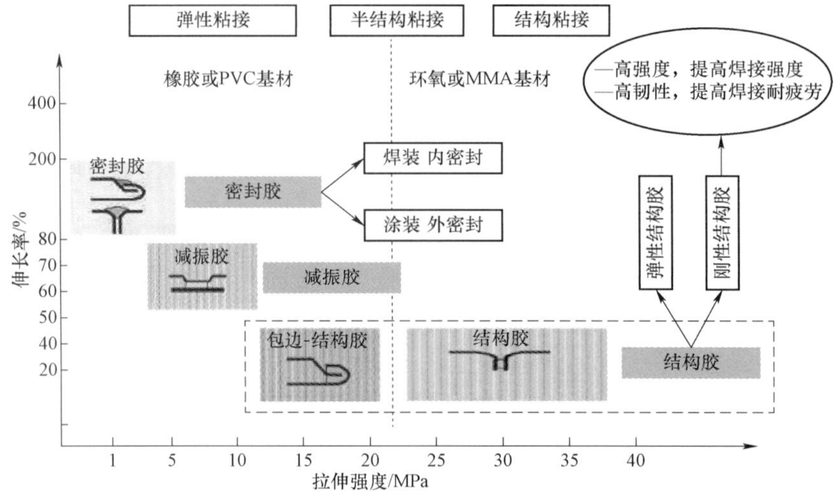

图 12－24　粘接方法简介

试验证明，结构胶连接技术可以使白车身静刚度提高 20%、动刚度提高 2～3 Hz，同时提高白车身碰撞吸能水平、减少焊点数量、提高白车身轻量化水平。

12.5　国内概念车或小批量量产车型车身技术现状

上述章节在轻量化设计、材料选用、成形工艺、连接工艺等方面，针对行业前沿的概念车或小批量量产车型的车身设计方法进行了简要的叙述。由于国内生产水平及特定环境的限制，以及考虑到成本因素、市场选择、客户需求等方面的因素，不可能完全照搬上述设计方法。本章节结合国内一款比较典型的以车身轻量化为特点的小批量量产车型——E30L 进行介绍。

12.5.1　车身结构型式

E30L 是东风汽车公司制造的定位于环保、时尚、经济的纯电动城市代步车。其整车尺寸及相关的性能指标如图 12－25 所示。

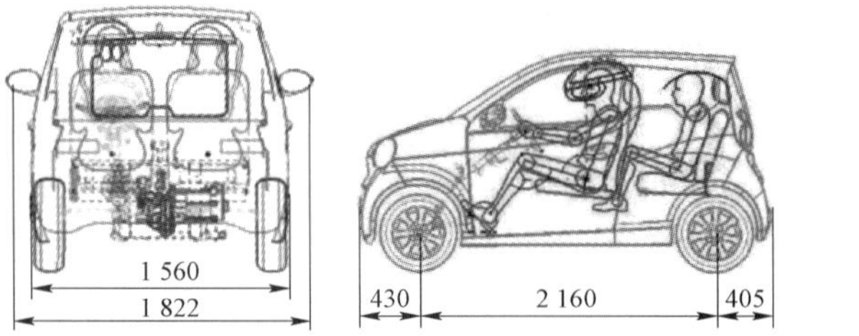

性能指标	E30	E30L
最高车速/（$km \cdot h^{-1}$）	80	100
纯电续航里程/km	120	150
0～80km/h 加速时间/s	18	16
最大爬坡度/%	20	20
综合电耗/（$kWh \cdot 100km^{-1}$）	13.5	14.6
安全性	GB 11551	GB 20071

图 12－25　E30L 整车尺寸及相关性能指标

为最大限度地保证续航里程、平衡电池的重量，结合整车性能要求该白车身小于 180 kg。在上述整车尺寸的基础上，采用传统钢制车身结构远远达不到重量目标，参考国内外的竞品车型，考虑采用以铝材和塑料为主的轻量化混合车身。经过对铝板材、铝型材、铝铸件成本与产量的关系（图 12－26）进行分析发现，在产量较小的前提下，铝型材的成本具有较大优势。

目前行业内全铝车身主要有三种结构形式，如图 12－27 所示，以铝型材构建为框架的桁架式车身结构，铝型材与铝板材搭配使用的混合式车身结构，然后就是与常规钢制车身结构相同，以铝板冲压件拼焊为白车身的结构。由于桁架式车身在小批量生产时成本较低，且因为没有大型外覆盖件而生产周期非常短，综合上述优势，E30L 采用铝型材为主的桁架式车身结构。

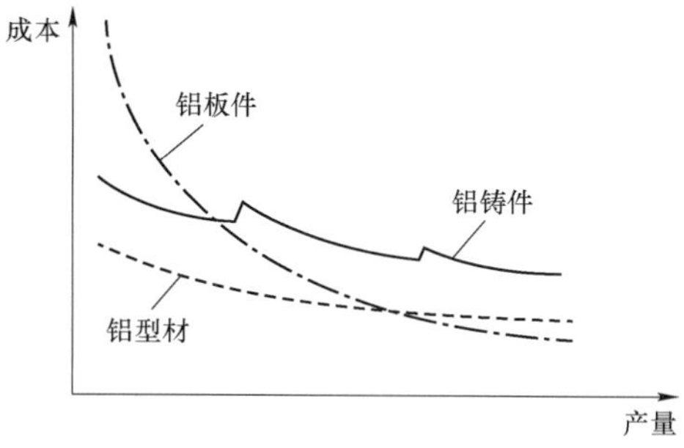

图 12－26　不同形式铝材成本与产量关系

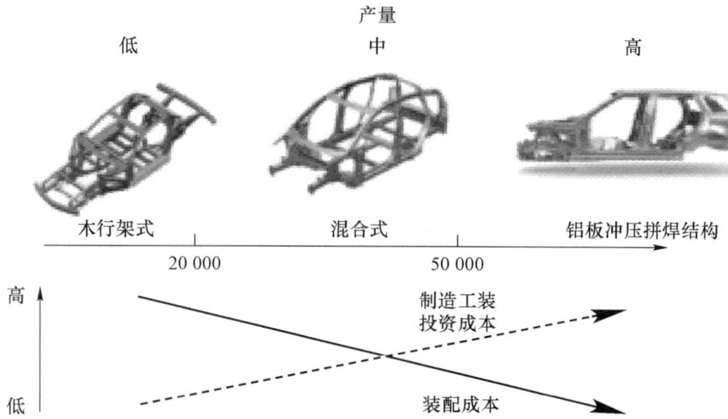

图 12－27　不同结构形式铝车身成本与产量关系

为了最大限度地达到轻量化效果，同时平衡工艺和成本因素，E30L 车身外观覆盖件均采用非金属材料。例如 SMC 机罩盖板及顶盖、PP 翼子板、PC/ABS 侧围外板等。因此 E30L 就构成了以铝型材构成桁架式框架，再增加铝板蒙皮达到密封及安装要求，最后覆以非金属外覆盖件的轻量化混合车身，如图 12－28 所示。

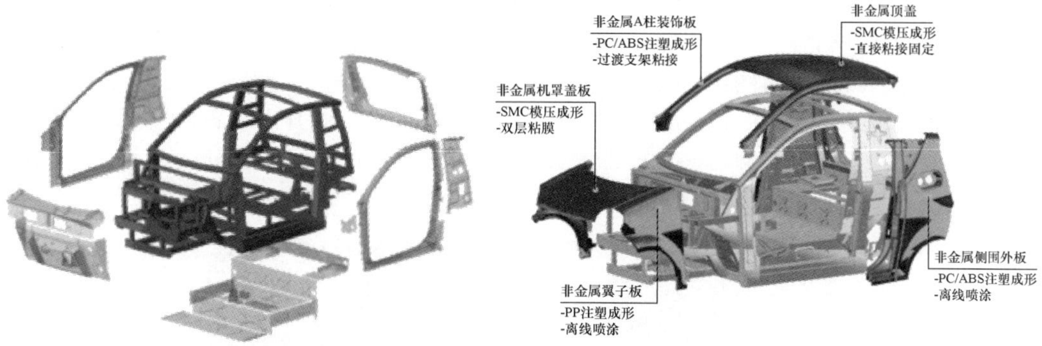

图 12－28　E30L 轻量化混合车身

12.5.2　结构设计

确定白车身结构形式后首先进行断面设计，由于铝材的弹性模量约为钢材的 1/3，为使关键节点的断面刚度保持与成熟钢制车身相当的水平，在进行断面设计时，铝车身断面惯性矩需为钢车身的 3 倍。以门槛梁断面为例，其 I_y 比值约为 3.5，满足上述设计原则（表 12－6）。

表 12－6　门槛梁断面参数

截面位置	截面面积	抗拉强度/MPa	弹性模量	惯性矩	截面图形	
门槛梁	$3\times10^{-3}m^2$	6082 T6：290	70 GPa	$I_X=1.683\times10^{-4}\ m^4$ $I_Y=5.268\times10^{-6}\ m^4$	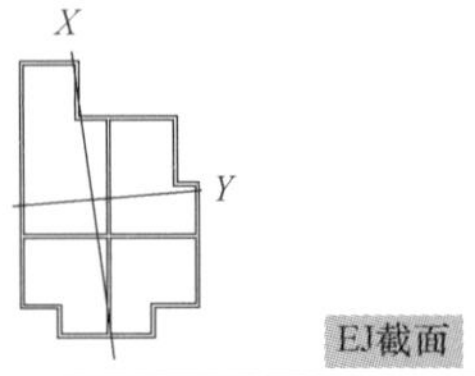	I_X 比值 1.8 I_Y 比值 3.5
	$7.027\times10^{-4}m^2$	DC01：270 DC06：250	206 GPa	$I_X=9.251\times10^{-7}\ m^4$ $I_Y=1.505\times10^{-6}\ m^4$	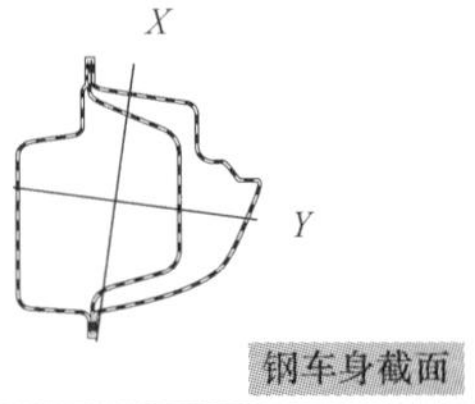	

E30L 虽然属于小批量量产车型，但由于同样需要推向市场，所以其主要性能也要满足相关法规要求。以碰撞性能为例，在上述断面设计的基础上进行力传递路径的设计，主要路径如图 12－29 所示。

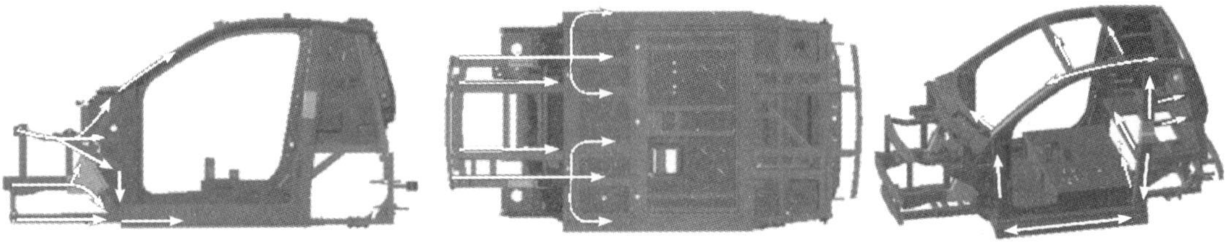

图 12－29　E30L 力传递路径

由于整车尺寸的限制，前舱尺寸较短，为最大限度地提升白车身前端的吸能比例，E30L 采用了双防撞梁双吸能盒的结构，因此在正碰过程中可形成上、中、下三条有效的吸能路径。然后通过选材的不同，在前舱从前到后依次形成了屈服强度中、弱、强三段吸能空间，在尽可能提升吸能比例的同时保证了碰撞过程中乘员的安全性，如图 12－30 所示。为保证结构的稳定性以及力传递路径顺畅，在关键接头位置选用铝合金铸件。通过上述措施，E30L 前端吸能比例可达到 62%。

图 12－30　前舱吸能空间

12.5.3　材料选择

铝合金在车身上大范围的应用在国内尚属首次，应用经验及相关工艺基础薄弱，开发过程困难重重。尤其是铝材的选择面临着牌号众多、性能波动大、存在不同的热处理状态等难点。参考国外成熟车型所采用的铝合金牌号，E30L 车身型材使用 6×××系铝合金且尽量减少材料品种。6×××系铝合金国内常见牌号有 7 种，时效工艺状态主要为 T5、T6 两种，如图 12－31 所示。根据车身结构性能要求及使用现状，E30L 车身铝型材主要选用 6063－T6、6082－T6、6005－T6 三种材料。

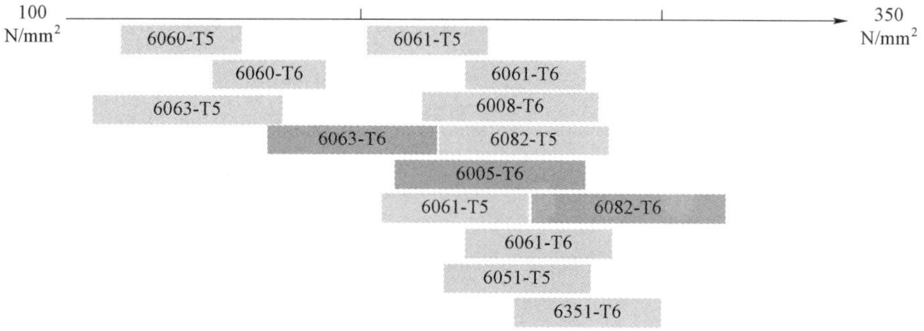

图 12－31　常见铝型材牌号的典型屈服强度范围

由于铝型材牌号性能范围较宽，上述三种材料性能区间有所交叉。为保证零件的相对强弱且满足碰撞变形模式的要求，三种铝型材的屈服强度区间应完全不交叉。通过调整不同的时效参数及生产工艺，试生产 100 多批次，最终固化工艺参数，满足性能范围。E30L 应用铝型材的性能要求见表 12－7。

表 12－7　E30L 应用铝型材的性能要求

牌号	屈服强度范围/（N·mm^{-2}）	
	GB/T 6892—2006 要求	技术协议
6063-T6	≥170	170～210
6005-T6	≥215	215～250
6082-T6	≥250	250～290

国内汽车用铝板的使用不成熟，汽车专用铝板的产量很小，多为进口。E30L 车身铝板的选材策略如下：

（1）参考国外车型，选用常见牌号；

（2）提高牌号通用性，控制材料种类；

（3）首选国内牌号，降低材料成本；

（4）满足压延要求，通过冲压模拟分析，验证工艺可行性。

基于以上策略，E30L 车身应用铝板材的性能要求如表 12－8 所示。

表 12－8　E30L 车身应用铝板材的性能要求

性能要求	主要选材因素	牌号	规模范围	屈服强度/（$N\cdot mm^{-2}$）	抗拉强度/（$N\cdot mm^{-2}$）	断后延伸率/%	材料来源
封板类，成形要求低	成本	5052-H32	t1～6	≥130	210～260	≥6	国内
零件复杂，成形要求高	成形性	6016-T4	t1.2	90～130	190～240	≥24	进口
加强件，受力要求	强度	6061-T6	t6	≥240	≥280	≥10	国内

E30L 白车身除了大量应用铝型材、铝板材之外，局部重要接头、力传递关键路径使用了铝铸件。为满足结构强度要求，铝铸件的屈服强度要大于 210 MPa，而传统的重力铸造与高压铸造无法得到如此高的屈服强度，因此采用了挤压铸造这一新型的铸造工艺。在保证力学性能的基础上，根据工艺性的要求，采用牌号为 A319 的压铝铸件成形工艺对比，见表 12－9。

表 12－9　铝铸件成形工艺对比

铸造方式	最高材料屈服强度	效果
传统重力铸造	180 MPa 左右	不满足要求
传统高压压铸	140～150 MPa	不满足要求
挤压铸造	≥210 MPa	满足要求

E30L 的翼子板、顶盖、侧围外板、机罩盖板等 10 余个外覆盖件采用非金属材料，主要有 PP、PC＋ABS 和 SMC 等，其选材策略及质量统计如图 12－32 所示。

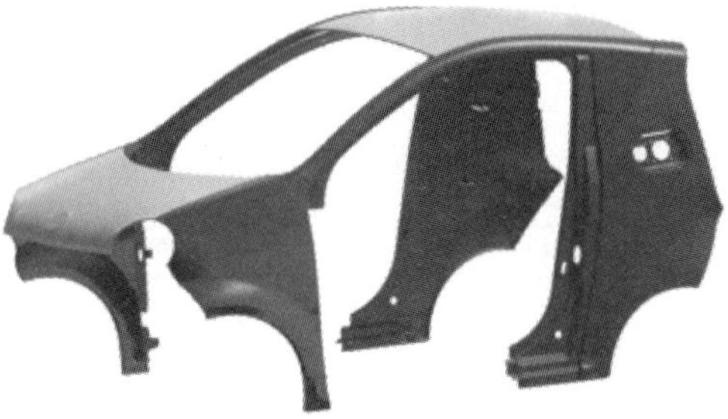

外饰件	材料	选材理由	质量/kg E30L
翼子板	PP	• 轻量化 • 易修复 • 热稳定性好	3
侧围外板	PC+ABS	• 轻量化 • 刚性好（弹性模量 2 300 MPa） • 良好耐冲击性	6.2
A 柱外板	PC+ABS	• 轻量化 • 刚性好 • 良好耐冲击性	2.7
顶盖	SMC	• 较好的刚度（弹性模量 6 000 MPa） • 和铝合金接近的线膨胀系数 • 良好的油漆性能	8.6
机罩	SMC	• 较好的刚度（弹性模量 6 000 MPa） • 良好的油漆性能	5.7

图 12－32　E30L 非金属外覆盖件选材策略及质量统计

12.5.4　成形工艺

由于铝材的拉延性较差、回弹大，而且容易粘连模具，因此冲压成形难度较大。E30L 在进行铝板材零件设计时，尽量避免复杂型面的结构，同时要尽可能地降低拉延深度，保证一定的冲裁角度。完成结构设计后，还需通过成形极限分析、减薄分析、主应变分析等一系列的仿真方法判断其成形性。最终通过调整冲压速度、模具压力、摩擦系数等工艺调试手段达到合格的铝板冲压件，铝板材成形工艺见图 12－33。

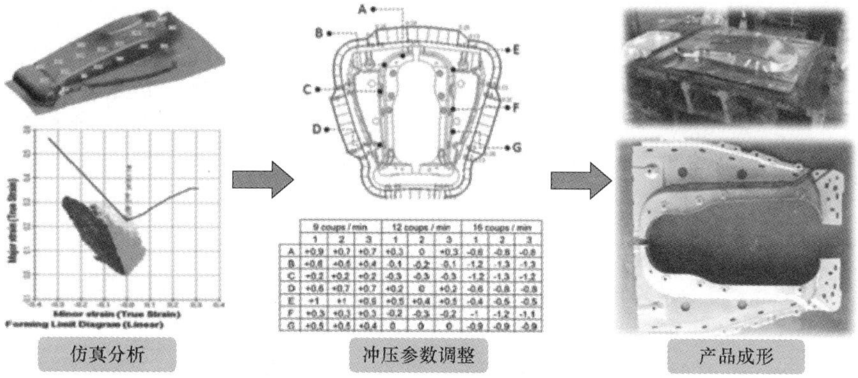

图 12－33　铝板材成形工艺

一般的铝型材零件采用挤出成形工艺，因为其模具制造简单、挤出工艺方便可靠，所以成形相对容易。但有两类铝型材零件成形也具有一定难度，一类是大角度弯曲的梁系零件，弯曲内侧容易起皱、外侧极易开裂，如前纵梁；另一类就是三维拉弯的零件，需要严格控制回弹，要求空间尺寸极其精确，如 A 柱、风窗下横梁等。针对这两类零件，需要调整材料的晶粒度、塑性，控制时效温度与时间，调整工艺流程：一般的型材零件采用挤出、固溶淬火、时效、拉弯成形的工艺流程，而上述零件需采用挤出、固溶淬火、拉弯成形、时效的工艺流程。铝型材成形工艺见图 12－34。

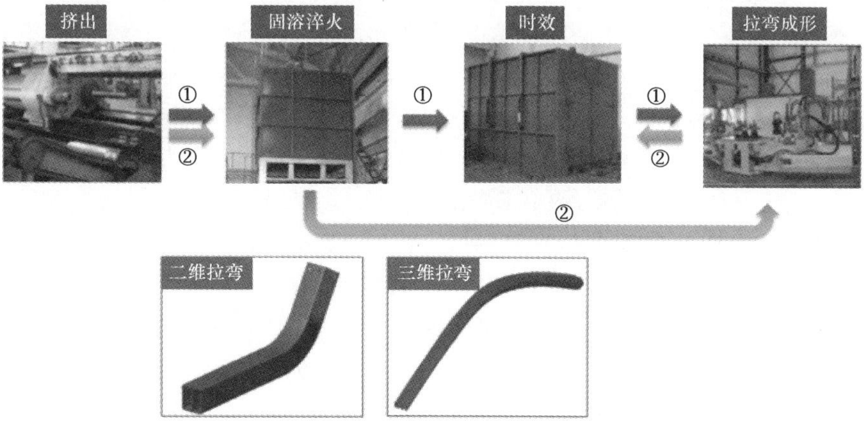

图 12－34　铝型材成形工艺

12.5.5 连接工艺

E30L 白车身采用以 MIG 焊（熔化极气体保护电弧焊）为主，多种连接方式组合的连接策略。主要方法为：铝型材与铝型材之间采用 MIG 焊、铝型材与铝板材之间采用塞焊、铝板材与铝板材之间采用锁铆连接、铝车身与非金属外覆盖件之间采用粘接。另外再根据白车身与其他系统安装要求的不同，应用套管、拉铆螺母、抽芯铆钉以及铝螺柱等。

根据 E30L 应用的不同材料及料厚的铝型材，配合不同的焊接工艺及焊丝组合形成试验矩阵，进行铝型材对接焊缝抗拉试验，记录屈服极限及断裂位置。通过试验发现铝型材 MIG 焊后热影响区强度急剧下降，最弱位置处在焊缝中心两侧 10 mm 左右的区域，且屈服强度只有母材的 50%到 60%。为验证这一结论，选取材料为 6082－T5、厚度为 2.6 mm 的型材进行 MIG 焊接，焊丝为 5087。完成焊接后以焊缝中心为原点向两侧扩展，测量各位置的维氏硬度，得出试验结果如图 12－35 所示。

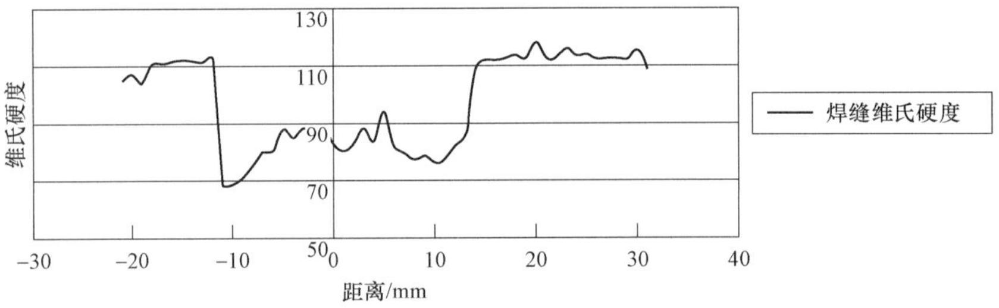

图 12－35 铝型材焊缝性能下降趋势

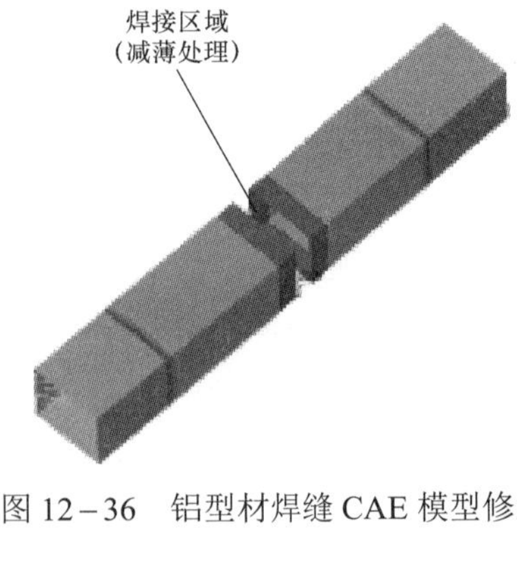

图 12－36 铝型材焊缝 CAE 模型修正

尽管铝型材 MIG 焊后热影响区性能下降明显，但目前并没有较好的连接方式来替换型材的对接、T 型接头。这就要求在进行结构设计时，必须考虑到接头两侧的弱化现象，同时进行最大限度的规避。主要方法为尽可能地加大焊缝之间的距离，避免由于焊缝密集导致同一区域经过多次热影响后材料性能出现几何式下降；重要安装点及承力结构与焊缝之间需满足一定的安全距离，必要时建议选用铝铸件或者钢板件与型材进行铆接、螺接来代替 MIG 焊。

另外，在进行 CAE 仿真设计时，需要充分考虑到焊缝两侧性能下降的问题，通过上述试验结果修正 CAE 模型，在焊缝两侧 10 mm 的区间内对材料属性进行弱化，如图 12－36 所示。

根据 E30L 铝板材应用，将四种不同厚度组合、材料为 5052–H32 的铝板进行 SPR 连接。SPR 连接后 4 种组合的剖面如图 12－37 所示，铆钉已穿刺上层铝板，并在下层铝板中流动和延展，形成了一个相互镶嵌的塑性变形，因此两层铝板的 SPR 工艺是可行的。

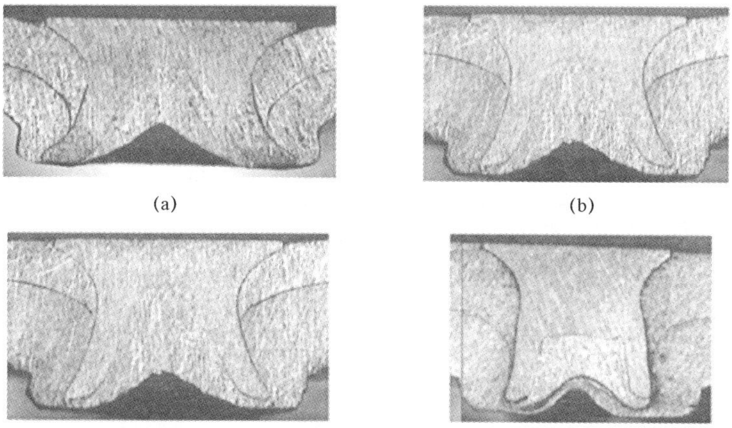

(a)　(b)　(c)　(d)

图 12－37　SPR 连接后的 4 种铆接点剖面图

（a）1.0 mm＋1.0 mm；（b）1.0 mm＋1.2 mm；（c）1.2 mm＋1.2 mm；（d）2.0 mm＋2.0 mm

对铆接点进行抗拉、抗剪强度试验，各重复进行 5 次试验后取平均值，作为 SPR 连接点的抗拉、抗剪强度值。按上述试验方法取得的试验数据如表 12－10 所示。

表 12－10　铆接点强度试验数据

序号	组合	类别	强度/N	破坏	序号	组合	类别	强度/N	破坏
1	1.0 mm+1.0 mm	抗拉	836	R	21	1.0 mm+1.2 mm	抗拉	832	K
2			895	R	22			815	K
3			952	R	23			893	K
4			832	R	24			875	K
5			847	R	25			901	K
6		抗剪	1 395	K	26		抗剪	1 420	K
7			1 335	K	27			1 315	K
8			1 403	K	28			1 378	K
9			1 297	K	29			1 446	K
10			1 374	K	30			1 354	K
11	1.2 mm+1.2 mm	抗拉	1 246	R	31	2.0 mm+2.0 mm	抗拉	1 548	R
12			1 298	R	32			1 703	R
13			1 205	R	33			1 726	R
14			1 314	R	34			1 665	R
15			1 227	R	35			1 597	R
16		抗剪	2 638	K	36		抗剪	2 821	R
17			2 668	K	37			2 810	R
18			2 594	K	38			2 902	R
19			2 571	K	39			2 893	R
20			2 654	K	40			2 805	R

注：铆接点破坏的三种情况：R—铆钉腿部被拉出；K—铆钉部头被拉出。

以 1.2 mm+1.2 mm 铝板组合为例，SPR 与点焊的性能对比如表 12－11 所示。可以看出，SPR 连接强度高于普通铝板点焊。同时铆接具有能耗低、设备投入小、环境污染小等工艺优点，所以铆接在铝车身的连接设计上具有较大的优势。

表 12－11　SPR 与点焊性能对比

性能	点焊	SPR
抗拉强度/N	660	1 258
抗剪强度/N	1 778	2 625

根据上述研究情况，将 SPR 连接应用于 E30L 的铝板材与铝板材之间，如门洞止口、侧围、后围等部位，共用铆点 160 个。如图 12－38 所示为门洞止口区域的 SPR 连接方案及实际操作。

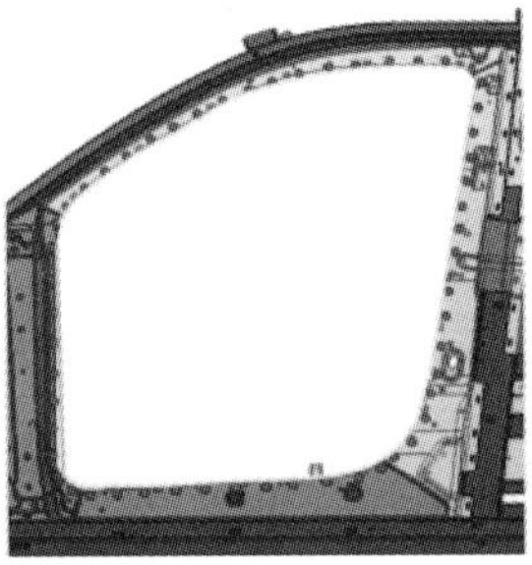

图 12－38　门洞止口区域的 SPR 连接

E30L 白车身连接方法的统计结果如表 12－12 所示。

表 12－12　E30L 白车身连接方法统计

连接方式	数量或长度	等效焊点数量	参数计算方法
点焊	0	0	1:1
MIG 焊	58 m（63 m）	2 900（3 150）	20 mm=1 点焊
塞焊	210 个（320 个）	210（320）	1=1 点焊
锁铆连接	112 个（112 个）	112（112）	1=1 点焊
螺栓链接	48 个（48 个）	48（48）	1=1 点焊
粘接	12.1m（15.3m）	242（306）	50 mm=1 点焊
抽芯铆钉	42 个（64 个）		
拉铆螺母	368 个（396 个）		
焊接套管	92 个（126 个）		
铝制焊接螺柱	10 个（10 个）		
总计		3 512（3 936）	

12.5.6　轻量化效果

E30L 白车身用材分布如图 12－38 所示，其中铝型材主要用于构建白车身框架，应用比例达到 67%左右；铝板材主要用于满足密封及安装要求，应用比例约为 24%；在关键的接头位置以及重要安装点部位采用了铝铸件和少量的钢板件。与相同尺寸的钢制车身结构相比，E30L 白车身可减重 75 kg 左右，轻量化效果如图 12－39 所示。

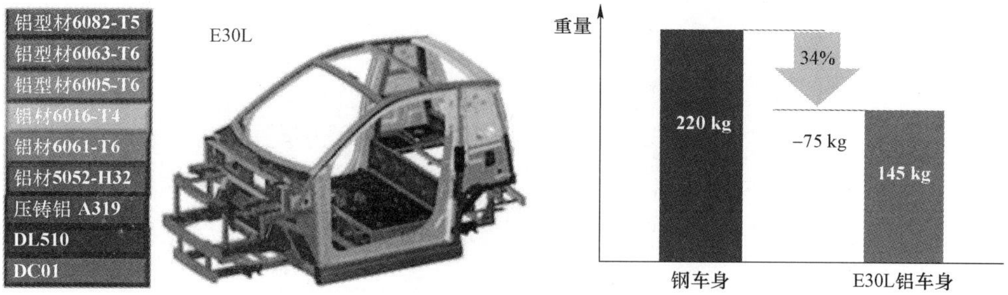

图 12－39　全铝车身轻量化效果（见彩图）

E30 L 总计应用了 22.3 kg 的非金属外覆盖件，与钢制零件相比，可实现减重 35%，约为 12.1 kg，具体见图 12－40。

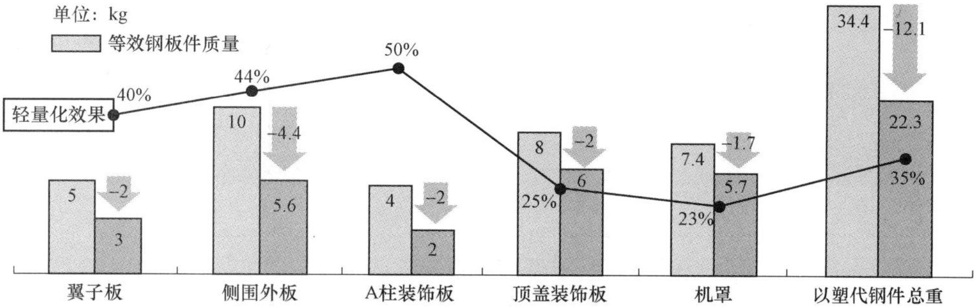

图 12－40　以塑代钢轻量化效果

12.6　未来概念车或小批量量产车型车身技术及其轻量化技术发展趋势

未来的车身技术与当今任何关于未来的展望都是分不开的。未来的设计，归根结底是为了最大可能地消除和克服现有技术的不足和达到现有设计难以企及的高度。考虑到目前能源紧张、环境污染、交通堵塞、个性化追求的现状，可以预见在未来车身设计中，可变形的汽车车身技术与轻量化技术将是主角。

可变形汽车是未来汽车的主流，它的外形可以变化，车身构架采用特殊材料，在一定情况下实现改变汽车的形状。汽车变形可以解决交通堵塞问题，同时汽车形状的伸缩变化也满足了不同人群的需求。下面实例表明可变形汽车并不仅仅是纸面上的构想。

可变车身汽车：日前宝马公司研制出一款能够变形的汽车 GINA（图 12–41），车身面料利用无缝织物材料遮蔽全副金属构造。GINA 的布料外壳由涂有聚氨酯的融合弹力纤维制成，具有柔软、坚韧和防水耐热的特性。布料外壳遮蔽在由电动与水压传动装置控制的铝制框架上，可以通过驾驶者的控制实现汽车形状的改变。

图 12－41　可变形汽车 GINA

可折叠汽车：据英国每日邮报报道，一名英国男子发明设计出了一种可折叠汽车，见图 12－42。这种可折叠式小汽车具有 4 个车轮和一个碳纤维车架，可利用传统电池、燃料电池、生物燃料等多种新能源驱动。该汽车在不用的时候能够折叠起来，一个普通停车位可停放 4 辆可折叠汽车。该设计将能极大地解决城市交通堵塞和停车资源紧缺的问题。

图 12－42　可折叠汽车

可伸缩汽车：瑞典一家汽车改装厂曾生产过一种车身能够变长的汽车 Presto，它能够在几秒的时间内实现由不到 3m 的两座车伸长为 3.7m 的四座车，实现了未来人们对于乘坐空间以及减少交通堵塞的双重需求，见图 12－43。其可伸缩的原理在于，车底的电动马达可以通过转动两个金属螺杆把后车体像抽屉般轻便地推出来。

未来车身设计中，新材料、新工艺的发展将推动汽车轻量化设计持续进步。以碳纤维车身为例，由于生产工艺及成本的限制，目前碳纤维只能以局部零件的形式出现在极少数的豪华车型中。而未来概念车及小批量量产车型中，碳纤维一体化车身将完全取代目前金属材料为主的车身结构。Aventador LP700－4 是兰博基尼旗舰款超级跑车（图 12–44），其乘员舱采用碳纤维一体化车身制成，其在构造上可作为单一部件发挥作用，在高速碰撞中，利用碳纤维的超强刚度，乘员舱可以从肢解的汽车中分离出来，最大限度地保护了乘员的安全性。该白车身结构仅重 145.5 kg。

图 12－43　可伸缩汽车 Presto

图 12－44　Aventador LP700－4

3D 打印将成为未来概念车与小批量量产车型成形工艺的生力军。目前受设备和材料等技术的限制，3D 打印技术应用于整车制造尚不成熟，但是业界认为，3D 打印技术在汽车零部件制造中的应用或将开启汽车工业的第三次革命，国内以湖南华曙高科技有限责任公司为例，其自主研发的 FARSOON 系列 3D 打印设备，采用高分子粉末材料激光烧结成形技术，烧结出的产品可直接应用于汽车工业，特别是在快速样件开发、复杂模具制造、轻量化产品制造、创意产品定制等方面的创新应用正在被众多汽车制造及零配件制造厂商运用。

图 12－45　采用 3D 打印制造的丰田 i－Road 概念

随着汽车的普及，汽车越来越多地被车主赋予了个性色彩，融入个性追求、文化元素的汽车创意产品越来越受欢迎，因此私人订制的小批量量产车型也逐渐成为一种新的汽车消费潮流。图 12－45 为采用 3D 打印制造的丰田 i－Road 概念车，该车外壳及部分内饰均采用 3D 打印技术。

第 13 章

车身轻量化工程的科学实施

13.1 汽车轻量化对汽车工业发展和“中国制造 2025”的意义

“中国制造 2025”是我国政府实施制造强国战略第一个十年的行动纲领。2015 年 3 月 5 日，李克强总理在全国两会上作《政府工作报告》时首次提出“中国制造 2025”的宏大计划。“中国制造 2025”提出，坚持“创新驱动、质量为先、绿色发展、结构优化、人才为本”的基本方针，坚持“市场主导、政府引导，立足当前、着眼长远，整体推进、重点突破，自主发展、开放合作”的基本原则，通过“三步走”实现制造强国的战略目标：第一步，到 2025 年迈入制造强国行列；第二步，到 2035 年中国制造业整体达到世界制造强国阵营中等水平；第三步，到新中国成立 100 年时，综合实力进入世界制造强国前列。

在“中国制造 2025”对汽车轻量化的需求中，强调汽车轻量化重点工作领域包含推广应用高强钢、铝合金、镁合金、塑料及非金属复合材料等整车轻量化材料和车身轻量化、底盘轻量化、动力系统以及核心部件的轻量化设计。在“中国制造 2025”有关“先进基础工艺、关键基础材料”的“四基”论述中，也把高性能结构材料、功能性高分子材料、先进复合材料等作为发展重点。汽车轻量化已上升到国家战略层面，不仅“中国制造 2025”将轻量化列为节能与新能源汽车发展的核心技术，在工信部、国家发改委、科技部等国家部委相继发布的专项方案中，也多次对轻量化技术的发展提出了具体要求。

在汽车节能的诸多途径中，轻量化历来被认为是最为有效的可实现方式之一。行业研究表明，汽车每减重 10%，燃油效率提高 6%～8%。汽车整备质量减少 100 kg，百公里油耗可降低 0.3～0.6 L。可见汽车轻量化可以减少燃油消耗、降低我国对原油进口的依赖度，同时减少排放、缓解空气污染。回顾中国汽车轻量化发展的历程，在 2007 年前后，自主品牌的乘用车车身高强钢平均用量不足 30%，很多自主品牌的乘用车车身高强钢用量甚至少于 10%。2007 年开始，通过轻量化理念的引入、国内轻量化专业技术人员前往欧洲车身会议观摩学习以及国内轻量化相关的行业会议，中国的车身技术和轻量化技术开始快速发展。在过去的 10 年间，通过国家部委的支持、行业上下游的协同和努力，目前自主品牌乘用车车身高强钢平均用量已达 60%，达到了国外同等水平，尤其是 1 500 MPa 热成形钢、780 MPa 和 980 MPa 双相钢及 Q&P 钢等先进材料以及热冲压成形、辊压成形、液压成形等先进制造技术均已批量应用。在商用车轻量化方面，2007 年前后，商用车上下游强调多拉快跑，超载严重，严重制约了新材料、新工艺、新设计的应用，造成了自主品牌商用车与国外商用车在品质和质量方面存在着巨大的差距。经过行业上下游的协同和近 10 年的技术攻关，大量的新型零部件、新材料得以应用，商用车整体减重约 15%，降低了能耗和排放、提高了产品性能和质量。整车自重的减低提高了运输效率，降低了对道路的损伤，使交通运输更绿色、更环保。尤其带动了上游原材料行业和零部件制造行业的技术提升，也为 GB 1589 和国家限超政策的实施奠定了基础。汽车轻量化带动了汽车节能减排、被动安全等性能的提升，进而提升了产品的竞争力，同时带动了零部件制造行业、模具行业、热处理炉行业、成形及连接装备行业的技术提升，推动了我国机械制造行业的整体技术进步。汽车轻量化有效降低了原材料的使用量，扩展了高性能材料的应用，这对我国“供给侧结构性改革”有重要的推动作用。

近 5 年来，我国新能源汽车产销量持续快速增长，世界汽车产业的关注焦点再一次回到了中国。发展新能源汽车的同时，也要高度关注节能技术的产业化研发与攻关，尤其是高效发动机、先进变速器、混合动力系统、智能电子电器、轻量化材料的产业化攻关。电动汽车减重 10%，续航能力增加 5%～8%，高强钢、铝合金以及碳纤维等先进材料和先进制造技术的应用，可以有效提高新能源汽车续航里程以及提高电池的能量利用效率，这在国内外新能源汽车上得到验证和应用。

汽车轻量化涉及结构设计、新材料、制造工艺三个领域和产业的技术提升，伴随着汽车轻量化工程的实施，我国涌现了如吉利汽车、宝钢股份、忠旺铝业、凌云工业、中信戴卡、康德复材等一批国际知名的制造企业，汽车轻量化对“中国制造 2025”的落地实施、中国制造业的转型升级以及加快中国经济的创新驱动发展有着十分重要的战略意义。

13.2　汽车轻量化的科学开展

中国汽车轻量化经历了概念认知、新材料开发、材料/结构优化与工艺相结合以及建立系统解决方案等不同的发展阶段，那么当前中国汽车轻量化的核心工作是什么呢？从实际情况看，过去的 10 年我国轻量化工作取得很大进展，无论是设计、材料，还是制造技术都有明显进步，最重要的是轻量化的理念与认识上有了质的飞跃。10 年前，轻量化未被考虑到国内汽车设计流程中，到被纳入设计和考核指标，再到被各企业均列为战略发展目标，进而成为汽车产业的三大发展方向（电动化、智能化、轻量化）之一，我国汽车轻量化技术的发展有了广阔空间。

但是企业下达的轻量化指标是科学的定义，还是拍脑袋出来的？后者无疑说服力不强，既没有很好地借助行业技术资源给予足够的支持，也不能完全期望轻量化目标最终能够实现，只会形成推动轻量化工作的强大压力。在这样的推进机制下，企业的轻量化工作难以深入、持久地发展。此外，价格约束问题、材料与设计配合问题、产品开发与技术开发脱节问题等，都影响轻量化工作的深入发展。也就是说，在解决为什么要开展汽车轻量化工作的问题之后，如何结合企业实际需要，科学开展轻量化工作问题是行业和企业迫切需要解决的问题。

解决这一问题的关键在于如何把轻量化工作与整车开发有机融合在一起，这需要制定合理的轻量化目标和有效的推进机制。我们不能把轻量化当作与产品性能保障和提升无关的一项技术和第三方考核目标，更不能单纯为了轻量化而轻量化，而应该是为提高企业产品在细分市场中的竞争力而实施的重要技术措施之一。从大方向来说，就是要把轻量化工作与企业落实供给侧改革，提高产品的市场竞争力相结合。为此，汽车轻量化专家陈一龙老师曾建议企业轻量化工作需考虑首先解决三个基本问题：

- 轻量化定位问题——不同类型整车与各系统、零部件重量大小的设定满足产品定位市场竞争力需要与成本限制和技术能力支撑的要求是产品实现轻量化开发的基础，这涉及整车与零部件轻量化的评价方法与选择方法。目前没有统一的认识，特别在整车上没有公认的实用方法。可喜的是有些企业正在结合本企业实际探索解决的办法。

- 轻量化技术路径问题——在整车设计、开发流程中，应在合适的时间用合适的方式方法恰当解决定位问题，同时明确围绕产品产业链所需要建立的技术支撑链及其技术攻关项目，把技术创新与新产品开发紧密结合在一起，以减少技术开发的盲目性、片面性，提高上下游产业与科技开发单位参与开发的积极性，实现轻量化技术开发与产品开发的融入与落实。
- 目标市场的对标问题——Benchmark 是国内外企业了解竞争对手产品技术、性能水平与发展状态的有效途径，是各企业必做功课，但目前国内企业 Benchmark 水平差距较大，绝大多数处于表面了解状态，即测试采集的数据只能大致满足知其然的需要，而不知其所以然，不能为解决定位与路径问题提供足够的营养，更不能为消化吸收再创新提供支撑。从企业初步交流的情况看，对象的选择与数据的深入采集、处理与使用方法都需要提高，因此，国内企业还应重视 Benchmark 分析技术。需要强调的是：Benchmark 不是逆向工程，也不是抄袭，而是一种科学的分析方法和技术。

本书作者之一熊飞博士认为，汽车轻量化是一项非常复杂而系统的工程。作为主机厂，应该从公司高层改变对轻量化的认识，把轻量化提升到战略高度，合理布局公司轻量化战略。组建专业的轻量化团队来协调内外部资源，建立系统的轻量化开发流程，制定合理的轻量化目标。

轻量化工作是多个设计部门联合开展的一项工作。其工作思路是在满足性能的前提下，通过材料、成形工艺及结构优化三个方面来开展轻量化工作。主机厂在进行轻量化设计时，重点不是聚焦在一个零件的重量、性能等，而是应聚焦在整车的性能。所有的设计及优化工作都是以提高或满足整车性能为前提。轻量化工作核心的内容是对设计重量的管控、对设计方案的跟踪管理。

在进行轻量化设计时，不是简单地采用轻质材料来制作零部件就可以了，需要结合材料供应商、零部件供应商以及原型设备制造商等上下游资源共同来开展工作，多方协同配合，主机厂以“性能驱动设计”的理念，合理规划整车和零部件的性能目标，一级供应商需要根据这些性能目标提供轻量化的技术方案和工艺方案，材料供应商根据方案需求开发更轻质、合理的材料和工艺解决方案。比如说车身上需要用超高强钢，一级供应商要选择先进的技术和工艺来实现，像热成形技术。超高强钢淬透性差，材料供应商应在材料配方上增加微合金来提升超高强钢的淬透性，这样的轻量化方案才能真正落地。

另外行业轻量化共性技术是行业应该大力推动的。2016年中国汽车工程学会编著的《节能与新能源汽车技术路线图》一书中的“汽车轻量化技术路线图”阐明了汽车行业轻量化发展的技术路线，概括起来重点包含以下几个方面：① 确定了适合我国国情的汽车轻量化发展阶段和总体目标；② 从总成和零部件层面制定了详尽的轻量化发展技术路线；③ 阐明了适用于不同阶段的汽车轻量化用材、结构设计和先进成形技术。综合考虑我国汽车工业的发展状况，未来我国汽车尤其是新能源汽车轻量化用材的主要发展方向为：以钢为主，轻合金和纤维增强复合材料多材料混合应用，并逐渐提高高强和轻质材料的应用比例，建立起适合我国国情的汽车轻量化技术发展路径，实现精益求轻、轻益求精。《汽车轻量化技术路线图》对共性技术已经有了很好的归纳和介绍，但还应该注意以下问题：

- 与上述三个问题相关但未纳入路线图归纳的技术问题，诸如可实用的轻量化评价方法与选择方法研究及 Benchmark 数据深入采集方式方法与应用技术研究等，当前应当着力推动，因为有利于其他技术的落实和解决。

- 引申一下测试评价方法的研究，像车身局部刚性测试方法的研究与应用，关键基础零部件动载性能测试方法与判定标准研究，前者是缺乏统一性与广泛应用问题，后者是考核指标缺乏科学性和使用可靠性。但这些方面的标准不仅与解决轻量化问题相关，也与解决可靠性问题密切相关。

- 路线图中已提出的应解决关键技术，更应关注模块化设计与制造技术、高强钢与非碳纤维增强复合材料的深入开发与应用技术、高纯度低含气量复杂形状薄壁铝合金压铸技术、低成本高耐蚀镁合金的开发与应用技术、轻质材料及异种材料的连接技术、碳纤维增强复合材料与高强钢或铝镁合金复合制造汽车零部件等技术的发展。

深入开展轻量化工作，像我国当前的深化改革一样，要从建立新的体制机制着手，以解决有助于体制机制建设的关键共性技术为先导，推动其他各项关键技术真正与企业新产品开发相融合，才能在轻量化工作中取得更大成效。

同时随着我国汽车轻量化技术的快速、深入发展，在其他具体性技术关键点还应该引起重视，笔者曾采访轻量化联盟专家委员会主任王登峰教授，他给出了以下需要进一步深入研发的重点：

（1）适合汽车行业应用的纤维增强复合材料的研发和推广应用。

纤维增强复合材料，尤其是连续纤维（碳纤、玄武岩纤维等）增强复合材料以其质轻、比强度和比刚度高、阻尼减振特性好、抗冲击能力强、零件可设计性强、集成度高等优势备受青睐。但是由于上述纤维增强复合材料在汽车领域里的应用基础相对薄弱，汽车领域复合材料人才缺乏，加之纤维增强复合材料具有强各向异性的特点，材料和零部件供应链体系尚未形成，还不能满足汽车产品轻量化研发的需要，给其推广应用造成了一些困难。目前需要研究的共性关键技术有：在原材料方面，适合汽车行业需要的低成本、大丝束碳纤维材料与性能优异的热塑性树脂的研发和生产，热塑性预浸料的量产，另外还缺少纤维增强复合材料静态力学性能数据，以及不同应变速率下、不同加载方向材料应力–应变关系动态性能数据；

在成形技术方面，需要高效、高质量和高精度适合量产的零部件快速成形方法；在结构设计方面，需要基于性能驱动的零件结构铺层设计方法、零部件减量和集成设计方法；在零部件性能分析与评价方面，连续纤维增强复合材料复杂零部件的有限元建模、性能分析与仿真评价方法尚不成熟，还不能满足行业产品研发的需要。上述技术关键点是纤维增强复合材料在汽车轻量化领域难以推广和应用的主要问题。特别值得注意的是，为了解决碳纤维增强复合材料成本高、难以在自主品牌经济型汽车上应用的问题，像宝马 i7 B 柱在金属结构的关键部位局部附加碳纤维增强复合材料，构成复合结构的做法，既能充分发挥碳纤维增强复合材料的特点和作用，又能减少用量，起到画龙点睛的作用，还可降低使用成本，是碳纤维增强复合材料在自主品牌汽车上推广应用的发展方向。

（2）乘用车底盘零部件轻量化技术的研发。

目前我国自主品牌轿车车身用高强度钢平均占比已经超过 50%，个别车型甚至达到 70%，铝、镁合金和工程塑料在车身结构件上的应用比例也越来越大，车身结构轻量化技术发展迅速，白车身结构重量明显降低，车身轻量化系数显著减小。但在悬架、转向等底盘关键零部件轻量化技术研发方面却相对滞后，进展较慢。主要表现在底盘零部件轻量化研发中的一些共性关键技术尚未突破：一方面，底盘关键零部件在汽车服役和用户使用过程中的疲劳载荷谱数据缺乏，零部件工作中的疲劳载荷不能有效、精确地确定；另一方面，基于疲劳寿命的底盘关键零部件轻量化设计方法研究还不够深入和成熟，零部件疲劳寿命的预测精度尚有待进一步提高。此外，与用户使用寿命等效的零部件疲劳强度试验方法和技术规范缺乏；研究中通常只有不同材料的疲劳极限数据，没有准确的零部件的疲劳极限数据可供参考和使用。汽车底盘零部件的轻量化研发还有许多基础、共性和关键技术尚待突破。

（3）新能源汽车结构轻量化工作还有待进一步加强。

新能源汽车因动力电池组质量大，同比传统燃料同类轿车整备质量约重 150～300 kg；同比传统燃料同类大客车，整备质量约重 2～3 t。新能源汽车整备质量的增加，虽然不像传统燃料汽车那样会直接增加油耗和污染物排放，但它会明显增大新能源汽车电耗，缩短续航里程，增加汽车行驶时零部件动载荷，降低零部件疲劳寿命。以往对新能源汽车电池、电机和电控“三电”系统研发投入较大，对其结构轻量化工作重视不够，导致新能源汽车的轻量化工作相对滞后，给新能源汽车整体水平的提升带来不利影响。事实上，新能源汽车因有国家补贴政策拉动，其轻量化技术应用的承受度更高，其轻量化工作应该走在传统燃料车的前面，为汽车轻量化技术的推广应用起示范作用。目前，自主品牌新能源汽车都是在传统燃料车型上进行搭载改装，导致其整车总体布置与轴荷分配不合理，整车性能难以实现最佳匹配，给轻量化技术应用带来困难，因此全新架构新能源汽车结构轻量化技术研发亟待开展。

（4）模块化与平台化开发是汽车工业的发展方向，它将更有利于汽车轻量化技术在同平台和跨平台车型上的推广应用，有利于形成系列化的轻量化汽车产品。

汽车轻量化有减重和减量（通过集成设计减少零件数量）两种技术路径，模块化无论对系列化减重还是减量都能发挥非常大的作用。目前，我国汽车轻量化技术的产业链已经初步形成，在汽车用钢方面原材料和零部件供应商的轻量化技术解决方案和能力能够满足汽车行业的发展需求。但在铝合金、镁合金，特别是纤维增强复合材料领域还有一定差距，不能很好地满足行业轻量化技术发展的需要，应该在国家相关政策的引导、支持和推动下，通过跨学科协同、跨产业链协同、产学研用的深度合作，突破一批基础、共性和关键技术，尽快提升轻合金与纤维增强复合材料领域原材料和零部件供应商服务于汽车行业的能力和水平，加快轻合金和纤维增强复合材料在汽车轻量化领域的推广应用，使我国汽车轻量化技术水平再上一个新的层次。

13.3　原材料企业和零部件供应商应重视 EVI

汽车轻量化主要依托新材料、新工艺和新技术的应用，而任何材料、工艺和设计的改变对产品开发来说都是大的挑战。因而原材料企业和零部件供应商必须做好 EVI，以加速轻量化的工程化实施。EVI 即“Early Vendor Involvement”，是指上游材料和零部件供应商对下游客户的新产品开发先期介入模式，充分了解下游客户对上游产品性能的要求，从而为下游客户新产品开发提供更优的产品和个性化服务。EVI 首先由日本的 JFE 和 POSCO 钢铁企业提出并付诸实施，取得了良好的成效。EVI 的提出有其内在的逻辑，即汽车开发周期长、涉及的专业和领域多，尤其是上下游的配合度高，仅以采购和供货的关系来定义主机厂和上游供应商的关系并付诸实施，往往不能满足汽车产品开发的需要，进而汽车新产品开发先期介入模式应运而生。中国钢铁企业如宝钢、TAGAL 等根据自身的产品特色和中国主机厂的需求，先后开展了 EVI 服务，并先后建立了相关专业机构，得到了汽车行业的认可，随后，首钢、马钢、鞍钢、本钢、河北钢铁等钢铁企业以及零部件企业也相继开展了 EVI 模式，推动了中国汽车行业的技术进步和轻量化进程。

宝钢在 20 世纪 90 年代中期学习了这一模式，并通过实践和创新，在中国率先建立起了一套适合中国实际的与汽车厂开展技术合作的工作模式。宝钢的 EVI 包括了“项目化”“两导向”“双负责”“三层次”“四收效”“五阶段”“九步骤”等工作模式和方法，EVI 的工作过程有管理推进，EVI 的工作结果有评估反馈。宝钢汽车板 EVI 的工作理念是以用户为中心，为用户解决问题，汽车板工作团队的每个成员都秉承这个理念开展工作，从工作策划到工作方法都体现这一理念；宝钢汽车板 EVI 产生的是供需共赢的价值，通过这种工作模式，用户的问题和需求可以更快、更直接地传递到供应商，用户解决材料问题有了依靠和帮手，工作有效性大大提高；宝钢汽车板 EVI 形成了公司内团队协同、资源共享的工作机制，对 EVI 项目的目标和责任没有歧义。EVI 是市场营销层面的工作，而宝钢通过实施 EVI，更多地得到了战略意义上的收获。

中信金属有限公司作为典型第三方原材料企业以及中信微合金化中心(以下简称中信)，在过去的 10 多年间，坚持 EVI 的模式，推动微合金化技术在汽车上的应用。在过去的 15 年间，中信先后经历了若干 EVI 发展阶段。首先，原材料企业（主要是钢铁企业）是中信的直接客户，因而在早期阶段，原材料企业是中信主要的 EVI 合作对象，在此阶段，中信的主要研发目标是推动铌微合金化汽车钢的开发，该阶段大约经历了 10 年，即 2001 年至 2011 年，主要的合作伙伴为钢铁企业、冶金研究机构和材料研究机构，该阶段被定义为中信 EVI 1.0。随着企业行业的发展以及对汽车行业认识的逐渐深刻，中信发现，新材料开发出来后，并不能迅速在汽车上得到应用，其原因是尽管新材料性能优异，但由于零部件的制造需要解决成形、连接等制造工艺问题，同时零部件的疲劳以及安全和吸能等性能要求需要对零件的设计以及原材料要求重新定义，而这些在材料开发之初往往难以考虑周全，同时零件的设计和制造也需要进行大量的技术攻关，为了加速新材料的应用，必须与零部件企业合作，并通过中信自身的能力建设以及与行业应用研究机构合作，为零部件企业提供新产品开发先期介入支持，进而形成了新的 EVI 阶段，该阶段从 2012 年开始，被定义为中信 EVI 2.0。2015 年前后，随着汽车轻量化被主机厂普遍接受，中信发现，单个零部件解决方案的开发仍不能满足主机厂的要求，比如汽车的每个零部件和总成有多种设计和解决方案，以前保险杠横梁为例，双相钢、热成形钢、马氏体钢、铝合金、塑料复合材料等均可以制造前保险杠横梁，而且每种材料的设计方案和制造工艺方案也不尽相同，而中信与原材料企业以及零部件企业开发的某个解决方案可能并不适用于某些整车企业的某个车型，或者该解决方案在某种情况下也未必是最佳的方案，因而形成系列解决方案的必要性就大为突出，同时 EVI 难度也相应加大，比如 B 柱总成系列解决方案的形成就需要首先建立 B 柱的等效数字化模型，并进行相关的测试实验验证。同时，对含铌和非含铌材料的测试比较也不再局限于常规的力学性能和成形性能，高应变速率性能以及冲击吸能性能的精确数据也必须进行测试和比较，部分数据作为性能分析的软件输入。2015 年，中信开始向实施第三阶段的 EVI 模式转变，即与主机厂和汽车研究机构开展典型零件及总成的系列铌轻量化解决方案开发，为主机厂提供系列的解决方案参考。由 2000 年到 2015 年中信的三个 EVI 阶段可见，中信主要以逐个钢种、逐个零部件以及某些零部件和总成的研究和解决方案构建体系。而事实上，主机厂在车身选材过程尚未形成一套配合汽车正向开发的正向选材体系，这无疑滞后了汽车性能开发的进程以及高性能铌微合金化材料的应用进程。“合适的材料用在合适的地方”通常被用作汽车选材的逻辑，但实际上没有形成体系的选材逻辑难以将上述理念真正落实。中信开始与 BM 对标研究机构合作，发现部分车型的选材似乎没有很强的合理性，因而汽车正向开发和性能开发的需求以及行业现存的问题，促使了中信将 EVI 模式再次升级，即中信 EVI 4.0 阶段，中信与相关研究机构试图构建汽车车身正向选材系统，目前该工作仍在推进之中。另外，自 2016 年 GB 1589 及其配套措施得以有效贯彻执行，重型载货汽车轻量化成为强烈需求。从商用车开发角度考虑，中信与零部件企业、钢铁企业等合作伙伴相继开发了轻量化含铌车轮、车架、板簧、车厢等零部件和总成，但如何支持商用车企业开发轻量化的商用车、如何将前期的成果集成到一个整车当中，成了工作重点，特别是超轻商用车的开发（比如 Super Truck），这对于中信的商业模式以及 EVI 模式而言同样是挑战，这也是中信 EVI 5.0 阶段的缘起。

任何事物都必须发展才能有持续的生命力，EVI 的模式和内容必须不断开拓和创新，才能适应用户的发展和市场变化。从产品的用户端发现新需求，原材料企业和零部件供应商应和主机厂形成产学研用的合作平台，促进轻量化的实施。

13.4 轻量化解决方案体系、车身正向选材体系以及轻量化评价体系的建设

过去的十年，中国的汽车轻量化经历了从概念认识、新型轻量化材料的开发，到如今的轻量化设计、制造工艺和新材料耦合的零部件和整车开发三个过程。但主机厂的轻量化工程推动工作并不顺畅，这里有很多原因，包括成本、供应商体系、法规、消费者的认识等。本书作者路洪洲指出，解决这个问题需从以下几个方面着手：

第一，汽车轻量化解决方案体系建设。目前自主品牌主机厂在重量管控、新材料应用、轻量化成本分析等方面取得了较大的进展，但很少有主机厂具备各部件和总成的系列轻量化解决方案能力，多数从CAE工程分析和材料应用的角度进行轻量化车型及零部件的开发，造成了产品部门、工程分析部门、成本管控部门对轻量化部门不便协同的问题。

自2016年，中信启动了“典型构件的系列轻量化解决方案”研究项目，通过总成的数字化等效子模型的开发，进行B柱总成和前保险杠横梁总成的系列轻量化方案开发，大大缩短了开发流程，形成了包括重量、成本、安全、制造工艺性、供应商资源的多维度轻量化方案矩阵，基于该矩阵，主机厂可以根据新开发车型的定位和性能需求，直接在数据库中选择合适的轻量化方案，让产品部门、工程分析部门、成本管控部门和轻量化部门在方案的层面进行沟通，降低了主机厂轻量化的推进难度。

熊飞博士在《微合金化专访》中介绍了和中信、同济大学合作“关于汽车B柱总成的不同材料方案的对比”的课题，即在不改变B柱形状、截面的前提下，在高强钢中加铌和不加铌元素，对零部件的性能，乃至总成、整车的轻量化效果及整车性能的影响是怎样的？或者说这种影响会在哪些工况中得到体现，会以什么样的形式体现？为此我们建立了B柱的CAE台架模型，并模拟整车侧碰工况，设置好边界条件，将1 400 kg蜂窝铝避障等效替换为刚性避障，对比这两种材料的碰撞变形量和能量吸收情况，考察材料冲击韧性和强度。通过样件试验对比这两种材料的应力应变曲线以及 n 值、r 值，分析加铌对材料成形性的影响。结果证明，加铌元素对钢材的吸能、淬透性和成形性都有更好的效果，这是个很成功的合作项目，为后续的高强钢发展提供了很好的理论和实践基础。

其中B柱总成的典型轻量化方案和前防撞横梁典型轻量化方案对比如表13－1和表13－2所示，定性的比较和定量的分析比较有利于轻量化开发决策以及轻量化车型的设计开发。

表13－1　B柱总成的典型轻量化方案对比矩阵

方案	重量	成本	侵入量	侵入速度	工艺难度
基础方案	○	○	○	○	○
激光拼焊方案	○	○	*	**	*
不等温热成形方案	*	*	***	**	**
材料提升方案	**	**	***	*	○
补丁板方案	***	***	**	***	○
TRB方案	*	*	*	*	***
绿色代表优化；浅灰色代表持平；深灰色代表减弱；*数量为提升/降低程度。					

表13－2　前防撞横梁典型轻量化方案对比矩阵

方案	重量	成本	40%偏置碰	三点弯冲击	低速碰	工艺难度
基础方案	○	○	○	○	○	○
材料提升	*	**	*	○	*	*
热成形	**	*	***	○	***	**
铝合金	***	***	**	*	**	*
中灰色代表优化；浅灰色代表持平；深灰色代表减弱；*数量为提升/降低程度。						

第二，车身正向选材体系的开发。尽管自主品牌多数主机厂已经开始正向开发，目前自主品牌车身材料的选择主要通过工程师的经验、对标车型参考和原材料企业的推介，尚未形成正向选材系统和体系，制约了新材料的应用和轻量化的进程。

近年来，中信和奇瑞汽车、宝武钢铁、武汉上善等组成攻关团队，基于车身环状结构理念，从整车性能需求和零部件功能需求、成形焊接等制造工艺需求和综合成本三个维度进行选材，首先从汽车碰撞安全性能和刚度要求评估、零部件吸能和局部刚性等要求评估、零部件成形特征和焊接工艺窗口评估、耐腐蚀性能要求评估、成本评估等角度，通过逻辑计算最终推荐合适的材料，以达到“合适的材料用在合适的地方”诉求和选材理念。

第三，乘用车轻量化评价体系的构建。NCAP 以及汽车保险安全评价等促进了汽车的安全设计和开发，保证汽车消费者的利益的同时，也促进了汽车安全技术的发展。汽车也亟须一套轻量化评价体系，供汽车消费者在选择节能减排汽车作为参考，同时推动轻量化技术的发展。

尽管“典型构件的系列轻量化解决方案数据库”和“车身正向选材系统”以及“乘用车轻量化评价体系”的构建难度较大，需要整车企业的多个部门、供应商以及科研院所配合，但这三个体系将对支撑中国汽车轻量化起到举足轻重的作用。

13.5　新能源汽车的发展及轻量化

随着全球环境和能源形势日益严峻，绿色环保和节能减排逐渐成为发展主题。在此形势下，汽车节能、环保问题的关注度同样日益增加，目前主要有三种解决手段，一是发展新能源汽车，二是提高发动机效率，三是汽车轻量化。其中新能源汽车是主要发展方向，既是有效应对能源与环境挑战，推动汽车产业可持续发展的重要手段，也是加快汽车产业转型升级、培育新的经济增长点和赢得国际竞争优势的战略举措。

近年来，在政策导向和高额补贴的影响下，国内车企纷纷投身新能源汽车制造产业，我国新能源汽车发展迅猛，新能源电动汽车逐渐受到市民的青睐。但仍然存在诸多要破解的问题，如续航里程、充电配套、购车成本等方面尚不尽如人意，尤其是电池续航里程问题，更是让不少消费者望而却步。其受限于当前电池技术比能量与液体燃油的差距巨大，在同样续航里程的要求下，新能源汽车的电池等动力系统相比于传统燃油车要大幅增重，为解决新能源车的续航里程问题，其轻量化需求比传统燃油车更迫切。

汽车轻量化是指在成本控制与性能改进条件下，通过轻量化结构设计、轻量化材料、轻量化制造技术在整车产品上的集成应用而实现汽车整备质量的降低。轻量化是节能减排、增加汽车续航里程的重要途径之一，新能源汽车对于汽车的安全、节能等性能的要求较高，对汽车新材料与轻量化的应用提出了更大挑战。

本书作者之一王智文部长认为，目前的轻量化手段主要有三种，一是通过先进仿真手段进行轻量化设计，二是应用先进的轻量化材料，三是采用先进的轻量化制造工艺。而汽车轻量化的实现需要材料、设计、加工等多方面技术的集成，其中设计是龙头，制造是纽带，而材料的创新是基础和核心，轻量化材料的应用是目前最有效、最重要的轻量化手段。因此，材料性能的提升对减重尤为重要。目前主流的轻量化材料主要有高强钢、铝镁等轻质合金，长纤增强工程塑料等非金属材料以及碳纤维等先进复合材料。众多汽车厂商多年来也一直在进行“以铝代钢”“以塑代钢”的材料研发，但我国自主品牌主流轻量化材料应用方面，与国外品牌仍存在较大差距，如国外品牌高强钢占白车身总重的 65%以上，自主品牌仅为 40%左右；铝合金方面，自主品牌仅是国外同级别车型用量的 20%～33%；非金属材料方面比国外同级别车型用量少 30 kg 以上；在碳纤维应用方面，差距更加明显，宝马多年前已实现量产应用，国内多数仍处于预研阶段。为了满足新能源汽车生产企业对新材料与轻量化的发展要求，制定全产业链进一步的协同措施，推动高强钢、轻量化铝镁材料、碳纤维复合材料等在新能源汽车上的系统性应用，有效解决新能源汽车轻量化与安全、成本与制造、续航能力与推广应用之间的矛盾，是我们追赶发达汽车国家汽车工业的重要机遇。

熊飞博士对于新能源汽车轻量化的推进提出了以下观点，即新能源汽车与传统汽车最本质的区别就是动力系统的变化。第一，动力总成由燃油发动机变成电机，电机体积相对较小，机舱空间布置上要容易得多，可以通过优化空间布置来轻量化。电机的特点是低速扭矩就达到峰值，要考虑平顺、操稳等性能，需解决电机高速啸叫的问题。传统汽车的动力源来源于发动机，而发动机在运转时，机舱内处于高温状态，因此在进行机舱的轻量化设计时，在选用材料及结构设计时，要考虑材料的耐高温及结构上的隔热。而对于新能源汽车，其“机舱”内，没有高温状态的发动机，因此在进行轻量化设计时，在材料方面就有很大的选择余地，同时结构上也可以有更大的优化空间。第二，电池是新能源汽车最重要的组成部分，虽然近年来电池技术不断取得进步，但要想更高的续航里程，还需要装配体积很大的动力电池，电池的空间布置是一个很大的难题，会影响到乘员的空间、悬架的结构等，动力电池都是高压输送，需要考虑整个高压系统在车内的安全问题。在轻量化设计时还要考虑对电池的碰撞保护。电池的轻量化主要是通过选取高能量密度的解决方案，优化模组布置等，而最重要的还是要寄希望于未来更先进的电池技术。第三，目前纯电动汽车最大的瓶颈在于续航里程，在当前电池技术还没法达到续航要求的情况下，汽车轻量化就显得尤为重要，因此新能源汽车对传统零部件轻量化提出了更高的要求。

除了新能源汽车轻量化以外，新能源汽车的电磁兼容问题也亟待解决。

（1）新能源汽车电磁兼容性（EMC）现状。

日益严峻的环境污染、温室效应和能源危机等问题使得新能源汽车的产业化刻不容缓。国务院发布的《国家节能与新能源汽车产业发展规划（2012—2020 年）》也明确表示将重点推进纯电动汽车和插电式混合动力汽车等新能源汽车的产业化。规划明确到 2020 年，纯电动汽车和插电式混合动力汽车生产能力达 200 万辆、累计产销量将超过 500 万辆。在这种情况下，新能源汽车成为国家的重要发展战略，其电磁兼容性也受到了广泛关注。

电磁兼容是新能源汽车深度研发过程中必然会碰到的一个技术难题，对整车制造商提出了一定的挑战。新能源汽车相对于传统汽车，采用高电压大功率的汽车电子部件，如电机控制器、直流/直流转换器、高压动力电池、驱动电机，同时电动汽车较传统汽车采用了更多的控制、监控、显示和无线电等各种电子设备，如电动助力转向、电空调、电加热、电子水泵、电子制动等。高压电力电子开关器件非常容易通过传导、耦合或辐射产生电磁干扰，而车上密集装备的电子设备很容易受到来自整车及外部的干扰。另外，电动汽车基于节能的考虑往往采用一些轻量化的新材料，而这些材料的屏蔽性能较差，因此电动汽车较传统汽车电磁干扰频带更宽，易受干扰的部件更多，电动汽车电磁兼容的开发设计难度更高。

新能源汽车上大量采用高压和低压的电力电子器件，比如电机控制器、直流/直流转换器、电机、电池、高压线束、电动助力转向、车身电子稳定系统（ESP）、安全气囊等，都是涉及整车运行安全的重要器件，而这些器件都与电磁兼容有着非常重要的联系，在运行中都有可能由电磁兼容性引起错误。如果电磁兼容性能不满足要求，将会导致器件间断性失灵或者永久性损坏，这些关键零件的失灵或者损坏，轻则引起部件无法正常工作，重则会导致整车发生重大安全事故。近几年陆续发生了一些汽车安全事故，如某款轿车在通过收费站时安全气囊突然引爆；某款轿车的 DVD、导航仪和倒车雷达的集成装置经常出现死机等问题，这类事故的潜在原因可能都与电磁干扰有关。

此外，验证整车电磁兼容是否达标的一个重要工具是电波暗室。对于汽车等大尺寸设备和装置的电磁兼容性测试，需要有大尺寸的电波暗室，还要求有精准的测试天线、高速的测试数据处理系统、完善的自动化分析软件做配套，因此测试费用非常昂贵，一旦整车电磁兼容出现问题，改制以及测试验证的成本非常高，周期往往也很长。

（2）新能源汽车电磁兼容性相关标准。

电磁兼容性包含两大项：EMI（干扰）和 EMS（敏感度，抗扰度）。EMI 测试项包括：RE（辐射，发射），CE（传导干扰），Harmonic（谐波），Flicker（闪烁）；EMS 测试项包括：ESD（静电），EFT（瞬态脉冲干扰），DIP（电压跌落），CS（传导抗干扰），RS（辐射抗干扰），Surge（浪涌，雷击），PMS（工频磁场抗扰度）。

主要标准有：

国际电工委员会 IEC 和 CISPR 系列标准：IEC 61000－4－2，IEC 61000－4－3，CISPR 11，CISPR 12，CISPR 14，CISPR 15，CISPR 22，CISPR 25 等。

国际标准化组织（ISO）系列标准：ISO 7637，ISO 10605，ISO 11451，ISO 11452 等。

国内相关电磁兼容性标准：GB 14023，GB 18655，GB/T 18387，GB/T 19951，GB/T 17619，GB/T 21437，GB/T 17626.2，GB/T 17626.3 等。

欧洲地区机动车电磁兼容性指令法规和北美 SAE 系列标准：ECER10，97/24/EC，72/245/EEC（2004/104/EC），EN 55011，EN 55012，EN 55014，EN 55015，EN 55022，EN 55025，SAEJ 551，SAEJ 1113 等。

汽车制造商的企业电磁兼容性标准：福特的 ES－XW7T－1A278－AC，通用的 GMW 3172、GMW 097，大众的 VWTL 80101、VWTL 82066，标致的 PSAB 217090、PSAB 217110，本田的 Honda 3982Z－SDA－0030，现代的 Hyundai ES 39110－00、Hyundai ES 96100－01 等。

（3）新能源汽车电磁兼容性发展趋势。

对于新能源汽车电磁兼容性的发展，车联网的引入提出了新的要求。当前车联网这个概念是一个热门话题，车联网是由物联网引申而来。随着卫星通信费用的降低及公众移动通信技术的成熟，还有 WIFI 和蓝牙等技术的广泛应用，这些通信手段为车联网的大范围实现提供了多种数据通信平台。在公众移动通信中 4G 技术已经普及，5G 技术已经制定了国际统一标准。但以上通信手段都是依靠无线信号的传输，因此车辆的电磁兼容性显得格外重要，一旦通信频率受到电磁干扰，必然导致数据传输误码率增加甚至通信阻断。车联网下的汽车不仅使用到公众移动通信技术，也会大范围应用蓝牙和 WIFI 技术。但是蓝牙和 WIFI 所使用的信道是有限的，这就需要合理地分配信道，满足车辆内部诸多电子通信模块的需求。解决车内电子设备电磁兼容问题的同时，也需要注意道路环境中外来的电磁干扰，给车辆提供安全的驾驶环境。

此外，基于整车建模仿真电磁兼容性研究的模型精确性和算法效率，在实际应用中，新能源汽车整车和零部件的标准研究、制定、修订，以及电磁兼容性测试和整改技术也是新能源汽车电磁兼容性的重要发展方向。

在现代电子设备设计中，电磁兼容性与 EMI 问题已越来越引起人们重视。王智文部长认为，解决这些的问题的关键元件之一即是电感器件。对 EMI 器件中使用的电感器设计，人们在磁芯材料选用上曾做过很多探讨。选用价格低的硅钢和铁粉芯，其频率特性不佳，易发热，影响开关管工作；使用常规高性能铁氧体材料，其饱和磁感应强度和居里点低，需要增大磁芯尺寸与加大气隙；选用坡莫合金铁芯，成本则较高，而且大电流条件下使用时的性价比更高，因为这种电感器的工作频带在千赫兹级。纳米晶材料正适合用于此频带。纳米晶软磁材料的薄带厚度和电阻率决定其最佳应用频率范围在千赫兹频带，这正好与目前新能源汽车中电力电子变换器的频带相同，具有广阔的应用前景。电力电子变换器中使用的磁性器件较多，如功率变压器、电流互感器、共模电感、扼流圈、滤波电感可饱和电感尖峰信号抑制器和抗噪声干扰器等。

13.6　小　　结

2018 年 4 月 26 日，国家主席习近平到武汉新芯集成电路制造有限公司考察时强调“核心技术化缘是化不来的”。工信部部长苗圩于《求是》撰文：《加强核心技术攻关推动制造业高质量发展》。提出了核心技术创新突破要解决好四个方面的主要制约因素：一是基础研究支撑不够；二是关键共性技术供给不足；三是产学研用协同创新不到位；四是创新人才的制约日益突出。并提出了相关举措：准确把握和抓牢推动核心技术攻关的政策着力点、建立健全基础研究支撑体系、建立健全产业创新生态体系、建立健全制造业人才培养体系。笔者认为，掌握核心技术或者产业链中的核心关键点就是创新。然而创新是一个经济范畴的概念，不仅仅是技术范畴的概念，因而除了技术创新，还要进行组织创新、管理创新、制度创新、机制创新和模式创新。汽车设计和汽车轻量化是系统工程，涉及新材料、新工艺的基础创新，涉及设计流程、设计方法的管理创新和流程创新，涉及上下游产学研用协同创新，涉及数据库、方案库、评价体系、EVI 等方面的模式创新等。尤其是近 10 年，汽车行业向新能源、智能网联趋势发展，发生颠覆性的变革，这对汽车设计和轻量化既带来了机会也带来了挑战，距离我国汽车车身设计和制造、轻量化工程领域掌握核心技术，实现世界领先，还任重道远。

参 考 文 献

［1］ 刘世锦. 中国经济增长十年展望：2015—2024，攀登效率高地［M］. 北京：中信出版社，2015.

［2］ 刘世锦. 中国经济增长十年展望：2013—2022，寻找新的动力和平衡［M］. 北京：中信出版社，2013.

［3］ 刘世锦. 中国经济增长十年展望：2014—2023，在改革中形成增长新常态［M］. 北京：中信出版社，2014.

［4］ 刘世锦. 中国经济增长十年展望（2016—2025）［M］. 北京：中信出版社，2016.

［5］ https://www. rug. nl/ggdc/historicaldevelopment/maddison/releases/maddison-project-database- 2018.

［6］ https://data. worldbank. org/indicator/IS. VEH. NVEH. P3.

［7］ 王利，陆匠心. 汽车轻量化及其材料的经济选用［J］. 汽车工艺与材料，2013（1）：1－6.

［8］ 李军，陈云霞，李中兵. 汽车轻量化应用技术探讨［J］. 汽车工艺与材料，2010（2）：12－17.

［9］ 陈一龙. 汽车轻量化技术发展状况及展望［J］. 汽车工艺与材料，2012（1）：1－4.

［10］ 路洪洲，王智文，陈一龙，等. 汽车轻量化评价［J］. 汽车工程学报，2015，5（1）：1－8.

［11］ 高新华，王昱昕，李中兵，等. 汽车轻量化技术在奇瑞轿车上的集成应用［J］. 汽车工艺与材料，2011（1）：11－17.

［12］ 王俊峰，马祥林，张兴龙，等. 碳纤维在汽车轻量化中的应用［J］. 新材料产业，2015（2）：20－22.

［13］ 付彭怀，彭立明，丁文江. 汽车轻量化技术：铝/镁合金及其成型技术发展动态［J］. 中国工程科学，2018，20（1）：84－90.

［14］ 范彦宏，苟苏文，崔永忠. 激光技术在汽车轻量化中的应用和展望［J］. 激光杂志，2014（8）：1－2.

［15］ 刘国芳，王智文. 北美汽车轻量化材料技术发展动态［C］//2014 中国汽车轻量化技术国际研讨会，2014.

［16］ 韩聪，苑世剑. 汽车轻量化结构件内高压成形技术与装备最新进展［J］. 汽车工艺师，2017（4）：24－26.

［17］ 方鲲，吴丝竹，马鸣图. 汽车轻量化：汽车轻量化之热塑性复合材料直接模压成形技术的应用［J］. 现代零部件，2011（12）：42－47.

［18］ 庄厚川，宋起峰. 马氏体不锈钢在汽车轻量化中的应用［J］. 汽车工艺与材料，2014（2）：6－9.

［19］ 黄维，王志娟，鲁后国，等. 热成形技术在汽车轻量化中的应用［J］. 汽车工艺师，2018（5）.

［20］ 韩磊. 汽车轻量化新材料的应用［J］. 工程技术：全文版，2016（9）：00172－00172.

［21］ 中国汽车工程学会. 中国汽车轻量化发展：战略与路径［M］. 北京：北京理工大学出版社，2015.

［22］ 张玮，禹慧丽，邵金华，等. 基于汽车轻量化技术的前防撞梁耐撞性研究［C］//2012 中国汽车工程学会汽车安全技术学术会议，2012.

［23］ 张海. 铝合金在汽车轻量化上的应用及发展趋势［C］//2013 中国汽车轻量化技术国际研讨会，2013.

［24］ 杨辛. 异种材料连接技术在汽车轻量化上的应用［C］//2013 中国汽车轻量化技术国际研讨会，2013.

［25］ 高云凯，田林雳，邓继涛. 电动车身结构的优化研究［C］//2013 中国汽车轻量化技术国际研讨会，2013.

［26］ 汽车轻量化技术创新战略联盟. 2012 中国汽车轻量化技术研讨会论文集［M］. 北京：北京理工大学

出版社，2012.

［27］ 李军. 乘用车轻量化及微合金化钢板的应用［M］. 北京：北京理工大学出版社，2015.

［28］ 智淑亚. 汽车车身轻量化材料的应用及发展［J］. 机械设计与制造工程，2012，41（17）：104－106.

［29］ 单婷婷. 车身参数化轻量化设计与评价方法研究［D］. 长春：吉林大学，2013.

［30］ 何健，范军锋，黄伟科，等. 钢结构车身的轻量化研究［J］. 汽车工艺与材料，2012（1）：11－16.

［31］ 姚磊，汪军，高海洲，等. 电动汽车车身轻量化技术研究［C］//2011 中国汽车工程学会年会，2011.

［32］ 中国汽车工程学会. 世界汽车技术发展跟踪研究：轻量化篇［M］. 北京：北京理工大学出版社，2013.

［33］ 路洪洲，Bian Jian，王文军，等. 基于汽车安全的热冲压成形技术优化［C］//2013 中国汽车工程学会年会，2013：8－13，2013.

［34］ 刘永平，李东杰，谷雷蓬. 简析车身轻量化与钢铝一体化结构技术［J］. 中国科技投资，2017（24）.

［35］ Cantor B，Grant P，Johnston C. Automotive Engineering：Lightweight，Functional，and Novel Materials［J］. Materials Today，2008，11（6）：45.

［36］ 熊辉. 面向轻量化的白车身优化设计与验证［D］. 大连：大连理工大学，2016.

［37］ ［德］弗兰克·亨宁，埃尔韦拉·穆勒. 轻量化部件和结构的评价［M］. 北京永利信息技术有限公司，译. 北京：北京理工大学出版社，2015.

［38］ 弗兰克·亨宁，埃尔韦拉·穆勒. 轻量化手册 1：轻量化产品开发过程与生命周期评价［M］. 北京：北京理工大学出版社，2015.

［39］ 孙启林，伏建博，黄家奇，等. 江淮汽车车身材料应用设计概述［C］//中国钢铁年会，2017.

［40］ Chuan－Fu L I，Zhang L P. Discussion on the Aluminum Alloy Materials in Automotive Lightweight Application and Development in the Future［J］. Equipment Manufacturing Technology，2015.

［41］ 李永兵，马运五，楼铭，等. 轻量化多材料汽车车身连接技术进展［J］. 机械工程学报，2016，52（24）：1－23.

［42］ 杜坤，吴卫枫，魏庆丰，等. 车身轻量化材料及其连接技术分析［J］. 汽车工艺与材料，2013（5）：18－23.

［43］ 高勇，谢添，张海滨. 机械连接技术在白车身轻量化中的应用［J］. 汽车工艺师，2017（4）：29－31.

［44］ Lu H，Wang Z，Ma M，et al. Multi－Objective Evaluation Regulation Study of Automotive Lightweight［C］//Proceedings of the FISITA 2012 World Automotive Congress. Springer Berlin Heidelberg，2013：1047－1056.

［45］ 马鸣图，易红亮，路洪洲，等. 论汽车轻量化［J］. 中国工程科学，2009，11（9）：20－27.

［46］ 赵一鸣，陈虹，王镝，等. 基于车身轻量化的新型钢铝连接技术研究［J］. 汽车工艺与材料，2017（12）：24－27.

［47］ 高健峰. 新能源汽车轻量化的关键技术［J］. 环球市场，2016（16）：139－140.

［48］ 路洪洲，王文军，郭爱民，等. 基于汽车安全的热冲压成形技术优化［J］. 汽车工艺与材料，2013（10）：8－13.

［49］ Cai F，Zhang L，Liu J. Application of Optimization Design in the Lightweight of Automotive Components［J］. Automobile Technology，2010.

［50］ Fremgen C，Mkrtchyan L，Huber U，et al. Modeling and testing of energy absorbing lightweight materials and structures for automotive applications［J］. Science & Technology of Advanced Materials，2005，6（8）：883－888.

[51] 孙志成. 车身轻量化制造中的焊接技术 [J]. 汽车制造业，2008（23）：109－109.

[52] 刘瑞军，李双义，张连洪，等. 自冲铆接技术在汽车车身轻量化中的应用 [J]. 汽车技术，2004（11）：45－46.

[53] 周云郊. 钢铝混合材料车身结构轻量化设计关键问题与应用研究 [D]. 广州：华南理工大学，2011.

[54] 姚磊，汪军，高海洲，等. 电动汽车车身轻量化技术研究 [C] //2011 中国汽车工程学会年会，2011.

[55] Cole G S，Sherman A M. Light weight materials for automotive applications [J]. Materials Characterization，1995，35（1）：3－9.

[56] 路洪洲，马鸣图，赵清江，等. 铝合金汽车车身覆盖件的行人保护性能研究 [C] //中国汽车工程学会汽车材料分会学术年会，2010.

[57] 龙江启. 混合材料白车身结构开发理论与轻量化方法研究 [D]. 广州：华南理工大学，2009.

[58] 弗兰克·亨宁，埃尔韦拉·穆勒. 轻量化结构连接技术 [M]. 北京：北京理工大学出版社，2015.

[59] 张宁红. 浅谈铝合金车身连接技术的现状与趋势 [C] //2012 中国汽车轻量化技术研讨会，2012.

[60] 李斌，郭小燕，路洪洲. 激光拼焊板在汽车制造中的应用及相关工艺研究 [J]. 激光杂志，2012，33（1）：59－60.

[61] Haber D. Lightweight Materials for Automotive Applications：A Review [C] //Sae Brasil International Congress and Display，2015.

[62] 王兰，王学敏，张宇. 铝合金车身连接技术探讨 [J]. 汽车与配件，2017（17）：70－73.

[63] 王传青. 白车身前端结构—材料—性能一体化轻量化多目标协同优化设计 [D]. 长春：吉林大学，2016.

[64] 段吉超，杨冰，张乙琳，等. 多材料车身机械点连接技术的应用 [J]. 汽车科技，2017（6）：75－81.

[65] 路洪洲，马鸣图，游江海，等. 铝合金汽车覆盖件的生产和相关技术研发进展 [J]. 世界有色金属，2008（5）：66－70.

[66] Taub A I，Luo A A. Advanced lightweight materials and manufacturing processes for automotive applications [J]. Mrs Bulletin，2015，40（12）：1045－1054.

[67] 楼铭. 自冲铆接设备研制及轻量化材料自冲铆接工艺开发 [D]. 上海：上海交通大学，2009.

[68] 王小川，孙琦，秦信武. 白车身新材料应用及制造工艺发展研究 [J]. 汽车工艺与材料，2015（3）：10－15.

[69] 蒋浩民，陈新平，蔡宁，等. 汽车车身用钢的发展趋势 [J]. 锻压技术，2018（7）.

[70] 董学锋. 车身材料与车身轻量化 [J]. 汽车工艺与材料，2017（7）：1－18.

[71] 马鸣图，路洪洲，孙智富，等. 22MnB5 钢三种热冲压成形件的冷弯性能 [J]. 机械工程材料，2016，40（7）：7－12.

[72] Lan F，Zhuang L，Yang Z，et al. Study and Practice of Car Body Structure Lightweight Design [J]. Automotive Engineering，2010，32（9）：763－768，773.

[73] 路洪洲，王文军，王智文，等. 基于轻量化的车身用钢及铝合金的竞争分析 [C] //2013 中国汽车工程学会年会论文集，2013.

[74] 路洪洲. 热冲压成形技术潜在风险不容忽视 [J]. 金属加工：热加工，2015（15）：11－12.

[75] 王彦，张晓胜，谢文才，等. 一汽轿车奔腾 B50 轻量化技术 [J]. 汽车工艺与材料，2010（4）：1－3.

[76] 熊飞. 汽车轻量化设计原理及应用 [C] //中国汽车设计与研发高峰论坛，2013.

[77] 一篇文章揭秘中国汽车自主品牌发展史 [EB/OL]. http://www. sohu. com/a/55121240_113121.

［78］ 2016 中国乘用车燃料消耗量发展年度报告［R］. 能源与交通创新中心，2017.

［79］ 李军等，乘用车轻量化及微合金化钢板的应用［M］. 北京：北京理工大学出版社，2013.

［80］ Zhao D，Zhou Z. Applications of Lightweight Composites in Automotive Industries［C］//ACS Symposium Series，2014：143－158.

［81］ 2013 中国轻量化车身会议［C］. 武汉：汽车轻量化技术创新战略联盟，2013.

［82］ 2014 中国轻量化车身会议［C］. 上海：汽车轻量化技术创新战略联盟，2014.

［83］ 2015 中国轻量化车身会议［C］. 重庆：汽车轻量化技术创新战略联盟，2015.

［84］ 2016 中国轻量化车身会议［C］. 上海：汽车轻量化技术创新战略联盟，2016.

［85］ 2017 中国轻量化车身会议［C］. 上海：汽车轻量化技术创新战略联盟，2017.

［86］ Yan H. Application research on lightweight material of automotive body［J］. Mechanical Research & Application，2013.

［87］ Euro Carbody conference proceedings［C］. Bad Nauheim，Germany：Automotive Circle，2001.

［88］ Euro Carbody conference proceedings［C］. Bad Nauheim，Germany：Automotive Circle，2002.

［89］ Euro Carbody conference proceedings［C］. Bad Nauheim，Germany：Automotive Circle，2003.

［90］ Euro Carbody conference proceedings［C］. Bad Nauheim，Germany：Automotive Circle，2004.

［91］ Euro Carbody conference proceedings［C］. Bad Nauheim，Germany：Automotive Circle，2005.

［92］ Euro Carbody conference proceedings［C］. Bad Nauheim，Germany：Automotive Circle，2006.

［93］ Euro Carbody conference proceedings［C］. Bad Nauheim，Germany：Automotive Circle，2007.

［94］ Euro Carbody conference proceedings［C］. Bad Nauheim，Germany：Automotive Circle，2008.

［95］ Euro Carbody conference proceedings［C］. Bad Nauheim，Germany：Automotive Circle，2009.

［96］ Euro Carbody conference proceedings［C］. Bad Nauheim，Germany：Automotive Circle，2010.

［97］ Euro Carbody conference proceedings［C］. Bad Nauheim，Germany：Automotive Circle，2011.

［98］ Euro Carbody conference proceedings［C］. Bad Nauheim，Germany：Automotive Circle，2012.

［99］ Euro Carbody conference proceedings［C］. Bad Nauheim，Germany：Automotive Circle，2013.

［100］ Euro Carbody conference proceedings［C］. Bad Nauheim，Germany：Automotive Circle，2014.

［101］ Euro Carbody conference proceedings［C］. Bad Nauheim，Germany：Automotive Circle，2015.

［102］ Euro Carbody conference proceedings［C］. Bad Nauheim，Germany：Automotive Circle，2016.

［103］ Euro Carbody conference proceedings［C］. Bad Nauheim，Germany：Automotive Circle，2017.

［104］ Lee H W，Kim G，Park S H.Lightweight Steel Solutions for Automotive Industry［C］//American Institute of Physics Conference Series.American Institute of Physics，2010：55－62.

［105］ 第二届汽车轻量化选材及 BM 材料分析技术研讨会文集［C］. 丽江：中信微合金化技术中心，2013.

［106］ 第三届汽车轻量化选材及 BM 材料分析技术研讨会文集［C］. 杭州：中信微合金化技术中心，2014.

［107］ 第四届汽车轻量化选材及 BM 材料分析技术研讨会文集［C］. 广州：中信微合金化技术中心，2015.

［108］ 第一届汽车 Benchmark 分析及汽车性能开发技术研讨会文集［C］. 北京：中信微合金化技术中心，2016.

［109］ 第二届汽车 Benchmark 分析及汽车性能开发技术研讨会文集［C］. 苏州：汽车材料网，2017.

［110］ Nowak M，Bolzoni L，Babu N H. Grain refinement of Al－Si alloys by Nb－B inoculation. Part I：Concept development and effect on binary alloys［J］. Materials & Design，2015，66：366－375.

［111］ Bolzoni L，Nowak M，Babu N H. Grain refinement of Al－Si alloys by Nb－B inoculation. Part II：

Application to commercial alloys [J]. Materials & Design，2015，66：376－383.

[112] Bolzoni L，Nowak M，Babu N H. Assessment of the influence of Al－2Nb－2B master alloy on the grain refinement and properties of LM6（A413）alloy [J]. Materials Science & Engineering A，2015，628：230－237.

[113] Bolzoni L，Nowak M，Babu N H. Grain refining potency of Nb－B inoculation on Al－12Si－0. 6Fe－0. 5Mn alloy [J]. Journal of Alloys & Compounds，2015，623：79－82.

[114] Xiao F，Gao X H. The Ring－Shaped Route Body Structure Design and Evaluation Method [J]. Lecture Notes in Electrical Engineering，2013，195：447－461.

[115] Xiao F，Gao X H. The Ring－Shaped Route Body Structure Design and Evaluation Method [J]. Lecture Notes in Electrical Engineering，2013，195：447－461.

[116] 陈云霞. 奇瑞汽车轻量化技术新进展 [J]. 汽车工艺师，2010（11）：37－39.

[117] Jin J，Ma F，Liu Q，et al. Research on application of plastic materials in cars [J]. Engineering Sciences，2012，10（6）：92－96.

[118] 刘建才，曹渡，李剑，等. 塑料复合材料在汽车轻量化中的创新应用 [J]. 现代零部件，2013（12）：38－42.

[119] 刘波，刘鹏，陈海波，等. 铝板在长安汽车前罩的应用研究进展 [C] //2012 重庆汽车工程学会年会论文集，2012.

[120] 高翔，范体强，赵清江，等. 基于有限元分析的高强钢 B 柱零件的应用研究 [J]. 汽车工艺与材料，2014（9）：10－14.

[121] 吴卫枫，唐程光，鲁后国，等. 车身轻量化设计过程方法介绍 [J]. 汽车工艺与材料，2015（4）：6－11.

[122] Zhang Y，Ma M. Advanced High Strength Steel and Press Hardening：Proceedings of 2nd International Conference on Advanced High Strength Steel and Press Hardening（ICHSU2015）[M]. WORLD SCIENTIFIC，2016.

[123] 路洪洲，李军，王智文，等. 国内外乘用车车身轻量化材料应用历史和发展预测 [J]. 新材料产业，2015（12）：31－37.

部分作者简介

（按撰写章节前后排序）

路洪洲，男，工学博士，高级工程师。曾任中国汽车工程研究院材料工艺部部长、轻量化分中心副主任。现任中信金属股份有限公司高级经理、汽车业务负责人。先后兼任九三学社中央参政党理论研究中心研究员、九三学社中信支社主委、中汽协会车轮分会理事、中国公路学会运输与物流分会理事、中汽学会越野车分会委员、货运装备分会及材料分会委员、重庆市材料学会常务理事、吉林大学校外研究生导师等。2003 年开始从事汽车开发和管理工作，承担“863”课题 4 项，科技部国际合作 1 项，支撑计划 3 项，重庆市自然科学基金 1 项，澳大利亚“Linkage Project”课题 1 项及主持数十项汽车零部件及材料开发项目。出版著述 5 部、发表论文 90 余篇、授权发明专利 6 项，获中国汽车工业科技进步奖三等奖和徐州市科技进步一等奖等奖项。

肖锋，男，湖南益阳人，2005 年进入在奇瑞汽车 CAE 部工作，2009 年成立武汉上善仿真科技有限责任公司，主要研究领域包括：环状路径车身结构轻量化设计、整车子系统级耐撞性验证方法、IIHS25%小偏置碰撞测试标准研究、整车碰撞仿真焊点失效预测模拟、新单轴拉伸理论与试验方法、列车单元耐撞性设计理论与仿真，已获四项发明专利授权。2016 年 4 月—2018 年 9 月开发汽车车身大数据平台；2018 年 4 月—2020 年 3 月负责“汽车车身正向选材系统”的技术开发；未来主要聚焦于基于大数据思维和人工智能技术的汽车研发系统开发。

郭爱民，男，甘肃天水人，中信金属股份有限公司副总经理/总工程师，金属物理工学博士，教授级高级工程师，国务院政府津贴获得者，国家百千万人才工程国家级人选,国家科技进步奖评审专家。先后任中国金属学会理事、中国钢结构协会理事、中国汽车工业学会理事、中国金属学会低合金钢分会常务理事、中国金属学会特钢分会理事等社会兼职。曾获国家二等奖两项。

鲁后国，男，研究生学历，高级工程师，江淮汽车集团股份有限公司乘用车车体设计技术总监（部长），曾任江淮汽车瑞风 R3 项目平台总监。2004 年进入江淮汽车技术中心工作至今。主要从事乘用车车型的车体结构设计开发、轻量化技术开发、尺寸工程设计开发、车身防腐设计等工作，对结构设计、轻量化设计、防腐设计、尺寸设计具有丰富经验。作为乘用车车体结构设计负责人主持完成了数十款乘用车车型的设计开发工作。参与“十三五”科技部重点研发计划项目 1 项，发表学术论文 19 篇，授权专利 27 项，其中，发明专利 4 项。2017 年获得上海市科技进步一等奖 1 项。

阚洪贵，男，学士，中级工程师，车身轻量化设计业务经理，2007 年进入江淮汽车技术中心工作至今。主要从事乘用车车型的车体设计开发、研发过程管理、新材料以及轻量化等工作，先后参与江淮汽车数十款乘用车车型的结构和轻量化设计开发工作，参与“十三五”科技部重点研发计划项目 1 项，发表学术论文 12 篇，授权专利 10 项，其中，发明专利 3

项。2017 年被轻量化联盟授予优秀工程师。2018 年获得安徽省科学技术奖二等奖 1 项。

王彦，男，博士，曾任一汽轿车股份有限公司主任工程师、一汽集团专家，现任河钢集团唐钢公司汽车板事业部营销服务中心副总经理、资深专家，中国科学技术部高强钢及轻量化方面在库专家。2008 年起，从事汽车金属板材应用技术工作，主持完成一汽集团多项科技创新项目，参与完成国家“十二五”科技支撑计划 1 项和 04 重大专项课题 1 项。获得吉林省科学技术奖一等奖 1 项，一汽集团奖项 6 项。发表学术论文 10 余篇。

许长林，男，博士，现任任职一汽锻造（吉林）有限公司，一汽集团专家，2008 年至今从事汽车轻量化开发工作，参与国家“863”课题 2 项，吉林省汽车轻量化科技创新项目 2 项。发表学术论文 10 余篇，授权发明专利 1 项。

徐勇，男，吉林大学工学硕士，福特汽车工程研究有限公司工艺专家。曾任一汽轿车股份有限公司主管工程师，从事白车身轻量化工艺开发。完成一汽轿车多款车型白车身轻量化工艺开发工作。主持完成一汽集团 1 项科技创新项目，参与国家科技支撑计划 1 项。获得吉林省科学技术奖一等奖 1 项，一汽集团科技创新项目 2 项。发表学术论文 6 篇，授权专利 1 项。

刁可山，男，博士，曾任宝钢集团中央研究院研究员、主任研究员、高级主任研究员，现任河钢集团唐钢公司总经理助理、首席专家，兼任汽车板事业部常务副总经理。2000 年起，致力于超高强钢板、铝合金板、铝合金型材在车身轻量化应用的关键技术开发，以及管件内高压成形零部件等产业化等工作。参与和承担欧盟第六框架“SuperLIGHT-CAR Project”、国家“十二五”科技支撑计划、国家“973”计划、宝钢-澳大利亚联合研发中心、宝钢股份等课题 20 余项。获中国冶金科技奖特等奖 1 项、上海市高新成果转化项目 2 项、中国宝武集团重大技术创新成果奖一等奖 1 项。发表核心期刊学术论文 60 余篇，授权/受理国家专利 21 项。

金建伟，男，2007 年研究生毕业后进入吉利汽车，从事材料环保、新技术、轻量化等整车性能开发和专业技术团队创建工作，参与吉利多款车型项目的研发，主持国家“十二五“科技支撑计划、国家“863”计划、国际科技合作等多个国家级科研项目，获得中国汽车工业科学技术进步一等奖、中国产学研合作创新成果奖等。2017 年进入大乘汽车，任整车技术部部长、新能源项目总监，从事新能源汽车和节能汽车的研发工作。

李瑞生，男，黑龙江省佳木斯人。2001 年 7 月参加工作，工程硕士。现任华晨汽车工程研究院车身部部长。带领团队完成了中华、金杯、华颂品牌多个车型的车身及内外饰系统的设计开发工作，2012 年获得沈阳市科学技术研究成果。发表论文 5 篇，获得专利 30 余项。深入研究轻量化新技术，建立轻量化技术路径，开展车身轻量化结构设计优化。完成了平台化车身概念，基于在产车型，创新结构概念，建立参数化结构数据，优化车身性能，提高团队正向设计能力，最大化通用车身零件及结构，制定性能匹配方案。曾获“华晨汽车集团先进工作者”“华晨汽车工程研究院技能之星”“华晨汽车工程研究院优秀管理者”等称号。

李红，女，辽宁省海城人。2007 年 8 月参加工作。现任华晨汽车工程研究院车身部主任工程师。主要从事汽车零件选材，失效分析，新材料、新工艺应用研究。牵头开展轻量化技术研究工作，轻量化方案的制定及推广应用工作，并负责研究院与联盟各单位及高校、科研院所的交流合作工作，总体负责研究院内部刊物“材料及轻量化技术资讯”。在轻量化联盟十周年庆典活动中被评为“优秀工程师”。

赵鹏云，女，河北石家庄人，2013 年 7 月硕士毕业后参加工作，现就职于北京汽车研究总院有限公司，轻量化技术研究工程师。参与北汽多项轻量化技术自主研发课题及多款车型轻量化技术管控等工作。

黎林，男，硕士学历，材料加工专业，参加工作以来一直从事新材料与新工艺应用开发以及轻量化工作，目前负责威马汽车整车轻量化技术开发。曾就职于奇瑞、吉利等主流自主车企，参与多款小型、紧凑型以及中型整车金属材料应用与轻量化开发，涉及传统钢制车身的轿车/SUV、钢骨架+铝覆盖件的纯电动轿车、铝骨架+复合材料 SMC 的商用车以及铝骨架+碳纤维+SMC 的两门电动轿跑等。熟悉高强钢、铝合金、镁合金以及复合材料等汽车材料的性能、成型工艺以及相关试验，熟悉材料本构以及硬化曲线、FLC、高速、疲劳等数据处理，熟悉车身、底盘以及内外饰等系统及相关零部件轻量化逻辑与方法，熟悉混合车身连接技术。

熊飞，男，博士，苏州华特时代碳纤维有限公司总经理。中国汽车轻量化联盟专家委员，国际绿色轻量化联盟执行理事，国际绿色轻量化联盟碳纤维复合材料委员会常务副理事长，工信部、科技部专家并为多所大学兼职教授、博导。拥有多年海内外工作经验，曾先后担任新加坡南洋理工大学研究科学家，江淮汽车技术中心技术总监，江淮马钢科技有限公司董事、副总经理，长城汽车技术中心汽车材料工程院副院长，轻量化设计中心总工程师，吉利汽车研究院总工程师，杭州长江新能源汽车有限公司研发副总经理等职务。在许多学术团体担任职务。发表学术论文 20 余篇，并多次在国际会议如 FISIT、GALM 等上担任主席并发表学术演讲。

刘波，男，博士，研究员级高级工程师，2007 年毕业于吉林大学汽车学院，目前为长安欧尚汽车研究院材料与轻量化经理，长期从事汽车轻量化技术的研究与应用工作，完成多项轻量化领域重大研究项目。先后获 10 项省部级科技奖励，其中一等奖 1 项，二等奖 4 项。兼任重庆材料学会副理事长、中国汽车工程学会车身技术分会和材料分会委员。2014 年入选科技部“中青年科技创新领军人才”，2015 年获重庆市“十佳科技青年奖”，2016 年入选第七届“全国优秀科技工作者”和国家第二批“万人计划”科技创新领军人才。“十三五”国家重点研发计划“新能源汽车”指南编制专家和总体组专家，汽车轻量化技术创新战略联盟专家委员会专家。

刘鹏，男，河南许昌人，2009 年毕业于华中科技大学，进入中国汽车工程研究院股份有限公司工作，从事汽车轻量化、材料性能测试、轻量化零部件性能测试等工作，参与多项国家科技支撑项目的开发。2012 年进入长安汽车工作，从事车身轻量化开发和车身零部件开发等工作，参与了多项国家“863”项目、科技支撑计划、工业强基项目和车型项目的开发。获得重庆市科技进步一等奖 1 次、中国兵装集团科技进步一等奖 1 次，三等奖 1 次。

李军，男，工学硕士，高级工程师，安徽省学术与技术带头人后备人选，安徽省金属学会理事，中汽学会金属标委委员。毕业于西北工业大学。主要从事汽车金属材料选材、金属材料的性能与本构、汽车新材料新工艺和汽车轻量化应用技术的研究。作为项目骨干和主要完成人参与国家科技支撑计划、国家重大专项等科研项目 5 项。先后开展汽车新材料新工艺、汽车轻量化节能减排贡献率、汽车轻量化产业现状和轻量化评价方法等方面的研究，相关研究成果被写入《节能与新能源汽车技术路线图》。发表论文 26 篇，出版专著 2 部，第一完成人发明专利 3 项。荣获省部奖项 5 项，行业级奖项 7 项，市级奖项 3 项。曾获“中国汽车工业十大工匠”荣誉称号，汽车轻量化联盟十周年优秀工程师。

孙垒，男，毕业于中南大学材料学院。现任职于北汽研究总院有限公司，主要从事整车轻量化规划及应用技术开发、金属材料选材与认证、新材料和新工艺研究等工作。作为轻量化及材料业务负责人，参与北汽多款车型的项目研发，牵头完成整车级的轻量化技术对标，塑料后尾门、前端模块等方案的开发和部分量产应用。参与国家重点研发计划“新能源汽车”专项开发工作；牵头轻量化制动盘等底盘系统轻量化的创新开发工作，以及短流程等新材料的认证和推广应用。荣获中信铌钢科技进步奖，授权专利 3 项。

陈云霞，女，2003 年硕士毕业于北京有色金属研究总院，材料学专业，中汽学会汽车材料分会委员，现任奇瑞汽车股份有限公司材料工程部部长，高级工程师。在奇瑞工作的 16 年主要从事汽车材料开发与验证、材料与试验技术管理工作，熟悉整车开发中各节点材料工作，带领团队建立并完善了整车材料开发流程、材料标准与数据库。承担或作为主要完成人参与了 5 个国家“863”或科技支撑计划等重点科研项目，发表技术论文 14 篇，授权专利 6 项，其中发明专利 3 项；先后获得安徽省科学技术进步三等奖 2 项、机械工业科技进步二等奖 1 项。曾获“芜湖市十大优秀女科技带头人”、芜湖市“三八”红旗手、芜湖市产业振兴“千名人才计划”，2015 年被评为安徽省技术领军人才，2017 年获得中国汽车工业科学进步一等奖。

吴量，男，安徽芜湖人。1999 年 7 月参加工作，工程学士。现任奇瑞汽车股份有限公司产品技术中心下部车身部主管设计师。

万鑫铭，男，博士，研究员级高级工程师。现任中国汽车工程研究院有限公司总经理、党委副书记。历任重庆汽车研究所工程师、中国汽车工程研究院有限公司 CAE 工程中心副主任、主任，中国汽车工程研究院股份有限公司汽车产品研发中心主任、轻量化工程技术研究中心主任，北京中汽院科技有限公司（北京分院）总经理，公司副总经理兼国家机动车质量监督检验中心（重庆）主任。社会任职有重庆市汽车工程学会第七届理事会理事，汽车轻量化技术创新战略联盟学术委员会委员，汽车行业知识产权工作委员会委员，车辆/生物碰撞安全重庆市市级重点实验室学术委员会委员，国家电动客车电控与安全工程技术研究中心专家委员会委员。一直从事汽车安全、汽车轻量化、新能源汽车的研究工作。主持或参与国家“863”攻关项目、科技支撑计划、重庆市科技攻关项目、国内外企业委托项目等研究工作，发表了多篇论文并获得多项发明专利。获得重庆市“百名工程技术高端人才”，获得中国汽车工业科学技术奖二等奖 2 项，重庆市科技进步奖三等奖 1 项。

李阳，男，高级工程师，任职中国汽车工程研究院股份有限公司，长期从事汽车轻量化、结构优化、战略咨询、工程化产品开发、共性技术平台等相关领域研究。主持和参与多项国家重点研发计划、“973”项目、重庆市科委和发改委课题及企业横向项目。

周佳，男，博士，高级工程师，任职中国汽车工程研究院股份有限公司轻量化中心，现任中国机械工程学会材料分会理事、中国机械工程学会材料分会青年委员会委员、重庆自主品牌汽车协同创新中心-团队 9-车用铝合金材料及应用技术主要成员，主要从事汽车轻量化材料相关领域研究。获得了重庆市创新青年科技人才计划支持，主持和参与国家重点研发计划、“973”项目、重庆市科委和发改委课题及企业横向项目多项，曾获 2017 年汽车轻量化技术创新联盟十周年“优秀工程师”奖，2012 年湖南省“科学技术进步”一等奖 1 项，2010 年教育部高等学校科学研究优秀成果“科学技术进步”二等奖 1 项，2008 年湖南省科技进步二等奖 1 项。已发表论文 30 余篇，申请专利 10 余项。

赵岩，男，山东淄博人，九三学社社员。英国伦敦帝国理工学院与重庆大学联合培养博士、高级工程师，2016—2017 年，英国开放大学材料工程系博士后。现任中国汽研数据采集及应用中心主任兼任汽车轻量化工程技术中心副总工程师，中汽学会材料分会委员，中汽车学会标准金属材料分会委员。负责或承担科技部、国家自然科学基金、省级、国际合作、企业研发项目 10 余项，以第一作者发表 SCI/EI 论文 10 余篇。曾获得中国汽研优秀科技成果奖、中国汽研优秀青年人才奖、国家优秀博士研究生和教育部公派留学奖学金等。主要研究领域为大数据挖掘与建模、金属材料组织性能的数学模型。

张钧萍，男，2011 年获得重庆大学硕士学位，其后任职于中国汽车工程研究院股份有限公司汽车轻量化工程技术中心，长期从事汽车用金属材料性能测试评价及材料工艺性能研究工作。工作以来参与多项国家重点研发计划、国家科技部支撑课题、国家自然科学基金及重庆市科委和发改委课题及企业项目，先后发表论文 10 余篇，授权发明专利 3 项，参与起草国家标准 1 项、负责起草行业标准 2 项、参与起草行业标准 2 项，获得全国有色金属标准化技术委员会技术标准优秀奖一等奖。

王智文，男，山西保德人，工学硕士，高级工程师。1999 年 8 月参加工作，现任北京汽车研究总院有限公司轻量化技术部部长。曾经担任中国汽车轻量化技术创新战略联盟副秘书长，中国汽车工程学会轻量化研究部部长等职。兼任中国汽车工程学会材料分会副主任委员，非金属材料分会副主任委员。长期从事中国汽车轻量化技术政策、战略和技术开发工作。主持或为主参与多项国家级汽车轻量化课题开发，荣获中国汽车工业科技进步一等奖、二等奖各 1 项。作为副主编，出版《中国汽车轻量化发展战略与路径》《中国汽车人才发展战略》等专著。在核心期刊发表汽车轻量化相关专业论文 20 余篇。

杨冰，男，东风汽车集团有限公司高级工程师。本科毕业于清华大学材料科学与工程系，硕士毕业于武汉大学经济与管理学院，于 2005 年参加工作并进入东风汽车集团有限公司。历任东风商用车公司工艺研究所金属材料工程师，东风汽车集团技术中心金属材料高级工程师，长期负责金属板材、型材的应用技术和先进成形、制造技术在汽车上的应用等工作，在材料工艺和轻量化技术的开发、应用方面有丰富的经验。参与多款东风风神品牌乘用车的开发，承担“中国汽车产业创新发展联合基金”和“国家重点研发计划课题”各 1 项，国内外期刊、会议发表论文 10 余篇，参与项目获湖北省科技进步奖 1 项，东风汽车公司科技进步奖 1 项，东风汽车公司专有技术 1 项，东风汽车公司技术中心科技成果多项。

周全，男，2009 年毕业于武汉理工大学汽车工程学院车辆工程专业，研究生学历。2009 年 7 月加入东风汽车公司技术中心，从事车身结构研究与研发相关工作，主要参与开发了东风风神 A60，AX7，AX4 等车型的开发工作。历任东风汽车公司技术中心车身部车身设计室主管工程师，车身部车身及外装设计室科长，车身结构设计室科长，负责东风自主品牌车身的轻量化技术研究与开发工作，先后推动了东风风神品牌乘用车的热成型技术运用、碳纤维顶盖与翼子板的前期预研，E30 车型的铝合金型材车身的研制开发。2018 年 4 月，调任东风悦达起亚企划本部事业企划部部长，主管东风悦达起亚商品企划与事业企划工作。

王文军，男，2006 年于德国亚琛工业大学获得博士学位。高级工程师，担任中汽学会材料分会委员、中汽学会标准化金属材料分委会委员。曾先后就职于北京科技大学冶金学院、首钢技术研究院宽厚板研究所，现就职于中信金属股份有限公司，任高级技术经理。先后承担了8项汽车轻量化材料开发和应用产业链合作项目、组织了4次商用车轻量化技术研讨会，为国内汽车轻量化发展提供了轻量化案例及技术交流平台。在过去的工作中，取得了丰硕的研究成果。发表论文53篇，获得授权专利35项，发表德文专著1部。曾获中国金属学会“优秀学会工作者”荣誉称号，获“冶金科技进步二等奖”1项，所参与项目《系列轻量化商用车车型开发》获“中国汽车轻量化联盟优秀成果奖”，所承担项目《高强钢制轻量化厢式车箱开发》获“中国汽车轻量化设计优秀奖”。

梁江涛，男，工学博士，首钢集团技术研究院工程师，曾在北京科技大学与加拿大麦吉尔大学等学校学习，长期从事汽车用先进高强钢的开发与应用技术研究，作为主要参与人参加北京市科委、中信、首钢、宝钢和自然科学基金委等汽车用钢项目10余项，涵盖不同强度级别的汽车板。成功开发2000MPa级铌微合金化热成形钢并获得专利授权，深入研究铌元素在热成形钢中的增韧和降低氢脆敏感性机理。系统研究了10余种不同强度级别的汽车板在高应变速率拉伸下的变形行为及断裂机制，为白车身的选材提供参考。曾荣获中信-CBMM吴宝榕铌钢一等奖学金等荣誉，发表SCI和EI学术论文10余篇，授权专利近10项。

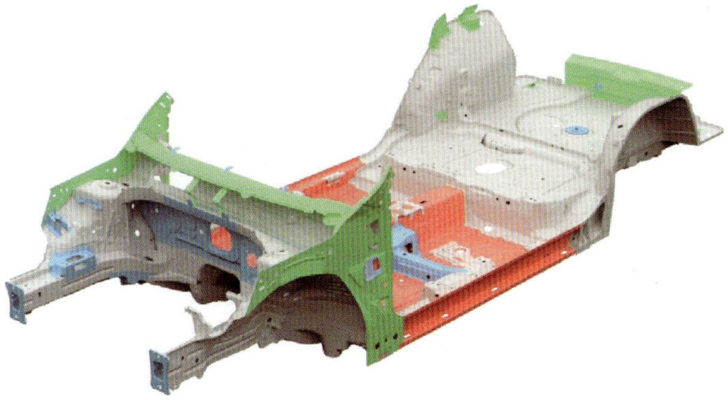

图 1-15　下车体平台化零部件

（a）　　（b）

图 1-16　白车身/车身模块化情况

（a）白车身；（b）车身

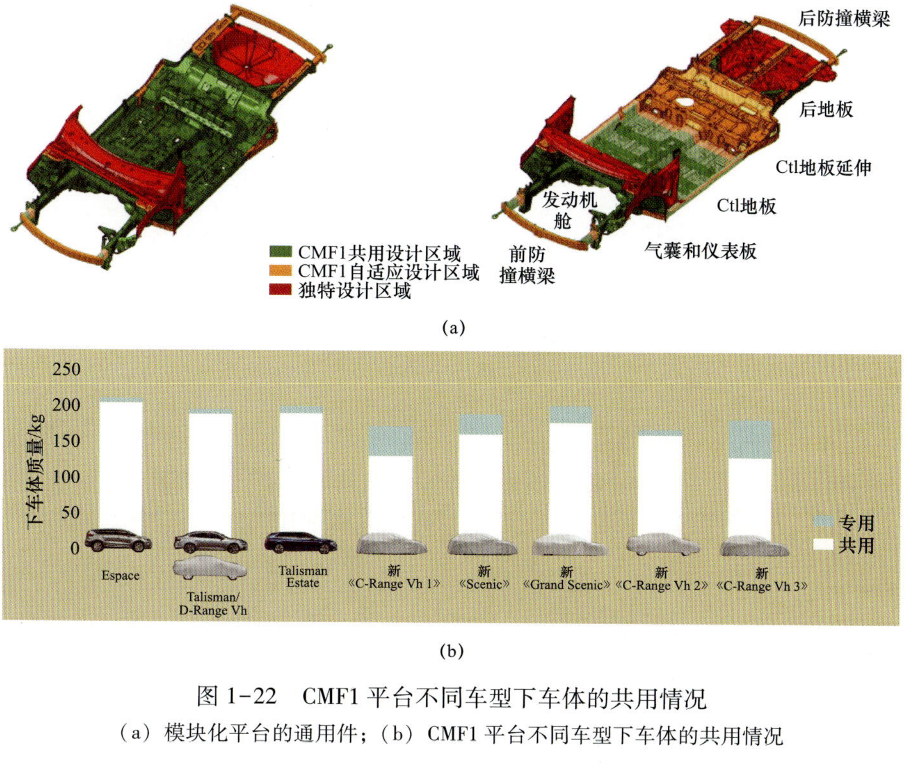

图 1-22　CMF1 平台不同车型下车体的共用情况

（a）模块化平台的通用件；（b）CMF1 平台不同车型下车体的共用情况

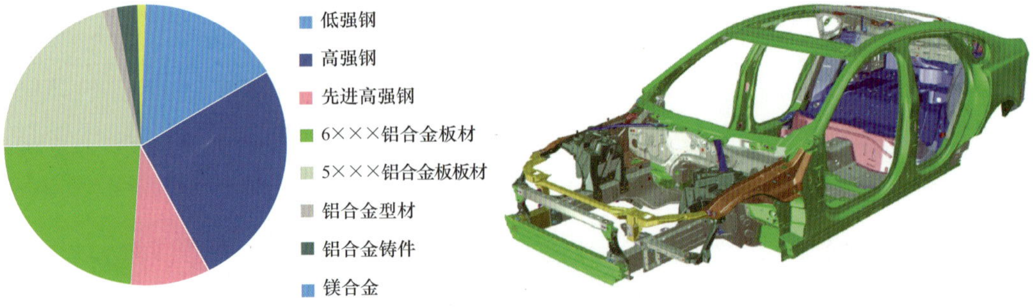

图 2-4　Jaguar XF 钢铝材料应用

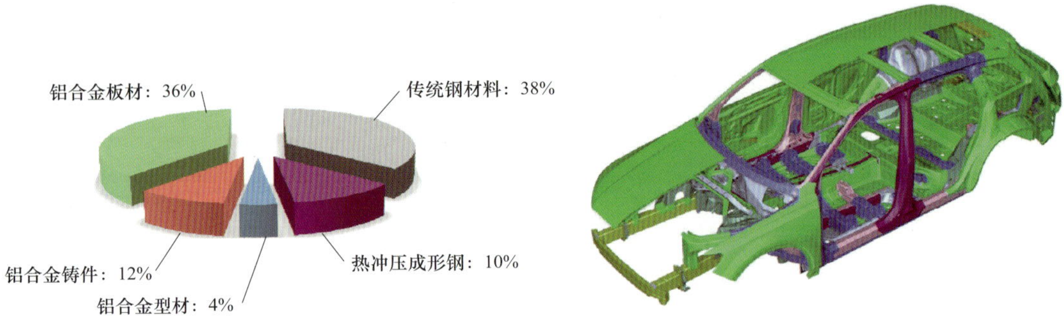

图 2-5　奥迪 Q7 钢铝材料应用

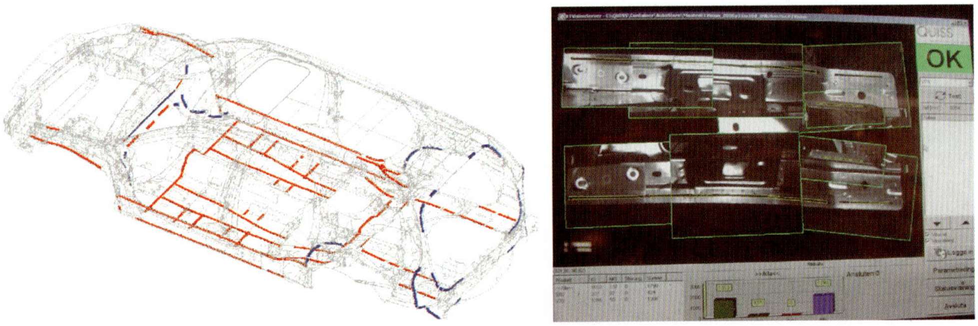

图 2-28　沃尔沃 2007 款 V40 环氧树脂结构胶的应用

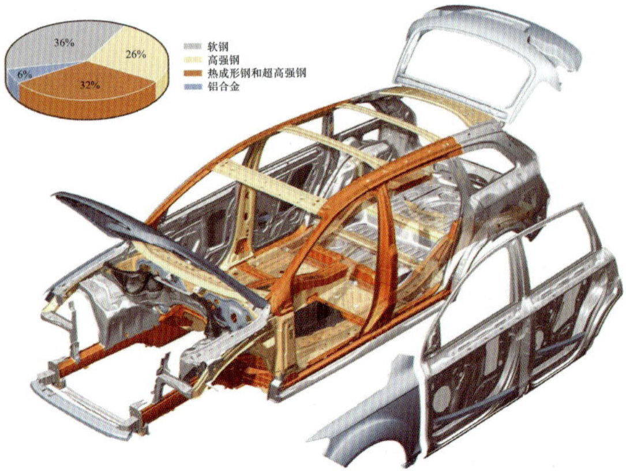

图 2-42　2005 款奥迪 Q7 车身

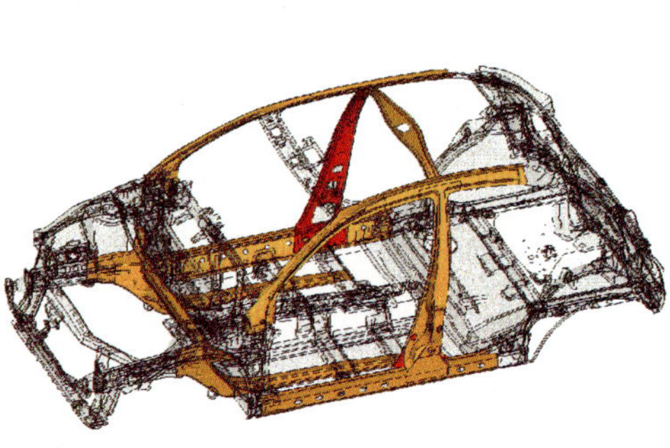

图 2-57　日产汽车低碳当量铌微合金化双相钢的应用

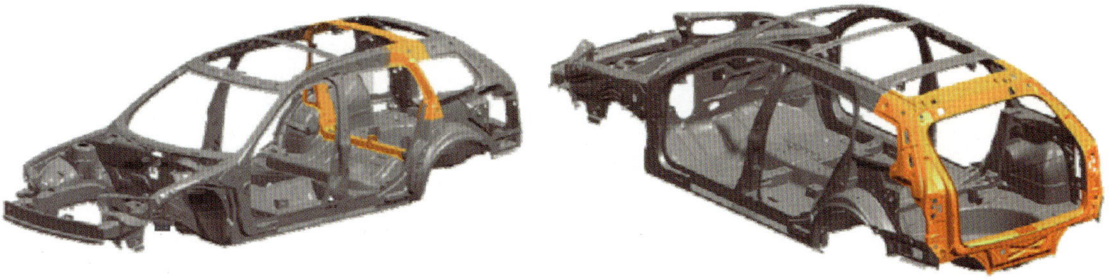

图 2-79　2005 款萨博 93 的 C 环和 D 环设计

图 2-80　2005 款宝马 3 系的前端环状设计

图 2-81　2005 款宝马 3 系的后端环状设计

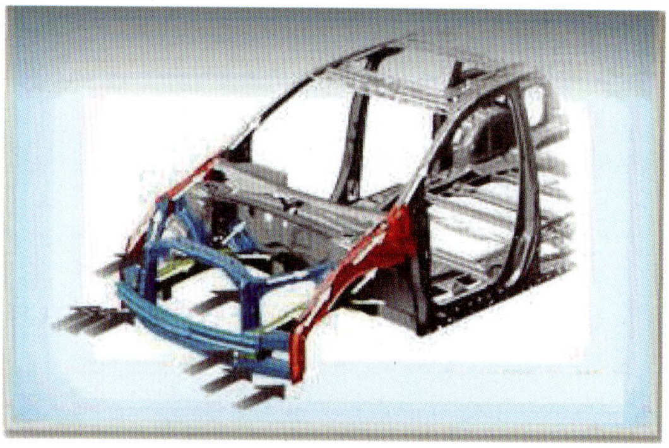

图 2-83　ACE 的车身安全设计

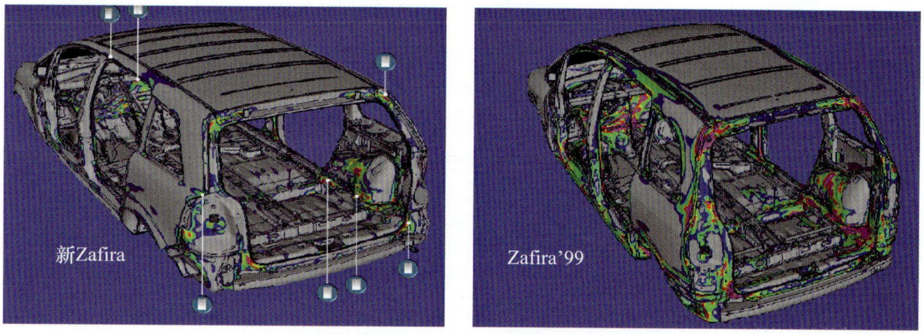

图 2-88　2005 款 Zafira 的车身疲劳应力分布

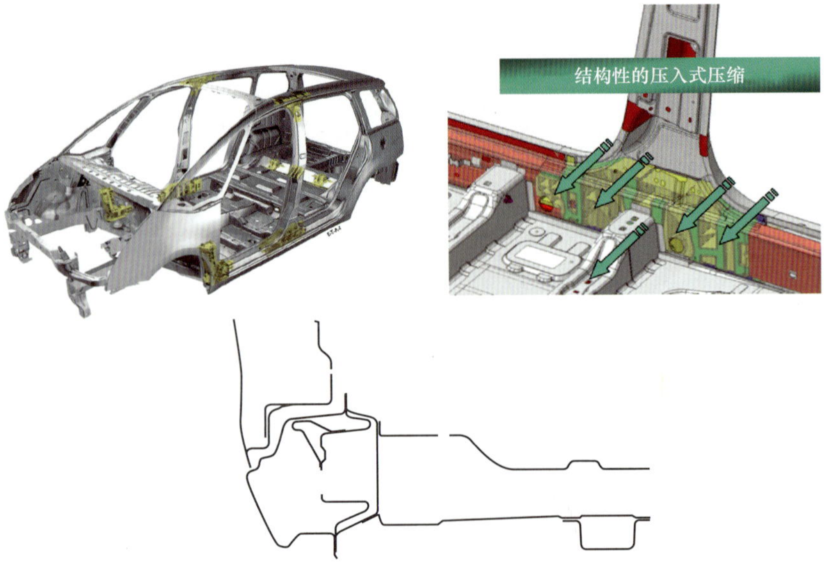

图 2-94　雪铁龙 C4 Picasso 车身关键接头位置采用铸造铝合金构件强化

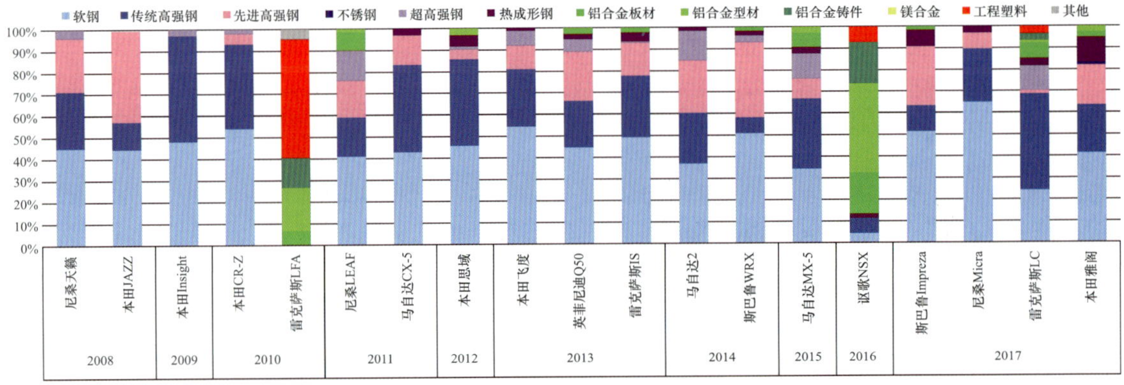

图 3-3　2008—2017 年日系车典型车身用材情况

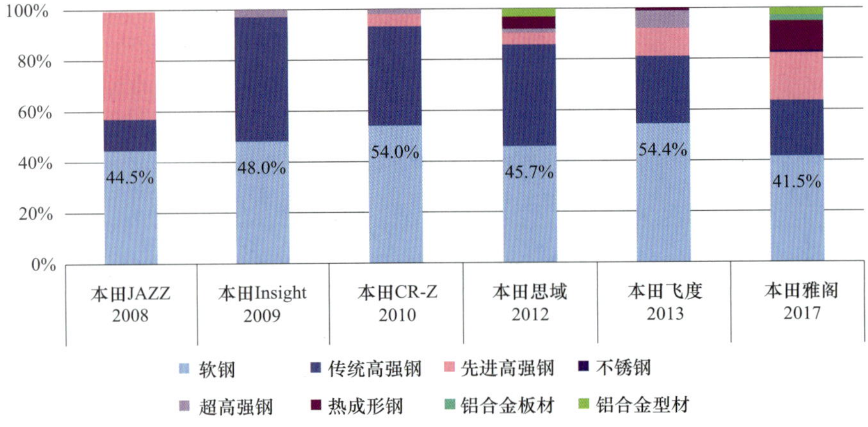

图 3-4　本田系列车型车身用材情况

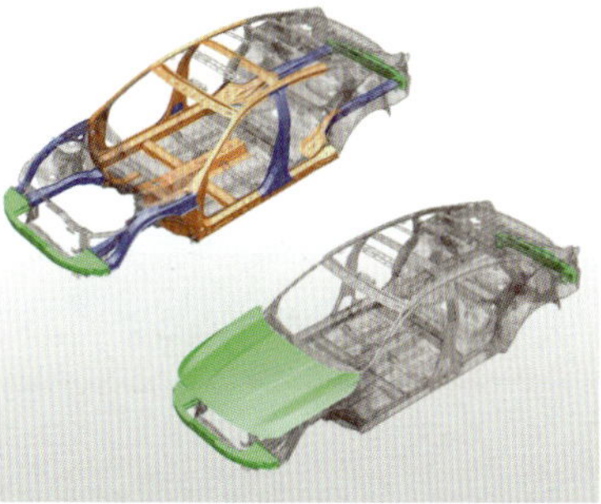

区域	性能需求	材料特征需求	材料牌号
碰撞控制区	吸能性	高强度/局部变形	相关牌号的热成形钢
			980YL钢
			780Y钢
			590R钢
乘客保护区	抗撞性	高强度	相关牌号的热成形钢
			980YL钢
			780Y钢
远离质心区	低惯性	轻质	相关牌号的铝合金

图 3-5　本田车身功能区域零件划分

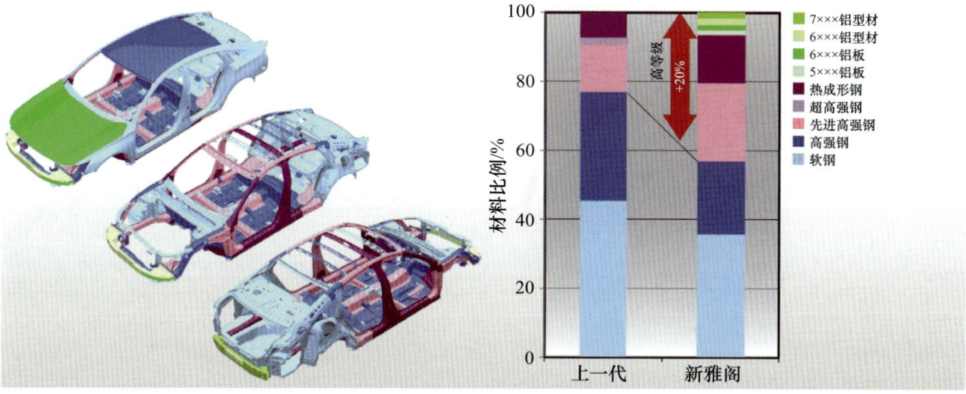

图 3-6　第十代雅阁车身用材与前代车型对比

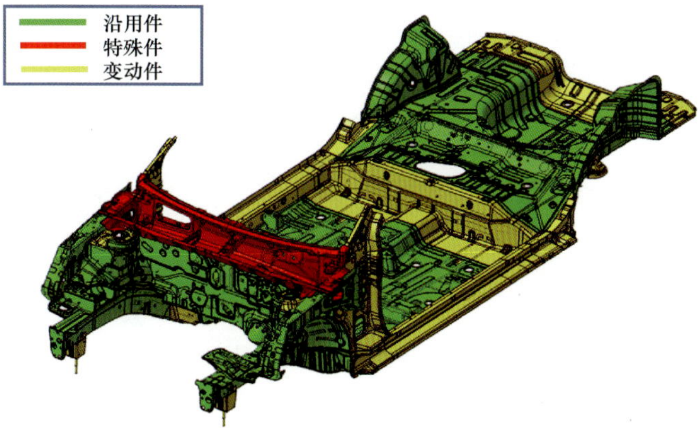

图 3-18　第 9 代索纳塔车型的下车体设计变化

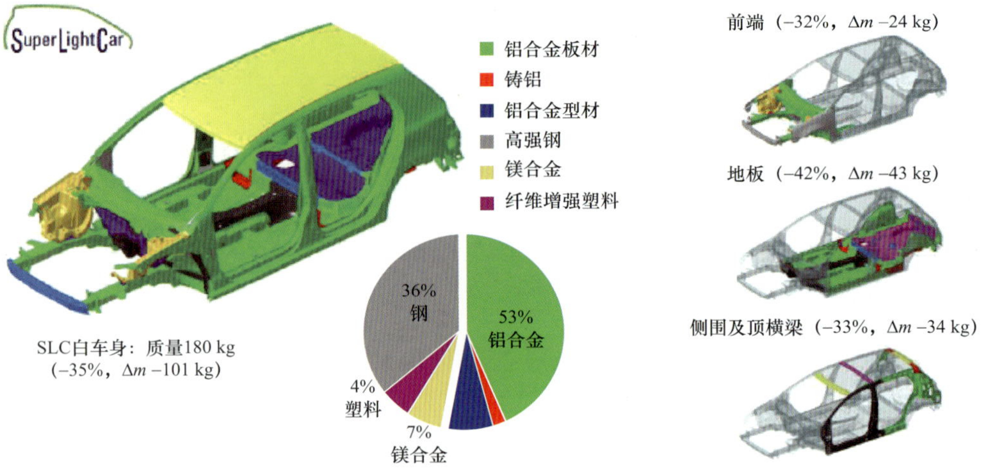

图 4-2　SLC 项目白车身材料分布及各部分轻量化情况

表 4-8　沃尔沃车型的热成形构件应用

年份	车型	比例	图　　示
2002	XC90	7%	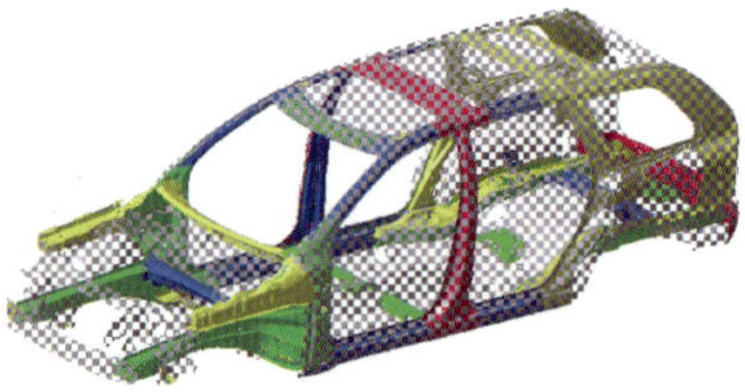
2007	V70	10%	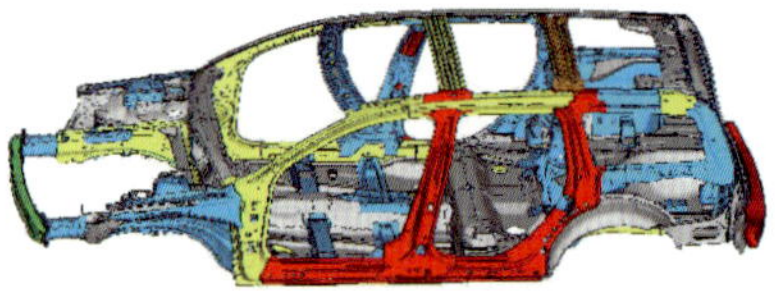
2008	XC60	11%	
2010	S60	17%	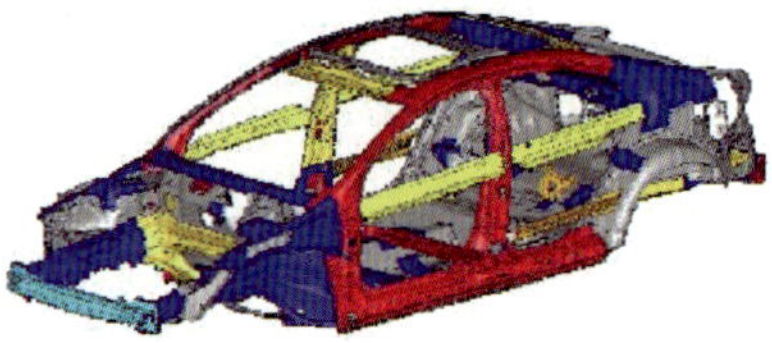

续表

年份	车型	比例	图　示
2014	XC90	33%	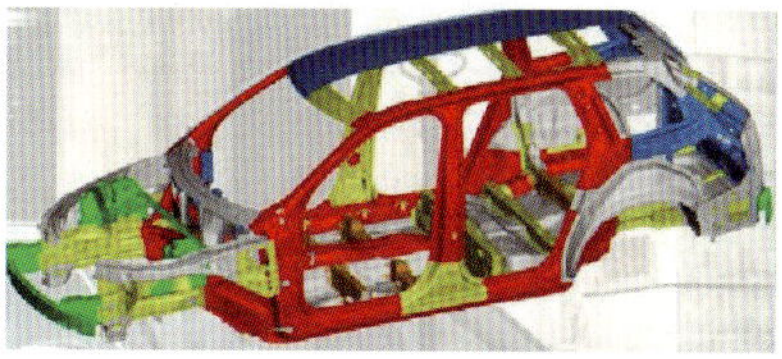
—	—	上限 45%	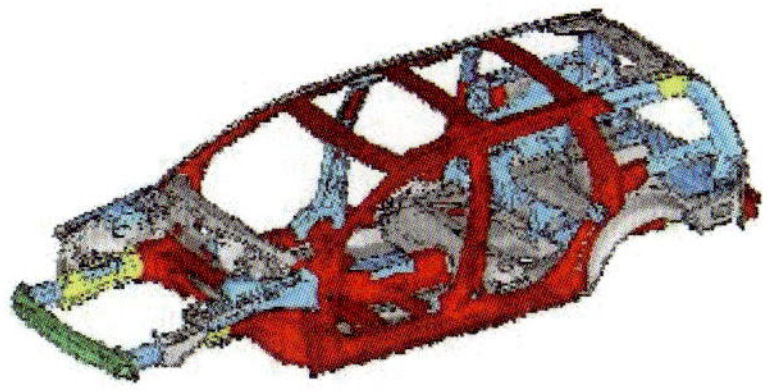

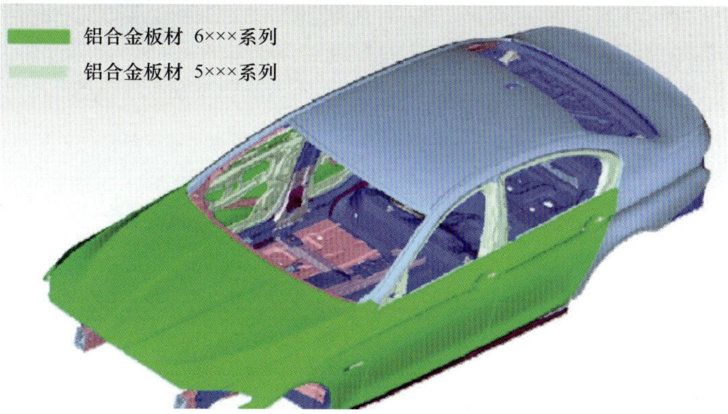

图 4-24　宝马 5 系铝合金板材应用情况

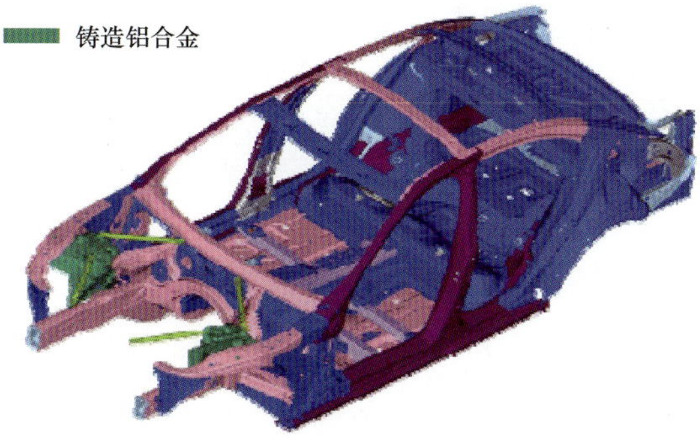

图 4-26　宝马 5 系铸造铝合金的应用情况

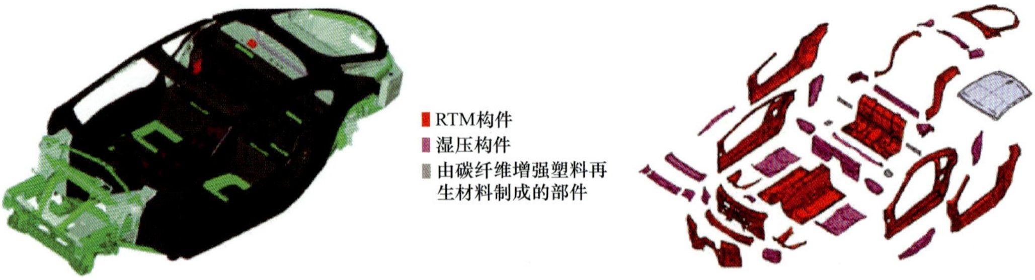

图 4-30　宝马 i8 车身材料方案及碳纤维零件

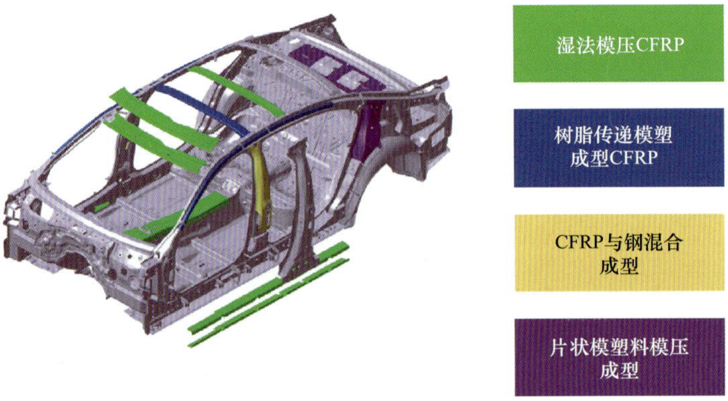

图 4-31　第六代宝马 7 系碳纤维复合材料应用情况

图 4-33　宝马 7 系高真空压铸铝合金零件

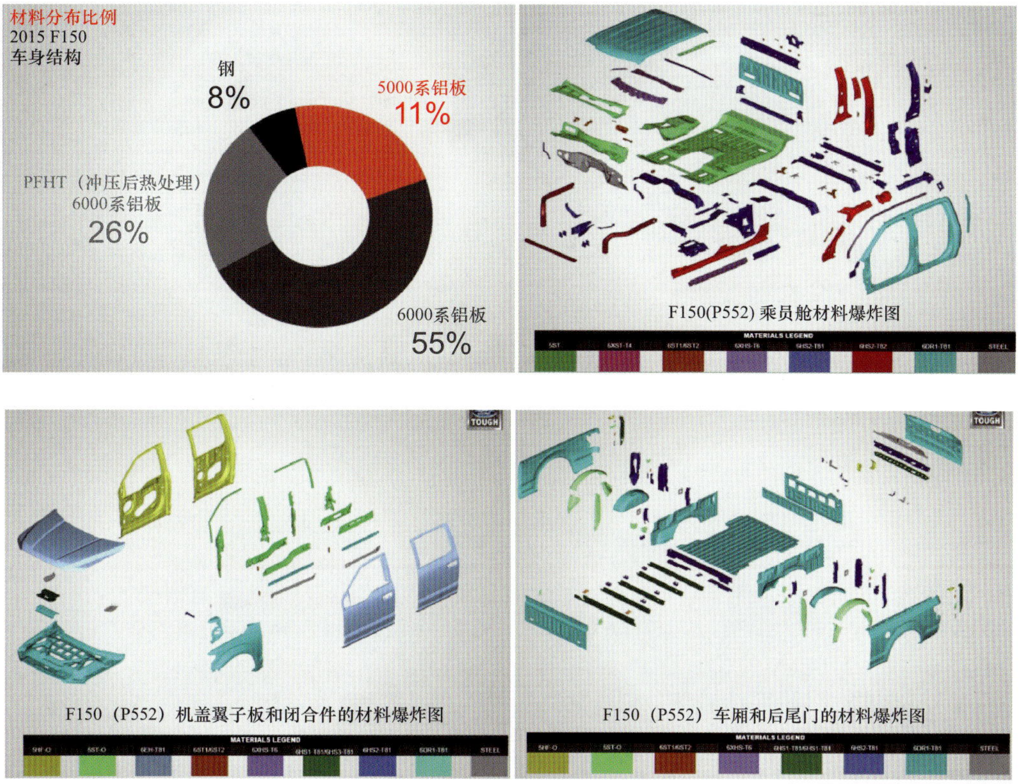

图 5-10　F150 车身用材情况

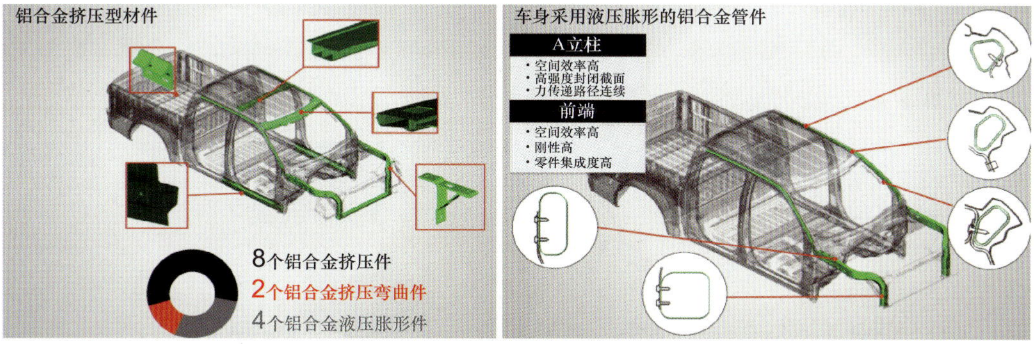

图 5-11　铝合金挤压成形和内高压成形应用零件

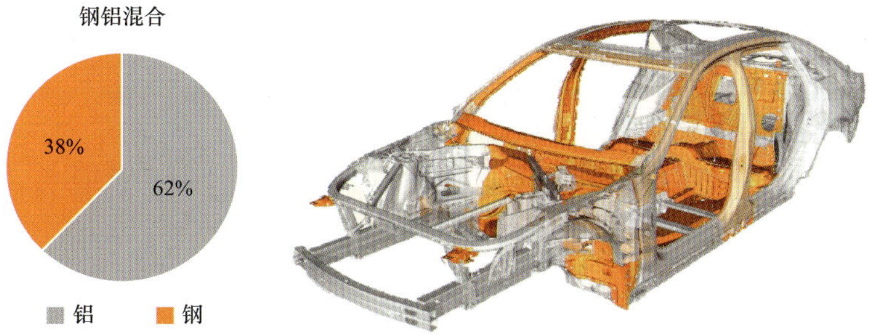

图 5-15　CT6 钢铝混合车身

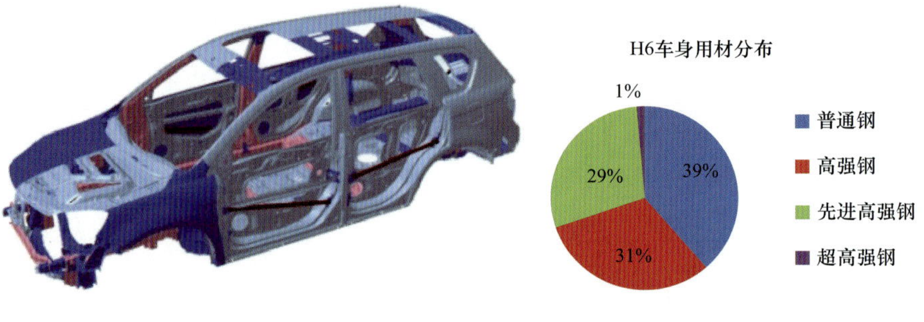

图 6-29　长城 H6 车身结构及车身用材分布

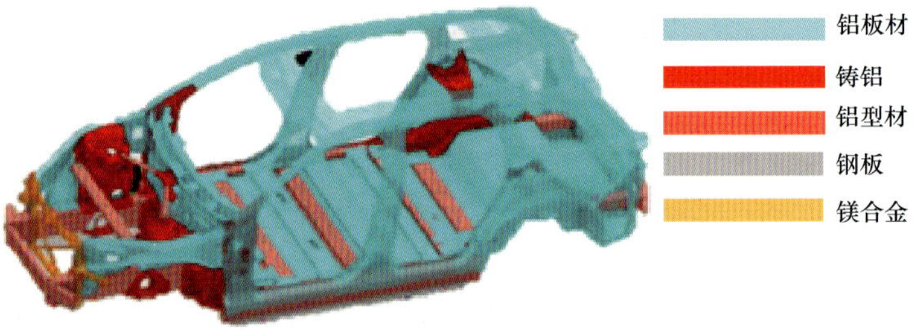

图 6-36　蔚来 ES8 白车身用材示意图

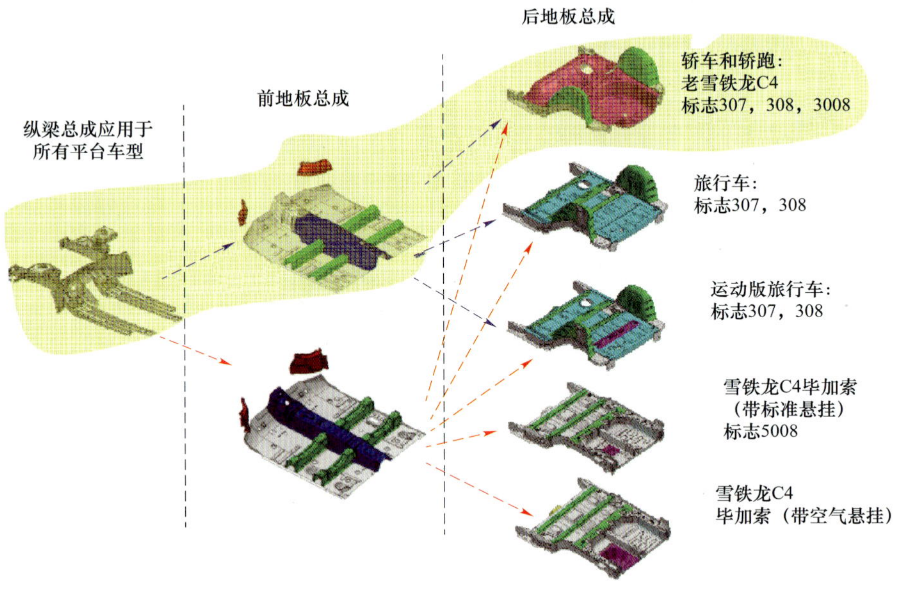

图 7-6　雪铁龙 PF2 平台 C4

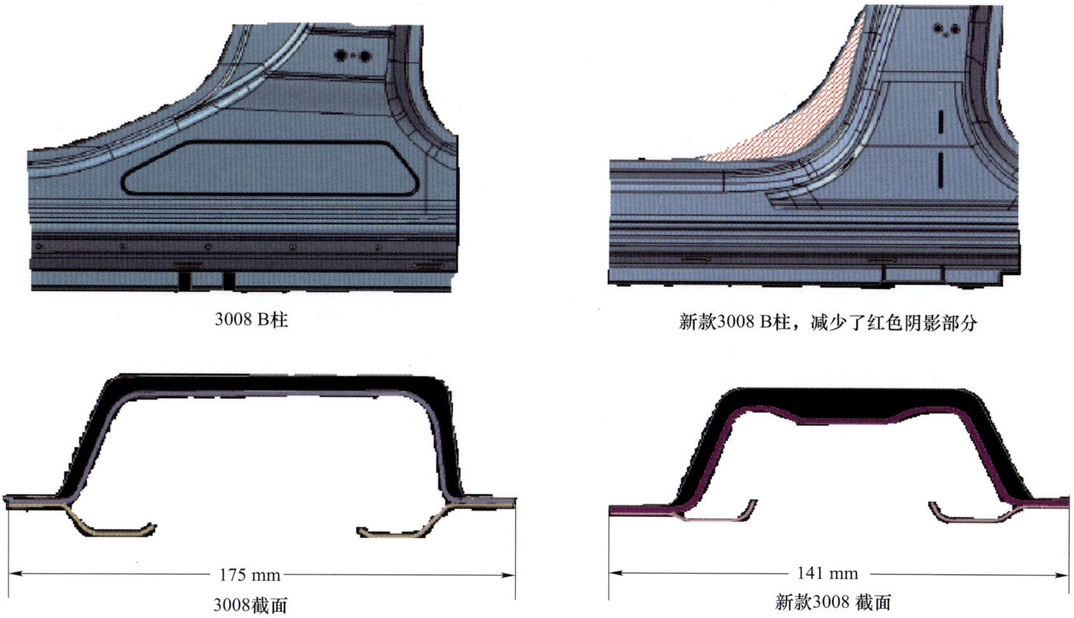

图 7-10　新款标致 3008 的 B 柱根部截面设计

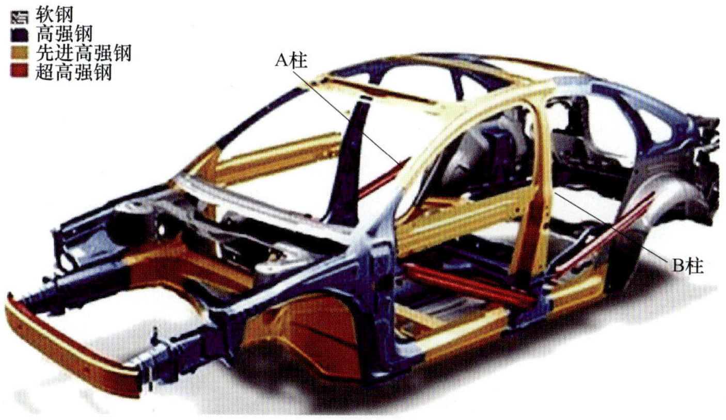

A、B柱等关键部位大量应用高档车专用的超高强度硼钢材质

图 8-1　BFI 牢笼式车身结构设计

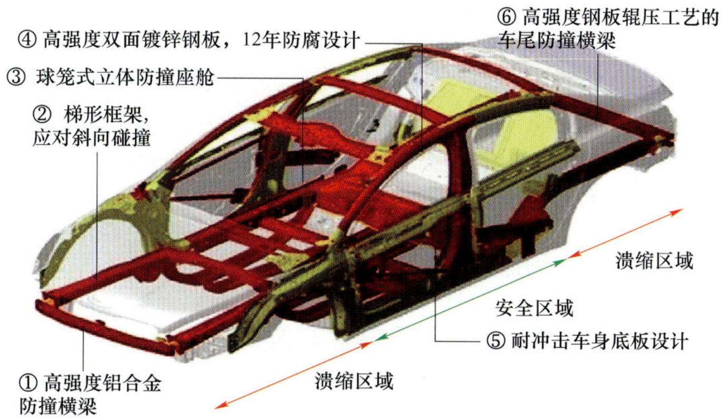

图 8-2　典型 GOA 车身结构设计示意图

图 8-3　典型 Zone Body 车身结构设计示意图

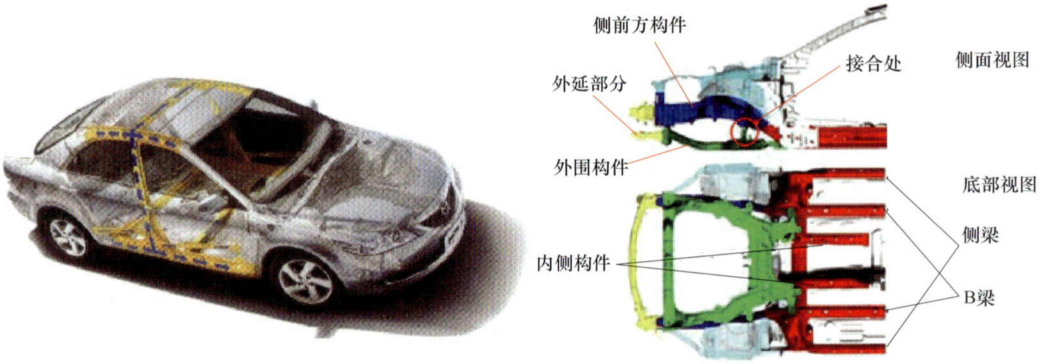

图 8-4　典型 3H 结构的高刚性安全车身结构设计示意图

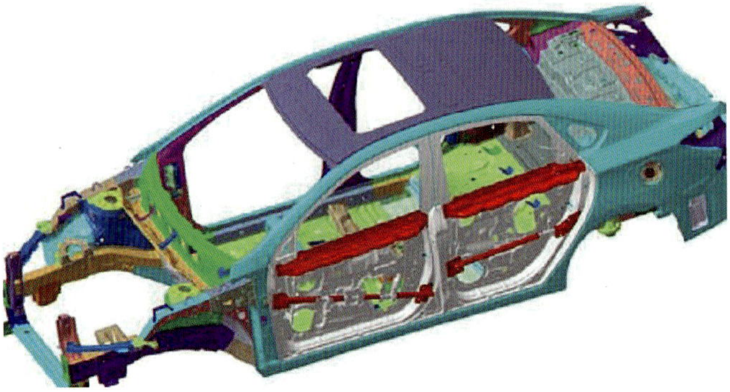

图 8-6　典型 HEEAB 车身结构设计示意图

图 8-7　典型 G-CON 车身结构设计示意图

图 8-12　迈腾车身结构

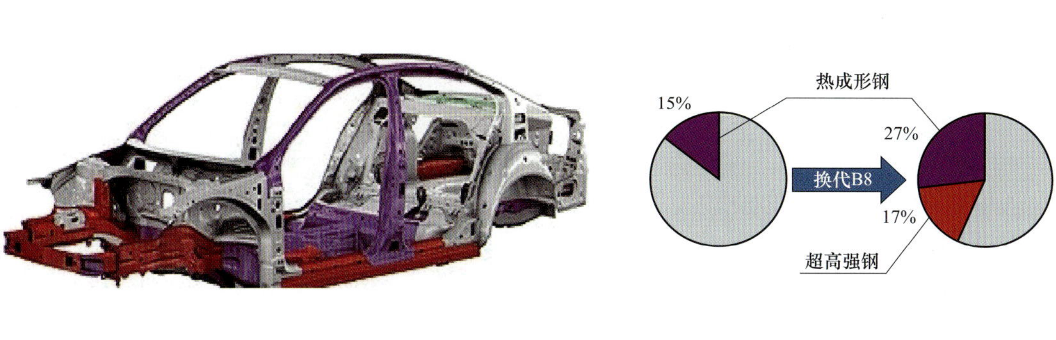

图 8-16　帕萨特车身用钢分布示意图

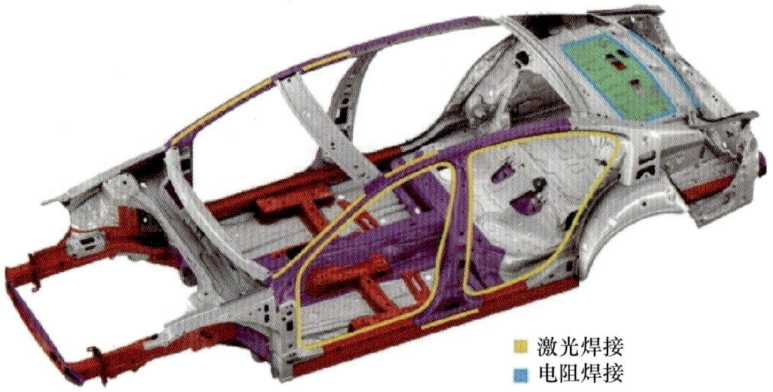

图 8-17 帕萨特车体连接工艺应用示意图

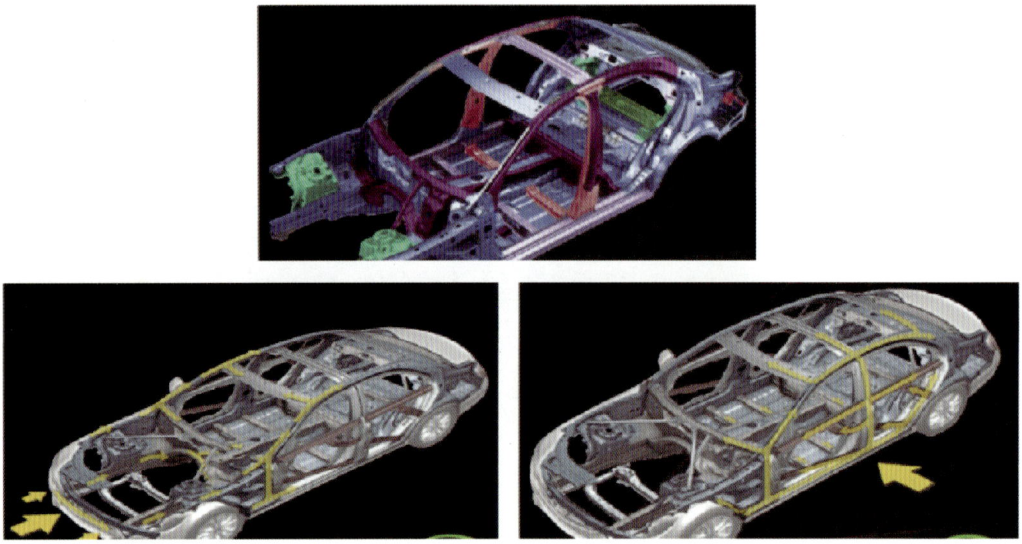

图 8-18 奔驰 C 系列车身结构骨架及承载传递路径

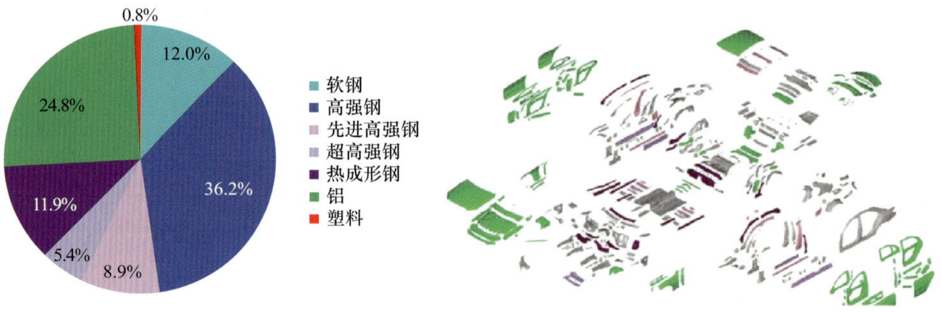

图 8-19 奔驰 C 系列车身用材分布

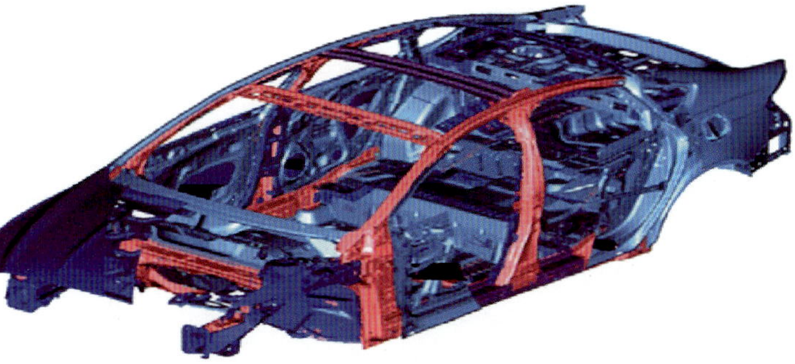

图 8-22 Fusion 车身结构设计示意图

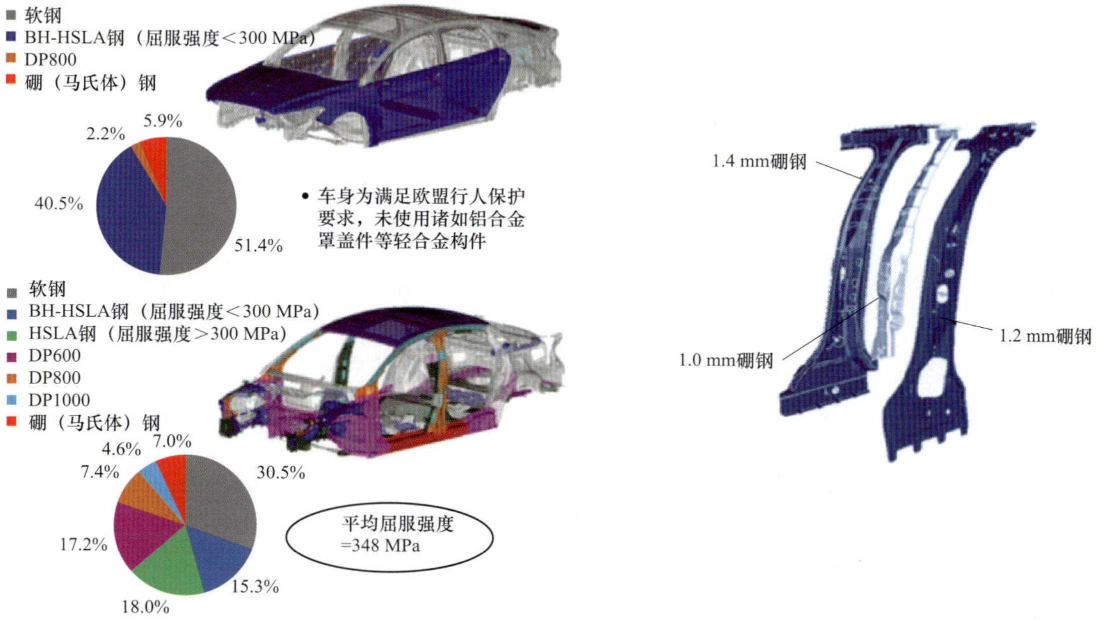

图 8-24 Fusion 白车身、覆盖件用材分布情况

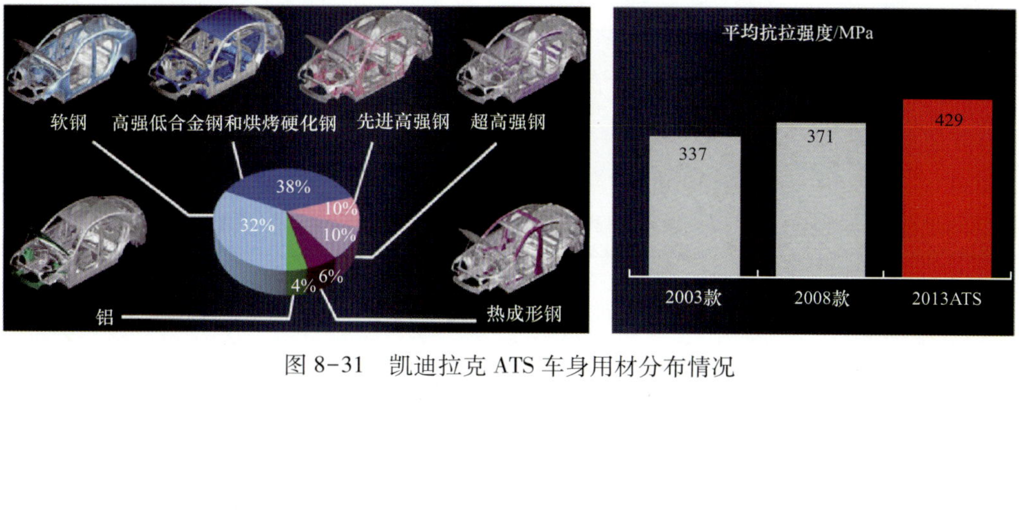

图 8-31 凯迪拉克 ATS 车身用材分布情况

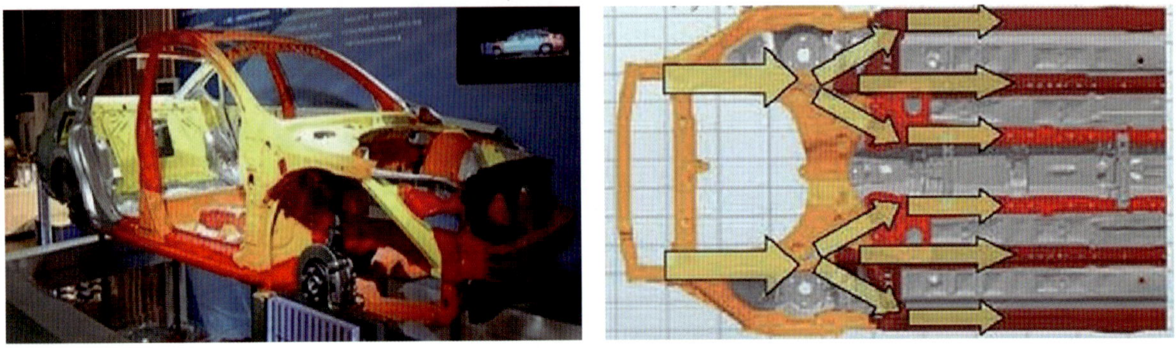

图 8-36　新天籁车身结构设计及承载传递示意图

图 8-41　新凯美瑞车身整体及局部结构

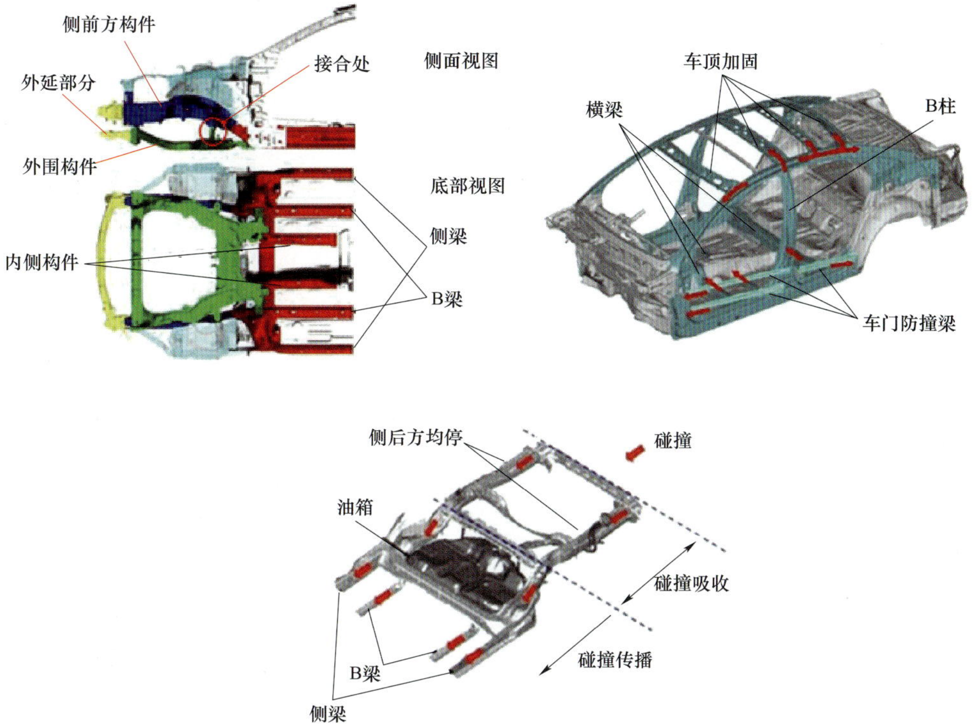

图 8-43　新马自达 6 车身各部位安全结构设计

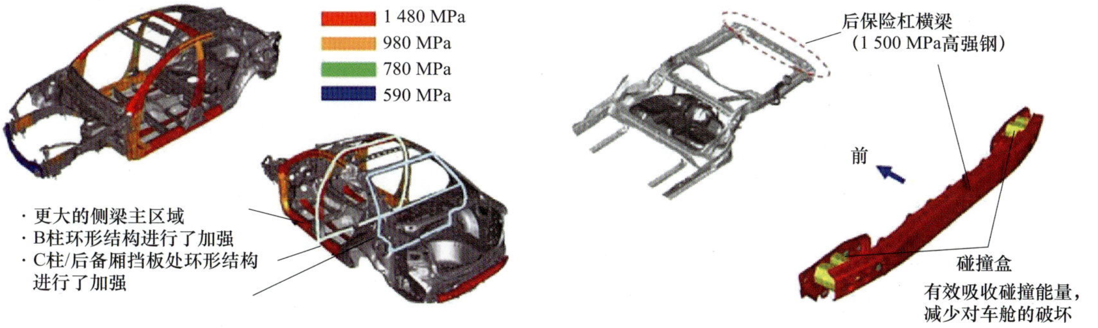

图 8-45　新马自达 6 车身用材分布

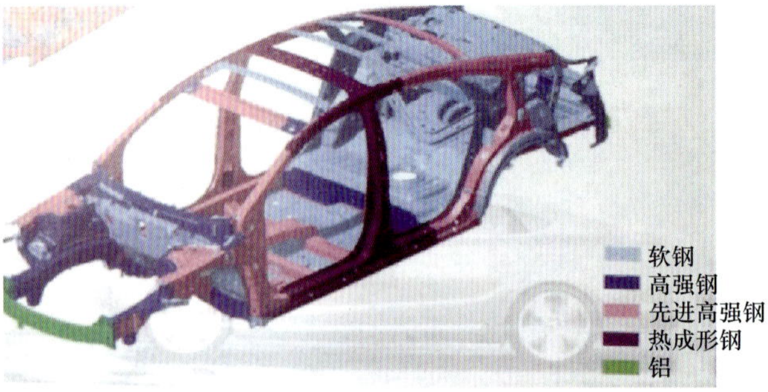

图 8-49　博瑞车身用材分布

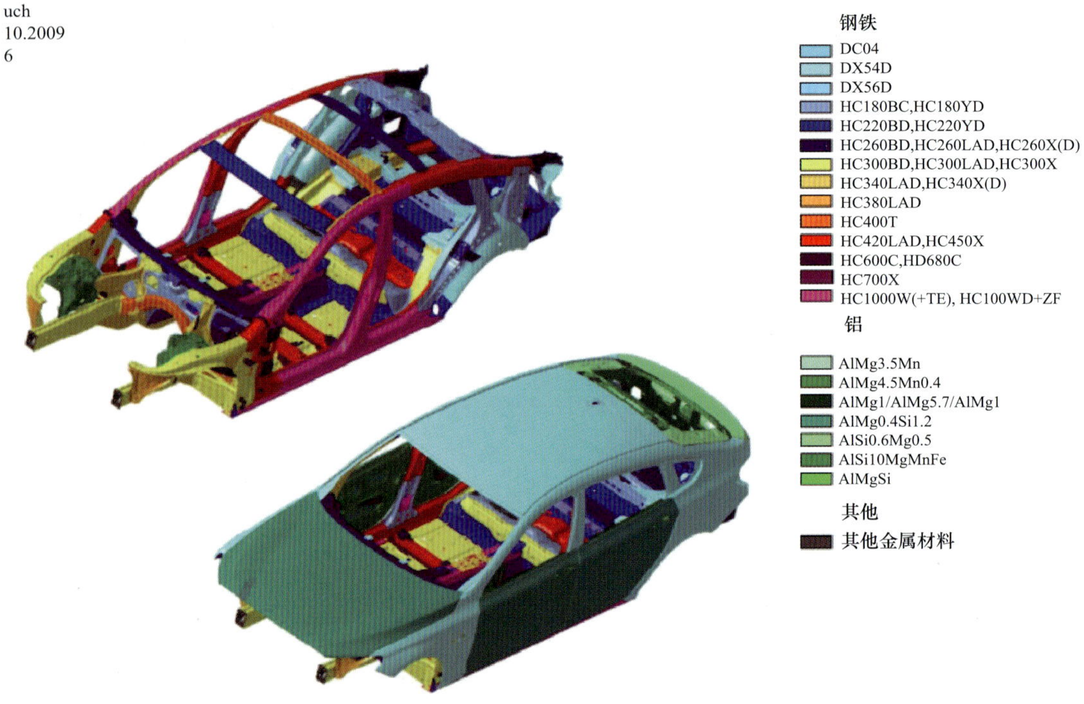

图 9-3　宝马 5 系车身用材

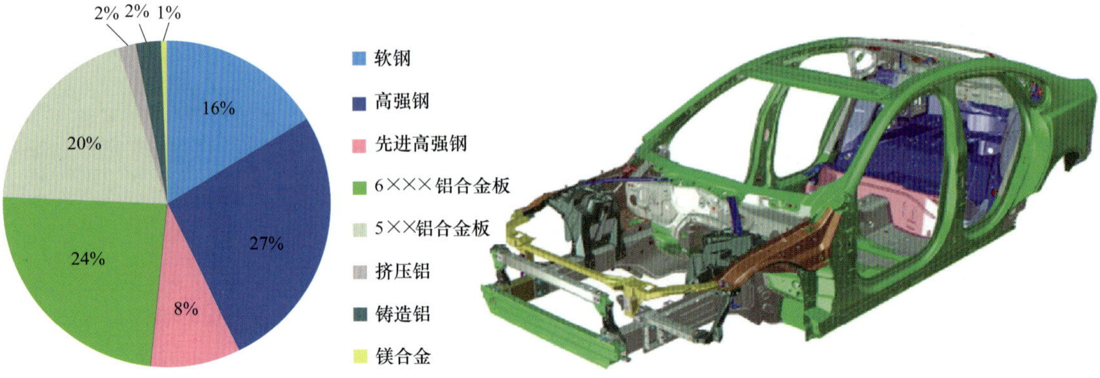

图 9-8　捷豹 XF 钢铝混合车身材料分布

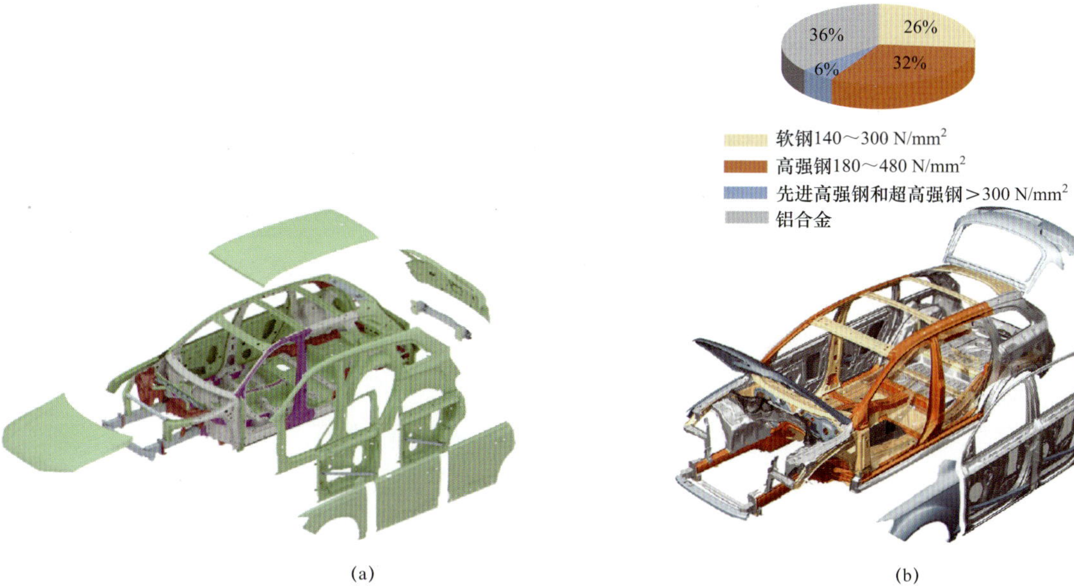

图 10-23　奥迪 Q7 的车身铝合金应用

（a）2015 款；（b）2005 款

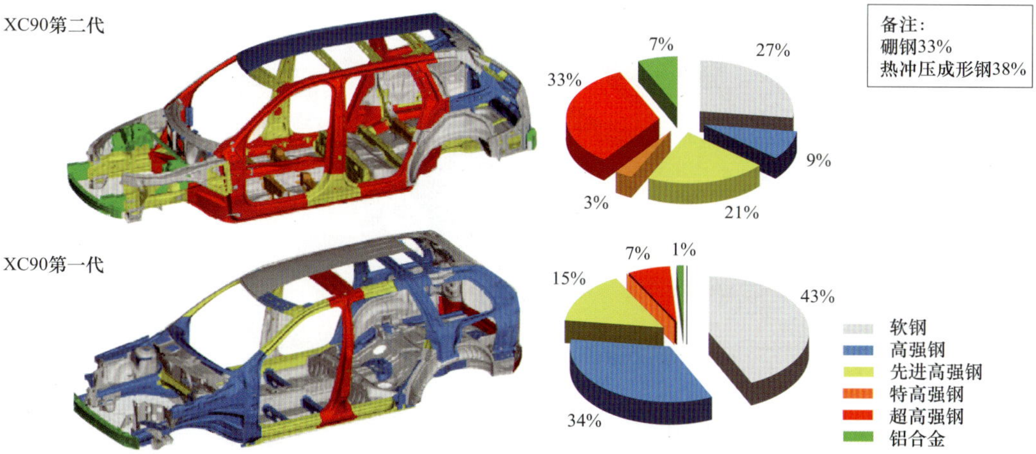

图 10-29　2014 款沃尔沃 XC90 和 2002 款沃尔沃 XC90 的高强钢的应用

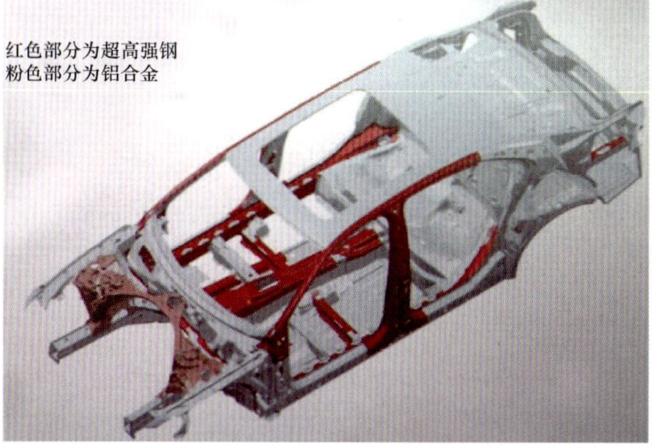

图 11-9　大众辉昂车身

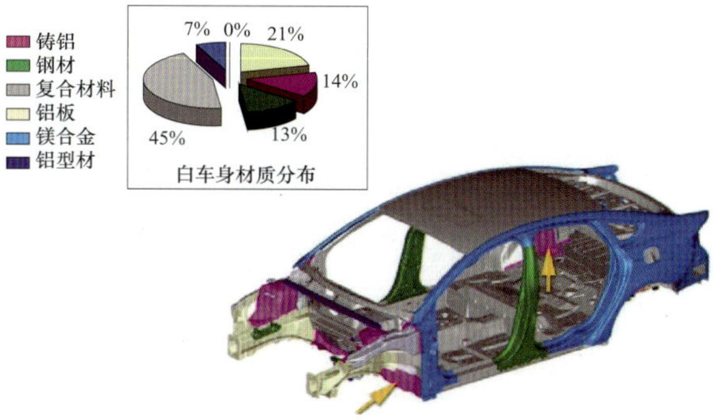

图 11-10　多材料混合车身示意图

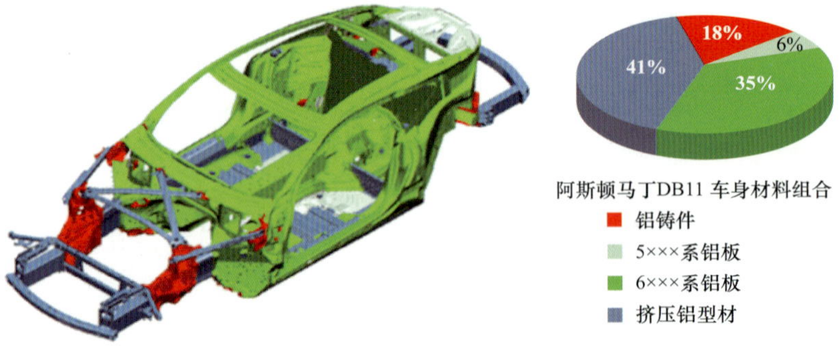

图 12-7　阿斯顿马丁 DB11 白车身铝材示意

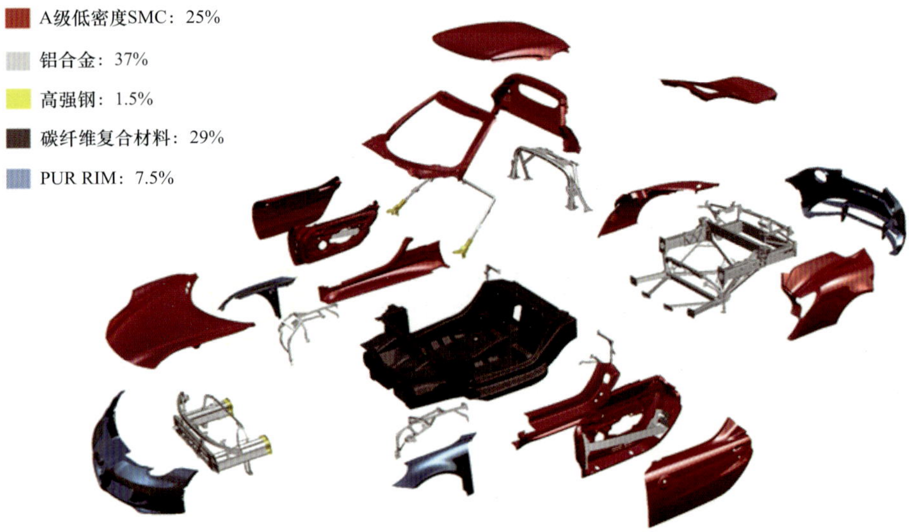

图 12-11　SMC 外覆盖件

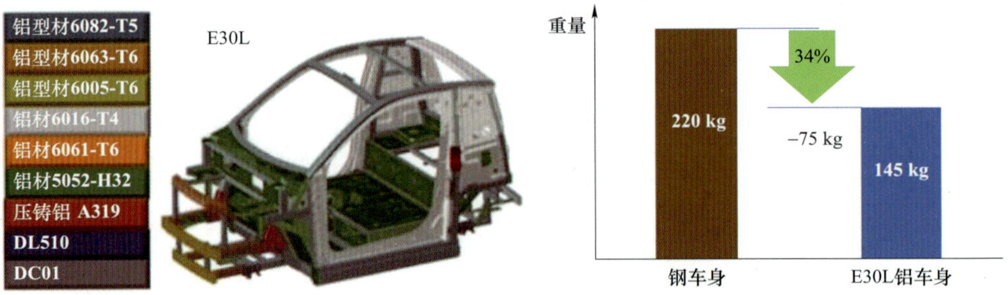

图 12-39　全铝车身轻量化效果